USSOF

美国特种部队

[美] 约翰 · C.弗雷德里克森 著　　朱振国 译

上海科学技术文献出版社
Shanghai Scientific and Technological Literature Press

图书在版编目（CIP）数据

美国特种部队 /（美）弗雷德里克森著；朱振国译 .
—上海：上海科学技术文献出版社，2014.8
ISBN 978-7-5439-6210-1

Ⅰ .① 美…　Ⅱ .①弗…②朱…　Ⅲ .①特种部队—
介绍—美国　Ⅳ . ① E712.56

中国版本图书馆 CIP 数据核字（2014）第 049796 号

图字：09-2012-739

责任编辑：忻静芬
封面设计：许　菲

美国特种部队
[美] 约翰 · C. 弗雷德里克森　著　朱振国　译
出版发行：上海科学技术文献出版社
地　　址：上海市长乐路 746 号
邮政编码：200040
经　　销：全国新华书店
印　　刷：昆山市亭林印刷有限责任公司
开　　本：787×1092　1/16
印　　张：27.75
字　　数：573 000
版　　次：2014 年 8 月第 1 版　2014 年 8 月第 1 次印刷
书　　号：ISBN 978-7-5439-6210-1
定　　价：68.00 元
http://www.sstlp.com

出 版 说 明

作为当今世界唯一的超级大国，美国无论是在武器装备方面，还是在实战军力方面，都是当之无愧的头号强国。自“二战”结束迄今，军事领域中能在各种新战略、新战术、新装备及各类战斗人员的训练方式等方面持续推陈出新，并且在战场上得到实战检验的国家，首推美、英、法三国，而三国中执牛耳者又非美国莫属。因此，美国的军种结构、美国在历次战争中的作战模式以及美国的战争理念等，常常引领着现代战争的革命性转折，在世界军事史上多具里程碑意义。

约翰·C.弗雷德里克森(John C. Frederickson)，美国人。作为军事历史专业博士，他同时是一位对军事史情有独钟的独立历史学家，迄今已出版军事题材的历史著作30余部，尤其精通以编年体方式写作军事读物，这本《美国特种部队》即其所著之一种。

作为美国武装力量的一个固有组成部分，特种兵贯穿了美国的整个历史。在美国参与或发动的历次军事行动，特别是二战以来的各类军事行动中，均离不开美国特种作战部的介入。这个神秘兵种在战斗中发挥着至关重要、无可替代甚至决定性的作用。本书依据历史文献及美国官方公布的权威资料，介绍了自美洲殖民地时代的“菲利普王战争”始至近年追捕直至击毙“基地”组织领导人本·拉登的反恐战争为止的美国特种部队300多年的发展历史。书中结合实战案例，详细介绍了美国各种类型的特种兵的历史渊源、人员招募、训练科目、战术技巧、武器装备以及他们所参加过的各具代表性的军事行动及其得失，同时附有20篇各个时期著名特种部队指挥官代表人物的传记。全书史论结合，资料丰富，知识性、可读性强，是一部颇具参考价值的军事读物。

基于以上原因，我们引进出版本书，希望给广大军迷读者提供参考；但作为一部由美国人编撰的旨在为本国特种部队树碑立传的读物，本书带有明显的“冷战”思维的印记，完全站在美国的立场上评判对手及他国，这一点希望读者诸君明鉴。

上海科学技术文献出版社

2014年6月

绪 论

归因于美国人对个人主义特有的热衷，合众国甚至在其成立之前，就在组建现今被归类为特种部队的那些特殊用途单位方面表现出了强烈的兴趣。早在 1676 年，由本杰明·丘奇(Benjamin Church)上尉指挥的那支一半由英国移民、一半由美洲原住民组成的民兵连队，就在战场上留下了不可磨灭的影响，并干净利落地结束了菲利普国王战争——其他常规民兵单位在同样的情况下却屡遭败绩。这支民兵连队，也是第一支招募当地人组成的并直接参加作战行动的辅助作战单位。这一做法至今仍然被奉为现代特种作战行动的核心内容。

非常规战得以酝酿与显著成熟的下一个阶段则是在法—印战争时期(French-and-Indian War)。当时罗伯特·罗杰斯(Robert Rogers)少校组建了他那支著名的突击部队。罗杰斯同样也是美国历史上轻步兵领导人中完成战术训令编撰的第一人，他的“巡逻守则”(Rules of Ranging)构成了目前大量的特种作战战术的基础。之后，美国独立战争的爆发，又为非常规战领域的扩展赋予了新的远景，并且它们具象化地体现在如下方面，例如：著名的“一分钟人”，来复枪手，弗朗西斯·马里恩(Francis Marion)将军的游击队，亨利·李(Henry Lee)上校的第 2 游击军团，以及并未在此列举出来的其他不同形式的非常规战部队上。这次战争胜利的基础是构建在训练严格的“大陆军”之上的，这支军队运用的是当时的常规战术——与他们的英国对手毫无二致。但是土生土长的非正规部队，在正规军队缺席的战场尤其是南方战场上有着优异的表现。

尽管这些非正规军在战场上有令人印象深刻的表现，但是他们并不曾从那些按常规思想行事的开国领袖们那里获得太多的青睐。因此贯穿非常规战的整个开创期，他们在人员的招募以及服役时间方面都遭遇了“暂时性”的问题。

当美国实现独立之后，这个年轻的国家对其正规军事遗产忽略不计，反而将注意力集中到了民兵上——(当时)这在政治上是相当“有利可图”的——而这一政策给后来爆发的 1812 年战争带来了严重的影响。具有讽刺意义的是，也正是在那一次战争中，美国陆军组建了它的第一批拥有鲜明的识别特征、具备特种部队属性的作战单位：来复枪手团和轻炮兵团。军事方面的不称职使得这场战争的进程只能以“步履蹒跚”来形容，但是这两个作战单位表现出来的效率，与他们在事实上极为薄弱的兵力规模根本不成正比。这些战功卓著的单位在战后年代中遭到解散，但是随着 1846 年墨西哥战争的爆发，又有两个新的精锐单位得以成立——狙击兵团和乘骑来复枪手团，这两个单位在这次武装冲突的整个过程中都有上佳的表现。不过，当战争于 1848 年结束后，只有后者得以保留在军队建制之内，然后在 1861 年乘骑来复枪手团的番号被变更为美国陆军第 3 骑兵团，并且开始被当作常规乘骑部队进行部署。然而就在同一年，两个美国陆军神枪手团组建，他们凭着独一无二的绿色制服、与众不同的武器和训练，以及该部队的作战宗旨，完全符合特种作战单位的特征。值得强调的另外一点是，美洲原住民作为由当地人组建的辅助部队，在整个 19 世纪期间扮演了重要的角色。在克里克战争（Creek War）和西米诺战争（Siminole War）期间，有若干支营级规模的印第安部队与美国部队并肩作战，尽管他们仍然沿用了自己独一无二的战术。这一趋势在 19 世纪末期达到了顶点，当时由阿帕奇人和来自其他部落的印第安人组成了对美国军队极其重要的侦察兵（scouts）分遣队，并且通过对由杰罗尼莫这类“逃犯”领导的劫掠成性的匪帮实施追踪，证明了自己是军队中不可或缺的一个组成部分。1918 年乔克陶印第安人成为美国陆军中的第一批方言密码通话员，这类实践后来在第二次世界大战期间得到了更大规模的应用。美洲原住民自 1676 年就勤勉地为美国军事组织提供了服务，那是这个国家军事历史中不可忽略或删除的一个篇章。但是所有由这些（印第安）作战单位在战术层面带给这个国家的优势大部分已经被遗忘了，并且他们作为一个独立单位在军队中服役的短暂年限再次证明了，他们只是美国军事史中的一个插曲。

20 世纪后半叶，美国的各支特种部队在兵力规模以及任务种类多样性的扩张方面，取得了戏剧性的进展。在欧洲战场，轴心国部队就遭受了训练精良的（美国特种作战）单位——例如：“达比突击队”（第 1、3、4 突击队营）、“魔鬼旅”（第 1 特种勤务部队），以及第 82 和第 101 空降师——的迎头痛击。在太平洋战场，海军陆战队突袭营、海军陆战队伞兵营、海军陆战队侦察兵与狙击手连、“梅里尔的掠夺者”，还有阿拉莫侦察兵，以及在战争中后期才投入实战的美国海军水下爆破队，在大多数情况下，从各个层面对日军实施了致命的打击。陆军航空兵也通过其组建的第 1 航空突击大队，在特种作战方面显现出了自己的天赋。与此同时，一支雇佣军性质的作战部队——美国志愿者大队即闻名全球的“飞虎队”同样提供了极有价值的服务。少数民族则是另一批得到了高度赞誉的盟友，例如克钦族侦察兵、菲律宾游击队都证明了美国军方并未曾失去招募并雇佣当地人作为辅助部队的传统。具有讽刺意义的是，美国所固有的解散高作战效能特种部队的嗜好，在第二次世界大战以后的岁月中，表现得比以往任何时候都更加明显。甚至连当时大名鼎鼎的战略情报局都被“弃置不顾”。特种部队在提高军队作战能力方面的重要性继续遭到忽视，并一直持续到了冷战初期，而在先前的历次战争中学会的所有教训，则全部要通过痛苦的再学习才能够重新获得。

现代美国特种部队已经与他们历史上的祖先截然不同，但是在战术方面专攻非常规战这一点却得到了传承。此外，苏联等国家对美国构成的极度威胁，最终触发了特种作战条令方面的复兴，而且其效果延续至今。并且历史上唯一的一次，美国人不仅成立了全新的特种部队属性的作战单位，而且还努力将他们维持在了标准军事机构之内。其中不仅包括了那些著名的部队，例如："绿色贝雷帽"和陆军突击队以及海军的"海豹"部队，同时还有那些鲜为人知的（特种作战单位）实体，例如隶属于空军的"空运再补给与通讯司令部"和隶属于海军陆战队的"舰队陆战队侦察连"。上述这些单位曾于发生在朝鲜和越南的局部武装冲突期间忠实地完成了他们的任务，另外值得注意的一点是，尽管特种部队也许尚未在军事机构中受到普遍的欢迎，但他们已经不再被当作可以牺牲的"消耗品"，以及敌对状态结束后立即遭到解散的对象。通过发生于 1980 年的从伊朗救援人质的那次尝试中，美国吃一堑长一智地明白了：各个军种都必须掌握一支可以随时投入战斗的特种作战单位，以满足在实施一次作战行动过程中不同阶段的需要，并且他们在弥补这一缺憾的过程中取得了令人瞩目的成就。冷战结束而反恐战争尚未展开的那段"幕间休息"期间，特种部队仅仅被用来执行一些较为次要的任务，例如在巴尔干半岛地区和索马里抓捕战争罪犯，他们也为这类任务接受过训练，但是总体而言成效甚微。然而当世界贸易中心在 2001 年 9 月 11 日遭受攻击后，再次凸显了在某些情况下，特种部队在招募、训练、装备方面的（快速）增长所具备的紧迫性与必要性，并且还要在维持高速增长的同时，切实保持各个单位的特种作战能力时刻处于"可用"的状态。盘踞在阿富汗的塔利班政权以及那些属于基地恐怖组织的伙伴，在短短 3 个月的时间里就被逐出了那个以地形崎岖而闻名的国家，通过这一无可争议的成就再次证明了，在这次战争期间美国特种部队是武装部队中一个强有力的、不可忽视的组成部分。他们目前的行动范围，覆盖了全球范围内任何一个美国的利益与安全正在或可能遭受威胁的地点，被他们所击毙的大批恐怖分子中就包括了奥萨马·本·拉登（Osama bin Laden）本人，这为他们无与伦比的致命性提供了无声的证据。考虑到恐怖主义对国家安全的影响，那无疑是一个小小的奇迹，在已经过去的两个半世纪中，美国的特种部队逐步从战术层面的"新奇"事物进化成战场上的力量倍增器、符合战略需要的常备部队。21 世纪也许会在以后书写的历史书中被论证为：非常规战以及（那些）实施非常规战的以高技术武装起来的特种作战行动人员的黄金年代。

写作本书的目的，是试图证明"美国特种部队"一词所囊括的范围和深远意义，尤其是从参考书写作的立场而言，这是一个多少有些复杂的主题。鉴于在本书所涉及的那段时期内出现的众多单位，所以我只采用了那些参与了直接战斗的组织、单位。在本书的第一部分，包含了按年代顺序排列的三个章节，分别叙述了在 1676 年至 1918 年、1941 年至 1945 年，以及 1946 年至 1991 年三个时间段中出现过的与特种作战行动有关的大量单位以及个人。第一章是按年代顺序排列的，其囊括的范围始自美国的成立，尽管如此，随后的两章则是按照军种名称的首字母顺序排列的。每一章中包含了以独立的小节对各个单位的宏观历史进行的叙述,"代表性行动"则强调了带有特种作战行动色彩的一次特定战役/战斗,或实施某种形态的军事行动的尝试。每一章节的末尾则列出了一长串在该章节中引用过的参考书目,包括了本书写作时的最新文献,以方便读者做进一步的研究。本书的第二部分则提供了对同时期的各支特种部队的综述,它被分为十三个独立的章节,每一章涵盖了特种部队中的一个独立的分支,章节的顺序也是按照军种名称的字母顺序排列的。每一个章节还描绘了五个重点:引言、组织结构、训练与人事、武器和装备以及该单位已知的作战行动。如前所述,每一章节的末尾出现的参考书目中都已经包含了最新的资料来源。最后在全书的结尾附上了一份资料丰富的年表:包含了特种作战历史上的全部已知行动,以及一份参考书目总目,范围囊括了在阿富汗与伊拉克实施的特种作战行动。总而言之,我力争提供一份"一站式"的、相对容易上手的、关于美国特种部队历史的参考指南,它所给予的大量史实以及参考书目方便对相关背景知识缺乏了解的读者使用与学习。对于这个目标,我相信我是成功的。作者在此向本书的编辑帕德里克·卡林(Padraic Carlin)和安迪·麦克科米克(Andy McCormick)表示感谢,他们建议我就这一题材进行写作,这是一次需要付出艰苦努力的任务,并且也是一本信息量相当大的参考书,我希望读者们能够从本书中得到启发。

哲学博士　约翰·C.弗雷德里克森

目　录

第一部　先驱者，1676 年至 1991 年

第一章　特种用途单位，殖民地时代至 1918 年 …… 3
第二章　第二次世界大战时期的特种部队，1939—1945 年 …… 70
第三章　冷战时期的特种部队，1946—1991 年 …… 142

第二部　美国特种部队，1992 年至今

第四章　空军航空突击队 …… 213
第五章　第 1 特种部队作战分遣队——德尔塔(三角洲部队) …… 228
第六章　美国陆军特种部队(绿色贝雷帽) …… 235
第七章　第 75 突击队团 …… 246
第八章　空降部队 …… 253
第九章　第 10 山地师(轻步兵) …… 269
第十章　第 160 特种作战航空团(具备空降作战资格) …… 275
第十一章　情报支援行动 …… 283
第十二章　海军陆战队舰队陆战队侦察营/特种作战营 …… 288
第十三章　海军“海豹” …… 302
第十四章　特别行动部(中央情报局) …… 314
第十五章　海军特种作战发展大队(海豹 6 队) …… 324
第十六章　美国特种作战司令部 …… 331

各章参考书目 …… 342
参考书目 …… 380
美国特种部队年表 …… 384
美国特种部队组织架构表 …… 423

第一部
先驱者,1676 年至 1991 年

第一章

特种用途单位，殖民地时代至 1918 年

特种用途单位(Special Purpose Units)是一个宽泛的定义，总的来说是指穿着或未穿着制服的军事人员，其运作方式——操典所规定使用的战术，以及日常军务中所应用到的规章制度——迥异于大多数的军事单位。鉴于北美殖民地与母国英格兰相距甚远，以及殖民者在当地面对的(与欧洲)截然不同的战术形势，促使他们成立了自己的、几乎独一无二的愿意尝试以非正统的解决方案，来应对那些似乎无法依靠当时的常规手段予以解决的军事问题的武装部队。其结果就是在后来发生的一系列小规模战争——正是它们将美国引向了独立斗争之路——之后发生的那次旨在争取国家独立的战争，以及 1918 年之前美国所卷入的历次战争中，大量不同类型的特种用途单位都陷入了这样一个怪圈：组建成军、在实战中赢得荣誉，在战争结束后被草率地解散。这些(特种用途)单位中不仅包括了当时最优秀的正规游击战部队(guerilla)和非正规游击战部队(partisan)，而且也包括了在常备军事组织中服役的正规军人，他们凭借着自己接受过的特种训练，独一无二的装备、制服，或专用的武器而从其他的正规部队中脱颖而出。将要在下文中列举出来的很多此类单位，在它们的训练、作战方式或者在正面战场、敌后纵深地带达成其军事目标的手段等方面，与今天的特种部队有直接的传承关系。在至少一个战例中，特种技术促成了一次非常规性的海上攻击——“海龟”号潜艇对英国旗舰“鹰”号的水下攻击——它在日后演变成了一种正统的海战方法。这一章中，将回顾几个由美国人组建的此类单位的历史，它们因为在常规战场的前方或后方所起到的特殊作用，而具备了鲜明的识别特征。需要强调的一点是，特种部队凭借其所接受的特种训练以及特殊装备，其达成战略和战术目标的能力已经超越了常规作战单位的视界。依靠想象力，而非军事教条，它们在战略与战术性任务的计划以及执行过程中，扮演了一个具备无限可能性的角色。

陆军

新英格兰民兵

当英国定居者首次在环境与经过精修细剪的西欧田园相去甚远的新世界，与美洲原住民发生遭遇后，后者即对英国定居者们日后使用的作战方法产生了巨大的影响。17世纪的欧洲式战法是构建在接受过密集队形操练的重装骑兵、长矛手与火枪手的基础之上的，当他们在植被茂密的地形上，面对使用轻便武器装备，可以实施快速机动，并且以疏散队形作战的敌人时，他们本应有的优势就会被上述几个因素抵消得一干二净。事实上，北美原住民通过在几个世纪以来相互征伐的过程中得到的磨炼，已经掌握了不同凡响的埋伏与包围战术，并且他们十分精通：如何在实施打了就跑的战术时，将战场环境转化为对己方有利的因素。不明所以的殖民者当时将其蔑称为“偷偷摸摸的战法”。(北美原住民的)胜利通常建立在：对地形的深入了解；行军途中对反追踪技术的运用；能够在严格的行军纪律约束下，隐蔽地接近事先精确选定的攻击发起点；以及(当攻击结束后)迅速实施撤退，并融入以林地为主的环境中摆脱追兵。居住在美国东北部的诸林地部落(woodland tribes)在遂行所有这些作战行动方面是当之无愧的大师。事实上，即便是一整连武装到牙齿的英国殖民者，当他们与一小群挥舞着弓箭、战斧，移动迅捷而野蛮的原住民武士作战时，也不能完全排除遭到包围，有时甚至被歼灭的可能性。当印第安人通过贸易获得欧洲生产的火器后，他们很快就变得与他们的对手一样精通火器的使用方法，战斗中他们对排列成密集阵形作战的(殖民者)民兵所能施加的打击也成倍增加。在弗吉尼亚地区和康涅迪格地区与印第安人之间发生的早期武装冲突中，英格兰殖民者部队之所以能够获得最终的胜利，并非因为殖民者们在正面作战方面具备任何形式的优势。仅仅是因为殖民者的身体更强壮；相对于分裂为众多部落的对手，殖民者们在政治力量上相对统一以及伴随着欧洲人口增长而带来的移民潮，改变了北美殖民地的人口比例。西方殖民主义者们一贯津津乐道的所谓“西方社会的优势”，诸如技术、医疗、对纪律的服从，确实赋予了他们战略方面的优势，只要经过长期的对抗之后，他们必然能够完全压倒北美原住民。但是只要他们身处印第安人所选定的战场，后者就仍然是殖民者在边疆地区所必须面对的强大对手。

在1675年6月，新英格兰诸殖民地又一次面临了灾难性的军事态势。万帕诺亚格部落(Wampanoags)在他们的战争酋长米塔康米特(Metacomet)①——他惯有的傲慢态度很快使他获得了“菲利普国王”的绰号——领导下，发动了旨在反对欧洲殖民者侵占印第安人土地的暴乱。很快他们就得到了尼普马克人(Nipmuc)、塞康内特人(Sakonnet)、普卡斯西特人(Pocasset)和纳拉甘西特人(Narragansett)的响应。这些部落的战争集团旋即对殖

---

① 米塔康米特(1639—1676)，又名“米塔康姆”，“菲利普”这个欧洲式名字源自他与欧洲殖民者和睦相处并互有贸易往来的那段岁月。——译者注

本杰明·丘奇(Benjamin Church，1639—1718)

本杰明·丘奇上校，创建了美国军事史上第一支特种部队单位，并在他的指挥下，利落地结束了菲力普国王战争。与同时代的大多数殖民者不同，他尊重北美原住民，并对他们的作战方式抱以最高的敬意。(图片由美国国会图书馆提供)

本杰明·丘奇于 1639 年出生在马萨诸塞地区的普利茅斯殖民地(Plymouth Colony)，曾在多个定居点干过木匠营生。1675 年丘奇在罗得岛建立了小康普顿定居点，并在日常生活中与当地的万帕诺亚格印第安人(Wampanoag Indians)有过频繁的接触。与生活在同时代的大多数人不同，他对于印第安人的生活与作战方式有敏锐的观察，并与若干名印第安酋长建立了亲密的友谊。当菲力普国王战争于同年爆发后，他担负起指挥一个民兵连的责任，并于 1675 年 12 月 19 日，在重创了强大的纳拉甘西特部落的大沼泽地战斗(Great Swamp Fight)中身受重伤。尽管取得了一次大捷，但战争本身的情势却不容乐观。所以在 1676 年春，普利茅斯殖民地总督约书亚·温斯洛(Josiah Winslow)任命丘奇担任了民兵部队的总指挥官。丘奇立即组建了一支由英格兰人和皈依基督教的印第安人组成的混合民兵连，并以适合边疆林地地区的战术对他们实施了训练。这是历史上殖民者第一次以这种方式招募当地人并组建作战部队的尝试。在之后的战斗中，丘奇率领他的民兵连成功俘获了多名敌对印第安人部落的首领。例如在 1676 年 8 月 1 日，他俘获了米塔康米特酋长的妻子和儿子，在此之后的 1676 年 8 月 12 日，他手下的一名印第安人士兵又在罗德岛的布里斯托(Bristol)追上并杀死了米塔康米特酋长本人。丘奇的行动使得这场战争以殖民者一方获得快速、全面的胜利而告终。他又在后来的威廉国王战争(1689—1697)与安妮女王战争(1702—1713)期间，指挥过由英裔殖民者和印第安人组成的混合部队，但再也没有获得过他在菲力普国王战争期间曾取得过的巨大成功。他的儿子托马斯·丘奇在 1716 年出版了他的著作《菲力普国王战争逸事》——这是北美殖民地最早的一部军事论文集。丘奇作为美国军事史上第一支连级特种部队单位的创建者和指挥官，于 1718 年 1 月 17 日在小康普顿逝世。

民者们沿着康涅迪格峡谷建立的各个孤立社区(communities)展开了袭掠与摧毁。殖民地联盟(United Colonies)①募集了民兵部队，并尽最大努力对印第安人的进攻实施反击。尽

① 即新英格兰殖民地联盟，或又名“新英格兰同盟”，是 17 世纪一个存在时间很短的军事、政治联盟，成员包括当时北美地区的各个英属殖民地：马萨诸塞，普利茅斯，康涅迪格和纽黑文。——译者注

《(马萨诸塞州民兵)第一次大校阅》(*The First Muster*)17 世纪的英国殖民地民兵精良的个人装备,在林地环境作战中面对使用轻便的武器装备、机动迅捷的美洲原住民时,无从发挥其应有的优势。(唐·特罗亚尼摄,2011)

管如此,单独行动的民兵分遣队经常在巡逻途中,或自一个定居点(settlement)行军至另一个定居点的途中遭遇埋伏、遭受重创,甚至会被消灭。殖民者所蒙受的最大一次军事挫折发生在 1675 年 9 月 19 日,由托马斯·拉斯罗普(Thomas Lathrop)上尉指挥的 70 名艾塞克斯县民兵,在穆迪溪靠近已被废弃的迪尔菲尔德村(Village Deer field)的一段河道附近,落入印第安人的圈套后被全歼。这一次胜利鼓舞了叛乱的印第安诸部落,同年 10 月,印第安人又攻击并彻底摧毁了斯普林菲尔德(Springfield)定居点——当时康涅迪格谷地中规模最大的驻军营地与转口贸易中心。在面对这些精于以优势兵力发动突然袭击,又能在殖民者组织起反击力量前消失得无影无踪的敌人时,英国殖民者在人数和武器方面的优势毫无作用。

正是在这一次的军事紧急状态中,诞生了美国军事史上第一支具备了鲜明识别特征的用于执行特殊任务的部队。普利茅斯的本杰明·丘奇,作为一名与各印第安部落有长期生意往来的成功地主,招募印第安人中的持不同信仰者(已皈依基督教)组建了一支印第安人—英裔殖民者混合部队。在当时清教徒的共识中,印第安人是恶魔撒旦的后裔,这使得混合部队的组建成为一项艰巨的任务。幸运的是,战场上的恶劣形势迫使神学上的争论退居到次要位置,丘奇的意见最终占了上风。事实上,他与部落领袖进行交易时公平无欺的作风,他运用印第安部落方言与各部落的印第安人沟通的能力,使得他成为这项使命的不二人选。简而言之,是丘奇对当地人的文化,尤其是作战方法的尊重,促成了殖民者一方的胜利。在万帕诺亚格人的敌对行动发生之前，丘奇就曾接到过瓦姆帕诺格部落萨空奈特族(Sakonnet clan)女族长阿瓦松克斯(Awashonks)，以及普卡斯西特部落(Pocassets)女首领维塔默(Weatamoo)的警告："米塔康米特已经举起了战斧"①。丘奇尽职地将情报上报给了普利茅斯殖民地当局，作为回报，他得到了民兵上尉的委任，并且成为了约书亚·温斯罗(Josiah Winslow)总督的重要幕僚。

作为一名军事领袖，丘奇的风格是靠前指挥。1675 年 7 月 8 日，他在 20 名普利茅斯民兵的护卫下，前往普卡斯西特部落就和平协议作初步商讨。当他抵达罗德岛的蒂弗顿附近时，遭到了由米塔康米特亲自指挥的 300 名瓦姆帕诺格战士的攻击。他们且战且退到了皮斯原野(Pease's Field)后，他的手下利用地面上的岩石垒起了简易工事，并依托它们与对手展开了激烈的对射。印第安人非但没有发动正面强攻，反而是以稳定的间隔时间进行齐射，将试图从海上撤走民兵的英国船只驱离海岸线。丘奇稍后发信号命令那些船只撤走，另派一艘拖带了独木舟的小型单桅帆船前往他们被围困的地点。单桅帆船在夜间抵达后，立即开始通过拖来的独木舟以每次两人的速度撤走当时被围困在岸上的民兵，所有人最后都平安撤离。他们能够抵抗人数达自身 15 倍的敌人超过 6 小时并平安生还，依靠的都是丘奇灵感充沛的指挥艺术。之后他又参加了针对中立的纳拉甘西特部落实施的先发制人的大规模突袭，并在 1675 年 12 月 19 日的大沼泽战斗——该地位于今天的罗德岛州金斯顿——中赢得了殊荣。英国殖民者部队在温思罗普(Winthrop)总督的指挥下，轻率地向印第安人构筑精良的大规模筑垒防线发动了冲锋——这次进攻忽视了丘奇的建议——并在一片血腥狼藉中草草收场，直到丘奇自己的民兵连开辟出一条道路，并从印第安人阵地的背后发动奇袭后，殖民者才终于获得了胜利。双方的损失都相当惨重。这时丘奇向他的上级提议道：不要冒着即将来临的大雪返回维克福特(Wickford)，以免伤员忍受不必要的痛苦。并且不要焚毁缴获的印第安住宅，它们大多保持完好，并且储备了大量的粮食(足以容纳殖民者们躲避风雪)。他提出的思虑周详的战术建议又一次被轻率地忽视了，胜利者们忍受着足以将任何人拖垮的隆冬天气踏上了返回安全地区的旅途，并且有很多人因为降到冰点以下的气温而失去了生命。这些缺乏军事经验的殖民地官员所表现出来的纯属业余水平的领导力，让殖民地付出了高昂的代价。

尽管如此，丘奇作为一名咄咄逼人的、在自我推销方面具备相当天才的军官，开始赢得了"殖民地最卓越的反印第安斗士"的名声，之后他在温思罗普总督那里也逐渐获得了相当的影响力。他开始着手说服殖民地当局将"持不同宗教信仰"的美洲原住民招募到殖民地事业中来。米塔康米特傲慢的个性，甚至使他在自己的部落中都树敌甚广，部众皆欲弃之而去。考虑到清教徒那刻板并且对宗教过度虔诚的思维定式，丘奇为了"取悦"这些白人同事，在最初阶段将招募范围限定在那些皈依了基督教的，或者又称"做祷告的印第安人"身上，并

① 意为开战在即。——译者注

毫不踌躇地利用他们的军事才能来对抗那些秉持敌对立场的印第安部落。丘奇混编民兵连的作战能力远远超过了各个殖民地当时所拥有的一切民兵单位，他们通过展开攻势行动将战火烧到敌人的领土上，进而赢得了声誉。截至 1676 年 7 月，丘奇的部队中已经包括了 60 名英格兰人和 140 名印第安辅助人员，全部是志愿者，并且精通非正规战。他们在战场上取得的几场胜利，使得丘奇确信他也可以将那些被击败的敌人招募到自己的部队中来，这一目标通过慷慨的赦免战败者的生命而得以顺利达成。除了作为优秀的武士所体现出来的价值，这些皈依者也证明了自己是出类拔萃的侦察兵，能够毫不走样地传递回有用的军事情报，并且这是英格兰出生的民兵力所不逮的。然而，丘奇的行为却引发了殖民地当局的愤怒，他们驳斥了丘奇所坚持的对已经获得宽恕的印第安人提供公平待遇的诺言，并责成他立即将这些印第安人投入奴隶市场。他对这一带有种族歧视性质的命令表示了抗辩：这样不会取得预期的结果，除了加深原住民的抵抗情绪，让战争愈加旷日持久之外毫无意义。（不出所料）清教徒领袖们对这一想法表示了嘲笑。居住在新英格兰地区的印第安部落是危险的、坚韧的敌手，但是他们缺乏人力和其他物资的来源用来对抗以稳定的速度逐步涌入该地区的移民浪潮，以及来自新移民的可用于军事用途的人力资源。这一事实以及欧洲人那令人不安的——构建在“现代化”后勤补给安排上的——实施冬季战役的能力，封堵了“米塔康米特叛乱”的命运。在经过持续一年的连续战斗后，几乎所有的部落都因为连绵不绝的战斗而陷入了衰竭状态，或者因不堪忍受饥荒而向殖民地当局表示了降服。

代表性行动

贯穿 1676 年的整个夏季，丘奇的民兵连在对逃亡中的印第安武士实施追踪——有时是突然袭击——的过程中赢得了令人瞩目的胜利，其中也包括那些因为他就“投降者的待遇问题”所作出的个人保证而决定不战而降的原住民。这些非正规战士们对那些由持敌对态度的印第安首领率领的战争集群，实施了无情的追击。随着这些领袖被击毙或遭捕获，这些部落的“指挥体系”也变得日趋无效化。此时，曾经“不可一世”的米塔康米特酋长已经沦落为了一个逃亡者，陪伴他的追随者寥寥无几。一般来说，只接受过常规训练的新英格兰民兵，根本不具备对这名行踪不定的敌手实施有效追击的能力，但是丘奇的连队在这场武装冲突的最后几个月内从未失去过米塔康米特酋长的踪迹。1676 年 8 月 2 日，他们在罗德岛的布里斯托附近，包围并抓获了酋长的妻子和儿子，他们被迅速地装船运往西印度群岛卖作了奴隶。10 天后，即 1676 年 8 月 12 日，约翰・奥尔德曼（John Alderman）——丘奇民兵连中一名皈依了基督教的印第安人，追踪到了“菲利普国王”，向他开了火，并且杀死了流亡中的米塔康米特，事件发生的地点靠近今天的芒特霍普。之后，酋长的尸体在绘图后遭到肢解，并在普利茅斯殖民地的各处示众，以警告潜在的敌人。奥尔德曼得到了酋长的一只手——一件令人毛骨悚然的战利品。几周之后，丘奇又包围并制服了阿纳旺（Annawon）——最后一名仍然在逃的战争首领，利落地结束了这场战争。阿纳旺的投降是因为丘奇作出了既往不咎的保证，而后者也确实竭力维护过他的诺言，但是清教徒领袖们驳回了他的请求，酋长随即遭到捆绑并解送波士顿，最后在那里处决。为了酬谢丘奇付出的努力，清教徒领袖们将他围在中间，通过举手表决的方式确定：有必要向丘奇表达“他们的感谢”，然后发放了一笔总金额约为 30 先令的奖金。不过最重要的是，他的成功有效地展示了以来自不同人种的兵员组建军事部队的可行性，并可以直接从当地人口中抽调必需的兵员。这一政策再度出笼，要晚至 20 世纪和 21 世纪，并在那段时期内爆发的历次战争中，成为了美国特种部队的一种标准战术。但是它第一次在实战中证明其实用性，确是在新英格兰地区的旷野之中，时间更要上溯至 3 个世纪之前。

罗杰斯突击队

1754 年，在一座被自封的要塞司令乔治·华盛顿(George Washington)称作纳塞西提堡(Fort Necessity)的边疆哨所，发生了一场只持续了一分钟的小规模战斗，它引爆了英法两国为争夺北美殖民地的控制权而积蓄已久的矛盾。面对法国人的挑战，英国政府作出了强硬的答复：1 500 名纪律严明的正规军，在爱德华·布拉多克将军(Gen. Edward Braddock)的率领下进驻了弗吉尼亚地区。他们接到的命令是：在一队当地民兵的配合下，攻占由法军构筑的要塞杜肯堡(Fort Duquesne)——该堡垒的遗址位于匹茨堡市中心。鉴于穿猩红色上衣的英国士兵当时在战场上赢得的好打硬仗的名声，这个任务本该是可以轻易完成的。然而 1755 年 7 月 9 日，布拉多克将军指挥的行军纵队却在渡过杜肯堡南面的莫农加希拉河时，遭到了由 900 名法国人、亲法印第安人和加拿大人组成的混合部队的伏击，并且几乎惨遭歼灭——英国士兵排列成线式队形，勇敢地与隐匿在树林中几乎不见踪影的敌人对射，然后被成批地打倒。当这一天结束时，一共有 977 名英国军人——包括布拉多克将军本人在内——阵亡或受伤，法军与其印第安盟友的伤亡人数是 39 人。这样一场揭开了法印战争序幕的悲剧，暴露出了当时的欧洲式作战方法——敌对双方以多重线式队形在近距离互相实施群射——的脆弱性。在北美洲的野战条件下，英国陆军在战场上展开部队的方法，已经被使用印第安式战法以松散队形实施展开的对手所彻底超越。墨守成规的英军高层指挥官们虽然耻于承认这一点，但新的战术模式还是必须引进，以适应在茂密林地环境中作战的客观现实。英国军方根本无意让这类新战术彻底取代常规战术，只是让它们在正面战场上——以及敌后战场——充当常规战术的附属物。

1755 年由威廉·约翰逊将军(Gen. William Johnson)指挥的一支英军在纽约州的乔治湖附近，取得了一次相对莫农加希拉河战斗而言更成功的“胜利”，那也是时年 24 岁的罗伯特·罗杰斯上尉(Cpt. Robert Rogers)的首次亮相。罗杰斯出身新汉普郡民兵部队，缺乏教养，当时已因为行为下流而在社交圈内享有了一定的“名声”，但是他作为侦察兵具备的高度职业素养，使得约翰逊对他青睐有加。他授权罗杰斯组建一支直属于将军本人的、连级建制的侦察兵部队，并且在战场上拥有一定程度的独立活动的自由。罗杰斯曾在纽约州的克朗波因特(Crown Point)附近执行了不下 7 次侦察任务，其中有 3 次是在严冬时节，其他友军部队龟缩在过冬营地时完成的。鉴于他成功完成了上述任务，马萨诸塞州总督威廉·谢尔利(William Shirley)授予他担任第一支“突击队员独立连”指挥官，一段传奇就此诞生。除了对英国式的严酷军纪不屑一顾之外，罗伯特·罗杰斯不仅具备了领袖所必备的一切特质，并且他还融汇了印第安式林地战术和殖民地伐木人的野外活动技能，开发出一套崭新的战斗方法。1756 年，他更进了一步，发表了《罗杰斯的巡逻守则》(Rogers's Rules for Ranging)。这是历史上首次编撰的一篇适用于非常规战突击队员，且必须时刻恪守的正式军事条令。这些被罗杰斯称为突击队员(Rangers)的非常规战士，很快就因为高效地完成了各种高价值军事行动，诸如对敌后纵深地带实施袭掠，通过捕俘、隐秘侦察等手段搜集敌方军事情报，并判明敌军的兵力与行动意图而声名鹊起。

这支掌握了专业军事技能的部队，被非正式地称作“罗杰斯的突击队”，他们遂行的任务的特殊性反映在了他们的制服、训练以及装备上。罗杰斯得到授权，可以从志愿者中精选出他认为最合适的人员，合适的突击队员候选人脾性要粗鲁、不拘泥于正规军的纪律、大胆，并且要具备完成任何命令的能力。总的来说，突击队员必须是粗野、强壮的男人，惯于吃苦，有长时间暴露在雨、雪天气之下，克服林地、山地或泥泞地形的阻碍完成长途行军的能力。此外，木工技能也是必备的，当在行军途中遇到湖泊或河流的阻碍时，他们就必须砍伐树木制造木筏或小艇以便克服之。为了便于在冬季实施作战行动，突击队员们还配发了一双雪鞋、一双冰鞋、一条额外的毯子，除非有雪橇或平底雪橇用来运送补给，这些装备平时都需要随身背负。突击队员们的服装简朴而舒适，包括一件羊毛质地的绿色上衣、一顶外形酷似贝雷帽的绿色软帽、扎了绑腿的雄鹿皮裤子和印第安式鹿皮鞋——又与英国正规军俗丽而不实用的制服形成了鲜明对比。这样一套配备不仅实用，能在长途行军中使穿着者保持舒适，而且为他们提供了极好的伪装，使得他们更容易融入到背景环境中去。配发给突击队员的战斗装备也要比正规军的装备更轻便，这让他们行动更灵活，行军的速度更快。制式滑膛枪的枪管被统一截短了若干英寸，以便于在野外活动，突击队员们配发的弹药量是：子弹 60 发及足量的火药。另外，在开阔地以站姿开火的欧洲式作战方法在部队内是不提倡的。罗杰斯训练他的突击队员们必须先找到掩体后再开火，他还是开发卧倒开火以及相应装填技术的先驱者之一。最后，他们还配发了边疆居民们常用的剥皮刀和战斧，并接受了如何在实战中应用这些武器的训练课程，这完善了突击队员们具备“边民风格”的武器库。

仅仅从作战这一角度来看，突击队员是真正的轻步兵，他们的基本战术是通过夜间行动以避免可能与敌方巡逻队发生的遭遇战，增强攻击的突然性，确保他们的隐蔽待机地域不被敌军发现。在行军途中，他们总是以“印第安式队形”前进，换一种说法就是单纵队，这样即使他们行军中留下的踪迹被敌方侦察兵发现，对方也无法通过脚印来估算出他们的大概兵力。最重要的是，突击队员们在经过训练后，可以在接到预警后一分钟内即整装

罗伯特·罗杰斯(Robert Rogers, 1731—1795)

1731 年 11 月 7 日,出生于马萨诸塞州的梅休因,并在新汉普郡的荒野中长大。1755 年,法印战争爆发后,他立即加入了民兵,以逃避一项针对他的伪造罪指控,作为一个侦察兵连的指挥官,他展现出了杰出的能力。3 年后他被提升为少校,指挥 9 个连的突击部队,并且在为正规军屏护侧翼,以及侦察乔治湖沿岸地区的敌踪时保持了其优异的表现。为了保证战术优势,他还起草了《罗杰斯的巡逻守则》,其条令细则涵盖了当时关于伏击、侦查、情报收集、袭掠、宿营和行军等方面的一切知识,这些都基于他与美洲原住民作战时所获取的第一手经验。1758 年 3 月 13 日,罗杰斯在纽约州的乔治湖区遭遇了法国、(亲法)印第安部队以优势兵力布置的埋伏,但他在巧妙地摆脱了人多势众的追兵之后成功逃脱。在 1759 年 9 月至 10 月间,罗杰斯指挥部队行军 200 英里,穿越了加拿大尚未开发的蛮荒地区,并于 1759 年 10 月 5 日攻陷了位于圣弗朗西斯的敌对印第安人据点,完成了他整个军事生涯中最艰巨的一次行动。由于沿途恶劣的地形和补给品短缺,参战的 180 名突击队员中,只有 93 人安全回到友军控制地域。之后,罗杰斯又在 1760 年 11 月被派往西部接受底特律的投降。但是在此之后,他因为被怀疑在部队的账目上作假,而触怒了英国殖民地的高层人士。一直到 1775 年,他的全部生活内容就是(因各种指控)频繁地出入于各所监狱。当他从英格兰返回美洲参加美国独立战争时,却又因多次变换立场,使得他失去了身在英国的支持者们的支持。1795 年 5 月 18 日他死于伦敦,身后一文不名。虽然他的人品下流卑鄙,但还是被很多人尊为美国特种作战技术之父。

罗伯特·罗杰斯少校,(在法印战争期间)指挥了一支以他的名字命名的著名特种部队单位:罗杰斯突击队。他的部队有效地综合了美洲原住民式战法与英国正规军式战法的优点,并在若干次行动中取得了空前的战果。(图片由美国国会图书馆提供)

出发。行军途中,特别是当身处在敌军战线的后方时,侦察巡逻队和尖兵会被派到主力前方和两翼,以免遭遇敌军突袭。宿营时,一半人员在上半夜保持警戒而另一半人员睡觉,到了下半夜时两批人员互相轮换。如果允许生营火,则必须挖掘一个 3 英尺深的火坑,并以云杉树枝围绕之,将火光被发现的可能降到最低。罗杰斯当时清醒地注意到,法国人和他们的印第安盟友喜欢在黎明时分对营地发动突袭,作为对策,突击队员们在黎明之前就被唤醒并组织防御。如果敌人没有发动袭击,则所有人员在吃完早餐后继续行军。总之,罗杰斯突击队是英军方面所拥有的少数的几支可以在任何季节、任何环境下遂行作战任务的部队之一。他们已习惯的险恶环境，足以吓退当时欧洲国家军队中作战意志最坚定的精兵。虽然罗杰斯遭到了大部分正规军官同事的冷嘲热讽，但随着战功的不断积累，罗杰斯甚至接到了命令，去向正规军中的所有初级军官传授他所掌握的各种非正统的军事技术。最终突击队令英国当局感到如此满意，以至于所有的基干步兵团(line regiments)都被要求成立一个接受过侧翼屏护、散兵战术、前哨部队勤务训练的轻步兵连(Light Company)，他们几乎就和突击队员别无二致。

很快罗杰斯上尉的部队就通过在殖民地北部战场上的勇猛表现，在侦察敌军位置、捕获俘虏、对敌人发动致命伏击时表现出的能力而赢得了名声。但是即使是训练最精良的部队也难逃命运的捉弄，1757 年 1 月 21 日罗杰斯遭遇了军事生涯中最惨重的失败。那一天他指挥 183 名突击队员执行侦察任务，路过卡里昂堡(Fort Carillon)——位于今天的提康德罗加——时伏击了一支法军分遣队，俘获 7 人。然而，伏击战的幸存者们得以逃进堡垒向守军示警，突击队员们立即以穿着雪鞋所能允许的最高行军速度撤离该地。撤退途中他们遭到了由 150 名法军和印第安人发动的伏击，敌人的第一轮群射即打死了 7 名突击队员。罗杰斯立即下令，前卫转后卫阻击敌人以争取时间，与此同时他带领剩余部队撤向附近的高地，然后再以连绵不断的群射火力掩护后卫撤退——在确有必要的时候，突击队员们也能够随机应变，运用常规部队的战斗方法作战——法军对他们的防线发动了两次正面攻击，皆被击退；对突击队阵地实施侧翼迂回的两次尝试，也被罗杰斯指派为预备队的一小组突击队员所粉碎。在成功阻滞了敌人的进攻并坚持到天黑后，罗杰斯利用暗夜的掩护带领剩余的突击队员撤退，途中又伤亡了 20 人，但其他人都安全抵达了威廉·亨利堡(Fort William Henry)。事后，法军在打扫战场时捡到了罗杰斯遗失的一件军上衣，他们据此宣称终于除掉了这个最可恶的敌人。“雪鞋之战”①是一次代价高昂且出乎意料的挫折，但是依靠严格的开火纪律和调动部队实施巧妙的战场机动，罗杰斯从一场大灾难的边缘挽救了他的大部分部下和他本人的生命。不出所料，他在 1758 年被提升为少校，当时交由他指挥的突击部队已达 9 个连之众。

代表性行动

在超过一个世纪的时间里，阿比那奇部落(Abennaki tribes)凭着他们对边疆地区的定居点发动迅速且毁灭性的袭掠，成为了新英格兰北部地区的“灾星”。根据统计，仅在 1759 年该部落的战争集群就在历次小规模冲突中，剥下了不少于 600 张本属于英国殖民者的头皮，而且其中的大多数都被悬挂在下加拿大地区的圣·弗朗西斯作公开展示。新任驻美英军司令，杰弗里·阿姆赫斯特少将(Major Gen. Jeffrey Amherst)认为，这种敌对行为必须在他发动对加拿大的入侵之前予以制止，他命令罗杰斯少校制订一个计划实施反击。

---

① 作者在这里描述的是两次战斗：第一次雪鞋之战(1757)和第二次雪鞋之战(1758)。——译者注

渗透敌人后方再发动突然袭击，正是突击队的拿手好戏。1759 年 9 月 13 日，200 名突击队员及一队皈依基督教的斯托克布里奇族印第安人(Stockbridge Indians)从纽约州的克朗波因特出发。他们在进入下加拿大地区前，首先乘坐捕鲸艇渡过了尚普兰湖，之后在北佛蒙特地区的秘斯奎伊湾登陆。行军沿途地区的地形被证明极其恶劣，有 1/4 的突击队员在行军期间死于疾病。雪上加霜的是，法国巡逻队发现了他们藏匿于岸边的所有捕鲸艇，完全剥夺了他们通过水路实施机动的能力。坏运气和法军巡逻队已在四处搜捕他们这一事实，并没有吓退罗杰斯。他召开了一次作战议会，在会上说服了所有人继续实施原定的袭掠任务——完成任务后，他们将沿着康涅狄格河走陆路返回新汉普郡。袭掠部队缺乏通过陆路走完全程所必需的补给品，因此又派出了先头部队在部队前方收集补给品。

突击队员们在 1759 年 10 月 5 日抵达了他们的目的地，其间完全没有暴露行踪，并且罗杰斯根据新近捕获的俘虏的供述得知，原来法军误判了他的攻击目标。于是，借着 10 月 6 日黎明前最黑暗一刻的掩护，突击队员们未遭遇任何抵抗，就突入了圣·弗朗西斯。他们根据统一的号令，同时冲入了所有的房子，展开了致命的惩戒行动：所有的男人、女人和儿童都被滑膛枪、刺刀或印第安战斧杀死。所有的房屋均遭到焚毁，以报复他们多年来对新英格兰殖民地的袭扰。随后突击队员搜集了印第安人所有的存粮，匆忙向圣·弗朗西斯河上游地区前进，直到抵达了相当于今天的舍布鲁克——位于加拿大魁北克省南部——的位置。其时所有的补给品已消耗殆尽，罗杰斯将部队分散为小股，以便觅食和摆脱敌军的追击。复仇心切的法国人和印第安人确实设法围捕了其中的几股突击队员，但其他人在罗杰斯的指挥下，利用就便制作的粗糙木筏沿着康涅狄格河顺流而下，狼狈不堪地抵达了傅堡——今天新汉普郡的伍德韦尔。不料却发现预计中本应该运到的当地的补给品根本没有出现。突击队员在傅堡周边搜刮尽一切可用物资后，罗杰斯又组织了一次救援性质的远征：逆流而上营救剩余的幸存者，最终一共救回了 100 人。尽管蒙受了巨大的人员损失，罗杰斯仍然证明了纵深袭掠的价值，经此一战阿比那奇部落对新英格兰地区的威胁被永久性地终止了。圣·弗朗西斯的毁灭，时刻提醒着其他印第安定居点：无论你们距离英国殖民地多远，都处在罗杰斯突击队的作战半径之内。

罗杰斯继续执行他的袭掠和侦察任务，直到 1759 年秋天，英将詹姆斯·武尔夫(Gen. James Wolfe)攻陷了魁北克城。在随后的一年里，北美洲的各个法属领地陆续向英国投降，罗杰斯突击队乘坐捕鲸艇接受了五大湖区沿岸所有定居点和军事堡垒的投降，包括了底特律和米其麦基纳克(Michilimackinac)①。1763 年一整年，他参与了庞蒂克酋长(Chief Pontiac)发动的反英叛乱，当他于同年回到费城时，受到了对他满怀敬意的群众的欢呼——因为罗杰斯参与的这一次军事叛乱完全是出于对殖民地人民立场的同情。尽管如此，在 1776 年，他又在美国独立战争期间秉持着亲英态度，参加了由美国保王党分子组织

---

①　米其麦基纳克，法国为了保护其在皮毛贸易方面的利益而设置的一座军事要塞。——译者注

的“女王突击队”（Queen's Rangers），直到该部队的短暂历史以其彻底解散而告终为止。无论怎么说，在北美洲出现的第一支有鲜明识别特征的特种部队的组建过程中，他以超凡的战术才能、耐力和勇敢写下了其中最重要的篇章——这是毋庸置疑的。从此以后，“突击队员”这个词及其实践永远在美国军语辞典中占有一席之地。

一分钟人

闻名遐迩的“一分钟人”，在很长一段时间内都被公认为美国式民兵组织方法的典范，事实上类似的民兵组织方式，在独立战争爆发前的一个世纪就已经得到了运用。尽管后来才有的各种严格条令，在当时甚至还没有被拟定出来，但是早在1645年马萨诸塞湾殖民地的民兵就已经接到指令，要对30%的适龄应征者实施特别训练，当有需要时他们将被紧急召集，以因应紧急军情。在之后的几十年里这一程序不断得到改良，其过程贯穿了整个18世纪，在湾区的西部和北部边疆，成立了数支被称为“雪鞋人”或“哨所警备队”的精锐民兵分队，用于对抗加拿大境内的印第安人对殖民地发动的袭掠。“一分钟人”在这一过程中，开始逐渐显示出了与殖民地其他常备防御部队的区别，它的全部成员都是青壮年中精选出来的枪法、体格出众者。（一旦敌对势力来袭）他们将在第一时间内响应召集，并被部署（到遭到敌对势力侵犯的地域），并要坚持到正规民兵部队前来换防为止。直到1774年与英国之间的矛盾终于转化为实际的敌对行动前不久，“一分钟人”招募程序的理论和实践才发展到了其最终阶段。当年9月，根据英王颁布的“强制法案”①，波士顿港遭到封锁，大批英国正规军以高姿态集结于城区，这导致了伍斯特（worcester）的辉格党（激进）领导人对他们的民兵部队实施了“清洗”。7个民兵团的军官阶层中，所有已知的保王党人都遭到撤职并被粗暴地赶出民兵部队，每个民兵团下辖的9个连的指挥官，都以新挑选出来的政治立场更可靠的人选取而代之。然后，这些部队中的1/3被指定为“一分钟人”，他们必须在接到警报的一分钟内，备妥上好子弹的滑膛枪进入待命状态。1774年10月26日，马萨诸塞省第一次特别议会在剑桥召开，授权省内所有的镇、区级行政区划按（伍斯特民兵的）统一标准对民兵部队的组织架构进行改良。当“一分钟人”的编制满员之后，所有的民兵每周都要接收三次高强度训练，其内容包含了行军队列操演和精确射击，这又一次地使他们区别于其他“正规”民兵部队的应征者。可能在整个（北美）殖民地的历史上，仅有这一次，民兵部队做到了（像西欧国家的常备正规军那样）不折不扣地执行上级的指令，并且绝对服从于军事纪律。而且这也是（北美殖民地历史上）第一次所有的镇和县被强制要求（用公费）为当地民兵部队配齐所有必备的武器和弹药。“一分钟人”不配发标准制服，他们将穿着收到召集令时身着的任何服装投入战斗。同时他们既不配发刺刀，

① 英王乔治三世为惩治波士顿倾茶事件而发布的一系列法令之一，被殖民地居民称为“不可忍受的法律”。——译者注

也不接受白刃战训练，他们的战斗方法并不像他们的英国正规军对手那样——肩并肩（呈线式队形）在开阔地上作战——而是要隐蔽在树木、围墙等一切可利用的掩体之后向敌人射击，并（在敌人逼近到可以发起白刃冲锋的距离前）逐次向后机动，再继续以滑膛枪火力打击敌人。随着各地“一分钟人”的陆续编练成军，这支相对（殖民地其他“正规”民兵部队）装备精良，相对训练有素，而战斗意志绝对高昂的部队，成为了掌握在美洲殖民地人民手中的一支可靠的、在真正的战斗爆发时可以立即投入战斗的“反应部队”。因此可以说：将保养良好的滑膛枪架于壁炉上方，随时做好准备以武力保卫家园和私有财产的美国民兵，并不完全是仅仅存在于浪漫主义者脑中的不切实际的美好想象。“一分钟人”和专门执行快速袭掠任务的“自由之子”（Sons of Liberty）一起构成了在即将来临的狂风暴雨中，北美殖民地依为干城的抵抗组织网络。

代表性作战行动

英国陆军退役中将托马斯·盖吉（Thomas Gage），英王委任的马萨诸塞时任总督，对波士顿及其周边地域发动了一系列的军事远征。实施这些武装突袭行动带有双重目的：首先要没收所有已知的、由激进分子设立的武器库；其次，要以英国正规军的严整军容震慑当地居民。这些精锐部队刚抵达北美殖民地与加拿大境内的法国人作战时，当时曾衷心欢迎过他们的殖民地居民把这些英国军人奉为救星，现在则改口讥讽他们为“红外套”（Red Coats）或“龙虾兵”（lobster backs）。这类远征非但没有让殖民地居民慑服于“陛下的军威”，反而使得原本持观望态度的人们认识到，频繁进行的武装游行只能意味着，一张皇权的罗网正在新世界的上空逐渐编织成形，殖民地必须加快整军的速度。有好几次，被派遣到乡间的大批英国军队发现近旁出现了兵力规模相近、装备齐全的殖民地民兵正在对他们进行有针对性的监视。在浓烈的火药味中，只需要一次最微小的意外就会引发不可收拾的大火，而“一分钟人”就是那颗最炽热的火星。

1755 年 4 月 19 日，根据盖吉的命令，一支由 700 名轻步兵（light infantry）和掷弹兵（grenadiers）组成的精锐部队，在威廉·史密斯（William Smith）中校的指挥下出动，收缴据信被殖民地居民藏匿在康科德的 14 门加农炮。“红外套”们进行了一次（在那个年代属于）高难度机动动作的夜间行军，沿途教堂的钟楼上响起了此起彼伏的告警钟声宣告了他们的到来。破晓时分，他们在莱克星顿格林（Lexington Green）遭遇了由约翰·帕克（John Park）上尉指挥的兵力规模为一个连的“一分钟人”民兵部队。当时响应了紧急召集并展开（到莱克星顿格林）的帕克民兵连人数略超过 80 人，他们望着英军以连级战斗队形向他们靠近，且队形没有丝毫散乱，这些民兵的心情也随着双方距离的缩短而愈加沮丧。皇家海军陆战队（Royal Marines）少校约翰·皮特凯恩（John Pitcairn）毫不介意挡道的叛贼有一“连”之众。他策马上前粗鲁地要求他们立即解散，否则后果自负。帕克明智地命令他的民兵们放低姿态，当一声来源已无法考证的枪声响起时，民兵们实际上已经在撤退之中。英军认为自己遭到了民兵的攻击，立即向帕克的民兵实施了连续群射，很快就打散了他们的队形，并打死了其中8人、打伤了其中9人。无秩序场面只持续了几分钟而已，但是导火索已经点燃，即便如此，史密斯还是命令他的部队继续向早已被转移的军火仓库前进。当他发现完成任务的企图已被挫败后，史密斯命令他的部队展开全程16英里的艰难行军，返回波士顿，英军撤退途中“枪声几乎响彻整个世界”，但他们(英军)似乎对此毫不介意。

莱克星顿大屠杀的流言如闪电般传遍了周边乡镇，“一分钟人”部队在“正规”民兵部队的支援下，开始涌向发生战斗的地域。美国民兵和英军一路小心翼翼地保持对峙状态，直到英军在萨德博里河南桥过河的时候，巴利特(Barrett)上校麾下若干个连的“一分钟人”开始向英国轻步兵部队发起攻击。这一次“红外套”首先开火，最后却被美国人以阵亡2人、受伤4人的代价击退，英军的伤亡人数是阵亡3人、受伤8人。这一次流血事件更加激发了殖民地居民对英军的憎恶，又有数百名“一分钟人”和正规民兵开始在英军正在行进的大道沿途，寻找树木等掩体，伺机加入战斗。整整16英里路上，美国人不断以印第安式战法从侧翼向英军发动攻击，英军则不断从行军队形转换为连级战斗队形后再向美国人发起反击。战斗中，民兵们总是试图让他们的对手陷入致命的交叉火力中，尤其是对手处在行军队形时滑膛枪的交叉火力尤为有效。值得注意的是，英军作战序列中也有若干个接受过类似战法训练的轻步兵连，并且他们还装备了刺刀，有好几次他们都对胆敢与他们缠斗在一起的民兵部队施以了“严惩”，但是大部分的民兵还是隐蔽在围墙和树木后作战。史密斯中校的部下伤亡人数也随着战斗的继续不断攀升。当由1 000名士兵组成的增援纵队在休·帕西爵士(Lord Hugh Percy)的指挥下赶到莱克星顿时，在战斗爆发的原点，正在与英军交火的美国民兵总数已达3 800名之众。英军所做的反应“仅仅是”在沿途短暂停留收容中弹倒下的伤亡人员，然后规整队形继续前进，直至他们最后全部抵达查尔斯顿为止。这次卓越的敌前撤退向我们展示了当时的英国军队所赖以获得其巨大声望的、铁一般的坚强军纪。在这次战斗中，一共有250名英军伤亡，其中包括14名军官，但是考虑到美国人在这次战斗中向英国行军纵队发射的滑膛枪子弹数量之巨大，这命中率又实在是低得不值一提。殖民地民兵一方，因为有效利用了掩体遮蔽英军的火力，所以只有49人阵亡、97人受伤。另外，他们还成功诱使一支当时被公认为世界上最优良的陆军部队放弃了唾手可得的胜利，转而撤离战场，因而在“一分钟人”的首次实战中，其表现还是值得钦佩的。作为这次事件的尾声，马萨诸塞州民兵继续向波士顿及其近郊的英军发动攻击，盖吉总督和他的正规军们发现自己已陷入了四面楚歌的境地。最终确保了美国独立战争胜利的是新整编过的大陆军(Continental Army)，其精良的训练、统一的制服和个人装备难免不使人联想到英国正规军。不过，胜利桂冠仍然当之无愧地属于马萨诸塞州民兵部队，他们向满腹狐疑的旧世界展示了美国人将以他们异乎寻常的手段与压迫者战斗到底的决心。他们令人猝不及防的快速机动力、以优势兵力迎战敌军的组织力以及非正统的战术，使得原本对英军而言志在必得的袭击却险些酿成一场灾难。

美洲来复枪手

1763 年对法战争胜利所促成的跨越阿拉巴契亚山脉的迁移浪潮中，移民们一头“撞”进了印第安人世代生息的土地。这些侵入行为激怒了当地居民，在边疆地带引发了一系列长期的无止境的争吵。迫于形势，远离文明中心的定居者们被迫放弃从英军学来的常规作战条令，转而采纳更适合于当地野外环境的印第安人式战法。这一次，定居者们得到了一种新式武器制造技术所赋予的助力，这种武器就是来复枪（rifle），很快它就将成为印第安式战斗和边疆生活本身的代名词——如果不是当作其拟人化说法的话。这种长身管武器发明于 17 世纪中叶，但尚未在欧陆国家的军队中普遍列装。相对于同时代的其他火器，来复枪的优势源自刻在枪管整个内壁上的膛线。球形弹丸在这些膛线的引导下，会在出膛后继续保持高速旋转的状态，陀螺效应使得弹丸得以保持一条相对笔直而准确的飞行轨迹，极大地提高了这种武器的准确性。弹丸在装填入枪管前，必须用一块涂抹了油脂的皮革包裹，这样在击发后可以更好地密闭枪管中的火药气体，并赋予弹丸更远的飞行距离。相较于同时代的其他火器，来复枪具备了更远的射程及更高的精确度，精通这件武器的射手可以用它击中位于 200 码至 300 码以外的目标，但它们也需要花费更长的时间用来装弹，其发射速率一般是每分钟 1 发左右。相比之下，燧发（滑膛）枪射程和精确度都低

1777 年 10 月 7 日，萨拉托加战役中由丹尼尔·摩根上校指挥的暂编来复枪手兵团。在整个美国独立战争期间，这些不羁的神枪手们无数次地扭转了战局。（图片由美国陆军军史中心提供）

1777 年 10 月 17 日，英国陆军中将约翰·伯格因在萨拉托加向美国陆军少将霍雷肖·盖兹投降。画面中右穿白衣者为丹尼尔·摩根上校。原作由约翰·特兰波尔绘制于 1822 年，现收藏于美国首都档案馆。(国片来自美国首都档案馆)

丹尼尔·摩根(Daniel Morgan，1736—1802)

1736 年生于新泽西的亨特顿县(Hunterdon County)，曾参加过法印战争，1775 年 6 月被委任为由来复枪手组成的精锐部队的指挥官。同年秋天，他参加了由本尼迪克特·阿诺德将军(Gen. Benedict Arnold)指挥的、最后以失败告终的魁北克远征，并且被英军俘获。通过战俘交换被释放后，他被委任为上校，负责指挥“摩根的来复枪手”——一支以他的名字命名、由 500 名精选来复枪手组成的部队。他们在 1777 年 9 月至 10 月间发生的弗里曼农场①和贝米斯高地战斗中都有上佳表现。他的来复枪手们通过在远距离狙击英国军官，最终促成了柏戈因将军(Gen. John Burgoyne)的投降。忍受了两年的病痛后，他被调往南部前线，指挥由骑兵、轻步兵和民兵混编而成的“飞行步兵”(flying infantry)。1781 年 1 月 17 日，依靠他果断的指挥，“飞行步兵”在考彭斯(Cowpens)大败英军，英军伤亡总数达 800 人，美军付出的代价为仅伤亡 72 人。虽然在 1794 年他又昙花一现般地出现在战场上，帮助镇压了“威士忌叛乱”，但是自此之后他因病再未指挥过任何军事行动。摩根，美国独立战争时期的来复枪战术先驱者，于 1802 年 7 月 6 日在弗吉尼亚州的温彻斯特逝世。

① 即萨拉托加大捷。——译者注

得可怜，但是发射速率却可以高达每分钟3发，在近距离战斗中这是来复枪所无法比拟的优势。并且在17世纪90年代后滑膛枪上开始加装刺刀以用于肉搏战，来复枪却没有这类附件。来复枪手的低发射速率使得他们在被卷入近距离战斗时处于极大的劣势中，在美洲的战例中，(参战双方)通常都派出装备了刺刀和滑膛枪的(基干步兵)部队来保护来复枪手，不在近距离战斗中遭到敌方类似部队的攻击。

18世纪下半叶，美国边疆居民一个明确的识别特征就是他们随身携带的，又名宾夕法尼亚来复枪的"长步枪"。根据共识，这种武器最早是由自18世纪40年代前后移居宾夕法尼亚、弗吉尼亚、卡罗来纳边疆地区的德国枪械工匠制造的。这种武器很快就得到了受雇于毛皮商人的猎人们的青睐，它可以在较远的距离击中猎物，并且子弹还能维持其杀伤力。每一支长步枪皆由手工打造，配以精工铸造的黄铜零件和精雕细刻的枫木枪托，可以媲美一件艺术品。为了节省铅，适用于来复枪的弹丸其直径要小于滑膛枪用的弹丸，弹丸口径在0.36英寸至0.45英寸之间不等。这种武器在法印战争中第一次投入实战，其应用贯穿了那场战争的整个过程，但它真正具备军事实用性，则是在法印战争结束后大量移民西进，培育出一整代从小即能熟练使用这种传奇性武器的"新一代边疆居民"之后的事情了。边疆居民与印第安人之间长年累月的冲突，猎取各种动物以维持日常生计的客观需要，催生了一大批能够在当时目力不可及的极远射程上准确命中目标的神射手。这一事实从未被一心要成立大陆军的大陆会议所忽视，1775年6月14日，第一批根据大陆会议的授权而成立的美国部队，就是由在宾夕法尼亚、马里兰和弗吉尼亚三地招募的兵员所组建的10个来复枪手连。志愿兵的招募工作很快即告完成，并且在1775年7月25日由麦克·道得尔(Michad Doudel)上尉指挥的来复枪连，就以昂扬的军人姿态大步行军，进入了波士顿外围的围城阵地。他们身着边疆居民穿惯的皮质狩猎衬衫和马裤，相较于其他美国部队显而易见地呈现出一种非军事气息，因此被大陆军中的大部分士兵公认为特立独行的一群人。神射手们在波士顿并没有得到多少机会来展示他们的战斗技能，却因为不服从命令和不尊重当时严格繁琐的军事礼仪而臭名远扬。1775年9月10日，一群来自宾夕法尼亚的心怀不满的来复枪手，因不满在他们身上强制执行正规军的纪律而轻率地发动了哗变。他们被从剑桥强制押解到了普罗斯培克山，并一直被当地民兵部队包围在那里，直到他们的指挥官出面自首，并为整个部队的违纪行为缴纳了罚款为止。随后整个部队返回波士顿的围城阵地，并因为这次惩罚而或多或少地收敛了他们的行为。

丹尼尔·摩根当时也在波士顿，他指挥着一个由粗鲁、强悍的弗吉尼亚人组成的来复枪手连，而且是第一个在与这些不羁的来复枪手们并肩作战时，有优异表现的美国军官。根据弗吉尼亚市民议会下达给他的命令，他必须招募并装备一个编制为96人的连，他仅用10天就完成了任务，并率领他们抵达了波士顿。21天后，连番的苦战又将他们带到了马萨诸塞，正是在那里他们很快凭借着多次展现出来的专家水准的枪法，为自己赢得了"摩根的神枪手"的美誉。1775年9月25日。摩根和他的来复枪手连被选中参加由本尼迪克特·阿诺德

(Benedict Arnold)上校指挥的“魁北克远征”,艰苦的越野行军使得所有人都变得沮丧无比——然而,其中那些脾气最暴躁的边民却是例外。大部分的来复枪手都撑过了这次在险恶环境下的行军,并在1775年12月31日参加了那次为厄运所笼罩的针对蒙特利尔的攻击。当理查德·蒙哥马利(Richard Montgomery)中将被杀而阿诺德上校也受重伤后,摩根接管了对已经突入城内的部队的指挥权,直到他们被守军彻底压倒为止。这次败北的经历并未损害到他的声誉,所以当他于1777年1月被交换回国后,根据乔治·华盛顿(George Washington)将军的委托,亲自挑选了500名来复枪手,组成了“暂编来复枪兵团”(Provisional Rifle Corps)。这支部队在英军跨越新泽西撤退的过程中实施了卓有成效的作战,当年夏天摩根被重新分配到了北部前线,接受霍雷肖·盖兹(Horatio Gates)将军的指挥。

代表性作战行动

1777年夏末至初秋时节,英军的一支大部队在绰号“绅士约翰尼”(Gentleman Johnny)的约翰·柏戈因(Burgoyne)中将的指挥下,沿夏普兰峡谷南下向纽约北部进发,以切断新英格兰与北美其他殖民地的联系,终止这场叛乱。1777年9月19日,在弗里曼农场[现萨拉托加(Saratoga)]爆发了柏戈因与盖兹间的第一场重要战斗,摩根的来复枪手作为美军的先头部队参加了这次战斗。他们钻进树林中,摆脱了由西蒙·弗雷泽将军(Gen. Simon Fraser)指挥的针对他们的进攻后,依靠精确射击打倒了所有骑在马上的英军军官。随着战斗的继续,英军发动白刃冲锋将来复枪手们驱离了阵地。摩根又将他的部队部署到了可以俯瞰主战场左翼的一片树林中,在那天剩余的时间里,他们就从那里继续向英国军官和士兵射击。柏戈因的部队遭到重创后,被迫撤回先前的阵地。他们避战不出,直到1777年10月7日才又向贝米斯高地(Bemis Heights)发动攻击,试图从那里突破美军的左翼。摩根再次与弗雷泽指挥的轻步兵交火,并且击溃了他们。马背上的弗雷泽将军虽然暴露在弹雨之下,却一直试图重组他的部队,为此阿诺德将军特别命令摩根派出狙击手将其击毙。摩根将这个任务交给了来复枪手蒂莫西·墨菲(Timothy Murphy),他在远距离试射了三次之后,弗雷泽终于中弹,并因为受了致命伤而滑下了马鞍。损失了大量士兵和无法弥补的军官之后,迫使柏戈因最终下令撤退。在之后的几天里,摩根派出的侦察狙击分队使得英军指挥官们确信:撤退或逃跑皆是毫无可能的。所以在1777年10月17日,柏戈因在萨拉托加向盖兹缴出了他的佩剑。美国军队通过这次与欧洲最出色的士兵之间进行的战斗,为自身赢得了赞誉,其中摩根的来复枪手们作出的贡献更是不可抹杀,他们在茂密林地环境中通过小规模散兵作战和远程精确射击,击毙、击伤了大批英国军官,严重阻碍了英军指挥一管制体系的运作。这是美国来复枪手们最光荣的时刻。

弗里曼农场大捷后,来复枪手们继续在大陆军中服役直到独立战争结束,北部战场的高级指挥官们无不对这些来复枪手们展示出的一手精准枪法交口称赞,与此同时,又因为他们粗野、不服从命令的脾性,使他们无法成为“模范士兵”而感到十万分的遗憾。在南部战场，来复枪手们同样发挥了重要的作用，其中最具有代表性的例子是 1780 年 10 月 7 日爆发于南卡罗来纳国王山（King's Mountain）的恶战。由 1 100 名“来自山那边的边疆居民”[①]组成的一支大规模部队，在四名上校：威廉·坎贝尔、伊萨克·希尔比、本杰明·克利夫兰和约翰·塞维尔的指挥下，包围了由帕特里克·弗格森少校（Maj. Patrick Ferguson）指挥的 900 名秉持亲英立场的保王党民兵和突击队员。弗格森少校是一名精力充沛且极富才华的轻步兵军官，他不但精于指挥艺术，还是历史上第一支在实战中枪机能保持可靠运作的后膛装弹速射来复枪的发明者——然而他那划时代的发明最终遭到了讲究论资排辈的英国军方的彻底否定。现在他和他那支只装备了滑膛枪的部队，陷入了一场由射击精准的边民来复枪手占据了单方面优势的战斗，他的部下在被来复枪手们射出的精确火力成批击倒的同时，还在人数上占优势的敌军的逐步压迫下，被逼上了缺乏掩体的山坡。战斗开始后不到一小时，弗格森少校本人战死，他的部下也在不久后全数遭到歼灭。不仅如此，来复枪手们在后来的若干场艰苦卓绝的遭遇战中也有上佳的表现，例如发生于 1781 年的考彭斯战役和吉尔福德县政府大楼战役，在那两次遭遇战中，来复枪手们以令敌我双方都甚感惊恐的效率击倒了英军的军官和手持步杖的非委任军官[②]。不管怎样，奏响美国独立战争终章的是以滑膛枪作为主要武装，挥舞着刺刀的大陆军正规部队，在战场上他们能与大不列颠帝国那些接受过最优良训练的职业军人打得平分秋色。只是这一军事上的冷酷事实，被围绕着来复枪手的众多神话和他们所掌握的近乎超越现实的高超射击技术给遮蔽了。对来复枪手部队并非一无所知的英国人，后来以招募雇佣军的方式得到了若干个连的德国猎兵（Jaegers）部队，他们像他们的美国同行一样，在多次战斗中为自己赢得了殊勋。尽管如此，这次战争的基本战术模块中，相当重要的一部分是这些贴身穿着鹿皮衬衫的来复枪手们建立的。他们以及他们的美国式长身管武器永远在特种武器与战术界占有一席之地。

第二游击军团

纵观独立战争的整个进程，其中大部分时间里，骑兵部队都是在扮演一个相对次要的角色，盖因维持大量马匹所必需的昂贵开销，很难为大量马匹搜集到足够的草料，以及整体上缺乏适应当时骑兵战术作战要求的地形。只有当英军的两个轻型龙骑兵团（light dragons）来到美国后，美国人才组建了总兵力为 4 个团的大陆军骑兵部队（Continental Cavalry），总体上来说他们的作战行动被限定在“传统”的前哨勤务上，例如侦察、侧翼屏护、小规模散兵战斗和对敌军补给车队偶尔发动的袭掠。随着战争的进行，交战的双方都

---

① “来自山那边的边疆居民”：在美国独立战争及以后一段时期，特指生活在阿巴拉契亚山脉以西地域的边民，参加了国王山歼灭战的边民来复枪手大部分来自今天的田纳西州和肯塔基州，少部分来自弗吉尼亚州和南卡罗来纳州。——译者注

② 英国陆军中，军衔为中士或上士的资深士官（非委任军官）有权随身携带步杖，作为权力的象征。——译者注

采用了一种被称作"军团"(legions)的混合编制,这类部队编制中包含了一半的骑兵和一半的轻步兵。这些单位被当作精锐战斗部队,并且在使用上具备了比单一的骑兵部队更大的灵活性,因为他们综合了两个兵种的优点。1778 年 4 月出生于弗吉尼亚的骑兵中校亨利・李(Henry Lee),因为在数次战斗中的出色表现,被授权在他指挥的骑兵连的基本编制之外,再增加 2 个连的马匹和 3 个连的步兵,这次扩编造就了后来闻名遐迩的"李军团"(Lee's Leigon)。所有的志愿者都经由李中校亲自挑选,全部志愿服役至战争结束,并且愿意接受精力充沛的李中校极具远见的指挥风格。李上任后做的第一件并且是最重要的一件事,是投入了大量精力用来挑选部队的坐骑,全部是身体强壮的良种马——售价昂贵而且难以得到补充。另一件让李投入大量精力的工作是敦促士兵保持个人卫生和服装的清洁,在他的努力下,他的士兵们将身体健康水平维持在了整个大陆军中的最高水平。李军团还特别制定军纪,规范了士兵与平民交往时的行为,例如对军事行动中遇到的平民要以礼相待,对属于平民的私人财产则要秋毫无犯,等等,旨在确保不因士兵们的不恰当行为而破坏大陆军与平民间的关系。最后当指挥官认为他的部队已经在凝聚力、士气和团队精神方面达到甚至超过了当时"精锐部队"的水平后,亨利・李还自掏腰包为所有士兵订购了(当时)时髦的绿色骑兵紧身上衣和用漂白的母鹿皮缝制的马裤。亨利・李以一个严酷的军纪执行者的身份,通过频繁的严格训练将他的部队锻造成了钢刀的利刃。其结果就是,在几次有案可考的军事行动中,他的部队都表现出了远远超越其他部队的战斗能力。其中最典型的战例,就是发生在 1779 年对新泽西的保拉斯霍克发动的突然袭击(Raid on Paulus Hook),那次战斗中李军团的骑兵和步兵,乘夜色攻陷了英军的一座构筑了要塞工事的前哨,并俘获 150 名英军。这次战斗的胜利,不仅使李成为了在整个独立战争中唯一一位被授予国会金质勋章的团级部队指挥官,并且还得到了于 1780 年 2 月新成立的第二游击军团的指挥权。与其他由骑兵步兵混编的"军团"型部队相似,骑兵们在必要时可以下马,按当时常规步兵部队的作战方法战斗。但他们真正的特长是突袭、侦察和军事情报收集,这些都是一支精锐的特种作战部队才拥有的标记。

1780 年随着查尔斯顿的陷落和大陆军在坎登战役(Camden)中的失败,整个南方战场弥漫着一股对美国的未来悲观失望的思潮。雪上加霜的是,"英国军团"——一支由忠于英国国王的保王党分子组成的骑兵部队——在精力充沛且残忍暴虐的伯那斯特・塔尔顿中校(Lt. Col. Banastre Tarleton)的指挥下,席卷了南部乡村,攻击了最后一支有组织的反英抵抗力量,并成功剿灭之。当时正身处北方前线的乔治・华盛顿将军无力调集主力部队南下,只得将李中校派去北卡罗来纳稳定局势,并与幸存的游击队协同作战。为了完成上述任务,他得到了该地区独立的军政指挥权,并且可以依据他自己的判断,在合适的时间地点发动会战。李作为一个好斗而且在非正规策略方面屡有创新的游击战专家,接受了这个挑战,策马南下与绰号"沼泽狐狸"的粗野乡巴佬——弗朗西斯・马里恩(Francis Marion)准将合兵一处。这一次枪法精准但缺乏纪律约束的民兵,在得到了由精锐的龙骑兵和轻步兵组成的“军团”支援后如虎添翼。并且，因为每一个龙骑兵都可以额外“搭载”一名步兵，部队因此具备了超越几乎所有英国对手的机动力——唯一的例外是，塔尔顿(Tarleton)中校指挥的“英国军团”。李的任务仅限于发动游击战，因此他审慎地避免了与英国正规军之间的一切正面冲突。他在游击队的配合下，逐一拔除了英军设在卡罗来纳乡村地带的一系列孤立的前哨基地。扰乱和威胁英军后方地域的安全成为了他们行动的特点，第二游击军团在敌后执行任务时，几乎如入无人之境。1781年1月24日，李的手下一边对南卡罗来纳乔治城发动佯攻，一边迅速攻陷了沃特森堡、莫特堡、格兰比堡和盖尔平堡。第二游击军团还奉命掩护了纳萨尼尔·格林将军(Gen. Nathaniel Greene)的部队渡过丹河北进卡罗来纳地区的行动，其间李亲自指挥了针对塔尔顿前卫部队发动的冲锋，歼灭了两个中队的轻龙骑兵。随后李的骑兵和轻步兵分别在艰苦的吉尔福德县政府大楼战役、霍布柯克山战役(Hobkirk's Hill)、尤托平原战役(Eutaw Springs)的关键时刻出现在战场，有效支援了友军的战斗。虽然这些战斗都以英军获胜告终，但战胜方却承受了更大的损失。如果说有什么是让李感到遗憾的事情，那就是虽然他一直在与隶属“英国军团”的那批由保王党分子组成的骑兵进行小规模战斗，但他从未有机会和著名的敌军指挥官塔尔顿中校在战场上进行面对面的较量。尽管如此，他在拔除南卡罗来纳腹地至海岸线的一系列英军据点时所做的杰出工作，极大削弱了英军的实力，为独立战争的胜利做出了贡献。第二游击军团，这支极其可能是大陆军中训练最优良，战术最多变的部队，于1783年11月15日在弗吉尼亚的温彻斯特被草率地解散了。纵观它在南方战场的作战历程，证明了一支正规军部队，可以与由当地人组织的地方部队进行极好的合作、分享情报，并且在战斗中获得后者所提供的卓有成效的支援。

代表性军事行动

美国独立战争时期在南方战场发生的军事行动，很大程度上被认为是一场在支持美国独立建国的爱国者，和他们宣誓效忠英王的邻居甚至就是发生在政治立场相左的家人之间的内战。如果说在北方战场，交战双方还能表现出一定程度的端庄礼貌的话，那么在南部战场，就只有敌对双方冷酷的互施暴行，以及随之而来的报复与反报复，直到双方杀得两败俱伤为止。如果有俘虏的话，按惯例都将遭到捕获者的虐待，仇恨自然就随着俘虏的释放而扩散。由塔尔顿中校指挥的英国军团就因为他们虐待俘虏的行为令人望而生畏，他们的作为即使以战区的标准来衡量也相当过分，曾参与施暴的保王党分子也经常遭到爱国者的报复。第二游击军团在这方面也不遑多让，1781年2月25日他们攻进了北卡罗来纳奥兰治县的一座农场——据信塔尔顿指挥的英国军团曾在该营地宿营——占领农场后他们发现营地已被废弃，但还是有两名英国军官被俘获。他们警告李，他们将要加入的一支由保王党分子组成的大部队正在向巴特勒农场行进的途中。这个情报为多谋善断的美国指挥官提供了一个极好的使用奇谋诡计的机会。康沃利斯(Cornwallis)中将命令这支由托利党人组成的部队加入他的主力，以补充早前在国王山战役和考彭斯战役期间损失的轻步兵部队。李很清楚他的骑兵部队穿着的绿色制服与英国军团的制服几乎完全一样，他向两名误入他的营地的亲英民兵声称，自己就是塔尔顿中校，然后命令他们向正驻扎在不远处的派尔(Pyle)传令，立即让开道路以便他和他的英国军团可以通过。派尔在接到命令后，立即遵命执行，几分钟内李就领着第二游击军团出现在派尔的面前——策马在前的李还真是颇有塔尔顿的风范。与此同时，在毫无防备的托利党人营地的背后，埋伏着由安德鲁·皮肯斯(Andrew Pickens)指挥的一支兵力为400人的南卡罗来纳游击队——他们正准备对托利党人发动进攻。威风凛凛的李走向派尔，非常诚挚地握了他的手，正要互相寒暄一番时，南卡罗来纳民兵的进攻突然开始了。虽然这并非事先商定好的信号，但李的骑兵们还是暴喝一声，向保王党分子发动了进攻，托利党人共有93人被杀，其余不是被打伤就是被驱离了战场；受了重伤的派尔潜入附近的一个池塘才得以逃脱。战斗期间很多保王党分子还在高呼“自己是忠诚于国王陛下的”，必定是发生了友军的误击云云。事后，英国人和部分美国人认为，是亨利·李蓄意策划了这场“屠杀”，但是他坚称：如果这次事件是经过“蓄意”策划的，那么派尔和事后得以逃生的占总人数2/3的亲英民兵，也早该成为刀下之鬼。这场所谓的“派尔大屠杀”事后被证明，其结果并非作用于战术上，而是心理上的。它使得当地的亲英人士沮丧万分，并且不再理睬康沃利斯提出合兵一处的请求，只有很少的保王党民兵在吉尔福德县政府大楼战役开始前加入了他的主力部队。李和皮肯斯继续他们针对塔尔顿部队的追击，然而后者当时已经接到向正规军主力归建的命令，并且早已安全撤离了战场。

美国游击队员

1780年在英国陆军中将亨利·克林顿(Gen. Henry Clinton)的指挥下，英军对南方殖民地的战略攻势大获全胜。南卡罗来纳的查尔斯顿，在经过围城战后于5月12日陷落，本杰明·林肯(Benjamin Legion)中将及其麾下的5 400名大陆军士兵亦随之被俘。然后，英国军团——一支残忍的保王党部队在伯纳斯特·塔尔顿中校的指挥下，开始对乡村发动扫荡，并摧毁了数支胆敢与其交火的民兵部队。灾难仍然在继续，1780年8月10日，查尔斯·康沃利斯中将(Gen. Charles Cornwallis)在坎登与霍雷肖·盖兹指挥的大陆军主力部队发生了激烈战斗，是役4 000名美军被彻底击溃。英国军队似乎已经处在一个随时可以彻底摧毁南、北卡罗来纳地区所有反英抵抗组织的位置——一旦英军达成这一目标，对弗吉尼亚的毁灭性入侵也就迫在眉睫了。英军的成功也在该地区激起了一场内战，曾长期被压制在社会底层的保王党分子开始走上前台，向他们的爱国者邻居们发动了反击。这段时期中民间的冲突演变成了一场以(交战双方)普遍的施暴、且极少收容俘虏为特征的一场“战争中的战争”。对美国来说幸运的是，几支小规模的游击队在他们深得人心的领导人安德鲁·皮肯斯(Andrew Pickens)、托马斯·萨姆特(Thomas Sumter)，以及其中最重要的弗朗西斯·马里恩的领导下，通过无数次依靠小股部队实施的突袭和伏击战，使得独立的火苗不至于被彻底扑灭，(游击队)尽管经常身陷众寡悬殊的恶劣处境中，却总是能转败为胜。虽然有证据证明，这些游击队员是一群冷酷无情的人，但凭借着勇猛和杰出的领导能力，不论是保卫交通线的英国正规军，还是缺乏警惕的保王党民兵，都会在游击队发动的突然袭击下落败，有时候甚至会遭到歼灭。在三个游击队领导人中，马里恩被证明是其中最能干的实干家——不论是实施非常规战还是与被派来配合他作战的大陆军正规部队制定并执行联合行动计划。他不仅是一个完美的游击队领袖，并且马里恩充分认识到了争取地方人士的支持，在游击队获得人力资源和进行情报收集两方面的重要性。出于上述原因，他制定了严格纪律约束部下：对平民的私人财产保持尊重，征用任何物资都要向物主交付保证在战争结束后以原价偿付的收据。事实上，他们人均拥有的物资绝不超过个人可以背负的重量，这使得他们不再需要依托一个固定的基地(以储备给养)，作为(物资短缺的)补偿，他们具备了(相对当时的正规军)极高的机动性并且很难被(敌军)围困住。他们拥有的唯一一座“正式的”基地，位于皮迪河流域大沼泽地(Great Pee Dee Swamp)深处，是一块在当地走私者之间广为人知但对英国人而言却是不可能进入的地区。

马里恩曾经在发生于 18 世纪 60 年代的切诺基战争(Cherokee War)期间获得了实战经验，并且在英军于 1776 年自海上对南卡罗来纳的查尔斯顿发动围城战时，担任过一段时间的大陆军正规军官。他在英军展开第二次也是更为成功的那次围城战之前摔断了脚踝，所以当查尔斯顿陷落时他因在家养伤而免于沦为英军俘虏。马里恩身材纤瘦，看起来长着一副女人的体格，但他却是一个杰出的骑手，他吃得很简朴，很少喝酒，在划船时他表现出如同着了魔一般的充沛耐力。当他的脚还跛着的时候，他就招募了 20 名衣衫褴褛的战士，志愿投入霍雷肖·盖兹将军麾下服役。那位傲慢的将军急于摆脱这群衣衫褴褛的武装分子，草草给他们签署了一份措辞含糊的指示——“为我军收集情报云云”——打发他们上路了事。马里恩后来却因此免于经历当年 8 月份坎登大败的磨难。他一分钟也没有浪费，立即开始发挥自己在游击战方面的才华。1780 年 8 月 20 日他带领游击队在纳尔逊渡口突袭了一支英军分遣队，抓获 24 名俘虏，并解放了 150 名在先前的坎登战役中被俘虏的大陆军战俘。同年 9 月 4 日，他在布鲁萨凡纳对一支实力更强大的保王党分子部队①发动了致命的进攻，他以 50 人的兵力伏击了保王党分子的前卫，并顺势发动攻击，将他们全部击溃。在随后的日子里，马里恩带领他的游击队继续在皮迪河流域对英军发动突袭，这最终引起了查尔斯·康沃利斯中将的重视，康沃利斯命令他的反游击战专家塔尔顿中校，追踪并找到这伙难以捉摸的游击队，然后彻底消灭他们。

---

①　突袭纳尔逊渡口后，马里恩的游击队遭遇了保王党民兵的追击。在摆脱后者追击的途中，却遭遇了另外一支规模更大的，由米卡加·凯尼少校(Major Micajah Ganey)指挥的人数超过 200 人的保王党民兵部队。在成功地对他们的先头部队实施伏击，并顺势将该部彻底击溃后，当地保王党势力的士气顿时一蹶不振，爱国者们却大受鼓舞，几天内就有 60 人加入了马里恩的游击队。——译者注

代表性行动

单论躲避与逃脱战术而言，马里恩已经证明了自己是美国独立战争时期最精通这门艺术的大师。贯穿1780年的整个11月份，穿着绿色紧身制服的英国军团在塔尔顿中校的驱策下，紧跟在马里恩的游击队后方，逐渐将他们逼进了沼泽地的深处。美国人在沼泽湿地中艰苦跋涉，直到抵达黑河边的本鲍渡口为止，他们在那里伐倒树木，堵塞了唯一一条可以通行的道路，并在简易路障后方设下了埋伏。然而塔尔顿并不是那么容易受到愚弄的人，他和手下纵马跃进沼泽，继续对马里恩穷追不舍。他们沿着一条平行路线骑马追逐了35英里，直到抵达公牛沼泽——一片骑兵绝对无法通过的水体后——才最终放弃追击。"这只该死的老狐狸，"血腥的班[①]闷哼着怒吼道，"就是魔鬼也抓不住他。"——"沼泽狐狸"(Swamp Fox)的传奇故事就此诞生。这种仅仅旨在求生的行动也具有其军事价值：那些出生卑微的游击队员们因此可以来日再战。在开拔前，英国军团还攻击并烧毁了附近几个被怀疑为游击队提供了庇护的社区，试图以这种行为激怒游击队愤而出战。

马里恩在这次脱险后，继续开展对英军通信线路的小规模战争，并且在1781年1月得到了亨利·李中校指挥的第二游击军团的增援。出乎意料的是，生活俭朴的马里恩和保持着贵族风度的李相处融洽，在他们的合力下，深入卡罗来纳乡间的由英军和保王党民兵驻守的前哨基地被逐一拔除——例如沃特森堡和莫特堡。1781年8月31日，他的游击队驰援了一支正被英军和保王党优势兵力围攻的大陆军分遣队。这次迅捷的行动，得到了大陆会议以全票通过的表彰令。之后马里恩又于1781年9月8日，在尤托平原战役中配合了由纳萨尼尔·格林将军指挥的大陆军正规军，虽然美军在那场战役中告负，但马里恩的游击队表现良好。他最后在1782年12月14日退役，回到了自家的农场。英军之所以不能挟战争初期连战皆胜的余威，彻底平定南方的"叛乱"，由马里恩组织的游击战是其中的一个重要原因。马里恩的行动牵制了英军大量人力和军用物资，其作战效率之高与他的游击队实际拥有的人数是不成比例的，并且为当时遭到重创的大陆军实施重组争取到了宝贵的时间。他对非正规战术令人惊异的理解，使得他成为了"现代游击战之父"的一员，现代的美国陆军突击队公认他是该部作战条令的创始人。

海龟号**潜艇**

1776年4月美国对英国宣战，独立战争随之爆发，总的来说美国的战争准备严重不足，但他们从不缺少具备了后来被称作"美国佬式的心灵手巧"特质的人才。就在那一年大卫·布什尼尔(David Bushnell)，一位著名的发明家和焊工，在康涅狄格的老塞布鲁克建

① 塔尔顿指挥的部队，在发生于1780年5月29日的华克斯豪斯战役中，杀死了大量已经投降的大陆军士兵。他随即得到了这个绰号。——译者注

造了世界上第一艘实用的潜水艇。这件尚处在原始状态却又独具匠心的装置，被他命名为“海龟号”(Turtle)，它用两大块橡木板拼合而成，以铁条箍紧后再在表面涂上焦油，直至它完全防水为止。该装置高度为 6 英尺、长度为 7 英尺，内部空间足够容纳一名操作人员，装置入水后他可以通过操舵指挥塔上的一扇窗户向外窥视。运用在该装置上的其他“高科技”(装备)，包括一对通过手摇曲柄转动的螺旋桨——以提供其所需的推进力，大量用来控制下潜深度的阀门和压舱物，两根用来通风的黄铜管(可以在水下为艇员提供略超过 30 分钟用量的空气)，还有“狐火”①用来照亮罗盘和气压计上的刻度分划。海龟号上的进攻性武器是一枚使用时可与艇体分离的重 200 磅的“水雷”，并附加有一套钻头；它的设计思想是：“潜艇”凭借自身推力靠近敌舰船底，用钻头在敌舰船壳上钻孔，固定水雷后潜艇与水雷分离并在后者爆炸前撤退到安全距离之外。这件小而复杂的装备至少从表面上看具备了在毫无预警的情形下击毁敌军战舰，进而在暗中彻底颠覆英国皇家海军那毋庸置疑的海上优势的魔力。在向伊斯雷尔·帕特南将军(Israel Putnam)②进行了一次成功的演示之后，布什尼尔(Bushnell)接到命令向正在封锁纽约市的英国舰队发动进攻。

代表性行动

1776 年 9 月 6 日晚上，海龟号由陆军中士以斯拉·李(Ezra Lee)驾驶着，从锚地出发前往攻击皇家军舰“鹰号”(HMS *Eagle*)，它是海军上将理查德·豪(Richard Howe)③的旗舰，当时正锚泊于总督岛近岸水域。李是因为布什尼尔病休而找来的只经过草率训练的替补，在强劲的潮流中勉力操纵着海龟号的李中士错过了目标，不得不再加倍努力返回目标所在的位置。当他终于靠上“鹰号”的舰底后，却发现根本无法钻穿包覆舰底的铜板。随着黎明的临近他决定踏上归途，并且释放了水雷。当后者被击发并引起了一场巨大的爆炸时，李早就逃到了安全水域。敌人没有遭到任何实质上的损害，但是这台被英国人称为“恶魔装置”(infernal devices)的东西还是引起了海军上将豪的恐慌，他下令舰队起锚自近岸水域移驻到了外海。海龟号后来在纽约大撤退期间遗失在了哈德逊河中，但它无疑是现今海豹突击队水下输送装置(缩写：SDV)的祖先。

美国来复枪手团

尽管在独立战争时期美国来复枪手们获得了几近神话般的声誉，战后出于节省州政府预算的考虑，而从军队的组织结构表中消失了。1794 年他们作为安东尼·伟恩少将

---

① 狐火，一种生物荧光。根据本杰明·富兰克林的记述，它被应用在了“海龟号”潜艇上。——译者注

② 伊斯雷尔·帕特南(1718—1790 年)，大陆军著名将领，在 1775 年的邦克山战役中以其近乎鲁莽的勇武和战斗精神而闻名，他年轻时曾参加过罗伯特·罗杰斯的突击队。——译者注

③ 理查德·豪(1726—1799 年)，英国海军名将，美国独立战争期间指挥皇家海军驻美分舰队，他是英国驻美陆军司令威廉·豪(William Howe)的兄弟，并且与美国开国元勋本杰明·富兰克林是好友。——译者注

(Anthony Wayne)①所提倡的"军团"系统②中的一个组成部分，曾短暂复活了一段时间。他们为只装备燧发枪的正规军提供了必需的远程火力，然而随着鹿寨战役③的胜利，他们再次根据美国国会的命令予以解散，来复枪手们的命运再次变得晦暗不清。一直到 1807 年，英国人对美国海军三桅战舰切萨皮克号(USS *Chesapeake*)发动那次恶名昭彰的进攻而唤起了朝野的普遍警惕之后，才根据托马斯·杰斐逊(Thomas Jefferson)总统的命令，成立了美国陆军中的第一支常备来复枪部队。1808 年 4 月 12 日，美国国会正式批准成立了美国来复枪手团，该团下辖 10 个连，每个连的编制为 68 名二等兵。组建该部队的目的是：掌握一支专门用于森林地带作战、以散兵队形实施的小规模战斗和伏击战的精锐部队。正如他们穿着的绿色制服——带黄色流苏的外套，饰以黑色领子和袖口——皆旨在表明他们的精锐部队身份。并且，他们特别装备了哈珀斯斐瑞 1803 型来复枪，其设计思想源于当时列装于德国猎兵营的短枪管来复枪，它的做工粗糙但足以让一发 0.54 英寸口径的铅弹准确射中距离 250 码外的目标。这是美国军事历史上第一支特别为步兵设计的(制式)武器，而且其试生产型已经由刘易斯克拉克探险远征队在 1803 年至 1804 年间得到了试用。然而在选拔领导来复枪手的高级军官时，"位置"却被当时的共和党政治家们瓜分了。结果是：亚历山大·史密希，一个来自弗吉尼亚的政治家；威廉·邓恩，一个来自费城的报纸主编，分别成为了这支部队的第一任上校团长和中校副团长。两人互相鄙视，并且缺乏领导能力，所以随着 1812 年战争的爆发，他们的职位由陆军的老兵托马斯·亚当斯·史密斯④和乔治·W. 塞维尔⑤所接替。

作为一支实至名归的精锐部队，当美国军队在与他们更老练的英国敌手交战时，来复枪手团是其中屈指可数的可以在战斗中不落下风的作战单位。1811 年 11 月 11 日这支部队第一次经受了战火的洗礼，一支当时只装备了滑膛枪的来复枪手分遣队，在蒂珀卡努河战役中⑥做出了与其职责相称的表现，他们的伤亡情况为：1 人阵亡、10 人受伤。1812 年春，几个来复枪手连在当时还是少校的托马斯·A. 史密斯的指挥下，进入西班牙属东佛罗

---

① 安东尼·伟恩(1745—1796)，美国军人与政治家，在独立战争时期作战勇猛，其绰号"疯狂安东尼"在当时广为人知。——译者注

② 1792 年至 1796 年间，根据当时的战争部长亨利·诺克斯的建议成立的一支由骑兵、基干步兵、轻步兵和炮兵混编而成的旅级单位，在美国陆军最早成立的四个步兵团的纹章中，仍然可以看到当年的"军团"纹章的影子。——译者注

③ 西北印第安战争期间发生的最后一场重要战役，是役以印第安人失败而告终，后于 1795 年签署了《格林维尔条约》，印第安人向新成立不久的美利坚合众国割让了俄亥俄等地区。——译者注

④ 托马斯·亚当斯·史密斯(1781—1844 年)，美国陆军将领，曾指挥过美国来复枪手团。他于 1817 年建成了以自己的名字命名的边疆前哨——史密斯堡，美国陆军突击队最著名的军官威廉·O. 达比上校于 1911 年出生在那里。——译者注

⑤ 乔治·W. 塞维尔，独立战争老兵，曾指挥肯塔基边民参加国王山战斗。——译者注

⑥ 美国与原住民之间的一场爆发于 1811 年 11 月 7 日的战役。美方指挥官为印第安纳地区总督威廉·亨利·哈里斯，北美原住民方指挥官为肖尼族领袖特古梅斯。——译者注

来复枪手团因其非常规的制服、武器和战术，成为了第一支正式的美国特种部队单位。因为该部队在 1812 年战争中大获成功，所以另外又成立了三个来复枪手团。（图片由美国陆军军史中心提供）

里达参加了所谓的"反西班牙爱国战争"。不幸的是,虽然史密斯少校得到了当地民兵部队的支援,但他还是没有足够的人力用来对西班牙人的坚固设防据点圣奥古斯丁发动一场正规的围城战。因此,他将来复枪手们组织成了一条非"正式"的封锁线。该封锁线后来承受了西班牙炮舰、西米诺尔印第安人、非一美逃亡奴隶的骚扰。在发生于 1812 年 10 月 27 日的一场激烈战斗中,来复枪手阵亡 3 人、受伤 10 人。随着 1813 年春季的到来,他的部队的大部分被从佛罗里达调到加拿大参加 1812 年战争。凭借着他们所接受过的优异的训练、精良的武器装备和军官杰出的领导,他们成为了那次武装冲突中美国方面派遣的最精于策略且令敌人备感敬畏的部队。

第一个在战斗中表现突出的来复枪手连,由"著名"的指挥官本杰明·福赛思(Benjamin Forsyth)上尉①指挥,他因作为战争中"最臭名昭著的袭掠者"而闻名于参战双方。战前他受命组织了纽约第一支正规驻防部队。1812 年 9 月 21 日,他领导了一次成功的劫掠行动:当日他率部乘小艇从萨克茨港出发,偷渡进入加拿大境内攻占了盖兰努瓦克镇。在这次进展迅速的行动中,福赛思的部下击毙了 10 人,并且夺取了一大批昂贵的火药和打火石,付出的代价是 1 人阵亡、10 人受伤。福赛思随后将他的行动重心转移到了圣劳伦斯河畔的奥格登斯堡,继续在加拿大境内发动袭扰作战,并于 1813 年 2 月 7 日攻破了伊丽莎白敦居民区的防御。无数在底特律陷落时被英军俘虏的战俘、滑膛枪储备以及其他战利品被带回了他的基地。福赛思所组织发动的一系列行动,对英军本就岌岌可危的补给线构成了极大的威胁,为此英军计划以强大的兵力发动一次反击。1813 年 2 月 22 日,由乔治·麦克唐奈中校指挥的,一支由 800 名正规军和民兵组成的纵队,对奥格登斯堡发动了突然袭击,福赛思的来复枪连在 3 人阵亡、17 人受伤后被逐出了该地。英军的伤亡相对更大,有 6 人阵亡、48 人受伤——但这使他们摆脱了那个令他们苦恼不已的、从不放过任何劫掠机会的"海盗",这点损失对英军来说完全是值得的。

福赛思的来复枪手连经此一败退回了萨克茨港,在那里度过了两个月后,他们作为一支"奇袭部队"参与了由泽布伦·蒙哥马利·派克(Zebulon M. Pike)准将②组织,并于 1813 年 4 月 27 日对加拿大的约克(多伦多)发动的两栖袭击。来复枪手们划着舢舨登陆,在一段沙滩上占领了阵地,以 7 人阵亡、17 人受伤的代价,将绰号"国王私有团"的英军第 8 步兵团③

---

① 本杰明·福赛思,美国来复枪手团的优秀军官,1814 年 6 月阵亡于加拿大魁北克的奥德列镇,当时的军衔为"名誉中校"("名誉晋升"用于奖励作战有功的各级官兵,在进入 20 世纪后,这种制度被"战地委任"取代)。在 1812 年战争中以其在英军阵线后方组织的一系列突袭行动和在数场重要战役中的上佳表现而闻名,阵亡后他在家乡北卡罗来纳州被当作国家英雄予以纪念。——译者注

② 泽伦·蒙哥马利·派克(1779—1813),美国陆军军官、著名探险家。他根据自己在路易斯安那地区的探险经历而撰写的游记,当时曾在欧洲大受欢迎,并被翻译成多国语言。1813 年他在约克战役中阵亡。——译者注

③ 原文为"8th(King's Own) Regiment",实为作者误植。第 8 步兵团 1685 年由查理二世建立,绰号"国王团"(King's Regiment)并参加了 1812 年战争;"国王私有团"(King's Own Regiment)则是成立于 1680 年的第 4 步兵团,该团参加了半岛战争,1813 年时正在西班牙与法军作战。——译者注

最精锐的掷弹兵连撕成了碎片①。派克准将在这次战役中死于英军弹药库爆炸，福赛思的来复枪手们之后的行为却玷污了自己的荣誉：他们释放了监狱中的政治犯，并且协助他们对整个镇子实施了洗劫，最后纵火焚毁了一切。这一次福赛思本人作为一名出类拔萃的军人的声誉，让他和他的手下都沾了光，他们无一获咎，也没有接受任何形式的惩罚。1813 年 5 月 27 日，福赛思再次充当了一次两栖攻击的前锋，这次的目标是上加拿大地区的乔治堡，他以 2 人阵亡、1 人受伤的代价造成了守军的重大伤亡。他的一部分来复枪手后来参加了约翰·查德勒(John Chandler)准将和威廉·H. 温德尔指挥的对斯通尼克里克的袭击。也正是在那里，1813 年 6 月 6 日，一整支由来复枪手组成的警戒分队同时在当地教堂的长条椅上睡着后，被英军俘获。福赛思本人则继续活跃在乔治堡周边地区，经常与敌军的轻步兵部队和印第安人盟军发生小规模交战。例如在 1813 年 8 月 16 日，他的来复枪手在一次伏击战中击毙了 15 名莫霍克印第安人，并俘获了另外 13 人，代价是 2 名来复枪手受伤。在接下来的几周里，福赛思的部队又乘上小艇，沿圣·劳伦斯河顺流而下，参加了詹姆斯·威尔金森(Jams Wilkinson)将军对蒙特利尔的进攻。1813 年 11 月 11 日，他们在胡坡儿克里克登岸，彻底击溃了一支人数众多的当地民兵队伍，自身却毫发无损。就在同一天，威尔金森指挥的主力在克莱斯勒农场遭到重创，之后来复枪手们和主力部队的其他单位一起在纽约州的法兰西磨坊，物资匮乏地度过了一个凄惨的冬天。

来复枪手在其他指挥官的麾下也取得了战术性的胜利。1813 年 10 月 11 日，美国第 11 步兵团的伊萨克·克拉克(Isaac Clark)上校，指挥了一支由 102 名来复枪手组成的分遣队，渡过尚普兰湖，突袭了活跃于下加拿大的马萨奎村(靠近现在的圣阿曼德领地)附近的走私集团。他们在对方毫无察觉的情况下登陆，克拉克亲自指挥了冲锋，以伤 2 人的代价捕获了 74 名加拿大民兵和堆积如山的走私品。来复枪手们自始至终的优异表现，自然令对战争的进程心怀不满的国会大为满意。1814 年 2 月 10 日，国会授权再成立三个来复枪手团，其番号按数字顺序排列。因此战前成立的“来复枪手团”的番号变更为了“第一来复枪手团”。该团几个久经沙场的连队参加了 1814 年 3 月 30 日对下加拿大地区的拉·科莱发动的进攻，1 名来复枪手阵亡、7 人受伤，战斗以失败告终。未参加这次进攻的其他几个连队，在丹尼尔·艾普林(Daniel Appling)少校的指挥下抵达了萨克茨港，并于 1814 年 5 月 30 日在纽约州的桑迪克里克，对一支由皇家海军水手和皇家海军陆战队组成的分遣队实施了伏击，俘获了 2 艘炮舰和 5 条驳船，取得了该团历史上最伟大的一次胜利。英军在这次呈一边倒的战斗中蒙受的损失为：阵亡 19 人、受伤 2 人，另有 133 人被俘，与之相对的是来复枪手中仅有 1 人受伤。这次战斗中，来复枪手还得到了由莱恩(Ryan)中尉指挥的 130 名奥奈达部落印第安人的支援，这些印第安人在战斗结束后试图屠杀俘虏，但遭到了美国军人的制止。

与此同时，福赛思继续在尚普兰谷地开展他的突袭行动，在 1814 年 6 月 24 日，他的“绿夹克”们②在纽约州的奥戴尔敦击退了两百多名来犯的英国轻步兵及亲英的印第安人

---

① 英军阵亡 47 人，含掷弹兵连的指挥官尼尔·麦克尼欧上尉。——译者注

② 此处指身穿绿色制服的来复枪手。——译者注

盟军。之后，一直保佑着这位劲头十足的指挥官的好运气终于弃之而去。四天后在同一地点，他奉命将一支英军大部队引入埋伏圈，但他违背了命令，反而指挥部队以散兵线战术与英军大部队鏖战，他本人最终阵亡。因为在这一次战斗中遭受的损失，他的来复枪手们略微多花了一点时间来为他们的指挥官复仇。1814 年 8 月 10 日，一支来复枪手分遣队由本内特·赖利(Bennet Riley)中尉指挥，在尚普兰谷地附近伏击了"边境轻步兵"①的指挥官约瑟夫·圣·瓦里尔·马里维(Joseph St. Valier Mallioux)上尉，他在伏击中受了致命伤后被俘获。尽管来复枪手们有难以驾驭、耍小聪明的制度反抗者等恶劣名声，但一旦论及灌木林地作战和射击技术，他们永远是令人敬畏的敌手。

代表性行动

随着发生于 1814 年 7 月 25 日血腥的"隆德巷战役"②以平局告终，左翼师团在雅各布·布朗(Jacob Brown)少将的指挥下，退回了位于尼亚加拉河和伊利湖交汇点的伊利堡，并掘壕固守。几周之内，他们就遭到了由戈登·德拉蒙戴(Gordon Drummond)中将指挥的英军的进攻，为了避免代价高昂的围攻，他决定以计谋取胜。1814 年 8 月 4 日清早，他派遣了 700 名精选的轻步兵，计划在约翰·G. P. 塔克中校的指挥下，渡过尼亚加拉河，迅速南下以攻占布法罗定居点。这一行动如果成功，将切断伊利堡美国驻军的供给线，迫使他们除了投降或忍饥挨饿外别无选择。恰巧当时布法罗正由分别隶属于第 1 和第 4 来复枪手团的 240 名来复枪手组成的一支分遣队驻守。他们的指挥官是两名训练有素的军官：路德维克·摩根(Ludouick Morgan)少校和乔纳森·凯斯勒(Jonathan Kearsley)上尉。摩根在河对岸近距离观察了英军的行动后，正确判断出他们将在当晚过河。因此，他指挥部下用整个下午在康约塔溪南岸构筑了一道可以为以卧姿射击的士兵提供掩蔽的胸墙，其位置正好面对英军将用来渡过小溪的桥梁。随后他集合起所有士兵，在河对岸的英军面前组织了一场阅兵式，耀武扬威一番后，佯装退回了布法罗。离开敌军的视线后，摩根命令部下草草吃过晚饭，就秘密潜入了先前构筑的阵地。塔克的精锐部队按照计划渡过了尼亚加拉河并顺利登陆，然后在黎明前的黑暗中展开了向布法罗的行军。当他们抵达康约塔溪桥时，愕然发现一半的桥板都被摩根的手下抽走了。当英国行军纵队全体立定的那一刻，仿佛地面都随之震动了一下，就在这瞬间摩根吹响了他的哨子，一直完美地遵守了开火纪律的来复枪手们，在不再受纪律约束后向对岸的英军射出了一阵毁灭性的排枪，位于英军纵队前方的几排英军全部栽进了小溪里。报仇心切的英军转身跑向最近的掩体后，向对岸进行了一阵猛烈的射击，不过弹雨全部从蜷缩在胸墙后的来复枪手们头上

① 一支由英裔加拿大人组成的轻步兵部队，主要以打—跑战术袭击入侵的美国军队。——译者注

② 又名"尼亚加拉瀑布战役"，是整个 1812 年战争中最血腥的战役，并且是加拿大历史上阵亡人数最多的一次军事行动。——译者注

无害地掠过。停火后,塔克下令发动了另一次冲锋,这次摩根将他们放到了极近的距离后才吹响了哨子,之后来复枪手们以熟练的枪法打倒了视野中的每一个英国兵。眼见无法从正面突破,而派出的迂回部队又在下游地区被一小队来复枪手及支援他们的纽约州民兵所挫败,塔克自认不敌,命令他的部队撤回了小艇。英军的损失为 12 人阵亡、21 人受伤,相应的美军阵亡了 2 人、受伤 8 人。发生在康约塔溪的伏击战,是美国来复枪手在这次战争中实施的指挥最优异的一次行动,还为美国在战略上扳回了一城:假如德拉蒙戴的计划得以顺利执行,伊利堡将被彻底孤立并被迫投降。仅从任务的计划和执行这两点来看,这次战斗说明在可控环境下,来复枪手在训练、武器和射击技术等方面全面压倒了仅装备了滑膛枪的对手。英军迫于无奈,只能对美军据守的堡垒发动一次中规中矩的围城战,而他们在人力和物力两方面的准备都是不充分的。

随着对伊利堡的围攻战的展开,对垒双方的营地间的树林成为了“游击战”的最佳战场,来复枪手们每天都要与精锐的“苏格兰高地义勇团”①发生冲突,那是一支专门招募加拿大人、穿着绿色军服、装备滑膛枪的轻步兵部队。在整整一周时间内,立场各异的神枪手们例行公事般地以火力将对方撕成碎片,在 1814 年 8 月 13 日,“康约塔溪的英雄”摩根少校被卷入了一次激烈的小规模战斗,3 名来复枪手阵亡、6 人受伤。在 1814 年 8 月 15 日清早,来复枪手支援友邻部队击退了德拉蒙戴对美军营地发动的突然袭击,又有 3 人受伤。代价高昂的小规模战斗持续到了 1814 年 9 月 17 日,那时候雅可布·布朗将军终于从“隆德巷战役”期间遭受的伤势中恢复过来,带领部队发动了一次反击。战斗全过程极其暴力,来复枪手们承受了 11 人阵亡、19 人受伤的代价,其中包括了第 4 来复枪手团的詹姆斯·吉布森(Jams Gibson)上校,他是整场会战中军衔最高的阵亡者,这次反击最后随着英军炮兵阵地被捣毁而宣告胜利。

另外一个来复枪手连在纽约州普拉茨堡附近进行的战斗也相当引人注目。1814 年 9 月 6 日,艾普林少校率领一支由 100 名来复枪手组成的分遣队,协同由约翰·艾里斯·伍尔(John Ellis Wool)少校指挥的美国第 29 步兵团,在比克曼大道阻击了入侵英军的前卫,美军使得绰号“牛皮硬领”(Buffs)的英国陆军第 3 步兵团蒙受了 55 人的伤亡,英军阵亡者中包括了该团的“名誉中校”威灵顿。一周后即 1814 年 11 月 11 日,艾普林少校的来复枪手们在普拉茨堡战役中,数次挫败了英军强渡萨兰那克河的企图,为自己赢得了荣誉。来复枪手们的最后一次军事行动发生的地点,与他们在这次战争中实施的第一次——遭遇拖延的——行动的地点相距不远。1815 年 1 月 13 日,亚布拉罕·A. 马西亚斯(Abraham A. Massias)上尉发现一个中队的英军骑兵,正在试图突破他在乔治亚州波音特佩特雷的

① 原文为“苏格兰高地人便帽义勇团”。初成立时这是一支旨在防备拿破仑入侵英伦三岛,纯由苏格兰高地人组成的义勇军部队。该团在开赴加拿大前,因为有谣言说该部队将要驻防卫生条件极差的西印度群岛,故造成了士兵们的大量逃亡。当 1812 年战争爆发时,这已经是一支完全由法裔加拿大人组成的部队。——译者注

阵地。马西亚斯手中可以用来对抗他们的部队只有自己手下的一个来复枪手连和美国第43步兵团的一个步兵连，很快他的阵地即被700名英国皇家海军陆战队员和西印度群岛团的士兵所攻陷。①这是善战的来复枪手们在这次战争中参加的最后一次作战行动，1815年5月他们又被缩编为一个来复枪手团。

来复枪手在战后的职业生涯也颇为值得记录一番，因为他们在早期西部定居点的建立和开发方面扮演了重要的角色。1815年他们在史密斯上校的指挥下，进驻密苏里州的圣·路易斯，那里当时是长期遭遇袭扰的边疆地区的一座大本营。1817年，他的来复枪手们帮助建立了阿姆斯特朗堡（位于密苏里河边——原注）、克劳福德堡（现威斯康星州的普雷里申——原注）和霍华德堡（现绿湾——原注）。另一支分遣队，在威廉·布拉德福德少校的指挥下，沿阿肯色河南下建立了史密斯堡（以他们的上校的名字命名），该城现在是阿肯色州第二大城市。1819年，几个来复枪手连参加了由亨利·阿特金森上校指挥的“黄石探险远征队”，这次远征以现位于内布拉斯加州的阿特金森堡的建城而告终。在这一类行动中，各来复枪手连都发挥了重要作用，但是在1821年3月21日，国会出于节省国防开支的目的而解散了来复枪手团。在该团在役的13年时间里，来复枪手团从武器、与众不同的制服以及对非常规作战的高效率执行这三点来看，都是美国历史上第一支履行了特种部队职能的作战部队。它为19世纪中后期成立的其他类似部队设立了一支要求相当高的标杆。

轻炮兵团

欧洲大陆对乘骑炮兵技战术的开发与完善，始于17世纪中叶，不过该兵种的迅猛发展则要归功于法国大革命的爆发及随后的拿破仑执政时期。与由各种笨重的战地装备、与只能以步兵的速度行军的炮组成员编组而成的传统炮兵营不同，乘骑炮兵或者在当时被时髦的称作“飞行炮兵”（flying artillery）的这种炮兵营，其编制内只有口径较小的加农炮——通常是由两对或三对挽马拖拽的六磅炮，所有的炮组成员也都有坐骑代步。乘骑炮兵也因此具备了极高的机动性，因而通常是与骑兵部队协同作战——并且通常在战斗中表现出了极具致命性的作战效率。当步兵在战场上面对一队高速接近的骑兵时，最佳的防御方法是组成一个密集的“方阵”队形。但是这样一来，他们也就成为了加农炮手眼中最诱人的目标。通过敏捷的实施机动将火炮运动到近接射程后，他们就可以用霰弹和葡萄弹将无助的步兵成片地击倒。自然这种近战要想取得成功，需要以高度的训练水平和士气为基础。因此在拿破仑时代的军队组织中，骑炮兵单位通常都是被当作由精选的炮兵组织而成的精锐作战单位。法国军队不仅开发、完善了这一（当时）最新式的战术，并

① 这是1812年战争期间发生的最后一次大规模军事行动。参战的英军部队作战序列：由参加过特拉法加海战的资深军官指挥的100名皇家海军陆战队员、100名登陆作战的水手以及当时正驻扎西印度群岛的第85轻步兵团所下辖的三个轻步兵连。——译者注

且各国普遍认为，他们维持着整个欧洲最优秀的一支骑炮兵部队——虽然大不列颠皇家炮兵中也有一个身着华丽制服的乘骑炮兵营，同样在战场上表现出了极强的战斗力，甚至隐然有后来居上的势头。

轻炮兵团是 1812 年战争时期的一支精锐部队。在不同的场合下，他们作为炮兵必要时甚至作为步兵皆完美地履行了其职责。（图片由美国陆军军史中心提供）

在美国则要一直等到撒迪厄斯·科修斯科[①]（Thaddeus Kosciusko）的论文《骑炮兵的策略》[②]于 1800 年以英文版发行后，才开始对精锐骑炮兵的军事价值及其战术有了认识。尽管如此，仍然没有付诸任何实际行动，一直到 1808 年 4 月 8 日，战争部长亨利·迪尔伯恩（Henry Dearborn）才授权成立了一个编制为 10 个炮兵连的轻炮兵团——这还被列入了当时的大规模重整军备计划之中。然而杰斐逊的民主—共和党执政期间的"特色"之一，就是军事预算仅仅存在于纸面上，并没有任何财政拨款被落实到购买马匹或招募战地军官等实际工作上来。一直到乔治·彼得（George Peter）上尉被指定为"轻炮兵团"资深军官后，迪尔伯恩部长才落实了一笔足以购置一辆弹药车——一可以运载四人的轻型马车，以及一队挽马——的预算。自此这个团才算得到了一个武装完备，能够在战场上展开的乘骑（炮兵）连。此外，初生的美国陆军为了表明对该连精锐部队身份的承认，被选中加入该连的 26 名炮兵各自获得了一套包括了大衣的新制服、黑色的团队特色衣领和袖口，表明了他们精锐部队的身份。彼得上尉为保证他的连获得充足的训练和装备尽了最大的努力。然后，1808 年 7 月 4 日，在目瞪口呆的旁观者们的注视下，他指挥着一支装备了两门火炮的分遣队从巴尔的摩出发，一路行军抵达了华盛顿哥伦比亚特区，行军速度为每小时 6 英里。同年秋季，彼得已经完成了一个建制完整的轻炮兵连的招募和训练工作，之后他接到了命令：经匹兹堡前往新奥尔良，分担当地驻军的防务。经过长途跋涉后，他在 1809 年抵达了驻地，其中一半路程是通过陆路行军完成的，然后搭乘

① 撒迪厄斯·科修斯科（1746—1817 年），波兰爱国者，曾在法国学习军事工程学，1776 年前往美国参加了"大陆军"，参与了在费城和西点等地的设防工程，以及独立战争期间的多次重要战役。战争结束时他已经被授予了准将军衔，获得了美国公民身份，并且因为写作《骑炮兵的策略》，而被称为"美国炮兵战术之父"。——译者注

② 此处为作者的误植，撒迪厄斯·科修斯科撰写的《骑炮兵的策略》法语版出版于 1800 年，其英译版的出版时间为 1808 年。——译者注

平底船通过水路完成了剩下的旅程，他的“现代化单位”在行军途中的优异表现赢得了沿途各界的交口称赞。然而，头脑僵化的新任战争部长威廉·尤斯提斯(William Eustis)不满于维持、装备一个建制完整的骑炮团所需的昂贵开销，命令彼得卖掉了部队所有的马匹。结果当炮手们在军事演习期间穿越路易斯安那州大沼泽时，被迫用绳子拖拽着火炮前进。为此而暴怒不已的彼得上尉在辞去了他的军官委任后，离开了陆军。

然后一直到1812年春季，与英格兰人之间爆发一场新的武装冲突已经无可避免的时候，轻炮兵团开始以闪电般的速度充实部队的建制。团级指挥官最终也得到了任命，陆军资深炮术专家摩西·波特(Moses Porter)在1812年3月12日得到了上校委任。在这么短的时间内，几乎无法筹集到足够的挽马，因此在国会授权成立的十个炮兵连中，只有半数能够作为乘骑部队投入战斗。与此同时，另外半数部队则不可避免地只能作为小型步兵分遣队投入战斗，并且接受了相应的训练和装备。尽管如此，轻炮兵团还是在战争爆发之后就被卷入了一系列的激烈战斗，并且赢得了与其相对较少的人数而言不成比例的荣誉。1812年秋季，有两个连被召集到了尼亚加拉边境，指挥官分别是詹姆斯·吉布森上尉和约翰·N. 麦金托什(John N. McIntosh)，他们的上级指挥官是海军陆战队的老兵约翰·R. 芬威克(John R. Fenwick)中校。这些炮兵们在1812年10月13日渡过了尼亚加拉河，并在之后的昆斯顿高地战斗(Queenston Heights)中遭受了重大伤亡。在这次败仗中，多次负伤的芬威克中校本人也与他的40名部下一起被英军俘获。在那之后不久，这场战斗的幸存者们得到了路德·里奥那德(Luther Leonard)上尉指挥的炮兵连的接应，之后他们在尼亚加拉堡度过了整个冬季。其他几支由亚布拉罕·尤斯提斯少校——他是战争部长的外甥——指挥的分遣队则在纽约州奥尔巴尼外围积蓄着实力。在更早的时候，路德上尉的炮兵连已经在1812年11月22日经历了实战的考验，他们参与了尼亚加拉堡和乔治堡之间的炮战，之后在1812年11月28日，另一个分遣队乘船登上了尼亚加拉河中的斯阔岛(Squaw Island)，为陆军准将亚历山大·史密斯那次终告失败的渡河作战提供了支援。

来年春天，轻炮兵团的早期成员们在尤斯提斯少校的指挥下，于1813年4月27日攻克加拿大境内的约克(今多伦多)的战斗中，与英军发生了激烈的战斗。就在一个月后，安德鲁·麦克道维尔(Andrew McDowell)上尉指挥的轻炮兵连参加了1813年5月27日发生在乔治堡的战斗，一名炮兵阵亡，另有一人受伤。后来麦克道维尔的部下又随军北上，深入上加拿大地区的斯东尼小溪，并在发生于1813年6月6日的一场战斗中，有3人阵亡、3人受伤。后来当“海狸巢”于1813年6月24日陷落时①，同一支分遣队的2名军官阵亡，33名炮兵成为英军的俘虏，一同被英军俘获的还有一门12磅炮和一门6磅炮。1813年5月29日，几支规模较小的轻炮兵分遣队，在萨克茨港进行了英勇的战斗，帮助守军击退了由英军实施的一次

① 发生在安大略省索罗尔德的一次伏击战，50名英军在400名亲英原住民的支援下，在这次战斗中俘获了超过500名美国正规军人。——译者注

志在必得的两栖进攻。那一年 9 月，波特上校指挥当时尚未参战的其他轻炮兵分遣队沿着圣劳伦斯河顺流而下，加入了由詹姆斯·威尔金森将军指挥的主力部队所发起的蒙特利尔战役。在那里他们被编入了由雅可布·布朗准将指挥的前卫旅，并在战役的大部分时间里承担了精锐步兵的任务。不过在必要的时候，他们也会为远征部队的主力炮兵部队提供支援。

代表性行动

1813 年 11 月 1 日，詹姆斯·布朗准将指挥的旅在纽约州的法兰西溪（位于今天的克莱顿）登陆，迎战一支由两艘皇家海军的双桅横帆船、两艘纵帆船和八艘炮艇组成的英军分舰队，皇家海军指挥官是能干的海军上校威廉·H. 马卡斯特（William H. Mulcaster）。英国海军舰艇尽可能地靠近河岸停泊，以便击伤或在可能的情况下俘获尽可能多的美国运输船只，后者当时也得到了美军重型加农炮提供的火力掩护。不过唯一有效的抵抗来自三门 18 磅加农炮，指挥这个炮群的是隶属于轻炮兵团的罗伯特·H. 麦克佛逊（Robert H. McPherson）上尉。尽管之前他手下的炮兵只接受过操纵轻型火炮的训练，但他们在操作重型火炮时还是表现出了高超的熟练程度以及优异的炮兵技术。他们准确的射击使得马卡斯特上校的舰队无法继续向河岸靠近，相持到了日落时分，英军被迫中止了行动。第二天清早，英军继续他们昨天半途而废的任务，只是这一次麦克佛逊上尉的炮兵们以间隔甚短的弹幕射击做了回敬，并且使用了红热弹（烧红的炮弹）——对木质军舰而言这是极其可怕的弹种。英军再一次发现自己无法靠近停泊在滩头的美国运输船，最后随着美国海军战舰的逼近，马卡斯特被迫率领自己的舰队退出了战斗。这些炮术优异的精锐炮手拯救了威尔金森将军的整个远征计划，对他的计划至关重要的运输船得以免遭损失，当他们继续沿着圣·劳伦斯河顺流而下的旅程时，沿途的供给因此而不至于匮乏。

1813 年 11 月 10 日，威尔金森将军的主力部队在圣·劳伦斯河加拿大一侧的河岸登陆，以便与沿途尾随他们的一支规模相当的英国部队作战。次日，里奥纳德上尉和麦克佛逊上尉指挥的炮兵连被逐次投入了发生在克雷斯勒磨坊的激烈战斗。在那次战斗中，美国陆军军事学院——即"西点军校"——1809 届毕业生，威廉·W. 史密斯中尉指挥的挽马队被滑膛枪火力击倒后，英军命令史密斯投降并交出他的火炮，后者拒绝了劝降并坚持战斗，直到身负致命伤倒地为止。战斗结束后，轻炮兵团随主力部队一起退回了渡口，在向匹兹堡转移前，他们一直驻留在纽约州北部的法国农场的冬季营地。在 1814 年春，几个轻炮兵连经过行军抵达了萨克茨港，与此同时，另一个轻炮兵分遣队在下加拿大地区，参加了 1814 年 3 月的那次对拉科勒磨坊发动的终告失败的攻击，有 5 名炮兵受伤。战斗中炮手们踏着齐脚踝深的泥泞和积雪，将 12 磅加农炮和 5½英寸口径的榴弹炮，推到了距离磨坊的石质围墙仅 200 码距离的阵地，最后却发现他们发射的炮弹只是无害地从围墙上擦过而已。战斗结束后，麦克佛逊少校因为毫无畏惧地将自己暴露在敌军火力中，而被名誉晋升为中校。在这次战斗后不久，乔治·W. 梅尔文（George W. Melvin）上尉的轻炮兵连从萨克茨港出发，抵达了纽约州的布法罗，却在1814年5月5日至6日间被召回了奥斯维戈(美国纽约州西部港口城市名)，与他同行的还有隶属于第3炮兵团的4个炮兵连，他们在当地对抗一次由英军发动的两栖攻击时，为自己赢得了殊荣：在1814年5月13日一支由若干个炮组组成的分遣队由阿瑟·W. 斯朗顿(Arthur W. Thomton)中尉指挥，在佛蒙特州的水獭河炮台，操纵着安装在海军炮架上的12磅加农炮，击退了由皇家海军上校丹尼尔·普林(Daniel Pring)指挥的一支皇家海军分舰队。路德(Luther)上尉指挥的轻炮兵连则在1814年9月11参加了普拉茨堡战役，3名炮兵阵亡，1人受伤。在战争的最后几周里，轻炮兵团的大部分兵力被组织成了一个步兵营，参加了由陆军少将乔治·伊扎德(George Izard)指挥的那次有争议的进军，他们从萨克茨港出发抵达了尼亚加拉前线，但是并没有遭遇任何战斗。当战争结束时，轻炮兵团被重新部署到了奥尔巴尼郊外的格林布什营地，在那里他们吸收了第15、第26、第30、第31和第45步兵团的大部分剩余兵力，以补足其建制。该团后来在波特上校的指挥下，继续作为一支精锐部队服役了6年，直到1821年6月1日，美国国会出于削减军事预算的目的而撤销其编制为止。尽管它几乎再也不可能以其“飞行炮兵”的角色活跃在战场上，轻炮兵团仍然是1812年战争参战部队中战斗最英勇、战术最灵活的部队。在只有少数几支美国部队可以作为合格的炮兵或步兵单位参战的时候，它却作为一支可以同时执行多种任务的军事单位，在两个方面都做出了同样出色的表现。

第一次远程侦查

长期以来美国陆军都与对边疆地区的探索有密切的联系，最早可以上溯至1803年至1804年间的“刘易斯和克拉克远征”，以及不久之后由泽伦·蒙哥马利·派克上尉指挥的类似远征。此类任务的目的，是查明在“路易斯安纳购置案”中获得的全部土地，在地形、气候以及当地居民分布等方面的情况，这次购入的土地将合众国的领土扩张了一倍。这类通常由陆军军官领导的科学考察一直持续到了19世纪30年代，承担过这类任务的大多是当时地位颇高的人物，例如：史蒂芬·H. 郎少校①(Stephen H. Long)和本杰明·伯纳维尔上尉②(Benjamin Bonneville)。然而进入19世纪40年代后，随着“昭昭天命”(Manifest Destiny)这一观念的盛行，以及对当时属于墨西哥的今西部各州产生的领土要求所带来的政治压力，使得这些科学考察的本质由对未知领域的探索转变成了暗中实施的军事侦察行动。在这一领域中，最熟练的“从业人员”则非著名探险家约翰·C. 弗里蒙特(John C. Fremont)少校莫属。1846年弗里蒙特奉命前往加利福尼亚，表面上是在该地区进行筑

---

① 史蒂芬·哈里曼·郎(1784—1864)，西点军校1814届毕业生，美国陆军工程兵军官，因其对蒸汽机车的改良和对“大平原”地区的探索而闻名。科罗拉多州境内海拔4 346米的朗斯峰即是以他的名字命名。——译者注

② 本杰明·博纳维尔(1796—1878)，西点军校1815届毕业生，因其在1834—1835年间对“俄勒冈小道”的探索而成为了美国的知名人士，美国著名作家华盛顿·欧文根据他提供的素材，写作并于1837年出版了《博纳维尔上尉探险记》。——译者注

路工程，实际上则是对当地墨西哥守军的防御力量进行评估，并煽动侨居当地的英语民族定居者反对墨西哥当局。这一(间谍)行为以“第三次弗里蒙特探险”的名称而广为人知，1845 年 6 月 1 日，他们从密苏里州的圣路易斯出发，当时与弗里蒙特同行的共有 55 人，有的人来自陆军测绘工程兵团，一些人是经验老到的边疆开拓者与侦察兵——其中就包括了著名的基特·卡森(Kit Carson)——以及十几名印第安人，他们的目的地是今天美国的“远西区”①。他们的公开目标是：寻找阿肯色河(Arkansas River)的源头，同时进行地图测绘工作。但是当他们抵达阿肯色州境内后，却出人意料地转向了西方，翻越了洛基山脉后，于 1846 年初进入了萨克拉门托盆地。弗里蒙特判断出墨西哥人在人力和防务两方面的资源都很匮乏，并鼓动当地的美籍居民，一旦美国政府对墨西哥宣战，他们就应该转入公开的武装抵抗。他鼓动分裂主义的行径，引起了当地墨西哥驻军司令何塞·卡斯特罗(Jose Castro)将军的注意，他在优势兵力的支援下，断然命令入侵者离开加利福尼亚。弗里蒙特与他的一小群部下逃到了位于俄勒冈南部的克拉马斯湖，静待局势的变化。1846 年 5 月 9 日他接待了一名密使：海军陆战队中尉阿齐博尔德·吉莱斯皮(Archibald H. Gillespie)，后者向他转达了总统詹姆斯·K. 波尔卡(James K. Polk)的口头指示：在加利福尼亚煽起叛乱。

代表性行动

1846 年 6 月 14 日，美裔移民攻占了索诺玛，在最近的旗杆上升起了自己的“熊旗”，并公告“加利福尼亚共和国”已经成立。弗里蒙特在 7 月 4 日抵达该地，并开始从当地人中招募人员，组织了一支被称作“加利福尼亚营”的军事部队。这个营下辖四个来复枪手连，总兵力 224 人，其中还包括了 34 名美洲原住民，他自封为“上校”，并将吉莱斯皮中尉任命为他的“副官”。该营的其他军官的任命，则根据美国的军事传统：选拔自该营的士兵，以及弗里蒙特探险队中那些具备军事背景的成员。几天以后，海军准将罗伯特·F. 斯托克顿(Commodore Robert F. Stockton)指挥的太平洋分舰队在蒙特利下锚，表明了美国政府对该营法律地位的承认，并且还分别授予了弗里蒙特名誉中校、吉莱斯皮名誉少校的军衔。鉴于在那个地区能够搜罗到“美国武装部队”不是不堪一战的老朽，就是由斯托克顿舰队的各艘军舰上搜罗出来的、不当值的海军水兵和海军陆战队员。结果，由弗里蒙特编练出来的“叛乱武装”，反而成为了当时最迫切需要的“成建制武装力量”。1846 年 7 月 26 日，从弗里蒙特的临时部队中挑选出 160 人，登上了美国海军上校萨缪尔·F. 杜邦(Captain Samuel F. Du Pont)指挥的军舰“湖神星”号(USS *Cyane*)，开始了他们南下征服圣地亚哥的航程。三天后，这些士兵在由水兵和海军陆战队员组成的登陆队支援下，兵不血刃地占领了该城。弗里蒙特留置了 40 名海军水兵充当该城的驻军后，带着余部起航向北，前往洛杉矶。该居民区同样在不流血的情况下被攻占了，留下一支由吉莱斯皮指挥的

---

① 洛基山至太平洋沿岸的地区。——译者注

约翰·C.弗里蒙特中尉,通过对加利福尼亚境内墨西哥军队阵地的侦察,领导了美国历史上的第一次"远程侦察巡逻"。在军事术语中,他被称作第一位"寻路者"。(图片由加利福尼亚州立军事博物馆提供)

约翰·C.弗里蒙特(John C. Fremont, 1813—1890)

约翰·查尔斯·弗里蒙特出生于乔治亚州的萨凡纳,他于1838年7月在测绘工程兵团获得了少尉军官委任。他在完成了几次西部探险后,于1841年与密苏里州参议员托马斯·哈特本顿的女儿结婚——参议员是他在政界的支持者。1842年至1849年之间,以私人身份在美洲西部地区实施了四次探险,其中发生在1845年的一次带有明显的军事意图。当年他抵达了加利福尼亚北部——显然是根据密令行事——并开始煽动当地人发动起义,反抗墨西哥执政当局。他被墨西哥人驱逐出境后,转移到了俄勒冈州境内,并在那里与海军陆战队中尉阿齐博尔德·吉莱斯皮就即将来临的"加利福尼亚征服"交换了意见。当墨西哥战争于1846年爆发后,他从当地人中组织起一支被称作"加利福尼亚营"的武装,并协助海军准将罗伯特·F.斯托克顿攻占了洛杉矶。当墨西哥人于1847年1月13日投降后,斯托克顿指定他担任了加利福尼亚总督。之后,弗里蒙特因为拒不服从史蒂芬·W.肯尼将军要求他"退位"的命令,而遭到了逮捕。他离开军队后开始角逐政治事业,在1856年成为了共和党第一总统候选人,但后来在竞选中负于了当时的民主党候选人詹姆斯·布坎南。美国内战期间,弗里蒙特获得了少将军衔委任,结果因为不服从命令和无法胜任职务而辱没了他的名声。1890年7月13日,他在纽约市逝世,死时几乎身无分文。然而,弗里蒙特在西部边疆地区实施的军事侦察行动,对"昭昭天命"这一观念的盛行起到了极大的促进作用。并且,他在这些探险中获得的绰号"寻路者",至今仍然作为一个专有名词,用来称呼美国精锐特种部队中的侦察兵。

人数为50人的部队维持治安。弗里蒙特继续向加利福尼亚北部进发,直到当年9月,他收到报告称洛杉矶正在发生大规模叛乱为止。他继续招募新兵,直到他将"加利福尼亚营"扩充到了450人,然后他向圣胡安·巴蒂斯塔进军,并在该地与舰队汇合。随后弗里蒙特的"临时部队"在斯托克顿准将的海军陆战队员和登陆水兵,以及新近开抵加利福尼亚的由史蒂芬·W.肯尼(Stephen W. Kecorny)准将指挥的龙骑兵部队支援下收复了洛杉矶。之后弗里蒙特再次出发,并在1846年12月24日攻占了桑塔巴巴拉定居点,在强行军翻越圣伊内斯山的途中,遭遇了暴风雨,部队因此损失了大量的马匹和骡子,以及由它们牵引的部分大炮,但最后他们并没有经过战斗就达成了预定目标。弗里蒙特又马不停蹄地赶往洛杉矶，并于1847年1月13日，在那里接受了安德里亚斯·皮科将军的投降，并与后者签署了《卡汉加条约》。鉴于当地人组成的“加利福尼亚营”所能动用的军事资源极其微薄，他们其实在美国的最终胜利上起到了很大的作用。考虑到他在征服加利福尼亚的过程中作出的巨大贡献，以微薄的投入夺取了如此广袤的一片土地，斯托克顿为此指定弗里蒙特担任了新占区域的军事总督。不幸的是，这一提升导致了他与肯尼的直接冲突，军衔高过弗里蒙特甚多的后者，当时已经通过一道由他本人签发的命令，将自己任命为了加利福尼亚总督。弗里蒙特固执且不明智地拒绝向卡尼屈服，结果他被解送往堪萨斯州的利文沃斯堡，受到了“不服从上级命令”的指控，并被军事法庭判处有罪。在那之后，他宁可辞去军职，也不愿留在军队中忍受同僚的非难。尽管如此，他在长期的探险生涯中作为“寻路者”所建立起来的声誉，并未随着时间的流逝而黯然失色。它作为精确的军用术语被沿用至今，在美国陆军中它被用来指代“精锐侦察人员”。

狙击兵团和徒步来复枪手

1846年爆发的“墨西哥战争”暴露出美国军事建制中的步兵数量，不足以完成此类使命，所以1847年2月11日，美国国会在原有正规部兵团的建制外又增加了8个团。其中就包括狙击兵和徒步来复枪手团，在当时军事界的共识中，这是两种不论在用途还是装备上都截然不同的部队。“狙击兵”这一名称源自拿破仑战争时期著名的法国“狙击兵”（*voltigeurs*）；这是当时配属在法国陆军每一个正规步兵营中的一个由精选兵员编练而成的连级建制轻步兵单位。作为对他们精锐部队身份的承认，这些法国士兵们穿着装饰着黄色领子和袖口的蓝色制服，并且他们在平顶桶状军帽的帽顶还佩戴了一支引人注目的黄色羽饰。根据构想，他们的美国同行将以同样的方式进行装备，并且要同时接受两种不同的作战训练，他们不仅要接受以常规线式队形作战的训练，也要学会如何以松散的散兵线战术遂行战斗。除此之外，他们还装备了一种新式武器：使用0.54英寸口径子弹的1841型步枪，该型武器代替了传统的燧石发火装置的是：第一代雷管发火击发装置。这一改良使得它们相对于旧式武器具备更高的可靠性。另外作为来复线武器，它们的射程和精确度要比当时步兵配备的标准燧发枪更优秀。为了表现出这些以散兵线战术作战的士兵的精锐部队身份，狙击兵团的士兵们在理论上也和他们的法国同行一样，拥有一套美观的、用灰色面料裁剪而成的团队专用制服。但是在那个年代，军队制服供应的短缺几乎是个无法解决的难题，这导致了在大部分情况下配发给他们的制服是当时美国陆军作为标准配备的蓝色羊毛制服，与他们的“正规”步兵同行毫无二致。不过尽管如此，他们还是得到了在正面打印着代表“狙击兵”的大写字母“V”的团队专用纽扣。

按照构想，狙击兵与徒步来复枪手团将是一个由十个连组成的标准建制步兵团，下辖1 104名包含了各级军衔的士兵、士官，以及47名各级军官。募兵工作主要将在以下几个州进行：乔治亚州、肯塔基州、马里兰州、密西西比州、宾夕法尼亚州和弗吉尼亚州。按照

1847 年 9 月 12 日，狙击兵团在攻克查普特佩克的战斗中为自己赢得了殊荣。尽管他们同时身兼散兵和正规步兵，表现出了出色的战术灵活性，墨西哥战争结束后该团还是立即遭到了解散。（图片由美国国会图书馆提供）

最初的打算，这个单位还将被编制为一个“多兵种混合部队”，一半士兵将被训练为乘骑部队，另一半则接受徒步步兵训练。在实际运作中，徒步士兵必须通过急行军紧跟在乘骑士兵的行军队列后，以便在必要时为后者提供支援，但是纵贯该部队的整个服役年限，预订要配属给这个团的马匹从未得到落实，所以他们始终只是一支纯步兵部队。另外在纸面上，该团的建制内还包括了一个轻型山炮连和一个火箭营，但是这些武器尽管得到了上级机关的授权，却从未真正被投入到战场上。到了 1847 年 3 月，该团的大部分狙击兵在陆军上校提摩西·P. 安德鲁斯(Timothy. P. Andrews)——在接任该团的指挥职务之前，他一直在陆军中担任主计长的职位——的指挥下，分别在乔治亚州的萨凡纳和路易斯安那州的新奥尔良上船，起航驶向了墨西哥的韦拉克鲁兹。并在抵达目的地后，加入了由陆军中将温菲尔德·斯科特(Winfield Scott)指挥的部队，后者当时正在对由墨西哥军队坚守的支撑点实施围城战。在那之后，这些狙击兵又参与了斯科特将军对墨西哥城的进攻，在美军得以对敌国首都发动进攻之前，他们已经在孔特雷拉斯战役(Contreras)、楚拉布斯科战役(Churubusco)和莫利诺雷伊战役(Molino del Rey)中证明了自己的价值。

代表性行动

1847 年 9 月 13 日，斯科特指挥美国部队对墨西哥军队围绕着查普特佩克(Chapultepec)构筑的坚固阵地发动了进攻，那是首都的最后一道防线。当时狙击兵们被配属给了由陆军准将乔治·凯德瓦拉德(George Cadwalader)指挥的旅，该旅的任务是对当地城堡令人畏惧的南外墙发动进攻。根据安德鲁斯上校制定的计划：将由两个营的部队实施这次进攻，上校本人将指挥中路纵队，与此同时另外四个由约瑟夫·约翰斯顿中校指挥的连将组成右翼纵队。事后证明，这次在掘壕固守的墨西哥守军的猛烈火力下展开的正面进攻，异常艰难且代价高昂，但是狙击兵们还是夺取了一座由沙袋垒成的凸角堡(redan)，强行突入了内层防御圈，并爬上城堡的围墙，升起了象征胜利的团旗。尽管损失巨大，约翰斯顿及其部下还是彻底击溃了妨碍他们继续进攻的墨西哥陆军圣布拉斯营。次日，安东尼奥尼·洛佩兹·德·桑塔·安纳(Antonio Lopez de Somta Anna)将军宣布投降,战争宣告结束。狙击兵们在墨西哥城继续执行了好几个月的占领任务后才登船起航,回国后进驻了位于马里兰州巴尔的摩的麦克亨利堡。之后该团在继续服役了 18 个月后,于 1848 年 8 月 25 日正式解散。该部队存在的时间虽短,却再次成功地表现出了美国人在战场仍旧是由滑膛枪和滑膛炮主宰的年代,成立、装备并将专门使用来复线武器的专业化部队投入战斗的嗜好。然而要到 10 年以后,美国陆军才会编练起另外一支以优异的射击技术著称的专业化步兵单位,延续美国的精锐来复枪手传统。

乘骑来复枪团

通过 1803 年的"路易斯安纳购置案"获得的大片荒芜土地,在被美国接管了 40 年之后,国会才决定将要招募一支专门的单位,用来在该地区通往太平洋沿岸地区的陆上道路实施巡逻,这条道路后来以"俄勒冈小道"的名字而变得众所周知。该地区一波多过一波的移民潮,导致了新进移民与当地美洲原住民的零星暴力冲突日益增多,这一问题也并不可能在短期内得到解决,因此国会拨下一笔预算,在密苏里河至哥伦比亚河沿线修建了一系列的堡垒,并招募了一批专门的神枪手部队,用来遂行各个据点之间的巡逻任务。鉴于活跃在当地的敌对武装力量多是骑马作战,派遣步兵去对付他们显然是毫无意义的,所以新组建的部队具备的机动力必须与潜在敌人处于同样的水平。权衡的结果就是于 1846 年 5 月 19 日诞生的乘骑来复枪团,帕西福尔·F. 史密斯(Persifor Frazer Smith)被指定为首任上校团长,著名探险家约翰·C. 弗尔蒙特则担任了该团的中校副团长。这支单位成立之初,下辖了 10 个连,每个连的编制为 64 名二等兵,翌年每个连的编制又被增加到 70 人,使得该团的总兵力与当时的两个现役龙骑兵团相等。10 个连分别招募自宾夕法尼亚州、马里兰州、弗吉尼亚州、得克萨斯州、田纳西州、肯塔基州、俄亥俄州、印第安纳州、伊利诺伊州和密苏里州。正如该部队的番号所展示的那样,他们也装备了新式的 1841 型来复枪,这种采用了当时最新专业设计的武器,同样也配发给了同期成立的"狙击兵和徒步来复枪手团"。相对于配发给正规步兵的(安装了燧石发火装置的)滑膛枪和当时由龙骑兵使用的卡宾枪,这型武器不仅长度更短、重量更轻,其射程和精度也使该部队具备了更大的战术优势。然而,为了能够履行骑兵的职能,该团的骑兵们同样也得到了笨重的 1840 型龙骑兵佩剑——它被骑兵们昵称为"旧式手腕折断器"——以及重量不相上下的科尔特手枪,该型手枪可以容纳 5 发子弹的圆柱状旋转弹仓,在当时是革命性的设计。配发给乘骑来复枪手的服饰则与当时的龙骑兵制服一致,包括蓝色军便帽、上衣和裤子。另外,裤子的裤缝位置装饰着带黄色滚边的黑色裤线,作为该团的团队识别符号。1846 年 10 月,位于密苏里州的杰斐逊兵营被选作了该团的团部,与此同时,该团下辖的各个连队开始在俄亥俄州的哥伦布和马里兰州的麦克亨利堡展开了编练工作。同年年末,编制内的大部分骑兵终于集中在杰斐逊兵营,然而他们并没有按原计划前往俄勒冈小道驻防,而是被调派给了温菲尔德·斯科特将军的部队，并随之一起参加了墨西哥战争。

乘骑来复枪团在路易斯安那州的新奥尔良上船，开赴墨西哥作战，航行途中因为遭遇了一场风暴，而他们损失了所有的马匹，结果在战争剩下的时间里，他们只能作为步兵徒步作战。他们随着斯科特的部队一起完成了向墨西哥城的壮丽进军，并且在威廉·温·洛林(William Wing Loring)少校的指挥下参加了数次重要的行动。在大多数情况下，该团都被打散成小型分遣队执行侦察任务。随着战争的进行，该团逐渐征集到了足够的墨西哥马匹，并用它们装备了两个编制完整的乘骑来复枪连，不过他们直到战争结束都是在扮演徒步步兵的角色。在1847年9月12日至13日间，该团的几个连参加了对查普特佩克的强攻——这次决定性的胜利，最终结束了这场战争——并为自己赢得了殊勋。在这次战斗中，指挥了先导突击分队的B. S. 罗伯兹(B. S. Roberts)中尉成为了第一位在敌军棱堡上升起了国旗的美国军官。不久之后，当美军又占领了墨西哥城，这面旗帜又光荣地飘扬在了墨西哥国家宫(National Palace)的上空。斯科特将军在对他的得胜之师进行检阅时，注意到了这支部队。他来到该团驻地并做了如下演说："来复枪手们就像老兵一样勇敢！你们在经历了火与血的洗礼后被锤炼成了一块钢铁！"1848年7月7日，在战斗中失去了一只胳膊的洛林被提升为中校，并在该团从韦拉克鲁兹向新奥尔良航行的过程中接掌了部队的指挥权，登陆后他们又经过长途行军，回到了杰斐逊兵营。作为一支精锐战斗部队，乘骑来复枪手团参加了墨西哥战争中的全部18次主要战斗，其间该团有14名军官因为英勇行为而得到了名誉晋升，另外还有11名士兵因为类似的情况而得到了提升。战争期间，这个团有4名军官和45名士兵阵亡，13名军官和180名士兵受伤，另外还有一名军官及240名士兵因为感染了疾病而失去战斗力。

代表性行动

乘骑来复枪手团于1848年7月24日抵达了杰斐逊兵营后，所有在该团服役的志愿兵随即获准光荣退役。这支不满员的部队尽管在战后得以保留其建制，但是也在堪萨斯州的利文沃斯堡待命了几乎一整年，才得到了足够的新兵以充实编制。然后一直到1849年5月10日，乘骑来复枪手团才在洛林上校的指挥下，从堪萨斯州开拔，展开了前往俄勒冈州全程2 000英里的行军。当时担任第六军区指挥官的戴维·特威格斯(David Twiggs)少将亲自赶来，为这支陆军中将要第一个走完"俄勒冈小道"全程的部队送行。洛林的整个行军纵列中包括700匹马和同样数量的骑兵，1 200头骡子和170辆马车。很不幸的是，在长达2 500英里的行军途中，全军一直为疾病所困扰。而当他们抵达俄勒冈州境内，又时值加利福尼亚州传出了发现黄金的消息，结果部队的逃亡率也开始以火箭般的速度直线上升。当时普通淘金工人的平均工资是每天5到10美元之间，受到高额工资的诱惑，有100名逃兵集体逃亡到了俄勒冈城(Oregon City)以南160英里的威拉米特河谷(Willamette Valley)，洛林上校对他们紧追不舍，并且还得到了由州长约瑟夫·雷恩(Joseph Lane)派遣的民兵的支援，终于在逃兵窜入加利福尼亚州境前赶上，并围捕了其中的大部分。但之后被捕的逃兵中又有 35 人利用自制的独木舟，再次成功逃跑。此外，这个团队的大部分士兵都是自小生活在荒郊野外、缺乏教养的年轻人，他们本应为俄勒冈居民提供保护，却因为自己欠缺检点的行为引起了那些居民点的厌恶。结果当洛林的部队由俄勒冈城调防到温哥华堡后，暴怒的当地人立即纵火烧毁了他们的旧营房，再清楚不过地表明了他们的立场：不欢迎这些士兵再次进驻。1851 年 5 月，该团的余部沿着俄勒冈小道再度回到了杰斐逊兵营，并在那里接受了 5 年以来的第三次重组。1852 年 1 月，该团调防到了得克萨斯州，并在那里与科曼奇部落（Comanche）的袭掠者们发生了一系列的小规模战斗，一直持续到他们于 1856 年调防到新墨西哥州为止，这一次与他们作战的敌人是骁勇的阿帕奇部落（Apache）。乘骑来复枪手团在西部大草原的巡逻任务持续到了 1861 年，其间很少发生意外事件，同年 8 月 3 日，该团的番号变更为美国陆军第 3 骑兵团——迭经演变后成为了今天的第 3 装甲骑兵团。美国内战爆发后，所有南方各州出生的高级军官——包括洛林上校——在辞去了他们的军官委任后，回到家乡为联众国（Confederacy）而战，但是没有任何一名南方出生的士兵是不忠于他们的职守的。“勇敢的来复枪手”目前驻扎在得克萨斯州的胡德堡。

得克萨斯突击队

合众国在组织游击队、突击队形式部队的传统可以追溯至法—印战争时期。这些单位有些与正规军事组织有直接的联系，有些则没有，但是总的来说，合众国的各个州都诞生过此类准军事组织。以当时还是墨西哥的一个省份的得克萨斯州为例：甚至在 1826 年该地区被并入合众国之前，当地就已经存在着若干个乘骑突击队单位。山姆休斯顿的定居者们并不相信，墨西哥当局能够在当地派驻足够的警察力量，保护他们不受科曼奇部落或匪帮的劫掠，因此他们成立了武装部队，自力负担起了保护自己的责任。1835 年随着针对墨西哥政府的反叛全面爆发，当地执政阶层再次经过会议商讨，决定成立一支正式的武装力量——“得克萨斯突击队”——它将以小型分遣队为单位，在印第安边疆地区执行巡逻任务。根据当地历史上经过了反复考验的“传统”，这些“常备”

得克萨斯突击队的萨缪尔·沃克上尉，科尔特公司的“沃克”左轮手枪正是以他的名字命名的。他和他的得克萨斯州同胞在美国内战期间，作为非正规侦察兵与袭掠者，为联众国军队提供了无价的服务。（图片由美国国会图书馆提供）

非正规军的招募对象是身强体壮的边疆地区居民，并且要在侦察、追踪、骑术和射击技术等方面表现出相当的水平。通常这一类人对任何强制性的命令都具有强烈的抵触情绪——毋庸提及哪怕只呈雏形状态的军事纪律——但是只要有一名强有力的领导人担任他们的领袖，那么他们就可以作为一个组织行动起来。这些突击队员作为非正规部队成员，不穿着任何形式的制服，自备马匹与武器，并且没有正规军建制内的指定外科医生，或者用来标明单位所属的旗帜。当得克萨斯胜利赢得他们的独立之后，突击队员们继续执行着边境巡逻任务，抵挡印第安人或来自墨西哥境内的匪帮的劫掠，突击队员们通常以小股部队行动，携带了充足的马匹和精良的武器。通常来说，他们总是以寡击众，但尽管如此他们还是在战斗中赢得了莽撞和无情的名声。他们总是以粗鲁的手段，将正义强加到任何胆敢反抗他们执法的人身上，鉴于边疆地区盛行的粗暴作风，这倒不失为一条解决之道。1840 年突击队员们成功地在一系列惨烈的战斗中击退了科曼奇族的袭掠者，其中比较著名的战斗有镇自治议会大楼战斗和李子溪战斗。当 1846 年墨西哥战争爆发后，美国政府招募了这些突击队员，为陆军充当侦察兵。这些斗志昂扬的得克萨斯人在侦察和战斗两方面，都力争表现出最高的水平，而且从不向任何人低头。此外，作为极端平等主义的表现，突击队员与他们的军官互相以名字相称。服装与口粮的配给标准也毫无二致，在执行危险任务的过程中，官兵承担同样的危险，(战斗结束后)领取到同样份额的战利品。

当扎卡里·泰勒(Zachary Taylor)将军的部队于 1846 年春季开始南下，向墨西哥境内推进的过程中，遭到了大批墨西哥非正规军①的围攻。这些优秀的骑兵装备了长矛和套索——后者在专家水平的骑手操纵下是一种极度危险的武器——在美军的通讯与补给线路上发动了连续不断的攻击，战斗结束后他们会杀死所有的俘虏，然后不是消失在旷野之中，就是藏匿在当地人社区中。这些墨西哥骑兵的成功敦促泰勒于同年 4 月，招募了数个连的得克萨斯突击队员，泰勒赋予他们的任务有两个：反游击战以及穿越地貌崎岖的墨西哥荒原，实施纵深侦察。其中由萨缪尔·H. 沃克上尉指挥的一个连，在这两种行动中都有突出的表现，并且因为墨西哥非正规骑兵在战前经常侵入得克萨斯境内，他在与他们的交战中表现出了相当程度的残忍。沃克本人还两次作为情报人员穿越敌占区，带回了大量有价值的军事情报，为自己赢得了荣耀以及正规军的精锐部队乘骑来复枪手团授予的军官委任。在任上他前往康涅狄格州拜访了武器制造商塞缪尔·科尔特(Samuel Colt)，并协助后者开发了弹仓可以容纳六发 0.44 英寸口径子弹的“沃克·科尔特”左轮手枪(Walker Colt)。从那以后，这件威力巨大的手持武器就成为了得克萨斯突击队的标准随身武器。在沃克参与手枪设计的同时，得克萨斯突击队的规模已经被扩编为两个团级规模的建制完整的乘骑部队，他们在 1846 年 9 月 20 日至 24 日之间，通过了一系列野蛮的战斗夺取了蒙特利尔，该任务之所以能够顺利达成，完全仰仗了突击队上尉本·麦卡洛克

① 原文为 rancheros，意为农场主。——译者注

(Ben McCulloch)以专家级的水准完成的侦察行动。当波尔卡总统政府将大部分正规军部队从泰勒将军的麾下调走，转而支援由温菲尔德·斯科特将军发动的两栖攻击后，麦卡洛克又在 1847 年 2 月为前者执行了一次更具危险性的任务。当时泰勒麾下的总兵力只剩下了 4 650 人，其中大部分还是开战后才入伍的志愿兵，他命令麦卡洛克前往墨西哥城市萨尔提略(Saltillo)查明敌军的行动意图。他的突击队员们于 1846 年 2 月 20 日，在桑塔安娜发现了由安东尼奥·洛佩兹将军指挥，总兵力达到了 20 000 人以上的部队正在向北行进。其意图显然是试图对泰勒将军已经遭到了大幅度削弱的部队，实施进攻并击溃之。突击队员们以急行军的速度回到总部，向泰勒将军通报了敌情，此举为他争取到了两天的预警时间，他得以将部队部署到了已经构筑了坚固设防阵地的布宜诺维斯塔，在 2 月 22 日至 23 日之间，他们通过果断的防御作战击退了来自桑塔安娜的攻击。

其他突击队分遣队则随着温菲尔德将军的部队，沿陆路推进至了墨西哥城，完全依靠着他们的努力，从墨西哥首都至韦拉克鲁兹之间，长达 250 英里的补给线才没有被沿途活跃的游击队活动所切断。1847 年 11 月 23 日，一个连的得克萨斯突击队员在雅各布·罗伯兹上尉的指挥下，与 200 名墨西哥长矛轻骑兵(lancers)在普埃布拉以南的一个山隘发生了遭遇战。尽管众寡悬殊，突击队员们还是保持住了阵形，并且凭借科尔特手枪的猛烈火力，在后者最终撤退前击倒了大约 50 名长矛枪骑兵。当墨西哥城向美军有条件投降并被占领后，一名突击队员因为迷路而误入了当地一座因盛行谋杀而闻名的小镇，并且他不出意料地被镇民杀害了。得知这一消息后，愤怒的突击队员们握着科尔特手枪，策马冲进了镇内，当他们离开时已经有 80 个墨西哥人死于这次报复行动。这类残暴的行为使得他们在当地居民中获得了得克萨斯魔鬼(Los Diablos Tejanos)的绰号。总的来说，这些突击队员粗暴的举止和“令人不安”的行为慑服了墨西哥人。

代表性行动

当《瓜德路普—伊达尔戈条约》于 1848 年 1 月签订后，墨西哥战争宣告结束，但是很多墨西哥游击队组织选择了一条继续抵抗占领军的道路。其中特别残忍的一支游击队是由卡斯蒂诺·贾奥达(Celestino Jarauta)神父所领导的队伍。他们成功躲过了突击队员的追捕，长达数月之久——直到由杰克·海耶斯(Jack Hays)上尉指挥的一个突击队分遣队发现他们，其实就藏身于扎夸尔提潘村为止。1848 年 2 月 25 日，郎(Lane)指挥 250 名突击队员，在由威廉·H. 波尔卡(William H. Polk)少校——波尔卡总统的兄弟——指挥的 130 名龙骑兵的伴随下，保持着静默状态接近了他们的目标，并在破晓时分发动了攻击。当时隐藏在村内的 450 名非正规军和墨西哥枪骑兵完全遭到了意料之外的袭击，尽管他们进行了激烈的抵抗，但还是在逐屋争夺中被科尔特手枪的猛烈火力所压倒。贾奥达神父的游击队最终被击溃了，150 人阵亡，50 人被美军俘获。一名得克萨斯人在战斗结束后，伤重不治而亡。这是整个墨西哥战争期间发生的最后一次遭遇战，并且以得克萨斯突击队员在这次战斗中表现出来的机动性、火力和对突袭行动的完美执行而著称。另外还要强调的一点是，这次战斗也显示出得克萨斯人面对他们的对手所表现出来的绝对冷酷无情和蔑视——反映出强烈的种族主义色彩。他们不仅因其对暴虐行为的嗜好而在战斗中赢得了宝贵的名声，自大且不守纪律的得克萨斯人也在非常规战技术以及对战争的全面胜利两方面作出的贡献方面，赢得了同行相当高的评价。美国内战期间，得克萨斯突击队为南方的同盟军作战，并在战后遭到解散。但是鉴于西部边疆地区的混乱局势，他们很快就获准了重建，只是这一次是出于执法和维护公共安全的目的。他们在该领域的服务延续至今。

美国神枪手

美国内战于1861年爆发时，交战双方的步兵中大部分都装备了从枪口装弹的各种来复线武器。尽管此类武器受技术限制，每分钟只能够进行两次经过瞄准的精确射击，射速远远低于它们所取代的滑膛枪，但是相应的，它提供了更远的射程和相对旧军事技术所能提供的更高的致命性。然而由于当时的步兵战术——将兵力实施大规模集中，并按照拿破仑时代的作战队形实施进攻与防御作战，导致了步兵的伤亡率居高不下。因而一个重要的变革就是：由精选的神枪手组成的连级有时甚至是营级的精锐部队。它们通常在战场上以松散的队形实施展开，或者利用了地形地物所能提供的自然掩护。那个年代的陆军中有大量的优秀射手，其中大部分又集中在州立部队中。最大的例外是美国神枪手团，他们的训练、武装和制服的配发都符合精锐正规部队的标准。“神枪手”这一概念是海勒姆·博丹（Hiram Berdam）的思想产物，他是一位成功且富有的发明家，并且自1846年起他就以“最佳射手”的身份享誉全国。作为一名兼具了创造性思维又在吸引大众注意力方面具备相当天赋，并且还异乎寻常地热衷于自我吹捧的人，博丹在战争爆发后不久前往华盛顿哥伦比亚特区，并说服了当时美国陆军的资深指挥官温菲尔德·斯科特中将，同意了他抽调美国陆军中的所有神枪手组建一个建制完整的团级作战单位的构想。之后斯科特又设法说服

海勒姆·博丹上校，虽然他在自我推销方面堪称大师级人物，对于如何通过实际的战斗赢得名誉却无能为力，但是由他组建起来的两个神枪手营却可能是整个美国内战期间，最顶尖的神射手及最出色的能够以散兵战术遂行战斗任务的步兵。（图片由美国国会图书馆提供）

合众国陆军第 1 和第 2 神枪手团，据信对同盟军（即南军）造成的伤亡超过了联盟军的任何同级作战单位。他们独一无二的绿色制服，使得他们可以融入大多数地形背景，并且他们装备的夏普斯式后膛装弹来复枪在远程射击时具备极佳的精确度。（图片由美国国会图书馆提供）

亚伯拉罕·林肯（Abraham Lincoln）总统同意了这个计划，并在 1861 年 6 月 14 日授权成立了美国陆军第 1 神枪手团。作为一个标准建制的团级单位，它下辖 10 个连级建制的步兵单位。与美国内战时期大多数步兵单位只从一个州招募士兵的惯例不同，神枪手团的招募范围包括纽约州、佛蒙特州、密歇根州、新汉普夏州、威斯康星州和明尼苏达州。未来的成员首先必须通过极端苛刻的资格测试：他们必须向位于 150 码以外的目标发射 10 发子弹，任何一发子弹的弹着点与靶心之间的散布不能超过 5 英寸。尽管在资格测试中不能使用任何种类的望远瞄准镜，但是通过测试的合格射手的数量之多，已足够充实第二个神枪手营的建制。同年 9 月 28 日，合众国陆军第 2 神枪手团宣告组建成功，博丹上校兼任了两个营的指挥官。为了与他们的精锐部队身份相称，配发给神枪手们的制服是：绿色的上衣、裤子以及军帽，团队专用纽扣上带有部队名称的缩写：USSS，字母周围骄傲地环绕着一圈花冠。除了出众的外观，这身制服在森林中作战时还是实用的个人伪装。神枪手们还就如何利用散兵队形、实施战术性展开接受了严格的训练，这与那些穿蓝衣的正规步兵所接受的、以密集的线式队形在战场上展开的训练截然不同。部分是出于他们的指挥官好夸耀的个性，部分是出于两个营在无数次艰苦战斗中建立起来的卓越的声誉，他们开始以“博丹的神枪手”或是更简短的“绿外套”的名称而广为人知。

神枪手团能够成为这样一个致命性作战单位，在很大程度上要归功于他们装备的军械，在博丹本人的推动下，他的部下们装备了使用 0.52 英寸口径子弹，后膛装弹的“夏普斯”来复枪，这件高精度武器的射速达到了每分钟 10 发。后膛装弹的结构，使得它成为了实施卧姿射击的完美武器，大大缩小了射手的投影面积。然而，在时任陆军军械署主任詹姆斯·W. 里普利（James W. Ripley）将军看来，这类武器只会浪费昂贵的弹药，因而试图让神枪手们装备从枪口装弹的现役军械。在这种背景下双方达成了暂时的妥协，同意先让神枪手们装备弹仓容量为 5 发的科尔特转轮卡宾枪，直到夏普斯来复枪的产量可以满足神枪手部队的需求为止。科尔特转轮卡宾枪早在战争爆发前的1855年就投入了现役，但是因为在实际应用中出现过转轮式弹仓中的5发子弹被同时击发的意外而恶名远扬。神枪手们对于当初许诺的夏普斯来复枪非但无法兑现，反而要使用这种不可靠的武器自然不会心存感念。在之后的几个月内，他们拒不接受“换装”，继续使用安装了望远瞄准镜的各型私有武器，最终等到他们威胁发动集体兵变之后，战争部长艾德温·M. 斯坦顿(Edwin M. Stanton)才催促了制造厂商务必尽快交货。夏普斯来复枪最终在次年春天配发给了部队，即便在此时，博丹也不忘记博取公众的好感，他没有浪费一丝一毫的时间，为神射手们成立了所谓的“教导营”。政治家、高官显贵、急于抓取新闻的记者，甚至林肯总统本人都被邀请参加了这次展示神射手们超凡射击技巧的盛会。他们中的大部分在离去时感到“惊讶不已”——博丹显然招募了一批整个联盟军队中最无法无天的恶棍，却无法对他们施加任何形式的管束。其中一个原因是，他几乎是永久性地缺席他的部队正在进行中的任何行动。与此同时，他要拜会国会议员以及制造商就属于他的大量发明和制造专利交换意见。博丹本人缺乏军事背景和相关专业知识也是他的一大弱点：他曾经在冬季为部队订购了灰色大衣，而它们在到货后不久就被丢弃了，显而易见的原因是，神枪手们穿上这个之后，在外表上就无法与同盟军(Confederates)士兵有所区分了。

神枪手们已经在教导营事件中证明自己是一群夸夸其谈的人，而他们的指挥官则似乎全神贯注于增加自己的个人财富，但是一旦投入战斗，他们就是整个联盟陆军中作战效率最高的单位。从战术层面上说，他们很少以超过2到4个连的规模实施展开，行军时他们在主力部队前方作为散兵行动，在宽广战线上则作为狙击手作战。当需要用军号在战场上传递命令时，他们用的也是轻步兵所独有的一套号谱。在1862年的半岛战役(Peninsula Campaign)期间，神枪手们第一次接受了战火的洗礼，他们在约克镇至莫尔文山一带发生的一系列激烈战斗中，给同盟军造成了惨重的伤亡。莫尔文山战斗中，威廉·Y. 里普利中校指挥的4个连占领了一道峡谷，并在一场血腥的防御战中，挫败了一支规模更大的同盟军部队试图实施机动包围他们的企图。当同盟军退回林线之后，一个隶属于“里士满榴弹炮营”的炮兵连推进到了前线，试图通过炮击迫使神枪手们投降。出乎同盟军炮兵意料的是，对方一次齐射就击倒了行进中的炮兵连的全部挽马和炮组中半数以上的成员，剩下的幸存者们仓皇逃回了后方。一贯以美洲大陆最佳射手自诩的南方人，很快就对于这些身着绿色外套、隐蔽在树木岩石或任何掩体后方，并能够在极远的射程内以弹不虚发的精度实施快速射击的对手，产生了敬畏之情。发生在同年秋季的安蒂特姆河战役(Antietam)中，他们又重施故技，只用很短的时间就击溃了与他们交锋的一个建制完整的同盟军步兵团，并以同样的效率肃清了那片被血迹浸透了的战场。之后在弗雷德里克思堡(Fredericksburg)和钱斯勒维尔(Chancellorsville)战役中，他们又再次证明了自己的能力，尽管如此，博丹依然因为“永久性”地缺席该团的各项军务而饱受批评——哪怕当时部队已经投入到了最激烈的战斗中。

代表性行动

1863 年 7 月 2 日，盖茨堡(Gettysburg)战役爆发时，配属给由丹·塞克尔(Dan Sickles)少将指挥的第 3 军的第 1 神枪手营，当时被部署在一座后来被称作“圆顶”(Round Tops)的高地的北部。少将对同盟军队正在神学院山脊南侧实施的行动感到焦虑，因此他命令博丹派遣 4 个不满员的神枪手连，共 100 人，伴随隶属于第 3 缅因州(志愿兵)步兵团的 200 名士兵，对该地区实施一次正面侦察。当博丹的神枪手们前进至皮策森林后，他们一头撞进了由卡德摩斯·维尔考克斯(Cadmus Wilcox)将军指挥的一个旅的阵形之中，后者当时正在对第 10 和第 11 亚拉巴马团发动迅猛的攻击。神枪手们掩蔽在树后，对暴露在空旷地的同盟军士兵实施了长达 20 分钟的快速射击，在缅因州士兵们的支援下，他们在迫于敌军的优势兵力而实施撤退前，已经以 19 人伤亡的代价，击毙击伤了 56 名同盟军士兵。塞克尔因此得知 A. P. 希尔将军(Gen. A. P. Hill)已经在附近展开了他的师，所以他谨慎地将自己的部队前出到了耶米特斯堡公路，以钳制敌军可能以任何形式实施的侧翼包抄。此外，在这次短暂但激烈的战斗中，神枪手们每人平均发射了 90 发子弹，这使得维尔考克斯将军对敌情产生了误判，在他的报告中表示自己的旅与两个团的神枪手发生了遭遇战——尽管事实上，神枪手的兵力只有 4 个不满员的连而已。在战场的更西侧，第 2 神枪手营被部署到了耶米特斯堡公路更靠近“小圆顶”(Little Round Top)的一端，以防止该阵地的陷落。最后他们与同盟军中将詹姆斯·朗斯特里特(James Longstreet)军下辖的第 4 得克萨斯步兵团发生了交火，并在“魔鬼的巢穴”(Devil's Den)附近击伤了该团的上校团长和中校副团长。然后神枪手们被迫后撤到了“大圆顶”(Big Round Top)的南坡，并在该处阵地上发现由威廉·C. 奥兹(William C. Oates)上校指挥的同盟军旅正在向由约书亚·张伯伦(Joshua Chamberlain)指挥的第 20 缅因团驻守的“小圆顶”进攻的途中——这次战斗是整个战役的关键性转折点——神枪手们从他们的阵地上击倒了第 15 亚拉巴马团的中校副团长。奥兹上校感到自己不能在迂回联盟军防线的同时，放任神枪手部队留在他的后方进行骚扰，因此率部对后者发动了冲锋，将他们驱赶到了山顶的另一侧。结果这就给予了张伯伦上校额外的时间，以重整他单薄的防线，并最终守住了阵地。1863 年 7 月 3 日，神枪手奉命清剿当时还藏匿在“魔鬼的巢穴”附近的所有同盟军狙击手，他们完成了任务并抓获了若干名俘虏。考虑到他们对战役的结果产生的影响如此之大，参战部队的规模又如此之小，盖茨堡战役可能是神枪手团最辉煌的时刻。

1863 年秋季，博丹因为对自己的“身份”缺乏官方承认而感到不快，最终离开了神枪手团，这对部队而言自然是好事，他在团里的职位则由他的几位下属所接替。该单位在之后发生的战役中，维持着他们的优异表现，例如：1863 年末的“矿山河”战役；“荒野”战役；1864 年 5 月的斯波特瑟尔韦尼亚战役以及发生在匹兹堡城外持续了数月的堑壕战。神枪手们在匹兹堡使用了安装高倍望远瞄准镜的步枪以及预设狙击阵地的技巧，并且成为了同盟军哨兵的克星，子弹的飞行距离是如此之远，以至于后者在感受到中弹的刺痛之后才能够听到从远方传来的来复枪声。神枪手团的最后结局颇有些虎头蛇尾——士兵服役期满复员造成的减员甚至超过了疾病和作战伤亡。首批神枪手的三年期服役合同，在1864年8月期满后，合众国第1神枪手营的大部分士兵开始于当年秋天返乡，部队亦随之解散。1865年1月，战争部下令将合众国第2神枪手团剩余的骨干连队解编，其人员则分散至其他单位。曾在这个精锐单位服役的2 570人中，300人在战斗中阵亡，另有1 000人受伤，伤亡率几乎接近了40%，该单位的成员可以聊以自慰的是，他们可以——基于真实的战绩——夸耀被他们击毙击伤的同盟军士兵数量超过了联盟军中的任何（同级）单位。

1862年的“安德鲁斯突袭”

并不是所有的特种部队作战行动，都需要动用到穿着制服的军人。在整个美国内战期间，由双方政府秘密机构的特工人员实施的谍报、破坏行动相当地频繁。这些特工人员既可以是现役军人也可以是退役军人，他们训练精良，并且在达成他们所策划的目标的过程中，表现出了极大的主动性。以合众国政府一方为例，最值得一提的一次尝试是：由经过伪装的士兵在敌军防线后的纵深地区实施的“安德鲁斯突袭”。这次行动更广为人知的名字是“蒸汽机车大追逐”。计划中涉及铁路和火车，极好地展现出了科学技术在战争中的宝贵价值。故事始于1862年4月，当时联盟军的奥姆斯比·米切尔（Ormsby Mitchel）将军正在筹备一场从田纳西州的纳什维尔向亚拉巴马州的亨茨维尔的进军。一旦达成上述计划，他的部队就可以沿着铁路线向东猛扫，抵达位于查塔努加附近的同盟西部地区最大的铁路编组站。为了达成上述目标，他向31岁的詹姆斯·J. 安德鲁斯（James. J. Andrews）求助，后者是一位民间铁路工程师，并且具备了相当的胆魄。就在当年的3月份，安德鲁斯曾经率领一组联盟军的行动人员南下，执行了一次针对孟菲斯至查尔斯顿铁路，以及西部太平洋铁路的破坏任务：他们窃取了一辆蒸汽机车向北行驶，沿途炸毁了横跨奇克莫加河（Chickamauga）以及田纳西河的铁路桥。那次任务最后在乔治亚州的亚特兰大宣告夭折，因为行动的重要共谋者——一名乔治亚州的联盟政府同情者——并未按计划出现。尽管如此，安德鲁斯还是保持了平静，并且制订了一个类似的计划，以协助奥姆斯比将军正在计划中的向查塔努加的进军。他从第2、第21和第33俄亥俄步兵团中挑选了一组联盟军士兵，共23人，并且都曾在铁路公司供职。他们随安德鲁斯穿越同盟军前线后，将夺取一台属于“西部与太平洋铁路公司”的蒸汽机车，随后在向北行驶的途中，焚毁沿途经过的每一座桥梁，通过此举应该可以阻止同盟军援军对米切尔将军所部可能发动的反击。参加这次行动的士兵都要冒极大的风险，因为一旦穿着平民服装被同盟军俘获，他们不仅不能享有战俘的待遇，还会被当作间谍处决。但是整个计划看起来已经足够可行，所以米切尔将军授权安德鲁斯将其付诸实施。

代表性行动

安德鲁斯和他的同伴开始以两人或三人为一组，渗入了敌占区，按照预订计划他们将在

4 月 10 日午夜前，抵达乔治亚州的玛丽埃塔。然而连日大雨拖延了他们的行程，他们抵达汇合点时，不仅比预订行程晚了一整天，晚至 4 月 11 日星期五，并且还有两名同伴失踪——他们在田纳西州的加斯帕被强征入了联众国(confederate)陆军。尽管遭遇了这些挫折，安德鲁斯还是决心继续实施这次突袭，因此在 4 月 12 日星期六早晨，他和同伴们在玛丽埃塔登上了一列早晨 6 点发车开往“大棚屋”——位于乔治亚州的肯纳索——他们计划在那里偷窃行动所需的蒸汽机车。之所以选中这个地点是因为那里没有开设电报局，当地人发现蒸汽机车被窃后，将无法在第一时间警告有关当局。当火车进站，车上的大部分乘客下车吃早饭后，安德鲁斯及其部下兵分两路，一组强行夺取了“将军”号蒸汽机车头，与此同时，另一组安静地解开了机车与客车的挂钩。突袭者们增加了引擎锅炉的蒸气压力后，机车伴随着一阵轧轧声，在惊慌失措的旁观者的注视下驶出了车站。这些旁观者中一个是售票员威廉·富勒(William Fuller)，他立即派遣了一名骑手前往最近的电报局报告机车的失窃，与此同时，他和其他两人跑向了附近的“月亮”站，并从那里获得了一辆手摇查道车，利用它返回了“大棚屋”站，开始了追捕行动的组织工作。这些南方人以最快的速度摇着查道车抵达了埃托瓦，从那里征用到了一台矿用机车“约纳”号后，继续实施他们对“将军”号的追捕。

安德鲁斯完全没有料到，富勒及其一行人对“将军号”的失窃可以如此迅速地作出反应。后者的尾随追击限制了突袭者们对沿途铁路设施实施破坏的企图，迫使他们的行动转变为纯粹的对追捕活动的规避。作为一种预防措施，安德鲁斯还是在规避追捕的途中，停车破坏了铁路的部分路段，以阻滞追击的火车，并切断了一些电报线路后，才继续向北方逃亡的行程。不幸的是，最近的大雨浸透了铁路桥的木材，安德鲁斯一行人根本无法焚毁大桥。与此同时，富勒一行人在金斯顿火车站作了停留，在申请并得到了一台速度更快的蒸汽机车——威廉·R.史密斯号——后继续实施他们的追击行动。途中他遭遇被破坏的铁轨后被迫停车，随后截停了一列从对面的铁轨路过的货车，将其掉头驶回安戴尔斯维尔后，放下了所有客车车厢，立即驾着机车“得克萨斯”号以倒车的方式实施追赶，以节省机车掉头的时间。与此同时，安德鲁斯一行人则继续将枕木扔到铁轨上，以迟滞任何可能的追击。然而“将军号”还是因为耗尽了燃料以及锅炉水而在查塔努加以南 18 英里处抛锚了。当时这片地区还是处在联众国政府的控制下——因为米切尔将军在最后时刻取消了预定的攻势，所以整个突袭行动已经变得毫无价值。安德森一行人的破坏活动延续了 90 英里，被他们抛弃的蒸汽机车头最后被驾驶着得克萨斯号的富勒一行人所发现，然后一次纵贯整片荒原的追捕行动开始了，在以后的两周时间内，所有 21 人陆续被捕，并被押解到了亚特兰大。

1862 年 5 月 31 日，在经过审判后，安德鲁斯以间谍罪名判处了绞刑。次日晚上，他和其他袭击者分批实施了一次大胆的越狱，但他们再次被捕，并被告知将在一个星期后被处决。7 月 18 日，一共有 7 名联盟军士兵被送上了绞刑架，但其他 14 人策划了另一次逃跑，并且这一次其中的 8 人成功抵达了联盟军的前线。1863 年 3 月，剩余的 6 人则被联众国当局用来交换了6名他们的行动人员。战争部长艾德温·M.斯坦顿向参加这次行动的所有人员授予了新近才设立的“国会荣誉勋章”，他们荣幸地成为了该勋章的第一批受勋者。这次大胆行动背后的指导者，以及这次行动的命名者詹姆斯·安德鲁斯则因为其平民身份而失去了受勋资格。1887年，他的遗体从乔治亚州被重新安置到了田纳西州查塔努加的国家军事公墓，他的墓地上装饰了——为他及其伙伴们赢得不朽名声的——“将军号”机车的铜质比例模型。

布雷泽独立侦察兵部队

1864年8月，同盟军游击队在整个北弗吉尼亚地区和谢南多厄河谷取得了一连串令联盟军难堪的胜利，促使第8军指挥官乔治·克鲁克(Maj. Gen. George Crook)将军授权成立了联盟军第一支专门的反游击战部队：布雷泽独立侦察兵部队。指挥官为理查德·布雷泽(Richard Blazer)上尉，士兵则抽调自第5、第9、第13和第14西弗吉尼亚步兵团，第2西弗吉尼亚骑兵团，以及第12、第23、第34和第36俄勒冈步兵团。这支部队将被编练为一个骑术、枪法俱佳的反游击战单位，并特别装备了高精度、可以快速开火的斯班瑟卡宾枪。他们的任务具有两重性，但是基本目的是一致的：在菲利普·H.谢里登(Philip H. Sheridan)少将沿谢南多厄河谷推进的同时，保护联盟军延绵的补给线；与徘徊在谢南多厄河谷地区的同盟军突击队员交战并歼灭之，尤其是绰号“穿灰色制服的游魂”的约翰·S.莫斯比(John S. Mosby)上校指挥的那支突击队。布雷泽独立联盟军侦察兵，很快就因为在迈尔斯福特和迈尔斯敦发生的战斗中，利用他们的绝对优势火力击溃了数支同盟军游击队而声名鹊起。这些侦察兵——其总人数从未超过100人——被分成两个连开始在蓝岭山脉的两侧执行作战任务，并取得了极好的战果。11月上旬布雷泽策划，并在拜瑞渡口附近突袭、击溃了一支同盟军突击队员组成的分遣队，该部队的指挥官是莫斯比最信任的部下之一R. P.蒙特乔依上尉(Cpt. R. P. Mountjoy)。“穿灰色制服的游魂”因此决定一劳永逸地解决这个麻烦，他派遣了由A. E.理查兹少校(Maj. A. E. Richards)指挥两个连兵力的突击队员摧毁布雷泽的司令部。

代表性行动

1864年11月18日，理查兹及其100名突击队员在迈尔斯敦附近，为布雷泽设下了圈套。62名联盟军侦察兵还在镇内就发现了对方的踪迹，他们缓慢地向对方推进，在林线处下马，利用斯班瑟卡宾枪展开了远程交火。联盟军的侦察工作显然很差，布雷泽居然认为自己对付的只是一个突袭小组，而事实上对手的兵力两倍于己。突然，理查兹命令自己的一部分兵力在一道栅栏旁列队后退，做出了撤退的假象。布雷泽迫切地想要击败这些行踪不定的对手，他下令部队上马，对佯装撤退的同盟军实施了冲锋。当侦察兵们路过一片开阔地时，他们突然遭到了隐蔽在两翼的同盟军士兵队的袭击，后者在近距离用科尔特重

约翰·S. 莫斯比(John S. Mosby, 1833—1916)

约翰·S. 莫斯比上校及其突袭队员，是占领了弗吉尼亚州的联盟军队的克星。他们出没的地区甚至被称作"莫斯比的小联众国"，他似乎具备了在战场上随自己的心意而神出鬼没的离奇能力，这为他赢得了"穿灰色制服的游魂"这样一个绰号。(图片由美国国会图书馆提供)

约翰·辛格尔顿·莫斯比于 1833 年 9 月 6 日出生在弗吉尼亚州的埃奇蒙特，他一直是当地的执业律师，直到 1861 年美国内战爆发。他在加入同盟军队后，都在 J. E. B. 斯图尔特将军麾下指挥侦察兵，并且非常胜任自己的工作，1863 年 2 月之后，他作为一名中尉指挥了一个乘骑突击队连。莫斯比足智多谋，并且精通于战术革新，很快就成为了"谢南多厄河谷之鞭"。他的部下执行了大量的侦察任务，对特定目标发动突然袭击，完成任务后立即分散撤退，然后在预订地点实施重组。通常这些突袭者就隐匿在当地人中间，直到他们按计划实施下一次突袭行动为止。他最声名狼藉的一次行动发生在 1863 年 3 月 9 日，他仅仅带着 29 人，就混过了联盟军的岗哨，并从艾德温·H. 斯托顿将军的床上将其绑走。当年夏天，他的部队被正式授予了弗吉尼亚州骑兵团第 43 营 A 连的番号，在那以后他的军衔稳步晋升，并在 1864 年被授予了上校军衔。很多支联盟军部队都曾经尝试着从联众国军队的花名册上"注销"莫斯比及其突袭者的名字，但是他们所有的努力都终告失败。这些突袭队员成为了弗吉尼亚州北部地区唯一的一支有组织的联众国抵抗力量。他的部下因此被污蔑为逃犯，甚至有若干名突袭者在被俘后遭到绞刑处决，作为报复同样数量的联盟军俘虏也被送上了绞架。在此之后，双方才同意宽待被捕的战俘。当罗伯特·E. 李将军于 1865 年 4 月投降后，莫斯比不事声张地解散了部队，遣散了所有人员。之后，他受到了数届共和党政权的青睐，但也因此失去了不少出生在南方各州的朋友。莫斯比作为美国历史上最优秀的游击战领导人，于 1916 年 5 月 30 日在华盛顿州哥伦比亚特区逝世。

型左轮手枪将大批联盟军侦察兵击落马鞍。侦察兵部队被击溃了，布雷泽根本无法重组部队，他在被棍棒从马上击落后束手就擒。只有 29 名幸存的侦察兵返回了联盟军防线，该单位在次年一月宣告解散。因此可以说，即便是像布雷泽上尉的侦察兵那样优秀的部队，也会有时运不济的一天。他们的失利使得莫斯比获得了完全的行动自由，可以继续实施自己那臭名昭著的突袭，并一直持续到了战争结束。

弗吉尼亚州骑兵团，第43营

整个美国内战期间，交战的双方组建了428个可以根据不严格的标准被称作“突击队”的单位，其中包括了实质上的游击队组织、罔顾法纪的强盗，还有些则是彻彻底底的刑事罪犯。美利坚联众国与他们位于北方的对应政权一样，继承了同样的军事传统，也组建了专用于遂行非正规战，或者说游击战的正规部队。其中最有名、作战效率最高的一支部队是弗吉尼亚州骑兵团第43骑兵营，对于后人来说，其更广为人知的名字则是“莫斯比的突袭队员”。因为这支部队的成功及其实施的历次作战行动，都离不开它的领袖：约翰·辛格尔顿·莫斯比。为了表现自己的大胆，莫斯比在1861年战争爆发后就加入了弗吉尼亚州骑兵团，并且他在内战时期著名的骑兵将领之一J. E. B. 斯图尔特将军(Gen. J. E. B. Stuart)的麾下服役时，表现出了相当的军事才能。1862年4月21日，联众国总统杰斐逊·戴维斯(Jefferson Davis)签署了法律，正式授权为了战争需要而组建专门遂行游击战的突击队——这在很大程度上是为了抵消联盟军队在人力和物质方面的优势。与此同时，莫斯比的上级对他在计划非常规行动时表现出来的能力是如此的满意，以至于在1863年1月授予了他半独立的指挥权。之后，他仅仅带着9名部下就在弗吉尼亚州北部，执行了一系列针对联盟军队前哨的突袭行动，抓获了大量俘虏的同时，缴获了相当数量的武器和其他军用物资。结果随着各色人等——中年人、正规军士兵、少年甚至还有联盟军的逃兵，以及一些在战斗中完全不可靠的利己主义者的加入，这个单位的规模也随之得到了扩张。他将主要的基地设在了劳登县的米德尔堡(Middleburg)，但是他和他的部下们并没有进驻当地的军营，而是全部借住在私人房屋中，或者干脆在野外露营。最重要的是，莫斯比是一个外在的驱动力和内在人格力量兼备的领袖人才，在他的激发下他的部下们成为了一个有内在凝聚力的突袭单位，并且一直维持到了战争结束。

莫斯比最声名狼藉的一次行动发生在1863年3月，当时他带着29名部下乘夜突袭了联盟军设在弗吉尼亚州费尔法克思县政府的前哨营地。他们捕获了一名卫兵后，从他口中得知，爱德华·H. 斯托顿准将正在附近睡觉，莫斯比匍匐着进入了后者的卧室，粗鲁地一掌拍向准将的后脑勺将其“唤醒”，并成功将他带出了营地，和准将“同行”的还有另外33名战俘和58匹战马——一切都是在前哨营地卫兵的鼻子底下完成的。被激怒的联盟军队试图用焦土战术将游击队员从藏匿地点驱赶出来，但是莫斯比得到了当地人的大力支持，仅仅是躲进了树林便开始策划下一次的袭击。事实上，这些同盟军突击队员对联盟军士兵的打击是如此的频繁，以至于弗吉尼亚州北部地区开始被称为“莫斯比的小联众国”，莫斯比本人则扮演起了这样一个角色——掌握着离奇法术，袭击结束后就会消失在稀薄空气中，无影无踪——对此感到畏惧的联盟军士兵们，开始咒骂他为“穿灰军服的游魂”。

鉴于莫斯比和他的突袭队员们获得的成功，1863年6月10日，该部在弗吉尼亚州的瑞克特维尔被正式授予了“弗吉尼亚州骑兵团第43营A连”的番号。对外人他们则夸耀自己的部队有240名骑兵，4个骑兵连。这个单位明显地打上了莫斯比个人领导风格的烙印，他只按照战功选拔军官，对于无能者则毫不犹豫地予以撤换，并且在各级士兵、士官中间贯彻了严格的军事纪律。在战斗方面，莫斯比抛弃了过时的军刀冲锋战术，而是给每个骑兵装备了使用 0.44 英寸口径子弹的科尔特曲柄转轮手枪。卡宾枪则因为笨重且不适合打了就跑的战术而被他们弃之不用。在作战方面，莫斯比教导他的部下：在可以看清楚对手的眼白之前绝不能开枪，这一简单的方法就造成了联盟军骑兵的大量伤亡。这些措施最后造就了一支兼备了机动性动机明确，一切动作与他们的指挥官的非正统战术完全合拍的突袭部队。莫斯比本人在制订计划时，不仅大胆而且具备创新精神，懂得将额外的精力投入到先期的情报收集工作中去，他们只在夜间以小编组实施行军，对敌军进行猛烈打击后就迅速撤回事先准备好的避难所。为了巩固后防，最后有上千名联盟军士兵被牵制在了那里，本来将他们部署到其他地方在军事上会是更好的选择。具有讽刺意味的是，很多同盟军正规军官看轻了突击队，认为他们是一群信奉机会主义的盗贼或是游手好闲的烂兵。1864 年当联众国议会取消了“游击队”法案后，同盟军的“突击队”大都偃旗息鼓，只有两支部队——其中包括了莫斯比突袭队——被允许继续执行原定任务。事实上，公众对于袭击者们的支持是如此之甚，还导致了志愿者过剩的情况出现，当战争宣告结束时，莫斯比麾下的突击队员已达到了 9 个连，共 1 000 人的规模。即使这样也没有放缓他开展攻势的节奏，在一次特别令联盟军难堪的突袭中，莫斯比的突击队员攻击了谢里登将军的主要供给纵队。俘获了 75 辆马车和数百名俘虏。当年年末，这些袭击者已经俘获了 1 600 匹各类马匹，杀死或俘获了 230 头牛，另外还有 1 200 名联盟军士兵被俘。

代表性行动

作为上百次小部队作战行动的成功策划者，莫斯比最引以为自豪的一次行动是，发生在 1864 年 10 月 14 日的“美钞突袭”，他本人将这次行动戏称为他一生中惹过的“最大的麻烦”。借着黎明前的黑暗，他的突击队员在弗吉尼亚州的哈珀斯渡口以西，破坏了巴尔的摩至俄亥俄铁路线上的一段铁轨。火车司机及时发现了这一点，通过紧急刹车避免了出轨的危险，正在此时，突袭队员们突然从附近的树林中冲出来，手持武器登上了列车。他们抢劫了车上所有的乘客，带走了所有的货物，并在撤退前纵火烧毁了整列火车。当晚袭击者们清点出了总面额 173 000 美元的美钞(greenbacks)，根据随附的工资单显示，这笔钱是联盟军中将菲利普·H. 谢里登部队的军饷，这笔钱随即被参加了这次突袭的 84 人所瓜分。莫斯比本人以当时少见的风格，拒绝从这笔战利品中分享属于自己的那一份奖金。这次“胜利”对联盟军高层施加了极大的压力，他们决心要追踪并歼灭他的部队。

1864 年 10 月 18 日，一支肩负着特别任务被称作“布雷泽侦察兵”的联盟军部队，装备了当时最新式的“斯潘瑟”速射卡宾枪，开始在弗吉尼亚州的荒野中追踪莫斯比的踪迹。出人意料的是，他们自己反而在迈尔斯敦遭到了对手的伏击，侦察兵们有 43 人阵亡或被俘，其中包括了布雷泽上尉本人。一般来说，与同盟军的其他游击队组织大相径庭的是，莫斯比总是给予被他俘获的敌军士兵相对人道的待遇。但是随着尤利西斯·S. 格兰特(Ulysses S. Grant)将军在1864年因为恼怒于游击队行动对他的干扰，而下令审判并处决所有被捕的同盟军突袭者后，乔治·A. 卡斯特上校(Col. George A. Custer)旋即在一次战斗中，抓获并处死了莫斯比的若干名部下。所以莫斯比当时决定，作为报复，处决同样数量的联盟军侦察兵。从那以后，双方都同意对杀害战俘的行为要保持克制。当内战于1865年4月9日宣告结束后，莫斯比惊惧于他的部下在战后可能受到的报复，宣布只接受正式的有条件投降。他一直到4月21日才出现在公开场合，而且他不仅没有向联盟军当局投降，仅仅是不动声色地解散了部队，并遣散了所有人员。当他们在弗吉尼亚州北部作战期间，对莫斯比及其突袭者的特点可以概括为：细致入微的作战计划、迅猛的攻击，以及闪电般的撤退。他们不仅是非正规战的代表性人物，也是源自罗伯特·罗杰斯以及弗朗西斯·马里恩的优秀传统的继承者。

海军陆战队

美国海军陆战队自1794年3月27日成立起，就将全部精力付诸一个任务：为美国海军战舰提供步兵分遣队。海军对他们的期望是：在军舰的横桁顶端使用燧发枪作战、协助炮组操炮，并且要充当“登临组”的先锋，率先登上敌军舰只。当时他们已经开始宣称自己作为精锐的海军步兵，即便在岸上也能够像在海上一样高效地履行自己的职责。由海军陆战队实施的第一次重要的地面作战，发生在马里兰州的布雷登斯博格，战斗发生在1814年8月24日，参战部队有：由海军准将约书亚·巴尼①(Commodore Joshua Barney)指挥的400名水兵和由海军陆战队上尉塞缪尔·米勒(Samual Miller)指挥的114名“硬皮领”②③双方互相进入对方射程后，美军立即陷入了一场灭顶之灾，训练有素纪律严明的英国正规军很快就将占美军大多数的民兵部队逐出了战场。巴尼的部队在这令人遗憾的一天中，进行了英军所遭遇到的唯一一次坚决的抵抗。海军陆战队自此再没有在地面作战中承担过正规步兵的任务，直到西米诺尔战争爆发，海军陆战队司令官阿齐博德·亨德森(Archibald Henderson)，才将各艘军舰上的海军陆战队分遣队整编成了的两个营级单位，投入了战场，1836年11月21日发生在佛罗里达州的棘鳍沼泽(Wahoo Swamp)之战中，他们为海军陆战队赢得了荣誉。海军陆战队再次以同样规模的部队参加地面作战，则要等到1846年至1848年间的墨西哥战争期间，海军陆战队员组成了一个营级精锐步兵单位，在萨缪尔·沃特森中校的指挥下，加入了强攻墨西哥城外的坚固据点查普特佩克的战斗，并且表现优异。海军陆

① 约书亚·巴尼(1759—1818)，美国海军早期将领，参加过美国独立战争和1812年战争。“Biography-Commodore Joshua Barney, USN”. United States Navy, Naval Historical Center. 2 July 2007。——译者注

② 这个昵称源自海军陆战队员佩戴的皮质硬护颈。——译者注

③ 美军参战兵力实为103名海军陆战队员，300名水兵，另外他们还装备了2门18磅炮和3门12磅炮。——译者注

战队颂歌中所采用的一句歌词:“来自蒙特祖玛大厅”①,就是为了纪念这次战斗。随后到了 1861 年,海军陆战队才再次以营为单位参加了地面作战,在同年 7 月 21 日发生的第一次马纳萨斯战役期间——又名第一次布尔溪战役——参战的 353 名海军陆战队员和 12 名海军陆战队军官尽管进行了英勇的战斗,但是当联盟(Union)军队的主力开始逃跑后,他们也匆忙脱离了战场。海军陆战队在其成立后的 60 余年里,不论在陆上还是在海上都表现出了优异的作战能力,而且至少在两起战例中,海军陆战队军官都在执行秘密任务的过程中与由当地人组成的部队进行了合作——这不由得令人联想到了特种部队的作战行动。两次任务都成功地展现出了海军陆战队员具备执行多种岸上勤务的能力。

“的黎波里沿岸地区”

1801 年 5 月 1 日,的黎波里的帕夏(Pasha)尤素福·卡拉曼里向美国宣战,他的意图是获得合法攻击并夺取在地中海航行的美国商船的权力,进而以停止上述敌对行动为条件,向后者勒索高额贿赂。托马斯·杰斐逊总统的反应是,派遣了数支海军分舰队,对的黎波里城实施海上封锁,并对城区进行了炮击。但是从另一方面来说,美国海军却又缺乏彻底击败海盗所需的实力。为了打破僵局,美国驻突尼斯领事威廉·伊顿(William Eaton)向杰斐逊总统建议:组织一支武装远征部队——其资金援助将来自被帕夏流放的兄弟哈米特·卡拉曼里(Hamet Karamanli)——条件是推翻帕夏并帮助后者复辟。杰斐逊对此表示首肯后,伊顿前往意大利的锡拉库萨,那里当时是由海军准将萨缪尔·巴伦(Samuel Barron)指挥的美国地中海分舰队的锚地。巴伦命令海军上尉艾萨克·豪尔(Isaal Hull)指挥的双桅横帆船“百眼巨人”号(*Argus*)将伊顿送往了埃及——哈米特·卡拉曼里正在当地流亡——伊顿也将要在那里招募他的武装远征队。表面上看这是一个草率的计划,但是中东政治局势的本质是飘忽不定的:起主导作用的是部落和家族之间的联盟关系。伊顿所下的赌注是:一旦尤素福的政权遭到来自内部的威胁,美国就可以更轻而易举地从外部击垮他。

当时实际负责具体工作的是海军陆战队中尉普赖斯利·奥班农(Lt. Presley O'Bannon)。他指挥了“百眼巨人”号上搭载的一支由 8 名海军陆战队员组成的海军陆战队分遣队,与此同时,80 名(信奉基督教的)希腊雇佣兵和 300 名阿拉伯人——后者都是哈米特的追随者,在伊顿那如簧巧舌的说服下加入了他们的阵营。远征队的辎重包括 107 头承担了重载的骆驼,这些被称作“沙漠之舟”的动物是所有沙漠旅行的必备畜力。1805 年 3 月 8 日,它们从埃及出发,开始了穿越灼热北非沙漠的 600 英里旅程。同行的阿拉伯人虽然对战斗很狂热,但是欠缺纪律性,并在沿途发动了数次哗变,但是每一次他们最终都向掌握在伊顿手中的金钱和食品供给做出了妥协。此外,由普赖斯利中尉领导的那支

① 原文为:From the Halls of Montezuma,是海军陆战队颂歌的第一句歌词。建于西班牙殖民时期的查普特佩克城堡的选址靠近一处阿兹特克宫殿的遗址,因此有了“蒙特祖玛大厅”的别名。——译者注

规模虽小但意志坚定的海军陆战队分遣队的存在，也在促使这些暴躁的同僚打消其以暴力手段实施劫掠这一意图上起到了一定作用。这支派系紊乱的纵队在途中又招募了一批贝都因武士，以壮大其声势，他们最终于 1805 年 4 月 25 日抵达了他们的目的地——港口城市德尔纳。考虑到行军过程的艰辛，沿途缺乏饮水的状况，以及“伊顿远征军”中难以驾驭的各派力量，他们能够一路坚持到这里，已经属于一个小小的奇迹。当豪尔的军舰出现在奔巴湾(Bay of Bomba)时，美国营地中的士气也高涨了起来，尤其是随着豪尔而来的军舰不少于三艘，其中包括单桅帆船“大黄蜂”号和纵帆船“鹦鹉螺”号。

伊顿推断，只要攻下了德尔纳，再加上豪尔舰队的支援，就能够迫使帕夏走上谈判桌。德尔纳城城防坚固，有 800 名守军和数门大炮，但是普赖斯利和伊顿对他们那些海军陆战队员的战斗精神深信不疑。战斗开始前，他要求德尔纳总督和平地放下武器，但后者只是无礼地回复道：“不是我，就是你要掉脑袋。”4 月 27 日，伊顿派遣哈米特的骑兵向城市的左翼进攻，与此同时，他和奥班农将带领 8 名海军陆战队员和 80 名希腊雇佣兵，直接向敌军控制的主炮台发动冲锋。冒着猛烈的火力，海军陆战队员和雇佣兵用刺刀杀出了一条直接通往城区的道路。伊顿的一条胳膊受了伤，三名“硬皮领”被子弹击中——其中两人后来伤重不治，但是奥班农带领剩余的陆战队员继续进攻，并击溃了人数超过他们若干倍的敌军。随后又亲自升起了美国国旗——这在历史上是第一次将美国国旗升起在一座外国堡垒的上空。战斗结束的速度之快甚至让胜利者感到震惊——此时他们已经占领了总督府。但是帕夏并不是一个轻易向恐吓屈服的人，他派出了一支由 3 000 名精锐轻骑兵组成的军队试图夺回城市，在整个 5 月期间，这些谨慎的骑兵对城防系统的弱点进行了试探，但是每一次他们都被加农炮火力所击退，所以总攻甚至就根本没有发生过。但是胶着状态的延续以及对他的兄弟日益增长的威望的恐惧，哈米特·卡拉曼里①于 1805 年 6 月 3 日与美国政府签署了和平条约。(第一次)巴巴里战争(First Barbary War)宣告结束。伊顿、奥班农和哈米特的追随者们乘地中海分舰队的军舰撤离了德尔纳，其中伊顿继续随船返回了美国。奥班农在锡拉库萨(Syracuse)重新加入了舰队，而前帕夏哈米特则继续在埃及享受他那奢华的流亡生活。外交折冲最终断送了这次梦幻般的远征所取得的一切成果。②但是海军陆战队在这次远离军舰甲板的作战行动中，表现出了这支部队在实际应用中所具备的灵活性和多样性。在那之后，美国海军有三艘驱逐舰以“奥班农”的名字命名。而且为了纪念他在德尔纳之战中作出的贡献，“到的黎波里海岸边”③这段歌词被收录进了

---

① 此处为作者笔误，签署和平协议的实为的黎波里的帕夏尤素福·卡拉曼里。——译者注

② 伊顿与国务院两派的分歧在于：首先，没有按照先前的承诺支持哈米特复辟，这是言而无信；其次，在将德尔纳城归还给帕夏后，却还要为在战争初期被俘的美国船员支付总金额 6 万美元的赎金，在事实上造成了战胜国不胜的局面。两者都对美国的威望有损无益。并在后来直接导致了 1815 年爆发的“第二次巴巴尔战争”。资料来源：Gerard W. Gawalt, America and the Barbary Pirates: An International Battle Against an Unconventional Foe, U. S. Library of Congress。——译者注

③ 原文为：To the shores of Tripoli，是海军陆战队颂歌的第二句歌词。——译者注

美国海军陆战队颂歌。

“加利福尼亚的征服”

1846 年合众国正处于詹姆斯·K. 波尔卡总统执政期间,他热切地盼望在太平洋沿岸地区觅得一处良港,以便加强当时与中国之间愈发密切的贸易。为了达到这个目的,他照会墨西哥政府,表示了购买下述土地的意愿:包括得克萨斯格兰德河北岸全境、向西包括整个加利福尼亚、向北则一直延伸到俄勒冈州。许多南方出生的政治家,也热衷于将奴隶制扩张到上述地区,假如墨西哥政府不愿意出让这些土地,他们甚至不惜与该国一战。自然,不论美国的购买案多么有利可图,墨西哥政府也绝不可能把自己的领土割让给美国,所以两国之间的武装冲突也就在所难免了。其结果就是另一位海军陆战队军官,阿齐博尔德·吉莱斯皮中尉(Lt. Archibald H. Gillespie)在开战后,在外交和军事斗争的中心扮演了一个显著的角色。作为一名海军陆战队的职业军官,他的职业生涯始自他获得军官委任的那一天,他在驻防佛罗里达州的彭萨科拉期间,对西班牙语的学习热情高涨到了着魔的程度——或者毋宁说他具备相当程度的语言天赋。1845 年 10 月 30 日,吉莱斯皮从华盛顿海军船坞被召唤到了白宫,并与波尔卡总统进行了一次秘密会议。在这次会议中,他接受了一项信使任务的委托:将最高机密级别的信件递交给托马斯·O. 拉金(Thomas O. Larkin)——美国驻加利福尼亚、蒙特利尔(Monterey)的领事,以及海军准将约翰·D. 斯洛特(Commodore John D. Sloat),后者指挥着当时正停泊在近岸水域的美国海军太平洋分舰队。另外,他还接到了一个包裹,里面装满了需要交给同时身为陆军军官和著名探险家的约翰·C. 弗里蒙特的信件,他当时正在加利福尼亚北部某地宿营。吉莱斯皮随后以商人的身份,乘船前往墨西哥的韦拉克鲁兹。他利用旅途中的空余时间默记了所有信件的内容之后,就销毁了全部原件。在韦拉克鲁兹上岸后,他花费 4 天时间抵达了首都墨西哥城,沿途还仔细记录了与衣衫褴褛的墨西哥军队有关的各种情报。正逢马里亚诺·佩雷兹(Mariano Paraedes)将军发动了一次旨在推翻约瑟·杰奎因·埃雷拉(Jose Joaquin Herrera)总统的政变,这使得他被困在墨西哥城内长达好几周之久,一直到 1846 年 1 月 20 日出城的道路开放后,他才能够继续前往马兹特兰的旅程。抵达该地后,他登上了停泊在近海的太平洋分舰队旗舰,并将密信的内容复述给了斯洛特(Sloat)海军准将。斯洛特认识到与墨西哥之间的战争随时都可能爆发,因此在吉莱斯皮再次启程前往最终目的地蒙特利尔前,海军准将先将他派往了遥远的夏威夷,企图用这种手段来强化他的身份掩护。

吉莱斯皮在太平洋上往返了一次之后,终于熬过艰辛的航行,在 1846 年 4 月 17 日抵达了蒙特利尔。之后他与拉金领事在美国军舰“*湖神星*”号(USS *Cyane*)上进行了协商,口头传达了总统的秘密指示。根据这些指示,拉金要在战争爆发后劝诱加利福尼亚地方政府在和平地退出墨西哥后提出与合众国合并的请求。后一个指示的目的是,预防法国或大不列颠帝国对此抢先加以干涉,将加利福尼亚纳为上述两国的“保护国”。之后吉莱斯皮继续西行，抵达了萨特堡——今天的萨克拉门托——开始寻找踪迹难觅的弗里蒙特“探险队”。结果一无所获，他又向北前进一直进入了俄勒冈南部才在克拉马斯河沿岸地区与后者取得了联系，那时已经是 1846 年 5 月 9 日。当他们遭遇了敌对的克拉马斯部落印第安人发动的一次攻击后，营地的幸存者们和弗里蒙特以及吉莱斯皮一起，再次南下加利福尼亚，他们入境的日期是在 1846 年 6 月 15 日，与“熊旗叛乱”爆发的日期“恰巧”是同一天。那一天居住在加利福尼亚境内的美国定居者宣布：自己已从墨西哥政府的治下独立，并且授权弗里蒙特“上校”成立了一支由 4 个民兵连组成的武装力量“加利福尼亚营”，吉莱斯皮中尉则担任了这个营的副指挥官。不久之后，后者在蒙特利尔再次加入了太平洋分舰队，只是舰队司令斯洛特准将并不赞成他和弗里蒙特未经授权就“举事造反”的举动，但是不久之后，随着太平洋分舰队的新任指挥官罗伯特·F. 斯托克顿海军准将（Commodore Robert F. Stockton）的上任——他却对二人玩弄的“阴谋诡计”表示了毫无保留的赞同——结果吉莱斯皮不仅没有受到任何指控，反而在 1846 年 8 月 31 日协助斯托克顿占领了洛杉矶。吉莱斯皮得到了一个冠冕堂皇的头衔：南方军事司令官，作为对他艰苦工作的表彰——实质上只是“空头司令”而已，并没有相应的武装力量充当他的后盾。当他宣布在洛杉矶实施戒严后，整个定居点立即爆发了骚乱。在同年 9 月 29 日，140 名美国驻军面对四倍于己的暴民，被迫在签署和平协议后撤离了市区，并在圣佩得罗重新加入了停泊在近海的舰队。

几天之内，吉莱斯皮指挥的小部队就得到了史蒂夫·W. 卡尼准将麾下 50 名龙骑兵的增援，这支联军展开了从陆路反攻洛杉矶的艰苦战斗，事实上他们在发生于 1846 年 12 月 6 日的圣帕斯居拉战斗（battle of San Pascual）中遭到了“加利福尼亚人枪骑兵”（Californio lancers）①的猛烈进攻，吉莱斯皮本人在被骑兵长矛刺成重伤的情况下，发射了数枚加农炮弹②，粉碎了敌军的攻击。之后卡尼和吉莱斯皮在得到了由海军准将斯托克顿派出的海军陆战队员和水兵分遣队的支援后，于 1847 年 1 月 10 日第二次攻陷了洛杉矶。不久之后，吉莱斯皮奉命归建。他在 5 月 26 日抵达蒙特利尔，重新加入了配属给美国海军军舰“哥伦布”号（USS *Columbus*）的海军陆战队分遣队。太平洋分舰队的新任指挥官海军准将詹姆斯·比德尔（Commodore James Biddle）认为：吉莱斯皮执行的岸上勤务纯属不务正业，因此解除了他的指挥权，这道命令持续到了后者最终返回位于华盛顿州哥伦比亚特区的海军陆战队兵营为止。吉莱斯皮在加利福尼亚的“越轨行为”就此告一个段落，但是他执行的为期 4 个月的秘密行动在事后被证明对加利福尼亚的合并有极大的助益。这么一

---

① 原文中“Californio”指的是加利福尼亚地区的西班牙裔定居者，这支枪骑兵部队人数为 100 人，由里奥纳多科塔上尉指挥。——译者注

② 此处为作者笔误，这次战斗中美军使用的是俗称“萨特加农炮”的一种轻型榴弹炮。资料来源：Captain Archi H. Gillespie “The Mexican War and California: Captain Archibald Gillespie's Report to Commodore Robert Stockton Concerning The Battle of San Pasqual”, The California State Military Museum。——译者注

个主要由衣衫褴褛的边疆居民、水兵和海军陆战队员组成的成分混杂的小集团，竟然夺取了这么广袤的一片土地，这在整个世界历史上也是罕见的。这个事件明确地表明，海军陆战队军官不仅有能力实施军事性欺敌活动，而且相当长于此道。

海军

美国海军自 1794 年成立以来，除了派遣小规模登船组乘夜色夺取锚泊中的敌军舰只外，只有很少的几次机会得以展示其特种作战能力，在这一点上他们与海军陆战队的处境毫无二致。当美国内战于 1861 年爆发后，随着蒸汽动力技术以及水下爆炸物制造技术的进步，促使美国海军如初学走路的婴儿一般，迈出了走向非常规战的第一步。这一变革中最重要的一位代表人物是海军少校威廉·B. 库辛(William B. Cushing)，因其对非正统战术的熟练掌握以及在执行任务的过程中表现出来的大胆，而获得了“林肯的突击队员”之美誉。①库辛在战争爆发前，曾经因为“在公共场合大声喧哗”的罪名，被美国海军学院——印第安纳波利斯军校——开除，之后他以军官候补生的身份②加入了海军。之后他在一系列针对当时部署在弗吉尼亚州沿岸地区的联众国军队发动的小规模袭掠行动中表现英勇，使得上级开始对他刮目相看。1862 年 7 月 16 日，年仅 19 岁的库辛连升两级，破格晋升为海军上尉。翌年他在同盟军队后方指挥了多次旨在打开突破口的远征，以及相当大胆的侦察任务。例如在 1864 年 2 月 29 日，他指挥着一组水兵沿着恐怖角河逆流而上，深入北卡罗来纳州境内，试图抓获同盟军中将路易斯·赫尔伯特(Louis Herbert)；库辛小组冲入将军的帐篷后却发现将军并不在场，但是他们还是俘获了将军的工程兵主任。4 个月后库辛又重返恐怖角河，试图攻击联众国海军的铁甲舰

美国内战期间，威廉·B. 库辛少校是美国海军中最早实践非常规战的先驱人士。从表面上看，对高危险性任务无止境的嗜好，使他在 20 岁出头就晋升到了海军少校的军衔。(图片由美国海军历史基金会提供)

① 这个绰号源自第二次世界大战后出版的一本传记《林肯的突击队员：美国海军中校威廉. B. 库辛传》，19 世纪 60 年代并不存在“突击队员”(commando)这个词，于 1898 年同时在英、美两国出版的关于库辛的第一本传记《海军中校威廉·贝克·库辛》中也未提及类似的绰号。——译者注

② 原文为“midshipman”，即需要在军舰上接受“在职训练”的候补军官。假如库辛当时能够自印第安纳波利斯海军军官学校毕业，则会被授予海军少尉军衔(Ensign)。——译者注

海军上尉威廉·B.库辛对同盟军巨型铁甲舰“阿尔比马尔”号发动的大胆夜袭，是海军在整个美国内战期间最无畏的一次军事行动。（图片由美国海军历史与遗产司令部提供）

“罗利”号（CSS *Raleigh*），未曾料到该舰已在他们抵达前因为搁浅而沉没，对此不知情的他花费了3天时间对整个地区实施了侦察，并破坏了同盟军的军事设施，这些行动在当地居民中引发了极大的恐慌。其时库辛已经在整个海军界内深受好评，他作为海军“突击队员”的服役履历受到了高度的赞誉。1864年夏，负责指挥一支分舰队封锁亚特兰大港的海军上将萨缪尔·P.李专程将他招至麾下，并交付给了他一件至今为止最危险的任务。

击沉“阿尔比马尔”号

在这次任务中，库辛的目标是庞大且火力强大的联众国海军铁甲舰“阿尔比马尔”号（CSS *Albermarle*），当时对联盟海军的封锁舰队构成了巨大的威胁。它是一艘长度为152英尺，最宽处34英尺的军舰，在船壳外又敷设了4英寸厚的锻铁板，在联盟海军的炮火对于这艘巨舰无可奈何的同时，该舰装备的双联装6.4英寸口径“布鲁克”加农炮已经在发生于春季的、几场形势呈一边倒的海战中，击沉或击伤了联盟封锁舰队的数艘军舰。不过同样的，在这几次海战中受到的战损也迫使“阿尔比马尔”号在北卡罗来纳州普利茅斯附近的罗诺克河上锚泊，并接受检修。联盟海军高层有充足的理由感到害怕：一旦这头装甲巨兽恢复作战能力，就会对封锁舰队的余部造成更大的损伤，甚至有可能打破对亚特兰大港的封锁。库辛上尉以他惯常的风格不假思索地接受了这项危险的任务，并在这次任务的计划、装备以及执行三个方面，从上级指挥官那里获得了可以独断行事的授权。库辛首先前往纽约市，视察了两艘 50 英尺长的蒸汽动力快艇，这些快艇上还装备了当时尚处于原始状态的“鱼雷”——简而言之，就是一套固定在艇首长杆上的触发式爆炸装置。库辛打算派遣两艘同型号、航行噪声相对较轻的快艇，逆流而上发动突袭。尽管其中一艘快艇在通过铁路穿越弗吉尼亚州境时被敌军截获，但他还是决定用剩下的一艘快艇发动进攻。1864 年 10 月 27 日，库辛及 15 名志愿者操纵着蒸汽快艇，开始在罗诺克河上搜寻他们的目标。这位年轻的军官如此热衷于这次袭击，也有着个人的原因：行动开展之前的 1864 年 4 月 19 日，“阿尔比马尔”号攻击了联盟军的蒸汽船“迈阿密”号（*Miami*），它的船长海军中校 C. W. 傅拉瑟（C. W. Flusser）在这次战斗中阵亡；傅拉瑟不仅是库辛在安纳波利斯军校的同学，而且当时被军校开除的库辛，之所以能够以“军官候补生”的身份加入海军，都是依靠了傅拉瑟为他作出的相应安排。所以当前的这次袭击任务，就给予了他一个为自己朋友复仇的机会。

4 月 28 日清晨，大雨倾盆，且能见度极低，正是袭击者们所梦寐以求的击毁“阿尔比马尔”号的机会。最终他们在远方发现了目标，加快航速展开了最后的冲刺。警惕的同盟军哨兵发现了这艘不明身份的快艇，并开始向它射击，为了提高射击精度，他们还燃起了篝火。不料，库辛却反而利用那堆篝火，发现了在铁甲舰壳外 30 英尺处，还有一道用原木构筑的浮栅。尽管出乎意料，但是库辛还是很快推断出：这道浮栅表面覆满了藻类，肯定在水中浸泡了好几个月，所以其表面必然是滑腻的。因此，库辛命令小艇加速冲撞浮栅，它在撞上原木后，果然从其顶部滑了过去，顺利靠近了“阿尔比马尔”号。他冒着弹雨稳定了快艇的航道，瞄准敌舰装甲带下方并引爆了“鱼雷”。爆炸当场击沉了快艇，但是同盟战舰也在致命部位中弹后很快地沉到了湖底。库辛和他的艇员们在失去快艇后被迫游泳逃生，但最后只有他本人逃脱了同盟军的抓捕。库辛偷了一条属于同盟军的小艇后，划了将近十个小时，才与联盟海军的封锁舰队汇合，并向上将报告了袭击成功的消息。因为这次战功，他在 21 岁即被晋升为海军少校。更重要的是，普利茅斯市因为失去了海军的掩护，而在袭击结束仅仅 4 天后就失陷了。基于库辛的努力，北卡罗来纳州再也不可能依靠亲联众国的走私者从海上获得任何物资。击毁“阿尔比马尔”号是整个战争期间最为大胆的一次突击队式攻击：一位有坚定决心的海军军官，装备了特制武器，精心制订了攻击计划，无畏地执行了计划，击沉了一艘战舰，进而帮助友军攻克了一座城市。

其他

美洲原住民

战争时期招募并使用当地人组成的辅助部队，在合众国是一项备受珍爱的古老传统。事实上在军事历史年鉴中，有着无数的美洲原住民以辅助部队的身份为合众国政府而战

这张于 1891 年在松岭印第安事务局拍摄的照片中出现的美洲原住民武士来自苏族，他们在美军服役时作为侦察兵和追踪者为自己的部落赢得了殊荣。（图片由美国国会图书馆提供）

的战例，并且他们将自己独有的军事才能引入了战场。1812 年战争爆发后的几个月中，一名皈依了基督教的印第安人约翰尼·罗甘(Johnny Logan)指挥着一个连的肖尼族侦察兵(Shawnee scouts)为在"旧西北"地区①作战的美军单位提供了大量有价值的情报。其中印第安人以较大规模的部队在战场上直接支援战斗的一次战例发生在 1814 年夏季：塞内卡族(Seneca)在他们的酋长——著名的演说家——"红夹克"的指挥下，以 600 人的兵力跟随着雅各布·J. 布朗(Jacob J. Brown)中将指挥的"左翼师"侵入了加拿大境内。在发生于 1814 年 7 月 5 日的齐佩瓦战斗(Chippwa)中，这些美洲原住民在与英国人的盟军——莫霍克族(Mohawks)——的交战中遭受了重大伤亡。由于这次纯属兄弟相残性质的武装冲突，塞内卡族和莫霍克族经过协商后退出了战争，以免发生新的流血事件。当时很多南方印第安部落也在"1813 年克里克战争"(Creek War of 1813)中，出兵支援了合众国政府与昵称"红色棍棒"②的一支上克里克部落分支之间的武装冲突。这些南方部落组织起了一支营级规模的部队，担任指挥官的是威廉·麦金托什酋长，之前他曾经与驻扎在乔治亚州的(美军)部队有过实施联合作战的经验。另外一支较大规模的部队由乔克陶族印第安人(Choctaws)组成，指挥他们的是另一位著名的酋长普什马塔哈，他们在 1813 年的艾克诺

① 在 1812 年战争爆发时，"旧西北"地区包括了俄亥俄河流以北地区，以及根据英国"1763 年皇家公告"划拨给美洲印第安人，之后又在 1783 年根据《巴黎和约》划入合众国的大湖区美国部分。——译者注

② 即居住在美国东南部的马斯科吉部落，"红色棍棒"的昵称源自该部落武士使用的涂成红色的"作战用棍棒"(War Club)。——译者注

卡查战斗中支援了由斐迪南·L. 克莱本中将指挥的密苏里州民兵部队。当安德鲁·杰克逊将军 1813 年 3 月，在“马蹄形弯道”取得了一次针对克里克族的重要胜利时，他也得到了由朱诺纳斯卡酋长指挥的大批切罗基武士（Cherokees）的支援，在那次战斗中这些印第安人顺着一条河游到了敌军壁垒的后方，通过偷走后者所有的独木舟阻止了对方的逃跑。次年 5 月，130 名奥奈达族印第安人（Oneida Indians）在安大略湖加入了由丹尼尔·艾普林指挥的小型“舰队”，并协助他们在桑迪克里克伏击了一支英军的大型分遣队。发生在 1836 年至 1837 年之间的“西米诺”战争期间，又有一个由克里克族人（Creek）组成的营级单位为合众国政府而战。那个营的指挥官是陆军少校戴维·莫尼雅克（Major David Moniac），他是美国陆军军事学院的第一位纯印第安血统毕业生，他一直领导着该营直到他阵亡为止。在美国内战期间，定居在印第安保留地（今俄克拉荷马州）的克里克族和西米诺族印第安人成立了数个乘骑来复枪手营为美利坚联众国政府服役。他们在思坦德·维迪将军（General Stand Watie）①的指挥下作战非常英勇，维迪将军不仅是一名有原住民血统的高级军官，也是战争结束后最后一名放下武器的联众国军官。但是从另一方面来说，切诺基族印第安人仍然作为合众国政府坚定且忠诚的盟友，派出了数百名武士在联盟军部队服役。内战结束后，与“平原”印第安诸部族——主要是苏族（Sioux）与夏延族（Sheyenne）——之间日益严重的摩擦、冲突最终导致了敌对行动的爆发，克劳族（Crow）武士“满怀热忱”地加入了美国陆军，并组织了好几个连的乘骑侦察兵部队。这些克劳族武士不仅因为其无法无天的行为而被平原地区生活的各种族人士视为“畜牧业的天敌”，也因为他们对合众国政府无与伦比的热爱，而从白人那里赢得了其他印第安部落从未获得过的大量特权。当时印第安式样战法的本质也正发生着戏剧性的转变，部落或者营级作战单位之间发生的交火开始逐步为以下几种形式所取代：小型袭掠组、骑兵追击以及（为正规军充当）精锐的侦察单位。那时印第安侦察兵因其在判别地形方面表现出来的不可思议的能力——这是一种只有世代生活在沙漠地区才能够获得的能力——而得到了陆军各级指挥官的嘉奖。侦察，可能是整个 19 世纪期间最令印第安人闻名于世的一项技能，这些侦察兵中的大多数都得到了所属部队指挥官的优待，其中还有一些人因为在战火中表现出的勇毅行为而被授予了国会荣誉勋章。②

美国陆军雇佣侦察兵的过程开始于 1866 年 7 月 28 日，当时国会正式授权招募印第安人充当侦察兵。自此以后，所有潜在的新兵都将享受到与他们的白人同行毫无二致的服役条件：他们将得到同样的口粮配给、配发给同样的执勤武器，并且按条令规定领取津贴。取决于他们所属的部落，他们穿着的制服式样也各不相同，但大多数侦察兵都自豪地穿着

① 思坦德·维迪（1806—1871），切诺基部落领袖，美利坚联众国准将，美国内战期间指挥了隶属于密西西比集团军的印第安骑兵部队，以及第一切诺基乘骑来复枪团等部队。——译者注

② 共有 16 名北美洲原住民军人、侦察兵在这段时期内被授予了国会荣誉勋章。——译者注

当时作为美国陆军标准配备的蓝色制服以及骑兵军帽，帽子上还装饰着表明佩戴者所属部落的羽毛。鉴于为美国政府服役所能得到的丰富战利品，参加陆军侦察兵的印第安武士们来自波尼族(Pawnee)、克劳族、夏延族，最后甚至还有大量来自苏族部落的武士加入到了美军士兵与其他部落间的征战之中。其中有一名叫"科里"的克劳族侦察兵，其经历就具备了相当的典型性质：他因为在1867年的小比格霍恩战役(Little Big Horn Campaign)期间，曾经与乔治·A.卡斯特将军有过密切的工作关系而出了名。战役结束后，尽管他表达了强烈的反对意见，他还是被各家恬不知耻的报纸吹捧为："这次臭名昭著的战役中唯一的幸存者。"在美国西南部地区，对保留区生活心怀不满的几个阿帕奇族帮伙仍然作为袭掠者继续着他们的劫掠生活。其中最著名的一位酋长正是杰洛尼莫(Geronimo)。为了逮捕他，美国军方在1873年至1874年间以及1885年至1886年期间，发动了不少于两次引发了激烈对抗的军事行动。对于双方来说幸运的是，乔治·克鲁克将军认识到，使用正规骑兵部队在亚利桑那州和墨西哥北部的险恶地形下，对高速移动中的逃犯实施追捕完全是徒劳无功的。作为"只有一个阿帕奇人才能够抓住另一个阿帕奇人"这条格言的忠实信奉者，他从该州其他阿帕奇族分支中公开招募熟悉当地地形的侦察兵。事后证明这一军事实践获得了巨大的成功，可以说这几乎就是当代特种部队条令中"招募友好的当地人，并在他们的协助下进行有限局部战争"这一条的预演。与同时代人物相比，克鲁克另外一个独一无二的做法是，以诚挚的善意与美洲原住民进行交易或谈判。最后杰洛尼莫在经过谈判后同意放下武器，并返回印第安保留地。然而当后者再次因为试图逃离保留地而被捕后，克鲁克将军却因此得咎，而他的职位则由秉持强硬路线的尼尔森·A.米尔斯将军(Gen. Nelson A. Miles)所取代。他决心以自己的骑兵部队制服这支行踪不定的匪帮。只是到了最后，米尔斯还是在他被迫招募了阿帕奇族和纳瓦霍族的侦察兵之后，才能够发现逃亡酋长的踪迹，并通过这些侦察兵实施的追击行动，迫使酋长返回印第安保留地。

当平原印第安人战争于19世纪末中止后，陆军于1891年3月9日发布了第28号通用命令，将印第安侦察兵的总人数缩减到了150人。他们10人左右为一组，被分散配属到了整个西部地区的驻军之中。然而另外又有一道命令，提到了将要直接招募1 500名阿帕奇人，组成14个陆军正规步兵连。他们将被分别配属到当时部署在整个边疆地区的所有14个步兵团中。另外还有一个更雄心勃勃的计划，是招募并组建番号从第9排列至第12的四个建制完整的正规步兵团，兵员将全部来自美洲原住民，在这些团队中印第安士兵将接受正规军纪律的管制及训练，并通过上述一系列工作将他们转变为一支"西式陆军"。克鲁克将军作为"保留印第安生活方式"这一观点的长期拥护者，对这种强制性的文化渗透表示了谴责，哪怕只是从军事观点上来看，这么做也只会使得印第安人作为侦察兵的技能变得有名无实——因为只有长期生活在原生态环境下的印第安人才能够掌握、精通这一宝贵的技能。尽管克鲁克的意见遭到了无视，但是基于根深蒂固的文化不一致性，以及当时军官阶层中盛行的白人种族至上论,整个一揽子计划还是在 1897 年被撤销。随后要一直等到第一次世界大战爆发后,美洲原住民才被允许大规模地参加陆军,并且他们作出了优异的表现。鲜为人知的一个事实是,当时一小批乔克陶族印第安人作为“密码通话员”,在局势日益衰颓的法国前线为军队提供了价值不可估量的服务。当时据推测:训练精良的德国密码破译员,已经具备了精确破译美军使用的各类军用密码的能力——通过破解美军电文预测到他们将要在战场上实施的机动动作。这时,美国陆军第 142 步兵团的 A. W. 布卢尔(A. W. Bloor)上校在无意中听到了部队中两名乔克陶族印第安士兵以他们的方言进行的对话后,产生了一个想法:军队可以用同样的方式传播无线电信号。鉴于德军根本不可能了解这种晦涩难懂的方言,它们可以用来在各个单位间直接传送军事命令,而无需经过加密、解密的步骤。布卢尔上校在 1918 年 10 月 26 日安排了一次实验,隶属于第 142 步兵团的两个连,根据由乔克陶族密码通话员传递的命令实施了撤退。这一机动动作并未遭到德军任何形式的阻挠,并且在事后,一名被俘的德国军官承认:他们对于截获的乔克陶族方言信息束手无策。只是这次划时代实验的成果还未能够以更大的规模投入应用前,战争就结束了。但是这群密码通话员的表现已经预言了日后活跃于第二次世界大战时期的更加举世闻名的纳瓦霍族密码通话员的诞生。

第二章

第二次世界大战时期的特种部队，1939—1945 年

1918 年之后，用于执行特殊类型任务的部队就几乎完全被合众国遗忘了，而在此之后爆发的第二次世界大战则见证了他们戏剧性的重生。正如这场战争名字的字面意义所表明的那样：在这场席卷了全球的武装冲突中，战火所波及的范围内包括沙漠环境、险恶的丛林、高峻的山脉，还有孤悬于太平洋中的岛群。这种地貌上的多样性，伴以各种在当时日趋成熟的现代技术成果，例如：在飞机、潜艇和原始的水下自给式呼吸器的协助下，特种部队得以发展出了各种楔入或脱离作战地域的方法。尤其是当他们需要在敌人的后方展开部队时，运输机更是扮演了一个不可或缺的角色。有时候仅仅是空投一名特工人员，有时则是一个团级建制的空降作战部队，而其中最引人注目的一种部署方式就是将整个空降师伞降到敌后。其他不具备空降能力的部队，例如陆军突击队（army rangers）和海军陆战队突袭营（Marine Raiders）则精于执行大规模渗透及“打了就跑”式的任务，这些都是经典游击战对正规作战的有机补充。所有此类行动都证实了以特种部队形式组织的作战单位，在战斗和情报收集两方面的能力。成立于 1941 年的遂行准军事行动的战略情报局（缩写：OSS），虽然从技术层面上说，该组织是一个民间机构，但他们也派遣经过专门训练的身着军装的行动人员与隶属于友好国家（势力）的军事单位执行联合任务。尽管在 1939 年至 1945 年间美国军队中各种性质的特种部队层出不穷，但他们在战争中所学会的教训——有时甚至是特种部队本身，都随着战后席卷而至的裁军浪潮而烟消云散。

陆军

阿拉莫侦察兵

随着美国第六集团军在西南太平洋战场上的节节推进，为了顺利实施两栖登陆作战，对军事情报——日军的防御配系、兵力部署和作战意图——的质量和时效提出了更高的

1944 年 2 月，一队阿拉莫侦察兵在完成对洛斯·内格罗斯岛（Los Negros Island）的侦察任务后合影留念。他们是美国在第二次世界大战期间组建的最成功的侦察单位。（图片由美国国家档案馆提供）

要求。1943 年 11 月 28 日，西南太平洋战区指挥官沃尔特·克鲁格中将（Lt. Gen. Walter Krueger），签署了组织美国陆军第六集团军（Sixth Army）特种侦察单位，又名阿拉莫侦察兵（Alamo Scouts）的命令。这个名称源于克鲁格将军对历史上发生在得克萨斯州、圣安东尼奥附近的阿拉莫战役及其不屈保卫者的敬意。对这支分遣队的构想是：一支由相互间能够默契配合的 6 到 7 名精锐士兵组成的小队，他们要具备在敌人后方植被茂密的丛林地带行动所必需的各种专业技能。这些分遣队将搭乘潜艇抵达第六集团军的预定登陆地域，登陆后在该地域秘密搜集任何对军事行动有价值的情报，并在敌人对他们的存在毫无知觉的状况下，汇报给集团军司令部。有鉴于完成这一任务所需人选必须具备的各种复杂条件，来自第六集团军下辖诸战斗部队中的志愿者经受了严格的筛选，中选后他们尚须在位于新几内亚、福格森岛上的阿拉莫侦察兵训练中心接受为期 6 周的密集训练。每一名学员需要掌握不少于 8 种指定的技能，其中包括橡皮艇操作、情报收集、侦察、巡逻、陆地导航、武器使用，还要具备最强健的体能。这一系列课程的淘汰率是惊人的，所有的学员中只有 30%得以结业，在完成训练的 250 名士兵和 72 名军官中，又只有 138 人实际参与执行了作战任务。

尽管他们在历史上默默无闻，但不论是在第二次世界大战还是美国军队曾经介入过的其他武装冲突期间，阿拉莫侦察兵都是美国特种部队中最优秀的一个单位。在该部队服现役的 17 个月时间中，他们在日军战线后方执行了 108 次渗透任务而本身无一伤亡。此外，他们还通过袭击日军兵营成功解救了 197 名盟军战俘，同样无一人遭受伤亡。当盟军对吕宋岛和莱特岛实施登陆作战之前，他们早已在上述两地实施了登陆，并与当地的菲律宾游击队展开了协同作战。在 1945 年 1 月，侦察兵们执行了他们最著名的一次任务：为稍后由第 6 突击队营(6th Ranger Battalion)针对吕宋岛上的卡巴纳端战俘营发动的袭击提供了战术和情报支援，这次行动最后解救了 500 名美国战俘。为了保证这次行动能够基于正确的情报进行，他们以两人受伤的代价抓获了 84 名日军俘虏进行审问。在那之后，随着日军于 1945 年 9 月投降，他们作为占领军的一部分进驻日本本土，并在次年 11 月在京都被草率地解散了。阿拉莫侦察兵们杰出的作战纪录，也随之湮没无闻，一直到 1988 年当时仍健在的成员被授予代表特种部队荣誉成员资格的弧形臂章后，这支部队才被正式纳入了现代美军特种部队家族之中。

第一特种勤务部队(魔鬼之旅)

身为英国联合作战司令部顾问的英国科学家杰夫里·派克(Geoffry Pyke)于 1942 年春提议：盟军应当成立一支能够在极寒条件下执行作战任务的小规模精锐部队。根据他的构想，这是一支突击队(commando)性质的部队，它将通过陆路、海路运输或空降的形式渗透至德军的后方地域——尤其是当时正处于纳粹占领下的挪威尤坎地区。当地重水工厂的产品正被运用于德国的原子弹研究计划。派克还为此规划出了“犁耙计划”：一次大规模的突击队式作战，这支新部队将被空投到约斯特达尔冰川(Jostedalsbreen)附近的山区，他们将在其中的一块冰原上设立营地，并依托该营地对德国占领军实施突袭作战。他首先将该计划提交给了联合作战司令部主任、海军上将陆易斯·蒙巴顿爵士(Admiral Lord Louis Mountbatten)，但后者认为，只有美国人才有足够的经费、人力成立此类部队，并能供给足够它在战场上遂行作战任务的物资。幸运的是，美国陆军总参谋长乔治·C. 马歇尔(Gen. George C. Marshall)接受了犁耙计划的构想，并起草文件授权对其进行概念性研究。这一研究任务落在了罗伯特·T. 弗雷德里克中校(Lt. Col. Robert T. Frederick)的肩上——当时他只是总参谋部作战处的一位名不见经传的军官。他在 1942 年 5 月提交的报告思路清晰，条理明确，列举了原始计划中大量的不足，蒙巴顿因此建议由弗雷德里克本人来执行该计划。犁耙计划最终因缺乏可操作性而被取消，但组建精锐部队的构想则继续付诸实施。

弗雷德里克饶有兴趣地接受了这个任务，并且开始组建他的第一特种勤务部队(First Special Service Force)。在装备的配给和训练场地的挑选这两方面，该部队处于第一优先顺位。又因为组建该部队的最初构想是使其成为一支冬季作战单位，因此中校获准从长期从事户外作业的美国—加拿大籍公民中挑选新兵，其中包括滑雪运动员、猎人或者伐木工人。志愿者们于 1942 年 7 月 9 日抵达了位于蒙大拿州海伦娜的威廉·亨利·哈里森堡，

罗伯特·T. 弗雷德里克（Robert T. Fredrick，1907—1970）

又名魔鬼旅的第一特种勤务部队指挥官：罗伯特·T. 弗雷德里克准将。（图片由美国国家档案馆提供）

1907 年 3 月 14 日罗伯特·泰伦·弗雷德里克出生于加利福尼亚州的旧金山，西点军校 1928 届毕业生。1941 年以中校军衔调入隶属战争部的总参谋部作战计划处。正是在那里，他知悉了丘吉尔提出的在美、加两国招募士兵组建“联合特种勤务旅”的建议。弗雷德里克被选中前往渥太华商讨组建该部队的具体安排，在此期间加拿大政府对他的表现十分满意，坚持要由他来承担这个单位的指挥职务。弗雷德里克被破格晋升为准将，并于 1942 年 6 月被指派到了当时正在蒙大拿州威廉·亨利·哈里森堡招募士兵的第一特种勤务部队。弗雷德里克的部队接受了各种科目的密集训练，包括徒手格斗、渗透、两栖登陆以及跳伞。他们的精锐部队身份还体现在授权他们佩戴的红色贝雷帽和独有的交叉箭杆图案的领章上。随后弗雷德里克及其部队被配属给了正在意大利作战的第五集团军（Fifth Army），1943 年 12 月他的部下以迅雷不及掩耳之势攻陷了第凡萨山——一座由德军据守的坚固支撑点，之前他们曾在长达一个月的战斗中抵挡住了盟军一个整师的进攻。1944 年 1 月，第一特种勤务部队在安齐奥登陆，他们为了守住滩头阵地而实施了坚韧的防御作战，为他们在轴心国军阵营中赢得了“黑色魔鬼”的绰号。1944 年 6 月 4 日，弗雷德里克和他的部队成为进入罗马的第一批盟军部队之一。随后在 8 月，他自“魔鬼旅”指挥官的职位上卸任，转而担任了第一空降特遣部队（1st Airborne Task Force）的指挥官，随后又指挥了绰号为“霹雳”的第 45 步兵师。在那之后，他指挥第 6 训练师，直到 1952 年，身上的八处战伤迫使他提前退休为止。曾被丘吉尔盛赞为“历代勇将之冠”的弗雷德里克，于 1970 年 11 月 29 日在加利福尼亚的帕罗奥图逝世。

之所以选中该地是因为其位置既毗邻可以操练攀登技术的山脉，又有大片平地可以用于实施跳伞训练。在受训者们每天的训练日程中，他们接受了渗透战术、徒手格斗、跳伞、攀登和滑雪作战等方面的专业知识灌输。无声清除哨兵的技术尤其得到了重视，甚至专门为第一特种勤务部队配发了特殊的专用刀具——著名的 V42 型匕首——它的原型是由英国突击队（British Commando）携带的同类致命武器。此外，作为缺乏编制内重武器的轻步兵单位，他们还得到了大量的汤姆逊冲锋枪和约翰逊自动步枪——其比例远远超过了正规步兵单位的编制——以加强其近战火力。第一特种勤务部队逐步扩充到了三个建制不满员的团，每个团下辖两个营，并且所有士兵都佩戴着一枚独一无二的部队臂章，其图案为：一个巨大的红色箭头，箭头的尖端位置水平绣着“美国”两字，箭头的中部则以垂直方向绣着“加拿大”三个字。另外，他们还获准佩戴外形为一对交叉的箭杆的领章——这一独一无二的设计——是美国陆军从前颁发给印第安侦察兵的兵种标志。弗雷德里克对他的部下实施了近乎无情的训练，并持续到了 1943 年 7 月 4 日，他们在加利福尼亚州的旧金山登船离岸为止。这一次他们的目的地是阿拉斯加州的阿留申群岛。然而，日军在他们抵达前，就撤离了早先曾占领着的吉斯卡岛(Kiska)，结果第一特种勤务部队只能再次登船向意大利进军。这次调动是根据美国第五集团军指挥官马克·克拉克中将(Gen. Mark Clark)的要求进行的，从此第一特种勤务部队就在那座地形崎岖的半岛上陷入了一场让人精力彻底衰竭的苦战。

自从盟军于 1943 年 9 月登陆萨莱诺后，意大利的战况就开始急转直下。破碎的地形限制了任何形式的大规模部队调动，而深悉战术性防御之道的德国部队让美军和英军为其前进的每一步都付出了巨大的代价。当年 12 月，他们在向罗马推进的途中受阻于伯恩哈特防线(Bernhard Line)，该防线依托一系列险峻的山岭构筑，割裂了第 6 号公路和第 7 号公路之间的联系。当年 11 月，美国第 3 步兵师和英国第 56 步兵师曾对这条防线发动了一次为期 12 天的联合攻势，这次攻势非但没有克服该防线的任何重要地段，反而让参战的两个师蒙受了巨大的损失。这条防线的防御中枢：第凡萨山(Monte la Difensa)由若干个德军步兵连严密把守，他们分别隶属于精锐的第 104 装甲掷弹兵团、第 104 步兵团①和第 115 侦察团②，这些部队构筑了一系列经过精心伪装的机枪阵地，它们的射界互相交叠，所构成的交叉火力网封锁了每一条可能被盟军用来实施进攻的接近道路。并且只要德军控制着制高点一天，他们就可以指引己方的炮兵轰击山下的谷地，在这种情况下任何试图通过米格纳诺山口向罗马方向运动的企图都将是不可能的。不论以何种标准来评判，第一特种勤务部队的初次登场，绝对会是一条饱经战火考验的道路，但是这次行动最终却被证明是审慎的计划、周到的准备、无情的执行三者紧密结合的典范战例。

代表性行动

克拉克中将要求弗雷德里克上校就夺取第凡萨山的行动制订一个计划后，他利用 11

---

① 此处疑为原书排版错误，两个番号其实指的是同一个单位。战前成立的德国国防军第 104 步兵团在哈勒法关隘战斗后，作为基干部队重建了当时遭受重创的第 8 机枪营，这个(新)第 8 机枪营后来随第 15 装甲师在突尼斯投降。当第 15 装甲师在西西里岛重建时，新、老第 8 机枪营的残部又被改编为第 104 四装甲掷弹兵团。西线的唯一一个番号为第 104 步兵团的德军单位，当时正驻防法国，不可能参与意大利的战斗。——译者注

② 此处为作者笔误，该部实为隶属于第 15 装甲掷弹兵师的第 115 装甲侦察营。前文中提到的第 104 装甲掷弹兵团，同样隶属于第 15 装甲掷弹兵师。——译者注

月的最后一周，通过亲自实施数次地面和航空侦察对德军的防御能力进行了评估。他得出的结论是，唯一可能的接近道路是第凡萨山北坡的一片落差达 300 米的悬崖，德军当时则认定从那里接近他们的阵地根本是人力不可为的。而这一看法也是第一特种勤务部队得以完成任务的唯一依靠。1943 年 12 月 1 日，第 2 团乘卡车抵达普雷森扎诺，随后下车并冒雨行军 10 英里，连夜赶到了最后的集结地域。第 1 和第 3 团则在一小时路程外的待命地域集结，以免惊动德军，引起他们的警觉。袭击部队小心翼翼地渗透过了德军的防线，并且丝毫未被对方察觉，所有的士兵都收到了命令：如果与敌军部队遭遇，不准使用任何火器，只能以匕首和手榴弹消灭对方。盟军以上百门火炮在预定时间对德军前沿阵地实施了齐射，让他们误以为又一次正面攻击迫在眉睫。1943 年 12 月 2 日清晨时分，第 2 团的 300 名士兵在 D. D. 威廉姆斯上校的带领下，开始攀登峻峭的悬崖，笔直向德军据点的后方摸去。[译者按：他们的平均负重为 90 磅。]

第 1 和第 3 团作为预备队和给养搬运人员留在后方，与此同时，随着预定信号的发射，盟军炮兵将正在射击的弹种由高爆弹替换成了白磷弹，为敌军提供了一场盛大的烟花表演，使他们不去注意正在顺着绳索爬向山顶的威廉姆斯上校及其部下。担任主攻任务的 3 个连，于 1943 年 12 月 3 日凌晨 3 点进入了攻击发起位置，然后在破晓前楔入了德军阵地。遭到突袭的敌军在猝不及防的情况下，从掩体中蜂拥而出试图驱逐美军。第凡萨山顶的战斗旋即演变成了一场步兵之间的混战。弗雷德里克的部下们在小分队战术和徒手搏斗方面的训练更娴熟，有条不紊地肃清了德军的抵抗力量，任何与他们发生遭遇战的德军皆被手榴弹或刺刀所消灭。黎明时分，第一特种勤务部队成功占领了整个山顶阵地，杀死了 75 名德军，另外抓获了 40 名俘虏。随后第 1 团爬上山顶为胜利者提供了增援，两个团一起承受了德军长时间的重炮轰击并遭受了重大伤亡，但部队并未因此有丝毫的动摇。曾经成功抵抗了一个整师发动的长达 12 天进攻的第凡萨山阵地，就被第一特种勤务部队以 300 人的兵力，在两个小时内占领了。他们在当天蒙受的总伤亡人数是 500 人——接近整个部队总兵力的 30%——但依靠弗雷德里克坚定不移的领导、他们所接受过的精良训练以及最重要的军事上的突然性，使得他们赢得了那一天的胜利。一个传奇就此诞生。

然后他们又参与了对雷米塔尼亚山和维希亚塔罗山的攻击，并且一直到 1944 年 1 月 8 日，才得以克尽全功，截至那时，相对该旅投入战斗前 1 800 人的总兵力，第一特种勤务部队的总伤亡人数已高达 1 400 人，该部这时才得以脱离战斗进行重组。休整持续到了 1944 年 2 月 1 日，他们作为“鹅卵石”计划中的一部分参战兵力，在意大利的安齐奥登陆。在那里他们接收了威廉·达比上校指挥的第 1 和第 3 突击队营的余部——他们在先前的西斯特纳之战中遭到了重创。而且因为分配给该旅的防御正面极宽，在“正常”情况下需要由一个整师来防守，所以弗雷德里克命令部下：积极实施夜间巡逻和对德军前哨阵地展开突袭，试图通过进行这些极富攻击性的作战行动，给当面敌军造成与之对垒的美军部队实力雄厚的假象。对夜间突袭毫无防备的德军阵地不断地被这些特种部队战士所攻陷——他们用鞋油把脸涂黑，匕首则提前握在手里，以免拔刀时与刀鞘摩擦发出噪声——每杀死一名纳粹德国士兵，他们都要在尸体上放一张卡片，上面用德语印着“这还不是最糟的”。德军开始称呼这群嗜好清除一切哨兵的对手为“Die schwarzen Teufel”，就是“黑色魔鬼”的意思。自此之后，第一特种勤务部队开始以“魔鬼之旅”的绰号而广为人知。弗雷德里克和他的部下们在没有得到任何友邻单位替换的情况下，在前线连续战斗了99天，一直坚持到了1944年5月25日，盟军最终突破德军对安齐奥滩头阵地的包围圈为止。随后，他们作为盟军的先锋部队开始向罗马进军，并抢在德军引爆炸药前攻占了沿途的若干座桥梁，最终成为了第一批开进“永恒之城”的盟军部队之一。当年夏末，第一特种勤务部队被调出了第五集团军，参加了旨在入侵法国南部地区的“龙骑兵行动”，部队被配属给了第一空降特遣部队，其指挥官正是新近被提升为将军的弗雷德里克。特勤部队被派往两座近岸岛屿：波特格洛斯岛和海耶斯岛，进攻德军布置在这两座岛上的海岸炮台——它们可以有效地威胁到登陆盟军部队的侧翼。8月14日至15日间，艾德温·A. 沃克上校指挥他们乘橡皮艇趁夜登陆，对守岛德军实施了突袭，攻占了敌军的阵地。魔鬼旅与随后登陆的主力部队会合后，在8月26日，经过一场苦战夺取了卢贝新城，掩护了当时正向内陆进军的第七集团军(Seventh Army)的侧翼。他们继续向法意边境地区进军，直到于1944年9月7日转入防御为止。随后的3个月中，这支精锐部队无所事事，等待当局就如何使用他们得出共识，最终加拿大国防部决定，让部队内的加拿大军人回归加军建制。第一特种勤务部队因此在1944年12月5日回到了卢贝新城，并解散。加拿大军人大部分被调入了加拿大第1空降营，美国军人则大部转入了新成立的第474步兵团，该团隶属于第12集团军群。对于如此优秀的一支部队，这是一个相当可耻的结局，曾在该旅服役的2 400人中，有略少于2 300人受过至少一次或两次战伤，伤亡比率高达令人惊异的90%！不仅如此，他们所接受的训练，所获得的战地经验在战后又被传授给了美国陆军特种部队“绿色贝雷帽”和加拿大的秘密特种部队第2联合特遣部队。

陆军突击队

第二次世界大战的初期，英国军方发现他们在——以得到了近距离空中支援的大批装甲师和由伞降步兵以极富想象力的方式在(盟军)防线后方发动攻击为代表的——德军新式战术面前一筹莫展。并且英国陆军在人力和装备两方面也无法与德军匹敌。其结果就是，英军将反攻的希望寄托在由受过专门技术训练的小规模部队，在敌军阵线后方发动突然袭击，使他们首尾不能兼顾之上。这些在后来声名大噪的特种部队包括陆军突击队①和

① 英国陆军突击队成立于1940年6月，专门实施敌后作战的突击队番号为第1至第9，以及第11和第12，共11支突击队。他们在1943年中与皇家海军陆战队突击队一起编组为四个“特种勤务旅/突击队旅”。——译者注

威廉·O.达比(William O. Darby，1911—1945)

威廉·达比上校在第二次世界大战期间领导了美国第一支突击队单位，并立下了殊勋。(图片由美国陆军提供)

威廉·奥兰多·达比于 1911 年 2 月 18 日出生在阿肯色州的史密斯堡，西点军校 1933 届毕业生。二战爆发后，达比引起了当时正在为他的全新突击队项目征集志愿者的卢西安·K.特拉斯科特上校的注意，前者欣然作为“志愿者”参加了这个项目。达比在 1942 年 8 月首次参战——由英国、加拿大部队实施的运气欠佳的第耶普登陆战——之后他被晋升为中校，并在北非指挥了第 1 突击队营。他的部队于 1942 年 3 月 31 日在突尼斯的加夫萨·艾尔·盖塔有出色表现。随后他的部队被扩编为一个旅，在乔治·S.巴顿将军于 1943 年 7 月对位于西西里岛的吉拉发动两栖攻击期间，达比上校独自一人操纵火炮近距离击毁了 7 辆德国装甲车，并因此获得了优异服役十字勋章①。两个月后他的突击队被派到了意大利的萨莱诺，他们被当作普通步兵使用并承受了极大的伤亡。不幸的是，战斗结束后得到的补充人员并不像他在萨莱诺损失的老兵那样训练有素。1944 年 1 月 22 日，达比和他的部下参加了旨在打破意大利战场僵局的安齐奥登陆，6 天后第 1 和第 3 营前出到了西斯特纳镇，与此同时达比则和担任预备队的第 4 营一起留在后方。德军预料到了他们的行动②，并且对这些不幸只装备了轻武器的突击队员发动了伏击，使他们损失了 2/3 的兵力③。1944 年 4 月达比返回华盛顿担任参谋职务，但在他的力争之下他又在意大利战役的最后阶段，争取到了第 10 山地师执行军官的任命④。然后在 1945 年 4 月 30 日，达比在德军投降前的一星期被一枚炮弹的碎片击中后阵亡。⑤嗣后达比被追授准将军衔，他是美国陆军中唯一获此殊荣的军人。

---

① 这是达比第二次被授予这种勋章。——译者注

② 这是事后查明，德军调动了包括装甲部队在内的优势兵力后做出的推测。德军侦知美军动向的确切手段一直没有确定说法。——译者注

③ 此处的“他们”指达比指挥下所有 3 个突击队营，在西斯特纳遭遇伏击的美国陆军突击队员实为 767 人，其中 6 人成功突围。阵亡、受伤、被俘的具体人数一直有争议，通常认为有 400 名左右的突击队员在弹尽粮绝后被俘。——译者注

④ 此处是作者的误植。“二战”时期的美国陆军中，执行军官负责连、营、旅级部队的日常勤务，并不担负作战指挥的职责。师级部队中则不设该职务。作者实际要表达的意思是：达比争取到了第 10 山地师副师长的职务。——译者注

⑤ 意大利境内的全体德军在 5 月 2 日宣布投降。——译者注

在这张描述美国突击队员早期行动的照片中，他们戴着第一次世界大战时期的头盔，在英国海军教官的指导下进行训练。（图片由美国国会图书馆提供）

皇家海军陆战队突击队①；特种空降勤务团②、特种小艇中队③和专门负责秘密谍报行动、实施敌后破坏行动的“特种作战执行处”(SOE)。陆军总参谋长乔治·C. 马歇尔(George C. Marshall)将军在美国正式加入第二次世界大战前，即对英国在军事方面的安排保持了高度的关注，他对于这些英国特种部队的表现异常满意，并决心在美国军队中组建同类部队。他首先将上述想法知会了他的一位私人朋友卢西安·K. 特拉斯科特上校(Col. Lucian K. Truscott)，这位醉心于美军轻步兵传统的军官建议，可以恢复“突击队”(ranger)这一名称用于命名仿效“英国突击队”(commando)模式成立的新部队。这个想法得到了马歇尔的首肯，之后威廉·达比于1942年6月8日被解除了第34步兵师师长营务副官的职务，转调至北爱尔兰的克里克富戈斯(Carrickfergus)负责第1突击队营的组建。1 500名志愿者④响应了招募，最终只有600人通过了筛选。秉持着轻步兵的传统，在这些士兵身上对速度和行动隐秘的强调，压倒了对优势火力的需求。所以他们的编制内并没有任何重武器。此外，达比得到的命令是：招募一个营部连和六个作战连，每个连的编制皆为67人，然后所有的志愿者都根据其智力、服役纪录的优劣和体力是否强健，经过了他的亲自挑选。部队一经编成，就开拔到了苏格兰的阿克纳卡瑞(Achnacarry)⑤——著名的英国突击队训练基地的所在。他们在英国教官的指导下经受了极其艰苦的训练课程。所有演练中全部使用了实弹，训练着重强调了对战地常识、坚忍、团队合作等品性的培养，直到它们成为受训者的第二天性。最特别的一点是，所有的突击队员都被指定了一个“搭档”，他们要在战场内外相互策应。这一操作程序经过历代的演化，到最后就演变成为了当代和现代突击队员们恪守不渝的信条：决不抛弃一个伙伴。当基本的步兵作战技能，例如侦察、巡逻被确实掌握后，他们就

① 皇家海军陆战队突击队成立于1942年2月，包含了番号为41至47的八支突击队。1943年他们与当时尚未解散的陆军突击队一起编成了四个“特种勤务旅”，1944年12月番号又变更为“突击队旅”。——译者注

② 缩写SAS，L分遣队成立于1941年7月1日。1944年中期，该部实力最鼎盛时期下辖第1、2SAS(英国)，第3、4SAS(自由法国)和第5SAS(比利时)。其中，第1SAS在中东、意大利、欧洲大陆参加了几乎全部重要战役，他们的直系后裔第22SAS现在被公认为世界第一流特种部队。——译者注

③ 最早成立于1940年7月，“二战”时期主要活跃于地中海、爱琴海地区，支援了英国、澳大利亚情报机构在东南亚地区组织的游击队活动，并且还曾经在缅甸参战。该部的后裔SBS同样被公认为世界一流特种部队，甚至相比SAS，有过之而无不及。——译者注

④ 大部分来自第34步兵师。——译者注

⑤ 盟军部队的“突击队训练中心”位于当地的阿克纳卡瑞城堡。1942年至1945年期间，来自英国、美国、法国、荷兰、捷克、挪威的突击队员在此接受了专业训练。——译者注

要更进一步学习如何布置伏击、如何攻击位于悬崖顶部的目标、两栖登陆以及在夜间实施的全科目演习。如何在不同地形、环境下渗透至敌军防线后方的技术，也作为了重点训练的科目。除此以外，所有学员还要掌握达到专家水平的射击技术、徒手格斗、匕首格斗、借助绳索的辅助登山与下山、爆破技术与捕俘技巧。总而言之，在第二次世界大战期间的各支盟军步兵部队中，这些突击队员接受了最全面的训练；也从另一方面说明了，即使在美国特种部队的诸多先驱者中，他们也是一个独一无二的群体。

第 1、3 与第 4 突击队营

第 1 突击队营在 1942 年 8 月 18 日第一次经受了战火的洗礼，一支 50 人的分队偕同英国—加拿大部队参与了对法国第耶普(Dieppe)的突袭。这次作战以盟军的惨败告终，并暴露出了盟军在大规模两栖作战的计划方面极欠经验。但美国突击队员在此战中却有上佳表现，战损为 3 人阵亡，另有若干人被俘。尽管 E. V. 卢斯塔洛特(E. V. Loustalot)中尉成为了在欧洲阵亡的第一名美国陆军军官，但富兰克林・昆斯(Franklin Koons)下士成为第一位在欧洲大陆上击毙了纳粹德国士兵的美军士兵，他还因此被授予了银星勋章。当年秋季，达比指挥的整个突击队营被认为已经做好了战斗准备。他们作为由特里・艾伦少将(Major General Terry Allen)担任师长的第 1 步兵师的先锋部队参加了“火炬行动”，并在阿尔及利亚的阿尔泽(Arzew)登陆。上岸后他们兵分两路，很快压制住了若干座由维希法国军队控制的炮台——当时它们正在向登陆中的盟军主力部队开火。突击队员们参加的第二次重要军事行动发生在突尼斯的萨纳德车站(Sened Station)，那是在 1943 年 2 月 11 日，达比带领部队渗透至意大利军队防线后方 32 英里纵深处，成功占领了敌军的营地，并击毙 50 名意军、抓获了 10 名俘虏。战后为了表彰达比在计划阶段的杰出表现、实际执行过程中的坚定决心，他被授予了银星勋章。与此同时，意大利军队中间开始称呼他的突击队营为“黑夜中的死神”。1943 年 3 月 21 日，他们在阿尔・盖塔以东的阿尔・安科山口又执行了一次类似的任务：在恶劣地形下行军 12 英里，迂回到了敌军的侧翼，然后达比身先士卒地开始攀登位于敌军阵地背后的陡峭悬崖，受到鼓舞的突击队员们竞相跟随，战斗结束后他们已肃清了敌军在当地的防御，并抓获了另外 200 名俘虏。当盟军兵临斯法克斯①城下时，超过 1 400 名意大利守军被包围在城内，达比突击队抵挡住了赶来解围的德军装甲掷弹兵的攻击达 3 天之久，直到后者最终被击退。因为在这次战斗中的优异表现，第 1 突击队营被授予了他们的第一个“总统集体嘉奖令”。

达比在先前获得的成功，促成了第 3 突击队营和第 4 突击队营的成立，当他们在摩洛哥的内穆尔完成招募后，正好作为第 6615 暂编突击部队的一部分，赶上了盟军对西西里岛发动的进攻。第 1 和第 4 突击队营在达比的指挥下，作为第 1 步兵师的前锋在吉拉

① 突尼斯的第二大城市。——译者注

(Gela)登陆，并占领了该城。然后在一个装甲师的支援下，他们攻占了圣·尼克尔镇，之后他们面对的下一个目标是坐落在濒海峭壁上的博塔镇。考虑到从正面进攻该镇必然要付出的沉重代价，达比派出一个排潜入镇中心，并说服了守军放弃抵抗。与此同时，第3突击队营正向阿格里真托(Agrigento)进攻，沿途攻克了坎波贝洛迪、纳罗和法瓦拉。波尔托恩佩多克莱镇也在一场苦战后被攻克，德、意守军向位于悬崖下方的美军猛烈开火，但突击队仍然在从海上配合进攻的步兵营登陆之前就肃清了他们的目标。达比因为在西西里岛实施的上述行动而被授予了优异服役十字勋章，但为了避免离开他所钟爱的突击队，他婉拒了乔治·S.巴顿(George S. Patton)将军所提议的晋升。

然后，在对意大利本土发动的艰苦而代价高昂的进攻期间，突击队又为自己的胜利桂冠增添了新的荣誉。达比的部队于1943年9月9日在萨莱诺附近登陆，并被投入了与沿冬季防线掘壕固守的德国守军之间代价高昂的山地战斗。上级完全将他们当成了普通步兵使用，而这类任务本就不适合由他们来完成，突击队员在肃清谢尼泽山后，又固守该阵地长达两周之久，其间尽管得到了海军提供的舰炮火力支援，他们还是蒙受了惨重的伤亡。在向内陆推进后，他们在米格纳诺山口再次卷入激战，并在向德军设在卡西诺山的防线的进攻中蒙受的伤亡，也与前一次战斗不相上下。当达比突击队的伤亡率已高达40%后，他们才得到了后撤整补的机会，并开始为他们前所未见的最激烈的战斗作准备。不幸的是，突击队实际参战后就再未得到机会，温习他们在英国经过千锤百炼后才掌握的作战本领，尤其是夜间渗透技巧。新到的补充人员不缺乏热忱与敬业精神，但在训练水平上无法与被他们替换下来的战伤或阵亡的老兵相比。1944年1月17日，在普佐里湾进行的一次登陆演习中，突击队员们在夜间演习期间暴露出了很多错误，其中之一就是缺乏噪声管制纪律。

代表性行动

1944年1月22日，盟军在安齐奥发动了“鹅卵石”行动，旨在迂回德军设在半岛中部的防线，快速拿下罗马。然而，指挥官谨小慎微的作风，给了德军重组防线的机会，整场战役再次陷入胶着。1944年1月30日，达比指挥第1、第3和第4突击队营从盟军防线前出，试图偷袭西斯特纳镇，以便为盟军打开另一个突破口。第1和第3营沿着一系列干涸的输水渠道前进，以免暴露行踪。然而无线通信设备开始发生故障，第3营因迷失方向，而与第1营分散。训练不足的补充人员也开始拖延行军的速度。与此同时，达比直接指挥的第4营已经从其他道路抵近了西斯特纳镇，并在镇外遭遇了德军的顽强抵抗。破晓时分，很明显德军已经截获了美军正在接近的情报，并派出装甲部队和精锐的伞兵部队包围了西斯特纳镇。第4营在达比的率领下发动了英勇的进攻，试图与被切断的第1和第3营合兵一处，但每次进攻皆无法突破赫尔曼·戈林(Hermann Göring)装甲师下辖部队的阻击。达比在经过长达4小时的奋战后，终于下令撤退，当时第4营的伤亡率已高达50%。与此同时，德军则以坦克包围了西斯特纳附近的沟壑系统，并以坦克炮向据守沟壑的第 1 和第 3 突击队营的幸存者实施了近距离平射。这完全是一场单方面的屠杀，当这一天结束后，767 名突击队员中只有 6 人设法突围并逃回了美军防线。发生在西斯特纳的悲剧仅仅证明了一个简单的道理：派遣只装备了轻武器的突击队员进攻轻、重武器齐全的正规部队，完全是一场荒唐的闹剧。尽管如此，突击队员们仍然完成了他们的任务，在安齐奥之战期间造成了德军 5 000 人以上的伤亡，并迫使他们对安齐奥滩头阵地的进攻延迟了整整两天之久。西斯特纳之战后，三个营的幸存者被打散并被补充进了第一特种勤务部队（魔鬼旅）和某些伞降步兵部队。1944 年 10 月 26 日，陆军在北卡罗来纳州伯纳兵营（Camp Burner）正式宣布，永久性解散第 1、第 3 和第 4 突击队营。一直到他们被公告解散前，公众都根据其指挥官的名字将他们称为“达比的突击队”。

第 2 和第 5 突击队营

随着战局在意大利趋向胶着，第 2 和第 5 突击队营在田纳西州的弗罗斯特兵营（Camp Forrest）完成了他们的训练，两个营在马克思・施奈德中校（Lt. Col. Max Schneider）的指挥下，以突击队攻击大队（Ranger Assault Group）的番号乘船抵达了英国。随着对欧洲大陆的入侵迫在眉睫，他们日夜不停地接受悬崖攀登、两栖突袭和夜间战术方面的强化训练。同时各种宏大的计划开始为他们炮制出来，例如：对挪威的突袭、对法国加来的德国驻军实施的捕俘行动，不过这些计划在最后关头都遭到了取消。其原因包括：恶劣的海况，以及担心这类行动会激起德军对登陆迫在眉睫的怀疑，等等。最后取而代之的是，在登陆日当天，突袭并夺取位于杜豪克角（Pointe du Hoc）的德军海岸炮台的计划，该炮台位于奥马哈海滩以西 4 英里，从高处瞰制并威胁到了登陆部队的侧翼。要夺取这些大炮，需要克服一座从海滩拔地而起且垂直高度达 100 英尺的悬崖，而且整个攀登路线几乎完全暴露在德国守军的视界之内。施奈德中校认为这并非他的部队所不能克服的困难，决定在登陆之前，安排更加密集的训练课程来加以克服。

代表性行动

1944 年 6 月 6 日，詹姆斯・E. 拉德尔中校（James E. Rudder）指挥第 2 突击队营的 C、D、E 和 F 连共 230 人，借着黎明前夜色的掩护，冒着极恶劣的天气在杜豪克角登陆。为了能够从滩头直接爬上极陡峭的崖壁，突击队员们携带了特制的绳梯：顶端附有钩爪并可以由助推火箭发射至悬崖顶端。在航渡途中，恶劣的海况导致所有的突击队员和他们携带的装备皆被海水淋得湿透，另外，大浪还将他们推到了远离预定登陆区的地点。浑身湿透的突击队员们虽然较预定时间表晚了 30 分钟，但还是赶到了崖底。然后他们发射了火箭助推绳梯，并开始攀登。德军则从悬崖顶部向他们射击，手榴弹也如雨点般落下。突击队员们承受住了敌军的猛烈攻击，并且仅仅过了 10 分钟，就在拉德尔中校的亲自带领下翻过崖壁，崖顶所有的德国守军旋即被他们消灭。战斗暂告结束后却发现德军早已经转移了火炮。不过不久以后，那些加农炮就在更深入内陆的地区被发现，并被突击队员们按照命令摧毁。拉德尔违背了要求他不得亲自投入战斗的命令，带领他的突击队员们继续向内陆深入，并在随后的两天内抵挡住了德军的反攻，直到他们最后被友军替换为止。从此以后，他的部队开始被称为“拉德尔突击队”。

与此同时，得到了第2突击队营两个连支援的第5突击队营，偕同第29步兵师一起向德军设在D海滩、绿区——奥马哈海滩，靠近韦尔维尔一段——的防御阵地发起了攻击。施奈德中校及其部下一登陆，即被守军的猛烈火力压制在了一段防波堤下，且遭受了大量伤亡。在这紧要关头，诺曼·科塔少将(Maj. Gen. Norman Cota)吼道：“突击队员，在前开路!”——从那一刻起，这句话就成为了陆军突击队正式的座右铭——然后，第5突击队营在第116步兵团的策应下，匍匐通过了德军的火力杀伤区，并攻克了之前由德军控制的制高点。诺曼底地区的战斗中，战前编制为350人的第2突击队营有200人伤亡。与之相对的是，战前编制人数为130人的第5突击队营损失了62人。考虑到突击队员以如此单薄的兵力完成了如此繁重的任务，这绝对是一次大胆的行动。

登陆日之后，各突击队营支援了当年8月至9月间向港口城市布雷思特(Brest)的推进。战斗中第5突击队营利用高爆炸药和汽油，摧毁了若干个永备工事，它们被引爆后猛烈燃烧的惨状，有效“说服”了守卫类似工事的其他德军部队干脆弃械投降，以免重蹈覆辙。1944年12月7日，第2突击队营参加了当时伤亡比率正呈直线上升趋势的许特根森林之战(Heurtegen Forest)，他们的任务是攻占一座可以俯瞰施密德大坝和罗尔大坝的高地。拉德尔及其部下成功穿越德军的防线并攻占了该地区，随后他们不断击退德军发动的反攻，直到援兵于1945年3月9日抵达并接管他们的防线为止。第2突击队营之后被误作正规步兵营使用，之后他们剩余兵力中的半数又在对博格斯坦因发动的攻击中损失殆尽。1945年2月23日，第5突击队营也被指派了一项极其困难的渗透任务，在当时尚位于德军防线后方的“伊尔施至策尔夫”公路上设置阻击阵地。尽管德军在侦察到他们的位置后即刻对其发动了反击，但突击队员们仍然坚持到了2月26日友军装甲部队赶到并接管他们的防线为止，在最后那次行动中，他们击毙了299名敌人，另外又俘获了328人。在欧战的最后岁月里，突击队员经常发现自己遭到误用，执行那些本应交给正规步兵营的任务，而他们的编制、装备和训练都不适应于执行这类任务，为此他们蒙受了不必要的伤亡也就在所难免。

第6突击队营

有好几个月的时间，道格拉斯·A. 麦克阿瑟将军(Gen. Douglas A. MacArthur)及第六集团军指挥官沃尔特·E. 克鲁格将军(Gen. Walter E. Kruger)不得不面对一个令他们一筹莫展的事实——他们缺少一支适用于在敌后遂行大规模突袭以及大范围情报收集任务的部队。现有的阿拉莫侦察队完美地扮演了赋予他们的角色，只是阿拉莫侦察兵缺乏足够的人力资源，用来实施比他们的现行任务规模更大的行动。然后在1943年1月，第6

突击队营(6th Ranger Battalion)在新几内亚的荷兰地亚(Hollandia)宣告成立，其成员皆由亨利·穆西中校(Lt. Col. Henry A. Mucci)①选拔自第 98 野战炮兵营。志愿者们高大健壮、大多出身于美国中西部地区的农场，之前已全部接受过了将榴弹炮大部拆解后驱策驮运它们的骡马穿越丛林的训练。当他们在莫尔兹比港(Port Moresby)集中后，在穆西中校的亲自示范下，全部受训人员接受了严酷的体能训练。同时还学习了侦察、巡逻、地貌侦察、武器使用和如何在夜间实施战术机动的技术。②在转移至范沙芬的途中，他们还演练了如何以橡皮艇实施两栖登陆。穆西的上级对他的训练进展十分满意，因而打算将第 6 突击队营投入到即将发动的对菲律宾群岛的登陆作战。1944 年 10 月 17 日，在拱卫莱特湾入口的霍蒙洪岛(Homonhon)、苏鲁兰岛(Suluan)、迪纳加特岛(Dinagat)上登陆，当时距美军正式反攻菲律宾还提前了三天。上岛后美军只遭遇了轻微抵抗，他们在撤退前摧毁了对日军至关重要的无线电和其他类型的通信设备。由绰号"公牛"的阿瑟·D. 西蒙斯(Arthur D. Simons)上尉③指挥的 D 连，在迪纳加特岛上，发现了一座有日军据守的灯塔，该处三面有悬崖围绕，只可以从一条修筑了阶梯的坡道接近。突击队员们保持着静默，在未被日军发现的情况下爬上了悬崖，他们登顶后从日军背后发动攻击，并将其全部消灭。在此之后，突击队员们只有执行后方警戒勤务的机会，偶尔会被派去看管补给物资堆场，这种百无聊赖的生活一直持续了两个月，直到他们领受下一个特殊任务为止。

代表性行动

随着反攻的进行，美军高层指挥官开始考虑：日军疏散被关押在吕宋岛卡巴纳端战俘营中的美军俘虏，甚至有处决他们的可能性。④战俘营本身的位置处在敌军防线后方的纵深地带，而且靠近一条经常被日军用来运输补给品与调动部队的主要公路。因此，第 6 突击队营以极其审慎的态度对待这次营救，花费了好几天的时间用来制订计划，并且依靠菲律宾游击队和著名的阿拉莫侦察兵收集了大量的军事情报。1945 年 1 月 29 日，一个突击队加强连共 107 人⑤，巧妙地渗透到了位于日军防线后方 29 英里处的战俘营。从丛林到

---

① 亨利·穆西(1911—1997)，西点军校 1936 届毕业生，他在担当第 98 野战炮兵营/第 6 突击队营的指挥职务前，曾在夏威夷掌管过一座突击队技术训练营——该突击队训练营地现在位于佛罗里达州的艾格林空军基地，因此在突击队作战方面积累了相当的经验。穆西上校因其指挥了对卡巴纳端战俘营的突击而被授予了优异服役十字勋章。——译者注

② 亨利·穆西在这一阶段淘汰了 1 000 名受训者中的一半，并调走了大部分不适应新任务的野战炮兵军官。——译者注

③ "公牛"阿瑟·D. 西蒙斯：参见第一部第三章的相关章节"美国陆军特种部队(绿色贝雷帽)"。——译者注

④ 1944 年 12 月 14 日，日军在菲律宾的巴拉望岛(Balawan)上，以枪击、火烧等手段处决了 150 名美国战俘，这次大屠杀的幸存者之一：一等兵尤金·尼尔森在 1945 年 1 月 7 日将巴拉望岛大屠杀的消息报告给了美国陆军情报部门(S2)。——译者注

⑤ 第 6 突击队营实际参战总兵力共 120 名突击队员，90 人来自 C 连，30 人来自 F 连，指挥官为 C 连连长罗伯特·普林斯上尉(1920—2009)。所有的参战军官都因这次行动而被授予了银星勋章，所有参战的士官、士兵则全部被授予了铜星勋章。——译者注

战俘营之间的最后1英里距离，是一片浸了水的稻田，为了不被日军发现，所有突击队员都是以肚子紧贴地面，匍匐通过了那里。突击队员在1月30日黎明时分发起战斗，杀死了200名日军士兵后，解救出500名（在三年的囚禁中）被饿得半死的美国战俘，整个营救过程仅仅花费了半小时。高质量的情报、隐秘的接敌行动、迅猛的打击战术，使得“卡巴纳端大突袭”成为了美国军事历史上最大胆的战俘营救行动，而第6突击队营仅阵亡2人，伤7人。这一成功也在美国激起了公众的激赏情绪，因为这些大多在巴坦半岛于1942年陷落时投降的战俘遭到了相当可怕的虐待。之后第6突击队营继续在菲律宾战斗，承担了扫荡被孤立的日军残余抵抗力量的任务，但从未被当作正规步兵营投入战斗。因而也就避免了像他们身在欧洲战场的友邻单位那样，无端遭受惨重伤亡的情况再次发生。1945年12月30日该营在日本被正式解散。

5307混成部队（暂编）

1942年1月开始，日本通过军事强攻，将不列颠帝国的势力逐出了缅北地区，顺便也切断了中国从外界获得战争物资补给的最后一条纽带——即众所周知的滇缅公路。英军后来于1942年末在阿肯地区（Arakan）发动了一次失败的反攻——因为茂密的丛林和日军在战术方面表现出的坚韧而完全破产了。至少从表面上看，英国也许会在整个战争期间失去对缅甸的控制。但是在1943年2月，英国的军事怪杰奥德·温盖特上校（Col. Orde Wingate）领导了一次深入日军占区后方的纵深突袭行动。行动期间一切物资皆依靠空运补给，与上级机关的联系则完全依靠无线电。这些突袭队员被称作“钦迪”部队（Chindits），该名称来源于缅甸神话故事：其中有一只专门守卫佛教寺庙的半狮半龙的神兽——“钦迪”。温盖特指挥的远征只能算是取得了部分成功，当他的部队回到英军防线时，总兵力只剩下了初始兵力的1/3，但是由他们实施的这次行动证明了：通过实施空—地协同作战和非常规战略，日本人是可以被打败的。盟国的首脑们决定，以更大的规模重复温盖特业已进行的试验，而且在1943年8月举行的魁北克会议上，还就成立一支由美国部队编成的远程渗透部队，以便与钦迪部队协同作战这一议题进行了商讨。温盖特当时正忙于为他的设想寻求支持者，即在敌后深远纵深地带，设立一系列通过空运完成物资运补和兵力增援的坚固支撑点——这是一次在军事历史上毫无先例可循的壮举。美国政府高层对这一设想极为满意，并因此而促成了后来的加拉哈德行动（Operation Galahad）：向敌占区深远纵深发动突袭，并在行动的最后阶段与自缅北方向进攻的几个师的中国部队完成会师。因为这支部队是亚洲大陆上唯一的一支完全由美国人组成的地面作战部队，它被指派到了约瑟夫·史迪威中将（Gen. Joseph Stillwell）的麾下，当时他是中国—缅甸—印度战区（缩写：CBI）美方最高指挥官。为了掩盖成立该单位的真实意图，他们得到了“第5307混成部队（暂编）”的番号。史迪威委任他的门徒之一——弗兰克·梅里尔准将（Brigader Frank D. Merrill）指挥该部队。梅里尔作为一名骑兵部队出身的职业军官，将他的任务理解为骑兵的一种战略性应用：当日军部队的注意力被位于其正面的两个中国师吸引过去后，对他们的后方实施包抄。

1943 年 9 月 18 日，战争部为该新型渗透部队发布了初审草案：该部队必须由已具备丛林战经验的老兵组成；这些老兵将要从陆军地面部队司令部（指挥美国国内的驻军）、加勒比海防御司令部、南太平洋司令部、西南太平洋司令部下辖的驻军中挑选出来。当富兰克林·德拉诺·罗斯福（Franklin D. Roosevelt）总统亲自签署了这一"请求"后，一共募集到了 3 000 名志愿者。他们最晚将在 10 月份，被海运到位于印度的若干个基地展开训练。理论上被选中的受训人员应该都是部队中最优秀的一分子，但事实上部署在太平洋战场各部队的指挥官们"仅仅"是清空了他们的禁闭室，送给了梅里尔一群不论在身体还是心理状况两方面都不合格的士兵。然而，对此 5307 混成部队除了照单全收之外，也别无选择。他们最后在 1943 年 10 月 31 日抵达了印度的孟买，然后他们接受了温盖特准将亲自实施的轻步兵训练。训练内容着重强调了快速运动和迅猛的攻击，对于 5307 混成部队（暂编）而言，和其他突击队形式的部队一样，他们缺乏正规步兵单位编制内的集体操作武器——例如加农炮和大口径迫击炮——所能提供的支援火力。事实上配备给他们的武器中，威力最大的就是 60 毫米迫击炮，它们可以在大件分解后由骡子驼着，穿过地形崎岖的地带。梅里尔部队并非是为了打"硬仗"而组建的——尽管他们的个人武器编制中自动武器所占的比例极高。梅里尔的部下们还熟练掌握了侦察、巡逻、江河泅渡、地面导航、爆破、伪装，以及无线电知识以便获取空投补给，这是整个部队的生命线所系。5307 混成部队原本下辖的三个营级单位，随后被重组为六个可以独立执行作战任务的战斗队——分别为：红队、白队、蓝队、咔叽队、绿队和橙队——总兵力为 2 750 人。他们在印度的德巴加尔继续接受训练，直到 1944 年 1 月末，然后他们开始为将要对缅甸发动的攻势进行了集结。在随后的整个战役期间，5307 混成部队充分利用了他们在训练中所学会的一切"神奇"技巧，以惊人的速度通过了原本被认为是大规模战斗部队无法通行的地区，完成了连色诺芬[按：古希腊军事家。]本人都要赞叹不已的军事远征。

1944 年 2 月 24 日，梅里尔率领 5307 混成部队离开印度，沿利多公路进入了缅甸境内，行军距离达 1 000 英里。沿途他们得到了几百名缅甸克钦族突击队员的协助，相对美国兵而言，这些显得矮小、纤瘦的战士为美军充当了侦察兵，并且屏护了美军行军纵队的侧翼，他们提供的帮助其价值是无法估量的。穿过日军防线后，美国突击队员们实施了积极的战斗巡逻及旨在切断敌军通信、扰乱敌军后方地域的其他作战行动。然而，配合美军行动的中国军队因机动迟缓并未在正面牵制住日军，导致了日军精锐的第 18 步兵师团可以在其师团长田中新一中将的指挥下，以绝对优势兵力对 5307 混合部队设立的路障发动了进攻。发生于 1944 年 3 月 7 日的瓦劳邦（Walawbum）战斗中，第 3 营虽然被人数占绝对优势的敌军包围，却在战斗中展现出了凌厉的战术与超凡的勇敢，最后反而消灭了 500 名日军。美军以机枪火力和精确的迫击炮射击，打退了日军的数波攻击，然而自身也在激烈的交火中承受了大量的伤亡，这种"硬仗"式的战斗模式是他们本应该极力避免的。因为

弗兰克·D.梅里尔准将(左)与约瑟夫·W.史迪威中将在缅甸的Naubum附近会面。(图片来自美国国防部)

弗兰克·D.梅里尔(Frank D. Merrill, 1903—1955)

弗兰克·D.梅里尔于1903年12月4日出生在马萨诸塞州的霍普金顿,并于1922年参加了美国陆军,之后他获准入读西点军校,1929年毕业后以骑兵军官的身份开始了其职业军官生涯。在美国加入到第二次世界大战的初期,梅里尔陪伴着约瑟夫·W.史迪威将军徒步撤离了缅甸,并于1943年10月获得提升,得到了准将的临时军衔,并受命组建一支突击队式部队。该部队就是5307混合部队(暂编)的雏形,他们在后来又被昵称为"梅里尔的掠夺者"——虽然在部队内部该绰号从未流行起来。1944年1月,梅里尔率领他们在缅甸丛林中穿插100英里执行敌后突袭任务,全程皆依靠空运维持补给。与他交手的日军虽然久经战阵,仍然遭受了惨重的损失,但他的部下也因为传染病与营养不良而严重减员。尽管如此,史迪威仍然命令他们夺取位于密支那的日军机场,为此他们要展开另一段艰苦的跋涉,其间要翻越库茅山脉(Kuman Mountains),而那一带的地形在全亚洲范围内也被公认为是最凶险的。"掠夺者"们凭借坚强的忍耐力完成了这段行军,成功渗透进了密支那地区,并在1944年5月对机场发动了进攻。狂热的日军在密支那城持续抵抗至8月份,最后在得到中国军队的支援后美军才得以攻克市区。其时整个5307混合部队(暂编)的幸存者已全部染上丛林热病,部队在不久以后即宣告解散。梅里尔在这段时期内曾两次心脏病发作,最后被疏散到了后方,并转调至盟军西南亚指挥部(Allied southwest Asia Command)工作。"二战"结束后,他担任驻扎于旧金山地区的第6集团军参谋长,并参加了美军驻菲律宾军事使团。梅里尔,这位杰出的特种部队指挥官于1955年12月11日在佛罗里达州的费南迪纳比奇市逝世。

预料到老于此道的日军可以通过部队的机动,对梅里尔掠夺者设立的路障实施迂回,他们沿着坚布班山脉(Jambu Bum Hill/Mountain,位于密支那西北方)撤退到了新的阵地。到了3月下旬,"掠夺者"们已经按原计划切断了胡康河谷内的日军补给线,因而他们开始期待可以按照原计划得到替换。只是史迪威却突然改变了先前交代给他们的战术任务:由原定的迂回改为封堵,并且命令他们在盈彭噶①掘壕固守。执行这种形态的任务并不符合成立5307混合部队的初衷——他们仅仅装备了轻武器且只能通过空运得到不定量补给,但是梅里尔仍然将他的三个营布置到可以通过交叉火力互相支援的防御阵地上。随后当大

① 原文Nhpum Ga位于缅甸的克钦邦。——译者注

批日军如洪水般涌向第 2 营的阵地时，“掠夺者”们在整整 11 天的战斗中没有让日军前进一步。截至 1944 年 4 月 9 日，“掠夺者”们仅得到确认的战果就击毙日军高达 400 人，自身损失为阵亡 57 人、受伤 302 人。另外，还有 379 人因为患上疟疾、痢疾或其他丛林疾病，而被正式分类为“丧失战斗力”。不管怎样，当新闻界将他们在缅甸敌后纵深地带取得的非凡战果广为宣传后，“梅里尔的掠夺者”这一绰号也随之变得家喻户晓——尽管他们自己从未以此自称。

代表性行动

1944 年春末，英军成功地遏制了日军对英军通信线路上的两个重要据点英帕尔(Imphal)和科希玛(Kohima)发动的孤注一掷的进攻。史迪威为了利用日军兵力遭削弱后带来的战机，发动了侧翼迂回行动(Operation End Run)，计划通过实施快速行军，穿越沿途的山地丛林，拿下密支那，当地坐落着一座对日军具有战略意义的机场。史迪威作为一个坚定的反英主义者，显然认为这一个计划可以在羞辱英国人的同时打击日军。出乎 5307 混成部队那些饱受热衰竭和传染病折磨，热切盼望得到——完全理所应得的——休整的突击队员们的意料，他们接到了重返战场的命令。响应史迪威召唤的是 1 400 个已疲劳到极点的人，他们穿越了 65 英里地形恶劣得超乎想象的地区，而在历史上通过这些地区发动进攻作战，一贯被认为是绝无可能的。海拔 6 000 英尺的库蒙山脉上，山路因为最近的降雨而变得极其泥泞，上百头骡子连同它们驮载的补给品因此而滑下了悬崖。豪雨和茂密的丛林植被也对再补给的效率产生了影响，食物开始变得匮乏。尽管如此，当通过克钦族侦察兵的报告，得知密支那的驻军毫无警惕之后，疲惫而疾病缠身的“掠夺者”们还是在 1944 年 5 月 17 日成功夺下了密支那机场。梅里尔缺乏足够的兵力占领密支那城区，哪怕在得到了中国部队的支援后，仍然无可奈何，据守城内的 4 600 名日本守军粉碎了将他们赶出城区的所有尝试。虽然如此，史迪威的决心是不可动摇的，密支那必须攻克。围城战被拖延到了雨季，早已体力透支的士兵们直接睡在泥泞的地面上，结果又导致了新一轮的传染病爆发。不论在编制和装备上，围城战是 5307 混成部队皆不适宜遂行的另一种作战任务，查尔斯・N. 亨特(Charles N. Hunter)上校在梅里尔因为第二次心脏病发作而接替了后者的职务后，就此问题向史迪威提出过严正抗议。最终在美军通过空运将一个整师的中国军队送来增援后，密支那才于 1944 年 8 月 3 日被攻克，亨特也在同一天遭到解职。只有 600 名日军得以在城陷之前突围逃生，据估计有 3 800 名日军在战斗中被打死。“掠夺者”们在围城阶段的损失是：287 人阵亡，955 人受伤，另有 980 人因患上传染病而被疏散到后方。这一次胜利，也终结了 5307 混成部队作为一支战斗部队的历史，1944 年 8 月 10 日他们在密支那被草草解散。在部队初组建时召集的 2 250 名战斗人员中，只有 130 名军官和士兵被判定为具备战斗能力。这些幸存者后来加入了新成立的第 475 步兵团，该团在被配属给第 124 骑兵团后，成立了新的战神特遣部队①(Mars Task Force)。史迪

① 战神特遣部队的正式番号为第 5332 旅(暂编)。——译者注

威在事后饱受批评，因为此举既羞辱了盟军，又迫使“掠夺者”们在战斗中付出的努力，超越了他们在体力和精神上的极限，导致整个部队最终崩溃。加拉哈德行动在战术角度上来说也许是成功的，而且它确实促成了日军在缅甸的崩溃，但对于实际参战的士兵而言，则是一段极其可怕的经历。

对这些突击队员战绩的陈述是令人惊叹的，在他们 5 个月的服役期中，“掠夺者”们的行程超过 750 英里，其间穿越了极端险峻的山地丛林地形，并在与久经战阵的日本部队的对抗中：在 5 次主要战斗中赢得了胜利，在 32 次较次要的交火中大部分获胜。为此他们在后来被授予了优异集体嘉奖令。在此基础上，每一位幸存的“掠夺者”部队战士，都因为在丛林中艰苦跋涉的距离与时间，远远超过了第二次世界大战时期的任何一支美国陆军部队而被授予了铜星勋章，这是（美国军事史上）一次空前绝后的单一事件。1954 年，第 457 步兵团的番号被变更为第 75 步兵团，现在的第 75 突击队团（75th Ranger）是它的直系后裔。

第 10 山地师

1939 年在苏—芬战场上，美国陆军强烈地意识到让士兵掌握冬季作战技巧的必要性。在苏—芬战场上训练有素、身体强壮的芬兰滑雪部队，在极恶劣的条件下，仍然歼灭了若干支苏联部队①。然而，这一议题却是由时任国家滑雪巡逻协会会长的查尔斯・米诺特・道尔（Charles Minot Dole）②提交给战争部的。道尔在 1940 年 9 月抵达华盛顿哥伦比亚特区，并且向陆军总参谋长乔治・C. 马歇尔将军提交了关于如何成立一支接受过专门训练、专用于遂行山地作战任务的部队的一揽子计划。马歇尔将军对该计划非常满意，于 1941 年 12 月 8 日授权成立了第 87 山地步兵营，该营将在雷尼尔山顶（Mount Rainier）展开初步训练。国家滑雪巡逻协会承担起为该部队招募合格兵员的责任，应募人员中大部分都是具备相当水准的运动选手，包括攀岩运动员、滑雪运动员或者是森林巡逻队员。该团于 1943 年 8 月，在阿留申群岛中的基斯卡岛上参加了部队组建后的第一次实战——他们在该岛蒙受的伤亡都是由友军火力误击造成的。幸运的是，陆军高级指挥官预见到了此类单位能够在未来的战争中发挥作用，因此在 1943 年 7 月 10 日，第 10 轻步兵师（山地）在科罗拉多州的黑尔兵营（Camp Hale）成立并转入现役。第 87 山地步兵营（Alpine：阿尔卑斯山步兵）的番号被变更为第 87 步兵团，并成为了这支新部队的骨干，被编入该师的另外两个团是第 85 步兵团和第 86 步兵团。1943 年至 1944 年间，第 10 轻步兵师在西弗吉尼亚州的塞内卡岩（Seneca Rocks）接受训练，训练内容包括密集的攀登课程、手语通信以及如何在攀登过程中正确使用做过消音处理的岩钉和配套的锤子。进阶训练课程则在他们回

① 按照惯常的说法，这些苏联部队总计相当于两个装甲师。——译者注

② 道尔后来在 1941 年至 1945 年间于第 10 山地师服役。——译者注

到黑尔营后进行教授，其内容包括如何在极端天气下，运用雪橇或雪鞋实施成建制部队机动和如何在极深的积雪中不用帐篷进行宿营的技术。到了 1944 年 11 月 6 日，该部队又被授予了新的番号——第 10 山地师，师里的所有成员都获准在制服上佩戴蓝白两色相间的山地部队弧形臂章，用来标明他们的精锐部队身份。第 10 山地师在 1944 年末登船起航，开赴意大利，并在 1945 年 1 月 6 日抵达了目的地。当时德军的防御力量已经退缩到了哥特防线(Gothic Line)，该防线延绵 120 英里，横跨了亚平宁山脉的最北部。驻守该防线的是实力强大的第 51 山地军(LI Mountain Corps)，该部拥有优良的武器配备，并且在防御作战期间展现出了不拘泥于成法的战术。在库蒂利亚诺[1](Cutigliano)和奥尔索尼亚[2](Orsigna)进行了几次预演性质的小规模交火后，第 10 山地师在卡斯蒂略山(Monte Castello)附近与巴西远征军[3]一起被卷入了一系列的激烈战斗。就其本身而言，第 10 山地师是在整个“二战”期间，美国陆军中最后一批参加实战的若干个师之一。

代表性军事行动

1945 年 2 月，盟军高层的计划制定者们为了突破德军的防线，决定对海拔 3 876 英尺的贝尔维德山(Mount Belvedere)发动进攻——这座山俯瞰并控制住了通向西欧心脏地带的 64 号高速公路的入口。为了达成这一目标，首先必须夺取附近的莉瓦山脊(Riva Ridge)，消灭或驱离驻扎在山脊上的德军士兵——他们从该阵地可以有效地引导迫击炮或炮兵火力，击退对贝尔韦德山的进攻。问题是德军的阵地位于一道长 3 英里半的断层之上，该阵地在白天是无法接近的。这个任务交给了乔治·海斯中将(Gen. George Hays)和他麾下的虽然接受过大量训练但尚未经受过实战考验的第 10 山地师。先期派出的两支夜间巡逻队找到了可以顺利爬上险峻悬崖的道路后，指挥官们据此决定：可以通过连续发动两次夜间攻击，一举拿下莉瓦山脊和贝尔维德山。1945 年 2 月 18 日的晚上，第 86 步兵团的 700 名士兵，背着满载的背包和其他个人作战装备开始向山顶攀登，他们以尽可能轻的动作行进，避免惊动山顶的德军。到了 2 月 19 日破晓时分，参与攻击的四个连都在莉瓦山脊顶上站稳了脚跟，与此同时，为了将美军赶下悬崖，德军对他们的阵地发动了志在必得的反击。执行火力支援任务的第 605 炮兵营一度将炮弹发射到了距离第 86 步兵团阵地前方仅 10 码的距离！在敌人最终放弃反攻前，防御者们又打退了德军的多次进攻。在 1945 年 2 月 19 日晚间，来自第 85 步兵团和第 87 步兵团的两个营开始攀登贝尔维德山靠悬崖的一面，只是这一次他们的对手早已醒来并等候着他们的进攻。德军第 1044 步兵团一直严守着射击纪律，直到美军靠近到几码内才开始自由射击。进攻被迫停止，直

---

① 库蒂利亚诺，位于意大利的皮斯托亚省。——译者注

② 奥尔索尼亚，位于意大利的基耶蒂省。——译者注

③ 巴西远征军是唯一一支在第二次世界大战期间参与了实战的南美国家军队，参加了卡斯蒂略山战斗的巴西部队作战序列为：巴西第 1 远征步兵师及师属炮兵部队。——译者注

到空袭催毁了德军防线上的几个支撑点后，第 10 山地师的士兵们才得以席卷了整条防线。零星的交火持续到了 2 月 25 日，那时美军才完全控制了贝尔维德山的顶峰。与此同时，巴西远征军也攻克了附近的卡斯蒂略山。第 5 集团军自此才占据了有利的阵地，得以向北进军肃清亚平宁山脉剩余的敌人，并攻入了奥地利南部。

他们取得了贝尔维德山的胜利之后，第 10 山地师在整个 3 月份继续战斗，并一直推进到了距博洛尼亚(Bologna)不到 15 英里处，然后在 4 月份该师又发动了一次新的攻势，拿下了位于波河峡谷(Po Valley)内的蒙泰焦尔焦。之后他们又在 1945 年 4 月 23 日，以徒涉的方式渡过了波河，并在两天后拿下了维罗纳(Verona)，之后又在 4 月 30 日发动了一次横渡加尔达湖①(Lake Garda)的两栖攻击，夺取了特雷莫西内。当意大利境内的德军于 1945 年 5 月 2 日正式投降后，时任该地区所有德军部队总指挥官的弗里德林・冯・辛格尔・艾特林②坚持他个人仅仅愿意向海斯将军本人投降。第 10 山地师之后被计划派往太平洋战场，但随着日本于 1945 年 8 月投降，所有人员返回美国以便进行复员工作。作为美国最早的一批专门承担复杂地形作战任务，并在这方面达到了专家级技术水平的战士，他们于 1945 年 11 月 30 日在科罗拉多州的卡森兵营被正式遣散。该师在战争期间，连续战斗了 114 天，有 992 人阵亡、4154 人受伤，该师的军旗上被授予了两条战役飘带。③

第 11 空降师

第 11 空降师于 1943 年 2 月 25 日，在北卡罗来纳州的马科尔兵营(Camp Mackall)转入现役，师长为约瑟夫・M. 斯温中将(Gen. Joseph M. Swing)。该师下辖第 511 伞降步兵团和第 187、第 188 滑翔机步兵团，额定总兵力为 8321 名军官与士兵。相对于其他的普通步兵部队，该师与所有其他空降部队一样，接受了更严格的训练，并且其成员可以领取数额更高的津贴——与其精锐部队的身份保持一致。然而在当时，美国陆军的高级指挥官们对空降部队在战时所能起到的作用是抱有很大质疑的，这皆由于旨在进攻西西里岛的霍斯基行动(Operation Husky)期间，第 82 空降师有“不甚良好”的表现。然而，陆军总参谋长乔治・C. 马歇尔将军命令德怀特・D. 艾森豪威尔(Dwight D. Eisenhower)将军成立一个审查委员会，以评估空降作战中所必须解决的技术问题，并在提交报告前，通过组织一场大规模演习以论证他们最终的结论。第 11 空降师被选中担任测试部队，同时斯温将军被

---

① 加尔达湖，意大利最大的湖泊。——译者注

② 弗里德林・冯・辛格尔・艾特林(Fridolin Rudolf Theodor von Senger und Etterlin, 1891—1963)，德国国防军装甲兵上将，橡树叶骑士十字勋章获得者，因其在战时持反纳粹立场，所以他在意大利战场赢得的战功遭到了纳粹政权的打压。他在成为盟军战俘前的最后职务为：负责就意大利北部所有德国驻军的投降细则与盟军进行谈判的军使。资料来源：F. M. von Senger und Etterlin, Neither Fear Nor Hope, Wartime Memoirs of the German Defender of Cassino。——译者注

③ 第二次世界大战期间，授予第 10 山地师成员的勋章总计为：1 枚荣誉勋章，3 枚优异服役十字勋章，1 枚优异服役勋章，449 枚银星勋章，15 枚荣誉军团勋章，7 729 枚铜星勋章。——译者注

任命为将要决定美国陆军空降部队命运的“斯温委员会”(Swing Board)的主席。第11空降师作为试验单位的任务是：模拟攻占北卡罗来纳州布拉格堡附近的诺尔伍德陆军辅助机场(Knollwood Army Auxiliary Airfield)。密切关注这场演习的人士中，就包括时任美国陆军地面部队总司令的莱斯利·J.迈克奈尔中将(Gen. Leslie J. MacNair)，对于伞兵在战争中的作用，他持坚定的怀疑态度。无论如何，在1943年12月7日，第11空降师所属部队①利用在西西里之战后得到改良的导航、空投技术，完美无瑕地完成了分配给他们的任务。当晚由200架C-47运输机和234架瓦科滑翔机组成的机群，将部队运到了空投场上空，他们着陆后发动了模拟攻击，并同时接收了由陆军航空兵的飞机投下的补给品。迈克奈尔对该部在诺尔伍德大演习中的出色表现非常满意，提议将空降部队按现有的建制予以保留。②

之后第11空降师继续在美国接收训练并充当预备队，直到1944年6月，全师被海运到了新几内亚的米尔恩海湾，为反攻菲律宾群岛做准备。在之后的4个月中，伞兵们逐渐适应了热带环境并学习了丛林战术，他们一直到1944年11月18日才在莱特岛投入了战斗。他们作为第24军的一部，与在布劳恩—拉巴斯—巴侯③地区掘壕固守的日军进行了战斗，完全是在承担普通步兵的任务——而非实施伞降作战。1944年12月6日，日军向布劳恩机场(Barauen Airfield)空投了伞兵部队——该机场当时也是第11空降师的师部所在——斯温将军亲自召集师部人员组成了一支临时战斗群，并率领他们将着陆的日本伞兵全部消灭④。1945年1月22日，该师向位于莱特岛北方的吕宋岛进发，两个滑翔机步兵团将乘登陆艇登陆，同时第511伞兵团则乘运输机在莱特岛的名都洛着陆。两个滑翔机团登陆后与掘壕固守的狂热的日本守军进行了激烈的战斗，并一直持续到了1945年2月3日，在那一天第11空降师终于在塔盖伊塔山脊实施了一次空降。第511伞降步兵团分三个波次实施了空降——这是因为运输机数量不足的关系——这也导致了伞兵的着陆点异常分散，但最后伞兵们还是成功完成了集结，并与正向内陆推进的第187和第188滑翔机步兵团取得了联系。之后的战斗，随着第11空降师在1945年2月5日奉命突破马尼拉北部的元弘防线(Genko Line)而日趋激烈，他们花了两个星期的时间才将日本守军彻底肃清。

代表性行动

1945年2月22日，第511伞降步兵团B连，被选中执行对吕宋岛上的洛斯巴洛斯战

---

① 额外加强了第541伞兵团的一个营。——译者注

② 根据82空降师在西西里岛作战的经验，当时美国陆军高级指挥官中有一派意见认为，应该撤销空降师的编制，用可以遂行独立作战任务的团级战斗队编制取而代之。——译者注

③ 现名为哈维尔(Javier)。——译者注

④ 参战日本伞兵隶属于第2挺进集团的第3和第4联队，在布劳恩机场摧毁了美军5架L-5侦察/联络机和1架C-47运输机。——译者注

俘营(Los Banos POW camp)发动的空降突击,该战俘营的位置靠近菲律宾农业学院(Agricultural College of the Philippines),该处关押了大量盟国侨民,大部分为传教士、牧师和各种民间专业人士。实际上,第 11 空降师是被道格拉斯 · A. 麦克阿瑟将军亲自选中执行此任务的,任务的具体计划则由斯温将军和他的参谋军官们制订。最后决定:由一个连的伞兵攻占战俘营,另外两个连将乘坐水路两栖车渡过附近的一个盐水湖,以策应伞兵的行动。在行动正式开始之前,师属侦察排也将渡过该湖,抵达并占领毗邻战俘营的一块空地,供伞兵着陆使用。活跃在该地区的几支菲律宾游击队则为这次行动提供了情报。当 B 连着陆后,他们立即以机枪和巴祖卡火箭筒消灭了守卫,所有 2 147 名盟国平民很快被集中起来并被疏散。行动的整个过程非常顺利,执行后卫任务的 B 连和游击队在向美军战线靠拢的途中没有遭遇任何意外。①

在战役的最后阶段,美国第 6 集团军命令第 11 空降师扫荡吕宋岛南部的日军残余抵抗力量。在 3 月至 5 月间,伞兵们与隶属于振武集团②的 8 万名日军展开了惨烈的战斗,后者在战斗中表现出了狂热的战斗意志,坚决不投降。战况之猛烈,以至于伞兵们在请求并得到了菲律宾游击队和第 1 骑兵师的支援后,才完全平息了日军的有组织抵抗。然后在 6 月,该师又被调往吕宋岛北部,对付总兵力超过 52 000 人的尚武集团③——当时尚余 4 个师的残部。1945 年 6 月 25 日,吉普赛特遣队:包括了第 511 伞兵团第 1 营的 G 连和 I 连,第 511 伞兵团第 2 营和第 457 伞降炮兵营的一个连,冒着强风在卡玛拉纽根机场实施了空降,先头部队蒙受了极大的损失。④剩余的伞兵们落地后很快集结起来,并在与第 37 步兵师会合前,消灭了大批隶属于尚武集团的日军。之后,第 11 空降师不断与困守在孤立阵地中的日军狂热分子展开零星的交火,直到 1945 年 8 月他们被调防到冲绳,为开赴日本本土执行占领军任务做准备。一个先遣分队被派去肃清并占领了横滨郊外的旧帝国海军厚木机场后,第 11 空降师的剩余部队和第 37 步兵师开始通过空运抵达该机场。该师在日本执行占领军任务至 1949 年 5 月,才被调防至肯塔基州的坎贝尔堡,之后该师被转为训练单位。第 11 空降师是"二战"时期部署在太平洋战场的唯一一个师级空降单位,并且在战斗中充分展示了美国伞兵的优良传统。

第 17 空降师

第 17 空降师,于 1943 年 4 月 15 日在北卡罗来纳州的马科尔兵营(Camp Mackall)转入现役,该师是美国在"二战"时期成立的五个空降师之一。该师在其成立的最初阶段,下

---

① 当地游击队在消灭守卫后即撤出战斗,没有参与后卫战。——译者注
② 核心为日军第 8 师团和第 105 师团一部,1945 年 3 月后,振武集团的番号改为第 41 军。——译者注
③ 日军第十四方面军直属部队。——译者注
④ 因强风和地面不平整导致了 2 名伞兵死亡,另有 70 人受伤,伤亡率高达 7%。——译者注

1951 年 4 月 3 日，三八线以北 15 英里左右的指挥所内，美国陆军中将马修・B. 李奇威（吉普车右后座）与驻朝联合国军总司令道格拉斯・麦克阿瑟将军（右前座）坐在同一辆吉普车上。李奇威的右臂佩带着第 18 空降军的臂章。（图片来自美国国防部）

马修・B. 李奇威（Matthew B. Ridgway，1895—1993）

马修・B. 李奇威于 1895 年 3 月 3 日出生于弗吉尼亚州的门罗堡，其父亲是一位陆军上校。他于 1917 年毕业于西点军校，在之后的 20 年中，他一直在偏远的异国他乡服役，如中国、尼加拉瓜和菲律宾，并且对这种生活感到十分满足。随着美国加入到第二次世界大战之中，李奇威被提升为少将，出任第 82 步兵师的师长，而且负责主管将该师改编为一个空降师。1943 年 7 月进攻西西里岛期间，李奇威率领第 82 空降师充当了盟军的先锋，之后在 1944 年 6 月他又参与了霸王行动，并在诺曼底上空实施了战斗跳伞。然后他受命接掌盟军的第 18 空降军，指挥这支由美国、英国、波兰空降部队组成的联军，在 1944 年 12 月参加了运气欠佳的市场花园行动（Operation Market-Garden）。在突出部战役期间，他的伞兵阻滞了德军在比利时阿登地区北翼（Nrothen Flank）的攻势。“二战”结束后，李奇威于 1946 年至 1948 年在联合国军事参谋委员会中任职，然后在 1950 年他接替了已故的沃尔特・沃克中将（Gen. Walton Walker）的职务，担任了驻朝鲜的第 8 集团军（8th Army）司令。1952 年 5 月，他被选中接替德怀特・D. 艾森豪威尔将军，担任北大西洋公约组织总司令。次年，艾森豪威尔在华盛顿任命他担任美国陆军总参谋长。李奇威于 1955 年退出现役，1993 年 7 月 26 日在宾夕法尼亚州的匹兹堡逝世。无论是从战略还是战术的观点来说，他都是 20 世纪最伟大的美国军事指挥官之一。

辖了第 513 伞降步兵团[①]和第 193 以及第 194 滑翔机步兵团，师长为威廉 · M. 米利少将(Gen. William M. Miley)。后来这些部队参加了于 1943 年 12 月举行的对空降兵的命运至关重要的诺尔伍德演习，经过该次演习，空降师才得以作为一个有效的战术单位在美国陆军建制中保留下来。

第 17 空降师最终于 1944 年 3 月完成了他们的训练，并在 1944 年 8 月 26 日抵达英国后，被编入了新成立的第 18 空降军(18th Airborne Corps)，由马修 · B. 李奇威中将(Gen. Matthew B. Ridgway)任军长。但是，当时该师编制内的各种辅助装备尚未配齐，并且缺乏作战经验，因而并未与第 82 空降师和第 101 空降师一道参加市场花园行动。第 17 空降师继续留在英国接受训练。然而在 1944 年 12 月 16 日，德军在比利时的阿登地区发动了那场著名的攻势，在数个缺乏准备的美军步兵师的防线上打开了缺口，该师因此临危受命，力挽狂澜。早已驻扎在法国的第 82 空降师和第 101 空降师，当时已乘坐卡车开赴战场，并为他们早已高涨的声誉增添了新的光彩。然而第 17 空降师被恶劣天气所困，直到 1944 年 12 月 23 日才得以登机启程。该师在法国北部的兰斯集结后，被配属给了由乔治 · S. 巴顿指挥的第三集团军，并受命在沙勒维尔附近，沿默兹河沿岸一段延绵 30 英里的地区设防。该师一直到 1945 年 1 月 1 日才接到新的命令：向巴斯托尼西南方地域前进，轮换第 11 装甲师。伞兵们最后在 1 月 4 日经受了实战的考验，他们与第 87 步兵师协同作战，制止了德军再次包围巴斯托尼这一至关重要的公路交叉路口的企图。当时，第 513 伞降步兵团[②]和第 194 滑翔机步兵团承担了全师的进攻任务，与此同时，第 507 伞兵团[③]与第 193 滑翔机步兵团则承担了防守任务，时刻准备挫败德军对该师发动的反击。战斗在一条路基被垫高的公路沿线展开，该公路被参战士兵们称为"死人山脊"("Dead Man's Ridge")，这从侧面印证了发生在该地战斗极端野蛮，而且代价高昂，第 17 空降师的总伤亡人数高达 1 000 人。战斗一直持续到 1945 年 1 月 26 日，该师终于突破了德军的防线，并与英军的第 51 高地师(苏格兰)会师。第 17 空降师在稍后，又攻克了比利时的艾斯皮勒尔，随后该师得到轮换，开回法国接受整补。

代表性行动

1945 年春的最初几周，盟国方面对于是否要实施"日蚀"行动(Operation Eclipse)犹豫

---

① 此处为作者笔误，实为成立于 1943 年的第 517 伞兵团，后于 1944 年 3 月 10 日被第 513 伞兵团替换。随后作为独立的团级战斗队参加了"龙骑兵行动"和突出部战役。之后被编入第 13 空降师，参与了 1945 年 3 月 24 日的"大学行动"。——译者注

② 第 513 伞兵团成立于 1942 年 12 月 26 日，最初隶属于第 13 空降师。1944 年 3 月被编入第 17 空降师，在"二战"中该团有两名伞兵被追授荣誉勋章。——译者注

③ 该团成立于 1942 年 7 月 20 日，随第 82 空降师参加了诺曼底战役，1944 年 8 月 27 日被编入第 17 空降师，"二战"中该团有一名伞兵被授予荣誉勋章。——译者注

了许久,该计划囊括了第 17、第 82 空降师和英国第 6 空降师,预备将他们空降在德国首都柏林附近,进而直接夺取该城。然而在 1945 年 3 月 28 日,德怀特·D. 艾森豪威尔将军致电约瑟夫·斯大林(Josef Stalin)元帅,表明了对纳粹德国首都的占领仍旧是属于苏联的特权。在那一段时间,盟军高级指挥部同时还在构思大学行动(Operation Varsity),一次将要在德国本土实施的大规模空降作战,它将用以支援一次旨在跨越莱茵河的大规模两栖登陆。渡河作战部分将由伯纳德·蒙哥马利元帅(Field Marshal Bernard Montgomery)指挥的英国第 21 集团军群(British 21st Army Group)实施。空降作战部分则需要纳入整个第 18 空降军,包括第 13、第 17 和英国第 6 空降师,其间第 13 空降师因为缺乏运输机以及该师本身缺乏实战经验而被除名。最后,指挥官们决定,后两个师将被空投到威塞尔附近打乱敌军的防御配系,并与英国第 2 集团军会师。此外,为了避免重现市场花园行动期间空降部队所承受的高战损率,空降将仅仅在盟军部队已经渡过莱茵河后实施,届时双方仅间隔很短的一段距离。空降部队着陆后,伞兵们只需要就地固守,在几个小时后就可以得到地面部队的轮换。

1945 年 3 月 24 日"大学行动",随着第 17 空降师登上 541 架运输机,以及另外由 1 050 架运输机拖拽着的 1 350 架滑翔机而拉开了序幕。该师的 9 387 人,分别来自第 507 伞降步兵团、第 513 伞降步兵团及其他支援部队在威塞尔以北成功着陆。积聚在地面的厚重雾气①导致了部分部队的落点非常分散,但是第 507 伞降步兵团还是很快肃清了该团的预定目标区域——迪尔斯福德特(Diersfordt)②及其周边地区。与此同时,第 513 伞降步兵团,在飞行途中被德军地面火力击落 22 架运输机,跳伞后直接落在了原定由英国第 6 空运旅——滑翔机步兵团——使用的降落场上。总之,两个伞降步兵团肃清了着陆场附近还在抵抗的孤立德军阵地后,合力对哈明克尔恩发动了强攻,并成功突入该镇。第 194 滑翔机步兵团在飞越莱茵河上空时,因为地面火力损失了 12 架运输机。他们的着陆场毗邻数个德军炮兵阵地——这些阵地当时正在炮击渡河的英军部队——滑翔机步兵着陆后立即与这些炮兵发生了近距离的交火,战斗结束后他们击毁或缴获了 42 门加农炮、10 辆坦克、2 辆自行高射炮和 5 辆其他型号的自行火炮。入夜后,美国和英国伞兵彻底肃清了所有的预定目标区域,包括了横跨艾瑟尔河的数座桥梁和附近的迪尔斯福德特森林。之后,他们被英国第 15 步兵师轮换。当所有的战斗行动在 1945 年 3 月 25 日结束后,第 17 空降师承受的伤亡为 1 346 人。

当进入德国境内后,伞兵们作为步兵持续徒步作战,推进到了韦塞尔、艾森,并在德国于 1945 年 5 月 7 日正式投降前占领了明斯特。在此之后,第 17 空降师开始在德国北部各县执行占领任务,但是 6 月间该师有若干个连被转调到当时正准备开赴太平洋战场的第 13 空降师,以及当时正驻扎在柏林的第 82 空降师。日本在所有的调动付诸实施以前即宣

① 据信是由盟军的火力准备以及掩护渡河时释放的烟雾没有散尽导致的。——译者注
② 布置在该地的德军炮火可以覆盖英军的预定渡河地点。——译者注

告投降，第 17 空降师随后于 1945 年 9 月 16 日，在位于马萨诸塞州汤顿的迈尔斯・斯坦迪什兵营(Camp Myles Standish)①正式退出现役。在该师历时 5 个月的战斗历程中，有 314 人阵亡，另有 4 904 人受伤。该师后来在 1948 年 7 月曾作为训练师恢复现役身份，但之后又在 1949 年 6 月 19 日，被从陆军的花名册中永久除名。

第 82 空降师

1940 年 5 月，德军在荷兰和比利时发动的大规模空降突击，震惊了全世界，尽管自身损失巨大，但德国空降部队通过实施新颖的“垂直包围”战术，有效地瓦解了敌军部队的抵抗。美国陆军高级指挥官们对他们取得的成功印象极深刻，并决心也要建立属于他们自己的空降师。第一个试验性质的降落伞测试排，是由在乔治亚州的本宁堡(Fort Benning)招募来的志愿者组成的，他们于 1940 年 8 月 16 日在威廉・T. 瑞德(William T. Ryder)上尉的指挥下，实施了第一次成功的排规模的集体试跳。最初的测试单位随着这次成功得到了扩编，之后在同年的 10 月，第 501 伞降步兵营在威廉・M. 米利(William M. Miley)少校的率领下，从道格拉斯 C-33 运输机上实施了第一次大规模跳伞。日本在 1941 年 12 月 7 日偷袭珍珠港后，美军成立空降单位的需求更加急迫，1942 年 8 月 15 日，第 82 步兵师被整编为第 82 空降师，师长为马修・B. 李奇威少将。这是该师自为了参加第一次世界大战而组建以来经历的最新一次改编，并且因为师里兵员来自全国各个县，它又得到了“全美师”(All Americans)的绰号而闻名于世。同年秋天，第 82 空降师被调防到了北卡罗来纳州的布拉格堡(Fort Bragg)，并在那里接受了最终的训练和组织结构调整。最后该师下辖了第 504 和第 505 伞降步兵团，第 325 滑翔机步兵团和炮兵等战斗支援单位。到了 1943 年 4 月，全师被评判为“战斗准备就绪”，并通过海运抵达了摩洛哥的卡萨布兰卡，为将要对西西里岛发动的迫在眉睫的登陆继续接受训练。

1943 年 7 月 9 日，霍斯基行动随着由詹姆斯・M. 加文上校(Col. James M. Gavin)指挥的第 505 伞降步兵团、加强该单位的第 504 伞降步兵团 3 营，实施了他们的第一次战斗跳伞而拉开了序幕。伞兵们跳伞时已经越过了预定空降场——吉拉(Gela)，并且因为强风的关系而散布在了一片广阔的区域内。实力雄厚的赫尔曼・戈林装甲师对盟军登陆场发动了迅猛反击，却仍然被加文和他的伞兵们无情地阻滞在了比亚扎山脊(Biazza Ridge)。到了 7 月 11 日，第 504 伞降步兵团的余部乘上运输机赶来支援加文所部，却因为机群飞越美国舰队上空时被误认为德国机群而遭遇了高射炮火力。不少于 23 架的运输机被击落、81 名伞兵阵亡，其中还包括第 82 空降师的副师长查尔斯・基兰斯准将(Brigadier Charles Keerans)。尽管如此，第 82 空降师继续在西西里岛上作战，并且在乔治・S. 巴顿中将向

---

① 该兵营的命名是为了纪念迈尔斯・斯坦迪什(1584—1656)，他是英格兰军官，乘坐“五月花”抵达美洲的英国移民之一，曾担任普利茅斯殖民地民兵的军事顾问。——译者注

“二战”期间，第 82 师的伞兵们在英格兰举行的一次训练演习前，互相检查对方的伞具。他们是在该次战争中脱颖而出的部队中，功勋最卓著的代表之一。（图片由美国国会图书馆提供）

该岛西面的特拉帕尼和卡斯泰拉姆马雷推进时充当了前锋。伞兵们在 5 天内行军 150 英里并俘获了 23 000 名德国与意大利战俘。第 82 空降师随后又在 9 月参加了萨莱诺登陆，当登陆部队遭遇德军的顽强抵抗后，马克·克拉克（Mark Clark）中将命令第 505 伞降步兵团，在位于萨莱诺南方的帕埃斯图姆实施了一次战斗空降。当临近地区的德军部队被赶回丘陵地带后，第 504 伞降步兵团的 3 营，伴随第 25 步兵师在萨莱诺附近实施了一次支援性质的两栖登陆。其后激烈的战斗一直持续到了 10 月那不勒斯被攻克为止，第 82 空降师成为了入城的第一支美国部队。在那以后，该师又肃清了沃尔图诺河沿岸的德军，然后被运往英国，为进攻法国做准备。1944 年 1 月，第 504 伞降步兵团的各个营仍然被留在意大利，并参加了安齐奥战役。也正是在那里，一名德国军官宣称，这些美国伞兵是“穿着宽松裤的魔鬼”[1]。1944 年 3 月，该团撤出意大利后，在英格兰回归原建制。

代表性行动

与此同时，在英格兰第 82 空降师得到了新从布拉格堡开到的第 507 伞降步兵团和第 508 伞降步兵团的加强。[2]然而，在进攻日前仅 11 小时，李奇威得知德军第 91 师[3]已被调到了第 82 师的预定空降场。李奇威立即修改了原作战计划，将空降场移至了更靠近滩头的地区，以便阻击第 91 空运师对登陆中的盟军可能发动的反击。1944 年 6 月 6 日清晨，霸王计划(Operation Overlord)中的空降作战部分——海王计划(Operation Neptune)正式展开，第 505 伞降步兵团[4]、第 507 伞降步兵团和第 508 伞降步兵团的伞兵们在他们的预定目标圣梅尔・埃格里斯(St. Mere Eglise)和拉费・埃尔(Le Fiere)上空跳出了机舱。第 505 伞降步兵团的跳伞进行得井然有序，但是第 507 伞降步兵团和第 508 伞降步兵团的落点则极其分散。第 82 师的伞兵们成为了在法国土地上登陆的第一批盟军士兵之一，而圣梅尔-埃格里斯则成为了第一座被盟军解放的法国城镇——那要归功于第 505 伞降步兵团 3 营。伞兵们很快展开，并升起了他们曾在解放那不勒斯时用过的同一面国旗。在之后的几个小时里，第 505 伞降步兵团通过第 325 滑翔机步兵团得到了兵力和装备的增援，同时伞兵们还坚守住了横跨梅德列河两岸的桥梁[5]。德军为了抵达滩头必须通过这座桥梁，他们以坦克和步兵发动了无情的进攻，但被第 505 伞降步兵团 1 营击退。直到 6 月 7 日，美军一个坦克连才自滩头赶到，并与第 82 空降师会师，在那之后，该师才得到了重整在空降时被打乱的建制的机会。之后第 82 师的伞兵们又连续战斗了 33 天，在美军横扫科唐坦半岛根部的一系列战斗中充当了先锋。他们在被授予了一个总统集体嘉奖令后，

---

① 原文：devils in baggy pants，并在后来成为了第 504 伞降步兵团的官方绰号。——译者注

② 第 507 伞兵团，1942 年 7 月 20 日成立于乔治亚州的塔科亚兵营，“二战”后解散。20 世纪 40 年代末曾短暂重建，1985 年该团作为训练单位再次得以重建，其一营现为美国陆军空降学校；第 508 伞兵团，1942 年 10 月 20 日成立于佛罗里达州的布兰丁兵营(该地现为美国陆军特种部队第 20 大队 3 营总部所在地)，该团在“二战”后参与了有美军参战的几乎所有局部战争或武装冲突(除朝鲜战争与入侵格林纳达)，功勋卓著。——译者注

③ 德军第 91 空运师，并得到了第 6 伞兵团的加强。——译者注

④ 1942 年 7 月 6 日成立于乔治亚州的本宁堡，该团在“二战”时期两次被授予总统集体嘉奖令，并另外获得过荷兰、法国、比利时政府颁发的同类荣誉。——译者注

⑤ 拉费埃尔桥。——译者注

最终于 1944 年 7 月 8 日得到轮换，并被送回英格兰接受休假与整补。该师在这一阶段的战斗中，有 5 245 人阵亡、受伤或失踪。

回到英格兰后，第 82 空降师与第 17 空降师和第 101 空降师一道编入了新成立的第 18 空降军，该军和另外两个英国空降师[①]一起又组成了盟军第一空降集团军(First Allied Airborne Army)。在那之后，该师于 1944 年 9 月 17 日在荷兰参加了其组建后实施的第四次空降突击，在市场花园行动中分担了部分任务。这次突击仅由第 504 伞兵团[②]和第 508 伞兵团执行，因为在进攻开始前第 507 伞兵团被转调去了其他单位。他们的预定目标是横跨马斯河和瓦尔河的桥梁，以及奈梅根至格罗斯贝克间的高地。伞兵们在行动的第一天就夺取并肃清了位于格雷夫市的马斯河大桥，但直到 9 月 20 日发动的那次进攻，他们才突破了德军在奈梅根市的防御阵地，并肃清了瓦尔河大桥的南岸桥段。大桥的北段则被第 504 伞兵团[③]和第 307 工兵团 C 连合力攻克，参战士兵的伤亡率高达 50%！整个行动随着英国空降部队在阿纳姆被德国装甲部队歼灭而告终，之后美军开始逐步撤出荷兰。第 82 空降师在承受了长达 56 天毫不间断的战斗后，于 1944 年 11 月 11 日被送往法国境内的兰斯接受整补。一个月后，德军向驻扎在比利时境内的美军发动了著名的阿登攻势，“全美师”被匆匆派往韦伯蒙特。在那里他们沿萨尔姆河岸掘壕固守，这条防线构成了美军战线突出部的北半部。伞兵们粉碎了格尔德·冯·隆德施泰特元帅(Marshal Gerd von Rundstedt)将他们逐出该防线的每一次努力，德军在整条防线上取得的进展甚微。敌人的攻势在(1945 年)1 月份崩溃后，第 82 空降师也随之转入进攻，突入了壁垒森严的齐格飞防线(Giegfried Line)，并在 1945 年 2 月推进到了鲁尔河(Roer River)沿岸。该师的最后一次作战行动发生在 1945 年 4 月 30 日，他们在德国的布莱克德附近渡过了易北河。加文少将随后接受了德国第 21 集团军指挥官库尔特·冯·蒂佩尔斯基希中将及其麾下的 150 000 德军部队的投降，伞兵们同时还解放了韦贝林集中营。第 82 空降师参与了 6 次战役，连续战斗的总天数长达 442 天，总伤亡人数为 1 619 人阵亡、6 560 人受伤。1945 年的最后几周内，该师驻防在位于苏军防线后方的柏林。在此期间，乔治·S. 巴顿将军将该师冠以了“美国仪仗队”(America's Honor Guard)之美名。之后，该师登上“玛丽皇后”号启程回国，并于 1946 年 1 月 12 日，在纽约举行了彩带胜利大游行。这支功勋卓著的部队后来并未遭到解散，而是返回了布拉格堡，充当战略预备队，以防备现已充满敌意的旧盟国——苏联。

第 101 空降师

第 101 空降师(“呼啸的鹰”)于 1942 年 8 月 15 日组建于路易斯安那州的克莱伯恩兵

---

① 英国第 1 空降师和英国第 6 空降师。——译者注

② 第 82 空降师早在 1943 年 11 月就被调回英国，为解放欧洲大陆做准备。第 504 伞降步兵团则被暂时调出第 82 空降师，参加了在安奇奥的战斗，一直到 1944 年 3 月才归还第 82 师的建制。——译者注

③ 第一波渡河的伞兵来自第 504 伞降步兵团 3 营的 H 连和 I 连。——译者注

营(Camp Claiborne),该师的骨干拆分自第 82 空降师①。被配属到该师的伞兵团为第 501、第 502 和第 506 伞降步兵团。另外,鉴于该师是一支毫无根基的新部队,师长威廉·C. 李将军(Gen. William C. Lee)在向部队演说时对此评论道:"(我们师)没有历史,但是历史将围绕着它来写就。"最后该师也确实成为"二战"期间最功勋卓著的一支美国部队。1944 年 6 月 5 日深夜至 6 月 6 日午夜时分,第 101 空降师在英格兰登上了运输机,飞越英吉利海峡,在法国的科唐坦半岛(Cotentin Peninsula)上空实施了伞降,这就是奥尔巴尼行动(Operation Albany),是霸王行动中的空降突击部分②。该师的预定目标是:在犹他海滩背后着陆,并摧毁位于圣-马丁-德-瓦尔维尔(Saint-Martin-de-Varreville)的德军海岸炮兵阵地。以上任务完成后,伞兵将接着占领横跨杜尔河的几座公路桥,它们是德军与滩头阵地保持联络以及发动反攻时的必经之路。当这一步骤也完成后,"呼啸的鹰"将与第 82 空降师在勒斯福斯,把两个师的防线连接起来。第 502 伞降步兵团在 A 空降区的落点非常分散,但他们还是很快集结起来,并在 6 月 6 日白天攻克了圣-马丁-德-瓦尔维尔地区的所有目标,坚守阵地,直至他们被从犹他海滩突破至内陆的第 4 步兵师所轮换。空降到位于圣-玛丽-迪蒙附近的 C 空降区的是第 506 伞降步兵团,他们则度过了一段相对来说更艰苦的时光。飞行途中该团就遭遇了密集的防空火力,并被击落了三架 C-47 运输机,这导致了第 2 营被空投到了预定目标的西面。麦克斯韦尔·D. 泰勒少将(Maj. Gen. Maxwell D. Taylor)花费数小时,收拢了几支由不同单位伞兵混编而成的分遣队,并在帕泼维尔的一场硬仗中,击退了德军第 1058 掷弹兵团的进攻③。第三波次空降的第 501 伞降步兵团因为德军的高射炮火力,损失了 6 架运输机,他们着陆后德军抢先发动了攻击,大批伞兵被迫击炮和机枪火力杀死,其中包括了部分营级指挥官。幸存者们向内陆的圣多姆迪蒙进发,试图夺取横跨杜尔河的桥梁,并在途中遭遇了德军精锐的第 6 伞降猎兵团——德国伞兵——的坚强抵抗。桥梁最终落入了伞兵的手中,但尽管得到了停泊于近岸水域的昆西号巡洋舰(USS *Quincy*)上的远程舰炮火力的支援,他们对圣多姆迪蒙的进攻仍然失败了。天黑以后,泰勒和他的副师长安东尼·C. 麦考利夫准将(Brigadier Anthony C. McAuliffe)已经在克洛维尔附近,集合到了 6 000 名伞兵中的 2 500 人,当第 327 滑翔机步兵团赶到后他们的实力又得到了进一步加强,唐·F. 普拉特(Don F. Pratt)准将④已因其乘坐的滑翔机发生着陆事故而身亡。第 101 空降师在得到轮换前,连续战斗了 33 天,若干单位因为参与了攻克卡伦坦的战斗,而被授予了总统集体嘉奖令。这一次战斗完全是双方

---

① 实为第 327 和第 401 滑翔机步兵团,第 327 滑翔机步兵团来自改编为空降师之前的第 82 步兵师,第 401 滑翔机步兵团的骨干来自被编入第 82 空降师的第 325 和第 326 滑翔机步兵团。——译者注

② 此处为作者误植:第 101 空降师执行的是"奥尔巴尼任务",它是第 98 页中提到的"海王计划"的一部分。——译者注

③ 第 1058 掷弹兵团隶属于第 91 空运师。——译者注

④ 第 101 师的另一位副师长。——译者注

在这张标志性的照片上，德怀特·D. 艾森豪威尔将军正在登陆日前夜，鼓舞第 101 空降师空降导航员们的士气。他们将成为自纳粹占领法国以来踏上该国国土的第一批美国人。(图片由美国国家档案馆提供)

士兵在刺刀尖可及的距离上进行的。

第 101 空降师的第二次战斗跳伞发生在 1944 年 9 月 17 日，他们作为隶属于马修·B. 李奇威指挥的第 18 空降军的一部，参与了在荷兰进行的市场花园行动。该师被指派攻占、肃清埃因霍温(Eindhoven)至奈梅根(Nijimegen)之间的几座桥梁。在此之前虽然德军为了阻止伞兵通过威廉明娜运河(Wilhelmina Canal)上的几座桥梁，曾进行了坚决的抵抗，第 101 师还是很快攻克了埃因霍温，这是第二次世界大战期间被盟军解放的第一座荷兰城市。之后直到 9 月 20 日，他们又占领了横跨马斯河(Maas River)的两座大桥中的一座。但他们无法击溃就在几英里外的贝斯特(Best)设防的德军，因而另一座大桥仍旧处在德军控制之下。在 9 月 18 日，伞兵们与英国第 30 军(British 30th Corps)会师，该部在其进攻路线上也遭到了德军装甲部队和步兵的阻击。最后，在将一座贝利桥的组件运到并架设在马斯河上后，英军才得以继续推进，与此同时，在埃因霍温至宗镇(Zon)的公路上，第 101 空降师为了维持对部分路段的控制承受了巨大损失，该公路因此以“地狱公路”(Hell's Highway)之名而广为人知。整个市场花园行动期间，“呼啸的鹰”在得到轮换前连续战斗了 73 天。

代表性行动

1944 年 12 月 16 日，德军穿越比利时阿登地区的茂密森林，发动了大规模攻势，旨在通过夺取战略性港口城市安特卫普(Antwerp)，将英、美军的防线一分为二，一旦成功这将大大拖延战争的进程。德军在进攻的最初阶段，彻底击溃了美军的第 28 步兵师，在这一关键时刻，第 8 军命令第 10 装甲师的 B 战斗群①肃清巴斯托尼及周边地区，守住这一随时可能落入敌手的重要路口。通过该镇的主要公路不少于七条，如果它们控制在美军手中，那对于进攻中的德军将是一个难以绕过的障碍。与此同时，驻扎在法国兰斯充当预备队的第 101 空降师，在 12 月 17 日登上了由 380 辆卡车组成的车队，开赴巴斯托尼。情况是如此危急，以至于整整 11 000 名士兵乘坐着打开全部车灯的卡车，在一整夜疾驰了 107 英里，根本没有顾及德国空军有可能会对他们发动空袭。整个空降师下辖第 501、第 502、第 506 伞降步兵团和第 327 滑翔机步兵团，于 12 月 19 日在巴斯托尼集合，并且绕着镇子匆忙设立了环形防线。两天后他们被德军包围，德军围城部队包括第 2 装甲师、装甲教导师、第 26 国民掷弹兵师和第 5 伞兵师。并且德军在对美军防线的第一次进攻中，俘获了美军的整个医疗分遣队。尽管如此，第 101 空降师在得到了第 10 装甲师 B 战斗群残部和三个重炮兵营的支援后，在其后的战斗中粉碎德军占领该镇的每一次企图。德军的进攻每失败一次，他们就必然通过实施炮兵弹幕射击或远程轰炸机夜袭的方式进行报复。到了 12 月 22 日，海因里希・弗里赫尔・冯・路德维兹中将变更了战术，向麦考利夫将军派遣了劝降军使，在这次炫耀了美国空降部队英勇无畏的著名事件中，麦考利夫粗鲁地回复了德国人一个字：“呸！”然后将他们遣回了德军的防线。对这一措辞，困惑不解的德国人最终得到的进一步解释是：“见鬼去吧！”德军在其后发动的攻击没有任何成果，隶属于第 47 装甲军的两个装甲师，又在巴斯托尼的西面发动了另一波攻击。然后，第 101 空降师的当面之敌——第 26 人民掷弹兵师，又得到了强大的装甲教导师的一个装甲掷弹兵团的增援。经过了所有这些艰苦战斗后，敌对的双方还必须在冰冷的积雪中觅食、睡觉甚至被冻死。幸运的是，随着天气的好转，美军开始通过空投接收到包括食物、医疗用品和弹药的补给。大群的美军战斗/轰炸机也开始对德军的阵地和补给线展开猛烈的轰炸、扫射，加剧了德军前线部队的困境。1944 年 12 月 24 日，德军在美军防线上的多个地段同时发动攻击，这孤注一掷的尝试最后仍然被粉碎了。圣诞节后，德军的攻势又愈演愈烈，并在局部地段突破了防线，但整体上第 101 空降师仍然稳如泰山。一天后，美国第 4 装甲师的坦克在德军包围圈的南面打开了一个缺口，终结了长达 22 天的围城战斗。美军的环形防线上遗留下 148 辆被击毁的德军坦克和半履带装甲运兵车的残骸，它们都是在小部队间发生的激烈遭遇战中被击毁的。1945 年 1 月 9 日，第 101 空降师转入进攻，并从撤退中的德

---

① 战斗群，是美军装甲兵部队在 20 世纪 40 至 60 年代期间使用过的一种编制。B 战斗群包含了一个加强坦克营、一个加强机械化步兵营以及炮兵等其他战斗支援和保障部队。——译者注

军手里夺取了诺维尔（Noville）和波尔希。他们面对强敌岿然不动的传奇故事，成为了美国军事传统中的重要篇章。

战争的最后阶段，该师被转入预备队，并最终在 1945 年 11 月 30 日解散。有鉴于该师在诺曼底、荷兰和比利时所获得的极佳的作战纪录，“呼啸的鹰”被授予了四枚附加在师旗上的战役飘带，并两次被授予总统集体嘉奖令。这也是战争部第一次将总统集体嘉奖令授予一个师级单位。取得这些卓越战果的代价是，战争期间该师共有 1 766 人阵亡，另有 6 388 人受伤。

陆军航空兵

第 1 空中突击大队

随着缅甸在 1942 年春陷落于日军的魔掌，英国陆军上校奥德・C. 温盖特建议成立一支远程渗透部队，渗透入日军防线的后方地域，并在日军的通信和补给线路上制造混乱。仓促组织的第一次钦迪部队远征“纱笼行动”虽然在战术上取得了成功，却因为必须将所有受伤的军人遗弃在丛林中，而对军人的心理和部队的士气造成了打击。在就任何新攻势制订计划时，必须能够完全依靠航空力量得到补给和增援，并且将所有病员和伤员安全地转移至后方。温盖特的上级——海军上将路易斯・蒙巴顿（Louis Montbatten）爵士在 1943 年 8 月召开的魁北克会议上，将上述需求呈交给了美国陆军航空兵总司令亨利・H. 阿诺德将军（Henry H. Arnold）。阿诺德对该计划相当满意，并建议应当为远程渗透部队配属专用的空运、补给与支援勤务部队，并装备适当的机型，以适应未来将要面临的艰巨任务。第 9 号计划应运而生，该计划的基地设在印度，负责实际执行该计划的两人，则

西科斯基 R-4 食蚜蝇，是美国第一种具备实用价值的直升机，该机型被编入第 1 空中突击大队，并在缅甸投入了实战。（图片由美国空军国家博物馆提供）

菲利普·G.科克伦(Philip G. Cochran, 1910—1979)

菲利普·G.科克伦于1910年1月29日出生在宾夕法尼亚州的伊利,1935年他从俄亥俄州立大学毕业后,成为了美国陆军航空兵的一名飞行员。1941年他结识了漫画家米尔顿·甘尼夫,甘尼夫在他的漫画连载"特瑞和海盗"中,以科克伦为原型设计了一个角色弗利普·科金①。第二次世界大战期间,科克伦在北非指挥了一个表现优秀的P-40战斗机中队,并作为一位敢于创新并总能取得最好结果的领导人而赢得了声誉。他因此而被提升为中校,并被陆军航空队总司令亨利·H.阿诺德亲自选中,指挥一支新部队:第一空中突击大队。与他共同指挥该部队的是另一位杰出的飞行员约翰·R.艾利森中校。这支新部队表现出了一种违反常规思维的激进思想:该中队装备的战斗机、中型轰炸机、运输机、轻型飞机和当时最新式的直升机,将在战斗中与地面部队进行紧密的合作。科克伦和艾利森还成为了远程渗透飞行技术的先驱,以便为由奥德·C.温盖特将军指挥的英国敌后突击队——即举世闻名的钦迪部队——在缅甸的丛林中提供空投补给和战术支援。在科克伦发展的非正统战术中,有一种是让飞机在树顶高度低飞,然后让一侧机翼下垂,以便割断架设在电线柱子上的电话线或电报线。归功于科克伦的杰出表现,在该战区作战的英国和美国特种部队,如"梅里尔的掠夺者"的物资供应不至匮乏,伤员们可以及时得到疏散,而这一切成就都是通过空运完成的。科克伦于1945年退役,并回到了他的家乡,他于1979年8月26日去世前,一直在纽约州的杰尼西奥经商。他是美国空军特种作战司令部的先驱。

由阿诺德将军亲自挑选:菲利普·G.科克伦中校(Gol. Philip G. Cochran),一名曾在北非服役的优秀的P-40战斗机飞行员;曾在第23战斗机大队任飞行员的约翰·R.艾利森中校(Lt. Col. John R. Alison)②。他们在印度的基地开始了部队的组织工作,召集并训练了1 000名军人,然后在1943年11月29日,大队的番号被变更为第5318暂编部队。该部队接收了各种不同的机型,例如:L-1和L-5"蚱蜢"式观察联络机、P-51A野马式、B-25中型轰炸机、C-47空中列车运输机和瓦科公司生产的CG-4A滑翔机。值得注意的是,该部队的编装表上还包括6架西科斯基公司生产的YR4——第一种具备实用价值的美国直升机。科克伦和艾利森还就温盖特将要展开的大规模攻势行动展开了训练。就行政管辖权上来说,该部队隶属于美国陆军航空兵第10航空队(U. S. 10th Air Force);而就作战指挥权而言,该部队则隶属于驻缅甸的英国第14集团军。

代表性行动

1944年3月5日,随着第5318暂编部队的运输机和滑翔机抵达"百老汇"空降场上

① 以科克伦为原型创作的弗利普·科金,是漫画主角特瑞的飞行教官。——译者注

② 第23战斗机大队隶属于克莱尔·李·陈纳德将军指挥的第14航空队。——译者注

空，“星期四行动”拉开了序幕。“百老汇”位于日军战线后方165英里，通过空运抵达的有539人与33吨各类装备——包括一辆小型推土机——以进行机场的修建工作。值得注意的是，在这种原始环境下执行作战任务是非常危险的，行动开始时，投入该空降场的52架滑翔机中，只有32架还能够再次投入使用，同时还有31人死于滑翔机坠毁，另有40人受伤。一架C-47运输机因为在夜间降落时撞上水牛而损毁。令人难以置信的是，机场在24小时内即完成了修建，届时已有10 000名全副武装的“钦迪”突击队员和1 000头骡子在该机场降落，并投入了战斗。不久以后，B-25中型轰炸机和P-51战斗机也进驻该机场，并开始从那里起飞，支援钦迪部队的作战。战斗机上还使用了一种独有的特种技术：在低空飞行时释放一根一端经过加重的钢缆，切断日军的架空电话线。1944年3月24日，温盖特因其乘坐的B-25中型轰炸机失事而身亡，四天后根据他的灵感成立的这支部队被更名为第1空中突击大队。4月1日，装备了火箭弹的P-51战斗机突袭了缅甸北部的机场，密集停放在那里的日军机群中有26架被击毁。1944年4月21日，另外4架挂载了1 000磅航空炸弹的野马式战斗机，炸毁了一座具有战略意义的桥梁，之前该桥迭遭轰炸，但从未中弹。第1空中突击大队的飞机为英国突击队员们提供了连绵不绝的支援，当1944年的雨季到来时，他们又用飞机将“钦迪”部队的伤员和病员疏散到了后方，这是历史上第一次通过空运完成的疏散行动。1944年4月24日至26日间，一架西科斯基YR-4救出了先前坠毁于丛林中的一架L-5飞机上的幸存机组人员，这是历史上第一次直升机救援任务。因为起飞重量有限，每次只能额外搭载一人，YR-4在两天内往返了四次，才救出L-5机上的所有乘员。春季来临后，日军对英军的补给线发动了一次强大的攻势，并将英国第14军的部分部队包围在了印度境内的科希马和英帕尔地区。第1空中突击大队为被围的英军运去了28 120吨各类补给物资和61 000人的增援部队，有效地削弱了日军围困的效果。

有鉴于该部队在“星期四行动”中作出的巨大贡献，第1空中突击大队被授予了一个总统集体嘉奖令。并且第1空中突击大队的成功，促成了第2和第3空中突击大队的建立。在战争结束并被解散前，他们在缅甸、新几内亚和菲律宾执行了与第1大队相似的任务。第1空中突击大队——世界上第一支空军特种作战部队于1945年11月3日退出现役，最终于1948年10月8日被解散。

第801重型轰炸机大队

空军特种作战在太平洋战场，或多或少更偏重于为丛林中进行的军事行动提供支援，而在欧洲战场进行的同类行动则更偏向于秘密行动。肇始于1943年11月，战略情报局说服了陆军航空队的指挥官们租借部分飞机和后勤设施，以备在被占欧洲的领空执行秘密行动之用。第一支执行特殊任务的陆军航空兵部队，是驻扎在北非的第12航空队、第5轰炸机联队，该部装备了少量经过改装的B-17、B-24重型轰炸机和B-25中型轰炸机。该部的早期行动仅限于在敌后空投心理战传单，随后才将行动模式扩展到了空投特工人员。

第801重型轰炸机大队徽章。(图片由美国国立空军博物馆提供)

该联队最终的驻地是意大利的布林迪西,他们从那里向巴尔干地区派遣了3 769架次飞机,向各种政治派系的游击队运送了2 149吨武器与其他补给品。另外,该联队还用C-47运输机从游击队控制的机场疏散了被击落的盟军空勤人员,并运去了特工和破坏人员等其他军事人员。

这类航线中,规模最大的一个基地位于英格兰。1943年9月,根据联军总参谋部指令,陆军航空兵反潜司令部将其剩余的飞机全部集中,并划拨给了驻地位于哈林顿机场(Harrington Field)的第801重型轰炸机大队(暂编)。该大队执行的任务代号为"投机商人行动",该大队配备了经过改进的B-24"解放者"重型轰炸机,机身底部被喷涂为黑色,以便在欧洲被占

"投机商人"们操纵经过改装的B-24重型轰炸机①,将特工人员和他们的补给品空运至纳粹占领下的欧洲。为了任务需要,这些飞机都经过特殊改装,以进行危险的夜间飞行。(图片由美国国会图书馆提供)

① 图片中是B-24 D型。——译者注

领土上空进行夜间飞行。此外，它们还被拆除了大部分的机载武器，并加装了特殊的雷达设备、导航系统和无线电设备，以便在航行中准确定位，并与在敌后活动的游击队取得联系。之后该大队的飞机又进行了进一步的改装：拆除了机腹部球形炮塔，安装了“乔舱门”，战略情报局的特工人员——即是前文中的“乔”——可以通过这个舱门快速离机，并通过降落伞安全落到地面。第 801 大队因此成为了“杰德堡行动”得以成功实施的主要因素，那是在整个“二战”期间，在西欧地区进行的最大规模的一次特工渗透行动。最后，该大队还得到了两架改装过的 B-17 重型轰炸机，用于执行类似的任务。第 801 大队引以为豪的绰号“投机商人”，源自他们在 1944 年 1 月 4 日至 5 日夜间执行的第一次任务的代号，当晚的天气异常恶劣，以至于大部分飞机被迫停飞。驾驶如此笨重的飞机进行贴地飞行——距地面仅 600 英尺，而且是在漆黑的夜间——具备固有的风险，在战争期间不少于 25 架“解放者”因意外事故、地面高炮火力或敌军夜间战斗机攻击而蒙受损失；208 名飞行、空勤人员阵亡或失踪。无论如何，“投机商人”在霸王行动开始前，已在法国上空空投了 4 680 个空投补给品集装箱以及 62 名特工人员，并在盟军发动登陆后，继续执行同类任务至 1944 年 9 月 17 日。其时该大队总计出动了 1 860 架次，并空投了 20 495 个空投补给品集装箱和 1 000 名特工人员。

1944 年 8 月，隶属于第 801 大队的各个中队被吸收进了第 492 重型轰炸机大队，并且被用于执行对德军阵地实施的夜间轰炸任务。然而到了 12 月，“投机商人”行动在德国上空被重新启动，并持续到了 1945 年 5 月。1945 年春天，“投机商人”还接收了 A-26“入侵者”轻型攻击机用于高速空运任务，它们可以在低空以 350 英里时速飞行的同时，投下特工和补给品。另外，还有两架英国德哈维兰公司生产的“蚊”式轻型轰炸机，用于在高空执行无线电任务，专门接收地面特工发出的密码信号。战后，第 492 轰炸机大队返回了新墨西哥州的柯特兰机场，并于 1945 年 10 月 17 日就地解散。他们的空投行动毫无疑问地成功支持了在地面上进行的特种作战，但一直到朝鲜战争于 5 年后爆发，没有任何一支隶属于陆军航空兵——1947 年以后则是美国空军——的部队具备执行类似任务的能力。

海军陆战队

海军陆战队两栖侦察营

太平洋上进行的战争，其主要形式是对由既狂热而且训练有素、装备精良的日军驻守的岛屿发动环岛两栖登陆。因此，精确无误的军事情报成为了夺取胜利的重要先决条件——若要力求避免潜在的军事灾难，亦是如此。要收集这类情报，就不可避免地需要以秘密行动的方式实施侦察行动，尽一切可能避免被敌驻军发现，进而导致自己的意图遭对方识破。1943 年 1 月 7 日，根据第 5 两栖军的司令官霍兰·M. 史密斯少将（Maj. Gen. Holland M. Smith）的命令，一个两栖侦察连（Amphibious Reconnaissance Company）在加利福尼亚州的艾利奥特兵营宣告成立，下辖 6 名军官和 92 名海军陆战队员。这支部队规模虽小，却受过完备的训练并具备特殊的军事专业技能，建制内包含 1 个勤务排和 4 个侦察排，每个排下辖 1 名中尉排长和两个由 6 名海军陆战队员组成的班。他们的连长是詹姆斯 · L. 琼斯(James L. Jones)上尉，曾在当时已经解散的“观察大队”服役。为了与他们将要执行的任务相匹配，他们装备了特别的轻型武器、走路不发出脚步声的鞋子和没有附带任何识别标志的战斗服。同时他们的战术相当灵活：他们可以通过潜艇、橡皮艇、PBY 水上飞机、运兵驱逐舰①甚至摩托巡逻艇——鱼雷快艇——乘夜色掩护进入目标区域。为了保证军事情报可以得到忠实准确的纪录，以侦察设防海岛为例，他们就必须系统地学习并熟练掌握水文学和地形学、测量水深并绘制水深图、收集土壤标本及水下珊瑚礁种类的辨别。此外，他们还在之后的 9 个月中，反复练习两栖侦察技术：如何评估一片滩头是否适合充当登陆场，以便在需要紧急脱离侦察区域时使用。训练结束后，该连以第 5 两栖侦察连的番号，配属给了当时正开赴太平洋战场的第 5 两栖军。②1943 年 11 月 19 日，他们执行了该连成立以来的第一次任务，搭乘运兵潜艇“鹦鹉螺”号③，抵达了吉尔伯特群岛的塔拉瓦环礁，在那里他们发现海军使用的英国旧海图上标注的罗经方位有 11 度的偏差，这条情报对于后来发生的登陆能否取得胜利生死攸关！1943 年 11 月 20 日，该连又在阿帕马马岛登陆，4 天后他们以阵亡 2 人、受伤 2 人的代价，肃清了岛上的所有日军。1944 年 1 月 3 日，该连得到了小规模扩编，兵力被扩充为 7 名军官和 101 名陆战队员、2 名海军医护兵，另外还配属了一个由 22 名陆战队员组成的迫击炮班。1944 年 2 月 1 日，该连搭乘运兵驱逐舰“凯恩”号在马朱罗环礁登陆，任务为查明该岛是否有日军驻扎，如有兵力几何？结果证实岛上并未驻有日军，该岛旋即被建设为美海军舰队在中太平洋地区的锚地。1944 年 2 月 17 日，该连再次登上“凯恩”号前往了埃内韦塔克环礁④的 Aitsu⑤，这一次还是没有发现敌情。之后他们用一周时间，侦察了附近的其他岛屿，1944 年 2 月 22 日，琼斯上尉率领他的陆战队员在帕里岛登陆，有 4 人在一次夜间发生的猝发遭遇战中受伤，但他们杀死了 15 名日军。⑥

第 5 两栖军两栖侦察连虽然已证明了他们的能力，但仍然被认为规模太小，无法完成军一级的两栖侦察任务。因此，史密斯少将向海军陆战队司令官亚历山大 · 范德格里夫

---

① “二战”时期以驱逐舰改装的高速运兵船，用于在敌占沿海地区输送小规模的特种部队，如海军陆战队突袭营、海军水下爆破队或者陆军突击队。该型舰只在美国海军服役至 20 世纪 60 年代中期。——译者注

② 这段时间内他们还协助美国陆军的“阿拉莫侦察兵”和“爱斯基摩侦察兵”进行了两栖侦察训练。前者已做过介绍，后者在美军于阿留申群岛的基斯卡岛实施登陆前执行了两栖侦察任务，并在实施艾德卡岛登陆前执行了特别任务。——译者注

③ 舷号 SS-168，1942 年 8 月 16 日，该潜艇曾运载海军陆战队第 2 突袭营前往马金环礁。——译者注

④ 位于马绍尔群岛。——译者注

⑤ 位于埃内韦塔克环礁的一座小岛，Aitsu 是日军攻占该岛后用假名读音作的命名，没有实际意义。——译者注

⑥ 海军水下爆破队也参与了在埃内韦塔克环礁的战斗，他们的任务是侦察水下障碍物和水雷场的分布情况。——译者注

特(Alexander Vandegrift)将军提出：将该部队扩编为营级单位。范德格里夫特对此予以批准，然后在1944年4月14日第5两栖军两栖侦察营正式组建，303名陆战队员被分别编入了两个连，每个连建制内含有一个武器排，另外还有一个营部连。营长为曾担任两栖侦察连连长、新近晋升为少校的琼斯。1944年6月15日，该部队在塞班岛登陆，他们承担的任务包括扫荡日军残敌以及清除日军狙击手设在树上的鸟巢形狙击阵地。1944年7月11日，两栖侦察营的陆战队员们登上了提尼安岛，与他们一起登陆的还有若干水下爆破队单位，他们的任务是勘察两片预定充当登陆场的海滩。[①]根据他们的报告，两片海滩在潮水水位最高时几乎处于不设防的状态，是预订于1944年7月24日发动的两栖突击的理想登陆场。一个月后，该营的番号被变更为(太平洋)舰队陆战队部队两栖侦察营。1945年2月17日夜间，拉塞尔·科里(Russell Corey)中尉指挥B连在硫黄岛登陆，这一次的任务同样得到了海军水下爆破队蛙人的配合。他们对日军在数个滩头所布置的防御力量进行了细致的观察，并在归途中遭遇了日军暗炮台火力的袭击。2月20日晚，他们进行了第二次登陆，并对折钵山山脚及周边地区进行了侦察。3月份，该营返回了塞班岛，进行休息与整补。3月25日夜间，该营A连和B连暗中登上了庆良间群岛和庆伊濑岛，并在主力发起登陆前攻占了日军设在这两个岛上的岸炮阵地。他们的下一个任务是肃清可以扼守金武湾[②]入口的6个小岛，其间遭到了在当地掘壕固守的日军的激烈抵抗。因为日军的迫击炮火力损坏了数条橡皮筏，造成很多陆战队员被迫在放弃他们的个人装备后，泅渡数英里，才得以返回他们的运兵驱逐舰。该营的下一次出场是在1945年4月15日，他们登上了水纳中岛[③]且发现该岛并无日军驻防，然后他们又参加了攻克伊江岛的战斗。两栖侦察营的陆战队员们在1945年6月26日执行了他们在战争期间的最后一次任务，他们登上冲绳群岛最西面的久米岛，并占领了日军设在岛上的无线电中继站。当战争宣告结束时，侦察营早已返回了夏威夷的珍珠港，他们成功执行了超过150次重要侦察任务，超过了参加过太平洋战争的任何一支同类部队。该部在1945年9月24日正式退出现役。

海军陆战队侦察兵与狙击手连

侦察兵与狙击手连，这一概念最早是由海军陆战队第5团的威廉·威林(William Whaling)中校在1941年提出的。他的论点是：成立此类战术组织具备其军事上的必要性，他们将专门为满足师级单位的情报需求而展开侦察任务，而这类情报是师下辖的营级单位通过例行的侦察和巡逻并不能够获得的。然而直到1943年2月，此类单位才在海军陆战队第1师师长亚历山大·范德格里夫特少将的批准下成立，其成员都来自参加过瓜

① A连偕同第7水下爆破队勘察该岛西面的黄色1号海滩，B连偕同第5水下爆破队勘察该岛西北面的白色1号和2号海滩。——译者注

② 位于冲绳本岛中部。——译者注

③ 位于伊江岛以南。——译者注

达尔卡纳尔战役的老兵。每一个团将配属一个侦察兵与狙击手排，其任务包括：在航渡过程中引导其上级单位在正确的登陆场登陆，以及在丛林的茂密植被中确定部队的准确方位等。另外，海军陆战队师还期望配属给他们的侦察兵与狙击手连，可以作为一支独立的战术单位执行巡逻任务。与其他的精锐部队一样，侦察与狙击手连接受了高强度的专业技能训练。以配属给海军陆战队第1师的侦察兵与狙击手连为例，他们就在澳大利亚的莫宁顿半岛接受了为期8周的训练课程。内容除了常规的侦察、巡逻和地面导航技术外，还增添了橡皮艇操纵以及两栖侦察技术，这些在当时都属于最新的军事技术。负责为侦察兵与狙击手连指派任务的情报军官，还要在海军的两栖侦察兵学校学习更精深的伏击战与敌后突袭战术，以加强该类部队的作战效能。所有的海军陆战队员在入伍基础训练结训前，其步枪射击技能都要达到神射手级别，而分配给侦察与狙击手连的受训人员则更是经过精挑细选的佼佼者。到了1944年，大部分海军陆战队团都被配属了一个侦察兵与狙击手排和一个地面与两栖侦察排。当时这些只装备了轻武器的单位，在大部分情况下都会被配属给一个轻型或中型坦克排，这样可以在最大限度上强化他们的机动性和火力。战争进行到那个阶段时，这类单位在人力上的缺口，通常由曾经在海军陆战队突袭营或海军陆战队伞兵营服役的老兵补充——他们早已是执行这类任务的行家里手。

一个最值得注意的单位是，由安东尼·沃克少校指挥的侦察兵与狙击手连，该连在冲绳作战期间，被从海军陆战队第29团中挑选出来。1945年4月1日，里姆·谢波德(Lem Shepherd)少将下令，第29团H连将改组为海军陆战队第6师的侦察连。该连将搭乘坦克进入战场，任务是在师的主力进入之前勘察整个战场，发现任何隐藏的日军防御力量。根据构想，这种大规模战术侦察任务，将能够为提供支援的炮兵、航空兵和海军舰炮火力提供更好的引导，使得它们能够准确命中目标。新的连队于1945年4月2日组成后，立即搭乘坦克开赴冲绳岛北部。在他们的第一次任务中，侦察兵与狙击手连承担在石川地峡防线至恩那村(Yakata-Yaka)①防线之间，扫荡之前被友军绕过的日军坚固据点的任务。任务完成后，他们又在陆战队第29团进军路线前方侦察了冲绳岛西海岸的本部町半岛。1945年4月12日，他们占领了备濑村，随后在那里设置了一个雷达站，用于在神风特攻队对美国舰队发动袭击前提供预警。当冲绳岛北部于1945年4月21日彻底肃清后，侦察兵与狙击手连被派往那霸市进行反狙击手作战。之后谢波德将军将他们派往小禄半岛沿岸，并承担了那一段海滩的防御。狙击手们冒着炽烈的火力进入了阵地，但最后证明日军对反攻的准备远不够充分，然后在6月5日，海军陆战队第4团发动了一次两栖突击，该地区旋即落入美军手中。侦察兵与狙击手连在战役的最后阶段，即1945年6月23日至24日间，肃清了几个位于近岸水域的离岛。尽管他们圆满地完成了侦察工作，沃克的侦察兵与狙击手连仍然在太平洋战争结束后不久，即随着海军陆战队第6师一起解散。

① 此处为美军原始档案中，对日语假名读音的误记。——译者注

海军陆战队突袭营

美国涉入“二战”之初，富兰克林·D. 罗斯福总统在仿效著名的英国突击队模式，组建一支新形态的部队方面表现出了极大的兴趣。这样一个单位自然要享受精锐部队的身份，并且专用于在敌人战线后方执行小规模突袭任务。总统觉得，让海军陆战队为这支新部队提供所需的兵员是再自然不过的事了，不过当时的海军陆战队总司令托马斯·霍尔库姆（Thomas Holcomb）对这一意见的态度与总统相左。他提出的反对意见是：在一支自创建之初就以其精锐部队身份而自豪的组织里，再建立一支精锐单位完全是毫无必要的，而且更糟糕的是，完全有可能使得怨恨的情绪在正规单位中滋生开来。尽管如此，总统的意见仍然占了上风，并且作为初期准备，海军陆战队第 5 团第 1 营被从母单位中抽调出来，重组为第 1 独立营；与此同时，还从其他单位抽调部队，组成了第 2 独立营。两个营的额定编制为 850 名军官和海军陆战队员。随着创建突击队型单位的需求，太平洋舰队司令切斯特·W. 尼米兹（Chester W. Nimitz）提出他的设想：“突击队单位可以对战区内日军防守薄弱的岛屿发动闪电式的突袭，而这将对战局大有裨益。”之后，这个需求就变得愈发

美国海军陆战队的突袭者们在所罗门群岛的布干维尔岛上，位于托基纳角的日军防空壕入口前合影，他们参加了 1944 年 1 月攻占该地的战斗。尽管海军陆战队突袭营的作战纪录极其出色，最终他们还是被解散了。（图片由美国国家档案馆提供）

急迫起来。霍尔库姆服从了上级的命令，但他拒绝使用英国式的名称“突击队”，而更青睐于当时的海军通用术语“突袭者”。这个单位被赋予了三个特定的任务：在两栖登陆行动中充当主力部队的先锋，对敌占岛屿实施打了就跑式的袭击，以及渗透至敌后深远纵深地域实施突袭。与他们的精锐部队身份保持一致的是，在供应给海军陆战队的各类军用物资中，突袭队员们可以优先挑选其中最精良的装备，并且只招募从志愿者中挑选出来的最优秀的海军陆战队员。除了制式武器，他们还得到授权，可以携带堑壕枪和爆破筒，并且为了能够熟练掌握橡皮筏的操艇技术而接受了高强度训练。

第1突袭营于1942年2月16日在弗吉尼亚州的匡迪科成立，营长为梅里特·A.艾德森中校（Lt. Col. Merritt A. Edson）。瓜达尔卡纳尔战役期间，该营被配属于海军陆战队第1师，并在1942年执行了他们的第一次任务。他们在瓜岛附近的图拉吉岛登陆，消灭了岛上的日本驻军，进而占领了该岛。后者在登陆次日的傍晚，即在一次激烈的战斗中被彻底歼灭。对于艾德森和他的海军陆战队员在敌火下表现出来的战斗精神，亚历山大·范格里夫特少将给予了高度称赞。在此之后，第1突袭营被转调至瓜达尔卡纳尔岛，并于1942年9月8日，在塔斯莫布库对川口清健少将指挥的第35步兵旅发动了一次成功的突袭。艾德森抵达该地时正赶上日军在进行补给品装卸作业，因此他率领自己的突袭队员们从驱逐舰上登陆，在丛林中一路开道绕到了日军后方，并发起攻击，将日军赶进了丛林，缴获了成吨的补给品。[①]然后在9月13日至14日晚间发生的战斗中，艾德森的突袭队员们因成功保卫了亨德森机场而名扬天下。一支兵力高达4 000人的日军部队——全部由老兵组成——对驻防在“血岭”[②]的陆战队员们发动了进攻，并在遭受重创后被击退。突袭队员们得到了海军陆战队第1伞兵营和海军陆战队第5团2营的支援，在持续了三天之久毫无间断的战斗中，共700名海军陆战队员非死即伤。但他们也证明了，在此之前夜，曾广为流传的日军夜战无敌的“神话”，纯属无稽之谈，日本军人并非不可战胜的敌人[③]。在那之后，艾德森又率领第1突袭营在图拉吉岛和新乔治亚的龙半岛投入了战斗，对部署在两地的日本陆军和海军特别登陆部队实施了袭扰作战。截至1944年2月，共有2 800名海军陆战队员曾在该单位服役，其中有312人阵亡。海军陆战队第1突袭营因其在敌火下的优异表现，而被授予了总统集体嘉奖令。

第2突袭营于1942年2月19日在加利福尼亚州的艾里奥特兵营（Camp Elliott）成立，埃文斯·F.卡尔森中校（Lt. Col. Evans F. Carlson）被委任为营长。与相对更加正规化的各友邻单位[④]不同，第2营完全是卡尔森个人战术思想的产物，在他的职业军官生涯中曾

---

① 第1营的突袭者离开前带走了所有的日军文件、部分装备和食物，并且毁掉了其余物资。——译者注

② 原名隆加岭，位于亨德森机场南部，因这次战斗又被称为“艾德森岭”或“突袭队员岭”。——译者注

③ 日军在该战中有850人阵亡，其中仅在血岭山脚下发现的日军尸体就达500具，日军在撤退中伤重不治者的数量不明。参战的所有美军部队在为期3天的战斗中，共阵亡80人。——译者注

④ 指第1、第3和第4突袭营。——译者注

作为军事观察员派驻中国，实地观察了共产党游击队与日军之间的战斗。他因此通过纪律手段、向部下灌输平等主义思想、取消军官与海军陆战队员之间随着军衔差异而产生的待遇差别、引进集体自我批评机制和中国人的口号“Gung-Ho”（同心协力），成为了一名军事教条改良方面的先驱人物。卡尔森还改良了美海军陆战队的编制：一个营辖 6 个步枪连，每个连辖 2 个排，构成上述编制的基干单位则是由 3 名海军陆战队员组成的“火力组”。卡尔森因为与总统的私人关系密切，挑选了詹姆斯・罗斯福少校——总统的长子——担任他的副营长。

代表性行动

1942 年 5 月，第 2 突袭营调防至夏威夷的瓦胡岛，直接隶属于海军总司令尼米兹海军上将。卡尔森花了好几周的时间，磨砺部下们的战斗技巧并熟练登陆技术，他们用于登陆的橡皮筏上装备的舷外机，在恶劣海况下无法提供足够的推力，这一缺陷加重了他们完成任务所需要面对的困难。尽管如此，尼米兹上将的参谋人员还是开始为突袭吉尔伯特群岛的马金岛制订计划，行动的目的是捕获俘虏、获取军事情报，并充当即将发起的进攻瓜达尔卡纳尔岛的行动的佯攻。突袭队员们在训练中使用了与岛上的码头、道路和建筑等设施相仿的等比例模型进行了演练，然后在 1942 年 8 月 8 日，222 名军官和海军陆战队员登上了大型运兵潜艇阿尔戈号[①]和鹦鹉螺号[②]，向马金岛进发。尽管卡尔森事前进行了周密的计划和准备，其后的行动仍然险些以失败告终。1942 年 8 月 16 日[③]，他们乘橡皮筏离开潜艇后，即被激烈的涌浪打散了编队。雪上加霜的是，其中一名突袭队员的武器意外走火，警告了岛上的 160 名日本驻军[④]。尽管如此，卡尔森仍然集合了所有已登陆的部下，然后发起了进攻。日本守军在一次激烈的交火后被全部消灭，然后卡尔森还通过无线电引导其中一艘潜艇上浮，并击沉了停在港口的两艘敌船。两架日军大型水上飞机在当天下午抵达，投下了数枚炸弹后试图降落，并放下搭载的日本援军，最后全部被击落。其后这次事件的进展超出了预料，之后的 24 小时内突袭队员们数次尝试返回潜艇，但他们的努力最终因不敌汹猛的潮流而宣告失败。卡尔森因为并未在袭击中抓获任何俘虏或缴获到物资，并顾虑到日军的大部队可能仍然在岛上活动，向部下们提议：可以允许他们向日军投降。只有很少几个人认为这是可行的，大多数还是尽一切努力返回了停泊在近岸水域的潜艇。根据战后统计，美军在这次行动中的伤亡为 30 人[⑤]，另有 9 人无意中被遗留在了岛上。几天后他们被日军抓获并遭到处决。第 2 突袭营的战果是：击毙或击伤敌军共

---

① 舷号 SM-1，搭载了第 2 突袭营的营部、A 连及 B 连的一个班。——译者注

② 舷号 SF-9，搭载了第 2 突袭营的 B 连。——译者注

③ 此处为作者误植：两艘潜艇在 16 日抵达马金岛，卡尔森及其部下离开潜艇是在 17 日凌晨 3 点半。——译者注

④ 此处为作者误植：该数字包含了前来增援的日军。——译者注

⑤ 18 人阵亡、12 人失踪。——译者注

埃文斯·F.卡尔森上校，根据自己对中国共产党游击队对日作战的观察所得的经验，为海军陆战队在非常规战术方面的应用进行了早期探索。（图片由美国国家档案馆提供）

埃文斯·F.卡尔森（Evans F. Carlson，1896—1947）

埃文斯·F.卡尔森于1896年2月26日出生于纽约州的西德尼，并在1912年参加了美国陆军。服役至1919年后，他又延长了服役期，但在经过各种努力也无法保留他的军衔后，转而于1922年参加了美国海军陆战队。在其后的20年里，他多次作为军事观察员在中国服役，并撰写了大量关于由朱德将军领导的中国工农红军的报告。尤其令卡尔森印象深刻的是，红军中盛行的平等主义精神，尤其是指战员之间亲密的同志关系。他的见闻使他与他的上级间产生了麻烦。但随着美军参加到“二战”中，卡尔森被允许指挥精锐的第2突袭营。之后他开始以中国共产党的方式训练经过他亲自挑选的部队，他的改良包含民主原则、废除了军官在伙食方面以及在制服上佩带饰物的特权，而且创立了小组会议讨论战术和任务。1942年8月17日，卡尔森和他的突袭营乘潜艇编队抵达日军设在马金岛的前哨，他们在那里登陆并攻克了该岛，消灭了岛上全部83名驻军。之后卡尔森又在瓜达尔卡纳尔岛参战，他的部下在丛林中通过实施流动作战，在数天内击溃了日军第228团①，击毙488名敌人。在那之后，卡尔森被病魔击倒开始休假。然而，他的上级对其非正统的带兵方法非常不满，他们最终将他的营合并入了新成立的突袭团——该团不久之后即遭解散。卡尔森后来又参加了塔拉瓦和塞班岛战役，并在后一次战役中受重伤，随后他于1946年退役。这位极富进取精神的特种部队指挥官于1947年5月27日在俄勒冈州的波特兰逝世。

160人，摧毁了数座日军无线电台，并焚毁了1 000桶航空汽油和大量其他军用物资。如果仅根据最终的结果来评价对马金岛的袭击，这次袭击的整个过程完全形同盲人摸象，袭击取得的战果完全无关紧要，甚至促使日军强化了临近的塔拉瓦岛上的防御，使得1943年时美军为了攻克该岛而蒙受了巨大的损失。但是在行动发生的当时，卡尔森的行动是太平洋战争期间美国对敌人发动的第一次攻势行动，而且极大地鼓舞了美国本土的士气。他的部队的事迹在民间广为传颂，并被冠以“卡尔森的突袭者”的美誉，尽管该名称是谦虚

① 作者笔误，日军指挥官东海林俊成大佐（上校）指挥的部队番号为第230联队（步兵团），总兵力2 500人。——译者注

的营长绝不会加诸自己部队之上的。

1942 年 11 月 4 日，第 2 突袭营抵达瓜达尔卡纳尔岛，并被部署到了奥拉湾以肃清并守卫一段将被用来建造机场的海滩。当该地区因土质松软而被证明不适合用作上述用途时，卡尔森率领他的部下深入敌后 150 英里，进行了一次史诗般的敌后突袭。在之后的 37 天里，他的突袭者们通过袭扰和埋伏战术，在这一次的长期交战中彻底压倒了敌军的第 228 步兵团①，以 16 人阵亡、另 18 人受伤的代价击毙了 488 名敌军②。这次行动最终在 1942 年 12 月 15 日结束，在那之后，卡尔森的部下们抵达埃斯皮里图桑托岛展开休息与整补。同时战无不胜的海军陆战队突袭队员的传奇故事，促成了第 3 和第 4 突袭营的组建，他们和自己的前辈一道在所罗门群岛战役中并肩作战。突袭营在战役结束后再次返回埃斯皮里图桑托岛，在那里 4 个营于 1943 年 3 月 15 日被合并为第 1 海军陆战队突袭团。这一新单位的编制综合了艾德森和卡尔森的实战经验，具体的组织架构为：每个营辖 1 个重武器连和 4 个步兵连。每个连辖 1 个重武器排和 3 个步兵排。之后第 1 陆战队突袭团③又参加了新乔治亚岛战役，在攻克拜罗库的战斗中有上佳表现。与此同时，第 2 和第 3 突袭营被编入了第 2 陆战队突袭团(暂编)，并参加了布干维尔战役。在他们参加的这最后两次战役中，突袭营被错误地当作普通步兵使用，并且因为他们的编制中缺乏重型武器而蒙受了巨大的伤亡。尽管如此，所有的 4 个突袭营仍然维持了其卓著的声誉，但因为海军陆战队在将总兵力扩充至 6 个师时，面临着人力短缺问题，总司令亚历山大·范德格里夫特感到继续维持这 4 个突袭营已嫌太过奢侈，并且对于他们应当承担的任务也缺乏明确的定义。事实上，发生在太平洋战场上的战斗，其根本的作战形式已转换为：发动大规模两栖登陆作战的一方与依托坚固设防岛屿的另一方之间的对抗，而远程突袭早已不再被认为是具有重要意义的作战形式。此外，突袭者部队基本上是轻步兵单位，缺乏正规步兵所拥有的完善火力配备，在打硬仗时必然会承受本应避免的伤亡。因此，在 1944 年 1 月 8 日，所有的突袭者和海军陆战队伞兵单位皆奉命解散，所有的陆战队员被充实进了海军陆战队第 4 团，之后该团又被编入了海军陆战队第 6 师。这样一个结局，对于太平洋战争中作战效率最高的部队而言，毫无疑问是可耻的。值得欣慰的是，在 2003 年 6 月 20 日当年突袭营使用的徽章作为一个图案元素，被增添进了海军陆战队特种作战司令部的徽章之中。他们通过这种方式向海军陆战队突袭营的先辈们表达了敬意。

观察员大队

1941 年 1 月，美国海军大西洋舰队第 1 军(暂编)指挥官霍兰·M. 史密斯(Holland

---

① 作者笔误，日军指挥官东海林俊成大佐(上校)指挥的部队番号为第 230 联队(步兵团)，总兵力 2 500 人。——译者注

② 第 2 突袭营另有 225 人染上了疟疾等丛林疾病。日军的非战斗损失在千人左右。——译者注

③ 该团战前进行了重组，含第 1 和第 4 突袭营，以及临时配属的第 37 步兵师 2 个营。——译者注

M. Smith)少将与他的参谋长格拉夫斯·B. 厄斯金上校(Col. Graves B. Erskine)制定了一项计划:组建一个多军种联合单位,该单位将在每一次两栖登陆前对敌占区的沿岸地带执行秘密侦察任务。这是陆、海军联合组建的第一个此类性质的单位,并且随着美国于当年12月参战,组建它的需要也显得愈加迫切。该单位被命名为观察员大队,编制为22名士兵和2名军官,他们抽调自陆军第1步兵师和海军陆战队第1师。他们在弗吉尼亚州的小克里克①和切萨皮克海湾区接受了专业技术训练,之后又在康涅狄格州的新伦敦海军潜艇基地(New London Naval Submarine Base)接受了进一步的训练。在新伦敦,观察员大队参加了为撰写充气橡皮艇在近岸水域,通过潜艇水密舱口进行放下与回收作业的教令与工作流程而进行的实验。他们还学习了莫森水肺——一种早期水下呼吸器——的使用方法,佩带该装置后,使用者可以留在处于半潜状态的潜艇指挥塔上,对敌占区海岸进行观察。在个人战斗技能方面,部队所有成员都在著名的英国突击队教官威廉·E. 费尔班中校(William E. Fairbairn)②的指导下,接受了高强度的徒手格斗和匕首格斗训练。费尔班是著名的费尔班-赛克斯(Fairbairn-Sykes)③匕首的设计者之一,该匕首在"二战"期间也被海军陆战队突袭营和海军陆战队伞兵营采用④。美国联邦调查局,则为他们提供了更进一步的柔术训练和使用手枪自胯部射击的训练⑤。然而在1942年8月,陆、海军结束了他们的跨军种合作,观察员大队亦随之解散。一个月后,海军组建了自己的侦察兵突袭者部队,并成立了一所为该部队的人员提供技术指导的专业技能训练学校⑥。观察员大队在其存在的短暂历史中并未经历过实战,但是该单位作为先驱者,实验了完成此类秘密任务所必备的侦察方法和其他专门技术。由此而论,他们是之后的战略情报局、海军水下爆破队、陆军各特种部队和空中突击队的精神先驱。

海军陆战队伞兵

加入到"二战"之前,美国海军陆战队和美国陆军就对空降部队的发展及其应用表现出了兴趣。海军陆战队于1940年10月在新泽西州的莱克赫斯特海军航空站(Naval Air Station Lakehurst)组建了第1陆战队伞兵营,之后又在12月组建了第2营。1941年年初,第3营在加利福尼亚州圣地亚哥的科尔尼兵营(Camp Kearney)组建并开展训练。与

---

① 即现在的小克里克海军两栖(作战)基地。——译者注

② 国内部分书籍、文章翻译为费尔白恩。他在第二次世界大战爆发前曾在上海工部局警务处任职,战争爆发前回国,并在开战后担任了英国突击队、英国特种作战执行处、美国战略情报局的徒手格斗教官。他是西方军队徒手格斗体系的创始人之一。——译者注

③ 赛克斯,即艾瑞克·塞克斯少校。他不仅精通徒手格斗,更为英国特种部队和后文将要提到的各支美国特种作战单位,撰写了当时唯一一部基于实战经验的手枪战术射击教程。——译者注

④ 这两支部队使用的匕首被称作"突袭者短剑",在设计上与原型略有不同。——译者注

⑤ 这种训练目前被称作"手枪指向性射击"训练。——译者注

⑥ 详情参见本章的相关小节"海军侦察兵与突袭者"。——译者注

其他伞兵部队一样，训练课程的难度达到了令人畏惧的程度，哪怕受训人员来自日常训练标准制订得极高的海军陆战队，该训练程序的退训率仍然高达 40%！尽管如此，因为加入陆战队伞兵部队后所能领到的高额津贴及加入精锐部队后所带来的自豪感，总是有大量的单身志愿者应募加入。第 1 陆战队伞兵营被编入了海军陆战队第 1 师，并参加了旨在登陆瓜达尔卡纳尔岛的“鞋带行动”(Operation Shoestring)，1942 年 8 月 7 日，他们在海军陆战队友邻单位的协同下对瓜岛附近的加武图(Gavutu)和塔南博戈岛(Toanambogo)展开了两栖攻击。之后第 1 陆战队伞兵营又被转调至瓜达尔卡纳尔岛，赶上并参加了海军陆战队第 1 突袭营对塔斯莫布库的突袭，在那之后他们还在保卫亨德森机场的“血岭”之战中并肩作战。第 1 陆战队伞兵营在这几次战斗中都取得了出色的战绩，但相应的日军反击也造成了该营的重大伤亡。1942 年 9 月后，该营被调到了新卡里多尼亚的汤图塔，展开休息与整补。与此同时，陆战队第 2 伞兵营抵达了战场，并在 1943 年 10 月对日占的乔伊索岛(Choiseul)展开了一次牵制性的突袭，[①]随后该营与第 1 和第 3 伞兵营汇合，并参加了布干维尔战役。在布岛作战时，三个伞兵营被合并为海军陆战队第 1 伞兵团，总兵力超过 3 000 人，配属于海军陆战队第 1 两栖军(I Marine Amphibious Corps)。然而，这时海军陆战队的高级指挥官们开始质疑这种用途单一、开销巨大，并且需要接受大量训练的作战单位的实用性。尤其重要的是，他们发现海军陆战队缺乏足够的资源，不能在任何一次战役中发动大规模的空降作战。海军陆战队总司令托马斯·霍尔库姆于 1943 年 12 月 30 日，下令中止了该单位的运作，其人员则被陆战队的其他作战单位所吸收。该单位正式解散于 1944 年 2 月 29 日。具有讽刺的意味是，仅有一名海军陆战队伞兵在敌占区实施过跳伞，他是海军陆战队上尉彼得·欧提兹(Cpt. Peter J. Ortiz)，他率领一小队战略情报局特工通过实施伞降潜入了法国。两位前海军陆战队伞兵哈隆·H. 布洛克下士(Cpl. Harlon H. Block)和伊拉·H. 海斯下士(Cpl. Ira H. Hayes)在 1945 年 2 月，作为硫黄岛旗手中的一员，被摄入了那张后来名垂青史的著名照片。

美国海军

滩头跳跃者

海军上尉道格拉斯·小费尔班克思既是一位著名的好莱坞演员，同时也是一名美国海军军官[②]，他在派驻英格兰期间，曾经被配属至英国突击队指挥官海军上将路易思·蒙巴顿爵士的参谋部工作。在此期间，他还参加了若干次跨海峡突袭行动，当他于 1942 年回国后已确信，有必要将英国的作业方式融汇到美国海军的条令中去。费尔班克思对其思路进行提炼和酝酿后，向他的上级提出可以组建一支专门的部队，他们将通过发动佯攻

① 位于所罗门群岛。——译者注

② 道格拉斯·小费尔班克思是海军预备役军官。——译者注

或欺敌性质的行动，掩护尚未发动的真正的两栖登陆作战。这一建议被顺利采纳，然后在1943年3月5日，根据海军总司令、海军上将厄内思特·金(Admiral Ernest J. King)签发的密令，组建了这支被通称为“滩头跳跃者”的单位。主管作战的海军副总司令，受命为该秘密单位招募180名海军军官与300名水兵，入选人员都经过精挑细选，必须不晕船、有操纵小艇的经验、懂得电工和无线电技术，还要具备实施天体导航的能力。一个月后，所有人员到弗吉尼亚州布拉德福德兵营(Camp Bradford)的两栖训练基地报到，“滩头跳跃者单位一号”宣告成立。所有成员接受了广泛的训练，其范围涵盖了操艇技术、航海术、枪炮操作、爆破、烟火制造和气象学。拨给他们操纵的是10艘大马力、胶合板艇身的空—海救援艇(air-sea rescue boat)。艇上装备了特制的欺敌装备，包括一台钢丝录音机、配套的扩音器、100瓦功率的扬声器和几个贴上了可以反射雷达波的金属箔条的海军用气球。他们接受了那么多的训练和装备后，承担的任务是向敌人发出大量无线电、声学和雷达反射信号，其信号强度之高将使得敌军不疑有它，确信这几艘小艇所在方位即是真正的入侵两栖舰队的方位。预计通过上述行动转移敌军的注意力后，真正的两栖登陆部队将可以在不受任何抵抗的情况下，在其他地区登陆，达成最大的突然性。

代表性行动

“滩头跳跃者”的最初一次任务是在1943年7月10日——盟军旨在登陆西西里岛的霍斯基行动期间。当晚，“滩头跳跃者单位一号”抵达了位于真正的登陆场以西100英里处的圣马克角，并打开了随艇携带的各种电子设备。所有小艇按照预定计划，开始在佯攻地区，沿着与海岸线平行的航线航行，同时释放烟幕并将艇载电子仪器开到了最大功率。两个晚上之后，他们又以更大的规模在同一片海域实施了同样的行动，这一次他们遭到了受骗上当的德军海岸炮台的炮击。真正的登陆行动只遭遇了轻微抵抗，而德军统帅部因为无法确定真正的登陆地点，只能毫无必要地将一整师部队作为预备队备而不用。截至1944年，“滩头跳跃者”单位在地中海战场表现出色，同时还有几个单位在太平洋作战，并在合理的范围内取得了成功。所有的滩头跳跃者单位在1945年“二战”结束后，立即遭到解散。

1951年，“滩头跳跃者”计划因朝鲜战争爆发而重新启用，在越南战争中该计划的规模甚至得到了扩充。在更精良的装备的支持下，他们的任务领域超出了传统的佯动和电子战行动，还扩展到了心理战。以直升机母舰硫黄岛号和的黎波里号为基地，他们对在东京湾水域，跟踪美国特混舰队以便收集信号情报的苏联拖网渔船，进行了信号屏蔽，或发送看似真实可信实则毫无情报价值的假信号。“滩头跳跃者”这一名称最终于1986年被废除，变更为现在使用的“舰队战术欺敌大队”。

海军战斗爆破单位

1942年9月，一组共17名尚未分配服役单位的海军打捞潜水员参加了在弗尼吉亚洲的小克里克两栖训练学校举办的一次速成培训，其内容涵盖了水下爆破、线缆切割和其他相关行动。[1]两个月后他们参加了火炬行动，抵达阿尔及利亚后，他们沿塞布河（Sebou River）逆流而上，最终到达了波塔利奥泰（Port Lyautey）——该地坐落着一座盟军梦寐以求的机场。他们的任务是切断由法国维希政府军队布设的一道纵贯河面的系在浮鼓上的钢缆。11月8日晚间，他们驾驶希金斯登陆艇（Higgins boat）逆波涛汹涌的塞布河而上，但在抵达目标前的中途被法国维希政府军队发现。重机枪火力迫使他们放弃了这次尝试并撤退，因此在11月9日晚间，他们又进行了一次同样的尝试。这一次希金斯艇没有遭遇任何干扰，顺利抵达钢缆所在，打捞潜水员们随后成功地将其切断。次日早晨，达拉斯号驱逐舰（USS Dallas）将一个大队的海军侦察与突袭队员送到了波塔利奥泰机场，并成功占领之。[2]打捞潜水员们在这一次行动中获得的成功，使得海军军官们确信，他们的需求是：在计划中的两栖登陆发起前，依靠这些训练精良的爆破专家炸毁滩头障碍物。当时已经确信德军正在策划沿着大西洋沿岸地区构筑一条防御带，那将覆盖所有潜在的登陆地域，因此清除对盟军登陆艇的各种威胁就成为了军事上最紧迫的需求。1943年5月6日，海军总司令厄内思特·金上将为了解决这一问题，授权成了立一支专门的“海军爆破单位”用来执行清障作业。次日，海军少校德雷普·考夫曼（Lt. Commander Draper Kaufman）受命在佛罗里达州的皮尔斯堡（Fort Pierce）筹建海军爆破学校，并且他在一个月后，即开展了海军第一支战斗爆破单位的招募工作。学员们接受了大量的体能训练，以淘汰其中那些耐力欠佳的学员，大量艰苦的运动，伴以预期中的水下爆炸物操作技术与清障技术。同样重要的是，他们对预期的登陆场进行勘察和评估，并决定何处的道路通过能力最强，最适合登陆部队向内陆实施突破。每一个爆破单位的编制为1名海军军官和5名水兵，以及一艘可以容纳7人的橡皮艇；艇上的多余空间则被用来容纳完成任务所必需的炸药。每一名爆破队员都要佩戴钢盔、穿着粗布工作服和笨重的靴子，他们不是通过游泳，而是操桨划艇或在浅水中步行接近目标。德雷普得到了海军部的全力配合，可以自由挑选学员并制订训练课程，截至1944年4月，他的学校向英格兰输送了34个海军战斗爆破单位。这些爆破队员接受了密集的训练，以为盟军预期中将要在1944年6月发动的对欧洲的反攻——霸王行动做准备。

代表性行动

1944年6月6日黎明时分，训练精熟的海军战斗爆破队员登上了诺曼底的海滩，标记或拆除了德军布设的爆炸物和任何可能危害到航渡中的登陆艇的潜在威胁。尽管他们在奥马哈海滩暴露在德军的猛烈火力下，仍然在德军的防御设施上炸出了8个缺口，付出的

---

① 培训为期一周，除前文提到的两个科目外，还进行了突击队式的突袭战术训练。——译者注

② 参加了火炬行动的为海军第1侦察与突袭大队。——译者注

海军少将德雷普·L. 考夫曼作为水下爆破专家和该领域的开拓者，组建了美国海军的第一支蛙人部队。他努力的成果迭经演变成为了今天的“海豹”队。（图片由美国海军提供）

德雷普·L. 考夫曼（Draper L. Kaufman, 1911—1979）

德雷普·L. 考夫曼于 1911 年 8 月 4 日出生在加利福尼亚州的圣地亚哥，并于 1933 年毕业于美国海军军官学校。因视力问题无法得到军官委任后，他加入了一家汽船公司，1940 年法国沦陷时他被德军扣押，后来又设法逃脱抵达了英格兰。他以海军少尉军衔在皇家海军后备役部队服役一段时间后，于 1941 年 11 月调至美国海军后备役部队，担任拆弹专家和军械官。他负责拆除了珍珠港遭袭后所回收的第一枚日军未爆航空炸弹，以供研究之用，并因此被授予了海军十字勋章。鉴于他的专业技术知识，考夫曼的下一个任命是驻扎于佛罗里达州、皮尔斯兵营的海军两栖训练基地的海军战斗爆破队，并担任了首任队长。各种技术经过他的开拓和完善，最后造就了美国海军历史上的第一支特种作战部队，即众所周知的蛙人。1943 年 6 月，他组织了第一支水下爆破队，然后在 1944 年 7 月，他率领第 5 水下爆破队在塞班岛和提尼安岛投入了战斗，为此他被授予了第二枚海军十字勋章。之后考夫曼又在 1945 年指挥了在硫黄岛和冲绳岛近岸水域开展的水下行动。他通过无数次成功的行动展示了两栖作战的可行性和实用性，但水下爆破队的大部分单位还是随着战争的结束而解散了。尽管如此，考夫曼的军衔还是不断得到晋升，并曾在数艘驱逐舰上担任指挥职务。他于 1960 年 7 月晋升为海军少将，然后在 1965 年担任了美国海军军官学校第 44 任校长。考夫曼开创性的工作最终为著名的海军“海豹”队的诞生铺平了道路，他于 1979 年 8 月 18 日逝世。

代价是 31 人阵亡，另外有 60 人受伤。他们在犹他海滩上遭受的伤亡较少，到中午时分已经在海滩上清理出了 1 500 码宽的安全地带，伤亡情况是 6 人阵亡、11 人受伤。这得归功于他们所接受的高强度训练，其中没有一例伤亡是因为爆破事故而造成的。曾出现在犹他海滩上的那支爆破队，之后又参加了同年 8 月份的“龙骑兵”行动，在法国南部执行了同样的任务，这也是他们最后一次在西欧执行任务。另外两支爆破队伍——第 2 海军战斗爆破单位和第 3 海军战斗爆破单位，被配属给了在太平洋战场作战的第 7 舰队两栖部队（Seventh Amphibious Force），并且以出色的工作支援了该部在新几内亚沿岸地区（New Guinea coast）、比亚克岛（Biak）和婆罗洲（Borneo）进行的两栖登陆。战争结束后，海军战斗爆破单位中的大部分也接受了水下爆破训练，被合并进了新的水下爆破队。

侦察与突袭队员

1942 年中，由陆军和海军陆战队联合组建的观察员大队被拆分后，其成员各自回归了原军种。在太平洋战场作战的海军陆战队开始训练自己的侦察兵和狙击手部队，但是这却在大西洋舰队的组织结构上造成了一个缺口——他们缺乏一支情报收集单位，以便支援将要在北非和欧洲海岸开展的两栖行动。嗣后，大西洋舰队两栖部队司令——海军上将亨利·K. 休伊特(Henry K. Hewitt)下令，在位于弗吉尼亚州小克里克的海军两栖基地建立一所新的训练学校。该新机构被命名为侦察与突袭队员学校(多军种联合)，掌管该学校的是美国陆军中尉劳埃德·派迪考德(Lloyd Peddicord)，在他隶属于观察员大队期间，曾为该大队用于运输用途的 7 人座橡皮艇的开发立下大功。该学校预期目标是：所有受训人员将接受高强度训练，其内容涵盖侦察、游泳、操艇和他们执行任务中最基本的突袭技巧。第一届学员共 40 名水手，他们于 1942 年 9 月 1 日到校完成报到后，被分散编入了 10 个侦察艇组，每组辖 4 名水手和 1 名军官。同时接受训练的还有一支由陆军军人组成的小分遣队，相对于他们的海军同行，其训练课程主要偏重于地面战术。按照构想，所有的士兵都将利用暗夜的掩护登上敌占海岸，对整个登陆地域进行勘查后，他们将在正确的方位安置信号设备，为航渡中的登陆艇指引航向。

代表性行动

当侦察与突袭第 1 分队完成战斗准备后，他们立即被配属给大西洋舰队并参与了火炬行动——盟军对北非的进攻。1942 年 11 月 8 日，该单位在登陆开始前，率先登岸并标记了将用于实施登陆的滩头。行动前曾担心会遭到法国维希政府军队的顽抗，但事后证明他们只进行了轻微的抵抗，有 10 名海军军官因为参与了这次行动而被授予海军十字勋章。第二支侦察与突袭大队于 1943 年 7 月 7 日组建，番号为特种勤务单位 1 号①，该单位将部署到太平洋战场。同年 9 月，他们在新几内亚的芬夏芃对登陆部队实施了引导，之后他们还参加了在格罗斯特角②(Cape Gloucester)和新不列颠沿岸地区的登陆，自身无一伤亡。为了不在军种之间引发作战管辖权方面的问题，对非海军出身成员的调令进行了修改，将他们组织成了一个新单位：第 7 舰队两栖侦察兵部队。他们重新接受了训练，其任务也进行了修改：乘坐攻击艇登陆，使用浮标等标记物为后来的登陆艇标明航道，炸毁阻碍登陆艇靠岸的障碍物，并且还要为登陆部队中隶属同一单位的已登陆部队和尚未离开运兵船的剩余部队提供通信中继服务。该单位成功地为超过 40 次两栖登陆作战提供了支援，并且在此期间没有发生过重大疏失。第三支也是最后一支侦察与突袭大队，是为了在中国与地方抗

---

① 不按原文翻译为第 1 特种勤务单位，以免与美军的第 1 特种勤务部队，或英军的第 1 特种勤务旅产生混淆。——译者注

② 肃清格罗斯特角是车轮行动的重要组成部分，旨在夺取日军在该地建造的两座机场。——译者注

日游击武装合作实施两栖游击战而组建的，所有受训人员都经过严格挑选，并在佛罗里达州的皮尔斯兵营接受了特别训练。他们在“二战”期间执行的唯一一次任务发生在1945年春季，他们化装成中国苦力，对扬子江上游地区进行了侦察，之后又沿着上海至香港的海岸线进行了为期三个月的长期监视。战争结束后，所有的侦察与突袭单位亦随之解散。

水下爆破队

美军于1943年11月23日对塔拉瓦环礁发动的代号“电流行动”的两栖突击中，参战的美国海军陆战队蒙受了极大的损失。尽管事前仔细地进行了侦察与情报收集工作，但无规律可循的潮流和隐藏在海面以下的珊瑚礁，使得大量登陆艇甚至无法驶近海滩，艇上搭载的陆战队员被迫冒着猛烈的火力涉水上岸。指挥了塔拉瓦战役的里奇蒙德·K.特纳海军上将(Admiral Richmond K. Turner)，决定成立一个掌握水下爆破技术的专业单位，以清除阻碍部队登陆的自然或人造水下障碍，而这在军事上具备绝对的必要性。不久之后，第一组共30名海军军官与150名水兵前往位于夏威夷瓦胡岛的瓦马纳罗两栖训练基地报到，并开始接受水下爆破队训练。他们的随身武器装备只有用于自卫的匕首与一包炸药。他们的任务是乘夜色的掩护，悄无声息地登上滩头，勘查并清除所有对登陆艇具有潜在威胁的障碍物，随后实施撤离。所有动作都要在不惊动守军的情况下完成。与海军在此之前组建的其他爆破单位不同，他们通过使用兰波特森水下呼吸器——一种早期的水肺——和改善了打水效率的橡皮脚蹼成为了真正的两栖战士，美国俚语中的“蛙人”一词即来源于此。因为全身只穿着一条游泳裤，他们在谈起这个话题时，还会打趣地称呼自己为“裸体武士”。经过一段时间紧张的爆破和水下技术训练后，第1水下爆破队和第2水下爆破队被派遣到中太平洋地区执行战斗任务。一般来说，水下爆破队的“海上驻地”是经过改装的运兵驱逐舰，当他们被派遣到指定区域执行任务时，则乘坐收起跳板的希金斯登陆艇。

代表性行动

1944年1月31日，蛙人们参与了旨在进攻马绍尔群岛的“燧发枪”行动(Operation Flintlock)，他们在罗伊岛(Roi)、那慕尔岛(Namur)和夸贾林岛(Kwajalein)附近进行了成功的侦察，并清除了水下障碍，这为水下爆破队计划中的扩编给予了更强有力的依据。1944年2月，现存的水下爆破队单位被打散，以便为新成立的海军战斗爆破与实验基地提供教官，该基地位于毛伊岛的基黑。最终有34支水下爆破队在该校结训，并且他们参加了几乎所有的重要两栖登陆行动，例如埃尼威托克环礁(Eniwetok)、塞班岛(Saipan)、关岛(Guam)、提尼安岛(Tinian)、安佳尔岛①(Angaur)、乌利西环礁②(Ulithi)、贝里硫岛(Pele-

① 安佳尔岛位于贝里硫岛西南，1944年9月30日被美国陆军第81师肃清。——译者注

② 乌利西环礁位于加罗林群岛。——译者注

liu）、莱特岛（Leyte）、硫黄岛（Iwo Jima）和冲绳岛（Okinawa）。他们执行的最后一次作战行动发生在婆罗洲的巴厘巴板（Balikpapan），时间是 1945 年 7 月 4 日。如果战争最后没有在当年 9 月结束的话，所有的水下爆破队事实上都将会被投入到奥林匹克行动①和小冠冕行动②——对日本本土的进攻——中去。只有两支水下爆破队——每一队编制 7 名军官和 45 名水兵——得以在战后的和平时期被保留在海军的建制中，但是作为一个军事单位，他们已经无数次地向海军展示了他们的战术作用和价值。

战略情报局

第二次世界大战之前，美国在情报收集方面的规章制度几经反复才达到其最佳状态。国务院、财政部、海军部和战争部都在他们的权限范围内，疯狂地通过不同的代理机构提高他们的情报收集能力。但是这个国家却缺乏一个不受多方利益挟制的、统一的实体，负责在最高层面对情报进行收集、分析与传播。事实上，军事情报 8 科（MI-8）——国务院最早的密码破译机构，早在 1929 年就被国务卿亨利·史汀生（Henry Stimson）以“君子不偷读他人书信”的借口解散了。这一情报方面的缺口继续存在了整整 10 年，直到 1940 年 7 月，富兰克林·D. 罗斯福总统派遣纽约州的执业律师威廉·J. 多诺万（William J. Donovan）——一位功勋卓著的陆军军官，前往英格兰对该国抵抗纳粹德国入侵的能力进行评估为止。多诺万在那里遇到了威廉·S. 史蒂文生（William S. Stephenson）——时任英国安全协调组织首脑——他说服多诺万鉴于美国有被卷入第二次世界大战的可能性，必须改良它的情报收集职能。多诺万对罗斯福如实做了汇报，总统在 1941 年 7 月 11 日授权成立了情报协调办公室。多诺万被指定为该部门的首脑，并从财政预算中获得了 1 000 万美元的拨款。这一白手起家的组织包括了四个不同的部门：秘密情报部，负责指挥非公开的情报收集行动；研究分析部，负责对自前线获得的情报进行翻译

威廉·J. 多诺万少将是战略情报局的第一任首脑，这是美国历史上第一个专门实施秘密准军事行动的机构，并且是后来的中央情报局的前身。这位受过律师培训的军官是第一次世界大战期间获得过最多褒奖的美国军人之一。（图片由美国国会图书馆提供）

① 奥林匹克行动是预计对日本九州岛实施的进攻计划。——译者注

② 小冠冕行动是豪雨行动的一部分，进攻目标是日本的本州岛。——译者注

与总结;国外情报服务部,负责进行政府性质的宣传,又名"白色宣传";以及特种作战部,该部门被授权执行非公开的国外作战行动。颇具讽刺意味的是,尽管情报协调办公室对美国的国家安全具有重要意义,它却与英国情报机构关系更加密切,而这仅仅是因为当时联邦调查局、海军、陆军和国务院正忙于为了争夺地盘而进行内斗,拒绝将正在进行的工作知会该部门,更不用说实施协同行动了。

美国情报机关这种令人遗憾的状态,随着日本于1941年12月7日突袭珍珠港而立即得到了改正,情报协调办公室、国务院以及军方最终被迫走到了一起。为了将多诺万机构的管辖权,自行政机构转交给新成立的参谋长联席会议,罗斯福于1942年6月13日签署了命令,将其重组为一个新的机构——战略情报局,或者以字母缩写的形式简称为OSS。这一实体的任务是:秘密收集并分析外国情报,以协助参谋长联席会议制订并执行高层战略。尽管战略情报局当时在技术上仍然是一个民间机构,仍然吸收了很多穿制服的军人,其中多诺万本人就被授予了少将军衔。当该机构投入运作后,它得到了在国外执行机密任务的授权,其中包括破坏行动,而这并非是严格意义上的情报机构所应该涵盖的工作范围。在以后的三年里,多诺万和精心打造的特工组织积累了大量经济、政治和军事情报。情报收集范围涵盖了纳粹德国、法西斯意大利、日本帝国和他们的盟国,并且被证明对盟军的战争努力起到了关键作用。它的间谍网还包括了政治家和潜在的持不同政见者,其中最重要的一名间谍是德国高级外交官福里茨·科尔比(Fritz Kollbe)。火车和船只是战略情报局特工经常利用的交通工具,虽然对他们来说通过降落伞空投到目的地,或者从潜艇上转乘小艇登上敌占区海岸也是常用的交通手段。他们还渗透进了奥地利、匈牙利和德国境内的数个反法西斯组织,利用他们散布对所在国政权不利的宣传。战略情报局特工对指派给他们的目标国的语言和文化有深刻了解,他们发展的情报关系遍布欧、亚,并且更重要的是,为大量的抵抗运动组织提供了武器和训练。特工们还负责支援中国军队和缅甸的克钦族游击队,帮助他们以更有效的方法与日本占领军作战。1945年3月,一个战略情报局小组甚至与法属印度支那(越南)共产党组织越盟的领导人胡志明建立了正式的联系,为他衣衫褴褛的部队提供了枪支与无线电设备,以便与入侵者作战。战略情报局的医疗人员保罗·霍格兰(Paul Hogland)甚至为当时正因感染了疟疾和痢疾而衰弱不堪的胡志明提供了护理,最终使他活了下来。随着德国在1945年5月8日投降,战略情报局的领导艾伦·福斯特·杜勒斯(Allen Foster Dulles)个人安排了驻意大利的德军部队向盟军投降的事宜。战略情报局在其影响力的最高峰,雇佣了超过24 000名工作人员,他们掌握了完成赋予该部门的各种任务所必需的各种的技能。当时,它是从全球范围获取情报的间谍机构中的最成功者之一。

代表性行动

在战略情报局执行的所有行动中,最著名的非"杰德堡"行动(Operation Jedburgh)莫属。这一名称来源于一座位于苏格兰高地的小镇，它靠近这些特工的主要训练营地。“杰德堡”由 93 支 3 名特工组成的小队，或者说行动小组组成；通常包括一名情报与行动总局的法国特工；两名战略情报局的美国行动人员或者两名特种作战执行处的英国特工。他们将通过夜间跳伞进入被占领的法国、比利时和荷兰境内，并与该地区的抵抗组织——马基(Marquis)取得联系，充当他们与盟军远征军最高司令部的联系渠道。每一支“杰德堡”小队都装备了一台又名“杰德设备”的 B 型马克 2 无线电台，特工们通过它与位于伦敦的特种部队总部保持紧密联系。他们还接受了科目全面的其他训练：包括发报、编码、伞降、为接近中的飞机设置导航灯标、炸药和爆破装备使用，以及与这一行当有关的其他各种实用小技巧。使用最广泛的一种炸药是 C 型混合炸药——现代塑料炸药的前身，该型炸药威力强劲，高尔夫球大小的一块就足以炸断铁轨。最后尽管他们执行的是高度秘密的任务，战略情报局行动人员仍然穿着军服，以免在被德军俘获后被诬蔑为间谍(遭到拷问与处决)。杰德堡行动也被认为是战略情报局第一次通过与英国特种作战执行处进行大规模合作的方式、大范围地介入到西欧事务中去的尝试。政治意图是不会永远深藏不露的，然而哪怕只是出于权宜之计，德怀特·D. 艾森豪威尔将军还是以极富外交手腕的做法，将杰德堡行动置于法国的控制之下。

“杰德堡”队员们在霸王行动发起之前抵达了法国，刚好赶得上为盟军在 1944 年 6 月 6 日对西欧发动的反攻做好铺垫。在与必不可少的马基游击队组织取得联系后，下一步就是为这些抵抗战士安排补给品和武器的空投。最终通过 4 000 架次的空投，运来了多达 6 000 吨的各类物资。尽管如此，他们的任务重点并非实施破坏活动——这只会挑衅德军展开报复行动而已，而是宁可通过侦察，获得德军部队调动与海岸防御工事方面的情报。登陆日之后，“杰德堡”队员与马基在德军防线后方展开了一场战役，其目的是通过进行破坏活动，阻滞正从后方涌向诺曼底滩头的德国增援部队。这一类行动在军事上造成的确切影响从未得到过精确的评估，但毋庸置疑的是，这一类行动将成千的德国士兵牵制在了后方，以守卫通信与补给线路，如果他们可以被派遣到其他地方，无疑会对战局起到更大的影响。盟军旨在进攻法国南部的龙骑兵行动期间，杰德堡队员在法国里维埃拉地区也进行了类似的行动，并取得了不相上下的战果。“杰德堡”分队的另外一个重要职能是，为被击落在法国上空的盟军空勤人员提供安全的藏匿处所，并择机将他们偷运出法国。“杰德堡”分队在法国、荷兰和比利时的工作持续到了 1944 年 10 月，他们被召回英格兰为止。

战略情报局凭借在战场上获得的成功，为他们挣得了一份优秀的业绩评估报告，并且它们的行动毋庸置疑地加速了战争的进程，可能还拯救了几千名盟军军人的生命。多诺万将军在为该机构的存续辩护时，将以上事实提交给了罗斯福总统的继任哈利·S. 杜鲁门(Harry S. Truman)总统。但尽管如此，后者仍然在 1945 年 10 月 1 日解散了该机构。之后，通过过去的三年时间，煞费苦心地建立起来的情报收集能力，被国务院与战争部平分。随着新的斗争，即与苏联之间的冷战的开始，成立一个单一的、高度协调的秘密组织再次被提交到了议事日程上来。根据 1947 年度国家安全法案的授权，成立了美国的第一个永久性间谍机关，即传闻中的“中央情报局”。很多前战略情报局工作人员在该机构内延续了他们卓越的职业生涯，其中包括了威廉·科尔比①，中情局未来的局长；卢西恩·考尼恩(Lucien Conein)，越战时期中情局最重要的行动人员②；陆军少将约翰·辛格劳布③(John Singlaub)和亚伦·班克(Aaron Bank)上校——他后来参与了著名的“绿色贝雷帽”的创建工作。后来传授给美国军方的很多特种作战方面的技巧和技术，都源自战略情报局，全部是由他们自己的特种作战部队在1943年至1945年间开发出来的。

其他

美国志愿大队

爆发于1937年的那场中日之间的战争，在很多方面来说，是后来逐步扩展到全球范围的那场战争的开场白。1868年的明治维新使日本自闭关锁国中解脱出来后，日本就一直致力于建立一个大帝国，并在其后的70年里引进并学习了西欧最先进的军事技术，在很多实践中还进行了相应的改良，以便为他们自己的目的服务。这一点尤其体现在军事航空领域。例如在1937年，日本就将当时世界上最先进的战斗机和轰炸机投入了战场，驾驶它们的飞行员都经过完善的训练并狂热地献身于他们所追求的胜利。他们面对尚处在蹒跚学步阶段的中国国民党空军时，取得了压倒性的优势。尽管如此，后者仍然力争拉平与入侵者之间的差距，这导致了大量外国籍“军事顾问”涌入了该地区，其中大多数人的动机是，通过为当时的中国政府领导人蒋介石服务而谋得一官半职。并且后来也证明了，其中大部分人纯属搞欺诈的冒险家，他们为中国航空业带来的弊要远大于利。但这些所谓的顾问中，还是有一个名字作为全世界最伟大的空中游击战典范赫然而立。他就是克莱尔·李·陈纳德(Claire Lee Chennault)。不仅是因为他担任顾问时显示出的能力堪称典范，也因为由他塑造成形的那支后来在历史书上被记录为著名的“飞虎队”的秘密单位。这一支经历丰富多彩的部队从未被正式纳入过美国军方的编制，却在太平洋战争最初阶段展现的黑暗前景中，振奋并鼓舞了西方世界。

就像许多成功的不循规蹈矩者一样，前战斗机飞行员陈纳德无以名状的奇怪出身背景，使得当别人要形容他的风度时，所能用到的词不外乎“默默无闻”这四个字。当他于1935年在弗吉尼亚州的兰格利机场(Langley Field)主持陆军航空兵战术学校时，他写出了一本著名的论著《防御性驱逐的规律》。该书的基本假设是，战斗机只要得到适当的指挥，就能在大多数情况下对来袭的轰炸机编队造成惨重损失。他的这一理论有悖当时盛

---

① 威廉·科尔比在1973—1976年间，曾担任中央情报局第十任局长。——译者注

② 卢西恩·考尼恩在发生于1963年的那次最终导致吴庭艳被刺杀的政变中扮演了重要角色。——译者注

③ 约翰·辛格劳布“二战”期间曾参加杰德堡行动，战后他在东北亚、拉丁美洲和东南亚地区指挥了中央情报局的秘密行动。——译者注

行于陆军航空兵内部的教条，该教条之后演变为了“飞行战列舰”概念：仅凭轰炸机编队，例如新式的 B-17 轰炸机就足以依托其机载火力，为编队自身提供足够的掩护火力，无需战斗机护航即可单独完成任务。1937 年陈纳德因恶劣的健康状况，以及在军中缺乏同僚的认同而辞去了军职。幸运的是，他遇到了令人敬畏的蒋介石夫人，蒋夫人用一口流利的带乔治亚州口音的英语，说服他随自己返回中国，并对中国空军现状进行一次调查。陈纳德的所见所闻使他震惊了，以当时由意大利人掌管的航校为例，它向任何在该校学习过的民国勋贵子弟签发飞行执照，而对其能力则根本不予过问。负责保养飞机的所谓外国技师则都是些冒牌货。这么说来，训练精良的日本空勤人员之所以能在空战中轻易驱散他们的对手，并纵横中国领空如入无人之境，也就不那么令人感到意外了。蒋是如此绝望，以至于他的政权与约瑟夫·斯大林签署了若干个协议①，以此来获得苏联“志愿人员”及由他们驾驶的两个大队的轻型轰炸机和四个大队的战斗机②。直接与苏联军人打交道的陈纳德，对他们的技能和专业精神深表欣赏，同样苏联人也对他的空战理论表示出了强烈的兴趣。在 1937 年至 1938 年间，苏联人在对日空战中取得了数次战术性的胜利，但在 1940 年因为笼罩在苏德之间的战争阴云，所有的苏联志愿航空队人员全部奉命回国。幸运的是，陈纳德已经证明了自己对于日本空中力量是一个敏锐的观察家。他在承认日军飞行员的英勇的基础上，开始通过他的专业眼光逐一剖析对方的弱点。他很快推论出：日本飞机采用了轻量结构以大幅强化机动性，相应的日本飞行员的战术就是，引诱对手与他们进行同样的战斗机动。根据陈纳德的估计，日本人的飞行训练与装备的开发都是基于一个原则，如何更好地重演第一次世界大战时期的空战。陈纳德将他的观察结果传回了华盛顿，陆军航空兵的高层指挥官们对他的建议，不是不予置信，就是干脆予以忽视。1940 年夏，日本海军将著名的三菱 A6M“零式”战斗机投入了实战，几乎摧毁了中国空军的剩余力量。陈纳德在检查了一架被地面火力击落的该型战斗机后，向战争部发出了一封措辞狂乱的电报，警告他们该型战斗机具备极优异的缠斗性能。尽管如此，美国军方的高层人士仍旧一厢情愿地相信，日本的航空工业中充斥着门外汉，并且对现代战争而言，他们制造出的航空兵器根本无足轻重。1941 年日本轰炸机编队重创了中国的工业和人口中心后安然离去，反映出了中日之间的空军力量对比已进入了极度悬殊的境地，蒋介石说服了陈纳德，对抗这波空中闪击战的唯一方法就是依靠一支全部由富有经验的外国飞行员组成的航空部队——并且要配备现代化的飞机。为了获得美国对该计划的支持，在此之后，陈纳德偕蒋夫人及著名的财政部长宋子文(T. V. Soong)访问了华盛顿。当时美国正严守其中立状态，当他一提出要求获得足够组建一个飞行大队的地勤、空勤人员，并让

① 指 1937 年 8 月 20 日签署的《中苏互不侵犯条约》和《军事技术援助协定》。——译者注

② 截至苏联援华志愿大队回国为止，共有 227 名苏联飞行员为保卫中国的领空牺牲。该大队装备的机型主要为 DB-3 轰炸机与 I-15/16 战斗机。——译者注

克莱尔·L.陈纳德将军是首屈一指的空中游击战战略家，并且他的“飞虎队”是第二次世界大战时期最著名的飞行单位之一。（美国国家档案馆）

克莱尔·L.陈纳德（Claire L. Chennault, 1890—1958）

克莱尔·李·陈纳德1890年9月6日出生于得克萨斯州的康莫斯，于1920年加入了陆军信号兵部队航空科，并获得了飞行翼章。陈纳德是一名天生的飞行员，他在其后的20年间得到了好几个重要职位的任命。1935年他出版了重要著作《防御性驱逐的规律》。一边耳朵丧失听力后他失去了飞行资格，因此他于1937年4月辞去军职并接受了蒋介石夫人的邀请出任国民政府的航空顾问。在随后的4年中，他检视了日军的空战能力，并向华盛顿方面多次示警，均遭无视。1941年他说服美国政府允许他组织了一支大队规模的雇佣军，其正式名称为“美国志愿大队”，直接投入对日作战。同年12月，陈纳德的3个中队在与一度不可战胜的日航空兵部队的空战中取得了胜利，他们也随之被新闻机构盛赞为“飞老虎”①。记录在陈纳德大队名下的战果超过100架，损失为12名飞行员，但该大队最后还是在1942年7月被解散。他于1943年3月被提升为少将，并执掌新组建的第14航空队，该部至战争结束前声称击落了2 600架敌机，另外击沉了120万吨各类船舰。陈纳德拒绝了授予他的第三颗将星后，于1945年8月再次辞去军职并留在中国，担任了民航空运公司首脑，之后该公司被出售给中央情报局②。航空界的第一位游击战士陈纳德，于1958年7月27日在路易斯安那州的新奥尔良逝世。

他们以雇佣军身份参战的请求时，他遭到了军方的嘲弄。幸运的是，该计划传到了富兰克林·D.罗斯福总统的耳中，中国当时所处的窘境很容易就感动了他。最终罗斯福下令从陆军、海军和海军陆战队军人中征集志愿者，组成一支包含了飞行员和机械师的“特殊单位”。他们被允许辞去当前的军职，并与中央飞机制造厂签订合同，以该厂雇员的身份为中国服务。飞行员的薪酬以同时代的标准来说极其丰厚，概略估计达每月600美元，每击落一架日本飞机另有500美元奖金，最终有109名飞行员和186名地勤人员志愿参加。此外，他们还得到了100架已刷上英国皇家空军标记的寇蒂斯战斧IIB型战斗机——P-40B。上述安排都打着擦边球，避开了当时的中立法案和出口法案。另外，考虑到局势的严重性，罗斯福还

① 1941年12月20日，第1与第2中队在昆明上空拦截了10架99式轰炸机，当场击落其中3架。——译者注

② 民航空运公司即后来的美国航空公司。——译者注

派遣了两名私人助理：劳赫林·居里（Lauchlin Cury）和托马斯·G. 科克伦，为各项安排疏通道路。当该单位的三个中队全部做好战斗准备后，他们将在投入战斗时使用"美国志愿大队"这一误导性的番号。所有的 P-40B 战斗机还在引擎整流罩下半部分涂装了"血盆鲨口"图案，这一日后十分著名的涂装参考自在北非作战的某些皇家空军中队[①]。

贯穿 1941 年夏秋两季，陈纳德的秘密行动人员和他们的装备在缅甸的仰光卸船，经过长途跋涉后抵达了同古，并进驻当地的皇家空军机场，开始适应环境。在那里他们接受了陈纳德关于空战格斗的革新性理论，其中最重要的是：如何利用日本人战术中不知变通的那一部分，来达到最终战胜他们的目的。他的演讲叙述了日军是如何通过优良的训练和装备，做到了在施展经典的"缠斗"战术时立于不败之地的。也就是说，一场在水平航道上以慢速进行转弯的竞赛。反过来，他指导他的部下要利用 P-40 型战斗机的动能，它的速度更快、起飞重量更大，当它们俯冲与拉起时，上述两点赋予了它们比敌机更快的速度。日军飞机起飞重量更轻，航速更慢，无法维持追尾的状态。将之归纳为战术用语就是避实击虚。陈纳德还命令所有的飞行员，忽视先前接受的所有训练，专注于练习如何以双机编队飞行与空战，尤其是要练习如何在双机编队下进行垂直机动动作。简单地说，就是爬升至优势高度后，向猎物俯冲，然后立即脱离接触，再次爬升进行另一轮俯冲。曾经风光一时的"打了就跑"式的游击战术，本来只是权宜之计，应用到空战战术上之后，结果反而成为了一种决定性的新战法。陈纳德同样还注意到了早期预警对于反空袭的重要意义，因此他在整个华南地区设立了一个秘密的预警网络，它可以通过无线电、电话和有线电报，传回敌军机群的规模、航速、航向以及可能的目标等情报。陈纳德也将他对空战战术的专业意见提供给了皇家空军，但大部分英国军官作为曾与德国、意大利空军交手多年的老兵，对他提出的打了就跑式的战术仅仅是付之一笑。至 1941 年 11 月，陈纳德已经有两个中队驻扎在中国昆明，第三个中队则驻扎在缅甸的明加拉顿，以便对仰光提供空中掩护。他们将要面对的主要敌人是日本陆军航空兵，他们当时尚未装备仅作为舰载机使用的三菱 A6M 零式战斗机，但仍然掌握着优秀的飞机和飞行员。直到 1941 年 12 月 20 日，美国志愿者大队才在战火下经受了洗礼，那已是日军对珍珠港发动攻击两周之后的事情了。陈纳德通过他的早期预警系统得知，一个由 10 架三菱 99 式轻型轰炸机（盟军称为：Ki-48 Lily）组成的机群正在飞往昆明的路上。因此他命令两个中队——数量是侵入者的 4 倍的 P-40 战斗机升空。日军对在这一次空战中受到的教训是如此刻骨铭心，以至于他们在美国志愿大队驻扎昆明期间，再未敢对昆明发动空袭。

代表性行动

战斗的重心很快就随着日本航空兵部队以多种机型对英国在仰光的重要码头设施展开

① 当时使用这一涂装的皇家空军中队有第 73、第 112、第 208 和第 274 中队。——译者注

轰炸而转向了南方。陈纳德在该地时刻保持着一个中队18架战斗机的兵力，在1941年12月23日至1942年2月27日间，对日军大规模轰炸机编队及其护航机群展开拦截，已成为他们每日的例行性任务。其间美国志愿大队得到了几个虽然只装备了过时的霍克飓风式和布鲁斯特水牛式战斗机，但作战意志坚决的皇家空军战斗机中队的支援。事实上在与敌人间发生的每一次空战中，美、英飞行员们都是在以寡击众，并且他们总是能在与前者的战斗中取得极好的战果，飞虎队员们因为他们取得的辉煌战果，登上了全世界的头条新闻。日本轻型和中型轰炸机部队在战术方面，有着与日本战斗机部队相同的缺陷，因而无法承受P-40的集火攻击。例如在1942年1月12日，一个由9架三菱97式中型轰炸机(盟军称为Ki-21 Sally)组成的编队，在中岛97式战斗机(盟军称为Ki-27 Nate)的护航下飞抵仰光上空，美国志愿大队击落了全部9架轰炸机，自身无一损失。这种疲劳攻击的模式一直持续到了英军面对日军的地面攻势被迫撤退，并弃守仰光为止。尽管如此，相比当时太平洋战场上的其他盟军战斗机单位，美国支援大队在与敌人的战斗中已经取得了重大战果，声明击落了超过50架日机，而自身仅损失了20架P-40战斗机。缅甸上空的胜利，在心理上对当时仍然笼罩在夏威夷受袭和菲律宾失守的阴影下的美国公众，起到了极大的鼓舞。著名的沃尔特·迪斯尼工作室甚至为当时声誉正隆的飞虎队设计了他们独有的队徽：一只孟加拉虎跃过了象征胜利的“V”字。当时的新闻报道，使得陈纳德成为了战时最著名的飞行员。

随着仰光的陷落迫在眉睫，美国志愿大队撤退到了缅北的马圭，他们依托该地继续在对日机的作战中取得战术胜利。当机械损耗进一步加剧了美国志愿队在兵力上的劣势后，陈纳德又将他们转移到了华南的垒允①进行重组，当缅甸最终沦陷后他们又转移到了保山。就像真正的游击作战一样，他经常轮换使用数个简易机场，作为美国志愿大队的作战基地，这些机场完全是依靠上千名中国劳工以人力修建的，陈纳德通过这种方法有效地避免了任何遭遇日军空袭的可能性。在那个阶段，美国志愿大队执行的基本任务也由截击入侵敌机转向了对地攻击，他们对正在渡过萨尔温江②，意图入侵中国南部③的日军行军纵列实施了猛烈的轰炸和扫射。持续执行这一危险任务，在飞虎队的飞行员中激起了一场小规模的哗变，最后完全是依靠陈纳德的强硬个性才将其弹压了下去，并且对地攻击任务在“哗变”期间并未中止。④考虑到陆军航空兵当时正在快速扩充之中，美国志愿大队中所有的退役军人皆被召回美国转入现役，美国志愿大队在投入战斗7个月后，于1942年7月4日在昆明正式解散。最初的成员中只有5名飞行员和屈指可数的地勤人员选择留

① 作者对垒允的地理位置的描述是错误的，该地实际位于云南省泸西县境内，中美合资建造的在当时属于世界一流水平的“中央飞机制造厂”即位于该地。1942年4月，日军推进至该地后，厂房仓库全部被烧毁以免资敌。——译者注

② 源于我国青藏高原唐古拉山，离开源头后称为怒江，由滇入缅后称为萨尔温江。——编辑注

③ 应为中国西南部。——译者注

④ 此即著名的惠通桥之战，飞虎队的对地攻击确保了萨尔温江以东的机场不落入日军控制，为日后驼峰航线的开辟奠定了基础，这是飞虎队取得的一次真正的决定性胜利。——译者注

在中国,并加入了后来新成立的隶属于驻华航空兵特遣部队的第 23 战斗机大队(23rd Fighter Group, CATF),但是凭着陈纳德的空中游击战术,当盟军其他单位遭遇灾难性的失败时他们却以同等装备取得了成功,这已经足以使得他们在航空史上青史留名。总而言之,他们戏剧性地证明了日军并非不可战胜,他们是可以被打败的。美国志愿大队下属的三个中队,经过官方公布的战果是 299 次空战胜利,但是在那之后,历史学家们将这个数字削减到了 115 次。这一战果上的削减并未减损他们的成就,考虑到日本陆军航空兵部队在"二战"初期处在"种子选手名单"的顶端,以及在装备质量上处于上风,陈纳德在缅甸和华南①取得的成功仍然是无与伦比的。飞虎队中不少于 19 名飞行员,成为了战果 5 架或 5 架以上的王牌飞行员,同时他们也付出了 14 名飞行员阵亡、失踪或者被俘的代价。对美国志愿大队这支历史上最著名的秘密航空单位的回忆,通过今天的第 23 战斗机大队得以延续,该大队在他们的飞机上做了同样的"血盆鲨口"涂装。1991 年美国志愿大队还获得了总统集体嘉奖令这一荣誉。虽然按照官方的说法,他们仍然隶属于中国国民党空军。

克钦族突击队员

第二次世界大战爆发之初,日本皇军以令人震惊的速度和效率,横扫了太平洋地区和亚洲大陆。而这一点在英属缅甸要比其他地方表现得更为明显,在日军的一轮猛攻之下于 1942 年 3 月即告陷落。此举切断了通往中国南部的"滇缅公路"——当时由蒋介石领导的中国国民党政府硕果仅存的一条陆上补给线。当英国人正在印度北部疯狂地加强他们的防线并为发动一场反攻作准备时②,战略情报局于 1942 年 4 月 14 日成立了 101 单位,其目的是动员北缅地区的当地人,尤其是克钦族人协助盟军作战。这支部队的进驻是响应了战略情报局的前身——情报协调办公室的普雷斯顿·古德费勒(Preston Goodfellow)上校进行的一项参谋研究。考虑到当时的艰难时局,新近任命的中缅印战区美军总司令约瑟夫·W. 史迪威中将对该计划表示了适度的兴趣,使得该计划最终得以展开。事后这被证明为一次开销极其巨大的行动,因为行动的每一个步骤,从指导不久前还生活在原始状态的当地人学习现代化的军事技术,到在行动的整个过程中完全依赖空运提供补给品,并且都是(没有先例

一支由美国军人和克钦族侦察兵组成的混合部队正在穿越缅甸的丛林。克钦族人反抗日本占领军的作战行动,是由战略情报局发起的最成功的战役之一。(图片由美国国会图书馆提供)

① 应为中国西南部。——译者注
② 即若开攻势。——译者注

可循的)试验性行动。尽管如此,卡尔·F. 艾斯勒上校还是从他位于印度阿萨姆邦的总部,派出了数支由接受过美国人训练的缅甸行动人员组成的小队,潜回克钦地区执行救援任务,并对当地的游击队组织提供补给。克钦人对日本占领军的高压统治深恶痛绝,都极其愿意渗透过日军战线,前往阿萨姆接受军事和通讯训练。这些志愿者非常友好,天性善良,然而又能冷酷地全身心投入他们的工作。此外,他们也被证明能够很好地适应险恶的丛林环境,并且很快就熟练掌握了编码发报和自动武器的使用技术。克钦人尤其精通的是在敌军惯用道路两侧布置以削尖的木棍①构成的杀伤区,并依此发动伏击。当一次攻击发动后,日军士兵的反射动作就是扑向路边的灌木丛寻找掩蔽,一阵剧痛后他们就会发现自己已经被木棍穿透了。每个克钦人在参加战斗时还佩戴着他的传统短剑,或者说宽刃剑。美国人的回忆中经常提到,克钦人用日军的尸体练习利用他们的短剑割取耳朵的技巧,并且他们还会将这些耳朵当作战利品保存起来。当他们结训后,志愿者们会通过跳伞返回克钦地区,并在偏远山村,以小组为单位开展秘密情报收集任务。精通一击脱离战术的他们,还被证明是日军巡逻队和补给线路在整个缅北地区最终绝迹的原因;他们在这一不适宜人类居住的地区,消灭了数个小规模的日军单位,并且炸毁了数座重要的铁路桥。被证明办事稳当的艾斯勒对这些被他称为克钦"突击队员"的非常规战士非常满意,并且说服史迪威将军同意对他们进行扩编并赋予他们更多的任务。

第一次由美国人率领克钦突击队员执行的作战行动,延后至 1943 年 1 月,这一次他们的任务是在日军建有一座重要机场的密支那城北部的Ngumla②地区,设置一个游击战基地。虽然伏击与破坏是重要的,克钦突击队员们的基本任务是组成特工/无线电操作员小队,沿日军自密支那至缅北的交通线进行侦察活动。他们收集到的资料将传回位于 500 英里外的印度纳齐拉的总部,然后美国第 10 航空队将派出飞机,对日军的补给车队实施轰炸与扫射。如果有飞机被地面火力击落,克钦人还将专门协助空勤人员偷越回盟军战线,有 300 名美国和英国军人得益于他们的行动而获得救助。当年年末,101 分遣队在敌后管理着不少于 6 座情报基地,全部通过定期的夜间空投得到补给。由他们收集到的关于敌军进行兵力集结的情报,事后被证明对盟军当时计划中的将要对缅甸发起的反攻,具有极重要的价值。然而艾斯勒上校开始表现得越来越古怪,这是他在一次行动中头部意外遭受打击的结果。1943 年 12 月,战略情报局局长威廉·多诺万将军命令威廉·R. 皮尔斯(William R. Peers)中校接替了他的职务。

代表性行动

1944 年春,盟军对缅甸由防御态势转入了攻势,其意图是将日军驱逐出该地区。同年

① 原注为 pungyi stick,正确的拼法为 Punji stick。——译者注

② 英国殖民时期的地名,今已不存。——译者注

4月，随着志在夺取密支那机场的梅里尔掠夺者部队下辖的三个营深入丛林，“加拉哈德”行动(Operation Galahad)拉开了序幕。密支那机场是敌军的一处重要据点，驻扎在该地的日本飞机，可以对极其重要的飞越喜马拉雅山——或者又名“驼峰”的盟军运输机展开袭扰。该机场对日军的重要性不论如何夸大都不会过分，因而守卫该机场的任务交给了曾经侵战了新加坡的第18师团下辖的精锐部队。幸运的是，与掠夺者们一起行动的，有不少于3 200名全副武装的克钦突击队员，他们在这段穿越山地丛林地带的旅程中担当了侦察兵和向导。这些精通丛林战、行动敏捷的克钦人在这一地区多雾而令人毛骨悚然的环境中，极大地鼓舞了美国人的士气。他们准确无误地提供了各种支援，包括可靠的情报，在主力行军纵列前方实施侦察、肃清部队的侧翼，起到了屏护掠夺者部队行踪的效果，使得敌军误认为在该地区只存在游击队活动。然而，“加拉哈德”部队在努力穿越海拔6 000英尺的库蒙山脉的那段长达65英里的行程中，仍然因为地面泥泞湿滑损失了一半的驮畜和装备。唯一一个认路的克钦族向导一度还被毒蛇咬伤，但是他拒绝被疏散致后方，在上了止血带并被带子捆到马背上之后，继续履行他的职责。1944年5月14日，克钦侦察兵们在未被日军发现的情况下潜入了敌军的阵地并回报：并未发现日军采取任何特殊的防御措施。飞机场旋即在5月17日被快速地攻克了，尽管后来攻克市区的战斗受阻，并一直被拖延到了8月。鉴于他们对最终胜利所作出的重要贡献，史迪威授权克钦部队扩编至10 000名游击队员。他们将分别在不少于3名地区司令官的指挥下，配合实施针对日军的大规模作战。

1944年8月至12月间，克钦突击队员支援了盟军自卡萨向八莫的推进，后者最终于1944年12月15日被攻克。这些原住民再一次通过执行渗透敌军防线、设置埋伏、提供准确的军事情报等任务，为他们赢得了名望。之后克钦突击队员又被派往掸邦清剿东枝至景栋公路沿线的日军，尽管敌人的抵抗是凶猛而狂热的，但幸运的是，截至1945年6月15日，克钦人已经拿下了战略据点劳索、邦塔拉、雷列姆，并且以阵亡300人的代价，消灭了1 200名日军并击伤了更多。这是克钦人在战时杀伤敌人最多的一次战例，当然他们还得到了几百名全副武装的克伦族人、库尔喀人、掸族人和中国志愿者的帮助。101单位于1945年7月12日在缅甸的Simlumkaba①正式退出现役，并因为他们在战时协调组织了美国最成功的游击战役，而被授予了总统集体嘉奖令。每个克钦族战士也都得到了美国政府颁发的军事协助奖章，以示褒扬，其中最勇敢的战士还得到了日本刀和其他武器作为纪念品。在过去的两年中，不少于162支由原住民组成的特工/无线电操作员小队，通过陆路、海路或空降潜入了敌后。克钦突击队员还向驻印度的美国陆军第10航空队提供了其75%的高价值情报，史迪威的北缅战区司令部接收到可用情报中的85%，也来自克钦突击队员。除此之外，他们还炸毁了57座桥梁、9列火车，击毁了272辆日本军用卡车，以及车

---

① 英国殖民时期的地名，今已不存。——译者注

上运载的各类军用补给品共计 15 000 吨。此外，克钦人的行动还迫使兵力本已捉襟见肘的日军抽调了大批战斗部队，掩护后方部队和通信线路。这 10 800 名武装游击战士偕同他们的 120 名美国指挥员，取得的战果总计为：击毙 5 428 名日军、击伤超过 10 000 名，另有 78 名日军被他们俘获。101 单位的战时损失计为 27 名美军、338 名克钦族战士阵亡，另有 40 名原住民情报人员为了完成赋予他们的使命而献身。综上所述，这是一次由当地人组成的武装部队实施的一次激动人心的非常规作战范例，映出了现代绿色贝雷帽部队的影子。

美国原住民

“二战”时期通信技术的飞快改良，再次打开了一条将语言学秘密应用于战场上的全新途径，早在 1918 年该“战术”就由乔克陶族通话员成功地运用过。要在现代战争中取得胜利，很大程度上要依靠具备安全性的军事通讯的顺利实施，并且要兼顾传输的时效与不可破译性。标准的加密方法通常都能在一定程度上保证安全性，但宝贵的时间就必须花在信息的编码与解码上面，一旦前线的作战行动陷入白热化状态时，编码、解码就成为了相当奢侈的一件工作。因此最令人满意的可以保证信息安全的实时通讯方法，就是使用一种只有少数原住民通话员掌握的语言或地方方言，通过无线电或电话进行语音传输。这一基本原理 1918 年就在几名乔克陶通话员身上得到了验证，之后这一实践就在两次战争之间的和平年代中完全湮没了。①

“二战”期间，将语言学应用在军事用途上的最著名的例子，非纳瓦霍密码通话员莫属，他们被大量招募进了美国海军陆战队和美国海军，并在太平洋战场参战。早在 1942 年，菲利普·约翰斯顿②，一名在纳瓦霍保留地传教的传教士之子，就能够流利运用原住民语言，他向克莱顿·B. 沃格尔少将③演示了招募说原住民语言的人，并将其运用于战地通信的可能性。这种语言只通行于居住在美国西南部的纳瓦霍人之间，非常复杂，而且音调变化十分微妙，一个外来者必须花费毕生的实践才能流畅地运用这种语言。并且这种语言和几乎所有的美洲原住民方言一样，不是一种可书写语言，所以难以学习。因为当时只有 30 名非印第安人掌握纳瓦霍语的会话，约翰斯顿认为这种语言对于德国、日本或意大利具备相当程度的安全性。沃格尔作为太平洋舰队两栖军（缩写：ACPF）司令，认识到这对现场无线电通信是一大助益，然后他安排了大量在模拟战场环境下进行的测试。不出意料的是，一名经过训练的纳瓦霍密码通话员可以在 20 秒时间内，准确地转发一条长度三行的英语信息，而使用传统方式加密同样长度的信息，就需要花费相当于 30 秒的时间。

---

① 乔克陶族通话员参加了默斯—阿尔贡战役，另外切罗基人也在“一战”期间担任了通话员。——译者注
② 工程师，“一战”老兵，当时仅有的几名可以流利使用纳瓦霍语的非原住民之一。——译者注
③ 时任太平洋舰队两栖军（ACPF）的司令。——译者注

沃格尔对这些美国原住民表现出适当的兴趣，觐见了海军陆战队总司令，并建议招募纳瓦霍人接受军事通信训练，1942 年 5 月第一批 29 名纳瓦霍人抵达了加利福尼亚州的彭德尔顿兵营。当战争结束时，不少于 420 名纳瓦霍人作为密码通话员，在美军中服役，并且在横跨太平洋地区的各个战场上作出了无法估量的贡献。开赴海外前，所有通话员都能够熟练背诵一本特别编写的辞典，内容涵盖了所有将在战斗中应用到的军用术语和短语以及代码。举例来说，简单的原住民词汇，如“dah-her-tie-hi”（蜂鸟——原注），就被用于指代“战斗机”。纳瓦霍密码通话员以令人惊异的速度和精确性，在瓜达尔卡纳尔岛、塔拉瓦岛和贝里硫岛完成了他们的工作。1945 年 1 月的硫黄岛战役期间，他们仅仅为陆战队第 5 师就发送并抄收了超过 800 条编码信息，加快了美军取得最后胜利的速度。战后，几名日本情报军官承认：对于截获的美国原住民方言信息困惑不解、束手无策。纳瓦霍人还在 1950 年至 1953 年间，在朝鲜战场执行了相似的任务，直到该计划于越南战争早期终止为止。在军方的安排下，关于纳瓦霍密码通话员的存在继续被限制在极小的知情范围内，直到 1992 年 9 月，当时尚健在的密码通话员在白宫举办的正式仪式上领取了迟到的荣誉为止。

在欧洲和其他战区，美国陆军同样招募了美国原住民担任密码通话员，包括了波尼族、克里克/塞米诺族、切罗基族、米斯克瓦基族、拉科塔族（苏族）和科曼契族。尤其是第 4 信号兵连，其大部分成员就来自科曼契族。他们使用自己的方言编译了一本辞典，其中包含了超过 100 条精确的军用短语。有不少于 14 名科曼契人参加了 1944 年 6 月 6 日发动的霸王行动，并且在诺曼底登陆期间，分散在第 4 步兵师下辖各单位中登上了海滩。在犹他海滩登陆的每个团通常会被分配到 2 名通话员，并且与他们的纳瓦霍同事一样，彻底迷惑了德军的无线电情报部门。尽管事实上，早在 20 世纪 30 年代，阿道夫·希特勒就曾指示德国人类学家学习包括科曼契方言在内的印第安人方言，试图以此挫败（美国）在战争期间将它们用于军事目的的可能性。

“二世”（第二代日裔美国人）译员

在美国军方招募美国原住民通话员以加密自己的战场通信的同时，他们还利用了第二代日裔美国人（Nisei——“二世”的日语读音）去窃听敌军的通信。鉴于日语语法的复杂性和微妙的变化，以及当时在美国对能够流利掌握日语口语会话以及具备书面读写能力的人才，在供与求之间存在的巨大缺口，这就导致了影响国家安全的紧急状况。事实上自从 1941 年两国关系陷入紧张状态起，美国政府就开始网罗精通日语的语言学界权威人士。其中就包括了聘用若干名在日本出生的美国公民担任语言学教官——在这一早期实践中，只有屈指可数的几名学生得以毕业。这一安排在 1942 年富兰克林·D. 罗斯福总统出于安全原因，将上百万的日裔美国人集中关押到位于西海岸的拘留营后，就显得不切实际了——很多第二代日裔美国人教官在遭到解职后，被当作潜在的叛国者押往了西海岸。

然而太平洋战场对译员的急迫需求，在很大程度上抵消了上述若干种在某些方面可以说是赤裸裸的种族歧视行为。并且很多“二世”正是陆、海军急需的译员和无线电监听员。其中大部分人后来在得到战争部的许可后，在军事情报局服役。截至战争结束时，日语项目的规模已经被扩张到160名教官、3 000名学生，并分为125个班。该项目的毕业生广泛活跃在太平洋和南太平洋地区——这些与日本帝国作战的前线，执行情报收集任务。例如，一个隶属于陆海军联合无线电分析大队，被称作第8机动无线电中队的单位（番号缩写为：8th RSM——原注），就招募了“二世”译员截听与译解日军的空中与地面通信。他们至少有10次曾搭乘B-29轰炸机群执行了对日轰炸任务，其间就日军的动向对空勤人员提出了预警。鉴于他们卓有成效的工作，切思特·W. 尼米兹海军上将高度赞扬了他们对战争进程所作出的无价贡献。

当战争结束时，“二世”们翻译了不少于18 000份缴获的敌军文件，制作了16 000种针对日本人的宣传传单，并且审问了超过10 000名战俘。他们在军队中的服务，被认为对赢得最终胜利是不可或缺的。战争结束时有至少3名“二世”译员，出席了1945年9月2日在停泊于东京湾的密苏里号上举行的受降仪式。在此之后，很多“二世”译员在美国占领日本期间，转任了文化联络官员，致力于消解不同族群间发生的冲突。因为精通两个文明在文化和语言上的最细微的区别，使得这些“二世”又成为了维护占领过程“和谐”的基石。并且以自己的善意，为（曾经敌对的）两国之间的友好邦交修复到现有水平作出了巨大贡献。因为“二世”译员活跃的领域在军事上太过敏感，所以相对于第442团级战斗队（442nd Regimental Combat Team）——这支全部由日裔美国人组成的以“全力以赴”（Go for Broke）闻名的作战单位，成为了“二战”时期荣获了最多褒奖的陆军单位——他们只受到了公众很少的注意。但是尽管如此，“二世”译员将盟军在太平洋战场上取得胜利的进程缩短了两年，这一观点还是逐渐得到了广泛认可。

菲律宾侦察兵

自美国在1898年将菲律宾从西班牙人手中解放出来之后，随着菲律宾爱国者埃米利奥·阿吉纳尔多（Emilio Aguinaldo）宣布：除了立即独立外，拒绝任何其他形式的折中做法。美国陆军第一次开始在亚洲卷入了一场大规模游击战。随着这次武装冲突的持续，战场上的美国军事指挥官们开始对他们在这些岛屿上遇到的敌手产生了尊重，在美国陆军历史上，他们第一次招募了由非北美原住民种族组成的作战单位。第一支菲律宾侦察兵部队组建于1898年，用来协助镇压当时正进行着的叛乱，当时一共部署了50个连，每个连编有100人。1901年1月，根据国会的一项法令，他们被正式合并进了美国陆军的建制之中，并且就在一个月之后，他们取得了一次惊人的胜利：潜入了阿吉纳尔多的总部，并最终协助美军将其抓获。他们很快就赢得了精锐战斗单位的名声，并在整个20世纪30年代中，被派遣到边远岛屿执行任务。自1919年开始，菲律宾侦察兵的各个连队按照美

阿瑟·韦穆特上尉[①]，他以“巴坦半岛上以一敌百的勇士”这一绰号而闻名于世，这张照片是他与精锐的菲律宾侦察兵中的一名部下合影。如果要在曾为美国而战的当地人部队中作出比较，他们可能是其中最优秀的。（图片由美国国会图书馆提供）

国陆军的团队识别体系授予了番号，它们是：第 43、第 45、第 57 步兵团，第 24、第 25 野战炮兵团，第 26 骑兵团和第 91、第 92 海岸炮兵团。总的来说，所有这些单位的番号都附带有大写字母“PS”的后缀——以标明他们是“菲律宾侦察兵”。与美国部队的标准建制如出一辙，这些部队中也包含了必要的若干支勤务与支援分队，包括军事警察、医疗、工程兵和军需单位。这些团队还被集中起来，与美国第 31 步兵团一道组建为新的“菲律宾师”。在该师存在期间，美国陆军每年至少选派一名符合资格的菲律宾学员，赴西点军校学习，其中 26 人毕业之后在菲律宾的正规部队中服役。菲律宾侦察兵本身只招募经过精心挑选的志愿者，他们需要具备强烈的积极性和热诚，才会在只领取美国同级军人一半津贴的情况下服役。当第二次世界大战于 1941 年爆发时，在编的菲律宾侦察兵总兵力达 11 972 人。这些士兵接受过优良的训练、配发的装备也更齐全，相对当时匆忙组建和装备起来的菲律宾正规军而言，后者的士兵在战争爆发时几乎还没有完成基本训练。

1941 年 12 月 22 日，日本陆军第 14 军[②]在本间雅晴中将（Lt. Gen. Masaharu Homma）的指挥下，在吕宋岛北部的林加延湾展开登陆，随后南下向马尼拉推进，隶属于该军的所有 40 000 名士兵都是曾经在中国作战的老兵，并且疯狂地信奉着他们的战斗誓言——每战必胜[③]。尽管如此，他们还是遭遇到了第 26 骑兵团（菲律宾侦察兵）的猛烈反击，虽然兵力处于 1 比 4 的劣势，他们还是成功地阻滞了日军的前进，并为麦克阿瑟将军争取到了足够的时间，将他的部队转移到位于巴坦半岛的更易守难攻的阵地上。到了 1942 年 1 月上旬，80 000 名菲律宾正规军在得到了 10 000 名美军和 9 500 名菲律宾侦察兵的加强后，守住了所谓的艾布凯[④]—默尔班防线。1942 年 1 月 9 日至 14 日间，久经战阵且数量占优势的日军部队，向沿着马尼拉湾海岸公路布防的第 57 步兵团（菲律宾侦察兵）发动了攻击。

---

① 阿瑟·威廉·韦穆特上尉（Arthur Wermuth，1915—1981），菲律宾第 57 步兵团（菲律宾侦察兵）屈指可数的美军军官之一，他在 1942 年 1 月至 2 月间组织并指挥了 185 名菲律宾侦察兵，与日军的渗透部队和狙击手作战，以阵亡 45 人的代价击毙了超过 500 名日军，并因此被授予了优异服役十字勋章。他本人于当年 4 月第三次受伤后，在美军野战医院被日军俘虏。他个人在 1 月份的战斗中击毙了 116 名日军，他以一敌百的事迹在当时广为传颂。——译者注

② 隶属于南方军，1944 年 7 月被升级为第 14 方面军。——译者注

③ 原文直译为：失败是不可容忍的。——译者注

④ 巴坦半岛的一个省。——译者注

三天来，尽管敌我众寡悬殊，侦察兵们还是击退了战争中日军发动的第一次“万岁”冲锋(banzai attack)，击毙了三百多名日军。侦察兵们也蒙受了很大的损失，第57团的亚历山大·R. 奈宁格中尉(Lt. Alexander R. Nininger)于艾布凯阵亡后，赢得了“二战”时期第一枚追授给阵亡军人的国会荣誉勋章。约瑟·卡卢加斯中士(Sgt. Jose Calugas)①和维利巴尔德·C. 比安奇中尉(Lt. Willibald C. Bianchi)②也因为在艾布凯附近作战有功，同样被授予了最高荣誉。日军的正面攻击受挫后，切换了攻击轴线，转而穿越丛林，并在1942年1月16日，击溃了沿纳提布山驻防的缺乏训练的菲律宾第51师。美国陆军第31步兵团和第45步兵团(菲律宾侦察兵)飞速驰援该地，以堵塞缺口，激烈的战斗持续了整整6天。至1月22日，日军以占压倒性优势的兵力发动了攻击，迫使当时已遭传染病和饥馑削弱的守军退向了半岛的尽头。

代表性行动

当伤亡惨重的正面攻击被挫败后，本间将军切换了战略，改为派遣实力雄厚的日军分遣队在巴坦半岛西岸的奎努安和安纳耶森之间登陆。这片地区崎岖多山，事后被证明是狂热的日军步兵可以依托地形战斗到底的极佳所在。一个由水手、美国陆军航空兵地勤人员和地方警备部队组成的混编营，曾多次试图将他们逐出该地，但每次都无功而返。因此，第45和第57步兵团(菲律宾侦察兵)的老兵们被从美军薄弱的预备队中抽掉出来奉命肃清该地区。侦察兵们在1月28日对日军发动了猛烈进攻，次日即以11人阵亡、40人受伤的代价歼灭了300名日军。随后是一场更艰苦的战斗，对手是一支据估计总兵力为600人的日军，他们在安纳耶森角登陆后，构筑了堑壕工事体系并且已得到了援兵。骨瘦如柴的第45和第57团(菲律宾侦察兵)再一次地隔离了该地区，并开始着手肃清当地的日军。发生在茂密植被中的战斗延续到了1942年2月8日，届时已有1 500名日军被击毙，美、菲军队的总伤亡人数高达800人。以其中一个菲律宾侦察兵营为例：投入战斗前该营总兵力达500人以上，战斗结束后清点人数时，仅余212名幸存者。这一次的尝试失败后，敌军又再次向第1军防线后方输送了1 000名士兵。他们的阵地很快即被第45步兵团(菲律宾侦察兵)第1营包围，之后为了清除他们，进行了长达三周激烈而残酷的战斗。最后，只有300名日军得以突围并逃回自己的防线。菲律宾侦察兵依靠凶猛的战斗和他们付出的众多生命为代价，挽救了坚固程度被过分夸大的美军防线。之前日军一直在丛林战方面无往不利，直到他们遭遇菲律宾侦察兵才算棋逢敌手。

---

① 约瑟·卡卢加斯中士(1907—1998)，菲律宾第29骑兵团中一名负责管理野战厨房的中士，他在1941年1月6日组织一群志愿者，恢复了先前被日军压制的炮兵阵地，为友军的防御作战提供了有力支援，因而获得上级的推荐并被授予了荣誉勋章。——译者注

② 维利巴尔德·C. 比安奇中尉(1915—1945)，他在巴坦半岛志愿执行摧毁两座日军机枪阵地的任务，尽管在战斗中受伤三次，仍然坚持完成了任务。1945年1月9日，他在被运往日本本土的航程中死于空袭。——译者注

1942 年 2 月至 3 月间，随着日军后撤重组并补充兵力，美、菲军防线的大部分地段开始沉静下来。令人不可思议的是，菲律宾侦察兵在美国第 31 步兵团的支援下，经历了大部分战斗，承受了巨大的损失，并且直到最后，仍然顶住了人数占优且具有长期作战经验的日本老兵发动的攻击，守住了防线。巴坦半岛上的战略僵局延续到了 1942 年 4 月 3 日，本间将军在得到了强有力的增援后，发动了全面进攻，并事先进行了长达 5 个小时的航空兵轰炸与炮兵准备。饱受饥馑与疾病之苦的防御者们，最终在这一轮猛攻下崩溃了。幸存的菲律宾侦察兵们虽然奋勇作战，但无奈因兵力太少而回天乏力。结局最终在 8 月 9 日降临，吕宋岛上的 78 000 名守军最终停止了抵抗，其中包括 8 000 名菲律宾侦察兵。然而，另有 1 500 名来自各个单位的菲律宾侦察兵，逃往了马尼拉港内的克雷吉多尔岛（Corregidor Island），他们在那里又坚持战斗了 27 天。最后与所有的幸存者一样，他们被日军驱赶到一起后被关押在恶劣的环境下，其中好几千人在得到有条件的遣散之前，就死于恶劣的生活条件。很多侦察兵在获得遣返之后，立即加入了地下游击队组织，而有些人仅仅是等待着麦克阿瑟将军兑现他当时尚虚无缥缈的誓言——“我必重返（菲律宾）。”当麦克阿瑟将军于 1944 年秋季回到菲律宾后，前侦察兵们都加入了新近重建的菲律宾第 12 师。这个新建的侦察兵单位下辖了第 43、第 44、第 45 和第 57 步兵团，第 23、第 24 和第 88 野战炮兵营，还有第 56 工兵营。在收复吕宋岛的最后阶段，他们以惯常的凶猛作风与日军作战，并作为军方的维和部队重建了该岛的秩序，战争结束前不久，他们还曾开赴冲绳执行占领任务。1946 年 7 月 4 日，菲律宾侦察兵从美军建制中独立出来，但为了表彰他们服役期间堪称楷模的表现，美国政府授予了所有侦察兵美国公民身份，并且有超过 1 000 人转换了效忠对象，参加了美国陆军。其中很多人服役超过 20 年，直到越南战争结束。1947 年，哈利·S. 杜鲁门总统下令解散了菲律宾侦察兵，这样由美国人招募当地人组织的作战部队中最成熟的典范的历史，就此宣告终结。

菲律宾游击队

日军于 1942 年 5 月占领菲律宾全境后不久，不愿随主力投降的美国士兵和前菲律宾侦察兵们就组织起了武装抵抗运动。他们在敌后招募、训练并武装游击队员的一系列工作都带有特种作战的烙印，并且在相当大的程度上获得了成功。日军虐待菲律宾人的嗜好，促使更多志愿者加入了游击队，而总数达 228 000 人的日本占领军，因驻地过于分散，不可能实施任何规模的反叛乱作战。各个岛屿上都有政治立场和兵力规模各不相同的游击队存在，但其中一些取得了相对更大的成功。举例来说，拉塞尔·沃尔克（Russell Volckmann）上校①就在吕宋岛装备了兵力相当于 5 个团的游击队；几乎与此同时，温德尔·

① 拉塞尔·威廉·沃尔克（1911—1982），西点军校 1934 届毕业生，“二战”结束后他积极介入了反叛乱作战的理论研究与实践。他与本书中将要介绍的阿伦·班克上校和温德尔·福尔提格上校一起，被公认为美国陆军特种部队“绿色贝雷帽”的缔造者。——译者注

菲律宾游击队员仅有的武装是大刀与他们对占领军的憎恨。在与同样冷酷无情的日本士兵进行丛林战时，这些战士是美军必不可少的助力。在这一幅插图中，他们正在协助美国人袭击一座战俘营。（图片由美国军事历史中心提供）

福尔提格（Wendell Fertig）少校[1]也在棉兰老岛上组织起了一支游击队，当麦克阿瑟将军反攻菲律宾时，其总兵力据估计已达36 000人。

福尔提格少校在棉兰老岛上完成的工作，后来被奉为之后的特种部队作战的典范。他在战前是一名极富想象力的工程师和陆军后备役军官，他以平民工程师的身份在菲律宾工作，直到日军于1941年12月发动入侵，然后他在吕宋岛转入了现役。他在美军于1942年5月投降前才调防到了棉兰老岛的南部，并且决定坚持战斗。之后他与当时尚处在雏形的游击队取得了联系，其中大部分人与其说是游击队员，倒不如说是一伙武装匪徒，但福尔提格凭借他强大的人格力量和对菲律宾人荣誉感的敏锐了解，说服他们加入了抵抗事业。当他了解到在菲律宾文化中视年龄为智慧的象征后，甚至蓄起了与其实际年龄不相称的大胡子。福尔提格发挥他在工程方面的经验，指导他的部下——“废物利用”，回收了大量机械零件用来修理、组装武器；利用椰子发酵制成了电池中需要的酸液；还拆卸了被海浪冲上岸的日本水雷，以获取火药。他完成的一件最令菲律宾人感到敬畏的任务是：组装了一台可用的收发报机，并与外界取得了联系。在经过一系列磨合后，他的游击队自封为“美国驻菲律宾部队”，并最终通过那台自制的无线电，与一座美国海军监听站取得了联系，由潜艇运来的各种补给品，亦随之而来。除了组织突袭与埋伏，福尔提格还亲自对民事纠纷进行仲裁，并尽最大努力组建了一个有效率的民事统治体系，以拉近人民与抵抗组织的关系。作为一条必须遵循的规律，福尔提格避免与日军大部队作战，但他的部下非常擅长对较小规模的日军分遣队进行包围，将其击溃，再通过在丛林中对他们进行追击，加以彻底歼灭的战术。被这些作战行动激怒的日军，在整个棉兰老岛上发动了若干次报复性的袭击，但是日军对菲律宾人无节制的滥杀，反而愈加壮大了游击队的兵源。截至1945年，岛上18 000名敌

① 温德尔·福尔提格（1900—1975），他的事迹本书已有介绍，其战功遭到了麦克阿瑟将军及其司令部的打压，因而未能如拉塞尔·沃尔克上校那样在战后晋升准将。他在战后创建了约翰·F.肯尼迪特种战中心与训练学校的前身——美国陆军心理战中心，因此被公认为陆军特种部队的创始人之一。——译者注

军士兵的实际控制区域仅限于沿岸地区，与此同时，福尔提格的游击队则控制了占该岛面积 95％的内陆地区。抵抗组织还通过向潜伏在近岸水域的潜艇发送军事情报，为即将来临的盟军反攻提供了支援，他们执行了海岸瞭望勤务，并攻占了数座宽度足够容纳美军登陆部队的海滩。福尔提格甚至还打算依靠他丰富的工程经验，构建一条 7 000 英尺长的跑道，然后以表层土和植物对其进行伪装。他的游击队作为富有价值的辅助部队，还为美国陆军充当了尖兵、执行了屏护和侦察任务，因而他们被认为是“二战”时期最成功的游击战例之一。此外，他们还取得了击毙日军 7 000 人的战果，并且牵制了敌军大量的兵力和物资。所有这一切都离不开福尔提格细致周到的领导，对当地人文化的理解与尊重，通过这些手段，他成功地激发起菲律宾人拿起武器反抗可恨的侵略者。鉴于他成功的非常规战实践，他成为了后来成立的位于北卡罗来纳州布拉格堡的陆军特种战学校的精神导师之一。

第三章

冷战时期的特种部队，1946—1991 年

“二战”结束后不久，美国和它的西方盟国就卷入了一场针对苏联及其卫星国家的意识形态斗争——冷战。原子武器在 1945 年得以实用化这一事实，使得双方的大部分领导人坚信：大规模的常规战争不再是解决争端的实用手段，反而可能触发核战争(nuclear exchanges)，进而导致整个人类的灭绝。苏联阵营的相应对策是，构思出了以游击战争为基本斗争手段的“民族解放运动”(national liberation)，通过动摇宗主国在殖民地诸国的统治达到在意识形态上征服对方的目的。与西方阵营的直接对抗，则由受到莫斯科鼓励与支持的各种叛乱活动(insurgencies)取而代之，旨在借此消耗西方国家的人力、物力，进而最终削弱他们在政治上的抵抗意志。因此，这是一个全球冲突此起彼伏的年代，也是一个冲突双方施加了强力自我约束的年代。常规形态的武装冲突，例如发生在 1950 年至 1953 年间的朝鲜战争，虽然敌对的两个超级大国皆有直接介入，但因为双方将其界定为地区性的武装冲突，从而杜绝了任何将核武器投入实战的可能性。朝鲜战争在事后被证明，是付出巨大代价后才“赢”得的一个平局，因此在后来，殖民地国家以反帝国主义为纲领，发动经过缜密地组织与协调的低强度局部战争，其范围覆盖了整个东南亚、非洲和拉丁美洲地区。美国接受了上述挑战，为了实施大规模的反叛乱——或者缩写为 COIN——作战行动就必须扩充所有四个军种的特种部队。这一过程始于 1952 年 6 月，当时国会通过了所谓的《洛基法案》(Lodge Bill)，自第二次世界大战以来第一次授权成立了一批真正的特种部队。他们的作战记录是优异的，但他们的整体影响却与政治、外交和超越他们控制之外的其他非军事现实混淆在了一起。事实上，他们在世界的其他地区取得了持续不断的成功——虽然规模上稍逊于越南战争——只是在越南发生的所谓“失败”，总体上造成了美国特种作战能力不佳的错误印象。尽管如此，特种部队还是在某种现实意义上，在与苏联政体作斗争的整个过程中，充当了美国的矛尖，并在事后被证明，是西方阵营之所以能取得最终胜利的决定性因素。

空军

空运补给与通讯勤务部队

显而易见的是，到 1948 年时，与苏联之间的冷战已然迫在眉睫，但是新成立的美国空军却不具备任何非常规作战能力或非常规装备，可以配合中央情报局展开秘密行动。事实上，具备相关能力的航空兵部队，例如曾驻亚洲的第 1 空中突击大队和驻欧洲的第 801 重型轰炸机大队，早已在“二战”结束后就被草率地解散了。然而在 1947 年，随着胡克(Huk)(菲律宾共产党)叛乱在菲律宾的爆发，在爱德华·G. 兰斯戴尔上校(Col. Edward G. Lansdale)①的努力下，一个临时性的航空单位被拼凑了出来，他网罗到的机型包括了各种“二战”剩余物资，如 C-47 运输机、P-51 战斗机、L-5 观察/联络机和 AT-6 教练机。该单位还是利用机载扬声器实施航空心理战的先驱——又一个世界第一。这个单位的运作非常成功，为胡克叛乱最终于 1954 年被镇压作出了巨大贡献。鉴于活动的重点切换到了“民族解放运动”上，美国军方高层人士正确地推断出：双方在思想上的交锋将在很大程度上左右冷战的胜负。1948 年 2 月，美国空军参谋部(缩写：AFAS)建立了心理作战部，赋予该部的任务是对这一全新的作战领域(心理战)进行(技术)开发，以遏制苏联发动的毫不间断的宣传战役。然而一直到 1950 年，该部门才根据上级部门的授权得到了两个特种航空联队的兵力用来实际执行这一类任务。1951 年 1 月 5 日，军事空运勤务部队(缩写：MATS)受命组织人员和装备，用来组建上述用途的部队，其名称被定为空运补给通讯联队(缩写：ARCW)。1951 年 2 月 23 日，第一支空运补给通讯联队在马里兰州的安德鲁斯空军基地(Andrews Air Base)转入现役，这意味着自“二战”时期那激动人心的岁月之后，空中特种作战迎来的第一次复兴。尽管这些联队在组织架构上隶属于军事空运勤务部队，但实际上却是处在美国空军司令部计划局下辖心理作战部的直接监管之下。每一个联队下辖有 6 个行动与支援中队，在执行作战任务时具备完全的自持力。空运补给通讯联队的用途，是帮助中央情报局的“资产”②秘密地楔入或脱离敌占区域，同时还要为武装抵抗组织运输补给品、支援突击队形态的敌后突袭、执行战略情报收集任务和实施心理战。其基本的常态任务是运输“资产”或进行必需品的空运补给，这都需要在敌人的领空进行中程或远程低空飞行，并且基本上所有任务都必须在夜间实施。

空运补给通讯联队作为一个独立单位，以第二次世界大战时期的方式抛撒了大量传单，协同他们行动的还有一些型号较新的水上飞机和直升机。这些飞机中最大的是“二战”剩余的 12 架 B-29 轰炸机，并且将机身及机翼下半部涂成了黑色，以便在敌对空域实

---

① 爱德华·G. 兰斯戴尔(1908—1987)，“二战”时期曾在战略情报局服务，1947 年胡克武装革命爆发后，身为美国空军西太平洋总部情报部长的兰斯戴尔，开始在反叛乱战和心理战两个领域崭露头角，直到 20 世纪 60 年代初期，他一直被公认为上述两个领域的专家。——译者注

② “资产”是欧美情报界对掌握了高价值情报的人员的一种称呼。——译者注

施夜间作战行动。根据从第二次世界大战时期的“投机商人”行动中获得的经验，他们还拆除了除机尾炮塔以外的所有的机载武器装备，并且在原机腹炮塔的位置开设了一个特别出口，以便特工——代号“兔子”——经此门离机跳伞。其他的改进还包括额外安装的HTR-13型地形预警雷达——这是大型飞机实施低空空投作业时的必需装备。第580空运补给通讯联队在爱达华州的芒廷霍姆空军基地（Mountain Home AFB）转入现役后，即被部署到了利比亚的维卢斯空军基地（Wheelus Air Base）①，执行针对中东与东欧地区的任务。1955年起他们开始协助U-2侦察机实施针对苏联的绝对机密级的航空侦照任务，1956年他们的HU-16水陆两用飞机还救起了两名飞行员，当时两名飞行员的座机分别坠毁在了苏联境内的黑海和里海地区。第581空运补给通讯联队同样在爱达华州转入现役，后于1951年7月抵达菲律宾的克拉克空军基地（Clark Air Base）②。这个联队依托该基地，投放了数以百万计的宣传传单。该联队装备的4架西科斯基H-19“契卡索”直升机，同样被用来协助秘密的特种部队小分队楔入与脱离敌占区域。当朝鲜战争结束时，机组乘员已在飞行日志上记录了超过300次的任务，累计战斗飞行时间达1 100小时。1953年1月15日，一架由劳伦斯·A.巴雷特上尉（Lawrence A. Barrett）驾驶的H-19直升机往返飞行了100英里，进入朝鲜空域营救一架被击落的F-51战斗机上的飞行员，最后他冒着猛烈的地面火力完成了任务。然而，一架隶属于空运补给通讯联队，代号为“星团四零”（Stardust Four Zero）的B-29的命运，则不那么幸运了，它在执行一次秘密传单抛撒任务时被迫降在中国边境地区，机上的乘员被关押至1956年。这些空勤人员是朝鲜战争结束后被释放的最后一批战俘。之后空运补给通讯联队的其他机组又被卷入了当时战火正酣的印度支那（今越南）战场，在出入战区时，他们驾驶的是涂装有法国国籍符号的C-119“空中货车”运输机。他们经常驾着没有遮盖法国国籍标识、并带着执行任务过程中留下弹孔的飞机返航克拉克空军基地，基地的工作人员对此既没有表示额外的关注，也从不提出任何多余的问题③。第三个单位，即第582空运补给通讯联队，则于1951年9月在爱达华州转入现役，然后被部署到了英格兰的莫尔斯沃思（RAF Molesworth）④，该大队协助了当时正在波罗的海地区实施的针对苏联及其华沙条约组织盟国的秘密作战行动。

朝鲜战争的结束预示着美国空军的预算将被大幅削减，美国空军不可避免地将关注的重点转向如何为战略空军司令部获得具备核武器投放能力的喷气式轰炸机这一点上。心理战在优先权名单上则被排到了相应靠后的位置。此外，1953年4月，空军参谋部下

① 驻扎时间为1952年9月至1953年9月，第580联队缩编为大队后，继续在该基地驻扎到了1956年10月。——译者注

② 驻扎时间为1952年7月至1953年9月，第581联队缩编为大队后，驻地改为冲绳的加德纳空军基地（Kadena Air Base），驻扎时间为1953年9月至1956年9月。——译者注

③ 此处为作者误植，飞行、空勤人员实为CAT雇员。CAT：民航空运公司。——译者注

④ 第582联队的驻扎时间为1954年2月至1956年10月。——译者注

令，所有的空运补给通讯联队将仅限于执行空军的计划，所有与中央情报局的合作即刻终止。同年 9 月，新的指令又将各个部队的规模从联队削减到了大队——部队的番号也相应变更为空运补给大队，缩写：ARG——每一大队下辖一个行动中队与一个支援中队。这些单位在它们各自的基地一直苟延残喘到了 1956 年，当年 10 月 12 日，第 580 空运补给大队在利比亚解散，然后第 582 空运补给大队也在 10 月 18 日遭到裁撤。他们的任务大部被移交给了驻扎于英格兰的第 42 部队运输中队（缩写：42nd TCS）和驻扎于太平洋地区的第 322 部队运输中队（缩写：322nd TCS），并一直持续到了这些单位本身也于 1958 年奉命解散为止。自此之后，空军一直缺乏真正的实施特种作战的能力，直到 1964 年，空中突击队（Air Commando）单位为了因应越战的需要而再度重建为止。

伞降救援人员

早在 1922 年美国陆军军医部的阿尔伯特・E. 特鲁比上校就曾预言，有一天航空兵单位将作为“空中救护车”，承担将医疗人员送入战场、将伤患快速后送至后方医疗设施的任务。当时相对原始的航空技术，意味着要到 20 年以后，才具备实施真正的伞降救援行动的可行性。1940 年，一种操纵性更佳的新式降落伞在一次由两名美国林务局巡逻队员进行的演示中大获成功，然后鉴于该次实验的成功，陆军军医里奥・P. 马丁（Leo P. Martin）上尉也以同样的装备进行了试跳，并成为第一位被授予“伞降医生”资格的医疗人员。随着“二战”的爆发日益临近，临时性的航空救援单位也根据各地区指挥官的命令组建了起来，当时在美国的大陆部分①，这一类任务是由民航巡逻组织（缩写：CAP）承担的。假如巡逻中的 CAP 飞机发现一处坠机现场，伞降救援小队就将在该地上空跳伞，以便对可能被困在地面上的幸存者提供救助。第一个官方性质的伞降救援训练课程，则是在 1943 年于（加拿大）阿尔伯塔省的埃德蒙顿创建的，创建人是长期侨居海外的加拿大人“沃普”梅（“Wop” May）②。当时他向美国森林跳伞灭火员（smoke jumper），就如何救助那些在驾机驶往阿拉斯加途中，因故障坠机的空勤人员③提供了相关技术的指导。不过具有讽刺意味的是，远在千里之外且环境恶劣的中—缅—印战区（缩写为：CBI），才是真正意义上的伞降救援勤务部队这一兵种最终得以“兴旺发达”的所在。这是因为只要了解到，有数百名运输机飞行员及其机组人员，在执行飞越“驼峰”（喜马拉雅山）的航程中，一旦坠机，即使能够自事故中生还，也会因为当地严酷的天气，回归文明社会所必须克服的长途跋涉，或者因为缺乏食物以及医疗用品而面临必然的死亡。这样就能够理解“伞降救援”是在该地区

① 不包括阿拉斯加、夏威夷、关岛等各类海外属地和托管地等。——译者注

② 即航空界的传奇人物威尔弗雷德・里德・梅（1896—1952），加拿大王牌飞行员，“一战”时期曾获优异飞行十字勋章。“二战”爆发后投身航空搜索与救援技术的开发，为此美国陆军航空兵在 1947 年授予他“自由勋章”（Medal of Freedom）以示表彰。——译者注

③ 这些飞机按照租借法案提供给苏联抗德之用。——译者注

西科斯基 HH-3E“快乐的绿巨人”直升机经常出动执行搜索与救援行动，为被击落于越南或南中国海上空的美军飞行员进行定位。（图片由美国国防部提供）

遂行作战任务时必不可少的“流动资金”。1943 年 8 月，约翰 · L. 波特上尉（John L. Porter）得到了指挥第一支组织完善的航空救援单位的荣誉，该单位的行动基地设在印度的查布亚（Chabua）①，编制内有两架 C-47 运输机和几个小队的伞降救援人员。这些用首字母缩写“PJ”自称的救援人员，曾经搭乘波特上尉的飞机赶到失事现场，并且救起了数名当时孤立无援的空勤人员。到 1944 年，威廉 · H. 特纳将军②在印度组建了第 3352 航空搜救中队，并任命唐纳德 · C. 普赖斯（Donald C. Pricer）少校为指挥官。该单位因为其操纵的西科斯基“食蚜虻”直升机而留名航空史，这是在美国航空装备清册中出现的第一种具备实用价值的直升机，并且他们驾驶该型直升机对好几位遭日军击落的飞行员实施了救援。

成立独立搜索与救援单位的迫切需求，最终促成了陆军航空兵在 1946 年 5 月 29 日组建了航空救援勤务部。指定给这个单位的任务是，对任何失事的空勤人员施以救援，不论他们的坠机地点是在陆地上还是海洋中，靠近作战基地或者远在海外。该协议还就各个单位的管辖范围作出了规定，每个基地的指挥官都有权调动隶属本基地的救援直升机单位，对距离基地半径 135 英里内发生的坠机事故优先施以救助。当事故发生在该半径以外时，则由搭乘飞机前往失事地点的伞降救援小队优先施以救助，上述所有安排在 1947 年 7 月 1 日正式生效。每一个伞降救援小队包含 1 名伞降医生和 4 名医疗技术人员，他们都接受过医学、生存、救援和战术四个方面的专长训练。根据构想，他们将对远程轰炸机的机组人员和部队运输任务提供协助，或者在其他政府或军方机构需要得到救援力量的协助时提供支援。不久以后，第 5 救援中队接管了位于佛罗里达州麦克迪尔空军基地（MacDill AFB）的伞降救援和生存学校。同年年末，一架呼号为“遭痛打的火鸡”的 B-29 轰炸机于 1947 年 12 月 21 日，在阿拉斯加撞上了山顶而坠毁，该事件更进一步凸显了具备专业资格的伞降救援人员的必要性。坠机的残骸在 6 天以后被发现，然后有一个由 3 名志愿者组成的小队——他们都不是受过训练的伞降救援人员，为了救助生还者而通过跳伞进入了该地区，但是所有 3 人最后都因为低温和恶劣的天气而丧生。地面援救小组在两天后抵达残骸所在地，并救出了轰炸机上剩余的 6 名生还者。对航空救援任务的需求，

① 查布亚位于印度的阿萨姆邦，是驼峰航线的起点站。——译者注

② 威廉 · 亨利 · 特纳（William H. Tunner，1906—1983），美国陆军航空队（后美国空军）的空运专家，曾组织并指挥了“驼峰”空运和战后的“柏林空运”。——译者注

随着朝鲜战争在 1950 年的爆发而呈直线上升，在 3 年内他们从前线转运了超过 8 000 名伤员，并从敌后区域救助了多达 1 000 名飞行员与机组人员。10 年后，伞降救援小队在越南战争期间再次得到扩充，因为空军在整个东南亚地区展开的行动规模是极其惊人的。新一代的直升机已投入使用，航速更快，并且相对它们的前辈拥有更远的航程。此外，这还导致了新战术的引入，例如前进航空管制员，武装直升机护航和保护性的战斗机战斗空中巡逻（缩写 CAP），HH-3“欢乐”和 HH-53“欢乐的绿巨人”直升机对北越和南越境内的对方控制区发动例行性的武装突袭，以对被击落的空勤人员施以救助。在整个战争期间，伞降救援人员极为频繁地介入了战斗，并且取得了显赫的战果，整个越战期间因作战勇敢而被授予空军十字勋章的 19 名空军军人中，至少有 10 人是伞降救援人员。

（空军）特种作战司令部

美国空军在长期的“青黄不接”之后，重建了它的特种作战能力。那是在肯尼迪总统执政期间，并提出了全新的“灵活反应”战略之后。这一学说要求将如何应付低烈度武装冲突摆在美国军事教条的中心位置，并且是一种与艾森豪威尔执政时期提出的，以使用核武器为导向的“大规模报复”战略完全相左的一种政策。1961 年，第 4400 战斗乘员训练中队（缩写：4400th CCTS）成立，指挥官为本杰明 · H. 金（Benjamin H. King）上校。成立该单位的目的是贯彻这一全新的反叛乱（缩写：COIN）学说。他们的代号是“丛林吉姆”。配备给这个新单位的还有各种型号老旧的飞机，其中包括 RB-26“入侵者”①、C-47“达科塔”和相对前者来说较现代化的 T-28“游牧民”教练机，后者在经过大量改装后，在每一侧的机翼下加装了数挺 0.5 英寸口径的机枪和数具 2.75 英寸口径火箭弹的挂架。1961 年 8 月，第 4400 战斗乘员训练中队执行了“桑迪海滩 1 号”行动，这是该中队的第一次海外部署，其分遣队 1 号被派遣到了非洲国家马里，在那里他们为参加军事演习的马里伞兵部队提供了一次空运支援，并通过这次行动说服了当时的马里总统穆迪巴 · 凯塔（Modida Keita）继续留在美国阵营之中。1962 年 3 月，第 4400 战斗乘员训练中队被扩编为大队，之后又被划归新成立的位于佛罗里达州艾格林空军基地（Eglin AFB）的空军特种航空作战中心。②该中心还下辖第 1 航空突击大队（缩写：1st ACG）、第 1 航空战斗应用大队③，以及其他承担战斗支援任务的大队。这些战斗单位最初装备的是道格拉斯 A-1E“空中突袭者”（Air Raider），它是一种海军舰载轰炸机，但符合空军的使用要求。它们与现代化的喷气机相比显得有些过时，但是因为它们的载弹量是如此的惊人——甚至远远超越了很多“二战”时期的重型轰炸机——“空中突袭者”，因此得到了一个再恰当不过的绰号“翻斗卡车”。

① B-26 轻型轰炸机的侦察改型。——译者注

② 缩写：SAWC，成立于 1962 年 4 月 27 日。——译者注

③ 此处为作者笔误，实为第 1 战斗应用大队，部队番号的缩写为 1stCAG，美国空军成立该大队的目的是，对有可能增益空军镇压（COIN）作战能力的各种短期科研项目进行测试与评估。——译者注

与此同时，另一个机密单位第4400战斗乘员训练大队的分遣队2号，于1962年11月6日抵达南越后，参加了“农场大门”(Operation Framgate)行动，并向缺乏相关经验的南越空军传授了反叛乱战术。“农场大门”行动期间，该分遣队还第一次执行了为正在与北越军队战斗中的地面单位秘密提供航空支援与再补给的任务，表面上看航速慢，并且已经过时的RB-26和T-28，在实战中被证明是有价值的近距离航空支援飞机。

1962年11月26日，一架由菲利普·欧德怀尔中校和罗伯特·P.戈兹少校驾驶的“入侵者”式，在芹苴附近的一条运河边，目击到了北越军队士兵的活动，他们轰炸了附近的一座大型仓库，然后又在观察到地面火力的地段沿着林线实施了扫射。南越陆军(缩写：ARVN)士兵随后赶到，并清点出了接近三百具阵亡北越军队士兵的尸体，以及20条被击沉的舢板和其他小艇。同时，指派给“农场大门”行动的C-47运输机的补给飞行架次，也提高到了每周起降70架次，它们为战场上的南越陆军单位空运了70 000磅食物与弹药，在当时堪称典范。与此同时，T-28教练机还执行了接近一百次对地支援任务。同时，越南战争也是空军没有在战时为中央情报局策划执行的作战行动提供补给、供应的第一次局部武装冲突。后者当时为了上述目的已经组建了自己的航空力量——美国航空公司(Air America)①。

为了不断加强反叛乱航空单位的火力，空军还就一种新的对地支援概念展开了实验，即固定翼“炮艇”机。“追尾”(Project Tailchaser)计划开展于俄亥俄州的莱特—帕特森空军基地(Wright-Patterson AFB)，其基本概念是：在C-47“达科塔”运输机上加装三座SUU-11A 7.62毫米口径加特林机枪(或者简写为minigun)，它们将安置在固定于机身上的枪座中，射向朝向左翼，开火时每一座机枪都会错开发射，这些武器可以在一分钟内向一片相对较小的散布区域倾泻6 000发子弹，矗立在该地的一切将完全被子弹彻底吞噬。在1964年5月2日，罗纳德·W.特瑞(Ronald W. Terry)上尉将这个计划提交给了当时的空军总参谋长寇迪斯·E.李梅将军(Gen. Curtis E. LeMay)，上尉希望可以为第4400战斗乘员训练中队装备的全部C-47装配上述武器，并在越南将其投入实战测试。李梅对这一概念表示了首肯，同年12月，特瑞偕两架用于测试的飞机抵达南越。每一架飞机上搭载了7名美国空军成员和1名南越观察员。在初期执行的一系列昼间任务中，特瑞的飞机捕捉到了若干支当时正位于开阔地的北越军分遣队，在一阵弹雨后，他们被子弹撕成了碎片。在夜间行动中，这些C-47的效用同样得到了证实，它们投下镁质照明弹照亮目标区域后，从加特林机枪射出的弹道被目击者描述为：一条火舌紧贴着地面画出了一道犹如裙子般的轨迹。有鉴于它们在夜间作战中显现出来的令人不可思议的奇观，这些炮艇机获得了诸如“幽灵”或“喷火神龙/神龙帕夫”(Puff the Magic Dragon)这样的绰号。更多经过改装

① 该“公司”的前身即陈纳德组建的“民航空运公司”。它于1950年至1976年间，为中央情报局特别行动部实施的秘密作战行动提供了航空补给与支援。——译者注

的 C-47 开始大量运抵越南，其中一些被配备给了当时新组建的第 4 特种作战中队（缩写：4th SOS），以扩展由第 4400 战斗乘员训练中队所开创的全新“工作领域”。在以后的几年里，这些“幽灵”（Spooky）被证明，它们是所有试图在夜间对美国特种部队设置在北部边境①的前哨基地发动攻击的北越军队的克星。它们的成功还给予了驻越军事顾问团（缩写：MACV）下辖的最高机密组织“研究与观察大队（缩写：SOG）”如下启示：可以利用炮艇机封锁起始于北越境内沿着胡志明小道向南方延伸的北越军队补给线。为了达成这一特定的目的，1966 年 10 月 10 日，一部分“幽灵”抵达了位于泰国乌隆的泰国皇家空军机场。除了扫射任务之外，这些飞机现在还被赋予了火力侦察，以及为负责攻击地面车队的其他机型的军用飞机提供前进航空管制协助的任务。这些 AC-47 作为卡车猎手取得了相当大的战果，通过实施被称为“行星轨道打击”的机动动作，它们在丛林中击毁了数百辆卡车。实施这种机动时，炮艇机以车队中段为圆心呈环形航线飞行，首先瞄准并击毁车队首尾两端的车辆，然后再逐一消灭被困在公路上的一切目标。当时实施这一封锁战役的部队是第 14 特种作战联队（缩写：14th SOW），1969 年 11 月退役前，该联队的 AC-47 共执行了 150 000 次战斗任务。之后这些飞机经过翻新并被移交给了南越和老挝空军，一直到 1975 年，上述国家一直依靠这些 AC-47，继续为自己发动的针对胡志明小道的封锁性攻击行动提供支援。

截至 1966 年，空军特种作战部队的规模已扩充至 10 000 人，550 架飞机分散在 19 个中队中。利用相对原始的 C-47 充当空中炮艇这一尝试所获得的成功，促使空军进一步着手开发更复杂的作战平台。在北越部队将补给任务的重心转移到实施夜间行动后，这显得愈发重要，因为当时美国尚缺乏真正具备夜视能力的技术装备。为了弥补这一缺陷，促成了“炮艇二号”计划的诞生，在该计划中一架洛克希德 C-130“大力神”四发运输机上，将安装若干座 7.62 毫米口径加特林机枪，两门 M-61“火神”20 毫米口径加特林机关炮，以及大量的夜间探测及夜间导航系统。第一个型号②上还安装了早期的星光增益系统，以及与它联动的红外线照明系统③，这些设备都与机载火控系统直接挂钩。这一套观瞄/火控网络使其成为了一个可以向其视野与射程范围内的任何指定区域，精确投射密集火力的航空火力平台。绰号为“鬼怪”的第一批 C-130 炮艇原型机，于 1969 年 9 月④被部署到越南后，立即大获成功。在以后的 3 个月中，它们在屈指可数的几次夜间飞行中，仅得到确认的战果就有 38 辆卡车，这一纪录是被它们取代的 AC-47 型在同等作战条件下所能获得战果的 4 倍。同年冬天，所有的原型机被运回美国接受进一步的改装，之后在 1969 年 2 月⑤重返南越，并在

① 这里指北纬 17 度线非军事区。——译者注

② AC-130A。——译者注

③ 正式名称是前视红外线监视装置，缩写：FLIR。——译者注

④ 此处为作者笔误，AC-130A 于 1967 年 9 月抵达南越芽庄空军基地，并进行了为期 90 天的实战测试。——译者注

⑤ 同为作者笔误，正确时间应为 1968 年。——译者注

仙童公司的AC-119“阴影”①是另一种被重新配置为对地攻击武器的运输机。然而作为一个火力平台它并未取得太大的成功，最终它被AC-130“鬼怪”型炮艇机所取代。（图片由美国国立空军博物馆提供）

其后的10个月中击毁了多达228辆卡车及32条舢舨。不久以后，它们再次轮换回国。它们的位置则在同年秋天，由第一批的正式生产型AC-130“鬼怪”(Specter)所接替。与此同时，作为美军在胡志明小道沿线实施夜间封锁的对策，北越部署了雷达瞄准的37毫米口径高射炮。有10架飞机被其击伤，另有一到两架被击伤后坠毁在丛林中。尽管如此，截至1969年4月，“鬼怪”炮艇机在每一个出勤架次中对每一个目标的毁伤率已高达100%。1969年5月8日，发生了世界上独一无二的一次航空器截击行动，一架机身编号为629的“鬼怪”炮艇机的雷达，探测到在其下方有一个紧贴树梢飞行的低速目标，并识别出该目标是属于北越阵营的直升机。“鬼怪”的雷达锁定了那架直升机，直至它在一片开阔地降落，之后以20毫米“火神”机关炮对该地区实施了覆盖射击。在空军的指挥下，AC-130任务取得了相当大的成功，直至1972年它们最终撤离越南为止。在这次局部冲突中使用过的最后一种改型，其设备进行了更深入的升级，包括由电脑控制的40毫米加农炮和一门被改装为机载武器的105毫米榴弹炮②。作为一座飞行枪炮平台，上述改造让它的威力成倍递增。然而，为了让大部分C-130飞机可以继续作为运输机使用，以保护空运能力，国防部长哈罗德·布朗(Harld Brown)下令，将当时已处于封存状态的旧型号仙童C-119“飞行

① AC-119型炮艇机的试制，即所谓的“炮艇三号”计划。——译者注
② 第一门该型榴弹炮在1972年初运抵越南。——译者注

货车”运输机启封并改装为炮艇机。“新式”的 AC-119“阴影”(Shadow)于 1969 年 1 月，执行了它的第一次任务，后因实践证明其飞行品质次于 AC-47 型，因而逐步退出了现役。第 5 航空突击中队还曾尝试过利用机载扬声器和撒布传单的方式，对北越发动心理战，但是该中队装备的四架 C-47 和十架 U-10“快递员”(Courier)在执行心理战任务的过程中，总是招致地面火力的猛烈回应，所以此类任务嗣后被全部取消。越南战争结束后，与美军的其他军兵种一样，空军特种作战部队遭到了大规模的削减，其总兵力和装备数量只是略超过其战时规模的 1/3。

一项重要但是在空军特种作战部队内部不受欢迎的任务是：目的在于从“情感与精神”两方面赢得当地人民支持的民事任务。1963 年，刚得到重建的第 1 航空突击联队(缩写：1st ACW)，作为流动训练队被派往了 6 个拉丁美洲国家，以协助当地的空军人员磨砺他们自己的民事行动技巧，同时削弱游击队组织在当地人民中间的影响力。接受过专业训练的航空突击队小分队，还飞遍了玻利维亚、危地马拉、多米尼加共和国、洪都拉斯、厄瓜多尔和巴拉圭各地运送医疗补给，为当地人提供基本的牙医治疗，并针对当地盛行的传染病提供预防接种。1966 年，航空突击队向老挝运送了 50 000 磅的医疗物资，以应对在当地肆虐的斑疹伤寒、疟疾、痢疾和结核病等传染病，并因其行动规模而成为了军事史上一件里程碑式的事件。那次行动的时间跨度超过了 6 个月，共医治了超过 8 000 名患者。值得强调的是，为美国空军所看重的人道主义任务与秘密行动一样，是大多数特种作战行动的核心组成部分。

代表性行动

尽管空军特种作战部队具备高度保密的性质，但他们还是介入了数次引人注目的行动，并取得了不同程度的成功。纪录中最早的一次出击发生在 1970 年 5 月，当时里洛伊·马诺尔中将(Lt. Gen. Leroy Manor)①和阿瑟“公牛”西蒙斯上校率领的一支陆军特种部队在一次营救中，突袭了北越首都河内郊外的山西战俘营。空军提供了经过严格训练的空勤人员，驾驶、操纵行动中使用到 MC-130“战斗利爪”、HC-130 加油机，以及 H-3 与 H-53 直升机。士兵们顺利着陆并很快歼灭了战俘营附近的驻军，结果却发现所有战俘已经在行动前被转移到了其他地点。尽管如此，这次突袭的计划与实施过程仍然证明，联合特种作战行动不仅具备实用性，并且也能够取得令人满意的结果。

1975 年 5 月 13 日，隶属于第 16 特种作战中队的一架 AC-130“鬼怪”炮艇机，从位于泰国的基地②起飞，前去支援当时正在营救美国货轮“玛亚圭兹”号(*Mayaguez*)的美国海

① 里洛伊·马诺尔(1921—)，“象牙海岸”行动时马诺尔空军准将的正式职务是美国空军特种作战部队司令，翌年他还在华盛顿的参谋长联席会议中担任空军作战部副部长以及特别助理，负责主管镇压作战与特别行动。——译者注

② 第 16 特种作战中队当时的基地位于泰国乌汶。——译者注

军陆战队单位[①]，这艘货轮早些时候在国际水域遭到了“红色高棉”游击队的劫持。当天晚上，这架“鬼怪”式反复多次在实施俯冲后低空掠过孔泰岛（Koh Tang），其机载红外线探测设备探测到了岛上人员散发出的体热读数，证明了当时岛上曾有大量人员停留。在5月13日至15日的黄昏，该机作为指挥、管制平台，引导了由空军的F-111战斗轰炸机和海军的A-7攻击机实施的空袭，击沉了一艘柬埔寨炮艇。在1975年5月15日早晨时分，同一架AC-130再次出动，为海军陆战队展开的空中突击提供了支援，陆战队员乘坐若干架CH-53直升机[②]，在岛上实施了强行着陆，试图救出人质。迎接他们的是猛烈的火力，并因此导致了数架直升机战损。当直升机遭到攻击的同时，这架“鬼怪”式进行了低空俯冲，并用机载40毫米机关炮对林线实施了扫射。当时身在滩头的一名航空观察员随后又呼叫了另一轮袭击：以机载105毫米榴弹炮对付部署在附近的一个高炮连，它只发射了一枚炮弹，即彻底摧毁了该阵地。随着战斗进入白热化状态，被扣押在磅逊岛（Kompong Som）的美国船员得以通过外交途径释放，然后所有位于孔泰岛附近的士兵和飞机也奉命撤退。在剩余的CH-53直升机将海军陆战队员撤往安全地区的同时，AC-130实施了压制性射击。由于错误的情报，当*玛亚圭兹号*的船员早已被转移到磅逊岛时，美国最高司令部却坚信他们仍然身处孔泰岛。这次计划拙劣，并且由匆忙拼凑起来的部队实施的救援行动，使若干名美国人[③]付出了生命的代价，事实再次证明了，特种作战行动的实施需要基于更加完善的计划。

4年以后发生了另一次引起广泛关注的空军特种作战行动——被证明是一次更大的挫折。1979年11月4日，忠于霍梅尼·阿亚图拉（Ayatollah Khomeini）的民兵查封了位于伊朗首都德黑兰的美国大使馆，并扣押了54名人质。当年11月15日，空军上校詹姆斯·凯尔（James Kyle）和陆军特种部队指挥官查尔斯·贝克伟斯（Charles Beckwith）上校制定出了“饭碗行动”（Operation Rice Bowl），一个大胆的计划：直接飞抵德黑兰市区并救出人质，并且还具备了相对合理的成功可能。参加这一行动的是驻地位于佛罗里达州赫尔伯特空菲尔德的第1特种作战联队（缩写：1st SOW）装备的AC-130“鬼怪”炮艇机和MC-130“战斗利爪”运输机，他们将与搭乘海军陆战队装备的CH-53直升机，从位于印度洋的*尼米兹号*航空母舰出发的三角洲部队的突击队员们汇合。MC-130E不具备空中加油能力，因此它们将在位于德黑兰附近一处沙漠的着陆点为直升机加油。另外，AC-130将在救援行动实际展开时为他们提供空中支援。这一行动将完全在无线电静默状态下进行。然而，这一最终被采纳的计划有其根本的缺陷，其中最重要的是：海军和海军陆战队飞行员缺乏利用夜视镜实施夜间飞行的经验。CH-53直升机是当时手边仅有的勉强可以适用于该任务的机型，它在设计上着重于完成海上扫雷任务，而不是搭载特种部队进行远

---

① 该部队正式的番号为“特遣部队代号七十九点九”（Task Force 79.9）。——译者注

② 当时共有5架直升机，其中2架CH-53隶属于第21特种作战中队，另有3架HH-53隶属于第40航空航天救援与回收中队。——译者注

③ 美国海军、陆战队、空军共有18人阵亡，受伤人数则为41人。——译者注

程飞行，并实施楔入与脱离行动。尽管如此，当时被指责对伊朗过于软弱的吉米·卡特(Jimmy Carter)总统，还是在 1980 年 4 月 11 日批准了该计划，实际执行则要在 5 天以后。行动当天有八架 CH-53 直升机按计划从尼米兹号航母起飞，但液压系统故障迫使其中两架半路折返。其他直升机则在穿越一次未得到预报的沙暴——又名哈布沙暴(Haboob)时受损，第三架因为机械故障而被迫放弃。剩下的则努力抵达了预订的着陆点——沙漠一号。在那里 EC130① 加入了它们，但在加油时又有一架直升机发生了机械故障。至此只能彻底放弃任务，但灾难却再度来临：在直升机起飞时被另一次沙暴所吞噬，其中一架直升机与停在地面上的 MC-130E 发生了碰撞，其导致的爆炸摧毁了两架飞机，机上的 5 名空军军人和 3 名海军陆战队员身亡。这时只能将所有的直升机全部抛弃，突击部队余下的成员乘坐剩下的运输机撤离了行动区域。沙漠一号发生的灾难令美国人蒙受了羞辱，但是也构成了航空特种作战发展史上一个戏剧性的转折点。从此以后，更周密的行动计划伴随着专业化的训练和各种专业技术装备，断绝了以后发生同等规模灾难的可能性。

事实上，沙漠一号的失败导致了军事组织中某种程度的净化，担任调查工作的霍洛威委员会②建议在多个军种间进行更大规模的互相协作。这一建议在空军内部导致的结果是：所有的空军特种作战单位，于 1983 年 3 月 2 日被合并进了驻地位于赫尔伯特空军基地的第一特种作战联队(缩写：1st SOW)，该联队所有下辖单位的管辖权则统一归属于驻地位于伊利诺伊州的斯各特空军基地(Scott AFB)的第 23 航空队。这一全新的单位下辖第 8、第 16 和第 20 特种作战中队，其中第 8 特种作战中队(缩写：8th SOS)装备了 MC-130“战斗利爪”(Combat Talon)运输机以及 HC-130“大力神”(Hercules)加油机；第 16 特种作战中队(缩写：16th SOS)装备了 AC-130“鬼怪”炮艇机；第 20 特种作战中队装备了 MH-53“低空铺路者”(Pave Low)和 HH-54“欢乐绿巨人”(Jolly Green Giant)直升机。第 1720 特种战术大队(缩写：1720th STG)则提供了一支可以执行突击队任务的步兵单位，他们的驻地也位于赫尔伯特机场。除了上述这些单位以外，还包括了必要的预备役单位：第 919 特种作战大队(缩写：919th SOG)装备 AC-130“鬼怪”和第 302 特种作战大队(缩写：302nd SOG)装备 EC-130E Volo Solant 心理战飞机③。上述安排在 1983 年 4 月生效，这些新组建的特种作战单位，后来都介入了由罗纳德·里根(Ronald Reagan)总统针对加勒比海地区，尤其是在巴哈马特别猖獗的毒品走私发动的“反毒品战役”。药物管理局的特工们搭乘了隶属于第 1 特种作战联队的飞机，进入非友好区域对贩毒嫌疑人实施逮捕。这些飞机在当地驻留到了 1985 年，其间在查禁毒品走私的行动上不断地取得了胜利。

空军特种作战行动的一个重要转折点是“暴怒行动”，这次于 1983 年展开的行动其目

---

① 作者笔误，实为 MC-130E。——译者注

② 退役海军上将詹姆斯·L. 霍洛威三世。——译者注

③ 此处为作者笔误，EC-130E 正确的绰号为 Volant Solo，1983 年由原战术空军司令部管辖的 EC-130E Coronet Solo 被移交给军事空运司令部后，才相应变更为 EC-130E Volant Solo。——译者注

标是:推翻加勒比海岛国格林纳达政权血腥的暴力派阀;营救当时被扣押在医学院的上百名美国学生。交付给隶属于第 1 特种作战联队的 MC-130“战斗利爪”运输机的任务是:将美国陆军突击队空投到萨利纳斯角机场(Point Salinas airfield),并在必要时为遍布该岛的美军地面部队提供近距离空中支援。这些飞机在行动中将得到由精锐的战斗管制员分队①提供的引导,后者在主力攻击部队上岛之前,即已秘密抵达岛上并完成了战前展开。1983 年 10 月 25 日清早,一架由麦克·库维隆(Michael Couvillon)少校驾驶的 MC-130②飞抵萨利纳斯角机场上空,利用机载的红外线及其他传感侦测器材,对机场进行了抵近观察。他判读出机场内部署了苏制 ZU-23 高射炮,并且守军已经用重型工程器材堵塞了跑道。指挥行动的高级指挥官们推测:机场的守军了解,美国陆军突击队通常在海拔高度 1 000 英尺实施跳伞,因而可以预计到守军已经对武器的射程做了相应的校准,所以突击队员们接到的命令是在 500 英尺高度跳伞。这就导致了守军部队因将武器射程设定得过远而错过目标。当突击队员们抵达空降场上空时,库维隆少校的飞机用 40 毫米机关炮压制了一个 ZU-23 高炮连。他的 MC-130 还击毁了一处阻滞了美军进攻的机枪阵地——尽管当时机载电脑设备出现了故障,库维隆少校还是用 20 毫米和 40 毫米机关炮实施了弹幕射击,以压制敌炮兵阵地,在有些地段,陆军突击队员的阵地距离弹着点仅 50 英尺。在以后的两天内,炮艇机继续为地面部队提供了近距离空中支援,并且自身无一损失。“暴怒行动”在作战层面大获成功,并且自 1975 年对空军特种作战部队的拨款遭到大幅度削减后,第一次得到了一定程度的恢复。此外,它们担负的基本任务也由协助武装部队楔入敌对地区,转型为向他们提供精确的近距离空中支援,并且延续至今。

空军自上次在格林纳达获得成功之后,再接再厉,于 1989 年在入侵巴拿马的“正义事业”行动中再次有英勇的表现。驻地位于赫尔伯特机场的第 4 和第 16 特种作战中队的 AC-130“鬼怪”,根据地面部队的请求向人口密集的城区投射了精确火力,最大限度地降低了平民伤亡。1989 年 12 月 20 日清晨,一架呼号为“空中爸爸零五”的炮艇机为了阻止当时正在过桥的巴拿马增援部队,向帕科拉河大桥(Pacora River Bridge)实施了弹幕射击。密集而精确的火力从天而降,阻止了敌军车队,然后特种部队乘直升机赶到并肃清了大桥。与此同时,一架盘旋在雷哈托机场上空的呼号为“空中爸爸零三”的 AC-130,在两架协同搜索目标的陆军阿帕奇攻击直升机的支援下,只用一发红外线制导炮弹就摧毁了一座 ZPU23 炮兵阵地,与此同时,从 MC-130 上跳伞的陆军突击队员夺取了机场。另两架 AC-130 奉命攻击巴拿马国防军总司令部(La Commandancia),那是曼纽尔·诺列加(Manuel Noriega)的总部所在。通过机载传感器的引导,他们以 105 毫米榴弹炮向司令部内的诸多兵营开火,并摧毁了其中的一部分建筑。然而,根据推测他们有可能对友军造成了误击,当时在附近作战的

---

① 即后文将要介绍的 USAF-CCT。——译者注

② 疑为作者笔误。——译者注

26 名隶属三角洲部队的行动人员因此蒙受了伤亡。合计不少于 9 架 AC-130“鬼怪”式炮艇机参加了“正义事业”行动，并在行动期间与整个作战计划紧密地融为了一体。此外，它们中的大部分得到了部署在地面上的精锐的战斗管制分队的引导。他们确保了航空火力的精确投放，并避免了友军火力误伤的发生。隶属于空军特种作战司令部的飞机在进攻发起时，在巴拿马的不同地点实施了总计 27 次单独或联合作战行动——这些作战行动都是在它们从位于佛罗里达州的基地起飞后，完成了 1 500 英里的长途飞行后实施的。在与“正义事业”行动有关的最后一次任务中，一架隶属于第 1 特种作战联队的 MC-130“战斗利爪”载着曼纽尔·诺列加自巴拿马飞往一所美国监狱，就其走私毒品的罪行接受审判。

1990 年 5 月 22 日，随着驻扎于赫尔伯特机场的第 23 航空队(缩写：23rd Air Force)被更名为空军特种作战司令部(缩写：AFSOC)，长达 30 年的实验与改进随之达到了其顶点。在最终取得了一级司令部的地位后，它现在下辖第 1、第 39、第 353 特种作战联队以及第 1720 特种战术大队。这些单位在经过完全整合后，成为了新成立的美国特种作战司令部的组成部分。这一全新的多层次的机构，其职权范围包括组织、训练、装备与为部队提供适当教育，使其能够具备全球部署能力，遂行非常规战、特种侦察、直接行动、反恐怖与人道主义救援任务。在战术层面上，这就意味着为陆军与海军的特种作战部队提供快速与可靠的空运以及火力支援。随着伊拉克于 1990 年 8 月入侵科威特，仅仅成立了 3 个月的空军特种作战司令部就“被挂上了高档位”。隶属于第 8 与第 20 特种作战中队的 MC-130“战斗利爪”运输机与 MH-53“低空铺路者”直升机，作为参加“沙漠盾牌”行动的一部分兵力，立即被部署到了沙特阿拉伯。第 21 特种作战中队和装备了 HH-3 直升机的第 71 特种作战中队(空军后备役)紧接着被部署到了土耳其。与 10 年前飞抵沙漠一号的那支装备落后的临时混编部队相比，空军特种作战司令部辖下的各个单位配备了当时最复杂的技术所能制造出来的最精良的装备，通过严格的训练使得他们对战术的精通达到了令人不可思议的程度。当“沙漠风暴”行动在来年 1 月展开后，空军特种作战司令部下辖的人员与飞机的基本任务是：在不被敌军侦测到的前提下，尽可能快速地出入敌对领空，向被击落的飞行员提供救援以及投送导弹、炸弹和其他精确制导弹药，布撒传单，他们在执行上述任务的过程中无一损失。特别值得一提的一种武器是 BLU-82，这是一种爆炸当量 15 000 磅，绰号为“滚地球”的炸弹。这种被用来为地面部队清除位于其进攻路线上的伊拉克雷场的炸弹，实际使用时由 MC-130 通过机尾装卸门投放。

“沙漠风暴”行动的空袭阶段开始于 1991 年 1 月 16 日，当时诺曼底特遣队，包括了两架来自第 20 特种作战中队——该中队绰号“绿色大黄蜂”的 MH-53“低空铺路者”直升机，它们专门装备了用于夜间作战行动的夜视镜，分别引导两架陆军的 AH-64 阿帕奇攻击直升机，对两座先进的伊拉克早期预警雷达实施了攻击。由阿帕奇发射的地狱火导弹摧毁了整个系统，此后巴格达与其他城市，再也无力在以后发生的大规模联合空袭前得到警报。在之后的几周里，隶属空军特种作战司令部的直升机还根据友军的请求，在极端恶劣的环境下执行了飞行员营救任务。例如，在 1991 年 1 月 21 日，一架 MH-53“低空铺路者”直升机奔袭敌后 180 英里，以营救一架被击落的 F-14 战斗机上的海军飞行员。这架直升机在距离地面仅 10 英尺的高度上，以每小时 160 英里的时速飞行，以避开敌军的侦测，之后定位并成功地救出了飞行员。1991 年 2 月 19 日，另一架“低空铺路者”偕两架隶属于第 20 特种作战中队的 MH-3E 直升机，将 13 名海军海豹队员运到了位于波斯湾水域的库拜尔岛，并在次日将他们安全撤出。然而，这时第 1 特种作战联队在 1991 年 1 月 31 日经历了自“沙漠风暴”行动开展以来，人员伤亡最多的一次单一事件。当时一架无线电呼号为“精神零三”的 AC130 被导弹击落①，机上所有 14 名乘员全部遇难。该机当时被指定摧毁位于海夫吉附近的伊拉克火箭发射架，并且仅用 40 毫米机关炮与 105 毫米榴弹炮，实施一次齐射后就完成了任务，但随后可能被肩扛式地对空导弹击中。“精神零三”的战损促使空军高层取消了所有在海湾战争中，进一步使用炮艇机执行对地支援任务的计划。在其他方面空军特种部队以其高效和勇敢，完成了赋予他们的所有使命。

陆军

第 1 特种部队作战分遣队——德尔塔（三角洲部队）

以色列与阿拉伯国家在中东地区持续不断地制造紧张局势，导致某些激进团体引发了全球性的恐怖主义动荡。在这一大浪潮中，最臭名昭著的例子发生在 1972 年夏季奥运会期间。当时一群枪手扣押了一群以色列运动员作为人质，并在援救行动展开前谋杀了他们。1976 年，恐怖分子将一群以色列人质扣押在乌干达的恩德比机场，直到接受过专门训练的以色列突击队员们②发动了一次营救行动后，他们才戏剧性地得以重获自由③。鉴于上述几次恐怖袭击事件，几个欧洲国家尤其是法国和德国，开始着手组建专门的反恐怖(antiterrorist)单位，并将其纳入了军队的建制之内，而英国则对他们已有的两支特种部队，特种空降勤务部队和特种小艇勤务部队抱以极大的信心。相比之下，美国则继续维持原状至 1975 年，才开始关注建立等级高于并彻底超越现有特种部队——指的是陆军的“绿色贝雷帽”和陆军突击队——建设水平的精锐反恐怖单位的问题。推进这一组织工作的使命交给了杰出的、功勋卓著的越战老兵查尔斯·贝克维斯(Charles Beckwith)上校，当时他正派驻于北卡罗来纳州布拉格堡担任特种部队学校的校长，他建议组织一个由经过精选的人员构成的小规模单位，并要让他们接受大量的训练，配备各种具专业用途的装备，最终使他们具备在恐怖分子对美国的“资产”发动攻击前，与他们交战并击败他们的能

---

① 呼号为“精神零三”的炮艇机型号为 AC-130H，隶属于第 16 特种作战中队，经事后研判为遭萨姆-7 防空导弹击落。——译者注

② 他们分别来自隶属以色列军事情报局、伞兵旅和戈兰尼步兵旅的特种作战单位。——译者注

③ 1976 年 7 月 4 日的营救行动最终救出了 106 名人质中的 102 名，有 4 名人质在战斗中死亡，10 名人质受伤，行动大获成功。——译者注

力。此外，作为曾在英国最具声望且（在全世界范围内也）非常成功的特种空降勤务部队（22nd SAS）服役过的交换军官，他坚持要以那批“英国同行”作为他组建新单位的灵感与模范。对这一新单位的期望是：精通该领域中完成任务所必须的全部技巧，包括了人质营救和其他当时正在计划中的“快速反应”作战任务，而这只是必须达到的最低限度标准。这一番论证最终在五角大楼赢得了支持，但是贝克维斯坚持他需要至少两年时间，才能使他的部队进入作战状态，因此一支隶属于特种部队第 5 大队（缩写：5th SFG），由罗伯特·蒙特尔（Robert Montell）上校指挥的代号为“蓝色闪电”（Blue Light）①的小型分遣队，将在接受强化训练后暂时弥补这一缺口。根据贝克维斯的预想，这是一支熟练掌握了各种（军事）技巧的非常规部队，该部队成员不仅都要精通反恐怖战术，也要精通完成各种非正统工作的技能，例如秘密侦察、从直升机上缘绳速降、撬窃保险箱以及利用短路打火的方式发动汽车，等等。总而言之，他决心要将特种部队这一概念从当前的“原始状态”提升到一个具备了可行性的全新高度之上——甚至可以说是极端的高度。

1977 年 10 月，第 1 特种部队作战分遣队——代号“德尔塔”，即为公众所知的“三角洲部队”，完成了招募与训练工作并进入了战备状态。不论是在当时还是现在，该部队的存在都是高度机密，浮出水面的细节、信息只是真相的冰山一角。那时外界人士对该部队命名原因的推测是：6 个阿尔法分遣队（或简称 A 队）组成了一个布拉沃分遣队（或简称 B 队），指挥官为少校军衔。陆军特种部队中已知最大规模的分遣队，是查理分遣队（简称 C 队），那是由上校军衔的军官管辖的营级单位。在军语中，C 后面一个字母 D 的读法是德尔塔，因此这就成为了该部队的代号。②三角洲部队成军后，第一次已知的战斗是发生于 1980 年 4 月 25 日至 26 日期间的“鹰爪行动”。实施这次部署的起因是，1979 年 11 月 4 日，位于伊朗首都德黑兰的美国大使馆被伊朗人占据这一事件。救援计划进行了长达数个月的策划，一队三角洲部队士兵利用构筑在亚利桑那州尤马陆军机场（Yuma Army Airfield）的大使馆等比例模型进行了训练。整个攻击部队的总兵力为一百人左右，被分别编入了红、白和蓝队。红队的任务是占领大使馆建筑，蓝队占领大使的住宅，而白队则负责肃清大使馆附近的街道和进入大使馆的入口。他们将乘坐由海军陆战队和海军飞行员驾驶的直升机进入伊朗境内，并将得到空军的 C-130③ 和 MC-130 运输机④以及空中加油机⑤的支援。不管怎样，这一过于复杂的计划，导致了后来发生在德黑兰南部沙漠一号汇合点的灾难。两架直升机因为（在飞行途中）遭遇未得到预报的沙暴而导致了机械故障，被迫放弃。最后只有 5 架可用的直升机抵达沙漠一号，低于（完成行动）必须的最低数量

① 即在中文资料中，与“三角洲”部队发生混淆的所谓“蓝光”突击队/特种部队。——译者注

② 即部队的命名源自贝克维斯的军衔。——译者注

③ 此处为作者笔误，应为隶属于第 16 特种作战中队的 AC-130 炮艇机。——译者注

④ 参加“鹰爪行动”的 MC-130 运输机隶属于第 1 特种作战中队。——译者注

⑤ 参加“鹰爪行动”的加油机，实为隶属于第 8 特种作战中队的 EC-130。——译者注

查尔斯·A.贝克维斯上校是今天的三角洲部队背后的精神支柱。作为一位好斗而强硬的步兵军官，他获得了“冲锋查理”的绰号。（承蒙美国陆军无偿提供该照片）

查尔斯·A.贝克维斯(Charles A. Beckwith, 1929—1994)

查尔斯·阿尔文·贝克维斯于1929年1月22日出生在乔治亚州的亚特兰大，他在1952年通过乔治亚大学的后备军官训练课程后，获得了少尉军衔的委任。3年后他加入了第82空降师，并且还通过了陆军突击队(Ranger)训练。之后他于1957年经过调动加入了美国陆军特种部队(缩写:USASF)。他在1960年的首次海外部署期间，作为军事顾问被派遣到了越南和老挝，然后又在两年后以交换(训练)军官的身份，在“马来亚紧急状态”(Malaysian Emergency)期间转调入了精锐的英国特种空降勤务部队(22nd SAS)。贝克维斯对英国同行的特种作战程序做了细心的记录，而且自返美之后，他就开始持续鼓吹建立一支精锐的承担直接行动任务的特种作战单位的必要性。他的建议遭到了上级的否决，所以他又调回了驻扎于北卡罗来纳州布拉格堡的特种部队第7大队，担任作战军官①。利用在英军服役期间学到的经验，他彻底重构了“绿色贝雷帽”的训练方式，这为后来著名的“资格考核课程”(Qualifications Course)打下了基础。之后贝克维斯于1965年随着“德尔塔计划”在越南的展开，重返中南半岛，并在次年身受重伤。痊愈后，他在1968年重回战场，指挥了第327步兵团(空降)第二营，当时该营在顺化市(Hue)以西卷入了一系列的激烈战斗。自此之后，他一直在布拉格堡担任教官，直至1977年11月，他才最终得到授权，组建一支全新的精锐单位——“三角洲”部队。该单位初次登台是在“鹰爪行动”期间，然后根据贝克维斯向国会提出的建议，还成立了第160特种作战航空团(缩写:160th SOAR)以及联合特种作战司令部(缩写:JSOC)，以便为特种部队提供支援。“冲锋查理”于1980年退出现役，这位从骨子里透着一股非常规思想的著名战士，于1994年4月13日在得克萨斯州的达拉斯市去世。

一架，贝克维斯决定放弃任务。不幸的是，当美军启程时，一架直升机意外撞上了停在地面的一架MC-130运输机。5名空军军人和3名海军陆战队飞行员死于相撞引发的大火，但三角洲部队毫发无损。一次周密的调查精确地指出了23个与行动失败密切相关的问题，包含通讯以及参与该次任务的不同军种部队之间指挥与管制程序不一致等。(对三角

① G-3，作战参谋。——译者注

洲部队而言）幸运的是，除了在不经意间指出他们在执行任务时穿着了民用服饰，例如蓝色牛仔裤、靴子和野战夹克之外，没有其他指责加诸三角洲部队。到了 1980 年，在贝克维斯上校的长期建议下，联合特种作战司令部终告成立，并且他还被任命为第一任指挥官。他上任后第一个举措就是，将三角洲部队的作战程序和任务形态、人员选拔和训练过程，编撰成了一份名为“黑皮书”的文件。这支精锐部队的兵力也被扩编到了 300 人，他们分别编入了若干个由 16 人组成的“中队”。除此之外，该部队还得到了从一小群志愿者中精选出来的最优秀的人员，以及能够优先挑选在当时技术条件下最精良装备的权力。如今国防部的官僚机构终于下定决心，不论是在政治上还是在军事上，让特种部队在未来卷入（类似“鹰爪行动”这样的）灾难性事件都是不可接受的，并且在相当长的一段时间内对这一政策的坚持不会改变。

代表性行动

即使追溯至该部队成立之初，在关于三角洲部队所参与过的作战行动的大量信息中，也只有很少的一部分是经过确认且证实无误的。隶属于该部队的行动人员，有可能在帮助镇压萨尔瓦多内战中扮演了重要角色。此外，还向秉持反共立场的尼加拉瓜游击队组织“康特拉”（Contras）在与桑地诺政权的斗争中，提供了直接或间接的协助。1983 年 10 月 19 日，在苏东阵营的鼓动下，加勒比海岛国格林纳达爆发了革命，总理毛里斯・毕肖普（Maurice Bishop）被处决后，激进的革命委员会宣告成立。当时在岛上学习的上百名美国医科学生被扣为人质，苏东阵营还开始在岛上修建一条长度达 10 000 英尺的跑道，足以供具备投掷核武器能力的苏联轰炸机起降之用。作为回应，罗纳德・里根总统发动了“暴怒”行动，以营救美国学生。三角洲部队接到的是危险的“直接行动”任务，要求他们在主攻部队——陆军突击队以及第 82 空降师到达之前，赶到位于萨里纳斯角机场外围的目标区域。他们的目标是里士满山监狱（Richmond Hill Prison），有很多该国的政治反对派被关押在那里，但是糟糕的侦察导致了一架 UH-60“黑鹰”直升机的战损，机上搭载的 11 名三角洲部队行动人员伤亡。当时出乎他们意料的是，预定的机降场内满是古巴士兵以及苏制 23 毫米防空机关炮。当机上的三角洲队员打算缘绳速降时，直升机遭遇了来自地面的交叉火力射击后坠毁。另一个目标鲁波特堡（Fort Rupert）则被顺利攻占。总的来说，发生在格林纳达的这次行动，其在情报收集工作和作战计划制订两方面的拙劣表现，几乎使它成为了一个失败的战例，在之后的行动阶段才对之前的各方面错误进行了补救。一个鲜为人知的事件是，在加利福尼亚州的洛杉矶市举办 1984 年夏季奥运会期间，一小队三角洲部队行动人员，坐在经过伪装的啤酒送货卡车里，对会场的反恐怖保安措施进行了评估。就在同一段时间里，一支行动模式“类似”于三角洲部队，但确切番号隶属不明的作战单位，于 1984 年 7 月 29 日在委内瑞拉成功地实施了一次直接行动（救援）任务，解救了被扣留在一架民航班机上的所有人质。还是在这一时间段内，某些无法查证消息来源的说法指出，一名来自三角洲部队的狙击手，对哥伦比亚毒枭帕布洛·艾斯科巴（Pablo Escobar）实施了暗杀，尽管根据官方消息这一“战果”的取得应该归功于哥伦比亚安全部队的“勤奋工作”。

下一个适当的行动机会出现于1989年11月的“正义事业”行动期间。当推翻巴拿马独裁者及贩毒组织的中心人物曼纽尔·诺列加的决心确定后，三角洲部队奉命解救被关押在声名狼藉的莫德罗监狱（Modelo Prison）中的一位美国公民——无线电台主持人库尔特·慕斯（Kurt Muse）。该监狱的位置正对着巴拿马国防军总司令部——那是效忠于诺列加的军队的总部。1989年11月19日清晨，一架隶属于第160特种作战航空团（缩写SOAR）的MH-6“小鸟”直升机，搭载着一支精锐的三角洲小分队抵达了监狱的屋顶。与此同时，所有来自应急发电机的电力供应也被切断，使得监狱的防御者们陷入了黑暗之中。当AC-130“鬼怪”炮艇机在捣毁监狱隔壁的国防军总司令部的同时，三角洲部队的行动人员也正在监狱内部奋战，最终找到了慕斯，并且将他毫发无损地带出了监狱。当MH-6带着突击队员和他们的客人起飞时，它被地面火力击伤并迫降到了两座高楼之间。机上的4名三角洲队员在迫降时全部受伤，他们后来得到了一辆装甲运兵车的救助，在等待后者前来营救期间，整个营救小组还得到了一架武装直升机的保护。这次行动是一次教科书式的成功范例，并且因为他们在战斗中表现出的作战效率而为三角洲部队赢得了荣誉。与此同时，三角洲部队还实施了一次旨在捉拿诺列加本人的“漂亮包裹”行动（Operation Nifty Package），并派出了一支穿着平民服装的8人小队执行这一任务，但是狡猾的独裁者识破了他们设置的陷阱。

到目前为止，三角洲部队在冷战时期执行的最重要的任务发生在沙漠风暴行动期间，该行动旨在将科威特自伊拉克占领军手中解放出来。当联军的空中打击于1991年1月展开后，萨达姆·侯赛因（Saddam Hussein）下令向以色列发射“飞毛腿”中程导弹，以便将他们卷入战争。这一行动在反伊拉克联军中引发了严重的紧张局势——因为其中包括了若干个伊斯兰国家。1991年1月18日，7枚失控的导弹分别击中了位于海法和特拉维夫市区的建筑综合体，造成了50名平民伤亡，并摧毁了1 587套公寓。以色列发动的任何反击都将引发阿拉伯舆论界的愤怒，所以在犹太人被激怒之前，摧毁所有的“飞毛腿”导弹就成为了一种战略上的需要。大部分发射阵地都位于伊军防线后方的纵深地区，因此三角洲行动人员们通过实施高海拔离机—高海拔开伞方式（HALO）①，从30 000英尺高度跳伞，然后利用双伞盖降落伞精确机动到选定的着陆点。通过这一套装备，三角洲部队成员可以在下降过程中，在全程可控制的状态下降落到60英里范围内他们想要到达的任何地点。当降落到地面后，他们的任务就是定位飞毛腿发射架——它的底盘是一种安装了大型轮胎的重型车辆——然后在空袭开始前，以激光目标指示器为联军飞机“标定”它们。若干种机会目标，例如碉堡、雷达站和补给品堆场也将通过这种方式被摧毁。当必须进行转移

① 此处为作者误植，高海拔离机—高海拔开伞的正确缩写为HAHO。——译者注

时，小队仅在夜间行动，昼间则通过良好的伪装来躲避伊拉克军队的侦测。三角洲部队还与英国特种空降勤务部队成员进行了紧密的合作，协助对方摧毁了位于伊拉克西部的大多数飞毛腿发射架，有几个战例中仅仅使用了个人随身武器。1991 年 2 月 21 日，一架隶属于第 160 特种作战航空团的直升机在沙暴中坠毁，机上 4 名机组乘员和 3 名三角洲部队行动人员丧生。这是沙漠风暴行动期间，已知的唯一一次三角洲部队遭受战损的例子。无论如何，该单位在伊拉克境内是否执行了其他任务，目前仍然缺乏适当的证据。不论他们执行的是何种任务，目前它们仍然被分类为最高机密材料。具有讽刺意味的是，当时的联军司令诺曼·施瓦茨科普夫(Norman Schwarzkopf)将军坚定地拒绝了特种部队第 1 和第 5 大队(缩写 SFG)参加地面作战的请求。鉴于当时飞毛腿导弹(对以色列)的袭击，来自华盛顿的政治压力迫使他将手边的特种作战部队，全部投入了猎杀飞毛腿发射架的“战役”之中，因而对那些隶属于三角洲部队(和其他特种部队单位)的军人而言，尽管他们是如此迫切地渴望参加地面战，然而正是他们在作战方面所表现出来的价值，最终使他们无法如愿以偿。

陆军突击队

尽管在整个第二次世界大战期间，突击队形式的部队取得的成功有目共睹，在战争结束时陆军还是立即将它们全部解散了。一直到 1950 年，随着朝鲜战争的爆发，突击队才经历了一次意义有限的复兴。显然，对方部队在与美国部队的初期交锋中表现出来的敌后穿插能力，给陆军总参谋长劳顿·J. 科林斯(Lawton J. Collins)留下了极为深刻的印象，因而他知会华盛顿的陆军作战部：应该组建“突击队”(ranger)以便于执行类似的任务。然而，与“二战”时期以营为单位实施的动员不同，朝鲜战争时期的突击队被限定为连级作战单位，并且被配属到参战的每一个步兵师，作为建制内的“特种部队”使用。突击队训练课程也因此在乔治亚州的本宁堡得到了复兴，在陆军上校约翰·G. 范·胡特(John G. Van Houter)的主持下通过该课程，在 7 个月的时间内训练出了 16 个陆军突击队连。每个连的编制内下辖了一个由 6 人编成的连部班，然后是三个步兵排、每排辖 1 名军官和 32 名士兵。这样的组织结构在规模上要大于第二次世界大战时期组建的突击队连，但是他们的总人数仍然只有正规步兵连的一半。因为这个原因，配发给突击队员的自动武器和巴祖卡火箭筒①以及枪榴弹发射器的比例要高于正规步兵连。尽管如此，还是欠缺正规步兵连编制内的重火力武器，而且因为同样的原因它们不具备进行长期战斗的能力。结训的 16 个突击队连中，只有 6 个连真正开拔到了朝鲜，然后它们被配属给了第 1 骑兵师，以及第 2、第 3、第 7、第 24、第 25 步兵师。其中第 2 突击队连的兵员全部来自第 505 空降步兵团②和隶属

---

① 型号为 M-20“超级巴祖卡”，口径 88 为毫米。——译者注

② 非洲裔伞兵来自第 505 伞兵团 3 营，该营前身为“二战”时期成立的第 555 伞兵营。——译者注

于第82空降师的第80防空炮兵营——至今仍然是美国军事史上唯一的全部由非洲裔美国人组成的作战单位。如前所述，预期中招募来的新成员将在本宁堡接受为期6周的经过精细安排的训练课程，以期掌握诸如爆破、陆地导航、徒手格斗、穿插渗透和通讯等专业技能。合格的学员则要接受更进一步的考验，教官对这些突击队学员的期望是：他们背负全套战斗负载后能在18至20小时内，完成距离为40至50英里的越野行军。突击队员们还在科罗拉多州的卡森兵营（Camp Carson）接受了冬季作战训练，之后他们将行军至当地的牲畜栏，学习如何在复杂地形上驾驭骡子。这些温顺而粗粝的动物至今仍然是突击队员们最好的朋友。

当上述准备工作有条不紊地进行着的同时，捉襟见肘的第8集团军独立组织了自己的突击队连，指挥官是一位曾在空降部队服役的军官——拉尔夫·帕克特（Ralph Puckett）中尉①，交付给该连的任务是在釜山环形防线周边地域执行突袭与侦察任务。该单位的正式番号是第8213暂编连，更广为人知的名称则是第8集团军突袭者连②，它被配属给了第25步兵师。在该师进入朝鲜并向鸭绿江进攻的过程中，该连首次参加实战就在立石洞（Ipsak③）附近，几乎被中国志愿军全歼。④是次战斗中该连指挥官多处受伤，之后该连的残部支援了土耳其旅的战斗，直至他们于1951年3月最终解散。另一个临时编成的突击队单位是陆军第8245单位，它是根据爱德华·M.阿尔蒙德少将（Maj. Gen. Edward M. Almond）的要求，从第10军所属部队中抽调士兵组建的。⑤1950年9月12日，他们在群山湾（Kunsan Gulf）发动了一次两栖登陆，这是一次旨在将注意力从3天后将要在仁川进行的真正登陆引开的佯攻。同年11月，该连被海运到朝鲜的东海岸地区，他们对咸兴市附近的港口进行了侦察。

与此同时，在美国组建的几个突击队连终于紧随着中国志愿军发动的冬季攻势而抵达了朝鲜，并且在对这股浪潮的抵抗中扮演了戏剧性的角色。1951年3月，一个由11人组成的小组奉命摧毁位于朝鲜元山的一条铁路隧道，但在行动过程中他们被数量占绝对优势的中国志愿军士兵发现，突击队小组中有8人阵亡或被俘。1951年3月13日，第2和第4突击队连参加了“战斧”行动，这是一次由第187团级战斗队在首尔（汉城）北面的汶山里（Munsan-ni）发动的一次空降突击。尽管该行动的主要目标阻击向北撤退的对方部队并未达成，但是这次跳伞展示了他们具备在任何地形下实施战斗跳伞的能力。发生

---

① 此处作者在时间与军衔两方面发生了误植：拉尔夫·帕克特当时是新近从西点军校毕业的少尉军官；在他的整个职业军官生涯中，唯一一次与空降部队发生交集是在1967年，当时他在越南指挥了第502空降步兵团第2营。——译者注

② 此处为作者误植，该部队的正确名称是第8集团军突击队连。——译者注

③ 地名为作者笔误，实为：上九洞（Ipsok）。——译者注

④ 中方资料称此次战斗为“上九洞以北山区战斗”，美方资料则称为“205高地战斗”，参战的51名突击队员中，10人阵亡或失踪，31人受伤，志愿军第39军所属部队在第6次攻击后攻克该高地。——译者注

⑤ 此处作者考据有误，该部队的前身为驻日盟军总司令部直属第1突袭者连（暂编），首尔陷落后该连转隶于第十军，番号也相应变更为第10军直属突袭者连，或者是陆军第8245单位。——译者注

在朝鲜的战斗现在简化为了一场围绕着争夺前哨阵地和主防线而展开的静态化战争，而突击队员们在实施伏击战、进行战斗巡逻和敌后夜间突袭时皆有出众表现。以一次奇袭为例，第 1 突击队连在一次指挥得当的夜间袭击中摧毁了朝鲜人民军第 12 师的师部。这一次之后该类行动发生得越来越少，而各突击队连则再次被当作正规步兵使用，并承受了重大损失。更糟的是，尽管他们早已证明了自己的作用，但正规部队的指挥官们仍然抱怨突击队吸纳了最好的军官和士兵，并成为了陆军无力负担的“毫无必要的奢侈品”。美国高级司令部中也产生了类似的普遍共识：将后方地域突袭和侦察任务交给由美国军官指挥的韩国游击队执行，可以取得更好的效果。因此在 1951 年 8 月，各个突击队连被打散，所有人员被分流进了各空降作战单位。幸运的是，突击队训练司令部得以幸存并被改组为美国陆军突击队学校，现在它们的任务是向有志于“深造”的军官和非委任军官（缩写 NCO，指士官）传授专业化的轻步兵作战技能。在军方再度需要传统形态的突击队单位以因应战场需要前，美国陆军突击队经历了一段长达 17 年的低谷期。

美国在 1969 年 1 月大规模卷入了越南战争，陆军的高层决定将那些有能力执行远程侦察巡逻（缩写：LRRPs）任务的单位改组为突击队连，并将它们合并入新成立的第 75 步兵团（突击队）。在此之前，这些由 6 人组成的远程侦察巡逻小队在丛林地带作为精锐轻步兵，执行了很多突击队形态的任务，而且其介入程度之深是前所未有的。分派给他们的任务包括侦察、情报收集、从地面指引空袭、发动突然袭击协助常规地面作战、穿过丛林执行猎杀任务、对越南人民军（NVA）单位实施伏击，以及在训练有素的狙击手对极远距离外的敌人实施狙击时，为前者提供掩护等。在渗入敌后纵深区域时，突击队员们经常尝试的任务形态还包括：捕俘、救援盟军被俘人员、对胡志明小道沿线的有线通讯线路实施窃听，以及在敌人的交通要道上秘密布雷等。当他们的任务圆满达成后，远程侦察巡逻队员们将安静地返回事先安排好的着陆场，并搭乘直升机返回友军防线。多年以来，远程侦察巡逻队员们的高效率表现，掩盖了他们相对而言人数极少这一事实。

无论如何根据这一新指令，突击队 A 连在乔治亚州宣告成立，同时在科罗拉多州的卡森兵营成立了 B 连，这两个单位一直驻防国内担当训练单位，直到它们最终遭解散为止。幸运的是，在后越战时期，军方的资深指挥官们认识到了，美国陆军缺乏可以胜任穿越多种地形、并在不同的作战条件下实施快速展开的轻步兵部队。上述情况可以说是美国军界独一无二的现象，显示出了陆军制订出来的教条，可以与现实有多大程度的脱节！因此在陆军总参谋长克莱顿·艾布拉姆斯（Creighton Abrams）的授权下了，于 1974 年 1 月创建了第 1 突击队营（驻地为乔治亚州的斯图尔特堡）和第 2 突击队营（驻地为华盛顿州的刘易斯堡）。这类新型单位根据其设想，将被建设成为一支精锐的突击部队，胜任攻克永久性坚固设防阵地这样的任务，可以在“艰苦”的条件下与敌军进行战斗。这与越战时期陆军突击队教条中，以小队规模执行侦察任务的趋向完全南辕北辙。

新一代的突击队单位首次投入作战行动是在“鹰爪行动”期间——那次在伊朗实施的

且运气欠佳的试图营救人质的作战行动。当时第75突击队团第1营的C连，随第1特种部队作战分遣队——德尔塔的队员们一起开赴埃及，并为后者和他们的装备提供了安全警戒保障。从这些突击队员中间挑选出了一支12人的分遣队，他们将要随着三角洲部队一起进入伊朗，充当公路掩护分队，在直升机降落，并加油期间确保沙漠一号的安全。剩下的突击队员则会被空投到德黑兰南部35英里的曼沙里耶机场(Manzariyeh airfield)，肃清该目标并坚守该地足够长的时间，以便C-141“举重明星”(Starlifters)运输机可以在该机场降落，并接走美国人质和来自三角洲部队的营救人员。然而这一计划因3架直升机发生机械故障而遭放弃，另一架意外撞上停在地面充当加油机的MC-130后被中途叫停。第1营C连甚至从未离开过埃及，即怀着沮丧的心情与三角洲部队成员一起返回了美国。

代表性行动

1983年11月，加勒比岛国格林纳达经历了一次突发的血腥政变，一个由哈德森·奥斯汀(Hudson Austin)将军领导的暴力派阀，推翻并谋杀了该国的总理毛里斯·毕肖普。随着事态的发展，新政权扣押了数百名在该国学习的美国医学院学生当人质。这一行为触发了激烈的反应——罗纳德·里根总统下令实施了“暴怒”行动。1983年10月24日，由威斯利·泰勒中校指挥的突击队员们，在只得到几个小时预警的情况下，就在亚拉巴马陆军机场集合并登上了C-130运输机。这些突击队员领到的任务是：夺取萨里纳斯角机场——已确认该机场由数百名士兵驻防；之后他们将前往圣乔治大学的真蓝校区，解救被扣押在那里的人质。当突击队员们得到第82空降师下辖部队的增援之后，他们将攻克位于卡里维尼的格林纳达陆军兵营，完成他们的征服。然而事情开始就发生了错误，这在很大程度上要归咎于草率制订出来的作战计划。首先，缺乏足够的空运能力致使两个突击队营决定在非满员状态下投入行动——只带上两个营中最优秀、最有能力的士兵。飞行途中，可靠的情报显示，萨里那斯机场的跑道已被障碍物堵塞，意味着突击队员们必须在越过他们的目标后，再实施跳伞。机场附近部署了苏制ZU-23防空武器的消息也得到了证实，并且这些武器可能已经将火力校准到了突击队员的跳伞高度：海拔1 000英尺。因此下达了在500英尺高度离机的命令，虽然这会使守军的火力越过目标，但也会将滞空时间缩短到短短的17秒钟。这就使得突击队员们在实施跳伞时不再需要携带备用伞，好在其后没有一人在跳伞过程中死亡或受伤。当他们的飞机穿过雷暴雨带抵达格林纳达上空后，领航飞机遭遇了机载导航设备问题，结果机群的编队次序开始散乱。突击队员们曾被要求实施密集队形跳伞，这样可以在尽可能短的时间内集中最多的兵力。但是空军高层拒绝了该请求，因此突击队员将分多个波次实施跳伞。

1983年10月25日早晨5点30分，第75突击队团第1营的第一支分遣队在萨里纳斯平安着陆——虽然一个小时之后部队才得以完成集结。第2营则需要额外的一小时才能部署到位，然后混合部队开始向预定目标进攻，途中只遭遇了格军的零星火力。突击队员通过短路打火方式启动了几辆被抛弃的推土机，并利用它们清理了机场，在上午10点跑道已完全清空并可以投入使用。随后A连开始向真蓝校区前进。下午5点30分，古巴士兵们曾对机场发动了反攻，并得到了3辆BTR-60装甲车的支援，在之后的战斗中所有装甲车全部被击毁，超过100名古巴士兵在机场向突击队员投降。总计有5名突击队员在萨利纳斯阵亡，另有6人受伤。然而第75团1营C连，在乘坐第160特种作战航空团的UH-60“黑鹰”直升机飞行途中，遭遇了布置在里士满山监狱的防空武器的射击，两架直升机坠毁，机上搭载的突击队员和三角洲部队队员非死即伤。10月25日早晨，突击队员们乘坐数架隶属于海军和海军陆战队的CH-46直升机对真蓝校区发动了攻击，兵不血刃地攻占了目标。10月27日，第75团1营C连和第75团2营B连在与第82空降师会合后，突入了位于卡里维尼的巴拿马陆军营区，结果发现该设施早已被放弃。一架“黑鹰”直升机在降落时坠毁，机上有3名突击队员死亡，另有4人受伤。在那之后，很快就宣告格林纳达境内的抵抗已被彻底肃清，同时突击队员们也开始登上运输机返回美国。鉴于他们在格林纳达取得的成功，1984年10月3日，又授权组建了第3突击队营。这次扩编的结果是，新的第75突击队团于1986年宣告成立，该团编制内包含3个营，并且囊括了以前的同类单位的精锐部队地位，以及承担过的所有专业化任务。格林纳达同样给予了军方很多关于联合军事行动方面的教训，所以在同年成立了美国特种作战司令部，以确保未来实施作战行动的过程中各军种之间的配合更加顺畅。

发生于1989年12月19日，旨在将凶残的毒枭曼纽尔·诺列加从他位于巴拿马的巢穴中根除掉的“正义事业”行动期间，第75突击队团再次投入紧急行动。仅仅一天前，他们才在北卡罗来纳州的波普空军基地(Pope AFB)展开集结，他们接到的命令是，肃清托里霍斯国际机场(Torillos International Airport)、托库门军用机场(Tocumen Military Airfield)以及里约哈托军用机场(Rio Hata Military Airfield)。当上述任务完成后，他们将对诺列加的海滩别墅进行一次不期而至的“拜访”，以期将他逮捕。突击队因此构成了红色特遣队的主力(Task Force Red)，这是一个由特种部队组成的突击群。在12月19日清晨时分，第一批500名突击队员在里约哈托机场上空实施了低空跳伞，其间遭遇了来自巴拿马国防军(缩写:PDF)的零星防空火力。着陆后，他们得到了盘旋在机场上空的AC-130“鬼怪”炮艇机的支援，很快压制了地面上的一切反抗。两个小时内，里约哈托机场运载更多的部队和装备，以扩张战果之用。之后突击队员们开始向内陆地区推进，以清剿巴拿马特种部队，即所谓的“山地部队”，这些自命不凡的“精锐部队”不是向美军投降就是快速撤入了丛林之中。到了“正义事业”行动的第5天，突击队还解放了距离巴拿马城25英里的凯尔迪亚兹，守卫该城的忠于诺列加的民兵部队“尊严营”，不战而逃。所有的突击队单位在入侵发动3周后返回美国，得益于较优良的通讯和管制，在总体上这次行动中各兵种的配合较干涉格林纳达时期更顺畅；行动期间有5名突击队员阵亡，另有50人受伤，主要是友军火力误伤所致。

紧随着伊拉克对科威特发动的入侵，发生于1991年1月至2月间的“沙漠风暴”行动

曾在战略情报局服役的阿伦·班克，被公认为“绿色贝雷帽”发展为现代美国特种部队这一过程背后的推动力量。他是非民间人士中，最早一批预见到秘密行动是基于对驻在国文化的了解与尊重之上的高级军官之一，也是特种部队第 10 大队第一任指挥官以及美国特种部队的创始人之一。(图片来自美国国防部)

阿伦·班克(Aaron Bank，1902—2004)

阿伦·班克于 1902 年 11 月 23 日出生在纽约市，之后在瑞士接受教育，因此掌握了流利的法语与德语。他在 1939 年加入美国陆军时曾被认为年纪太大，不适合参加作战行动，之后他转调到了战略情报局(缩写：OSS)并发现这就是最适合他的工作。作为特种作战部的成员，他率领一个杰德堡小队于 1944 年 7 月 31 日，进入法国南部地区，以便为当时正在策划中的“铁砧”行动①提供协助，并且解放了数座法国小镇。在那之后，班克又奉命指挥了“铁十字”行动，这是一次在德军逃兵的配合下绑架阿道夫·希特勒的尝试，但该行动最终在德国投降前不久被叫停。在那之后，班克被转调到了太平洋战场，他通过跳伞进入了法属印度支那——今越南，并与革命家胡志明建立了密切的联系。胡志明在越南人民中的知名度给他留下了深刻的印象，因而他向当时的杜鲁门政权建言：让胡志明加入联合政府，但是该建议遭到了忽视。这一令人遗憾的举动，为后来发生的越南战争打下了铺垫。尽管如此，班克还是在 1952 年奉命组建了特种部队第 10 大队——美国陆军历史上第一个此类性质的作战单位。该大队的训练课程基于他在战略情报局服役时获得的经验，并且在驻在国的当地语言与文化培训方面设置了密集的训练课程，与此同时，还包括破坏活动与间谍活动这样的非常规技术训练。班克于 1958 年退役并定居加利福尼亚州的圣克莱门特。当地核电厂松懈的保安措施，促使他前往国会作证，直到核设施的保安措施得到改善。2004 年 4 月 1 日，他在加利福尼亚州的达娜波音特去世，享年 101 岁。他生前享有美国陆军特种部队之父的声誉。

中，突击队再次经受了实战考验。在解放科威特的过程中，诺曼·施瓦茨科普夫(Norman Schwarzkopf)将军在主要地面战役发起时，单方面拒绝了所有特种部队单位的请战。显然，伊拉克对“飞毛腿”导弹的广泛使用迫使他改变了方针。虽然不广为人知，但是显然第 4 突击队训练营的 D 连曾向来自第 24 步兵师的部分人员，教授了在沙漠环境下执行远程

① 后更名为“龙骑兵”行动。——译者注

监视任务所必须掌握的某些军事技术。性质上相对更"直接"的行动有:第 75 团 1 营 B 连和 C 连的一部,参加了针对设在伊拉克纵深地带的雷达和通讯装置的一系列行动,并且还协助了由三角洲部队和特种空降勤务部队展开的对"飞毛腿"导弹发射架的"猎杀"。根据推测,第 75 突击队团辖下的其他分遣队,还曾攻克了位于伊拉克境内的若干座机场,以供联军的各个特种作战部队使用,但这一点无法得到肯定的消息加以证实。第 75 突击队团辖下未参与战斗的其他单位,在整个"沙漠风暴行动"的剩余阶段,一直充当了预备队,并且从未与伊军交火。后来为了强调美军保卫科威特的决心,1991 年 12 月,第 75 团 1 营 C 连在沙漠中进行了一次不同寻常的昼间空降,并通过国家电视网进行了直播。这次史无前例的演习,无疑遏制了萨达姆·侯赛因发动进一步侵略的野心。

美国陆军特种部队(绿色贝雷帽)

随着发生在朝鲜的战争日趋白热化,陆军决定重建其实施秘密行动的能力。其结果就是,特种部队第 10 大队(空降)(10th SFG, Airborne)于 1952 年 7 月 19 日,在北卡罗来纳州的布拉格堡转入现役。作为前者所要担负的主要任务的一部分,心理作战学校也在同一时间,于同一地点宣告成立。第 10 大队的指挥官为阿伦·班克上校(Col. Aaron Bank)——一位曾在战略情报局(缩写:OSS)服役的行动人员,最初赋予特种部队第 10 大队的任务是:假定当西欧地区被苏联军队占领后,他们将留置在苏军战线后方,展开非常规战。该单位成立之初,经过核准的编制为 2 300 名军官、士官(NCOs)与士兵,但在第 10 大队成立后进行第一次点名时,实际的"总兵力"只有区区 10 名士兵。班克所要寻找的是那些最优秀的、富有经验的士兵,包括曾在第二次世界大战时期参加过实战的陆军突击队员、伞兵,以及像他一样曾为战略情报局服务的"行动人员",应募人员的军衔涵盖了从初级军官至资深军士的各级陆军军人。基于班克本人从事秘密行动的经验,他不仅设置了诸如渗透、间谍活动、小部队伏击战术和破坏技术这样的"例行课程",他还招募了大量来自东欧的"语言专家"——在被祖国放逐后,他们已成为了美国公民,通过他们的语言能力(特种部队就)可以融入到在其派遣地域生活的当地人之中。得到强调的另外一个重点是:通过实施心理战赢得当地人的支持,因此,所有的特种部队成员都要精通:指定给他们的行动地域内的(不同族群)在文化方面的最细微的差异。在这个背景下,新成立的特种部队通过直接研究第二次世界大战时期被派遣到西欧的"杰德堡"分队的案例,获得了大量的经验教训。美国军方对他们的期望是:组织起游击部队,并指挥这些游击队发动突袭,其最主要的目标就是在苏军后方地域大肆实施破坏。在某些方面来说,他们在体能训练和某些军事技能的培养上,与美国陆军突击队有重合的地方,但是反过来说,陆军突击队员所承担的职能是担任轻步兵形态的精锐突击部队;而特种部队则要通过陆路、水路或是空降的方式楔入敌军的后方地域,并在敌军防线后方以自给自足的方式生存长达数月的时间。由班克设计的旨在寻找合格志愿者的训练体系,包括了一系列有严格时间限制的测试，并且淘汰率极高，毫无通融的余地，(不论在当时还是现在)都被认为是极端苛刻的。当潜在的新成员顺利完成跳伞训练后，他们可以从选择参加下面列举出的五项职业专长训练中的一项：情报、武器、爆破、医疗或者通讯。不论受训人员选择接受哪一个领域的训练，在结训时他们都要在该领域表现出最高的熟练程度。

1953 年 6 月，苏联军队镇压了在东德(民主德国)爆发的一场来势凶猛的起义，当时特种部队第 10 大队被部署到了位于西德(联邦德国)的巴德・特尔茨(Bad Tölz)，假如俄国人发动入侵的话，那里将会是一处良好的阵地。一旦开战，各单位将负责摧毁(苏军进攻路线上的)桥梁和铁路隧道，以削弱苏军的补给能力。为了达成上述目标，他们携带了 60 磅重的特制原子爆炸装置，其威力足以将任何形式的人工建筑物夷为平地。①新组建的特种部队第 77 大队(之后更名为第 7 大队)也逐步开始在布拉格堡展开了训练，1957 年，该大队被部署到夏威夷，负责整个亚洲地区的特种作战行动。1956 年 6 月，隶属于特种部队第 1 大队的第 14 特种部队作战分遣队的首批人员抵达了南越，以对当时新成立的南越陆军展开训练工作。1957 年 10 月 21 日，这支新组建的第 1 观察大队遭受了首例伤亡，也正是在那一年，哈利・G. 克莱默(Harry G. Gramer)上尉成为了(在越南)阵亡的第一名美国特种部队军人。②然而，多疑的军方出于对精锐单位固有的不信任，对班克的部队基本上保持观望态度，直到约翰・F. 肯尼迪(John F. Kennedy)于 1961 年出任美国总统为止。肯尼迪坚信：要应对在苏东阵营鼓动下于全球范围内发生的民族解放战争，唯一的解决方法只有“灵活反应”这一全新的观念，而且他感觉到非常规部队就是赢得胜利的关键所在。在 1962 年视察布拉格堡期间，肯尼迪还正式向特种部队授权(允许他们)佩戴绿色贝雷帽——这一军事史上最具标志性的军帽。贝雷帽本身最初设计于 1953 年，但是在总统进行干涉前，陆军对该军帽的使用一直持否定的态度。在此基础上，肯尼迪还扩充了特种部队的规模，扩编了第 3 大队(负责非洲)、第 6 大队(负责中东地区)和第 8 大队(负责拉丁美洲地区)，每个大队各自负责一个地理区域。除了上述这些单位以外，最后还增加了隶属于陆军后备役部队的第 11 和第 12 大队，以及隶属于国民警卫队的第 19 和第 20 大队。在这段时期内，陆军特种部队的总兵力戏剧性的从 1 800 人飙升至 10 500 人！当肯尼迪于 1963 年 11 月遭遇刺杀身亡时，在整个东南亚地区作战的“绿色贝雷帽”人数已超过了 1 500 名，直截了当地显示出美国的坚决反击。

第一批被部署到东南亚的特种部队分队，是根据“白星计划”而派遣到老挝的若干支流动军训队(缩写：MTT)。赋予他们的基本任务就是，将反暴乱技术传授给正在与位于该

---

① 这一次的部署后来逐步被演进为驻欧特种部队旨在长期应对华沙条约组织对西欧发动大规模入侵的“短剑行动”。——译者注

② 原文如此。克莱默上尉于 1957 年 10 月 21 日在训练南越特种部队时，遭遇北越迫击炮袭击而阵亡，因此作者在此处表达的是：克莱默上尉就是前述“第 1 观察大队”的首例伤亡。第 1 观察大队是一个极机密的“特种部队形态单位”，当时由特种部队第 1 大队和来自中央情报局的准军事行动人员共同对其实施训练。——译者注

国北方的左翼游击队——巴特寮——作战的当地部队。肯尼迪还将新组建的特种部队第 5 大队派遣到南越，进一步扩展了特种部队所承担的义务：通过吸收当地的山地人——占婆族人（Chams）、蒙塔格纳德人（Montagnards）和侬人（Nungs）加入到战争之中，进而加强了当地反暴乱作战的力量。当山地人结训后，美军对这些作战凶猛的辅助部队的期望是：在当地自卫军的协助下，根除并彻底摧毁南越偏远乡村地区盘根错节的北越基层组织。特种部队第 5 大队将其总部设在了芽庄，并在当地驻扎到 1971 年。事后证明，这一场大部分在暗中进行的战斗旷日持久且代价高昂，但贯穿他们驻扎在东南亚地区的始终，绿色贝雷帽已经显示出他们对非常规战掌握之精熟，已经达到了不可思议的程度。他们（指特种部队 A 队）作为“平民非正规自卫组织”（缩写：CIDG）计划的一部分，被派遣到了南越各地教授反暴乱技术，“平民非正规自卫组织”中还包括南越陆军军人和生活在当地的部落原住民。这些混合部队的任务是：保护他们自己居住的村庄或集落，他们偶尔会得到一支由美国特种部队军人组成的小型分遣队①的支援。特种部队当时还为赢得“情感与精神”而付出了巨大的努力，他们实施了范围广泛的民事任务，例如为村民提供医疗护理和被列入最高优先等级的学校与医院等基础设施的建设。特种部队在与只配备了轻便武装的北越武装组织的战斗中也取得了胜利，但其他战例也证明了，在与越南人民军的正规部队发生的战斗中，他们现有的装备是严重不足的。而后者当时正在南越土地上日趋频繁地展开他们的作战行动，迫使南越境内的农民服从于他们的统治。因此，绿色贝雷帽与中央情报局协同，一道制订了“凤凰计划”，以期通过实施行动，来达到清除混居在平民人口中，阶级各不相同的北越行动人员的目的。通过实施上述这些“紧急手段”，绿色贝雷帽以非常规战倡导者的身份，建立了无与伦比的名声，并且成了在全球范围内对抗苏东阵营的矛头。

代表性行动

在由绿色贝雷帽建立并守卫的一系列营地中，最重要的一个位于承天省的南东县。这座靠近老挝边境位于两座山谷之间的大型营地，可以封锁若干条越南人民军向南越进行渗透的道路。该营地还为居住在附近的 5 000 名蒙塔格纳德人提供了安全庇护。南东特种部队营地的驻军有绿色贝雷帽 A 队-726，隶属于平民非正规防卫组织的 381 名士兵，以及由罗杰 · H. C. 堂伦（Roger H. C. Donlon）上尉②指挥的 50 名侬族雇佣兵③。陆军高层曾对南东特种部队营地位置过于偏远、易于遭受敌人攻击的问题表示过关注，并计划逐步关闭该营地。然而（在关闭计划尚未实施前），该营地就在 1964 年 7 月 6 日清晨，遭到了

① 通常情况下，兵力为半个 A 队，共 6 名“绿色贝雷帽”。——译者注
② 1963 年 8 月参加特种部队，隶属于第 7 大队。——译者注
③ 依族在我国被划入了壮族。——译者注

罗杰·堂伦上尉在南东特种部队营地保卫战中的英勇表现，被授予了越战期间颁发的第一枚荣誉勋章。他还是第一位被授予该勋章的“绿色贝雷帽”成员。（图片由美国陆军军事历史研究中心提供）

迫击炮的密集弹幕轰击，然后兵力为一个整营的北越武装对营地发起了攻击，试图将其一举攻克。堂伦虽然已经在最初的炮击中受伤，但仍然赶到了防线上受威胁最重的地段坚持战斗。在整整五个小时内，他的蒙塔格纳德人和侬族士兵实施了异常凶猛的反击，在北越部队最终突破到内层防卫圈之前，已经被他们杀伤甚众。在北越最终放弃进攻前，堂伦已经负伤四次。因指挥这次战斗，他成为了第一位赢得国会荣誉勋章的特种部队军人。参战的另外 5 名特种部队军人赢得了银星勋章①。在蒙受了惨重的损失后，北越部队撤回了丛林，尽管如此，南东特种部队营地最终在 1964 年 9 月 4 日被放弃，该营地所担负的职能则被移交给了当地的其他特种部队营地。另一次灾难发生在 1968 年 2 月 7 日至 8 日晚间，当时位于老村的特种部队营地遭到了装备轻型坦克的越南人民军部队②的攻击，并最终失陷。营地中的 24 名“绿色贝雷帽”中，有 7 人阵亡，13 人受伤，另有 3 人被俘。③综上所述就可以明白，只要是由越南人民军正规部队对由轻装部队守卫的边境营区发起的攻击，不论防御一方的部署如何巧妙，防御战斗如何坚决，最终还是会在逐渐增加的压力下放弃阵地。“绿色贝雷帽”和他们的少数民族盟军，无论他们有多么精通小部队侦察和伏击的策略，（他们所面临的问题）简而言之就是缺乏火力，即使他们得到了炮艇机的支援，还是无法与重装正规部队进行长期对抗。

当特种部队开始成功地遏制北越的作战行动后，北越也提高了通过胡志明小道将正规军单位派往南方的速度。（美军）针锋相对，在 1965 年提出了德尔塔计划④，这是一项全国性的战略侦察计划。这个计划中使用了 6 个侦察/猎杀小队，每个小队由两名美军军官指挥，另辖 8 名南越空降特种部队军人，这些小队将渗透入丛林中的北越控制区，识别敌军单位部别、抓捕俘虏、召唤炮兵火力或空袭，并在不被敌军侦知的前提下撤离行动区域。

---

① 在南东特种部队营地阵亡的加布里埃尔·阿拉莫军士长被追授了优异服役十字勋章。——译者注

② 参战的越南人民军部队为第 24 步兵团和装备 PT-76 轻型坦克的第 198 坦克营。——译者注

③ 美国特种部队番号为 A 队-101，隶属特种部队第 5 大队。——译者注

④ 当时组织了三个以希腊字母为代号的特种计划单位；德尔塔计划成型于 1964 年 5 月，正式实施于 1964 年 10 月；奥米伽和西格玛计划分别于 1966 年的 7 月和 8 月开展。在此处作者显然考据有误。——译者注

同时，一个穿着敌方服装的“走鹃”排则将在昼间横穿丛林道路，收集情报并监控北越部队的动向。德尔塔计划令人瞩目的成功导致了奥米伽和西格玛计划的诞生，后两者在原则上进行与前者类似的行动，但其行动区域要更加偏南。截至 1966 年，隶属“平民非正规防卫组织”的部队，其作战能力也逐步得到了改善，足以在原有建制内组建起又名“迈克部队”的所谓“机动打击部队”，他们的任务是增援正遭受袭击的边境特种部队营地。“迈克部队”历史上最光荣的时刻是在 1966 年 3 月 9 日，当时越南人民军的两个营①对位于阿笛山谷②的特种部队营地发动了攻击。守卫该营地的是隶属于第 5 大队的 A 队 102，指挥官为约翰・D. 布莱尔(John D. Blair)上尉，除了自己的 12 名部下外，他还指挥着 200 名南越士兵及民兵部队。在进攻开始前，一支“迈克部队”及时乘直升机赶到增援，包括指挥官提尼斯・卡特(Tennis Carter)上尉以及由他率领的 143 名侬族战士。在黎明前最黑暗的时刻，越南人民军部队发动了攻击，完全不顾及挡在他们面前的带刺铁丝网及来自防御者的致命火网。最终在 B-57 轰炸机③的反复空袭下，越南人民军中止了攻击，并退回到丛林之中。然而，布莱尔认为他的这支混合部队人数太少，在人民军的后续攻击中绝无生还的可能，因而在“迈克部队”的掩护下，所有人员最后都通过直升机撤离了营地。战斗中 5 名美国军人与 75 名侬族战士阵亡；据估计参战的越南人民军一个团 2 000 人，其伤亡人数在 700 至 800 人之间。在某种程度上这次战斗也许可以算作胜利，但显而易见的是，越南人民军面对事前可以预计到的巨大损失是坦然无惧的。

驻越美国军事援助司令部(缩写：MACV)中最值得注意的一个小团体是，成立于 1964 年④，当时属于最高机密的观察与研究大队。除了赋予该单位的常规任务之外，它还得到了组建秘密广播电台的装备，用来煽动北越内部的持不同政见者，并且通过心理战手段在北越人中间播下不和谐的种子。为了达到上述目的，他们向听众播报了越南人民军在战场上的精确伤亡数字，并且还对贪污腐化的越南劳动党官员进行了曝光，在某些事例中，这些贪官遭到了当局的撤换。然而，其中最值得注意的一个部门是“行动 35”，该部门与第 5 大队协力，对从老挝经柬埔寨进入南越的胡志明小道上的交通状况进行监视，并(在情况许可时)实施阻断。这一场战役又被称为“闪亮黄铜”行动，负责组织协调的是“公牛”阿瑟・D. 西蒙斯[Arthur D. (“Bull”) Simons]上校，一位曾于越战早期在老挝参加过“白星”行动的老兵。由来自特种部队的侦察队员和当地人盟友组成的小队被称为“长钉”小队，他们将搭乘直升机部署到胡志明小道的各个关键路口，然后执行为期数天的侦察任务，直到穿越树冠脱离行动区域为止——这时通常要用到麦奎尔装备，这是一种特制的吊索，低

① 此处为作者考据有误，根据 3 月 5 日两名投诚北越士兵的供词，攻击的部队达 4 个营之多，都隶属于越南人民军第 325 师。——译者注

② 该山谷是从该段胡志明小道进入南越境内的必经之路。——译者注

③ 空袭发生在 3 月 10 日，由美国海军陆战队和南越空军装备的 B-57 轰炸机实施。——译者注

④ 成立于 1964 年 1 月 24 日。——译者注

飞的飞机或直升机可以利用这种装备将人员从地面直接提升至空中。这类任务也可能由"绿色贝雷帽"和侬族雇佣军混合编成的被称为"短柄斧"小队的单位进行跟进，他们将沿着小道前进，并清除沿途遭遇到的所有小规模北越单位。如果遭遇到更大规模的目标，则会(通过无线电)召唤一个南越别动队营对其发动攻击——该营将搭乘第 281 攻击直升机连的直升机开抵战场。这类行动的目的，并非制止北越在南方进行的运输补给作业，而是要在胡志明小道沿线的老挝与柬埔寨的领土上，剥夺正在南下途中的越南人民军士兵的安全感。特种部队以及他们的当地盟军在执行这类骚扰行动时是卓有成效的，但是一般来说，这一系列的战役缺乏足够的军事资源与人力资源，因此不足以对战争的进程产生实质性的撼动。尽管如此，以他们的部队规模来说也已经极具威胁性，并因此而牵制了大批的人民军部队——当时有多达数千名人民军士兵被部署在胡志明小道沿线，以遏制这些由美国特种部队实施的袭扰行动。

随着战争在东南亚的深入进行，对特种部队士兵在数量方面的需求就变得越发急迫起来。尽管招募工作因此得到了扩张，然而却没有足够的初级教官对这些新来乍到者实施严格的教导。而且相对于成为(特种部队所需要的)训练有素对外国文化了如指掌的士兵，这些人更关心的是如何成为"壮汉"式的杀手——而这只是他们对"绿色贝雷帽"一厢情愿的想象而已。显而易见的是，这一干哗众取宠之辈遭到了美国军队中其他军兵种成员的怨恨，他们开始以嘲笑特种部队是"食蛇者"这种方式来表达对特种部队职业素养的鄙视。当时特种作战部队已经起到了很大的作用，但也正是这支被日益委以重任的部队，在执行使命的过程中却越来越多地受到了心怀疑虑的最高当局的反复审查。1969 年 5 月罗伯特·B. 罗尔(Robert B. Rheault)上校①被任命为第 5 大队的指挥官，两个月后他被牵连进了一起对被俘的北越情报人员的谋杀之中②。美军最高司令官克莱顿·艾布拉姆斯(Creighton Abrams)将军本就对特种部队在战争中体现出来的价值持质疑的态度，他当机立断，下令逮捕了罗尔上校并解除了他的职务——仅仅因为罗尔上校是特种部队出身的军官。总的来说，罗尔案件仅仅是一个借口，其目的是将整个特种部队拉下"神坛"。特种部队这一新近遭到披露的所谓"真实面貌"，还败坏了他们的公众形象。而这又在政治层面上，为艾布拉姆斯将特种部队彻底"踢出"越南开了绿灯。1971 年 3 月，第 5 大队留在越南的最后一批部队启程返回布拉格堡，为"绿色贝雷帽"历史上极富争议又多姿多彩的一章画上了句号。隶属于第 1 特种部队大队的一些小型分遣队，作为顾问留在了南越，但是特种作战行动遍及整个东南亚地区的全盛时期已经过去了。

"绿色贝雷帽"在越南最后的行动也是最富争议的部分，1970 年 5 月 9 日，美国情报部

---

① 罗尔为西点军校 1946 届毕业生，曾在朝鲜战争期间被授予银星勋章，1961 年通过了特种部队"资格考核"课程，曾任驻冲绳的特种部队第 1 大队指挥官。——译者注

② 此即为当时非常著名的"绿色贝雷帽"事件，被处决的"泰柯传(音译)"是同时为"伽玛"计划和北越军事情报部门工作的南越双重间谍，中央情报局在这次事件中也受到极大的牵连。——译者注

阿瑟·D. 西蒙斯（Arthur D. Simons，1918—1979）

美国陆军特种部队军官“公牛”阿瑟·D. 西蒙斯上校。西蒙斯作为一位曾在特种部队长期服役的行动人员，在 1970 年指挥了对位于河西省山西市发动的史诗般的突袭。（图片由美国国家档案馆提供）

阿瑟·D. 西蒙斯于 1918 年 6 月 28 日出生于纽约市，其后在密苏里州长大。1937 年自密苏里州立大学毕业后，他通过参加后备军官训练课程获得了军官委任，并加入炮兵部队服役。第二次世界大战期间，他的炮兵连主要在新几内亚的丛林中作战，之后他加入了新成立的第 6 突击队营，在亨利·穆西中校麾下他发现了属于他的人生意义：非常规战。西蒙斯在数次作战行动中表现出色，特别是在 1945 年突袭卡巴纳端战俘营，营救巴坦死亡行军幸存者的行动中，他赢得了银星勋章①。战争结束后他离开了军队，但又在 1951 年再次参加陆军，并在乔治亚州的本宁堡担任了突击队训练课程的教官。他在 1958 年加入了特种部队第 77 大队，并在任上晋升至中校军衔，然后在 1961 年他被派遣到老挝指挥了“白星”计划及该计划下辖的若干支机动军训队。1962 年至 1964 年的任期中，他在巴拿马服役。之后他接受了新任命，开始指挥越战时期被分类为最高机密的特种作战组织“研究与观察大队”（缩写：SOG）。1970 年他被特别挑选出来指挥“象牙海岸”行动，这是一次雄心勃勃的尝试，旨在营救当时被关押在北越境内位于河西省山西市战俘营内的美国战俘。这次行动尽管没有解救出战俘，但是对敌军造成了打击，并且提振了所有美国战俘的士气。为此“公牛”西蒙斯接受了由理查德·M. 尼克松总统亲自授予的优异服役十字勋章。他于 1979 年 5 月 21 日在科罗拉多州的维尔逝世。另外，有一座高达 12 英尺的纪念铜像，竖立在位于北卡罗来纳州布拉格堡的约翰·F. 肯尼迪特种作战学校外，以示对他的敬意。

门查明了在河内以西 23 英里、位于敌区纵深地带的河西省山西市②有一座战俘营。因此，参谋长联席会议开始为一次大胆的名为“中轴行动”的营救作战制订计划。选中的袭击部队被命名为“象牙海岸”特遣队，包括 56 名来自本宁堡和布拉格堡的“绿色贝雷帽”③，指挥官是作风强硬的特种部队老兵“公牛”阿瑟·D. 西蒙斯上校。准备工作千头万绪，例如在佛罗里达州艾格林空军基地内建造的、用来实施演练的战俘营等比例模型，其造价就高达 60 000 美元。

① 阿瑟·西蒙斯当时担任第 6 突击队营的营执行军官。——译者注
② 现河内市山西镇。——译者注
③ 来自特种部队第 6 和第 7 大队。——译者注

整整三个月内，特遣队为准备他们的任务进行了一丝不苟的训练①，并一直持续到了1970年11月20日，他们被部署到位于泰国达欺省的塔克里空军基地为止。次日晚上，突袭队员们乘坐直升机②抵达位于河西省山西市的战俘营，首先以7.62毫米加特林机关枪的猛烈齐射摧毁了敌瞭望塔。一架HH-3直升机故意以迫降的方式在敌建筑群中间强行着陆，突击部队③蜂拥而出后却发现，战俘营建筑综合体内部空空如也，它们已被放弃了一段时间。另外一个分队④错误地降落在战俘营南方的一座人民军军营附近，并对该军营发动了全力攻击，击毙了一批来自越南某邻国或苏东集团的军事顾问⑤，这是整个行动期间发生的唯一一次真正的战斗。(因没有救出任何战俘而)垂头丧气的士兵们登上直升机返回了泰国；只有一名美国人在先前的迫降中受伤。西山市突袭在主要目标上受到了挫折，但是它确实使北越政府注意到了，事实上美国人可以对其选定的任何目标在任何时间发动攻击。此外，如果他们试图长期扣留美国战俘，他们就要在安全方面承担更大的风险。对此，北越政府的对策是将原来分散在北越境内各个营地的美国战俘，集中关押到了位于河内的一处经过安全强化的设施内。

对绿色贝雷帽而言，东南亚的战争象征性地结束于1971年3月5日，当时第5大队在布拉格堡完成了该大队的重新部署。就很多重要的方面来说，越南战争对于美国陆军特种部队而言是一剂催化剂，在定义和改善其组织结构与现有条令方面大有裨益。经过他们的实践而趋向完美的各种策略和远程侦察技术，其后被整合进了多种正规作战及特种作战条令并被沿用至今。越南战争还巩固了特种部队作战行动是美国全球政策的一部分这一概念——尤其是在各发展中国家更是如此。当战争结束时，隶属于第5大队的“绿色贝雷帽”们被授予了不少于17枚国会荣誉勋章，使他们成为参战的同等规模部队中功勋最卓著的单位。他们被授予的其他军事荣誉还包括：1枚优异服役勋章，60枚优异服役十字勋章，814枚银星勋章，13 234枚铜星勋章，235枚功勋勋章，232枚军人奖章，6 908枚陆军表扬奖章和2 658枚紫心勋章。他们的英勇牺牲并未被美国人民遗忘，在美国历史上很少有一个军事单位像“绿色贝雷帽”那样家喻户晓，在他们的传奇行动的鼓舞下诞生了由罗宾·摩尔(Robin Moore)撰写的畅销书《绿色贝雷帽》⑥；由巴里·赛德勒(Barry Sadler)

① 根据亲身参加袭击的格雷格·沃克的著作，他们一共进行了170次演练，大部分都使用了实弹。——译者注

② 分别为隶属于第37航空航天救援与回收中队的HH-3E“快乐绿巨人”型直升机和隶属于第40航空航天救援与回收中队的HH-53C“超级快乐”型直升机。——译者注

③ 该分队无线电呼号为“蓝色男孩”，在凌晨2:09着陆，由理查德·麦道斯上尉指挥。——译者注

④ 该分队无线电呼号为：“绿叶”，由阿瑟·D.西蒙斯上校亲自指挥。——译者注

⑤ 这种说法首见于格雷格·沃克的著作《身处风眼》中，沃克经过多方引证后还原出的真相是：“绿叶”分队的攻击行动并非由于公开消息声称的“因导航问题导致的误降”。被“绿叶”分队击毙的这些外国军事顾问当时负责向越南人民军传授反特种作战技术，是“象牙海岸”行动计划中的次要目标。《身处风眼》一书由兰亭出版社于1993年10月出版。——译者注

⑥ 罗宾·摩尔(1925—2008)，美国著名作家，为了完成该书的写作，他在布拉格堡接受了一年的训练，并通过了空降资格考核以及特种部队资格考核。书中出现的人物和事件大部分基于作者的实地访问，但为了保密缘故对部分事实、人名进行了改写，该书因而被分类为“虚构类图书”。——译者注

演唱的最佳单曲《绿色贝雷帽之歌》；由约翰·伟恩（John Wayne）担任制片与主演的电影《绿色贝雷帽》；由漫画家乔·库伯特（Joe Kubert）主笔的同名漫画连载。[①]他们可能是那场在各个方面来说都不受欢迎的局部战争期间，美国军队中唯一一个得到公众广泛认同的兵种。

随着美军撤离东南亚地区，军事建制也随着财政预算的大规模削减而进行了相应的裁撤。对特种部队而言，他们被迫解散了特种部队第 1、第 3、第 6 和第 8 大队，以此来“适应”陆军将反叛乱作战束之高阁，并蜕化到以常规战术在西欧对付苏联驻德集群（从未发动的大规模入侵）这一现实。幸运的是，当罗纳德·里根于 1980 年当选为总统后，全面提升了军事预算，并重新强调了特种作战的重要性。作为这次预算增长的主要受益人，特种部队也给予了执政当局挫败当时在苏东阵营鼓动下，遍及拉丁美洲及中美洲地区的叛乱的决心。早在 1967 年 10 月，人们就感受到了“绿色贝雷帽”在玻利维亚的存在，由特种部队第 8 大队训练的当地陆军别动营，在前者的协助下追捕并最终杀死了叛乱者切·格瓦拉（Che Guevara）。[②]与遥远的越南不同，发生在这里的是一场由苏联提供物资，并组织协调起来的旨在颠覆美国“后院”的（秘密）战争，里根的对策恰当地应付了那里的紧张局势。流动军训队（缩写：MTT）被派往洪都拉斯和萨尔瓦多，为成立于当地的特种反叛乱营提供“技术指导”，他们（结训后）将被用来对抗那些游击队。1992 年，这些部队迫使萨尔瓦多的法拉本多·马蒂全国解放阵线与政府签署了停火协议。贯穿整个 20 世纪 80 年代，绿色贝雷帽还被派遣到哥伦比亚，应对大规模毒品走私以及恐怖主义等问题，这些特种部队分遣队组织并训练了 3 个反毒品营，以对抗当地毒枭装备精良的私人武装。这些行动目前仍在进行当中，并且尽管已取得了令人满意的成绩，但要彻底根除（毒品）这一难题则需要更多时间。在这一时期，特种部队还采用了改良过的资格考核课程，以确保只有最优秀的人员才能获准加入部队。此外，自 1983 年 6 月起，陆军特种部队军人获准在制服上佩戴“特种部队”弧形臂章，以为其职业自豪感的外在展示。自 1984 年 10 月起，特种部队成为了军队中一个独立且与众不同的职业生涯领域[③]，然后在 1987 年 4 月 9 日，特种部队军官们开始获准佩戴独一无二的特种部队领章。

1989 年 10 月 20 日，“绿色贝雷帽”大规模参与了旨在推翻巴拿马独裁者曼纽尔·诺列加的“正义事业”行动，他们以精选人员实施的小单位作战行动击败了巴拿马国防军。其中一个战例发生在在帕科拉河大桥上，一个“绿色贝雷帽”分遣队只发

① 乔·库伯特（1926—2012），美国著名漫画家。《绿色贝雷帽的故事》连载开始于 1965 年 9 月 20 日，库伯特创作了其中 8 篇故事。——译者注

② 参与其事的还有来自中央情报局特别行动部的准军事行动人员，详情参见第一部第三章中的“中央情报局，特别行动部”一节。——译者注

③ 指陆军特种部队在当年拥有了其独立的军职代码体系。——译者注

射了少量的火箭弹，就击退了一整支试图过桥的巴拿马国防军车队。这些小分遣队后来还突袭了巴拿马国防军的指挥控制中心，并深入该国内陆地区接受了敌对武装部队的投降。1990 年，“绿色贝雷帽”于旨在对抗伊拉克萨达姆・侯赛因的“沙漠风暴”行动期间，也有异常活跃的表现。在联军发动地面战斗之前数月，各支分遣队就被部署到了科威特和伊拉克境内的纵深地带，执行了为期数个月的机密侦察任务，为联军司令部提供了无价的军事情报。他们还对被击落的盟军飞行员实施了救援，并向当地的科威特部队教授了游击战技术。然而由他们实施的绝大多数行动，目前仍属于需要严格保守的机密。1991 年 1 月至 2 月沙漠风暴行动期间，有不少于 109 支特种部队分遣队在战区频繁活动。而且，他们是第一批进入新近获得解放的科威特城的联军作战单位之一。

第 82 空降师(官方绰号:“全美国”)

第 82 空降师自欧洲凯旋后，于 1946 年 1 月 19 日再次被部署到了北卡罗来纳州的布拉格堡。鉴于与苏联之间发生的冷战正在快速升级，该师得以保留为战略性的快速部署后备部队，然后在 1948 年它最终又作为正规军的一部分，重回标准军队建制之下。该师在那段时间内接受了持续不断的训练，并参与了新型运输机在最大航程和部队载运能力两方面的测试。因为有着与当时咄咄逼人的苏联卷入总体战的可能，所以第 82 空降师作为留守部队并未参与到当时正在朝鲜进行的战斗之中。该师经历了美国陆军的第一次大规模军制改革——“五群制”实验，部队被重组为 5 个具备自持能力的空降集群，这在当时被认为更加适合在核战争环境下展开战斗。1964 年，该师再次通过 ROAD① 改制为三旅制步兵师，每个旅下辖 3 个营，另外还有一个下辖 3 个炮兵营的炮兵旅。“全美国”还通过在阿拉斯加、巴拿马以及远东地区等迥然不同的环境下实施演训，展示了该部队的战术适应性。1965 年，第 82 空降师作为美国外交政策的先锋，被部署到了多米尼加共和国，参加了“电源”行动②。当时得到了第 508 伞降步兵团第 1 营加强的 82 师第 3 旅，确保了横跨奥萨马河的杜阿尔特大桥的安全，然后与在圣多明戈登陆的海军陆战队汇合并孤立了叛军部队。截至 1965 年 6 月 17 日，伞兵在经过两天的激烈战斗后，扑灭了所有残余的叛乱分子。随着内陆地区的秩序得以重建，隶属该师的部队开始返美，该师最后一个撤离的单位于 1966 年 9 月抵达布拉格堡。该师另外还实施过非战斗性质的部署，1964 年曾两次部署到刚果，以及分别在 1967 年和 1968 年镇压了发生在底特律和华盛顿州哥伦比亚特区的民事暴乱。

第 82 空降师再次被卷入直接作战行动是在 1968 年 2 月，该师第 3 旅在惨烈的春节攻

① 20 世纪 60 年代，美国陆军的师级单位改编计划。——译者注
② 参加了“电源”行动的还有隶属于陆军特种部队第 7 大队的 E 连。——译者注

势(Tet Offensive)开始之后被部署到了南越。在“全美国”行动(Operation “All American”)中伞兵们被紧急部署到了朱莱(Chu Lai)和富牌(Phu Bai)①，在其后的数个月中，他们又参加了“卡伦坦一号”行动(Operation Carentan 1)②，并与第 101 空降师并肩作战。在之后的 22 个月内，第 3 旅在第 1 号公路的宋伯河(Song Bo River)、顺化(Hue)至西贡(Saigon)地段沿线，卷入了一系列激烈的战斗，并在行动中有出色的表现。伞兵们在 1969 年 9 月间实施的“约克敦胜利者”(Operation Yorktown Victor)行动中，参加了他们在南越进行的最后一次战斗，随后在 1969 年 12 月 12 日回到了布拉格堡。在长达 22 个月的战斗中，该师蒙受的损失是 227 人阵亡以及1 009 人受伤。归国后的第 82 空降师在整个 20 世纪 70 年代期间，多次因为世界各地此起彼伏的国际性危机事件而进入全面警戒状态。此外，他们还出国参加了在韩国、土耳其和希腊举行的军事演习。一个装备了新型的“陶”式导弹——一种管内发射、光学制导的反坦克武器——的小型反坦克分遣队，也在 1972 年春天重返南越，以抵抗越南人民军发动的“复活节攻势”(Easter Offensive)。第 82 空降师的成员还是第一批作为联合国多国部队成员，被派遣到埃—以之间的西奈地区(Sinai region)执行观察员与维持和平任务的美国陆军部队。1979 年，该师可能曾因为一次针对被扣押在伊朗首都德黑兰的美国人质实施的救援行动而转入过警戒状态。不过，这个任务后来被委派给了三角洲部队和陆军突击队。但是大约在同一时间，美国也建立起了新的战略性部队实体，即所谓的快速部署部队。该部队下辖了精锐的可以和第 82 空降师一样实施战略性机动的单位，他们可以在接获警报后数个小时内，在热点地区实施大规模部署。

发生于 1983 年 10 月 25 日的“暴怒”行动期间，第 82 空降师在加勒比海岛国格林纳达实施了作战行动。在进入警戒状态 17 小时后，C-141 运输机机群搭载着第 325 空降步兵团 2 营，飞临当时已落入美国陆军突击队手中的萨利纳斯角机场，着陆后该师下辖部队在向内陆地区推进途中，与格林纳达人民革命军和古巴部队发生了交火，并在战斗中将后两者其击溃。稍后他们得到了第 505 伞降步兵团 1 营和第 508 伞降步兵团的支援，据说援兵到来的速度“可以比拟喷气机”。在解救了被关押在兰斯·欧·派尼斯半岛(Lance aux Epines peninsula)③的美国学生后，据推断伞兵们还为捉拿人民革命军总司令哈德森·奥斯丁(Hudson Austin)的行动提供了支援。格林纳达在被宣布恢复了公共安全之后，该师也在 1983 年 12 月 12 日返回布拉格堡。苏东阵营在中美洲的蠢蠢欲动，促使第 504 伞降步兵团 1 营在洪都拉斯参加了“金色雉鸡”行动，他们的意图是制止早前曾经侵犯洪都拉斯领土的桑地诺分子，再次自尼加拉瓜发动入侵的企图，该团的 2 营于次日完成了伞降。

① 2 月 14 日一天内，该旅的 3 650 名伞兵就从布拉格堡被空运到了朱莱。——译者注

② 发生于 1968 年 3 月 8 日至 3 月 31 日。——译者注

③ 该半岛为圣乔治大学医学院所在地。——译者注

然后，在旨在恢复巴拿马民选政府的“正义事业”行动期间，1989 年 12 月 20 日，第 82 师的 2 200 名伞兵实施了该师自“二战”以来的第一次战斗跳伞。由詹姆斯·约翰逊(James Johnson)少将指挥的第 1 旅特遣队——下辖第 504 伞兵团的 1 营和 2 营跳伞着陆后，协助攻克了希马罗堡、提那吉塔斯和巴拿马旧城①，其间只遭遇了轻微抵抗。伞兵们与早已部署在巴拿马的第 504 伞兵团 3 营汇合后，接着对巴拿马城内的预定目标发动了空中突击，其中包括独裁者曼纽尔·诺列加的宅邸。各处的武装抵抗迅速被瓦解，最后该师于 1990 年 1 月 12 日回国。

代表性行动

冷战时期“全美国”进行的最后一次部署发生在 1990 年 8 月 2 日，伊拉克萨达姆·侯赛因入侵科威特不久。6 天后，第 82 空降师 2 旅一部，在詹姆斯·约翰逊少将的指挥下，以最快速度抵达了沙特阿拉伯执行沙漠盾牌行动，在 M551 谢里登轻型坦克、AH-64 阿帕奇直升机和几个“陶”式反坦克导弹连的支援下，该部保卫了沙特边境。不可思议的是，这次战略性机动在收到最初的告警之后，仅仅花了 31 个小时即部署完毕。伊拉克装甲部队在边境的另一边严阵以待，但从未试探过伞兵们的战斗决心。几周后，该师的其他部分也作为联军的一部分部署到位。当沙漠风暴行动于 1991 年 1 月 16 日发起之后，对伊拉克守军发动了大规模的空中封锁战役，紧随其后的是于 1991 年 2 月 24 日开始的地面进攻。当时第 82 空降师位于联军左翼，并乘卡车深入了伊拉克领土纵深地域。该师的第 2 旅特遣队配属给了法国第 6 轻装甲师，任务是掩护该旅的攻击，并收容了上千名伊拉克战俘，顺利结束了 100 小时地面战。随着科威特的解放，伞兵们于 1991 年 4 月返回布拉格堡，等待他们的下一次海外部署。

第 101 空降师(官方绰号:“呼啸的鹰”)

第 101 空降师自“二战”结束退出现役后，曾在 1948 年、1950 年和 1954 年间，多次在肯塔基州的布雷金里奇堡作为训练单位转入现役。在南卡罗来纳州的杰克逊堡驻防两年后，该师最终调防到了肯塔基州的坎贝尔堡，并最终在 1956 年 9 月组建为一个战斗单位。次年，该师又彻底重组为全新的五群制师之一，该师建制内下辖 5 个独立的作战群，以取代旧有的次级战术单位例如团和营。在那之后第 101 空降师接受了大量的训练课程，并一直持续到了 1957 年秋，该师被奉召前往阿肯色州的小石城，实施旨在维护公民权益的行动为止。当时这一次高姿态的演习旨在强调艾森豪威尔总统废除种族歧视的决心，来自该师的伞兵们将 9 名非洲裔美国人护送到了新近才废除种族隔离制度的中央高级中学。之后该师被编入了新成立的“陆军战略军”(Strategic Army Corps)——一支随着冷战

① 始建于 1519 年。——译者注

1957年在阿肯色州小石城，来自第101空降师的“啸鹰”们以刺刀强制执行艾森豪威尔总统下达的废除种族歧视政策的命令。（图片由美国国会图书馆提供）

的展开而成立的作战预备队，并有特别出色的表现。

代表性行动

第101空降师再次进行作战行动是在1965年，当时该师第1旅首先抵达了南越，而其余部分则迟至1967年赴越并与第1旅汇合。从1965年开始，“呼啸的鹰”在南越战斗了整整7年，参与了不下15次战役，并且其中大部分发生在靠近“非军事区”（缩写：DMZ）战斗程度相对更激烈的第一军战术区内（I Corps Tactical Zone）①，交付给该师的任务是封锁北越的渗透路线，该路线从老挝出发通过阿箐山谷（A Shau Valley）进入南越境内，考虑到该山谷的险峻地形，以及将要面对的作战意志旺盛的敌人，这对任何部队都是一项艰巨的考验。1968年8月，该师被改编为“空中机动师”，大量运用直升机对敌军部队实施垂直包围，但这也导致他们失去了自己的“伞兵”身份。通过这一次改编与加强，该师在1968年初的“春节攻势”（Tet Offensive）以及之后美军发动的反攻期间有上佳表现，其间该师绰号“降落伞”（Rakkasans）②的第3旅在932高地战斗中有功勋卓著，该高

① 第一军战术区，下辖陆军第24军（缩写：XXIV Corps）和隶属于该军的海军陆战队第三远征部队（缩写：III MEF，1966年至1970年间，该部的番号曾改为第三两栖部队，缩写III MAF）。——译者注

② 参见第一部第三章中的“第187伞降步兵团”一节。——译者注

地又以“汉堡包高地”(Hamburger Hill)的绰号而广为人知,这次战斗毫不间断地持续了10天之久。1970年7月,同一单位又在保卫代号为“开伞索”的火力支援基地的战斗中,以伤亡250人的代价①,对进攻该基地的越南人民军造成了大量杀伤②。次年,该师支援了“岚山719”行动(Operation Lam Son 719),南越军队在这次大规模行动中侵入了老挝边境。在积累了大量优异的作战纪录后,第101空降师作为最后一批撤离南越的美军作战单位,于1972年登机回国。驻越期间,该单位有4 011人阵亡、18 259人受伤,几乎是该师在整个第二次世界大战时期伤亡人数的两倍,但也有超过17名军人被授予了国会荣誉勋章。

1974年2月,第101空降师成员被正式授权在制服上佩戴“空中机动”臂章,后来又改为“空中突击”臂章。然后在1978年10月,该部队又正式更名为第101空降师(空中突击)。他们还是在1982年3月被派往西奈半岛的联合国维持和平部队之一。1985年12月12日,一架得到特许运输维持和平部队的民航客机坠毁于纽芬兰附近的甘德,搭乘的248名伞兵全部遇难。第101空降师再一次进行海外部署是在发生于1990年8月—1991年1月的沙漠盾牌行动期间,并成为了第一批抵达沙特阿拉伯,以预防伊拉克入侵这个因石油而暴富的王国的美军部队之一。1991年1月17日,配属给该师的两架AH-64阿帕奇直升机打响了“沙漠风暴”行动的第一枪,摧毁了敌军所有的早期预警雷达站。③之后,从其位于联军左翼的阵地,用直升机将由詹姆斯·T. 希尔(James T. Hill)上校指挥的第1旅特遣队机降到了伊拉克境内的纵深地带。空运的兵力超过2 000人,还包括了50辆各类车辆、附属的炮兵单位,以及燃料弹药等物资,这是军事史上最大规模的同类行动。该特遣队建立了代号为“眼镜蛇”的前进基地,以支援一支由2 000人组成的地面车队,通过伊拉克领土向科威特西部包抄。100小时地面战后,交战双方宣布停火;有5名士兵在战斗中阵亡。之后全师在1991年5月1日返回坎贝尔堡,并等待下一次的海外部署。

第173空降旅(官方绰号:“天兵”)

第173步兵旅第一次作为建制单位出现在美国陆军序列中是1915年,当时隶属于第87步兵师。该旅于1918年9月抵达西欧,此时已来不及为投入战斗进行整编,在之后的几个月中,该旅仅仅是为其他部队提供了劳工与补充兵员。1919年该旅解散,1921年该旅重组其种子部队,番号为第173步兵旅旅部连。第二次世界大战时期,该旅最初于1942

---

① 原文如此,根据其他资料,第3旅在战斗中共阵亡75人。——译者注

② 这次战斗从7月1日持续到了7月23日,美军击毙击伤了越南人民军433人,按本杰明·哈里斯在其出版于2004年的著作《山顶上的地狱》(*Hell on a Hilltop*. *iUniverse Press*.)中提出的观点,这次战斗重创了参战人民军部队的战斗力,迫使“复活节攻势”由1971年推迟到了1972年。——译者注

③ 参见第一部第三节中的“(空军)特种作战司令部”一节。——译者注

年 12 月被改编为第 87 侦察骑兵连，随后又被重组为一个旅，并在之后参加了在法国中部、莱茵兰以及阿登地区的战斗。部署在太平洋战场的第 503 伞兵团级战斗队①，这个在以后与第 173 旅有紧密的联系的团，在 1945 年 2 月 16 日，对克雷吉多尔要塞实施的伞降突击中有上佳表现。战后第 173 步兵旅再次转入后备役状态，以第 87 侦察骑兵连的番号保留在第 87 步兵师建制中，直到该旅于 1951 年 12 月 1 日再次进入动员状态。1963 年 3 月 26 日，根据最新的陆军师级单位改编计划，第 173 空降旅转入现役，该计划的主旨是在师级建制中再次引进"旅"作为次级战术单位。当时该旅被挑选出来作为一个独立旅以及一个特别空降特遣部队，并按照遂行独立战斗任务的需要进行了装备。因此，这也是当时在所有的独立旅中，唯一一个永久性附属了炮兵和其他支援兵种的旅级作战单位。第 173 旅在冲绳岛逐渐充实了其建制并转入现役，并由艾里斯 · W. 威廉姆森（Ellis W. Williamson）准将接任旅长，该旅的职能是担当美军在整个太平洋地区的快速反应部队。在威廉姆森的坚持下，第 173 旅经常实施密集队形伞降演习，因此被当时参加了联合训练的台湾地区陆军伞兵称作"天兵"。与所有的伞兵部队一样，该旅的伞兵们公开宣扬本部队是太平洋地区最悍勇的部队之一——这还只是在他们没有自夸第 173 旅"就是"全太平洋地区最悍勇部队的时候，在此之后，该旅经历的作战行动也确实证明了这些伞兵们所言不虚。

1965 年 5 月，兵力达 3 000 人以上的第 173 空降旅成为了第一支被部署到南越的美军主力部队。该旅驻扎在第二军战术区，并在之后的 6 年中赢得了大量的荣誉。他们也是第一个引入了以小部队实施"远程侦察巡逻"技术，并将之运用到渗透北越后方地域的单位。第 173 旅远程侦察巡逻队的另一个特点是极富侵略性，他们敢于与执行任务的过程中所遭遇到的任何规模的敌军部队交火。1965 年 11 月 8 日，该旅参加了"驼峰"行动，其任务是扫荡边和以北靠近西贡的地区，其间有个伞兵连在一次大规模伏击战中损失惨重，共 48 名伞兵阵亡。次年，该旅又参加了"卷发"行动，这是一次对藏匿在古芝地道系统内的北越进行清剿的尝试，同年晚些时候，该旅又在"阿特尔博勒"行动中，在首都区以北执行了大规模的搜索与歼灭任务。1967 年 2 月 22 日，该旅在西宁省实施了"交叉路口城市"行动，这是越战时期进行的唯一一次战斗跳伞，该旅也因参与此次行动而载入史册。通过在西宁省的激战，北越第 9 师遭到了毁灭性打击，已不再能被当作一支战斗部队看待。

代表性行动

截至 1967 年夏，位于中央高地的昆桐嵩省境内美军与越南人民军（PAVN）之间发生的战斗开始日渐频繁起来。6 月 17 日，第 173 空降旅由约翰 · R. 迪恩准将指挥，参加了

① 1942 年 2 月 14 日成立于乔治亚州的本宁堡。——译者注

“戈里雷”行动，任务是扫荡安达地区附近的丛林地带。3 天后，第 503 空降步兵团阿尔法连在 1338 高地附近，遭到了人民军优势兵力的伏击①，该连有 76 名伞兵阵亡，23 名伞兵受伤，兵力几乎损失殆尽。②其他友邻部队纷纷赶来支援第 173 空降旅，与此同时，人民军部队也相应得到了增援，集中了四个步兵团与一个炮兵团，总兵力达 6 000 人。安达之战随着第 173 空降旅第 4 营冒着猛烈的火力强攻 823 高地而拉开了序幕，此时“布莱克”特遣队③也在荒野中呈扇面展开，以对敌军部队实施猎捕。1967 年 11 月 11 日，他们遭到了越南人民军大部队的伏击④，在得到轮换前，该特遣队共有 20 人阵亡，154 人受伤。不久之后，第 503 伞降步兵团 2 营对 875 高地展开了攻击，他们遭遇了猛烈的枪炮火力及火箭弹的攻击，人民军部队还从经过良好伪装的(反斜面)阵地中向美军的背后发动了攻击。⑤11 月 23 日，伞兵们在得到增援后⑥，来自第 503 伞降步兵团的两个营的兵力顶住了来自当面的猛烈抵抗并发动了进攻，最终攻克了山顶，其时人民军部队早已撤离阵地。发生在安达的一系列战斗使第 173 空降旅付出了 340 人的伤亡，并且美军经历过这几次败北后，越南人民军的斗志反而得到了极大的鼓舞。

第 173 空降旅继续在北部作战，直到 1968 年他们才调防到了安溪(An Khe)和傍孙(Bong Son)接受休整。之后该旅只进行了几次小规模的行动，其中一次是在傍孙河流域发动的两栖突击，这是战时第一次由伞兵部队发动的两栖突击。1969 年 4 月，该旅又调防到了平定省(Binh Dinh Province)，并一直驻扎到了 1971 年 8 月。之后“天兵”们开始陆续返回肯塔基州的坎贝尔堡，这是该部队自 1942 年以后，第一次以旅级建制单位在美国本土驻防。纵观第 173 空降旅在南越渡过的 6 年时光，他们的军旗上增添了 14 条战役流苏飘带，被授予了四次集体嘉奖令，一次总统集体嘉奖令(PCU)，曾在该空降旅服役的伞兵中，共荣获了 13 枚荣誉勋章、32 枚优异服役十字勋章、1 736 枚银星勋章以及超过 6 000 枚紫心勋章。成就如此之高，其付出的代价也是惊人的，这个编制为 3 000 人的旅中，共有 1 533 名伞兵在战斗中阵亡，超过 6 000 人/次受伤。越战之后，美国终止了义务兵役制，更为传统的志愿兵役制得到了恢复。当时陆军的高层打算对第 101 空降师进行重塑，1972 年 1 月 14 日第 173 空降旅退出现役，整个部队被转调入绰号为“呼啸的鹰”的第 101 空降师，并成为了该师的第 3 旅。

---

① 参战人民军部队番号为第 24 团 6 营，美军在战后仅发现越军尸体 15 具。——译者注
② 投入战斗时该连总兵力为 137 人。——译者注
③ “布莱克”特遣队的兵力为一个伞兵连另加强了两个排。——译者注
④ 参战人民军部队番号为第 66 团的 8 营和 9 营。——译者注
⑤ 参战人民军部队番号为:174 团 2 营。——译者注
⑥ 美国陆军第 12 步兵师一部。——译者注

第 187 空降团（官方绰号：“降落伞/落下伞”）

1943 年 2 月 25 日，第 187 滑翔机步兵团组建于北卡罗来纳州的麦考儿兵营。该部于 1944 年 3 月作为第 11 空降师的一部分被部署到太平洋战场，其后 6 个月，该团在新几内亚接受了大量的训练后，才在菲律宾第一次参加了实战。该团在莱特岛和吕宋岛战役期间的作战表现及其优异，并因全团在战火下表现出的勇毅精神，被授予了总统集体嘉奖令。1945 年 9 月，第 187 滑翔机步兵团作为道格拉斯·D. 麦克阿瑟将军亲自挑选的盟军部队之一，第一批进驻日本执行占领任务。在此期间，他们开始被日本人称作“落下伞”（日语中降落伞的汉字即为“落下伞”），这一代表了该部队自豪感的绰号被沿用至今。1949 年，第 187 团经过调动，回到了肯塔基州的坎贝尔堡，在此他们被改编为空降步兵团，并在改编完成后再次配属给了第 11 空降师。次年，该师参加了当时最大规模的空降演习——“蜂群”行动（Operation Swarmer），第 187 团在这次演习中的优良表现使其得以中选，以空降部队的身份开赴朝鲜。1950 年 6 月，第 187 团被运抵战场，并以该团为基础组成了当时尚属实验性质的“空降兵团级战斗队”，战斗队的指挥官为弗兰克·S. 小鲍恩（Frank S. Bowen Jr.）上校。“降落伞”的伞兵们在朝鲜赢得了精锐战斗部队的声誉，并被授予了该团历史上的第二枚“总统集体嘉奖令”，他们参加的六次极为艰苦的战役，其中就包括仁川登陆。1950 年 10 月 20 日，在朝鲜首都平壤以北的肃川和顺天地区实施了战斗跳伞，这是朝鲜战争时期进行的第一次伞降作战。在这次作战中，他们与英联邦第 27 旅一道钳制住了朝鲜人民军第 239 团，在战斗中该团有 805 人阵亡，另有 681 人被俘；第 187 团级战斗队共有 66 人阵亡或受伤。1951 年 3 月 23 日，第 187 团级战斗队为了切断撤退中的中国志愿军部队的退路，在汶山里实施了朝鲜战争期间的第二次也是最后一次战斗跳伞。在那之后，第 187 团级战斗队被调回了日本，担任战略预备队，直到 1952 年 6 月才再次回到朝鲜，对发生在巨济岛战俘营的暴动进行弹压。1956 年这个单位在布拉格堡中转后，最终回到了坎贝尔堡。在那里他们为当时刚刚重建的第 101 空降师充当了战斗测试集群。后来该部也被改编为“五群制单位”，这种编制下辖了 5 个独立的作战集群，在当时被认为更适合在核战争环境下进行作战任务。后来第 187 空降步兵团又在 1958 年暂时配属给了正要开赴黎巴嫩执行维和任务的第 11 空降师，然后在 1963 年，该团又参加了通过大规模使用直升机实施空中机动作战的实验，直到他们于次年回归第 101 空降师的建制为止。

代表性行动

1967 年 12 月是第 187 空降步兵团历史上的一个主要转折点，当时该团 3 营作为第 101 空降师 1 旅的一部分抵达了南越。在之后的 4 年里，该单位参加了 12 次主要战役，并且在执行空中突击以及搜索与摧毁任务中有杰出的表现。这个团最著名的一次战斗发生在阿筲山谷，1969 年 5 月 10 日，他们对 973 高地发动了攻击，这个高地后来以“汉堡山”的名字而众所周知。“阿帕奇雪”行动开始后，第 187 空降步兵团 3 营首先被空运到了阿筲山谷的邑碑山(Dong Ap Bia)，这座山靠近老挝边境，正好横跨在越南人民军部队向南越境内实施渗透的道路上，活跃于该地域的人民军第 29 团亦有誓死一战的决心。第 187 团 3 营的 A 连和 B 连在营长维尔顿·霍尼库特(Weldon Honeycutt)中校的指挥下，发动了一次持续了 10 天之久的进攻，其间伞兵们还从陡坡发动了四次正面攻击。越南人民军部队则依托其坚固阵地顽强抵抗，碉堡、蜘蛛洞以及其他防御设施构成了他们错综复杂的防御系统，美军每一次试图将人民军驱逐出去的尝试皆告失败。尽管得到了来自近距离空中支援以及炮兵火力的持续支援，战斗的形式还是退化到了最原始的步兵与步兵之间的殊死搏斗，战斗的双方最终只有依靠手榴弹和步枪火力解决战斗。任何进展都是在缓慢且代价高昂的反复争夺后取得的，一直到第 506 空降步兵团第 2 营赶到增援后，美国人才最终占领了山顶。为了这场胜利，付出的代价是 56 名伞兵阵亡、420 名伞兵受伤，越南人民军已知的阵亡人数达到了 700 人。然而，仅仅两天后好不容易占领的阵地就宣告放弃，越南人民军旋即卷土重来，再次占领了邑碑山，这一轻率的举动在美国引发了轩然大波。1971 年，第 187 空降步兵团 3 营调回了坎贝尔堡，当时该单位已经赢得了另外两枚总统集体嘉奖令、两枚英勇集体奖章，并因此成为了越战时期获得最多集体嘉奖的空降步兵营。

在越战结束后的 19 年中，第 187 空降团 3 营一直隶属于第 101 空降师，其间在 1984 年 11 月 21 日，全团的编制曾一度扩充到 5 个营，但在 1987 年这个数字又再次被削减到了 3 个。1990 年 8 月，该团参加了“沙漠盾牌”行动，1991 年 2 月 20 日至 21 日间，这个团接着参加了“沙漠风暴”行动，隶属于第 187 团 1 营的两个连对“目标韦伯”发动了强攻，俘虏了 484 名伊拉克士兵。其后在 1991 年 2 月 25 日——恰逢第 187 团成立 48 周年，他们实施了军事史上规模最大的一次空中突击行动，人员与各种装备乘直升机深入伊拉克领土 175 英里，并在幼发拉底河谷设立了阻击阵地。这一行动切断了隶属于萨达姆·侯赛因的精锐部队——共和国卫队好几个师的退路，是地面战能在最后取得压倒性胜利的关键性因素。当停火协议签字完毕时，第 187 团距离伊拉克首都巴格达仅有 150 英里，是联军中突入伊境纵深最深远的单位。

第 10 山地师

在整个冷战期间，美国陆军唯一的师级轻步兵部队几乎就是默默无闻。“二战”结束后，第 10 山地师在 1945 年 11 月 30 日解散，之后又在堪萨斯州的赖利堡，于 1948 年 7 月 1 日，以第 10 训练师的番号再次转入现役。该师精锐部队地位的象征——绣有“山地兵”字样的弧形臂章，也因此被从制服上移除。当时赋予该师的任务是，对大量的应征新兵进行基础训练，结训后他们将被再分配到其他单位服役。朝鲜战争爆发后，该师的训练进度也随之加快，在 1948 年至 1953 年间，共有 123 000 名新兵在第 10 训练师结训。

这一切在 1954 年 1 月出现了转机，根据陆军部长的命令，该师被重新整编为正规步兵师，并作为北大西洋公约组织（NATO）下辖一部，被部署到了欧洲。在接收了第 37 步兵师移交的一应装备后，第 10 步兵师被派遣到了西德（联邦德国）的维尔茨堡，以接替当时驻扎于此的第 1 步兵师。维尔茨堡、法兰克福与纽伦堡三座城市之间是一块半径为 75 英里的弧形地带，是北约主防线的战略中枢地带。当时集结在这一地带的驻军规模相当可观，共计 9 个步兵营、4 个炮兵营以及 1 个坦克营。第 10 山地师进驻后一直到 1958 年，才得到第 3 步兵师的轮换，之后该师被调回本宁堡，并在 1958 年 6 月 14 日又一次转入预备役。

然后一直到 1985 年 2 月 13 日，这个师才最终以第 10 山地师（轻步兵）的番号在纽约州的德鲁姆堡重建，这是自 1945 年以后“山地师”这一建制第一次得到恢复，另外也是这一建制的部队自“二战”后第一次进驻美国东北部。该师的编装使其成为了当时机动化程度最高的轻步兵部队，可以在最短的时间内部署到全世界的任何地点。出于这个原因，配发给该师的大部分装备，在设计上着重突出了战术机动性——这些装备相对于标准制品其自重更轻。此外，这支新型部队的核心是两个具备作战自持力的旅，而不是传统的“团”，并且国民警卫队第 27 步兵旅也在行政名义上，被配属给了第 10 山地师。他们还配发了全新的臂章，以作为该师精锐部队身份得以恢复的象征。1990 年的“沙漠盾牌”行动期间，隶属于该师的第 548 支援与勤务营的 1 200 名士兵，被借调给了当时已进驻科威特的第 24 机械化步兵师。之后他们参加了在 1991 年 1 月至 2 月间实施的“沙漠风暴”行动，所有士兵在同年 6 月返回了德鲁姆堡。1992 年 8 月 24 日，安德鲁飓风横扫佛罗里达州南部，并造成了大量的生命与财产损失，之后第 10 山地师才展开了他们的第一次大规模部署。“高山”特遣队于 1992 年 9 月 27 日抵达灾区，负责监管救济营地的建造，以及向风灾幸存者发放食物、衣物以及医疗用品。6 000 名士兵在圆满完成上述任务后，带着当地居民的感激之情，于 1992 年 10 月返回了德鲁姆堡。

中央情报局

“二战”时期取得了辉煌成绩的战略情报局，在战后不久即遭解散，然后它的情报收集职能则被移交给了国务院，而隶属于它的准军事行动部门下的各个分支则被各个军种所接收。然而源自冷战政策的紧急状态，迫使杜鲁门政府通过了《1947 年国家安全法案》（National Security Act of 1947），在该法案的授权下组建了一个全新的秘密机构：中央情报局，并以其缩写 CIA 而广为人知。它的权限范围除了围绕谍报与刺探这两个“常规”领域之外，还拥有一个“特别行动部门”（缩写：SAD），专门负责执行“直接行动”模式的准军事任务，其行动模式在很大程度上与隶属于战略情报局的各个行动大队如出一辙。赋予该部门的其他任务，还包括涉及（国外）政治角逐的秘密行动、心理战、在敌后为当地持不同政见者提供训练和武器等。鉴于上述任务所具备的敏感性，中央情报局在为特别行动部招募人员时，候选人仅限于前特种部队军人，除了前述原因之外，另一方面也只有他们才兼备了完成上述任务所必需的体能和心理方面的适应性。当时，这一类行动一度成为了与苏东阵营各国实施对抗的“标准作业程序”。

第一例已知的中央情报局秘密任务发生在1950年。当时一个特工小队被派往中国西藏地区，一批由他们选拔的西藏成年男子被他们偷运出国，之后在美国接受了特种突击队式的训练。结训后，他们又回到西藏地区，并开始训练一支其目的在于反抗政府的所谓“民族抵抗”力量。中央情报局的准军事行动人员的另一项“杰作”是，为第14世达赖喇嘛逃往印度提供了协助。①西藏地区的游击武装得到了美国的持续援助，直到1972年中美邦交恢复正常化之后，上述行动才因外交原因而中断。在1950年至1953年的朝鲜战争期间，中央情报局也相当活跃，他们开展了多次海上作战行动，并在中朝军队的后方实施了多次突袭行动。他们的基地设在釜山以南的影岛，韩国行动人员经过美国人的训练后被派往朝鲜境内实施谍报活动、组织伏击、进行暗杀，并且对桥梁、隧道以及其他道路运输系统的组成部分实施破坏。其他分队还为由本地代理人指挥的海上作战行动提供了协助，这些行动的范围涵盖了整个朝鲜海岸，其中包括若干次对身陷内陆地区的战俘实施的营救行动。所有这些作战行动的管辖权属于“驻朝鲜联合顾问委员会”（缩写：JACK）②，该委员会实质上是由中央情报局管理的门面机构。还有一些行动人员，在1950年9月的仁川战役前提前登陆，并就人民军的设防情况提供了最新情报。③总的来说，在朝鲜取得的经验构成了执行此类行动的“任务模版”，并在后来发生于亚洲以及世界其他地方的各场局部冲突中，被中央情报局以及美国特种部队所遵循。只要他们在当地招募了代理人部队，那么这一点就是确凿无疑的。

代表性行动

发生在1945年的一件奇事是，战略情报局行动人员跳伞进入法属印度支那地区（今越南），向胡志明指挥的游击队提供了物质援助以及技术方面的支援。当日本宣布投降

---

① 根据康博伊和莫里森合著的考据极精细的《中央情报局在西藏的秘密战争》（*The CIA's Secert War in Tibet*）一书的记载，所谓达赖喇嘛有生命危险的消息只是当时来历不明的谣言，另外对出逃中的达赖喇嘛实施的所谓成功“接应”，纯属偶然，并非中央情报局精心谋划的特别行动。——译者注

② 该委员会的总部位于釜山以北的东莱。资料来源：“Korean War: CIA-Sponsored Secret Naval Raids”。——译者注

③ 海军上尉尤金·F.克拉克与两名南朝鲜陆海军军官，在登陆前14天于永宗岛登陆，在当地人的帮助下他们对仁川港的潮流、滩涂地质、防波堤进行了实地侦察，并对朝鲜人民军在月尾岛、仁川港及周边小岛的设防状况作了报告。资料来源：Commander Eugene Franklin Clark, “The Secrets of Inchon: The Untold Story of the Most Daring Covert Mission of the Korean War”, 2002。——译者注

后，胡志明曾试图维持住已经与美国建立起来的良好关系，但鉴于冷战的爆发，美苏关系日渐紧张，胡志明的意图已变得毫无成功的可能。1961 年，美国人重返该地区，试图扼制住越南劳动党将南越与北越合并的企图。其时，越南劳动党已经在南方建立起一个覆盖范围广阔的网络，渗入了南越社会以及政治生活的各个阶层。为了将南越平民自这一窘境中解脱出来，中央情报局制定了"凤凰"计划，这是一次由中央情报局和特种部队联合执行的"绥靖"任务，旨在对北越及其同情者实施甄别并最终使之"失效"，而且可以通过对两者实施逮捕或肉体消灭的方式达成后一个目标。这个计划的名称源自"凤凰"(Phung Hoang)，它在越南神话中被认为是成功与好运的象征。1969 年至 1971 年间，美国与南越特工人员围捕了 81 470 名嫌疑犯，其中 26 369 人在之后被甄别为北越行动人员而遭到杀害。这一系列行动，与北越武装力量在 1968 年"春节攻势"期间所蒙受的毁灭性损失互相累加之后，摧毁了北越的基层政治组织以及他们继续发动游击战争的能力。此外，随着北越日渐无力维持其军事行动的规模与烈度，越南人民军(缩写：PAVN)的正规部队也开始源源不断地开往南方与美军作战，而且后者在与其作战的过程中，经常蒙受令人咂舌的损失。中央情报局还直接介入了由当时属于最高机密的"研究与观察大队(SOG)"执行的作战行动，他们协调了由后者对越南的两个邻国老挝与柬埔寨实施的高度机密且在外交上极度敏感的越境侦察行动。中央情报局内负责准军事行动的情报官们(缩写：PMOO)，还为生活在老挝境内的赫蒙族人提供了军事训练与武器装备，而每个赫蒙族人部落则会对进入他们领地的越南人民军与巴特寮部队实施侦查，并在条件许可时对两者发动攻击。充当这一系列地面行动后盾的，是一家由中央情报局控制的商业航空公司，即"美国航空公司"，这家"公司"承担了该地区内所有的后勤补给、战斗支援以及搜索/救援职能。这些行动的细节至今仍旧对外保密，并且总的来说是鲜为人知的。但是尽管如此，该公司还是被认为在部署由当地人组织的准军事部队，以及对北越与巴特寮部队的补给线实施空中封锁，这两个方面取得了显著的成功。另外，那些对"凤凰"行动持批评态度的人士，其观点主要可以归纳为：首先，北越的基层组织，其组织结构已得到了如此高度的"强化"，以至于任何使其彻底"无效化"的努力都决不可能获得成功；其次，不论中央情报局以及特种部队在这些行动中取得的成就有多大，它们的规模都嫌太小，何况展开行动的"最佳时机"也早已被错过。无论正反双方的论点如何，在双方的观点背后都未尝没有真相的影子。

随着各种"叛乱活动"在苏东阵营的鼓动与支持下，借着"民族解放战争"的名义蔓延到了中美洲以及拉丁美洲地区，中央情报局的特别行动人员为了对这些叛乱活动实施"牵制"，开始频繁现身于斗争的最前线。与他们联合行动的是来自特种部队第 8 大队的士兵，他们通常的做法是：与当地军事机构合作，辨明可疑分子的身份，对他们实施跟踪，最后让已被辨明身份的游击队员与颠覆分子"失效"。这一类合作中，最广为人知的例子发生在玻利维亚。特别行动部下辖的几个准军事行动小队与特种部队一道，于20世纪60年代中期被派遣到该国，对玻利维亚特种部队实施了训练。他们的工作成果如何，可以借由下面的事例加以衡量：阿根廷籍的拉美游击武装领导人欧内斯特·切·格瓦拉于1967年10月9日被捕，并在同一天遭到处决。①

另一件棘手的案例发生在尼加拉瓜，该国的保守派政权于1979年被推翻，特别行动部的准军事部队因此被派遣到该国，着手武装反抗桑地诺政权的自由战士，这个组织又名“康特拉”(Contra)，决心以武力反抗压迫者。他们以邻国哥斯达黎加和洪都拉斯为基地，以小股部队进行作战，康特拉组织性更强，因而能够以少胜多，最终与由苏联提供训练，古巴供给装备的桑地诺分子战成了平局，而此时，国内的选民也逐渐厌倦了战争，并最终在1990年的全国大选中抛弃了桑地诺政权。上述成果的获得，是在回避了多项短视的美国法律的前提下取得的，例如1983年通过的《博兰德修正案》，其宗旨就是禁止美国对该地区的军事介入。纵贯整个冷战时期，中央情报局都处在了反苏东阵营的刀锋上。并且显而易见的是，他们的工作成果在与其他因素相叠加之后，最终导致了苏联在1991年的解体。

海军陆战队

舰队陆战队侦察连与海军陆战队侦察营

所有的两栖侦察营都随着“二战”的结束而宣告遣散，而它们的兵员则被吸收进了正规步兵单位或当时新成立的师属侦察连。因此在两次战争之间，海军陆战队缺乏舰队陆战队部队(Fleet Marine Force)一级的侦察能力，每当有此需要时，侦察任务将交给在场的任何次级单位执行。朝鲜战争爆发以后，专业化的大规模侦察单位才得以重建，而第一个成果就是在1950年12月，于北卡罗来纳州的勒琼兵营(Camp Lejeune)成立的第2两栖侦察营。然而，大多数的侦察任务仍然交给了临时配属给各海军陆战队师的特种单位。在1950年9月仁川登陆展开前，这些单位就在主力部队之前进行了侦察，并证明了他们的价值——由他们递交的实时情报，极大地改良了登陆计划，事实上拯救了大量的生命。当战争于1953年结束后，大部分的营级侦察单位再次被解散，而很多连级侦察部队则作为独立单位予以保留。

1950年，陆战队第1师师属侦察连被暂时配属给了陆战队第1旅，在第1旅于1950年7月至8月保卫釜山防线期间，这个连执行了多次侦察任务，他们搭乘美国海军运兵驱

① 原书在此处发生了时间上的误差，格瓦拉在1966年11月才抵达玻利维亚，并组建了他的游击武装：玻利维亚民族解放军(ELN-Ejército de Liberación Nacional de Bolivia)，总兵力50人(资料来源：Members of Che Guevara's Guerrilla Movement in Bolivia by the Latin American Studies Organization)。此外根据中央情报局的文件记载：处决格瓦拉的命令由化名菲里克思·罗德里格斯的特工下达(资料来源：“Death of Che Guevara”. Gwu. edu. Retrieved May 19, 2011)。——译者注

逐舰"贺拉斯·A. 巴斯"号[①] 7 次进入朝鲜境内执行突袭任务。其中一次对京畿道地区(Posung-Myon region)的袭击中，他们偕同 25 名来自海军水下爆破队(缩写：UDT)的蛙人摧毁了三条隧道与两座铁路桥后顺利撤回，己方无一损失[②]。在 9 月，该连随着陆战队第 1 师在仁川上岸后，他们得到了上级配属的 4 辆吉普车，并被整编为一支摩托化单位。之后，他们深入敌军纵深地带 40 英里，实施侦察巡逻任务，从朝鲜东海岸的元山出发后，他们的整个行程一直抵达了最北方的兴南(Hungnam)。1951 年 1 月，他们在安东地区(Andong)协助镇压了活跃于当地的劳动党游击队组织，并指引己方飞机空袭了朝鲜人民军派出的步、骑兵巡逻队。

朝鲜战争结束后，第 1 侦察营返回了加利福尼亚州的彭德尔顿兵营，其建制一直维持到了 1962 年古巴导弹危机为止。当时，美国与苏联之间的武装冲突一触即发，美国已做好了以武力入侵古巴的准备，在这种情况下，该营也被部署到了位于古巴的关塔那摩海军基地。当这次危机平息后，他们也返回了加利福尼亚州。第 1 侦察营再次参战则是在越南战争时期，1966 年 6 月，他们被部署到了南越的第一军战术区，在"堪萨斯"行动期间，他们在驻地三岐市(Tam Ky)与协德区(Hiep Duc)附近执行了多次侦察任务。6 月 13 日，6 支海军陆战队侦察队被直升机运到了若干个不同的地点，交付给他们的任务是汇报各自行动区域内的敌军调动情况，如果有可能，则呼叫空袭或炮兵火力摧毁敌军部队。在一系列的炮击后，一支大规模的北越武装攻击了由参谋军士詹姆斯·L. 霍华德指挥的侦察队[③]，他立即通过无线电要求进行紧急撤离。但是来自敌人的密集地面火力使得撤退无法进行，因此霍华德和他的陆战队侦察兵们开始挖掘工事，并坚守了一整天时间[④]，陆战队第 5 团第 1 营在赶到 Nu Vui 后[⑤]，又克服了北越武装的一系列激烈抵抗，才得以与遭到包围的侦察队汇合。此时，霍华德侦察队的 18 名陆战队员中，已有 6 人在北越发动的最后一次攻击中阵亡，当时他们的弹药已经耗尽，完全是利用石块作为武器打退了敌人，当陆战队 5 团 1 营与他们汇合时，陆战队侦察兵手中唯一可用的武器只剩下被敌人遗弃在战场上的 AK-47 步枪；战后清点战果时，一共发现了 42 名阵亡的北越武装人员。[⑥]当"堪萨斯"行动于 1966 年 6 月 22 日结束时，陆战队侦察兵们通过目视观察，指引了 141 次空袭或炮

---

① USS *Horace A. Bass*，朝鲜战争时期舷号为 APD-124，舰名是为了纪念海军十字勋章获得者、阵亡于中途岛的海军航空兵少尉贺拉斯·A. 巴斯。——译者注

② 这次袭击发生在 1950 年 8 月 12 日至 16 日间，这支混合部队包括 16 名来自陆战队第 1 侦察连的侦察兵与 25 名来自水下爆破队的蛙人。资料来源：James A. Field, History of United States Naval Operations, Korea. (Wash, DC: General Public Office(GPO), 1962)。——译者注

③ 詹姆斯·L. 霍华德军士指挥的侦察队，其代号为第 2 侦察队。——译者注

④ 北越武装在 6 月 15 日至 16 日之间的午夜时分，对他们发动了第一次攻击。——译者注

⑤ Nu Vui，位于越南的广南省，海军陆战队 5 团 1 营 C 连在 16 日黎明抵达该地。——译者注

⑥ 作者的这段材料引用自：Edward F. Murphy, "Semper Fi—Vietnam; From Da Nang to the DMZ: Marine Corps Campaigns, 1965—1975", (New York City, NY: Ballantine Publishing Group, 1997)。——译者注

兵火力打击任务。在1966年7月6日至14日间，第1侦察营的一个连参加了“华盛顿”行动，分配给他们的行动区域位于海军陆战队朱莱(Chu Lai)基地以西25英里的Hau Doc①，他们花费8天的时间搜索了整个地区，其间提交了46次“敌情目击”报告，该地区丛林植被茂密——在军事上被定义为“三重树冠覆盖”区域——航空侦察对此无可奈何。他们的最后一次战地作战行动是“斯科特果园”行动，1971年4月，第1侦察营的陆战队员们乘直升机抵达了位于Que Son②附近山区的一座已被废弃的火力支援基地。经过一次短促的交火后，该地区即宣告肃清，不久陆战队侦察兵即被陆战队第11团1营的炮兵部队轮换。③

第二次世界大战时期服役纪录极其优异的陆战队第3侦察营，于1952年3月1日在加利福尼亚州的彭德尔顿兵营以连级建制重新转入现役，该连作为师部营的一部分，被配属给了陆战队第3师。在日本本土和冲绳岛部署3年后，他们在1958年4月15日恢复了营级编制，仍旧隶属于陆战队第3师。1965年4月，第3侦察营D连在位于岘港的海军陆战基地西南方巡逻时，与一支规模更大的北越单位发生了激烈战斗。在这以后不久，该营的剩余部队也抵达岘港并投入了作战。1965年7月12日，A连派出的一支由18名陆战队员组成的巡逻队，遭到北越武装以迫击炮和自动武器发动的猛烈攻击，巡逻队的指挥官弗兰克·S.瑞森纳(Frank S. Reasoner)中尉在为他的无线电操作员实施急救时阵亡，并成为了越战时期第一位被追授国会荣誉勋章的海军陆战队员。1969年7月4日，另一支来自D连的、无线电呼号为“飞行时间”的6人侦察队，乘直升机机降到了溪山以南的471高地，并在那里遭遇了北越部队以优势兵力发动的进攻。该侦察队请求紧急撤离，但等反应部队赶到支援时为时已晚，侦察队的6名侦察兵已全部阵亡。这是整个越战时期，海军陆战队侦察兵遭遇成建制损失的唯一一例。第3侦察营在美军于1975年撤离东南亚后，继续部署在西太平洋地区，直到该营于1992年退出现役。曾在该营服役的陆战队员中，有4人被追授国会荣誉勋章。

1965年9月，第3舰队陆战队侦察连在北卡罗来纳州的勒琼兵营转入现役，是第一个为了因应越南战场的需要而组建的此类加强单位。他们在加勒比海地区接受了高强度的训练，并且参加了多次舰队演习后，才于1966年9月被部署到了南越的富牌。他们在那里被配属给了第3侦察营，之后在承天省执行了为期6个月的巡逻任务。1967年1月，该连部分成员被挑选出来，加入了一个名为“特别用途小组”的组织，为一次可能的战俘营救行动做准备。与此同时，该连的其他成员则被部署到了溪山附近，以对人民军部队向该地增兵的规模实施监视。当第3舰队陆战队侦察连所辖的所有3个排再次重组为一个单位后，他们恰逢其时地赶上了越南人民军发动的一次旨在夺取广治省的攻势，在该连的协助

①② 两地无相应中文译名。——译者注

③ 该火力支援基地代号“匕首”，陆战队侦察兵的进攻发生在4月7日的10点45分。——译者注

下这次进攻最终被击退了。在被调到东河之前，他们还对 Cobi Thanh Tan① 山谷附近地区进行了勘察。之后交付给他们的任务是，从东河出发沿着第 9 号公路向北巡逻，直至抵达非军事区，这个任务一直持续到了他们的上级单位陆战队第 3 师返回美国为止。该连随后转隶于第 3 陆战队两栖部队（缩写：3rd MAF）并继续执行同类任务，直到该单位于 20 世纪 70 年代中期退出现役。纵观这一时期，舰队陆战队侦察单位应用得最有成效的一种战术是被称作"黄貂鱼"作战：首先，一支装备了无线电的小规模侦察队要渗透入已知的人民军部队集结地域，然后他们要找出敌军单位位置的正确坐标，并据此召唤空袭或炮兵火力打击。在很多案例中，越南人民军部队在开阔地带遭到这种突然且出乎意料的袭击时不仅诧异万分，而且确实蒙受了惨重的损失。

海军陆战队测试单位 1 号

随着核武器于 1945 年的诞生，以及在不久之后直升机技术的实用化，海军陆战队总司令下令组织一个精锐的测试单位，以开发全新的方法用于进行渗透、撤离以及侦察。从这一源头诞生了大量特种作战方面的战术与行动规程，并被海军陆战队沿用到现在。1954 年 7 月 1 日，海军陆战队测试单位 1 号宣告成立，作为一个营级部队②，它的使命是探索一个全新的领域，并归纳一套方法，以便应用到海军陆战队在未来将要面对的侦察任务中。然而一直到 1955 年 9 月，由约瑟夫 · Z. 泰勒上尉指挥的一个侦察排才加入了这个测试单位，并开始着手改良舰队陆战队部队（缩写：FMF）内部的两栖侦察战术。在那之后，这个排还被赋予了如下任务：对"二战"时期制定的各种两栖侦察技术标准进行升级，并且还要包括如何将伞降以及直升机降这两项技术应用到任务的楔入/脱离阶段中去。考虑到上述种种打算，它也可以算作后来的舰队陆战队侦察连（缩写：FORECON）的先驱，并且帮助开发了纵深侦察技术。为了完成上述任务，配属于该单位的 20 名陆战队员还接受了交叉训练，例如美国空军的逃脱与躲避课程（USAF Escape and Evasion Couse）——因为这类技能可以应用在敌后行动中。另有一半陆战队员则被派往乔治亚州本宁堡的美国陆军空降学校，以获取通过伞降渗透敌后的实际经验。1956 年 8 月，侦察排的 4 名陆战队员跳出了一架道格拉斯公司的 F3D-2"空中骑士"（Skyknight）飞机，完成了第一次从喷气式飞机上进行的跳伞。依靠现有的准备，这个侦察排开始开发全新的"空降导航"（pathfinding）方法，这包括如何抵达计划中的着陆场，以可视信标与无线电信标对着陆场进行标记，最终引导直升机顺利着陆。1957 年 6 月 19 日，海军陆战队测试单位 1 号正式解散，其职责由第 1 舰队陆战队侦察连接手，并继续试验各种用于将特定的侦察队楔入与脱离敌区的

① 两地无相应中文译名。——译者注

② 此处为作者误植，海军陆战队测试单位 1 号是一个团级单位。下辖一个团部、勤务连、一个由 4 个步兵连组成的步兵营、一个 75 毫米反坦克炮排、一个 4.2 英寸迫击炮排和一个 75 毫米山地榴弹炮连（具备利用畜力驮载火炮行军的能力）。——译者注

极富想象力的技术。

海军

海军机动内河部队

美国海军并非对如何实施大规模的内河海军作战一无所知。1861 年至 1865 年的美国内战期间，由蒸汽动力炮舰以及铁甲舰组成的小舰队，就曾活跃于密西西比河以及西部的其他水域，正是他们将南部联盟的领土一分为二，并为在岸上作战的陆军部队提供了火力支援。纵贯整个 20 世纪 20 年代与 30 年代，这段时期被称作“炮舰外交”的年代，当时在中国的扬子江上就航行着许多美国海军的炮舰，以便为美国的利益提供保护。当 1965 年驻越军援司令部下属的海军顾问组(缩写：NAG-MACV)提出，对利用重武装、高机动性部队对湄公河及其三角洲地区实施巡逻，并且拦截利用该水系实施渗透的北越武装这一课题进行研究时，也就不那么令人感到意外了。“棕水海军”，这一有别于传统的“蓝水海军”的兵种由此诞生，该兵种的任务是在远离大洋且回旋余地狭窄的河道环境中作战。这支新成立的特种作战部队装备了多种小艇，其范围涵盖了从高速轻便的装甲快艇①到重武装重装甲的“莫尼托尔”式炮舰。棕水海军的主力则是玻璃钢船身的内河巡逻艇(缩写：PBR)，该型巡逻艇装备了喷水式推进器以取代传统的螺旋桨，而且它们经常在各种任务中与铝制艇身的高速巡逻艇协同作战。此外，在 1967 年它们还组建了一支联合部队，与威廉·福尔顿(William Fulton)少将指挥的陆军第 9 师第 2 旅所属部队实施联合作战。步兵们在“河道突击大队”中负责执行登陆作战，一共组建了 4 支这种专门与陆军协同作战的海军突击中队，他们的永久性基地设在经过疏浚后的颔龙河(Hàm Luông)②，并且该基地被命名为“同心”。同年整个作战行动被重新命名为“机动内河部队”或者特混部队 116。

棕水海军的构想总体上参照了第一次印度支那战争时期(1945—1954)法军组建的同类部队，但是它们的优势在于拥有更现代化的技术支援。作为一支特种作战部队，棕水海军的任务是阻断北越在南越最南端的补给线。这就意味着攻势性巡逻的范围要覆盖整个水系，包括河、江、运河，还有溪——简而言之，所有水量大到足以让北越舢板浮起来的地方，并派出步兵或“海豹”部队登陆摧毁补给品隐藏点，哪怕该段河岸早已设防。对这个单位的另一个期望是：攻击任何敢于在水边向他们挑战的敌方部队。出于这个原因，在内河巡逻艇上安装了大量武器，通常包括了若干挺 0.5 英寸口径的机关枪以及 81 毫米迫击炮，必要时还能得到临空的武装直升机或其他作战飞机的支援。有些经过特别改装的炮艇还安装了喷射凝固汽油的设备，可以当作大型火焰喷射器使用。这类内河巡逻行动通

① 原文为：swift boat，指高速巡逻艇(PCF)，铝质，艇身长 50 英尺。——译者注
② 湄公河的支流，位于三角洲的槟椥省境内。——译者注

常还会由美国或南越的步兵部队进行后续打击，通常来说他们将搭乘“二战”时期的旧式登陆艇抵达战场，这些登陆艇为了适应内河作战的需要，进行了大量的改装。任何进一步的行动都将得到被称为“机动内河基地”的浮动平台的支援，这个平台包括以密集编队航行的宿舍船、修理船和补给船，但更常见的做法是直接将它们系泊在一起。它们可以依靠自身的动力，自由移动并对正在进行中的作战行动提供补给支援。在 1965 年至 1969 年间，棕水海军极大地削弱或减少了进入湄公河三角洲地区的北越部队与各类补给品的数量，然后在 1970 年，海军将与内河作战相关的所有资产移交给了南越海军。尽管鲜为人知，棕水海军却是越战时期最大的军事成功之一，并且可以被认为是这场令人倍感凄凉的局部冲突期间少有的亮点之一。

一艘正在南越内陆水系参与一次针对北越部队发动的攻势的高速巡逻艇。（图片由美国国家档案馆提供）

代表性行动

当战斗与死亡发生在湄公河三角洲水系内时，它们总是不可预知、出乎意料并且极其迅速的。1966 年 10 月 13 日，两艘内河巡逻艇在副水手长詹姆斯·威廉姆斯（Jams Williams）的指挥下，一头撞进了当晚也在同一条河上航行的一支船队之中——这些船上运载了一整团的越南人民军。尽管众寡悬殊，詹姆斯还是指挥两艘巡逻艇，来回三次穿越了敌军的船队，并用艇上的每一挺机枪向敌军开火。在这场一边倒的战斗中，不少于 64 条舢板被击沉，有 1 000 名人民军士兵伤亡，而这一切仅仅发生在 3 个小时内。詹姆斯后来因为这次战斗被授予了国会荣誉勋章。无数的水手曾服务于“棕水海军”，尽管该部队从未被官方正式认定为特种部队，但他们与“海豹”部队以及其他精锐部队之间的亲密工作伙伴关系，以及他们要完成任务所必备的高度的专业技能以及随机应变能力，使他们无愧于成为一独一无二的特种部队俱乐部中的荣誉会员。

海军“海豹”

1961 年，约翰·F. 肯尼迪总统打破了对当时盛行一时的（核武器）“大规模报复”学说的迷信，转而信奉实行有限规模的非常规战争和反叛乱战争，这为如何确保国家安全开辟了一个全新的领域。同年3月，时任海军作战部长的阿利·伯克海军上将(Admiral Arleigh Burke)下令，在海军内部组建一支具备敌后作战与反游击作战能力的精锐部队。当时，美国海军已经在各个方面取得了进展，各水下爆破队单位已经在朝鲜战争期间执行过地面作战任务。他们的下一个行动目标是：以陆军中尚属新生事物的绿色贝雷帽部队为原型，建设这支隶属于海军的全新(特种作战)单位。这也就是"海—空—陆"(SEAL)这一概念于1962年1月1日诞生的原因。正如他们的名称所意味的那样，他们必须成为在两种不同的环境下遂行作战任务的军事专家——陆地与水域，并且要掌握通过航空器进入或撤离上述两种环境的能力。在最初阶段只成立了两支海豹队：加利福尼亚州科罗拉多海军两栖基地的1队和弗吉尼亚州小克里克海军两栖基地的2队。早期队员中大部分都是曾在水下爆破队长期服役的老兵，对于水下技术异常精熟。除此之外，他们还接受了下列的额外训练：外国语言、徒手格斗、外国武器、小部队战术、高空跳伞以及爆破。有志于加入"海豹"的受训人员，将前往位于库亚马卡山区的凯里兵营，接受"海豹基础训练班"(缩写SEAL/BIC)的训练，结训后他们将被调往某个海豹排，接受更加严格的在职培训。海豹们还就如何与同样是新成立的特种快艇部队密切合作接受了训练，后者负责将他们以最高速度带入并带出敌对环境。不久之后，海上特种作战的各种概念就在1962年的古巴导弹危机中接受了检验，并于之后发生在东南亚的那场战争中经历了更严酷的考验。

代表性行动

第一批海豹队于1962年3月抵达岘港(Da Nang)，其时海军水下爆破队正在越南沿岸地区执行秘密的水文侦察任务。当时所有的特种作战部队都由驻越军援司令部指挥、控制，以应对整个地区的军事需要。海豹最初的任务是为越南共和国(缩写：RVN，即南越)的蛙人①提供专业技术训练，这一任务持续到了中央情报局选中他们(LDNN)在北越沿岸地区执行秘密任务为止。这些经过"海豹"训练的南越突击队员在执行此类高度机密任务时，通常从岘港出发，搭乘高速巡逻艇、潜艇甚至中国式木帆船出入北越领海。在当时尚属新鲜事物的"攻击海豚"训练计划中，海豹队员们也有一定程度的介入，根据记载，至少在60起案例中，潜入南越港口的北越蛙人遭到了这些"攻击海豚"的袭击。无论如何，海豹们在1965年发现了最适合施展他们所长的舞台：位于西贡附近的桢沙特区，海豹们将作为反叛乱部队，深入那里迷宫般复杂的河道系统。该地的丛林植被茂密且水网密布，根本不适宜人类长期居留，北越行动人员因此频繁利用这块区域来躲避南越正规军或非正规武装部队的进剿。来自海豹1队的两个排奉命组成了若干个人数为六到七人不等的小型猎杀队，负责侦测北越部队的位置并对其实施伏击，伏击完毕后他们会立即以最快速度与北越部队脱离接触。海豹们执行这种任务时，使用的武器有榴弹发射器、冲锋枪以

① 南越海军水下爆破队(缩写：LDNN)，原名直译为"在海面以下战斗的士兵"。——译者注

理查德·马辛科(Richard Marcinko, 1940—)

理查德·马辛科于 1940 年 11 月 21 日出生在宾夕法尼亚州的兰斯福德，1958 年加入美国海军。他曾作为海军电传打字员在意大利的那不勒斯服役，之后加入了海军水下爆破队，并最终成为了“海豹”的早期队员之一。作为一名突袭者，他在越南取得了令人瞩目的成功，例如 1967 年 5 月 18 日，他带队突袭了 Ilo-Ilo 岛，击沉了 6 条舢板并击毙数名北越人员。在他第二次赴越作战之初，他担任了海豹 2 队第 8 排的排长，并在发生于朱笃的一场大规模交火中，向美国陆军特种部队提供了有力的支援。他和他的排在北越是如此“声名狼藉”，以至于敌人对马辛科开出了高达 5 万南越币的赏格——死活不论。1973 年他晋升为海军中校，并担任了美国驻柬埔寨使馆的海军武官。18 个月的任期届满后，他返回美国担任了海豹 2 队的指挥官。1979 年营救伊朗大使馆被扣人质的企图失败后，马辛科说服高层组建了一支由他担任指挥官的专业反恐怖部队——即所谓的“海豹 6 队”。1982 年，他又根据海军作战部副部长詹姆斯·莱昂斯中将的命令，组建了一个专门测试海军防恐怖能力的单位。这个新单位被称作“红细胞”，所有成员由马辛科从海豹 6 队和舰队陆战队侦察连中亲自挑选，并且在好几次“演练”中，成功突入了属于海军的若干座被分类为具备了“最高保安级别”的设施以及核潜艇，使得不少海军军官大丢其脸。马辛科对海军官僚机构的无限制批评，也使他成为了不受高级将官们欢迎的人物。自 1988 年退役后，马辛科以畅销书作家、演讲者、电台节目主持人和国家安全问题顾问的身份，活跃至今。

海军中校理查德·马辛科作为海军的一名“海豹”队员，在越南与地球上的其他地点有出色的表现。他挑选了第一批的“海豹 6 队”队员，并将他们组织成一个有效的作战单位。“6 队”这个名称并不具备实际意义，仅仅是迷惑苏联情报机关的一种手段。(图片由美国海军提供)

及通用机枪，他们所接受过的训练使他们得以在敌人接近伏击区的全过程中保持静默，直到他们进入极近的射程内才突然以压倒性的火力消灭对方。在某些特定的任务中，他们还会携带 60 毫米迫击炮。在与北越非正规部队的战斗中，他们表现出了致命的战斗力，并且通过这些战斗打破了北越对乡村地区实施的铁腕统治。然而，他们的行事作风截然不同于隶属于陆军的同行，“绿色贝雷帽”部队因为必须在日常任务中与南越部队——他们被认为遭到了北越的渗透或者因为其他政治方面的原因而不可信任——保持紧密合作，这大大降低了他们的作战效能。在展开战地行动的过程中，他们还更偏爱自己收集战术性的情报，并据此制定行动计划，而非依赖陆军或空军在这方面提供协助，并且他们的工作成果，通常都在事后被证明是及时且精确的。通过这种方式，北越设在地方上的基层组织，不论领导阶层或是战斗部队，都开始对与“海豹”之间进行的较量心存畏惧，生怕毁灭性的打击会突然降临到自己身上。事实上，通过展开夜间伏击战歼灭敌人，已经成为了“海豹”的作战特长，甚至可以说就是他们的“名片”。

之后，“海豹”们又将其行动范围扩展到了更具挑战性的区域：湄公河三角洲，盘踞在那里的北越武装人员和支持者据估计达到 8 万之多。这是一片泥泞、红树林密布的沼泽和河道，以及被洪水淹没的稻田，覆盖了 16 000 平方英里的面积，小艇是唯一可行的交通工具。因此，对于“海豹”来说，以班为单位连夜在该地域实施渗透，也实属“稀松平常”，这个班将在一个星期后与友军会合，届时他们也早已完成了任务。如果行动区域无法乘坐快艇抵达，“海豹”们将乘坐直升机抵达目标上空，缘绳下降至地面后展开他们的任务。这一类任务，需要“海豹”们付出最大程度的努力，他们在行动时必须最大限度地保持悄无声息、最高度的纪律性以及最巅峰的体能状态，因为在行动中是不可能由上级单位提供再补给的。当时交付给“海豹”的一长串任务清单，可以被归纳为以下四个大类：远程侦察、伏击、破坏以及配合由中央情报局主导的“凤凰”计划。在最后一类中，“海豹”队负责训练并领导分支机构遍布整个南越的“省份侦察部队”①，他们再次以其一贯的高效率完成了上述任务。内陆的各条水道对北越而言原本属于安全畅通的补给与交通线路，“海豹”的到来彻底断绝了他们继续使用上述交通线的任何可能性。面对这些新来乍到却又令人敬畏的对手，北越完全束手无策，他们所能做的仅仅是根据“海豹”队员们极度注重个人伪装的特点，为他们取了一个“绿面人”的绰号。每个“海豹”排在 6 个月的海外部署期间，通常都要执行 100 次以上的伏击类任务；在 9 年的“低强度”战争期间，一共有 34 名“海豹”阵亡。而“海豹”的杀伤率令人惊叹，根据当时的统计，每有 1 名美国人（“海豹”队员）伤亡，相应的北越一方要付出 50 人阵亡的代价。

随着在南越进行的秘密作战行动逐渐扩展到了邻国老挝和柬埔寨，“海豹”队员们开始频繁地被借调给驻越军援司令部下属的高度机密的组织——研究与观察大队（缩写：MACV—SOG）——执行侦察、突袭任务。来自海豹 2 队的部分队员，当时还曾奉命与南越突击队员们在战场上协同作战，考虑到当时北越对南越军队的渗透程度之深，这种“合作”能取得多少实际效果是值得怀疑的。虽然在 1970 年至 1972 年间，“海豹”队员们还是

---

① 省份侦察单位（缩写：PRU），于 1964 年在“防恐怖”战略的支持者、中央情报局西贡情报站站长皮尔·德·席尔瓦的倡议下，在南越所有省份内组建起来的准军事武装部队，交付给他们的任务是削弱北越基层组织对南越乡村地区的控制力。资料来源：Otterman，Michael（2007）. American Torture：From the Cold War to Abu Ghraib and Beyond. Melbourne University Publishing. p. 62. ISBN 978-0-522-85333-9。——译者注

积极参与了“强光”行动——制定这一计划的目的是解救被北越关押在湄公河三角洲地区的美国战俘，有许多人通过由“海豹”实施的营救作战得到了自由，但其中没有一个是美国军人。无论如何，到了 1970 年公众舆论最终迫使理查德・M. 尼克松总统宣布，这场战争将开始进入“越南化”阶段，随着美军的撤离，南越（境内先前由美军承担）的防务将按照一个逐年递增的比例被逐步移交给当地部队。最后一名“海豹”顾问于 1973 年 3 月撤离越南，不过还是有一些参加了秘密军事行动的“海豹”队员留在了该国，并一直坚持到了 1975 年 4 月，南越彻底沦陷为止。尽管如此，他们驻扎在东南亚的 14 年间，仍然取得了辉煌的成绩，他们是整个战争期间获得勋奖最多的小规模单位之一。共计有：两枚海军十字勋章，42 枚银星勋章，402 枚铜星勋章，两枚功勋勋章，302 枚表扬奖章，以及 3 枚荣誉勋章。作为一个战斗集体，他们还三次获得了总统集体嘉奖令。总而言之，海豹们从战争这一最严酷的训练学校毕业，并在东南亚取得了杰出的作战纪录这一事实，使得他们可以和“绿色贝雷帽”一样，当之无愧地跻身于最悍勇特种作战部队的行列之中。

1983 年 5 月，海军特种作战司令部最终将剩余的水下爆破队合并到了“海豹”的建制之中，这也包括在此之前交给前者承担的各种任务——这些也为后者的训练科目所涵盖。同年，“海豹”首次出现在中东地区，他们为美国海军陆战队当时在黎巴嫩首都贝鲁特执行的维和任务提供了协助。当时一场内战吞噬了整个城市，敌对的小派别在互相交火之余，漫无目标地对美国海军陆战队驻地实施周期性的炮击。“海豹”们的对策是，使用特制的 0.5 英寸口径狙击步枪，以精准的远程火力在 1 000 码距离上，击毙了多名正在操纵火炮的黎巴嫩民兵。1987 年两伊战争期间，美国海军迫于形势将“海豹”部署到了波斯湾地区，以确保霍尔木兹海峡的自由通行。当时伊朗人开始在海湾地区的战略性水道上，针对美国油轮进行了秘密的布雷活动——以妨碍伊拉克与美国之间的石油贸易，为了阻止伊朗继续布雷，美国开展了“主要机会”（Operation Prime Chance）行动。为了这次行动，海豹 1 队与 2 队被部署到了海湾地区，他们还得到了特种小艇单位的支援。1987 年 9 月 21 日，一艘伊朗登陆艇遭到了美国陆军直升机①的攻击，随后海豹队员强行登船，并缴获了几枚尚未来得及布放的水雷；艇上的伊朗水兵中有 3 人死亡，另外 26 人被俘。此举并未迫使伊朗政府放弃强硬立场，美国护卫舰*萨缪尔・B. 罗伯茨号*（USS *Samuel B. Roberts*）反而在 1988 年 4 月 18 日触雷，迫使美国又展开了“捕食螳螂”行动（Operation Preying Mantis）。在这次行动中，“海豹”队员们占领了数座位于海湾水域的伊朗石油钻井平台，并将它们炸毁，以免其继续被用作军事目的。这一系列的灾难，使得伊朗政府明白他们无法在与美国的这些冲突中占据上风，在此之后其行为开始逐渐趋向缓和。

一直到 1983 年 10 月 23 日，“海豹”才得到了另一次实施作战行动的机会，这就是旨在将格林纳达自哈德森・奥斯丁政权的统治下解放出来的“暴怒”行动。“海豹”的任务是：

① 详情请参见本书第二部第十章：“第 160 特种作战航空团”。——译者注

解救被软禁在总督府的格林纳达总督保罗·司康斯(Paul Scones),并将他带离交战区域,并控制岛上的唯一一座无线电信号发射机。这作为一次紧急行动,参战人员从接到预警到集合仅有几个小时的准备时间,这次任务不仅没有适当的计划,在海豹队员们出发前,甚至都无法得到任何有价值的实时情报。因此,指挥与管制的问题贯穿了整个行动的始终,而且海豹队员们在行动过程中也险象环生,多次濒临灾难的边缘。例如,当时海豹6队的一个排就奉命实施海上跳伞,然后利用同时空投的橡皮艇靠岸,侦察萨里纳斯角机场的设防情况。但是一系列的拖延,使得他们的出发时间推迟了6个小时,当他们在一团漆黑中飞抵汇合点时,其中一架C-141“举重明星”运输机的航线已偏离了预定着陆点数英里之遥。而另一架导航无误的运输机,在空投机上搭乘的一个班共8名“海豹”队员时也发生了悲剧。当时系在橡皮艇上的降落伞因故障并未开伞,直接导致了3名战斗负重最大的“海豹”队员溺水身亡。其他人在解脱了所有装备后才得以浮出水面,并且在外海连续漂浮了好几个小时,直到次日清晨才被海军舰艇发现并救起。另外两支在岛上着陆的“海豹”分队完成了“楔入”程序,并深入该岛的内陆地区,解救了正被软禁在其私邸的格林纳达总督保罗·司康斯。但正在此时,“海豹”遭到了突然出现的格林纳达军队的包围,后者还得到了数辆苏制BTR-60装甲车的支援。在这关键时刻,他们携带的短程战术无线电耗尽了电池,所以困在总督府内的海豹队员被迫通过长途电话,向当时正盘旋在他们头顶的AC-130请求了火力支援。通过后者提供的猛烈压制火力,“海豹”们才得以坚持到次日由隶属于舰队陆战队侦察连的陆战队侦察兵们接替他们的防线为止。与此同时,奉命攻占贝奥塞霍尔无线电台的“海豹”分遣队,也遭到了装备BTR-60装甲车的古巴士兵与格林纳达军队的包围,在击退了敌军的数次攻击后,耗尽了弹药的“海豹”队员们被迫分散撤退到了若干处一面临海的悬崖上,并躲藏了数个小时,直到敌军最终放弃搜索,然后“海豹”们爬到悬崖底部并向公海游去,之后又过了好几个小时才被侦察机发现并获救。幸运的是,隶属于“海豹”4队的一个排,成功潜入了珍珠机场附近的海滩实施了侦察,并发现该地区的地形不仅不适宜海军陆战队实施两栖登陆,并且有重兵把守。他们在海军陆战队实施登陆前,将情报回报给了停泊于公海的舰队,拯救了大量海军陆战队员的生命。

当这些在格林纳达学到的经验教训整合进了“海豹”的战术与技术条令之后,他们又迎来了另一次海外部署,这一次是参加“正义事业”行动,目标是巴拿马。1989年9月29日,由“海豹”2队和4队组成的“怀特”特遣队①奉命摧毁停泊在巴尔博亚港(Balboa Harbor)的巴拿马国防军舰艇以及停放在派提拉机场(Paitilla Airport)的专供独裁者曼纽尔·诺列加流亡海外之用的“里尔”式私人喷气专机。奉命完成首个任务的是一个由5名海豹队员组成的——代号为“威士忌”——的特遣单位,他们首先依靠德雷格尔LAV-V

① “怀特”特遣部队(Task Force White),除了上述单位之外,还包括海军特种战单位8(缩写:NSWU8)和特种小艇单位26(缩写:SBU26)。——译者注

型水肺[①]在水下潜游数英里以接近目标,然后将 C-4 炸药安装到诺列加的私人游艇"波拉斯总统"号,以及旁边的另一艘 65 英尺长的巡逻艇上,二者被同时炸毁。与此同时,由若干个"海豹"排组成一个——代号为"爸爸"的——特遣单位,共 80 名海豹队员在派提拉机场附近的海滩上岸,在向内陆深入的途中,他们被附近的巴拿马国防军部队发现并发生交火,战斗中有 4 名"海豹"队员阵亡,另有 13 人受伤。幸运的是,诺列加的专机最终还是遭到了摧毁,并且巴拿马国防军最后也被逐出了机场。相较于"暴怒"行动期间的海军特种作战行动,"正义事业"行动期间,海豹们执行作战任务的过程要相对更加顺畅,但还是显示出他们的作战条令仍显粗糙,有待于在以后的海外部署中进行改良。

1991 年 1 月至 2 月间,针对伊拉克实施的"沙漠风暴"行动,是"海豹"们在冷战时期执行的最后一次任务。1991 年 1 月 30 日,"海豹"1 队的一个排当时正在沙特阿拉伯的边境小镇海夫吉运作一个观察阵地时,遭到了伊拉克大部队发动的突然袭击。他们通过无线电呼叫请求空中支援之后,在没有蒙受任何伤亡的情况下顺利撤离了该镇。"沙漠风暴"行动转入地面战阶段之后,"海豹"们在波斯湾靠近科威特附近地区,执行了超过两百次海军特种作战任务。其中大部分是侦察任务,但也包括收复属于科威特的古拉岛(Qaruh island),占领了若干座石油钻井平台,以及对一名联军 F-16 飞行员实施了救援。他们取得的最大成就则是诱使两个伊拉克装甲师相信,海军陆战队马上将在科威特城附近发动一次两栖登陆:"海豹"们乘坐快艇乘夜进入科威特近岸水域后,换乘橡皮艇登上海滩,按顺序引爆大量装满 C4 炸药的浮囊。伊拉克最高指挥部接获报告后,判定联军的登陆迫在眉睫,因而将两个装甲师留在了原地,因此他们无法威胁到正从南面进攻的联军部队。自 1962 年成立起,"海豹"们就不止一次地在各种令大多数自命强悍的正规军士兵或蛙人望而却步的危险任务中,展示了他们的技能、适应性和英勇精神。他们的成功确保了("海—空—陆")这一概念将在世界级的特种作战部队中继续占有一席之地,并将其保持到 21 世纪——一个将要接受愈加严酷考验的时代。

水下爆破队

第二次世界大战结束后的裁军大潮中,即使是久经磨砺的海军水下爆破队也遭到了裁撤,只保留了 4 支非满编的分队,分别是:驻扎于加利福尼亚州科罗拉多海军两栖基地(NAB Coronado)的第 1 与第 3 水下爆破队,以及驻扎于弗吉尼亚州小克里克海军两栖基地(NAB Little Creek)的第 2 与第 4 水下爆破队。第二次世界大战结束后的头 5 年里,他们虽然没有参与作战行动,但是从未终止对可以应用于水下与浅水区域作战的新技术以及新技巧的开发。在很大程度上可以认为,后来的"海豹"在此时即已初现端倪。在当时

① 作者在此处误植了同样由德雷格尔公司生产的另一种军用水下闭路呼吸器的名称。"海豹"在当时使用的水肺型号为 LAR-V 型。——译者注

进行的众多技术改良中，最引人注目的是水肺呼吸装置的采用。尽管使用该装置时还是会有一串气泡浮出水面，会暴露使用者的位置，但是该设备的安全性已远高于①“二战”时期定型的“兰伯森两栖呼吸面具组”（缩写：LARU）。②1948 年，一个由海军少校弗朗西斯·费恩领导的测试小组③，在“*石斑鱼*”号潜艇（USS *Grouper*）上成功演示了蛙人如何利用（潜艇逃生舱）的干湿过渡舱在水下进行出入潜艇的机动，这也是官方档案中海军第一次直接应用水肺的记载。在开发水下作战技术的同时，水下爆破队也开始就如何将其作战范围从严格意义上的海岸地带向内陆地区扩展，以便进行突击队式的作战行动开展了实验。当时最新的直升机也被运用到如何通过空运展开部队的实验之中，例如如何在近岸水域从飞行中的直升机上跳下水面，以及如何从处于悬停状态下的直升机上缘绳下降至地面。而这一切都与他们在“二战”期间执行的侦察/滩头障碍物清除任务迥然不同——预示了这支部队将要发生的转型。

尽管部队的规模不大，两支海军水下爆破队④还是在朝鲜战争爆发后被紧急部署到了战区，另外还新成立了第 5 水下爆破队。被部署到朝鲜的两支水下爆破队，参加了在朝鲜沿岸地区进行的大规模扫雷行动，虽然有时他们也会偕韩国突击部队一同登岸，对朝鲜的铁路隧道以及铁路桥等设施实施爆破。但是这些行动反而引发了水下爆破队内部一些高级军官的愤怒，他们认为这类任务实在是与水下爆破队传统的展开方式相去甚远，不过这些行动也显示出了——水下爆破队的战术能力并不仅仅局限于滩头地带。海军水下爆破队还引人注目地参与了 1950 年 9 月的仁川登陆，他们在仁川港执行了侦察、障碍物爆破、在（飞鱼峡）航道上设置浮标以及侦测雷场位置这四项至关重要的任务。之后蛙人们又以其一贯的高效率清除了元山港内的各种障碍物，有力地支持了联合国军的作战行动。另外，蛙人们还通过破坏朝鲜渔民的渔网，在军事史上第一次进行了“经济战”的实践。水下爆破队在朝鲜的经历充分证明了——尽管人数虽少但水下爆破队员们还是能够发挥极大的军事作用，并且在介入全新的领域时有能力扩展其战术技能，以适应全新的作战环

---

① 这一结论是海军潜水实验队与海军潜水学校作出的，具有讽刺意味的是，当时后者仅仅教授古老的使用带铜质头盔的“标准潜水服”进行潜水的技术。资料来源：Vann RD(Spring 2000). “The evolution of diving in UDT from WW II through Korea.” Fire-in-the-Hole(Official publication of the UDT-SEAL Museum)。——译者注

② 该装置由潜水医学专家克里斯蒂安·兰伯森（1917—2011）于“二战”时期发明，这是世界上第一种专为水下特种作战用途设计的（水下）氧气循环式呼吸器，它是现在世界各国一流海军特种部队中得到广泛应用的“（水下）混合气循环式呼吸器”的先驱。而在同时代由法国海军突击队军官，并在后来被媒体称为“著名潜水专家”的雅克-伊夫·库斯托（1910—1997）与工程师埃米尔·加尼昂（1900—1979）共同开发完成的所谓“水肺”，仅仅是工作原理简单的开路式呼吸装置，而且其定型时间要大大晚于兰伯森的 LARU 设备。克里斯蒂安·兰伯森因为这项发明而被美国海军誉为“蛙人之父”。资料来源：Butler FK(2004). “Closed-circuit oxygen diving in the U. S. Navy”. Undersea Hyperb Med 31(1)：3—20. PMID 15233156. Retrieved 2008-04-25。——译者注

③ 海军中校弗朗西斯·道格拉斯·费恩（1909—2002），他在“二战”时期以 33 岁“高龄”加入了海军水下爆破队，并在战后对美国海军潜水作业程序以及潜水技术的改良和新技术的引进方面做出了巨大贡献。——译者注

④ 第 1 与第 3 水下爆破队。——译者注

1962 年的“渔网”行动期间，水下爆破队的蛙人们正在对北越渔民的渔具实施破坏，这次行动的目的是摧毁北越与人民军部队的主要食品供给来源。正是在这一时期，赋予他们的作战任务开始逐渐被移交给了一支新成立的部队——“海豹”。（图片由美国国防部提供）

境。此外，朝鲜海域寒冷的作战环境，促成了防水、绝缘的橡胶潜水服的开发，以保持潜水员的体温，预防低温症的发生，它后来又迭经演变成为了一种专用装备①。

朝鲜战争停战后不久，蛙人部队的规模再次遭到了裁减，在 1956 年至 1962 年间，只有 3 支现役水下爆破队。然而随着美国海军在 1960 年开始介入越南战争，又给予了水下爆破队建功立业的新机会。他们最初的任务是沿湄公河逆流而上，将一批小艇护送至老挝境内，很快他们的任务又增添了以下两项：将南越海军水手训练为合格的蛙人②；对该国的近岸水域实施水文侦查。然后他们又被编入了负责遂行内河作战任务的“两栖战预备集群”③，他们搭乘内河巡逻艇随集群一同行动，并对沿途发现的障碍物或碉堡实施爆破。

① 这里指干式潜水服。——译者注

② 指南越海军水下爆破队，该训练计划开始于 1961 年末。——译者注

③ “两栖战预备集群”，缩写：ARG，由海军舰艇的两栖特混部队和隶属于美国或南越陆军单位的登陆部队组成。——译者注

正是在这一阶段，海军将其注意力集中到了一种全新概念的作战形式上，即成立于1962年1月的“海豹”。之后，海军水下爆破队仍然作为海军的一个有机组成部分得以保留，而且海豹队员们接受的初期训练，也正式要让他们成为合格的“蛙人”。水下爆破队仍然在海军特种作战任务的“进入—撤离”阶段，作为一个独立的单位伴随“海豹”一起行动，直到1983年5月，他们正式与后者合并为止。为了表示对前辈的尊重，所有的“海豹”队员仍然要接受当初由海军水下爆破队所开创的“基本水下爆破训练课程”(BUD/S)。

其他

赫蒙人

老挝王国境内的巴特寮武装得到越南民主共和国(北越)部队的支持，经过几年内战后日渐式微，然而到了1962年形势却突然发生了剧变，以至于中央情报局决定要通过间接手段介入该国的内战，不进行直接介入的原因之一是，根据官方说法老挝仍然是一个“中立国”。这也就是由中央情报局特别行动部(缩写：SAD)与美国特种部队(缩写：USSF)实施的，针对越南人民军与巴特寮武装力量开展所谓“秘密战争”的发端。实际上，老挝当时已经成为了大国之间进行的“代理人”战争的最新战场，各方都向各自的代理人提供了巨额的军事援助。1961年4月，根据“白星”计划派出的第一支流动军训队(MTT)抵达老挝，他们的指挥官是“公牛”阿瑟·D.西蒙斯中校。这支流动军训队的工作重心是：招募赫蒙族战士，并将他们组织成一支独立于老挝皇家军队的秘密战斗部队。赫蒙族是一支定居于老挝的高地与山脉间的少数民族，并且据信他们是两千年前从中国南部移居至此的，并就此定居下来繁衍生息。赫蒙族的一切领导决策皆围绕着王宝将军展开，他不仅是一个具备领袖魅力的人物，而且是一名极富能力的游击战领导人。随着这场“战争”的展开，武器与补给品通过由中央情报局控制的美国航空公司，源源不断地运到了赫蒙族人的领地，还在邻国泰国设立了第4802联络分遣队，他们的任务是在泰国进行军事作战行动时，在边境地区安排入境通道，并且要协调对潜伏在老挝境内的对立武装实施的侦察或军事行动。并且随着1962年10月，为了呼应“老挝第二次宣告中立”，美国陆军中止了划入“白星”计划名下的所有行动后，中央情报局的间接介入就具备了双重的必要性：担子另一头的重负也必须由他们一并承担起来。最终，一共有30 000名赫蒙族战士被纳入了“特种游击部队”的花名册，并且自1968年起，提供给他们的装备和训练，开始逐渐与正规步兵趋于一致，他们的作战行动也日益依赖于美国提供的大规模空中支援。就这一方面来说，在苏联对阿富汗发动入侵之前，这是由中央情报局主导的规模最大的秘密作战行动。

赫蒙族抵抗武装最主要的职责是：对非法构筑的胡志明小道老挝延伸段实施监控，北越通过该路段向南越境内输送了大量的兵员与补给品。美国海军与空军的各型战机对行驶在该路段上的卡车车队以及路边的补给品堆场,周期性地实施轰炸,而他们的主要情报来源正是赫蒙族战士。北越军队为了报复上述敌对行为,以旅一级的战术单位对赫蒙人发动了正规进攻,仅仅装备了轻武器的赫蒙族战士自然不敌,并且蒙受了惨重损失。战斗的重心逐渐转移到了对老挝北部的“石缸平原”的争夺上来,在之后的若干年间,该平原多次易手。僵局一直持续到 1973 年,当时老挝政府与巴特寮签署了和平协议,共同组建联合政府。美国对赫蒙族人的空中支援以及补给品空投作业,也随之宣告中止。巴特寮和越南人民军部队最终在 1975 年 4 月 27 日,对赫蒙族武装位于老挝北部的据点网络发起了总攻,并且在经过了一系列的残酷战斗后,于 1975 年 8 月 23 日达成了他们的意图。赫蒙族人作为对抗北越军队与巴特寮武装的坚定斗士,必然难逃厄运,为此中央情报局通过空运途径,疏散了好几千名赫蒙族游击战士以及他们的家属。当老挝境内的一切敌对行动暂告一段落时,有超过 12 000 名赫蒙人在与北越或巴特寮武装的战斗中阵亡。尽管如此,通过美国特种部队提供的支持,他们还是在这场众寡悬殊的对抗中取得了了不起的战果。

基特·卡森侦察兵

除了那些山地少数民族,曾与美国特种部队一起在南越协同作战之外,越南人也(在由当地人组织的辅助部队中)占据了很大的比例。在 1966 年 5 月,几名隶属于海军陆战队第 1 师的军官提出了这样一种可能性:培养并雇佣北越组织或越南人民军中的“变节者”为美军执行任务。时任海军陆战队第一师师长的赫尔曼·尼克尔森少将,对此在原则上表示了同意,这一项目正式开展于 1966 年 11 月 10 日,后来它以“基特·卡森侦察兵”的名称而广为人知。该单位的这一名称源自著名的侦察兵基特·卡森①,他极其擅长通过与美国原住民合作来完成上级赋予的军事任务,并且因此得到了当时的西部历史爱好者尼尔森的大力推崇。在这一项目开展的初期,有两名“变节者”被配属给了海军陆战队第 7 团,该团当时驻扎在第一军战术区的沿海平原地带。与两名变节者一起工作的是一名接受过越南语培训课程的海军陆战队员,他们在第 7 团的战术责任区域内执行了很多次巡逻任务。并且如愿以偿地通过两名变节者甄别出了混杂在平民中的北越渗透者,辨别出了北越武装设置的各类陷阱诡雷,以及丛林中的武器隐藏处。在审问战俘以及翻译缴获的敌军文件方面,他们也充分证明了自己的能力。“基特·卡森侦察兵”在陆战队第 7 团试点成功后,被推广到了整个第 1 军战术区,并或多或少取得了一定程度的成功。很多后来加入到这个项目中去的新成员,都来自南越政府的“展开双臂”计划,该计划旨在鼓励北越组织或人民军中的心怀不满者转变其效忠的阵营。

到了 1967 年,驻南越美军总司令威廉·威斯特摩兰(William Westmoreland)将军下

① 基特·卡森,参见本书第一部第一章“第一次远程侦察”与“加利福尼亚的征服”两节。——译者注

令，所有的美军作战单位在实施作战行动时，都要与这些北越变节者共同行动，每个步兵师必须足额编满100名“基特·卡森侦察兵”。仅仅不到一年的时间，就有700名前北越组织或人民军士兵转换立场，成为了美国人的“雇员”，他们甚至被获准随远程侦察巡逻分队一起进入南越与柬埔寨交界的边境地区，参加当时被分类为最高机密的越境侦察行动。他们尤其擅长在搜索与歼灭任务期间，在野外发现隐蔽在茂密植被下的北越组织秘密营地或是丛林小道。从政治角度上来说，在劝说当地人不要支持北越组织叛乱分子时，他们也是极好的宣传工具。随着美军自1971年后开始逐步加速撤军，很多“基特·卡森侦察兵”也转而被配属给了南越正规军部队。在1975年4月北越最终获胜之后，那些不幸被捕的前侦察兵通常被送往“改造营”，或者直接在逮捕现场遭到处决。

蒙塔格纳德人

自从美国开始通过军事手段对北越劳动党在南越鼓动的武装活动加以干涉起，位于越南中部的战略要冲“中央高地”地区中，人口占多数的蒙塔格纳德人（法语：Montagnard，意为山地人）成为了美国在当地所竭力争取的助力。他们按居住地的不同可以大概分为30个部落，而每个部落中又可以被细分为更小的分支。出于历史原因，他们认为自己与世代居住于沿海地区的“越南人”是完全不同的种族，而后者也基于相近的原因蔑称山地人为“野人”。无论如何，尽管当时南越以及北越政府出于维持当前军事斗争的需要，而在国内寻求（由不同种族以及政治派别提供的）军事援助，但是一般而言，大多数蒙塔格纳德人出于对“越南人”的厌恶，对于这场武装冲突秉持着置身事外的立场。不过这一点，随着美国人的介入而发生了戏剧性的变化，在1961年中央情报局的吉尔伯特·莱顿①提议，可以通过实施一个大规模的村庄自卫武装培训计划，为蒙塔格纳德人提供保护，使他们可以免遭北越的袭扰或利用，这一计划后来以“平民非正规自卫组织”（CIDG）的名称而广为人知。该项目基于一个综合性的战略：向蒙塔格纳德人传授组织自卫武装所必须的军事技术，并且提供社会与经济方面的支援，进而得以在“感情”和“精神”两方面赢得他们对美国的支持。这些对南越政府不抱丝毫信任的山地部落，对于被派来帮助他们构建“设防村庄”的绿色贝雷帽分遣队普遍表示了欢迎。自1962年2月起，美国特种部队组织起了一支人数达40 000人的民兵队伍，他们散布在纵贯中央高地地区的27个设防严密的“平民非正规自卫组织”营地中。每个营地的组织架构都是一致的：3个连，每连132人；3个侦察排，两门105毫米榴弹炮，为营地提供直接支援火力。汇总下来，每个营地的驻军总数为530人。一支由经过特别训练的蒙塔格纳德人组成的精锐部队——又名“麦克部队”②——

---

① 吉尔伯特·莱顿上校当时是中央情报局西贡情报站军事行动科的首脑。资料来源：Vietnam Declassified: The CIA and Counterinsurgency 作者：Thomas L. Ahern, Jr. 肯塔基大学出版社出版。——译者注

② 即本书第一部第三章“绿色贝雷帽”一节中的“机动打击部队”。——译者注

他们的职责就是充当机动预备队，任何一个处在敌军进攻威胁之下的据点都自动划归他们的管辖权限。美国特种部队偶尔也会与他们的南越同行（“Luc Luong Dac Biet”，缩写：LLDB）即南越特种部队一起管理这些营地，然而后者与其他越南人在蔑视蒙塔格纳德人这一点上并无二致。为了在双方之间培养起信任感，美国特种部队尽了一切努力，但是经年累积下来的压力最终还是在 1964 年爆发了出来，当时蒙塔格纳德人为了收回被越南人非法侵占的土地，发动了一次大规模起义。当这次起义最终被镇压下去之后，各地的“平民非正规自卫组织”几乎全部被解散，得以保留下来的只有由美国特种部队直接掌握的精锐力量——“机动打击部队”。他们与他们的美国操控者被部署到了分布在南越—老挝边境，以及南越—柬埔寨边境沿线的 25 座大型营地之中，他们的任务以监视、袭扰从胡志明小道延伸至南越境内的北越补给线为主，偶尔也通过实施直接行动切断这些补给线。

代表性行动

蒙塔格纳德人素来享有尚武的名声，并与他们的美国操控者合作得极其出色。他们在与“平民非正规自卫组织”项目相关的几次行动中都有出色的表现。例如在 1964 年 7 月 6 日，北越组织部队就曾企图攻克“平民非正规自卫组织”设在老挝边境地区的南东营地。保卫营地的是由罗杰・H. C. 堂伦上尉指挥的一个“绿色贝雷帽”阿尔法分遣队（A 队）、300 名蒙塔格纳德人以及 60 名侬族雇佣兵，在他们的坚决抵抗下，与兵力 900 人左右的北越组织部队鏖战了 5 个小时。北越组织最后撤回了丛林，身后留下 62 具尸体，而堂伦也因此成为了被授予国会荣誉勋章的第一名“绿色贝雷帽”。1965 年 6 月 10 日至 11 日间，北越组织又袭击了位于西贡东北方 55 英里的同帅营地。保卫该营地的是由查尔斯・Q. 威廉姆斯中尉指挥的“绿色贝雷帽”分遣队 A 队 342、南越特种部队以及几百名蒙塔格纳德人。北越组织第 273 团直接冲垮了营地的外围防线，提供空中支援的炮艇机和直升机及时赶到，才使得北越组织无法完全肃清营地第一道防线的守军。南越陆军第 42 别动队营被空运到营地外围，试图收复营区，但无法将北越组织驱逐出营区。最后不得已，只能决定将幸存的守军通过空运撤出营区。尽管如此，蒙塔格纳德人部队在这次战斗中的表现非常出色。1966 年 3 月 9 日至 10 日间，顺化市以西 30 英里的阿筲山谷“平民非正规自卫组织”营地，因其位置毗邻胡志明小道而遭到了攻击。驻扎在该营地的蒙塔格纳德人以及指挥他们的特种部队顾问，虽然得到了一个连的“机动打击”部队和几名海军陆战队狙击手的增援，仍然寡不敌众。虽然他们还得到了直升机的支援，并且进行了激烈的抵抗，越南人民军最终还是占领了营地，所幸守军在敌人发动最后的总攻前奉命撤离了营地。5 名美国军人阵亡，另有 12 人受伤，蒙塔格纳德人有 47 人阵亡或失踪，越南人民军的伤亡据估算接近了 800 人。

在那之后，蒙塔格纳德人继续作为“机动打击”部队或是当时被分类为最高机密的“远程侦察巡逻”分队①的一员为美军作战，并且有上佳的表现，但随着美军自1971年加速了其撤军的速度，这些由山民组成的部队的指挥权也逐渐被移交给了南越军方。他们通常会被混编入隶属南越陆军的别动队(营)，但蒙塔格纳德人与越南人之间的旧仇亦随之死灰复燃，内讧此起彼伏。例如在1975年3月，蒙塔格纳德人在邦美蜀附近发现了正在集结中的越南人民军部队，但他们拒绝向南越政府告警，此举最终导致了南越政权的崩溃。当越南境内所有的敌对行动告一段落时，据估计，已有200 000名蒙塔格纳德人遭到杀害，他们的村庄中有85%被夷为平地。在那之后，这些山民继续抵抗着北越军队，截至1979年，美国已接纳了好几千名来自中央高地地区的难民。一般说来，蒙塔格纳德人与领导他们的“绿色贝雷帽”们所建立起来的亲密关系，是他们的越南“同胞”所望尘莫及的，(不论这些越南人来自哪里)南北越皆然。

研究与观察大队

随着美国越来越深地介入到东南亚各国的事务之中，参谋长联席会议感到组建一支用来执行秘密反叛乱作战行动的部队，并设计一个项目以维持该部队的运作在当时的形势下是极为审慎的举措。执行这类任务的范围将不仅限于南越境内，也包括老挝和柬埔寨，必要时甚至可以入侵北越。当时驻越美军总司令威廉·维斯特摩兰接到严令，禁止将作战行动范围扩展到南越国境之外，因此保密工作是绝对必要的。在1961年至1964年间，这类行动都是由中央情报局主持，行动代号为“跳跃莉娜”②，具体遂行作战行动的则是由南越行动人员组成的分遣队。他们的工作成果最终被判定为失败，迫使这项工作被移交给了美国军方，便于后者以更严格的标准指导后续的作战行动。其结果就是驻越军援司令部于1964年1月24日成立了“研究与观察大队”(缩写:SOG)，委派给该部门的任务是渗透入邻国境内，遂行被分类为最高机密的越境侦察任务——(一旦这些任务曝光)这在政治与外交两方面都是无法加以辩解的提案。与驻扎在东南亚地区的其他美军部队不同的是，“研究与观察大队”直属华盛顿的参谋长联席会议。从作战层面上，他们的任务是由来自美国各军种的特种部队混编而成的团体，其中包括“绿色贝雷帽”、海军“海豹”、空军战斗管制分队(缩写:USAFCCT)和舰队陆战队侦察连(缩写:FORECON)中的成员一同制订计划并具体实施的，并且得到了少数民族盟友的支持，这些少数民族包括蒙塔格纳德人、侬族和高棉人(柬埔寨裔越南人)。其中蒙塔格纳德人总是渴望着杀死更多的“越南人”——至于他们是为“敌对”阵营服役的“北越人”或者为“友好”政权服务的“南越人”则

---

① 此处为作者误植，实为本章下一节提到的“研究与观察大队”。——译者注

② 此处为作者误植，“跳跃莉娜”行动是本章“绿色贝雷帽”一节中提到的德尔塔计划的前身，它与“研究与观察大队”是不同组织架构下制订的两个手段与目的极其相似的平行计划，互相之间没有直接的传承关系。至于“跳跃莉娜”行动本身，实际实施该计划的40名南越特种部队士兵中，只有1/8得以自越境侦察行动中生还。——译者注

根本无关紧要。事实也证明，(与他们对越南人的厌恶态度截然相反)他们极其乐于维持自己与美国特种部队之间的合作关系，并且是美军的当地盟友中人力资源最充沛的一支。他们还在招募那些侨居于邻国老挝或柬埔寨北部的蒙塔格纳德人同族，为美军收集军事情报或充当辅助部队，并在上述两方面起到了相当大的作用。上述所有工作最后都被汇总到了一个被称为“行动-35”的项目名下，它涵盖了(所有针对北越实施的)非常规战、海上作战、心理战以及为准备渗透至(北越)保密地区的特工人员提供训练。研究与观察大队的任务则更进一步囊括营救任务、捕俘以及(机密)装备回收。为了在政治上多一重保护，所有曾介入到上述任务中的“绿色贝雷帽”成员，在官方文件中都被纪录为特种部队第 5 大队(缩写：5th SFG)的成员，尽管实际上他们的人事关系全部直属于研究与观察大队。自“行动-35”项目开展，到 1972 年“研究与观察大队”解散，据估计，为该组织工作的美国人总计为 2 000 至 2 500 人；同一时期该组织招募的当地人部队，据估计，其总人数在 7 000 至 8 000 人。

自 1965 年 9 月 21 日研究与观察大队成立起，在其后的 6 年里，隶属该大队的行动人员在老挝与柬埔寨境内执行了各种高度机密的任务，即“闪亮黄铜”行动。它的目的是查明北越组织以及越南人民军在上述地区的活动情况，其主要方法有如下两种：在胡志明小道沿途布设声学以及震动传感器，以便监控这条向南越渗透的主要道路上的交通流量；在越南人民军的通讯线路上安装窃听器。当时分配给这些精锐战士的各类使命之中，最危险的一种被称作“搜索、定位、歼灭与监控”任务(缩写：SLAM)，当时和“观察与研究大队”的行动人员发生遭遇战的敌军部队，无一例外全部遭受了惨重的伤亡。但同样的敌军实施的各类反击行动，也对这些行动人员造成了伤亡。这些行动的具体细节有的至今尚未揭秘，有的则从未被收入官方档案。“闪亮黄铜”(这个代号后来又被变更为：草原大火)行动所惯用的模式是，派出由 6 到 12 人组成的“长钉分队”，他们作为越境侦察兵将搭乘隶属第一军战术区的海军陆战队直升机渗入各自的行动区域，着陆后他们将监控越南人民军的动向，在任何适宜于发动伏击战的地形对其发动攻击。而最重要的是，帮助美国陆军的军事情报部门在第一时间内掌握越南人民军部队在整个地区内的转移情况，以及他们的作战意图。“长钉分队”内通常还会包括一名专司地空联络的“航空管制员”。因此，隶属第 7 航空队的各型喷气机得以在这些管制员的引导下，发动一场“秘密轰炸战役”，其针对的目标即是“胡志明小道”沿途的补给品堆场以及卡车车队。在 1965 年 9 月至 1972 年 4 月间，由“研究与观察大队”授权实施的侦察巡逻不少于 1 579 次，以排级规模部队实施的巡逻 216 次，还有三次行动利用了位于南越—老挝边境的“平民非正规自卫组织”营地，参战部队的规模超过了一个排，这三个营地分别为于康德(Kham Duc)、溪山(Khe Sanh)和昆嵩(Kontum)。此类行动中部队向老挝纵深渗透的范围被严格限定在 20 英里，任何继续深入的企图都是被严格禁止的。越南人民军(作为逆向实施渗透的老手)对于这类行动的本质自然是了解得一清二楚，他们经常对位于边境地带的“平民非正规自卫组织”营地发动攻击，其目的就是瓦解任何利用这些营地实施越境侦察作战的企图。与此同时，在柬埔寨也正进行着平行的作战行动，其代号为“丹尼尔・布恩”①(Daniel Boone)（这个代号之后又变更为“礼拜堂”行动），该行动不仅继承了之前由特种部队第5大队(5th SFG)实施的“西格玛”计划以及“欧米伽”计划，并且还成功地加以扩展。“研究与观察大队”的侦察队除了获准深入柬埔寨境内20英里之外，还得到了在任何被越南人民军利用过的小道上埋设地雷的许可。随着战争规模的逐渐升级，这一范围也延伸到了185英里，极好地展现出了美国是如何严肃地对待北越将柬埔寨用作（逃避美军打击的）庇护所这一行为。1967年至1972年4月间，已知的由“研究与观察大队”授权实施的越境侦察任务有1 398次，以排级规模部队实施的巡逻38次，动用了一个排以上兵力的任务达12次。

在东南亚地区执行地面特种作战任务的部队在各个方面都得到了第15航空突击中队(15th ACS)的支持，那个中队是特别指定给“观察与研究大队”的航空作战单位。该中队装备了经过特别改装的MC-130“战斗利爪”运输机以及较轻便的C-123运输机，它们的任务是运输补给品以及空投特工人员。在必要的时候，驻扎在泰国那空帕农皇家空军基地的第20特种作战中队（缩写：20th SOS)所装备的CH-3“快乐绿巨人”直升机，也可以为正在老挝或任何地方执行任务的“研究与观察大队”分遣队提供支援。上述所有航空单位为了在南越境外执行这些英勇的（同时也是高度保密的）任务而开发出了大量新技术以及战术，其中大部分至今仍然为特种部队所沿用。

经历过1968年初春“春节攻势”（农历新年）的突然袭击之后，“研究与观察大队”在老挝境内的作战模式经历了一场大变革，开始更加注重以规模更大的编组实施行动。这一场全新形式的战役，其代号为“突击队狩猎”行动②，着重于将越南人民军部队引入伏击，以及在胡志明小道沿线布置电子传感器③。由特种部队和当地士兵混编而成的特种突击部队，在这类行动中使缺乏警惕的敌军部队蒙受了重大伤亡。仅在1969年一年，他们共执行了404次任务，其间有20名美国人阵亡，199人受伤，另有9人失踪，当地人部队中有57人阵亡，270人受伤，以及31人失踪。直到这个项目于1972年彻底中止，人员伤亡率一直维持在这个水平。此外，仅仅被委以情报收集任务的南越特种部队，其伤亡率并不亚于执行作战任务的“观察与研究大队”，这在很大程度上要归咎于几乎无处不在的北越组织。同样的原因导致了“研究与观察大队”派遣情报人员向北方渗透的企图，无一例外全部以破产告终，因此而被处决或遭到北越当局监禁的南越行动人员总数达到了456名。总的

---

① 丹尼尔・布恩(1734—1820)，著名的美国拓荒者与边民，小说家詹姆斯・菲尼莫尔・库珀根据他在美国独立战争期间的事迹，创作了著名小说《最后的莫希干人》。——译者注

② 此处为作者的误植，实际上是隶属于“研究与观察大队”的美国特种部队士兵与为他们工作的当地人辅助部队，在地面上为“突击队狩猎”行动提供了支援。该行动本身是美国空军第七航空队和海军特混舰队77联合实施的，一次针对胡志明小道老挝境内路段的空中打击。——译者注

③ 布设电子传感器的行动由美国海军实施，代号为“白色圆顶建筑”行动，1969年后它与“突击队狩猎”行动合并。——译者注

来说，“研究与观察大队”并未能够左右这场发生在东南亚的局部冲突的结局，但仅仅从实施作战行动的层面上来说，它在战术情报收集方面取得了极大的成功，南下的越南人民军部队因为“观察与研究大队”的行动蒙受了数千人的伤亡，并且事实上同样数量的人民军部队，为了应对他们的袭击作战而被牵制在了后方地域。对于参战的特种部队而言，他们在这场旷日持久的非常规战争中，在指挥当地人部队方面也表现出了极高的水平。“研究与观察大队”最终于 1972 年 5 月 1 日正式解散，在该组织的全盛时期，有 394 名特种部队军人为其工作。①为他们的作战行动提供支援的美国人，还包括 1 041 名陆军军人、476 名空军军人、17 名海军陆战队员以及 7 名中央情报局特工；与他们协同作战的当地人部队则包括了 3 068 名少数民族，以及 5 402 名南越人，总计为 12 210 名军人与平民。在这个集体中，有一名空军军人、两名海军“海豹”队员和 9 名“绿色贝雷帽”被授予了国会荣誉勋章（其中 3 人为追授）②，以表彰他们在纵贯整个东南亚地区的特种作战行动中的英勇表现③。综上所述，“研究与观察大队”的传奇，为战后茁壮成长的美国特种部队以及其特种作战技术提供了额外的养分。

---

① 这里的 394 人仅仅指在 1969 年一年，直接投入越境侦察行动的美国特种部队军人数量。——译者注

② 曾在“研究与观察大队”服役并被授予荣誉勋章的 11 名特种部队军人分别是：美国空军第 20 特种作战中队飞行员詹姆斯・弗莱明中尉；美国海军“海豹”托马斯・诺里斯海军上尉、二级轮机士迈克尔・索恩顿；美国陆军特种部队罗伊・贝纳维德兹参谋军士、乔恩・卡瓦尼参谋军士、罗伦・哈根中尉（追授）、罗伯特・霍华德上士、约翰・柯登伯格五级专业军士（追授）、富兰克林・米勒参谋军士、乔治・塞斯勒中尉（追授）、弗雷德・萨比托斯基上士。——译者注

③ 该单位在 2001 年 4 月 4 日被正式授予了总统集体嘉奖令。——译者注

第二部
美国特种部队，1992 年至今

第四章
空军航空突击队

官方座右铭：Any time，any place.（任何时间，任何地点）

美国空军特种作战司令部（缩写为：AFSOC）成立于1990年5月22日，其前身为第23航空队（23rd Air Force）。它是美国所拥有的特种部队组织中资历最浅，并且也是其中唯一的将工作重心放在新技术开发上的司令部，其范围涵盖导航、通讯以及火控。美国在第二次世界大战以后所介入的历次战争与局部冲突中，空军的特种作战单位总是以“临时混编单位”的形式参战，因此该司令部最终得以成立，对于航空突击队的团队自豪感大有裨益。驻地位于弗吉尼亚州、赫尔伯特空军基地的空军特种作战司令部的工作是：以速度、精确以及效率三个要素为前提，为将要在全球范围内展开的大量特种作战行动实施规划。这些任务中又有很大一部分需要得到来自其他军种的特种作战人员——包括了陆军突击队员、“海豹”队员以及三角洲部队行动人员等——的密切合作。这些任务规划的范围涵盖了非常规战、特种侦察、反恐怖行动、为外国友好政府提供“内部防卫”顾问以及心理战。空军特种作战司令部（下辖的某些单位）也具备实施典型的“直接行动”的能力，即依靠训练精良的突击部队，从空中发动旨在肃清敌军阵地内的所有人员或个别高层指挥官的小规模战术性突击行动。另外，也包括了相对“平凡”但重要性不亚于“直接行动”的任务类型，例如对陷落敌后的飞行员实施战斗搜救（缩写：CSAR）。目前空军特种作战司令部下辖的各级空军军人，据估计总数达25 000人之众，他们全部被统称为“航空突击队员”——这一概念可以追溯到“二战”时期在缅甸上空实施的（航空突击）作战行动——尽管精确的装备编装表从未公之于众，但是显而易见，空军特种作战司令部装备了大约100架安装了各类专用设备的飞机，其机型涵盖了“炮艇机”、加油机、运输机以及直升机。在世界上的任何地方，再也不可能找到以更精密的技术制造出来的同类装备。

空军特种作战司令部下辖的各个单位中，特别值得一提的要数其中的特种战术中队（缩写：STS），他们作为一支精锐“步兵”部队，是空军特种作战部队执行任务时不可或缺的

美国空军特种作战司令部徽章。②（图片由美国国会图书馆提供）

一个组成部分。每个特种战术中队中都包括训练精良，而且武装到了牙齿的“战斗管制分队”（缩写：CCT）以及“伞降救援人员”（缩写：PJ）①，他们各有其独一无二的职能。上述各单位为了顺利完成任务、因应各种可能遇到的情况，还成为熟练掌握各种渗透技巧的大师。战斗管制分队的主要职能是充当“前进航空管制员”（缩写：FAC），他们通常通过伞降的方式楔入预定的着陆场附近，随后将为（运载其他特种作战部队的）直升机提供必要的空中交通管制信息，直到他们顺利抵达着陆场。为此配备给他们的都是当时技术水平最先进的通信与航空导航辅助设备。更重要的是，每当隶属其他军种的特种作战部队需要来自空军特种作战司令部下辖的飞机执行近接支援任务时，这些“战斗管制员”就是地—空联络环节中至关重要的一环。他们通常使用特制的激光指示器“标定”各类地面目标；各种航空弹药——小到机关炮弹，大到各种当量的灵巧炸弹——将在激光的引导下精确地命中目标。相比较而言，伞降救援人员是一群接受过严酷训练的具备医护人员资质的救援人员，或者也可以用他们自称的“PJ”③来称呼他们。他们的任务是对战伤人员实施急救处置，并在后送途中继续对伤员的伤势进行监控。目前空军特种作战司令只拥有 6 支现役的特种战术中队，每个中队下辖三个由 18 名空军士兵和 2 名空军军官组成的小队。每个小队中“战斗管制员”和“伞降救援人员”各占一半，他们接受过在美国特种作战部队中专业程度最高的训练。

除了军事领域之外，空军特种作战司令部也非常重视在全球范围内执行人道主义以及民事支援任务。作为一支为了在第一时间响应紧急情况而接受过特别训练的部队，通常是出现在灾难现场的第一支军方单位，并且还多次作为“亲善大使”出现在各个欠发达国家以及政治局势欠稳定的国家，他们在人道主义食品援助的运输、难民的疏散，以及实施医疗护理等方面提供了协助，在美国于全球范围内实施的公共关系行动中起到了重要的作用。

组织架构

目前，空军特种作战司令部下辖 6 个现役单位，以及两个后备役单位。

---

① PJ 的起源参见本书第一部第三章“伞降救援人员”一节。——译者注

② 原文无说明，此说明为译者所加。——译者注

③ PJ 为跳伞员（Parachute Jumper）的缩写。——译者注

自越南战争起，AC-130“幽灵”空中炮艇的各种改型在历次局部战争或冲突中皆有出色表现。该机型装备了大量的雷达、电子传感器以及通信设备，具备全天候作战能力。（图片由美国国防部提供）

这些单位的具体情况列举如下①：

美国空军特种作战学校，位于佛罗里达州的赫尔伯特机场(Hurlburt Field)

这一训练机构每年要向7 000名学员传授特种作战理论，并提供其他特种作战技术训练，该校的招生范围包括美国现役军人、某些特定政府机关的雇员，以及来自友好盟国的军官。该校教授的各类课程的具体内容都被官方分类为机密级材料，其范围涵盖了与实施特种作战有关的各个学科，包括但不仅限于当前国际性事件、民事行动、反恐怖作战以及非常规战。

第1特种作战联队，驻地：空军特种作战司令部总部，佛罗里达州赫尔伯特机场

第1特种作战联队（缩写：1st SOW）下辖7个特种作战中队，机型包括AC-130U“幽灵”炮艇机、MC-130E“战斗利爪 II”运输机、HC-130M/P“战斗幽灵”搜救指挥/管制（缩写：SAR C&C）/加油机②和MH-53J“低空铺路”型直升机。该单位的前身是第

① 最新编制请参见本书美国特种部队架构表中的美国空军特种作战司令部组织架构表1～3。——译者注

② 此处为作者笔误，“战斗幽灵”的型号最初为HC-130P，1996年以后变更为MC-130P，以便与其他特种作战飞机的型号相统一。资料来源：“Gallery of USAF Weapons”. Air Force Magazine, Journal of the Air Force Association. May 2008. , p. 145. USAF continues to field 33 HC-130P/HC-130N dedicated CSAR aircraft as part of Air Combat Command。——译者注

16特种作战联队(缩写:16th SOW),它是空军特种作战司令部下辖的各个单位中资格最老、战斗经验最丰富的一支部队。

2011年,该联队接收了第一架MC-130J①,该型机相对于旧型号机载设备更精密,燃油利用率更高。

第352特种作战大队,驻地位于英国皇家空军米登霍尔基地(Royal Air Force Base Mindenhall, UK)

第352特种作战大队(缩写:325th SOG)隶属于驻欧美军特种作战司令部②,该大队下辖的3个特种作战中队装备的机型有MC-130H"战斗利爪II"运输机、HC-130N/P"战斗幽灵"③和MH-53"低空铺路"直升机。隶属于该大队各支单位中,还包括空军突击部队中的精华:第321特种战术中队(缩写:321st STS)。

第353特种作战大队,驻地位于日本冲绳的嘉手纳空军基地(Kadena AFB)

第353特种作战大队(353rd SOG)隶属于驻太平洋美军特种作战司令部④,下辖3个特种作战中队,装备了MC-130E"战斗利爪II"运输机,MC-130P"战斗幽灵",以及MH-53J"低空铺路III"型直升机。

第720特种战术大队,驻地位于佛罗里达州的赫尔伯特机场

第720特种战术大队(缩写:720th SOG)的海外部署范围涵盖了以下地区:美国本土、欧洲以及太平洋地区。大队下辖4个训练精良的特种作战中队⑤,包括精锐的战斗管制分队、战斗气象分队以及伞降救援分队。⑥

第23特种战术中队徽章。(图片由译者提供)

第18飞行试验中队,驻地位于佛罗里达州的赫尔伯特机场

第18飞行试验中队(缩写:18th FTS)的任务是对各种新装备、新技术、新观念以及策略进行评估,赋予该中队的所有任务只为了一个目的——提高空军特种作战司令部下辖各单位的作战效能。因此该中队在进行"联合指挥部项目"时,经常与借调自其他军种

① 第522特种作战中队(缩写:522nd SOS,该中队官方绰号"火球"),于2011年9月末接收了第一架MC-130J"突击队II",该型机将被用来取代MC-130E"战斗利爪II"与MC-130P"战斗幽灵"。——译者注

② 驻欧美军特种作战司令部(缩写:SOCEUR),该司令部位于德国的斯图加特。——译者注

③ 此处疑为笔误或原书排版错误,正确的型号为MC-130P,该型号装备了隶属于第352特种作战大队的第67特种作战中队。——译者注

④ 太平洋美军特种作战司令部,缩写:SOCPAC,位于夏威夷州的H. M. 史密斯兵营,该名称是为了纪念海军陆战队的霍兰·H. 史密斯将军。——译者注

⑤ 此处为作者笔误,实为特种战术中队。——译者注

⑥ 这4个特种战术中队的番号为:第10战斗气象中队、第21特种战术中队、第22特种战术中队及第23特种战术中队。——译者注

的特种作战部队的精锐单位合作。

空军特种作战司令部目前还管辖着两个隶属于空中国民警卫队的特种作战单位：

第193特种作战大队，驻地位于宾夕法尼亚州的哈里斯伯格国际机场（Harrisburg International Airport）

尽管第193特种作战大队（缩写：193rd SOG）属于后备部队建制，却肩负着实施空军特种作战司令部所有的无线电与电视广播任务的重任，该大队装备的EC-130E“突击队独奏”心理战飞机，安装了完成上述任务所必备的各种特种装备，就其本身而言，该大队经常在全球范围内执行心理战任务，并能在必要的时候执行人道主义救援任务。

第919特种作战联队，驻地位于佛罗里达州的杜克机场（Duke Field）

第919特种作战联队（缩写：919th SOW）专长于在昼间与夜间飞行条件下，将搭载的特种作战部队楔入行动区域，该联队装备的各型飞机还装备了各种特种装备，以便在敌对国家领空内进行超低空飞行。隶属该联队的一个单位是第5特种作战中队（缩写：5th SOS），该中队装备了HC-130N/P“战斗阴影”（Combat Shadow）加油机，他

2012年3月7日，佛罗里达州的赫博特空军基地。空军特种作战气象分队的成员在“翡翠武士”演习期间的一次演练中，接受如何自CH-47切诺克直升机上入水的训练。“翡翠武士”演习的主旨是，向各军种的特种作战部队提供在城镇作战以及非常规战想定下遂行作战任务的训练，在实战中当战斗指挥官遭遇相似条件下发生的战斗时，特种部队可以向其提供更有效的支援。（图片由美国国防部提供）

们除了要为各型特种作战飞机实施空中加油之外，还要为地面上的特种作战部队提供再补给支援。

人事与训练

所有隶属空军特种作战司令部的人员，在被接纳为“特种部队大家庭”的一员之前，必须通过例行的空军新兵训练营的课程——当然该课程是不设任何资格或学历限制的。如果要成为空军特种作战部队的飞行人员，除了新兵训练课程之外，还要包括下列三类进阶技术训练：飞行技术训练、导航技术训练和装备维护保养训练。这也从一个侧面反映出了精密而复杂的装备，在特种部队遂行任务的过程中所起到的核心作用。对准候选人的基本要求是：需要具备高于平均水平的飞行与导航技能；具备解决各种突发技术问题的能力；并且要懂得在敌对环境中执行战斗任务时与若干名或一小群陌生人融洽相处的诀窍。

然而假如他们还想要更进一步，在特种战术中队谋得一席之地，准候选人们将要熬过相当艰苦的一段日子，其间的训练量之大、训练课目难度之高，以至于任何语言或任何形式的媒体，都无法表达出他们在训练期间所承受痛苦的万分之一。为了淘汰那些“不受特种部队欢迎的人士”，参训的所有志愿者首先必须忍受酷烈到令人望而生畏的“体能与耐

2012年2月10日，北卡罗来纳州波普空军基地举行的一次联合作战演习期间，一名空军士兵正在进行高海拔离机低海拔开伞跳伞训练。该士兵是一位隶属第21特种战术中队的战斗管制员。（图片由美国国防部提供）

力测试”(缩写:PAST),这一可怕的测试体系旨在逼迫志愿者们首先要达到他们的极限,然后更进一步超越他们的极限。测试的第一个科目是:25 米潜泳——中途不准换气。不能通过这一科目的志愿者将立即被取消受训资格。通过这一轮测试的幸存者们会立即开始下一个科目:1 000 米游泳,时限为 26 分钟。同样,任何试图在中途暂停休息的志愿者将被立即从测试中剔除。随后志愿者们可以得到 30 分钟时间的休息,借以舒缓他们的肌肉。随后就是下一个科目:1.5 英里跑步,时限为 10 分 30 秒;完成后可以得到 10 分钟休息时间。之后志愿者们要完成四组健身体操,每完成一组可以休息 3 分钟。年龄较大的志愿者——例如军官,在参加“体能与耐力测试”之前,首先需要接受一系列的体能强化训练,使他们的体能水平能够达到或者接近较年轻志愿者的同等水平。另外,所有的志愿者必须撰写一份自传,说明他们参加特种作战部队的动机,再附上三封由上级军官出具的推荐信。顺利通过“体能与耐力测试”的幸存者们,将被转移到得克萨斯州的拉克兰空军基地接受“灌输课程”。

受训人员在为期 12 周的伞降救援/战斗管制“灌输课程”中,将在体力与心理两方面受到更高层次的考验。在这里学员们会接受空降训练,以及基础水下爆破技术(缩写:BUDs)训练,结训时他们必须切实掌握上述两项技术,熟练程度要与陆军突击队员或海军“海豹”队员不相上下。在“灌输课程”的最初两周,他们要经受一系列严酷的体能考验,而到了被名不副实地称作“激励周”的第三周,实际上已经完全毫不掩饰要让学员们承受最大痛苦这一目的,在长达 7 天对生理以及心理极限的挑战中,通常都会戏剧性地淘汰掉一个班级中多达 90%的学员,这 7 天期间的训练课程包括:水上信心测验、武器操作测验、射击技能测验,以及在高压氧舱内进行的生理测验。这些严酷的考验其全部意义就在于,反复地确定受训学员在精神以及体格两方面已经具备了符合“最低标准”的忍耐力——并且还有进一步提高的余地。此外,所有的学员还必须在外部压力之下执行一系列复杂的任务,每时每刻他们都处在教官的严密监控之下。只有那些运气“好”到可以坚持到最后的学员,才被允许注册参加专业技术训练课程,这一课程在空军内部通常被称作“管道”。这一阶段中,学员们将在位于佛罗里达州的基伟斯特的美国陆军战斗潜水学校①,熟悉各种水下呼吸器的使用方法,以及潜水作业操作流程。在训练的这一阶段,他们会了解到海军“海豹”部队的战术以及思考方法——有朝一日,他们将会在海外部署中协同作战。潜水练习会在昼间以及夜间环境中进行,而且还包括在水下进出潜艇的练习、水下爆破技术。这一阶段结束后,学员们要向位于佛罗里达彭萨科拉的海军水下逃生(训练)中心报到,参加所谓的“直升机水下脱险训练”。这项训练基本上就是通过一台可以上下翻转的直升机等比例模型,让双眼被蒙住的受训者演练如何在直升机坠海后解脱安全带,并摸索到安全

---

① 此处为作者的误植,空军特种作战人员的受训地点位于佛罗里达州巴拿马城的海军潜水与救捞中心,该设施中专门开设了“空军战斗潜水学校”。——译者注

出口的一整套逃生过程。

学员们在忍受了上述所有的“痛苦”之后，将向位于乔治亚州本宁堡的陆军空降学校(Army Airborne School)报到，经受另一项苛刻的考验——为期三周的基础空降训练。他们在掌握了军用强制开伞跳伞技术之后，将获得代表已取得基础空降资格的银色翼章。然后他们将前往位于北卡罗来纳州布拉格堡的美国陆军军事自由落体跳伞学校，练习自由落体跳伞和高海拔离机—高海拔开伞，①经过上述训练后，他们可以从敌占区领空之外跳伞，通过对伞具的操纵“飘”入距离边境数英里之遥的预定着陆区。实施此类跳伞时必须使用MC-5冲压空气降落伞系统，这种外形呈矩形的降落伞可以使操纵者精确地降落到预定地点。学员们的下一站位于亚利桑那州的尤马族印第安人保留地②，在那里学员们将从不同的海拔高度以及不同的气象条件下进行跳伞练习，最后他们还要携带几百磅重的野战装备实施夜间跳伞。假设学员可以顺利过这一关，他们的下一站就是位于华盛顿州斯波坎市附近的科尔维尔国家森林和昆尼克苏国家森林，第22训练中队将在那里向学员们传授在寒冷气候下，在野外生存所必须掌握的各种技术。整个课程为期3周，其中包括陆地导航、地—空联络信号设置，以及直升机起吊训练。最后一道障碍被称作生存、躲避、抵抗与逃脱训练，旨在教导学员如何在敌后行动中避免被俘的技巧，这也是军官与士兵一同进行的最后一项训练。通过这一轮考验的幸存者们，此时已经接受了总计55周的训练，在参加过毕业典礼后，他们将继续接受进一步的个人战斗专长训练，在最终通过自己选定的特种战术专业训练并成为现役特种战术中队的成员之前，他们还必须付出更多的努力。

有志于成为“战斗管制员”的学员，将前往密西西比州的基斯勒空军基地报到，他们会在那里参加为期15周的“战斗管制员操作课程”，军方的教官会与平民承包商一道向他们传授：基础飞行规则、雷达进场引导程序、(航空)管制技术、航空导航辅助设备应用、气象预报以及任何有助于他们履行其职责的航空管制技术。完成这一阶段的课程后，他们的下一个目的地是位于北卡罗来纳州波普空军基地(Pope AFB)的“战斗管制学校”，在那里他们将在训练中亲身实践如何操作各类通信装备，如何申请火力支援，如何在战斗条件下实施航空管制，还有如何正确地设置一处符合战术标准的着陆场。学员在为期87天的训练周期内，除了要接受上述专业技能训练，还要继续以高标准进行体能训练，科目包括6英里长跑、游泳、背负野战背包进行越野行军以及健身体操。当学员确实掌握了上述的基

---

① 在上面的两个知识点中，作者发生了误植，首先，“军事自由落体跳伞”与“高海拔离机—高海拔开伞”两者是从属关系而非并列关系，军事自由落体跳伞包括高海拔离机—低海拔开伞(缩写：HALO)和高海拔离机—高海拔开伞(缩写：HAHO)。其次，布拉格堡并非“陆军军事自由落体跳伞学校”的所在地。受训学员们首先会在“约翰·F.肯尼迪特种战学校”接受为期一周的地面课程。资料来源：Military Free Fall Parachute Operations". John F. Kennedy Special Warfare Center and School. United States Army. 2008-11-22。——译者注

② 亚利桑那州尤马族印第安人保留地才是“陆军军事自由落体跳伞学校”的所在地，学员们将在此接受为期3周的实地演练。资料来源：“Military Free Fall Parachute Operations". John F. Kennedy Special Warfare Center and School. United States Army. 2008-11-22。——译者注

2013 年 2 月 26 日，日本鸟居航空站外海举行的一次救援训练期间，空军中士内森・沃格尔以及空军一等兵扎克・阿斯马斯正被绞车吊离水面。水上救援训练是美国军方以及日本海岸警卫队和急救部门之间举行的交换训练中的一个组成部分，其目的是强化双方在通讯以及营救作业程序方面的了解，以便应对未来可能发生的航空器遇难事件。两位空军军人都是受训的伞降救援人员并隶属第 320 特种战术中队。（图片来自美国国防部）

本技能之后，他们将前往北卡罗来纳州的麦考尔兵营接受所谓“资格课程”的煎熬。通过该课程，学员们要学会如何正确使用激光指示器来“标定”目标，直到敌人被消灭为止，以及更多的与着陆场的设置相关的技术、技巧。前文中反复提到的“激光指示器”全重 70 磅，正式的名称是“特种作战部队激光标定信标”（缩写：SOFLAM），通过使用这件装备，为空军特种作战司令部提供支援的任何型号的作战飞机，都可以在安全距离之外向目标投放各类“精确制导弹药”，而不会对飞机本身或位于地面的激光标定器操作员的安全构成威胁。只要按正确方法使用，事实上命中率可以达到 100%。学员们在训练的最后阶段，他们要计划并执行一次模拟任务：通过伞降进入演习区域，然后在为期 10 天的演习周期内完成自己所选定的任务。演习结束后，他们必须背着装满各类物资以及“特种作战部队激光标定信标”的背包，徒步返回战斗控制学校复命，之后为了熟悉陆军特种部队的作战方式，他们还要接受陆军突击队训练。完成之后，学员们就将迎来战斗管制员训练的最后一个阶段：在佛罗里达州艾格林空军基地进行的“楔入课程”（缩写：IFC）。这项课程要求学员与“伞降救援人员”一同训练，掌握各自的技能并在所有的航空突击队员之间建立起内在的凝聚力。他们还要搭乘空军特种作战司令部装备的各型飞机与直升机进行演练，熟悉机型以及业务。最后他们要和陆军突击队下辖的作战单位，联合实施一次旨在夺取

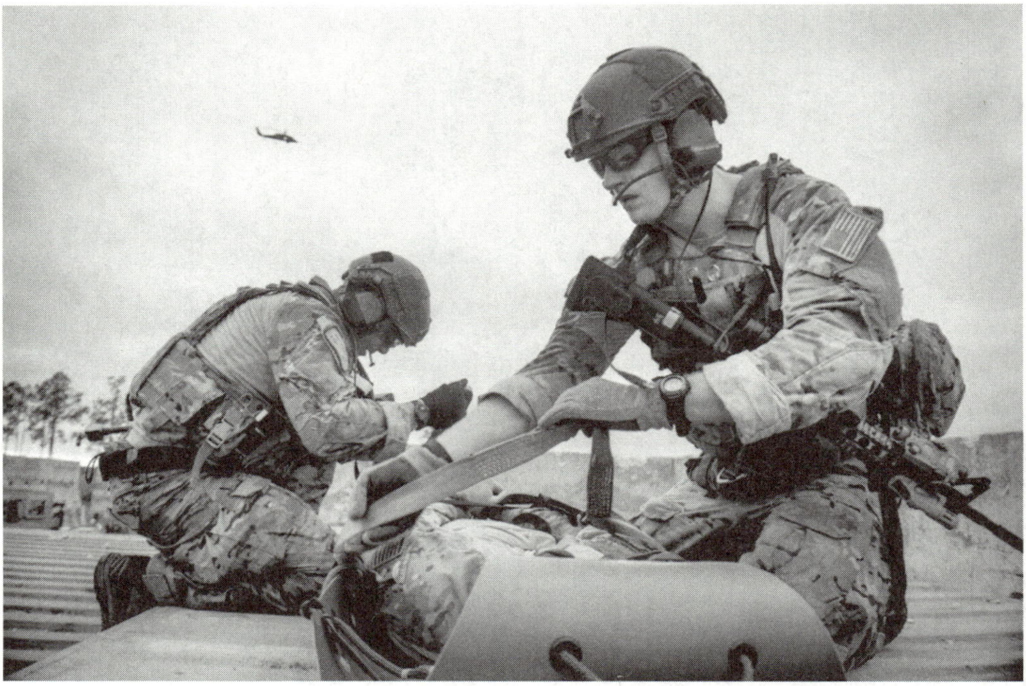

2012 年 12 月 13 日，佛罗里达州的雅芳公园空军靶场举行的一次训练任务中，两名美国空军中士艾瑞克·布拉多克以及莱恩·怀利正在处理一位模拟伤员身上的创伤，并准备对后者实施医疗后送。两名空军中士隶属第 38 救援中队。（图片来自美国国防部）

机场的模拟演习。届时剩下的这些屈指可数的志愿者们才可以得到“特种作战战术航空管制”（Special Operations Tactical Air Control Certification）证书。这也标志着他们已经被世界上最精锐的战斗部队接纳为其中的一员。

志愿成为“伞降救援人员”的学员将在布拉格堡接受难度相仿的严格考验，即所谓的“特种作战战斗医疗课程”。它的目的是在长达 24 周的训练周期内，让学员接受广泛的医疗训练，为了确保学员得到足够的实践，他们还必须在纽约市的急诊室接受 4 周的实习。在那里他们将得到处置各类外伤患者的经验，类型包括刀伤、枪伤、烧伤、（车祸所导致的）外力撞击等，其范围涵盖了在战场上可能遭受到的任何种类的创伤。课程的第一阶段被称作急救医疗专家基础课程，未来的伞降救援人员将借此学会如何在伤员后送途中保持伤情的稳定。之后是长达 17 周的第二阶段训练，将会教授如何实施小型外科手术、药理学、创伤处置，还有其他未被囊括在本章节中的急救处理手段。成功通过这一阶段的学员，将被授予“急救医疗人员”资格，这意味着他们已经通过了经过 AHA① 认可的心肺复苏术训练，以及 NRET② 所认可的基础急救技术训练。然后就是长达 90 天的“伞降救援

① 美国心脏协会。——译者注

② 此处为作者笔误，实为 NREMT，即“国家急救医疗技术注册机构”。——译者注

专业技能恢复课程”，这将在新墨西哥州的基特兰空军基地进行。首先将是地面训练阶段，将教授野外作业技巧、森林行动技巧和生存技术。最终阶段是在附近的佩科斯山区进行为期10天的长途跋涉。在第二阶段也就是医疗训练阶段，会配发给受训者“通用轻量个人负重装备”系统中的背包，这型背包是“绿色贝雷帽”、陆军突击队以及空军战斗管制员的标准装备，当然在此例中，这些背包中装填的将是医疗急救用品。另外，他们还接受如何使用快速回收展开系统的训练，这是一种便携式的液压动力剪钳，可以用来切割飞机机身救出被困在残骸中的机组人员。最后就是空中作战阶段，学员们将熟悉他们在实战中将要搭乘的各种型号的飞机与直升机，从直升机上通过绳索、绳梯、起重吊索以及缘绳下降实施楔入/脱离的技巧。水面跳伞、多种地形跳伞、穿着“恶劣地形跳伞系统”——一套带防护垫的跳伞服——进行硬质地面与林地跳伞训练。受训人员要足以胜任他们未来的工作必须具备相当的能力，有决心的学员都必须能够熟练地实施以下几个科目：救援作战行动、跳伞、急救医疗处置、（航空、地面）导航以及武器使用。并且在每一个单一科目中，都要表现得无懈可击。只有当他们达到了这一程度后才符合了“伞降救援人员”的标准，并将被授予象征着他们与众不同身份的暗红色贝雷帽。

装备

由1956年服役至今的洛克希德公司C-130“大力神”运输机改进而成的各类特种作战飞机，是空军特种作战司令部的主力固定翼飞机。目前最新式的亚改型是AC-130U“幽灵II”，该类炮艇机首次执行火力支援任务还是在越战时期。机载武装包括位于机身前部的GAU-12/U 25毫米加特林机关炮，射界清晰，战斗射速高达1 800发/每分钟，射程为12 000码。它通常被用来对付步兵、小型建筑和轻型车辆，并能够对上述目标造成毁灭性的打击。如果需要摧毁更大型的地面目标，“幽灵”还在机身右舷装备了40毫米“博福斯”机关炮，配备的弹种有高爆弹、燃烧弹以及其他常规弹种。机载武器中威力最大的是M1A1 105毫米加榴炮①，该型号榴弹炮的配套弹种有穿甲弹、白磷弹和燃烧弹。在AC-130U型炮艇机上安装大量武器的一个原因是，与高速喷气式战斗/轰炸机不同，炮艇机相对较慢的航速赋予了它更长的滞空时间，因此就有了更多的时间对目标进行识别，命中率和毁伤率也就相应得到了提高，在夜间任务中上述优点尤其突出。机载的战斗指挥中心内置了大量第一流的传感器以及计算机火控装置，在夜间任务中任何潜在目标都无法逃脱机载特制电视监视器的监视。机上的枪炮手可以通过红外线与雷达探测装置发现隐藏在浓密烟幕下的目标。火控系统可以支持机载武器同时锁定三个不同的目标，并同时将它们摧毁。AC-130U型（以及更早期的AC-130H型）的最高时速300英里，最大航程

① 原文如此，疑为作者误植。根据美国空军于2010年公布的《AC-130H/U炮艇机情况说明书》，“幽灵II”型炮艇机装备的榴弹炮应为M-102型105毫米榴弹炮。——译者注

2 200 英里，最大实用升限 30 000 英尺。因为 AC-130 具备空中受油能力，理论上它的航程是无限的。空军特种作战司令部下辖的以下单位装备了 AC-130 系列炮艇机：第 4 与第 16 特种作战中队，根据公开信息处于战斗待命状态的炮艇机数量为 13 架。尽管这是一种致命的武器，但前提是得到正确的使用，低速飞行的 AC-130 系列对于地面防空火力以及敌军的战斗机而言，属于高价值目标，因此它们主要在夜间执行火力支援任务，并且仅限于威胁程度较低的空域。根据目前得到的公开消息，空军特种作战司令部对将要在未来取代 AC-130 系列的新机种提出的要求是：具备隐形能力以提高生存性，具备发射精确制导导弹的能力，并且不排除装备机载激光武器的可能。

另一种同样重要的变型机是 MC-130H“战斗利爪 II”(Combat Talon II)，经过特殊设计后编制较大的特种作战分队，将在作战行动的秘密楔入—秘密脱离阶段搭乘该型运输机。就其本身而言，它的机舱可以容纳 77 名乘客、57 副担架或者 52 名全副武装的伞兵。与炮艇机改型一样，为了在敌对空域实施低空飞行，“战斗利爪 II”配备了同时代装备中技术水平最高的雷达以及先进的地形匹配系统。机组乘员为了能够胜任夜间飞行以及复杂气象条件下的飞行，还要接受特别训练。MC-130H 还可以装载一枚 BLU-82“滚地球”云爆弹，并通过机尾的装卸跳板投掷，这使它也具备了实施攻势作战行动的能力。该型号的云爆弹主要被用来清除地雷场或为直升机开辟机降场之用，还能够被用来摧毁敌军阵地上的各类人造或天然掩体。另一种重要的亚改型是 MC-130P“战斗幽灵”(Combat Shadow)

2013 年 4 月 10 日，佛罗里达州的维恩黑文。隶属美国空军第 23 特种战术中队的空军士兵正在一次训练期间，练习如何自 MH-47 切诺克直升机上跳入水中。(图片来自美国国防部)

空中加油机。它的设计目标是在夜间为躲避敌军侦测而进行低空编队飞行的特种作战直升机提供空中加油服务。另外，这种型号的飞机还可以将小型橡皮艇以及艇员运载至敌对空域后实施水面伞降。

经过在阿富汗以及伊拉克连番作战的损耗，大幅缩短了 MC-130H 的预期服役寿命，因此第一架 MC-130J 于 2011 年投入使用。它配备了功效更高的新式引擎，在降低了成本以及维护难度的同时，不仅提升了 29％的推力，另外还降低了 15％的油耗。机载航空电子设备经过升级后，机组乘员人数也由旧型号的 4 人削减到了现在的 3 人。机尾的大型装卸跳板也具备了在以 300 英里时速飞行时开启—关闭的能力。除了上述性能上的改进之外，相对旧型号 MC-130J 的造价也便宜了 20％。据透露，其中 16 架将被改造为炮艇机，以取代目前正日益老化的 AC-130 系列。

空军特种作战司令部使用的最新一种 C-130 改型是 EC-130E“平头铆钉/突击队独奏”，该型号仅仅装备了隶属空中国民警卫队的第 193 特种作战大队(缩写：193rd SOG)。就其本质而言，这就是一台具备了调幅/调频、高频/短波以及电视信号广播能力的心理战平台，可以在防空火炮或地—空导弹射程之外，对敌国实施心理战。机上还有各类电子干扰设备，用来混淆或屏蔽敌军的无线电通信。总的来说，“突击队独奏”就是一个具备了飞行能力、将电视以及无线电广播站的功能合二为一的高科技媒体模块。

空军特种作战司令部的标准旋翼机是西科斯基公司的 MH-53 J/M“低空铺路 III”(Pave Low III)型直升机，标准乘员数为 6 人。与所有其他型号的特种作战飞机一样，它的机舱内密布着精密的航电设备，因而具备夜间以及恶劣气象条件下的飞行能力。“低空铺路”的设计目标是使其具备在敌后秘密实施低空远程飞行的能力，用于将特种部队分队渗透或撤离非友好区域。为了这个目的，机上装备了 IDAS/MATT，一种通过彩色显示终端实时显示航线沿途地形的数字化夜视地图设备①，该设备使直升机在进行夜间低空飞行时，可以毫无困难地规避电话线杆这一类危害飞行安全的地面障碍物。②在执行突击任务时，“低空铺路”型直升机的武装为两座 7.62 毫米加特林机枪以及一挺 0.5 英寸机关枪，并还可以运载 38 名士兵。尽管如此，考虑到 MH-53 系列的机件日益老化，它们注定要逐渐为航空科技的最新成果所替换。

空军特种作战司令部最新式的飞机是迥然不同的 CV-22“鱼鹰”式偏转旋翼机，既能像直升机那样垂直起降，又能够像常规飞机那样进行高速飞行。上述功能都是通过安装在翼尖的可偏转引擎室实现的。有若干架早已在阿富汗投入了实战。“鱼鹰”式可以运载 24 名全副武装的士兵，或者 12 具担架，并且可以在满载状态下以 310 英里的时速飞行。

---

① 夜间飞行时地图显示屏可被设置成夜视装备兼容模式。——译者注

② 此处为作者遗漏了对多线程任务先进战术终端(MATT)的描述，根据美国海军信息安全技术援助中心发布的公开信息，多线程任务先进战术终端，是一种可以实时接收经过加密的敌我双方战术态势信息的甚高频接收机。——译者注

2013 年 6 月 21 日，格林兰外海。一架 MC-130H 战斗利爪二型的机组人员，密切监视着该机正在为一架 CV-22B 鱼鹰式实施的空中加油作业。那架鱼鹰式隶属驻扎在英格兰的米尔登霍尔皇家空军基地的第 7 特种作战中队。这架 MC-130H 隶属同一个中队。（图片来自美国国防部）

机组乘员分别为两名飞行员（军官）以及两名飞行机械师，它的飞行性能超越了任何将要被它取代的现役旋翼机。鉴于它在航速以及适航性两方面的优势，特种作战分队已经在某些特定的单日或单夜任务中使用了这种新型飞行器。当然这一型集中了高新技术的飞机造价亦极其高昂，目前的单价为 5 000 万美元，因此截至 2012 年末，预计空军特种作战部队只能采购 32 架。“鱼鹰”符合空军特种作战司令部在 21 世纪对特种作战旋翼机的全部要求，其后续改型的性能提高无疑将以指数方式递增。

已知行动

因为空军特种作战行动的机密性，航空突击队历史上执行的各项任务，其具体的时间、年份以及任务的属性都是鲜为人知的。纵观整个 20 世纪 90 年代，他们曾作为北约部队的一部分，在科索沃和巴尔干半岛协助救援遇难的北约飞行员。自 2001 年 9 月起至 2004 年 11 月，空军特种作战司令部下辖的 20 000 名航空突击队员中，有不少于 8 500 人在全球范围内介入了针对恐怖分子实施的作战行动。毋庸置疑的是，特种战术小队参加了 2001 年 10 月的“持久自由”行动，他们通过引导空袭为当时在阿富汗作战的陆军特种部队下辖的各支阿尔法作战分遣队提供了支援。与他们作战的基地组织成员以及塔利班武装不论是否得到地形地物的遮蔽，基本上都难逃一劫。他们可以引导的战机除了喷气机之外，也包括了攻击直升机，甚至高空飞行的 B-52 型轰炸机。北方联盟部队在所有的敌对武装被轻松扫除后，于 2001 年 12 月接管了国家。特种作战中队下辖的 MC-130H“战斗利爪”以及由 MC-130P“战斗幽灵”实施空中加油的特种作战直升机，还曾经为陆军突击队的多次大规模行动提供过支援。2002 年 3 月，航空突击队员们还参加了发生在阿富汗南部山区的“森蟒”行动。已公开的意外事件有，2001 年 11 月，损失了一架“低空铺路”型直升机；2002 年 6 月，损失了一架“战斗利爪Ⅱ”型运输机，其他人员与飞行器的损失仍然是保密的。无论如何，空军特种作战司令部下辖的各单位正活跃在全球反恐战争的第一线，他们作出的贡献不应该湮没无闻。

第五章

第 1 特种部队作战分遣队——德尔塔(三角洲部队)

自从该部队于 1979 年 11 月 21 日正式成立之后,第 1 特种部队作战分遣队——德尔塔,又名战斗应用大队或者更通俗的“三角洲部队”,一直是美国的主力反恐怖单位。专长在人质劫持事件中,以强悍的武力实施外科手术式的精确打击;另外,他们在执行秘密的侦察与情报收集任务方面,也具备同样高超的能力;针对特定目标以闪电般的速度发动突击队式打击,以及与特种作战行动相关的其他各类任务。以个人观点而言,三角洲部队是肌肉与头脑两者巧妙结合的产物,是由军队中能力最全面的一批志愿者中精选出来的佼佼者,还是只能以“折磨”两字来形容的严酷训练的幸存者。三角洲部队构成了在美国境外打击恐怖组织的前卫,他们的存在有力地捍卫了国家安全、利益。为了履行这一职能,他们与全球各地的其他相关单位保持了紧密的业务联系,例如英国的第 22 特种空降勤务团(22nd SAS)、法国的 GIGN、德国的 GSG-9、以色列的总参谋部侦察营(通俗说法称为 269 部队——原注),以及澳大利亚特种空降勤务团(SASR)。三角洲部队的乘员个个多才多艺,身怀致命绝技,一旦得到当局的授权,他们将以异乎寻常的迅捷行动置敌于死地。

组织

一般情况下,三角洲部队是由美国陆军特种作战司令部所控制,但是有鉴于交付给他们的任务所具备的敏感性质,他们更是处在参谋长联席会议的严密管束之下。因此,与三角洲部队有关的大部分事实:诸如部队的具体编制、兵力规模以及作战行动——不论过去或当前的资料——全部被分类为最高机密材料。关于他们有限的几条信息列举如下:三角洲部队或多或少地仿效了世界上最成功的特种作战部队,英国特种空降勤务团的组织架构,部队的基本战术单位是“军刀中队”(Saber Squadron),整个部队即由 3 个军刀中队,分别命名为 A 中队、B 中队、C 中队构成,每个军刀中队的人数在 75 到 85 人之间,他们有一个专门的名称叫“行动人员”(operator)。每个中队由若干次级战术单位组成,即一支侦察/狙击手分队和两支直接行动/突击分队。这些分队可以按原建制行动,也可以根据需要,在打散后整编为由4到6人组成的小队执行任务。根据三角洲部队成员最近在国会作证时发布的证词显示:第四个"军刀中队"正在组建之中,一旦该中队完成准备,即意味着整个组织在扩编了1/3之后,将更好地履行它们在全球反恐战争中的义务。在人力方面来说,三角洲部队的总人数,据估计在一千人上下,包括军官与各级非委任军官,他们被分配到了具备特定职能的各个分遣队之中,包括:

三角洲部队成员佩戴的"美国陆军特种作战司令部"徽章。(图片由美国陆军无偿提供)

D分遣队——指挥与控制总部(C&C)。

E分遣队——通信、情报以及行政支援。

包括财务、后勤、医疗、调查研究以及与技术相关的其他事务。

F分遣队——武装行动人员的战地行动。

医疗分遣队——驻扎在布拉格堡的一小队医疗专家,必要时他们将与行动人员一起部署到海外。

行动支援组——三角洲部队的情报科,由受过最精良训练的一部分行动人员组成,他们将在展开直接行动任务之前潜入相关国家。因为这是三角洲部队中唯一一个允许女性军人服役的部门,所以它也被戏谑地称为"滑稽排"。

航空中队——一支小规模部队,装备的旋翼机与飞机都安装了特种设备,此外,他们与经常为特种作战部队提供支援的第160特种作战航空团(具备空降作战能力)没有任何隶属关系。该中队的所有人员与装备,仅为由三角洲部队执行的特定任务提供战术空运支援。这些飞机的机身上全部涂装了民用航空组织的记号,以隐蔽其所属部别,并且会根据行动地域的不同,涂装相应的机身注册编号。①

① 该单位实为秘密航空单位"海浪",详情参见第二部第十一章"情报支援行动"。——译者注

人事与训练

三角洲部队是世界各国同类军事组织中排他性最强的“俱乐部”之一，对其成员在体能和心理上的要求，并非简单地用“极端”两字就能形容，它有着古怪的招募方式，其范围涵盖从直接邀请一直到发布毫无虚饰的招募广告，不一而足。事实上，按照相对委婉的说法：与其说是一个人加入了三角洲部队，倒不如说是三角洲部队首先选中了他们。招募标准之严格处于世界一流水平，候选人必须在心理、生理以及领导能力三方面满足三角洲部队的苛刻要求，才能够如愿以偿地成为一名“行动人员”。成功中选的候选人大部分都曾服役于第75突击队团、美国陆军特种部队（绿色贝雷帽），并且本身就是所属部队中的佼佼者，剩下的少数几个名额，则预留给了陆军后备役和国民警卫队单位中鲜见的若干名个人能力极强的士兵。基本上所有的志愿者必须是男性，最低年龄21岁，工资标准达到E-4甚至E-8，服役合同至少还要有两年半才会到期，并且在接受陆军职业资质潜力测试时，必须获得高于平均水平以上的分数。仅仅满足上述条件，志愿者也并不能取得三角洲部队招募人员面试的资格，他们还必须在上级军官出具的推荐信中获得相当正面化的评语。另外，还有相当一部分潜在的学员早已被部队官方甄别为：身怀有益于部队的特别技能，例如具备了语言或机械方面的天赋，等等。三角洲部队的招募人员通常会直接与他们面谈，甚至鼓励他们参加遴选。最后一种方法是，在特定的几份军队内部杂志中刊登招募新成员的广告，有志于此的士兵可以用广告中提供的联系方式与招募人员联络。所有的志愿者都必须接受进一步的审核，以确认他们在参军前无犯罪记录，没有麻醉药品依赖症状，或者曾触犯部队内部纪律。自愿者如果在任何一方面无法达标，将立即取消继续参与遴选的资格。如果志愿者能够守口如瓶，并且在日常生活中保持低调，则能够得到很高的评价。之后，志愿者将接受严酷的生理与体能测试，包括了限时视力测试。每一届遴选的具体学员人数是保密的，但据推测人数上限为100人。

那些通过三角洲部队初步遴选的幸运儿将接受初级阶段的体能训练。所有的项目都严格限定了完成时间，并且毫无讨价还价的余地。科目包括但不限于：在25秒内匍匐通过40码宽的障碍地段，60秒内完成37个仰卧起坐，60秒内完成35个俯卧撑，25秒内完成障碍赛跑，16分钟内完成2英里跑，着全套战斗服完成100米游泳，以及必须在10小时内完成的18英里快速行军。之后得以继续参加下一阶段遴选的志愿者，会被送往位于西弗吉尼亚州或新墨西哥州的营地，以完成40英里快速行军、罗盘导航课程，以及野外生存训练。在这一阶段，学员将背负一个全重60磅——装载了食物、一个罗盘、一张地图的背包，他们会被单独留在树林或沙漠中，并被告知一条特定的行军路线，所有学员必须遵照指示，依次抵达地图上的若干个特定区域。整个快速行军必须在24小时内完成，其间学员不会从教官那里得到任何关于任务进度的提示，甚至是鼓励。完成这一阶段后，接下来的考验也毫无“吸引力”可言：一群三角洲部队老兵将对新人实施长达5小时的严厉审讯——部队内部对此冠以一个美名：“面试”。事实上，相对于强壮的体能，三角洲部队更看重精神上的坚强特质。学员们将要承受密集的拷问,内容涵盖个人问题以及常识性问题,对他们的表现的评价不仅取决于答案的正确与否,更重要的是学员们在极端压力下的自然反应。通过这种方式他们可以对学员作出更好的总体评价,尤其是以下两点:学员在紧张环境下的自控能力;学员在没有外部指示的情况下独立完成任务的能力。当这一阶段的折磨结束之后,只有 10% 的学员还能够留下继续参加遴选,并且他们会马上接受下一阶段的训练。

三角洲部队的行动人员装备精良,并且为了在有人质遭到扣押的情况下,夺取几乎任何种类的目标接受了完善的训练。(图片由美国陆军提供)

在此时,受训人员要面对的是为期 6 周的“行动人员训练课程”,地点设在北卡罗来纳州布拉格堡的特种作战训练设施内。同一个设施内还设有著名的“近距离战斗训练房”(更广为人知的名字是鬼屋),这里进行模拟营救演练,受训人员必须在一堆会从家具背后自动弹出的靶板中辨认出“人质”,同时消灭恐怖分子。进攻演练会重复进行,而且学员每一次都会被指派到不同的位置上,直到他们可以胜任攻击队中的任何一个位置为止。另外他们还要在拟真民航班机上演练反劫机科目。通过上述所有战术演练后,他们将熟练掌握只有细微差别的所有反恐战术与技术。这些基本上可以归纳为三个主要部分。

楔入:因为三角洲部队的“行动人员”的专长是应对在异国发生的针对美国公民的人质劫持事件——而最有可能发生这类事件的地点则是美国驻外使馆机构,因此他们需要在此类事件发生后迅速且不为人知地潜入敌对国家。在先期准备中,对于事发国内部的文化与政治因素都要加以评估,有时这些因素甚至会导致迫在眉睫的直接行动被中途取消。大量的实时情报必须在收集完毕后的第一时间内加以评估,并在行动展开之前将报告提供给实际参战的“行动人员”。

准备:在三角洲部队实施行动前,军事指挥链上下的统属关系必须清晰明确,互有竞争的各政府机关之间,因管辖权方面的矛盾而造成的影响必须加以排除,行动地域之内的当地政府或公务人员同样不具备介入指挥链的权力。当局在具体由哪一个部门或者个人(政府部门负责人)对事件负全责这一问题上,必须尽快取得一致。在解决上述问题的同时,三角洲部队的行动人员会对预定目标实施近距离监视,并将获得的所有情报回报给指挥、管制系统,尤其是与目标设施有关而先前又不甚明朗的那一部分。

执行:三角洲部队的行动人员月复一月地实施训练与准备工作,为的正是这一时刻。针对恐怖分子的直接行动要获得成功,必须大胆地制订计划,敏捷地执行计划,并且其间没有丝毫出错的余地。三角洲部队各级指挥官的日常功课则是如何在最快的速度下，根据在现场进行监视的“行动人员”所获得的情报，制定出一个全面的突击计划；此外该计划必须让每一个在场的“行动人员”，对他们在突袭的每一阶段中个人必须完成的具体任务，有一个直观的了解。与常规部队的思维定式不同，在这里鼓励通过灵活的、非正统的方法解决战术方面的困境。如果一切运作顺利，恐怖分子会被消灭，人质将重获自由，对目标建筑的损毁程度则控制在最低限度之内。

要在敌火下实施精确的机动，需要经过精确的训练，而三角洲部队的行动人员在整个任期内的生活重心，就是反复演练各种专业技术。他们必须精通的专门技术有：如何以正确的方法突入一幢建筑、如何发现并释放被扣押的人质、如何以最快的速度安全撤离该建筑。所以他们必须演练如何从直升机上缘绳下降、如何利用爆破手段使门板脱离铰链（而不危及人质或自身）、如何有效率地对建筑中的恐怖分子实施逐层清理。三角洲部队的行动分队也会直接击毙已经辨明身份的恐怖分子，以降低对人质或行动人员人身安全的威胁程度。开火，快速移动，然后屈膝蹲下再次开火。高效的近距离作战技巧以及先进的自动武器，会给恐怖分子带来双重压力。近距离作战技巧中一种特别有效的射击技术叫作“一瞄双击”——一名受过训练的“行动人员”可以在50英尺的距离内，以极短的间隔向恐怖分子发射两发子弹，弹着点之间的散布小于前额到鼻尖的距离。若干种型号的烟幕弹和震撼手榴弹也得到了广泛使用，用于在战斗中分散恐怖分子的注意力或者在撤退过程中遮断敌方的视线。之后为了能够抵达直升机航程之外的空域，所有的行动人员还要接受训练目标非常苛刻的跳伞训练，其中包括高海拔离机—低海拔开伞跳伞（缩写：HALO），以及高海拔离机—高海拔开伞跳伞（缩写：HAHO）。其他军事技能，例如自给式呼吸器潜水以及小型潜艇的操作，也包括在训练日程之内。经过上述各类技能的交叉训练，才能造就一名可以对各类战术情况适应良好的“行动人员”，他精通各类反恐怖技术，并且具备在各种环境下战胜敌人的能力。要想成功达到这个程度，必须要经过至少两年不间断的训练，并且很多训练课目的细节至今仍然是保密材料——它们的致命性和效率是毋庸置疑的。不论从任何方面来说，三角洲部队就是用现代高科技武装起来的武士（warrior）的具象化体现。

装备

从制服这一方面来说，三角洲部队成员不会在制服上佩带任何表明其所属部别的醒目标记。在常规部队按军队的条令着装的同时，三角洲部队的行动人员们却享有根据被分配到的具体任务，在一个很大的范围内选择适宜的服装和发型的自由。对穿着平民服装这一点如此加以强调，其目的是融入当地人群之中，以避免（他们的）精锐特种作战部队成员的身份遭到识破。在实际行动中，行动人员可以（选择）穿着最新型的凯夫拉护甲，包括头盔与背心。但具体执行作战任务时，穿着何种制服还是完全取决于行动人员的个人判断。他们常用的制式服装通常是绿色或沙色的联身飞行服：重量轻、穿着舒适，并且具备防火阻燃功能。每个行动人员还配发了一具紧密配合耳形的麦克风,以便与整个单位保持紧密联系。除此之外,还有其他特种装备,例如战术电筒、各型手榴弹、无线电设备、各类刀具、急救医疗包等,上述物品加在一起,重量与体积大得惊人,但对于从事该类工作的行动人员来说,每一件都是必不可少的工具。

行动中使用的武器也完全是基于行动人员的个人选择,可供他们选择的武器包括了几乎所有美制武器,以及大部分的外国武器,包括了 M-4 卡宾枪(M-16 步枪的短枪管版)、莫斯伯格自动散弹枪,或者德国制造的赫克勒与科赫 MP-5 冲锋枪。除了精良的武器,"行动人员"也必须精通射击技术,他们可以使用由巴雷特公司或麦克米兰公司生产的 0.5 英寸口径狙击步枪,在令人不可思议的极限射程内杀死敌人。他们也有可能携带著名的俄罗斯制造的"卡拉什尼科夫"AK-47 突击步枪——一种在全球范围内唾手可得的武器。总而言之,凡是性能可靠、能让"行动人员"感到满意的武器,三角洲部队都会采用。

已知行动

鉴于围绕着三角洲部队所建立的极端严密的安全措施,大部分由他们实施的作战行动都隐藏在"接触最高机密材料许可"这道屏障之后。然而我们仍然得以了解到:旨在逮捕索马里军阀穆哈默德·艾迪德(Mohamed Farrah Aidid)以及他的若干名高级幕僚的"哥特蛇"行动期间,他们所扮演的角色。那是在 1993 年 10 月 3 日至 4 日间,三角洲部队的"行动人员"偕第 75 突击队团的突击队员,对摩加迪沙市中心发动了突袭,但是当地面火力击落了两架 MH-60L"黑鹰"直升机后,这一系列灾难终止了此次行动。当时三角洲部队的两名中士盖瑞·I. 戈登(Gary I. Gordon)与兰德尔·舒哈特(Randall Shugart)缘绳下降至其中的一处坠机现场,并击退了一群愤怒的索马里武装暴徒。他们为了拯救"黑鹰"直升机上唯一一名幸存者,一直留在原地战斗,直到他们最后阵亡为止。在此之前,他们已经在这场一边倒的战斗中,让索马里人蒙受了惨重的伤亡。在当天的战斗中,一共有 5 名三角洲部队的"行动人员"阵亡。尽管如此,艾迪德的几名助手仍然在市中心的另一边,被与另一支分队一同行动的"行动人员"逮捕。

三角洲部队显然也参加了在阿富汗的反恐战争——它以代号"持久自由"行动而广为人知。几支由三角洲部队行动人员组成的小队,为了对陆军突击队将要发动的一次作战行动提供支援,而在 2001 年 10 月潜入了该国。那次行动的目的是突袭塔利班精神领袖——穆哈默德·奥马尔的总部。尽管最后并没有抓获行踪不定的奥马尔,突击队员们还是缴获了大批有价值的情报;在行动最后的脱离阶段,有数名三角洲部队的行动人员在与塔利班武装的交火中受伤。在那之后他们执行的任务总体上都是保密的,但是也并非没有例外。2009 年就有消息称,他们当年在阿富汗东部异常活跃:贯穿整个 2009 年,哈卡尼/塔利班网络(Haqqani/Taliban network)遭受了数次重大失败,而这些都是三角洲部队以及海军的精锐"海豹 6 队"的杰作。另外,还有未经证实的消息称,三角洲部队的行动人员在阿富汗—巴基斯坦边境地区，还频繁地实施越境作战行动。

毫不令人意外的是，三角洲部队积极介入了于2003年3月开始展开的“伊拉克自由”行动。根据官方公开的消息，几支由三角洲部队“行动人员”组成的小分队在战争爆发之前，就与隶属中央情报局特别行动部的准军事行动人员一起，对伊拉克实施了渗透。开战之后，他们无疑执行了各种“例行”性质的任务，例如收集情报、通过激光目标指示器引导空袭，以及对伊拉克的通讯设施实施破坏等。2004年4月，三角洲部队的行动人员曾与隶属于海军陆战队的若干个侦察兵和狙击手连实施过联合行动，但是行动的成果如何，至今也没有经过核实的消息公布出来。另外，曾有一些三角洲部队的“行动人员”于2003年7月22日，即萨达姆的两个儿子库赛与乌代被击毙的同一天，出现在摩苏尔(Mosul)。萨达姆·侯赛因本人于2003年12月13日，在他的家乡提克里特(Tikrit)遭到逮捕时，特遣部队中也有三角洲部队“行动人员”的“影子”。根据多方报道，2006年6月7日，“行动人员”们曾在巴库巴市(Baquba)①附近露面，他们成功发现了当时正遭通缉的恐怖组织领导人阿布·穆萨比·扎卡维(Abu Musab al-Zarqawi)②，并成功引导了一次针对他藏身的安全屋展开的空袭并将其击毙。可以假定的是，虽然美军正在逐渐自伊拉克撤军，但是三角洲部队仍然会与英国以及澳大利亚特种部队③一道驻留在当地，开展针对恐怖分子及其同情者的秘密作战行动。

① 巴库巴市，位于巴格达市东北部。——译者注

② 阿布·穆萨比·扎卡维，出生于约旦。——译者注

③ 指英国的第22特种空降勤务团(22nd SAS)与澳大利亚特种空降勤务团(S.A.S.R)。——译者注

第六章

美国陆军特种部队(绿色贝雷帽)

官方座右铭:*De Oppresso Liber*(拉丁语,解放被压迫者)

美国陆军特种部队“绿色贝雷帽”,是军事历史上少数几支富有传奇色彩的部队之一。该部自 1952 年组建之后,在他们这些非常规战的卓越典范的努力下,美国安然度过了全球范围内发生的各种威胁到国家安全的事件。就陆军特种部队本身而言,他们直属美国特种作战司令部(SOCOM),所以通常是独立于他们所在战区的战区美军总司令的指挥体系。有可能交付给他们的任务包括了下列几种类别:游击队作战、友好国家内部防卫、特种侦察、直接行动形式的突击行动、人质解救以及反恐怖作战。为了能够完成上述任务,绿色贝雷帽是绝无仅有的一个,为了能够向由(驻在国)当地人组成的(准军事)部队或外国军队实施军事技术指导,而在语言、文化以及训练技巧三方面接受大量专门训练的美国特种作战单位。因其具备的灵活性和适应性,他们除了在执行纯军事性质的任务之外,还可以在全球范围内执行以下任务:维持和平任务、人道主义救援行动、追捕(恐怖分子)以及反毒品走私行动。他们独特的训练方式为他们实施民事行动做了充足准备,帮助当地人通过自己的努力摆脱所面临的困难。绿色贝雷帽在任务前实施密集准备工作的行动,在其他秘密(行动)单位中也得到了高度评价,中央情报局下属的特别行动部作为高度保密机构,从“绿色贝雷帽”中招募士兵已是屡见不鲜的事情。

尽管绿色贝雷帽作为能力出众的战士,在执行直接行动任务时可以和陆军突击队一样优秀,或者在执行人质救援任务时像三角洲部队的“行动人员”那样,表现出高度专业素养,但是他们最擅长的还是深入敌后,依靠他们对外国文化的了解,与当地部队进行紧密的合作。为此当他们部署到驻在国时,通常都不按照美国军队的正规条令穿着全套制服,而是在总体上与当地人的穿着习惯保持一致。他们如此小心谨慎地设法融入到当地人之中,除了可以使他们在外貌上更不易与当地人区分之外,也有助于双方在文化和社群两方面更容易互相接纳。“绿色贝雷帽”们的上述特质,可以直接追溯到他们的前辈:(第二次

美国陆军特种部队徽章。(图片由美国陆军无偿提供)

世界大战期间)在西欧行动的战略情报局(“杰德堡”)分队，在缅甸行动的(战略情报局)101分遣队以及在西南太平洋地区行动的(隶属于第六集团军的)阿拉莫侦察兵。简而言之，他们身处世界上能力最强，并且作战效率最出众的特种作战单位的行列之中。

组织架构

当前，美国陆军特种部队下辖了5个现役的大队，以及隶属于国民警卫队的两个大队。每个大队在绿色贝雷帽内部都是独一无二的，他们被指定负责世界上的一块特定地域，并要进一步掌握在该地区占支配地位的各个民族在语言(方言)以及文化方面最细微的差别。每个特种部队大队目前下辖3个营，但根据美国陆军特种作战司令部的授权，自2012年起每个大队可以扩编至4个营的规模。部署在世界各地的“绿色贝雷帽”总计达一万人左右，平均每个大队有一千两百名以上的士兵。他们的组织架构如下：

特种部队第1大队

驻地：华盛顿州路易斯—麦考德联合基地(Joint Base Lewis-McCord)①

特种部队第1大队承担了整个太平洋地区的防务，该大队下辖的3个营，以前进部署的方式进驻冲绳的鸟居基地(Torii Station)。其中两个营目前以6个月为一个周期，轮流作为驻阿拉伯半岛联军特种作战特遣队(缩写：CJSOTF-AP)②的一部分部署到伊拉克，或是作为驻阿富汗联军特种作战特遣队(缩写：CJSOTF-A)③的一部分被

① 疑为印刷错误，正确的拼写为“Lewis-McChord”。该基地包括美国陆军的刘易斯堡(Fort Lewis)和美国空军的麦考德空军基地(McChord AFB)，上述两个基地在2010年根据国防部基地调整与关闭委员会的命令，合并为一个联合基地，是美军在洛基山脉以西最大的部队训练与动员设施。——译者注

② 驻阿拉伯半岛联军特种作战特遣队，部署在伊拉克的执行非保密性质任务的特种作战特遣部队，直接服从于中央特种作战司令部(SOCCENT)的指挥。进驻伊拉克的另一支特种作战特遣部队，其代号为“特遣部队77”，下辖了三个次级特遣部队：北部特遣部队，隶属第75突击队团的某营，驻地位于伊拉克北部未知地区；西部特遣部队，隶属海军特种作战发展大队的某中队，驻地位于伊拉克西部未知地区；中部特遣部队，隶属第1特种部队作战分遣队——德尔塔的某中队，驻地位于代号“蝰蛇”的后勤支援地域。——译者注

③ 驻阿富汗联军特种作战特遣队，根据公开消息，该特遣队下辖了特种部队第3、第7、第19大队等单位。——译者注

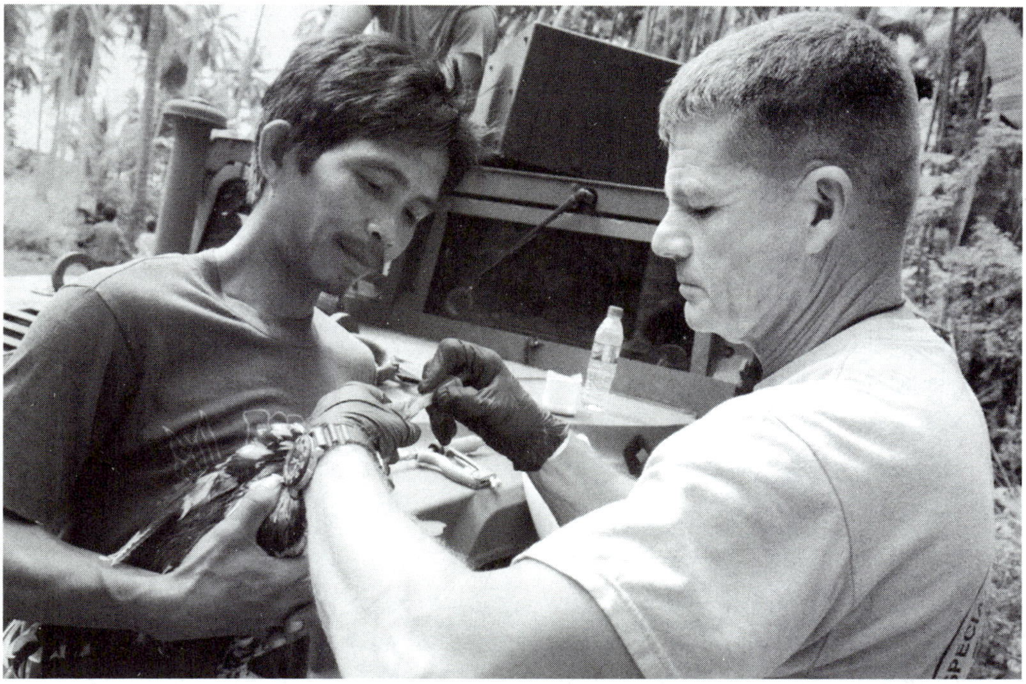

2010年1月7日，菲律宾的苏禄。驻菲律宾多军种特种作战特遣部队的老兵，美国陆军中校史蒂芬·戈德尔·史密斯在一次旨在向当地人及其家畜提供医疗援助的民事行动期间，正在向一只鸡注射驱虫药物。在该项目实施期间，他们向超过130名病人以及31只动物提供了医疗服务。(图片来自美国国防部)

部署到阿富汗。另外，还有一个营，会作为驻菲律宾联军特种作战特遣队(缩写：CJSOTF-Philippines)[①]的一部分部署到菲律宾。除了上述3支特遣队之外，他们还要服从太平洋司令部的调遣。

特种部队第3大队

驻地：北卡罗来纳州布拉格堡

特种部队第3大队承担着撒哈拉沙漠以南非洲地区(不包括“东非之角”)的防务，目前该大队下辖的两个营轮流作为驻阿富汗联军特种作战特遣队的一部分，实施海外部署。该大队服从中央司令部(缩写：CENTCOM)的命令。

特种部队第5大队

驻地：肯塔基州坎贝尔堡(Fort Campbell)

特种部队第5大队的责任区包括了中东、中亚以及非洲之角地区。该大队的两个营目前正轮流作为驻阿拉伯半岛联军特种作战特遣队的一部分，部署到伊拉克，与特种部队第3大队一样，他们也隶属中央司令部。

---

① 驻菲律宾联军特种作战特遣队，成立于2002年2月，该特遣队与菲律宾军队合作在该国南部展开针对当地反政府组织的非常规战。——译者注

特种部队第7大队

驻地:佛罗里达州艾格林空军基地

特种部队第7大队的责任区涵盖中美洲、南美洲以及加勒比海地区。尽管如此，它的两个营还是作为驻阿富汗联军特种作战特遣队的一部分,以6个月为一个周期,轮流部署到阿富汗。他们隶属南方司令部。

特种部队第10大队

驻地:科罗拉多州卡森堡(Fort Carson)

特种部队第10大队下辖4个营,其中3个被前进部署到了德国的伯布林根(Boeblingen),由他们负责防务的地区与国家,包括中欧与东欧地区、巴尔干地区、土耳其、以色列、黎巴嫩以及北非地区。目前这3个营中有两个会作为驻阿拉伯半岛联军特种作战特遣队的一部分,被轮流部署到伊拉克。这个大队在名义上隶属欧洲司令部(缩写:EUCOM)。

特种部队第19大队

驻地:犹他州德雷珀(Draper)

特种部队第19大队下辖的各个国民警卫队连(特种部队),分别驻扎在华盛顿州、西弗吉尼亚州、罗德岛州、科罗拉多州、加利福尼亚州以及得克萨斯州。他们分别负责在西南亚地区为第5大队提供支援,以及在东南亚地区为第1大队提供支援。

特种部队第20大队

驻地:阿拉巴马州伯明翰(Birmingham)

特种部队第20大队下辖的3个国民警卫队营分别驻扎在阿拉巴马州、密西西比州和佛罗里达州,另外还有若干个国民警卫队连驻扎在北卡罗来纳州、伊利诺伊州、肯塔基州以及马里兰州。它的责任区域涵盖了拉丁美洲地区、加勒比海地区以及大西洋西南沿岸地区,共23个国家,由他们与特种部队第7大队共同负责。

每个营下辖的次级单位是连,特种部队连级单位的组织架构反映了该连独一无二的作战专业领域,以及相应的专业训练方式。特种部队的一个营包含了4个连,分别是A连(Alpha)、B连(Bravo)、C连(Charlie)以及营部/支援连,每一个连都要承担起独有的职能。连级单位下辖的次级战术单位是作战分遣队阿尔法,它们通常被简称作A队,每一个连下辖了至少六个A队。每个A队都必须掌握一种特定的渗透方式或者是军事技能,其中包括高海拔离机—低海拔开伞跳伞(缩写:HALO)、山岳地带战斗、战斗潜水、城市战斗以及近海作战。每一支A队由12人组成,2名军官以及10名军士。每一名成员都接受了包含多项专业科目的交叉训练:作战、情报、武器、工程、医疗以及通讯。在特定的任务中,一支A队可以一分为二,每一支6人分队接受过的交叉训练,在科目和技术水平上都是完全一致的。比A队高一级的战术单位是作战分遣队布拉沃,即“B队”,这是一个由11至13名士兵组成的指挥组。这个编制同样具备实施作战行动的能力,但是它的正确用法还是在驻地或战地,为各个A队提供支持。一支B队通常有1名少校以及若干名资深军士维持其日常运作,因为该单位的支援部队属性,因此编制内并没有接受过武器操作或军事工程专业训练的非委任军官(缩写:NCO,即军士)。最后是相当于营一级单位的作战分遣队查理,又名"C队",它是作为每个营所下辖的三个连的"营部"。它的职能是在大部分战地作战行动中,为各个连提供至关重要的计划、训练、通信以及后勤支援。总管C队的是1名中校军官,辅佐该中校工作的军士长①同时也兼任了该营的资深军士。

招募与训练

鉴于"绿色贝雷帽"所担负的敏感任务之一就是实施非常规战,正如其名字所显示的那样:需要绿色贝雷帽们在敌后展开长期行动,在文化迥异的外国人中按一定的标准招募受训人员,并对他们进行军事训练,这一切都是相当艰难的工作。因此,绿色贝雷帽仅仅招募有经验、服役纪录优秀的士兵,大部分是中士军衔的军士或是上尉军衔的军官,另外对于已经列入提升名单的下士和中尉,也可以根据他们的能力以及加入特种部队的意愿是否强烈,酌情考虑。优秀的身体条件是获得参加遴选资格的主要条件之一,"绿色贝雷帽"需要的人员必须具备极强的体力和耐力,但是最重要的还是必须具备超过平均水平的智力。

简而言之,理想的绿色贝雷帽学员意志必须坚强,并且要尽可能习惯艰苦的体力工作。而且希望戴上那顶贝雷帽的准学员,除了需要通过外语技能测试之外,还必须具备以下各个方面的天赋:(在驻在国的当地人之间)开展个人外交、(对盟国军队或准军事部队实施)军事训练、(轻型/重型)武器操纵,以及在对人群实施指挥时表现出适度的果断。这对任何(处于平均水平的)个人而言已经是"高得离谱"的要求,并且绿色贝雷帽的遴选程序的设计不仅仅是用来淘汰弱者,甚至对于那些兼具了天赋与强壮身体的准受训人员而言,也需要超越自己的(身心)极限水平,才有通过遴选的可能。整个程序的标准严格到如下程度:在所有的准受训人员中,只有大概5%可以获得参加下一步训练的资格。

打算加入"绿色贝雷帽"的志愿者,首先必须通过最初级的"特种部队选拔与评估"(缩写:SFSA)程序,整个评估程序的周期长达24天,其间他们要接连不断地接受一系列的心理与体能方面的测试。一般来说,招募人员都青睐较年长并富有经验的士兵,通常都是军龄较长的上尉军官和中士或中士以上军衔的军士,偶尔也会包括一些已被列入晋升名单的中尉。对于那些尚未考取基础空降资格的准学员,他们必须先前往位于乔治亚州本宁堡的美国陆军空降学校受训,以便获得他们的银质翼章。某些具备特定少数民族背景或外貌的士兵,也是招募人员着力寻找的目标,因为他们更容易与驻在国的原住民融为一体。出于同样的原因,语言技能也是挑选学员的重要考虑因素,外国语言说得越纯正,该

① 该军士长的工资等级为E-9,职务为指挥军士长。——译者注

学员对特种部队的价值就越高。

最后，学员们必须表现出高水平的沟通技能和相应的教学能力，因为向驻在国的当地人群提供军事技术训练是美国陆军特种部队的核心任务。

学员们需要通过的第一道障碍是折磨人的特种部队选拔与评估程序，包含障碍场地训练、行军、长跑、定向以及野外作业演练，针对各类突发情况展开反应的一系列演习等。这些练习不仅于学员有益，而且也可以淘汰掉那些在体能与心理两方面能力欠佳的学员，退训与否完全取决于受训人员的自由意志，并且不会在退训者的服役纪录中留下任何污点。按照规定学员必须通过的严厉考验，包括剥夺睡眠、减少食物摄入量、无休止地接受生理心理两方面的挑战，所有学员必须通过上述三项考验才能够升入下一阶段的训练。淘汰率自然是极高的，在 24 天的训练周期内，即便一期 300 名学员中，哪怕有一半遭到退训，也是屡见不鲜的。

自特种部队选拔与评估程序幸存后，学员们也只是要开始接受另一轮更严酷的考验而已；现在他要面对的是折磨人的“资格课程”，更为常用的简称是 Q 课程。这一课程划分为三个部分，在熬过这一段噩梦之后，根据预期只会剩下 3%的“幸存”受训人员。课程的第一阶段分别在麦考尔兵营和布拉格堡的“尼克·罗上校训练设施”①内进行。它包括训练周期为 21 天的野外作业/陆地导航练习，配发给每个受训人员的装备只有一个罗盘、一张地图以及一个量角器。随着项目的进行，学员们必须掌握如何实施伏击、侦察以及其他军事技术。当第一阶段在课程的第 39 天结束时，学员已经学会了如何以 12 人小分队的编制实施军事行动，并已经在执行若干次模拟任务的过程中积累了经验。

资格课程的第二阶段开始后，接受训练的每一名士兵必须选择一种军事专长，并在大批训练设施中，接受为期 6 个月至一年不等的训练课程。专业课程涵盖了军官训练、武器训练、医疗训练、工程技术训练、通讯训练以及作战/情报训练。上述所有课程的要求都是苛刻的，而课程安排则是环环相扣的，准学员如果在这一阶段不能通过第一次测试，还能够得到一次回锅的机会，假如第二次仍未能够通过，则该学员必须返回原单位。

第三阶段不仅在整个“资格”课程中要求最严格，并且还是科目设置最倾向于战术教育的一个部分。军官学员必须掌握如何收集貌似差别甚微的与地形和目标有关的战场情报，同时军士级的学员则必须学会与作战计划相关的一切知识。另外，各级学员还要强制接受跳伞与直升机降技术的复习，以及额外的与其他文化圈的国民交流的训练和武器操作教练。并且后者是必修课程，学员必须精通几乎所有由美国兵工厂生产的武器，以及在世界各地大量列装的其他外国武器的使用方法，在这一阶段的第 16 至第 22 天，学员们将

① 尼克·罗上校，即詹姆斯·尼古拉斯·罗（1938—1989），西点军校 1960 届毕业生，1963 年前往越南参战。他是越南战争时期自越军战俘营成功逃脱的仅有的 34 名美国军人之一。詹姆斯·罗上校在 20 世纪 80 年代，根据自己的实战经验，编写出了美国军方沿用至今的生存、躲避、抵抗、逃脱训练课程。——译者注

开始准备接受最终的考核,它包括了模拟演练和笔试,都必须独立完成。

资格课程的意义和企图的外在体现,在每年举办四次被称作"圣人罗宾"的野外演习期间达到了顶点。演习周期为两个星期,针对可能在实际的特种作战行动中遭遇到的任何一种情景,进行实地模拟演练。就其本身而言,它以一种审慎的方式挑战参训人员的能力,迫使他们达到甚至超越自身的极限。参演人员还包括上百名特种部队的教官、国民警卫队员以及后备役军人等,甚至还请来了居住在北卡罗来纳州厄沃尔森林附近的当地居民扮演(假想敌国的)"原住民"。

学员的目标是,渗入一个被称作"松林地"(Pineland)的假想国家,与当地一支(对演习设定中的占领军)心怀不满的半匪帮、半游击队性质的武装组织(由陆军后备役军人扮演)建立联系,然后将他们争取过来(为美军提供协助、支援)。之后,双方必须互相配合,共同制订战术性任务的计划并付诸实施,与此同时,他们还会受到由陆军后备役军人所扮演的假想敌部队的追击。

在整个演习过程中,参训学员组成的各个模拟 A 队必须通过无线电联络从空军以及陆军航空兵部队多次获得空投补给,在这个过程中,他们既不能将自身的位置暴露给敌军,同样也不能让游击队发现空投场的所在。尽管他们是学员们事实上的盟友,但他们也是最有可能替学员队招来麻烦的危险因素之一。所以,绿色贝雷帽的全部技能以及专业知识,必须在接近战时环境的条件下,按照对失败"零容忍"的标准反复接受检验。任何在这一阶段没有达到合格标准的学员,他在过去一年中付出的所有努力,将在一夕之间付诸东流。对于那些足够"幸运"可以通过这一阶段的学员而言,他们则会在麦考尔兵营举办的毕业典礼上,被授予陆军特种部队标志性的识别标志:绿色贝雷帽。

参加过毕业典礼,并不意味着学员可以在之后的训练课程期间得到片刻的松懈,对于这些新晋的特种部队士兵来说,他们将调回布拉格堡,开始学习额外的外国语言课程以及紧张的躲避与逃脱课程。这两项训练结束后,他们将前往亚利桑那州的尤马族印第安保留地接受军事自由落体跳伞(Military Free-Fall)课程①,各军种的特种部队都是在那里接受更进一步的跳伞技术训练。只有在通过了这一阶段的训练之后,他们才会被分配到活跃在前线的各支 A 队之中——他们的足迹遍布全世界各个大洲。

装备

美国军队各个军种所装备的、种类繁多的各类型武器,几乎全部可以在绿色贝雷帽的

① 受训人员首先在布拉格堡的"约翰·F. 肯尼迪特种战学校"接受为期 1 周的地面课程。然后前往位于尤马族印第安人保留地的"陆军军事自由落体跳伞学校"接受为期 3 周的实地演练。资料来源:"Military Free Fall Parachute Operations". John F. Kennedy Special Warfare Center and School. United States Army. 2008-11-22。——译者注

军火库中得见其踪影，甚至还有外国军队使用的各种同类武器。其中最特别的一件装备是地面机动车辆(GMV)，它是一种大量改装过的陆军标准高机动性多用途车辆，即俗称的“悍马”车。该型车辆通常被应用于远程沙漠任务，对车辆进行的改装包括：换装更好的悬挂系统、马力更强的引擎、一个敞开式的货舱、用来容纳额外的饮用水、燃料以及完成任务必需的其他装备。车顶的环形武器架可以安装一套“陶”式反坦克导弹系统，或者一挺0.5口径的M-2型机枪，或一挺马克19型40毫米自动榴弹发射器。一辆GMV的额定乘员为3人，运载一个A队需要4辆地面机动车辆。这些坚固的多功能车辆因其速度、续航力以及灵活性，非常适应执行沙漠任务的需要。

已知行动

冷战自1991年结束后，绿色贝雷帽开始越来越多地在世界各地，介入各类作战行动。但鉴于他们的任务被分类为最高机密材料，以及特种部队所固有的低姿态作风，关于他们的信息中只有很少的一部分得以公开。这些行动的范围囊括了：在海地进行的民事行动、在波斯尼亚和科索沃地区追捕战争罪犯等不一而足。然而，他们最重要的行动发生在2001年10月“持久自由”行动的最初阶段，几支A队以及隶属特别行动部的中央情报局准军事行动人员，从乌兹别克斯坦起飞，秘密进入了阿富汗境内，并与反塔利班的北方联盟取得了联系。其中最著名的一支分队是A队555，他们在2001年10月19日渗入了喀布尔北部的巴格拉姆(Bagram)，其任务是与巴巴·简①(Abdul Wahid Baba Jan)将军取得联系。顺利着陆后，他们立即开始适应当地最普遍使用的交通工具——马匹，为此他们甚至向上级提出申请，要求提供关于骑兵乘骑作战的旧战地手册。之后，这些以中世纪方法实施战场机动的“绿色贝雷帽”，在训练有素的美国空军战斗管制员的支援下，通过他们携带的先进观瞄装备，精确地指引了针对塔利班与基地组织战斗人员的空袭。2001年11月9日至10日间，在攻克马扎里—沙里夫市(Mazar-i-Sharif)的战斗中，他们的表现尤其值得称道，(联军空中力量)在他们的引导下实施了战争期间规模最大的空袭。然而在11月25日至28日期间，于该市附近发生的一次监狱暴动中，一枚发生故障的炸弹误伤了5名特种部队的士兵②。2001年12月5日，悲剧再次发生，3名“绿色贝雷帽”和5名阿富汗北方联盟士兵，被由高空飞行的B-52轰炸机投下的炸弹炸死。这两次事件再次证明了与当地士兵密切合作，遂行非常规战是非常危险的。尽管如此，A队555仍然在他们展开海外部署的25天后，进入了当时已获得解放的喀布尔市(Kabul)，作为第一支入城的特种部队A

---

① 阿布杜·瓦希迪·巴巴·简，塔吉克族，出生于阿富汗的帕尔旺省。2001年时由他指挥的北方联盟部队人数在两千人左右。——译者注

② 即恰拉江监狱暴动，该次暴动在8名英国特种部队战士和次日赶到的美国特种部队，以及行动最后一天赶到的第10山地师士兵的反击下宣告失败。详情参见第二部的第十四章“特别行动部(中央情报局)”。——译者注

队,他们享受到了莫大的荣誉。他们入城后的第一个任务是“收复”美国大使馆,它在被遗弃了很长一段时间后,终于重新“开张”。对于“绿色贝雷帽”后来的行动,我们所知甚少,但是在2010年8月4日,一支总兵力估计在45人左右的塔利班部队,在阿富汗南部伏击了隶属特种部队第3大队的A队31216①,隶属这支A队的2名军士当时正与阿富汗突击队员实施一次联合行动。当A队的军士长受伤后,通讯军士查德·E.劳森(Chad E. Lawson)上士冒着敌人的重机枪以及火箭弹织成的火网,冲到军士长身边为其实施了急救,并通过此举最终挽救了后者的生命。之后,劳森上士又将当时正四散隐蔽的阿富汗突击队员们重新集结起来,组织防御,成功坚持到了直升机抵达并完成伤员后送作业为止。2011年2月14日,这位反应迅速的军士被授予了银星勋章——美国军队中第三位高的荣誉。时任驻阿富汗美军总司令的戴维·彼得雷乌斯(David Petraeus)中将②主持了他的授勋仪式。然而在2011年5月29日,又有3名“绿色贝雷帽”在瓦尔达克省(Wardak Province)被杀,当时他们乘坐的车辆触发了一枚隐藏在路边的简易爆炸装置(IED),这次事件再次说明了在世界上的任何一片区域作战时,所面临的危险致命且不可预料。

在过去的8年里,绿色贝雷帽像当地人一样,衣衫褴褛、留着大胡子、用围巾包裹着长发,在阿富汗全境执行了各类高度机密的任务。

典型的任务形态是:与部落长老见面以赢得对方的尊敬与信任、为平民提供治疗、在急需人道主义救援的地区居中协调等,以此在感情和思想两方面将当地人争取过来。要想在阿富汗这样一个多民族多语言③的国家里向政府军提供军事训练,对任何国家的军队都无疑是一场噩梦,也只有“绿色贝雷帽”可以胜任这一任务。许多阿富汗人愿意作为辅助部队与联军一起,在战场上对抗恐怖分子,这正是绿色贝雷帽的工作卓有成效的体现。他们服务的重要性也体现在对驻地附近地形以及塔利班同情者的情况了如指掌。“绿色贝雷帽”还对叛乱分子发动了另外一种形式的“小型战争”,对后者的补给车队以及鸦片运输车队实施伏击,翦除后者的庇护所网络,或者付诸任何一种可以将战火烧到塔利班/叛乱分子控制区域的方法——不论他们藏匿于边境线这一边的阿富汗或那一边的巴基斯坦。

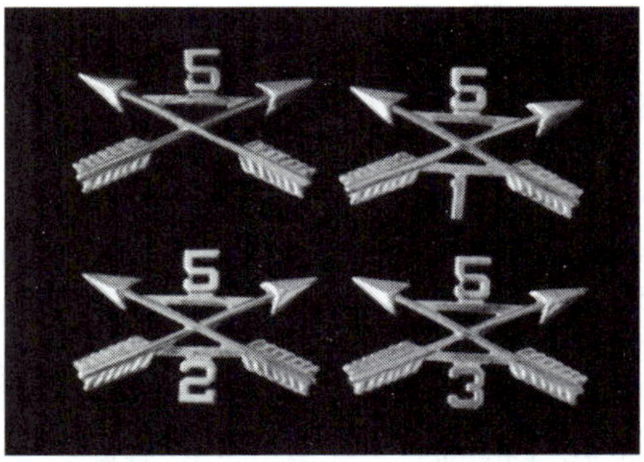

陆军特种部队第5大队军官领章,左上起按顺时针方向依次为大队总部以及第1、3、2营。(图片由译者提供)

① 此处应该为作者笔误或原书印刷错误,根据参加这次战斗的“绿色贝雷帽”上士查德·E.劳森的银星勋章授勋证书,这支A队的正确番号为A队3116,隶属特种部队第3大队1营阿尔法连。——译者注

② 戴维·彼得雷乌斯中将,当时也担任“国际安全援助部队”(ISAF)司令。——译者注

③ 阿富汗的官方语言为普什图语与达里语,使用人口较多的其他语言还有乌尔都语、波斯语、乌兹别克语、土库曼语以及俾路支语。——译者注

另外，绿色贝雷帽在旨在推翻独裁者萨达姆·侯赛因的“伊拉克自由”行动的最初阶段，也有活跃的表现。事实上，有各军种特种作战部队参加的“眼镜蛇Ⅱ”行动（Operation Cobra Ⅱ）是历史上规模最大的，一次完全由秘密部队实施的作战行动，参战人数超过了1944 年 6 月 6 日投入诺曼底登陆的联军特种部队的兵力总和。早在战争于 2003 年 3 月 20 日爆发之前，A 队 551（隶属特种部队第 5 大队，2 营——原注）就在丹·鲁尼恩（Dan Runyon）上尉的领导下，在战略隘口卡尔巴拉（Karbala）附近，占领了一个位于伊拉克境内纵深地带前进侦察基地——距离边境 350 英里、距离首都巴格达则仅有 50 英里。另外，该地毗邻伊拉克共和国卫队的精锐麦地那师的驻地——当地的环境对于那些只装备了轻武器的特种部队士兵是极其危险的。他们的任务是观察并汇报敌军在这一咽喉要地的军事运输情况，尤其要注意的是伊拉克军队是否部署了化学武器。综上所述，这是一项艰巨的任务，但是在 2003 年 3 月 21 日至 22 日晚间，A 队 551 以及他们的三辆地面机动车辆仍然搭乘直升机，从科威特起飞，在未被伊拉克军队侦测到的情况下，尽可能抵达了接近卡尔巴拉的地点。他们在沙漠中连夜前进到天亮，然后设置一个隐蔽所，以便在白天进行休整，随后乘着下一个夜晚继续前进，直到他们抵达了位于密尔湖[1]附近的一条干河床为止。该处的地形既能为他们提供掩蔽，也方便他们（在必要情况下）进行转移与实施观察。

在 3 月 23 日至 30 日之间，A 队 551 随着美国第 5 军开始向（伊拉克）南部推进开始在卡尔巴拉隘口周边地区频繁活动。他们有选择地指引了对重要目标的空袭，但也并没有频繁到足以引发伊拉克军队疑窦的程度。他们的任务于 3 月 30 日结束，有鉴于该地区对直升机低空飞行仍然过于危险，因此决定通过陆路撤离。这支 A 队在撤退途中小心地穿过了一片由伊拉克军队敷设的雷场，最终他们与第 3 步兵师（机械化步兵师——原注）的先头部队顺利汇合。因为指挥这支 A 队无畏地完成了此次危险的任务，丹·鲁尼恩上尉被提升为少校。这一接近完美的任务也作为“无瑕疵的任务”，在特种部队圈子中获得了交口称赞。

在“伊拉克自由”行动的策划期间，美军战略家们坚持要让第 4 机械化步兵师以土耳其为基地，向伊拉克北部地区发动进攻。但是在最后一分钟关头，土耳其议会经过投票收回了对上述作战构想的支持。美国人转而决定在伊拉克北部发动一次仅由特种部队实施的作战行动。为此成立了北方联合特种作战特遣部队（缩写：JSOTF-N），这支特遣部队下辖第 173 空降旅（官方绰号“天兵”），特种部队第 10 大队的两个营，以及特种部队第 3 大队的第 3 营，他们的任务是牵制部署在伊拉克北部的 20 个伊拉克师，以免他们妨碍到联军在南部发动的攻势。由 A 队 391、A 队 392 以及 044 组成的维京人特遣队（Task Force Viking），承担了这一使命的关键性任务：与当地的库尔德人游击队（peshmerga，库尔德语，直译为：直面死亡的人）合作，库尔德人作为山地战士一贯享有盛誉，并且乐于与美国特种部

① 密尔湖位于卡尔巴拉城以西。——译者注

队协同作战。不久之后，维京人特遣队就奉命前往战略要道第 2 号公路上的战略性节点德贝卡山口(Debecka Pass)，并对其实施封锁，其间他们与伊拉克陆军第 34 师发生了战斗。在长达几个小时的交火中，屈指可数的几名绿色贝雷帽和他们的地面机动车辆，抵挡住了伊军坦克与装甲人员输送车发动的猛攻，并使用“标枪”反坦克导弹对敌军造成了重大损失。对于 A 队 391 与 392 而言，这种战斗方式是极端非正统且危险的，因为他们本应该保持隐秘，并且避免与伊军发生直接交火。当海军的 F-14 战斗机误炸了库尔德人车队后，他们的最后防线愈发变得混乱不堪。在那次误炸中，有 16 名游击队员被炸死、45 人受伤。幸运的是，伊拉克军队在遭受惨重损失后被迫撤退，与他们作战的绿色贝雷帽则没有承受任何伤亡。几天之内，特种部队第 3 大队 3 营的士兵解放了基尔库克市(Kirkuk)。他们在贝德卡山口的战斗成为美国特种部队取得的最辉煌战果之一，并且为他们早已令人敬畏的声名增添了新的光彩。

与此同时，在联军展开入侵之前，特种部队第 5 大队的一个整营潜入到伊拉克西部地区，在他们的帮助下当地反萨达姆武装得到了有序的组织，并对伊拉克军队造成了相当大的损失。他们的行动还诱使伊拉克当局，误以为联军将从西部而非伊拉克南部发动总攻。自 2003 年起，隶属特种部队第 5 和第 10 大队的士兵们，就深入伊拉克全境抓捕恐怖分子，甄别、逮捕复兴社会党的中坚分子，并追踪到了逃亡中的萨达姆·侯赛因以及他的两个儿子。2010 年 8 月，美国陆军与海军陆战队的作战任务被正式移交给了新成立的伊拉克国防军(IDF)，但绿色贝雷帽仍然以军事教官的身份滞留当地，并且以一种非官方的身份，继续对基地组织成员发动秘密战争，以制止他们施加在平民身上的种种暴行。

驻阿富汗联军特种作战特遣队徽章。(图片由译者提供)

第七章

第75突击队团

官方座右铭:*Sua Sponte*(拉丁语,自愿承担艰苦的工作)

第75突击队团不仅是世界第一流的轻步兵部队,它也是美国陆军特种作战司令部下辖的规模最大的直接行动部队。从作战层面上说,它是特种作战能力、空降机动能力以及极强健的体能的混合体。与他们那些历史上多姿多彩的前辈一样,突击队员们精于非常规步兵战术与执行非常规任务,包括空中突击,敌后突袭,通过空中、海上或陆上的交通方式实施渗透,夺取敌占机场,战俘营救,以及为正规步兵部队提供支援。总而言之,突击队员们都是精通轻步兵作战的专家,4个营中至少有一个充当了"突击队战备部队",随时准备在接到命令后的18小时内,被部署到世界上的任何地方。为了时刻将作战能力保持在巅峰状态,突击队经常实施各类演训,一年中要花上好几个月时间进行野外演习。突击队员们具备的技能也正是其他特种部队孜孜以求的,因而屡见不鲜的一种情况是:当一名士兵成功完成了他在突击队部队内的一届任期后,通常都会被招募进"绿色贝雷帽"或者三角洲部队。

突击队与常规地面部队截然不同的一点是,后者在编制内的武器装备之外,还会以加强的坦克或配属炮兵部队的形式,得到其他重型武器的支援,而突击队员们只装备了轻武器,并且必须随身携带执行任务所必需的各类物资。他们所接受的训练足以使他们在夜间,甚至恶劣气象条件下快速通过各种恶劣地形,充分利用任何可能的掩蔽体,接敌后以压倒性兵力发动最猛烈快速的攻击。当他们完成任务后,突击队员通常以快速但时间控制精准的撤退,赶在具备优势兵力、兵器的敌军部队有所反应以前脱离战场。战场上最宝贵的要素就是达成战术上的突然性,这也是突击队式部队所具备的最纯正的属性。

当直接战斗并非必不可少时,突击队员们也能够熟练地实施敌后秘密侦察任务。任务周期从几天至几周不等,能否避开敌军的侦测完全取决于他们隐蔽自己行踪的能力,以及实施转移的频率。除了上述这些令人敬畏的能力之外,对陆军突击队的定义还必须加上战略弹性这一点，他们可以通过步行、搭乘直升机、搭乘各类小艇或利用降落伞实施展开，并在战斗结束后利用截然不同的方式脱离行动区域，一切具体的行动则取决于现场的客观条件。突击队团的标准运作程序是每个月至少有一个营保持警戒状态，一个月后该营可以得到两个月的休整。这个处于待命状态的营必须在接到警报后的数个小时内，以完整的建制部署到世界上的任何地方。在紧急情况下，一个步兵连与一个营级指挥(控制)部可以在接到预警后的 9 个小时内出动。因此，突击队的装备与补给品在需要时，必须可以快速装上空运托盘，并装入运输机，以便随部队一起空投。相对于美国的其他特种作战部队，突击队更倾向于在敌人缺乏准备的时刻，以优势兵力发动突然袭击。

第 75 突击队团徽章。(图片由美国陆军无偿提供)

组织

第 75 突击队团目前总兵力为 2 000 人，编成了四个兵力完全相等的营，他们的驻地分别位于：

第 1 营：乔治亚州的本宁堡；

第 2 营：乔治亚州的亨特陆军机场(Hunter Army Airfield)；

第 3 营：华盛顿州的刘易斯—麦考德联合基地；

特种支援部队营：分散在上述三个驻地。

突击队团的标准战术单位是营，但鉴于他们的轻步兵属性，团级指挥机构内也包括一名通信专业军士、一名火力支援军官、一名外科医生，以及一名临时配属的美国空军战术航空管制军官，以便于协调与空军相关的事务。营级建制内下辖 3 个步兵连以及 1 个营部连，前者的编制为 152 人，后者的编制为 125 人，一个营总兵力 580 人。每一个步兵连的建制内包括 3 个步兵排以及 1 个武器排。排作为最低级的战术单位，下辖 3 个班，每个班由 3 个火力组组成，另外还有 1 个机枪班。每个突击队营中，有作战经验的非委任军官的比例也远高于美国陆军平均水平——步兵班指挥官的军衔为参谋军士，火力组指挥官的军衔为中士。典型的美国军事纪律强调发挥个人主动性，而在突击队员之间这一点尤其明显，下士军衔的初级军士担任火力组指挥官，也是屡见不鲜的情形。

突击队团的组织结构中，一个普遍存在的固有缺陷是：缺乏为伤员安排医疗后送的能

帕特·蒂尔曼放弃了有利可图的职业运动员生涯，参军入伍并作为突击队员在阿富汗作战，但军方试图掩盖他死于友军误击的企图后引发了轩然大波。（图片承蒙美国陆军无条件提供）

帕特·蒂尔曼(Pat Tillman, 1976—2004)

帕特里克·丹尼尔·蒂尔曼于1976年12月6日出生在加利福尼亚州的圣何塞，高中时期就在美式足球方面显示出了天赋，1994年他获得了亚利桑那州立大学的体育奖学金，并在4年后入选亚利桑那红雀队。纽约市遭遇“9·11”恐怖袭击之后，他在与自己球队的合同于2002年5月到期后放弃了续约，并在同年6月，为了与恐怖分子作战而加入了美国陆军。他与弟弟凯文同时完成了初级训练之后，又同时加入了“突击队员教导计划”，并作为新兵被分配到了驻扎于华盛顿州、刘易斯堡的第75突击队团第2营。当时蒂尔曼已经因为放弃收入颇丰的职业运动员生涯，志愿赴海外作战而享有了国家英雄般的声誉。他于2003年9月参加“伊拉克自由”行动归来之后，又在同年11月28日最终通过了乔治亚州本宁堡突击队学校的训练课程。之后蒂尔曼被提升为下士，并且被部署到阿富汗参加了“持久自由”行动，2004年4月22日，死于发生在瑟普拉镇附近的一次交火。在此之后军方的行为引发了很大的争议，最初他们宣布蒂尔曼是在战斗中英勇阵亡的，之后却又承认友军误伤可能才是主要的原因。这引发了一场政治上的纷争，之后美国陆军刑事调查部针对蒂尔曼死亡的真相发起了一次调查。2007年3月19日，他们宣布，事实上在蒂尔曼被杀前，另一支友军部队在战斗最激烈的时候向他所在的班组位置开过火。尽管如此，他英勇地为国家而战并奉献出生命的壮举，其价值并未因为围绕他的死因产生的争论而有丝毫损减。

力。这是因为鉴于他们执行任务的机密性质，任何通过航空器后送伤员的企图，都会使得敌军掌握他们的确切位置。因此，突击队员们在投入战场时随身携带了大量的医疗用品，并且所有的火力组长、班长甚至排长都熟练掌握了——例如为伤员实施皮下注射这样的初级急救技术。具备急救医疗技术资质的医疗兵则配备到了班一级战术单位，他们像步兵一样配发步枪，并且在不需要照料伤员的时候，也能像步兵一样投入直接战斗。突击队团最近一次组织结构上的变更发生在2006年7月17日，出于扩展特种作战能力的需要，成立了团属特种支援部队营，以更好地完成特定的情报、侦察以及(装备)保养任务。在此之前，上述任务是由配属给营部的、经过特种技术训练的小型分遣队完成的。

招募与训练

要想成为一名突击队员，志愿者们必须通过被蓄意设定得最野蛮、最严格的训练方案。所有的学员中，只有大约 20%来自陆军，剩下 40%来自其他军、兵种，最后 40%的名额则分配给了友好国家的军队。这些人中间有许多早已通过了空降学校的严格训练，它对于未来的突击队员是极好的预备课程，能够让志愿者们约略了解到之后等待他们的考验有多么严酷。

未来的新兵们首先将被转移至位于乔治亚州本宁堡的罗杰斯兵营(Camp Rogers)，接受第一阶段的训练："突击队员教导计划"(缩写：RIP)——它是由第 4 突击队训练营举办的。长达 26 天的密集训练计划中，科目包括行军、体能训练、陆地导航测验，以及其他旨在消除体弱者以及不合格者的初级测试。需要学员们克服的其他障碍包括了战斗水上求生测验——学员需要穿着全套个人战斗装备以及皮靴，在水面上游泳 15 分钟——紧随其后的是 5 英里跑步，还有步枪、刺刀使用和其他战斗技术课程。通过经受这些考验，学员们将逐渐被灌输进突击队员的各种传统品行，例如体力与心理方面的忍耐力，信心以及个人主动精神。通过这一阶段的学员下一步将前往附近的威廉·O. 达比兵营(Camp Willam O. Darby)报到，接受第二阶段的训练。它着重于指导学员如何实施班一级的作战行动，包括进行战斗巡逻必须的各种技能，(军事技能的)实地操演、模拟伏击演练、侦察巡逻以及空降突击。总之，都是学员必须精通的军事技能。在此基础上，学员们要在户外完成剩余的全部课程——不论气象条件的好坏——以便在尽可能接近实战条件的情况下受训。另外根据突击队的传统，每两名士兵必须结成"突击队伙伴"，在接下来的整个训练过程中，他们必须互相支援，并注意观察对方的身体状况。

顺利通过本宁堡的考验后，学员们将抵达乔治亚州的达洛尼加(Dahlonega)，接受由第 5 突击队训练营提供的山地训练。他们会在当地极端险恶的地形环境中反复进行班、排级单位的战斗演习。寒冷的天气、不足额的口粮配给以及强度接近实战的演练，迫使所有的受训人员必须超越他们在心理和体能上的极限。此外，他们必须在 5 天之内熟练掌握如何打绳结、如何攀登、如何缘绳下降的技巧，之后他们就将前往约南山区①接受下一阶段的教导。随后的 48 小时内，他们将在崎岖地形上进行令人心力交瘁的一系列野外训练，从而进一步提升他们的技能。他们通过与由常规部队扮演的假想敌进行模拟战斗，将进一步熟悉如何在这种地形中开展低烈度战争。为了进一步提升训练的"趣味性"，学员们甚至有可能在接到命令后立即中止当前的训练，对某个山头实施空降突击，或者背负重达 75 磅的背包，行军 10 英里穿越整个田纳西大分水岭。

教官也可能从疲劳饥饿的学员中随机挑选出一人，命令他指挥某一次模拟的作战任务；学员只有满足了所有的训练标准之后才可以参加下一轮的训练。

---

① 约南山区位于乔治亚州北部。——译者注

2011年2月20日，乔治亚州达洛尼加市的弗兰克·D.梅里尔兵营。美国陆军突击队的教官们注视着一名正在60英尺高的岩面上练习缘绳下降的一名突击队学员。学员们将在该营区学会各种山地作战技巧，包括绳索的使用以及如何打结，等等。（图片来自美国国防部）

这一阶段的训练将由驻地位于佛罗里达州艾格林空军基地的第6突击队训练营接手。在这里，学员们将实际体验到传奇般的充满了毒蛇和食人短吻鳄的佛罗里达大沼泽地。虽然如此，学员们还是必须精通如何在险峻的近丛林环境中遂行作战任务，演练项目包括伞降、空中突击、乘坐“黄道”橡皮快艇登岸，以及在需要与假想敌实施模拟对抗的演习想定下展开徒步巡逻。在为期10天的训练中，与假想敌的对抗残酷且毫无间歇，食物与睡眠的缺乏更是冷酷地折磨着所有的学员。事实上需要他们克服的最大的障碍是：无休止的巡逻，以几乎无穷尽的不同方式演练如何通过空降、水上运输或地面交通方式，楔入或脱离作战地域所带来的生理疲劳和心理压力。学员们还要在得克萨斯州的布里斯堡(Fort Bliss)接受由第7突击队训练营实施的恶劣气候训练，之后则转而学习沙漠作战与侦察技术：如何获得并保存饮用水，还有其他必要的生存技能。食品配给更是被削减到每天仅供应一餐。训练强度已经提升到了最高程度，休息时间则几乎完全没有。熬过了这最后一轮“虐待”之后——至于怎样才算“通过”，则是以上级（在主观上）是否感到满意为准——熬到最后的学员们才得以获准佩戴金黑两色相间的“突击队”弧形臂章，以及独一无二的棕褐色贝雷帽。尽管如此，这些刚结训的突击队员仍然要继续接受训练。贯穿他们的整个服役期，他们都要不断磨砺军事技能，并时刻以最新的技术替换已过时的旧式技术。突击队每年都要花费至少 48 周的时间实施野外训练,以确保他们是世界上最精锐的轻步兵部队。试图加入这支部队的学员,其平均淘汰率高达 70%。

装备

作为轻步兵部队,突击队员们携带的是美国陆军的标准武器,包括 M-4A1(M-16)枪族,通常会加装倍率为 4 倍的"先进战斗光学瞄准镜"(缩写:ACOG)以及 ANN/PVS-14 夜视装置;M203 型 40 毫米榴弹发射器,以及 M18A1"双刃阔剑"地雷。可以为突击队员提供持续火力的"重型"武器有:M249 SAW(班用自动武器)、使用的是与 M-4 步枪口径一致的 5.56 毫米子弹;较新式的 M-240B 型通用机枪,使用的弹药则是火药量以及弹头更重的 7.62 毫米北约标准弹;目前仍然在役的老式 M-60 型通用机枪,使用的也是同型子弹。突击队员们携带的次级武器是 9 毫米口径的"贝雷塔"自动手枪。除此之外,还有各种狙击步枪,例如 M24 型或 0.50 英寸口径的哈斯金斯狙击步枪——它们可以在非常远的射程上改善战术形势。突击队还装备了各种反坦克以及防空导弹,例如毒蛇或刺针式,还有 60 毫米轻型迫击炮,相对于常规部队的建制内火炮,它们的机动性更强但火力较弱。此外,每个营还配发了 12 辆突击队特种作战车(RSOV),它是利用著名的英国兰德罗孚越野车为底盘改装而成的。该型车辆可以运载 6 名突击队员以及他们的装备,并且可以利用 MH-47 和 MH-53 直升机实施空运,该车自身最大行程为 200 英里,车辆结构坚固可靠,并具备通过各种地形的能力。车载自卫武器通常为安装在车顶的一挺 0.50 英寸口径机枪。每一个突击队营另外还配有 10 辆川崎 KLR 250 摩托车,在执行攻占机场的任务时用于警戒与机动。

已知作战行动

第 75 突击队团历史上最令人气馁的一页发生在 1993 年 10 月 3 日——"哥特蛇"行动期间。当时一支由突击队员以及三角洲部队行动人员组成的特遣部队(Task Force Ranger)搭乘直升机,在索马里首都摩加迪沙实施了空中突击作战,试图逮捕穆罕默德·法拉·艾迪德以及他手下的几名重要幕僚。

当他们在奥林匹克饭店附近的巴卡拉区(Bakara)实施了绳索速降后,却发现自己陷入了数千名敌对民兵(又称"技术装备"——原注)①的包围。一场大规模的交火随之爆发。

交火中,有两架隶属第 160 特种作战航空团(缩写:160SOAR)的直升机被击落,之后为了营救机上的乘员实施了若干次营救行动。在这之后,突击队员们在这场众寡悬殊的战斗中,依靠占绝对优势的火力与战术坚持了 18 个小时,直到他们得到了一支联合国装甲车队的接应为止。当天被杀的 18 名美国人中,有 6 人是突击队员,被杀的索马里人据

---

① 此处疑为英文版排版错误,"技术装备"指的是安装了德什卡等型号大口径机枪的皮卡。——译者注

估计在一千人上下。这是陆军突击队自越战以后所经历的最激烈的一次交火。

之后他们又进行了几次相对缺乏戏剧性的海外部署。1994年,第2与第3营在“恢复民主”行动(Operation Restore Democracy)期间,被部署到了海地,他们在拉乌尔·塞德拉斯(Raoul Cedras)将军政权进行和平过渡期间,维持了当地的秩序。这也是突击队员第一次以海军舰艇为作战基地实施的海外部署——当时他们搭乘的舰艇是“合众国”号(USS America)航空母舰。下一次大规模海外部署发生于2000年11月24日,当时团属侦察第2小队与一个指挥组加入了正在科索沃地区执行维和任务的隼鹰特遣队(Task Force Falcon)。

突击队再次参加正式的战斗行动,则是在恐怖分子于2001年9月11日,对世贸大厦发动恐怖袭击之后的事情了。隶属第3营的一个分遣队,在2001年10月19日,搭乘4架空军MC-130“战斗利爪”运输机从巴基斯坦起飞,对阿富汗坎大哈市以西的塔利班阵地实施了一次夜间伞降突击。突击队员们在来自三角洲部队的行动人员的支援下,攻占了塔利班组织精神领袖奥马尔的住宅,并在实施了搜查后顺利撤退。另外突击队员还占领了“犀牛目标”(Objective Rhino),那是位于坎大哈市附近的一条跑道,它在被美国海军陆战队使用一段时间后,又被扩建成了“犀牛营”(Camp Rhino),并作为前进作战基地使用至今。突击队员在完成上述任务后,搭乘第160特种作战航空团的直升机撤离了作战区域,除了有一架直升机在与障碍物相撞损坏了一处起落架之外,无一损失。突击队还参加了2002年3月3日至4日间的“蟒蛇”行动(Operation Aanaconda),并在塔库加尔(Takur Ghar)附近地区与敌军发生了大规模的交火。

第75突击队团在“伊拉克自由”行动期间也有活跃的表现。在2003年3月25日至26日晚间,他们搭乘C-17“环球霸王”(Golbemaster)运输机对叙利亚边境地区的一处代号为“H-1”的机场实施了一次戏剧性的夜间空降突击。然而,他们最广为人知的一次行动还是发生于2003年4月1日,对当时被关押在纳西里耶市一所伊拉克医院内的陆军二等兵杰西卡·林奇(Jessica Lynch)实施的营救行动,其间他们得到了三角洲部队行动人员以及空军特种战术中队成员的支援。他们参与的其他行动至今仍然是保密的,一个例外是在2003年3月23日,第3营对代号“大蛇”的一处目标(Objective Serpent)发动了一次空降突击;但这次行动的结果从未被公布于众。2008年5月26日,第7突击队(训练)营第2营A连一部在阿富汗帕克蒂亚省(Paktia)协助攻克了一处塔利班的阵地。在战斗中有好几名突击队员因为敌军的激烈抵抗而受伤,其中也包括里罗伊·佩特里上士(Sgt. 1st Class Leroy A. Petry),尽管如此,他还是不顾自己的伤势,用手榴弹消灭了数名敌军,当他在捡起一枚手榴弹反掷给敌军时,他的右手中弹,但佩特里继续坚持作战,单手操作步枪又击毙了若干名塔利班武装人员。2011年7月12日,巴拉克·奥巴马(Barak Obama)总统签发文件。授予佩特里美国最高荣誉国会荣誉勋章。在过去的十年中,根据公开信息,有412名突击队员在反恐战争中伤亡,其中有32人阵亡。这一比例远低于参战的其他特种作战部队,这也反映出他们接受的一系列紧张训练,确实在战斗中降低了伤亡。

第八章

空降部队

官方座右铭:*All the way*!(有始有终!)

美国伞兵部队中的大部分都被配属给了第18空降军。这支部队是美国规模最大的战略快速反应部队,具备在18小时内将旅级战斗队投入全球任何地区的战场,执行直接行动任务的能力。陆军突击队或许可以更快的速度赶到危机发生的区域,但他们并不具备伞兵部队所拥有的优势兵力。另外,因为空降部队具备发动突然打击的能力,可以利用空降部队组成规模不等的特遣部队,应对或控制各种紧急事件。第18空降军目前下辖一个空降师、一个重装师、一个空中突击师以及一个轻装师,共88 000名富有战斗力的士兵,以及各种复杂的武器装备。他们接受的训练水平非常之高,以至于接近了特种部队的水平,事实上其中部分单位确实具备实施特种作战的能力。作为整个陆军的"应急部队"以及最大的成建制作战部队,它的任务是时刻准备着维护美国的利益,在武装冲突中遂行战术与战略层面上的战斗任务。它还是保护美国海外影响力的主力部队——当然是在基于正当理由出兵的前提下。

第18空降军的前身为1943年1月17日,在北卡罗来纳州布拉格堡成立的第11装甲军(11th Armored Corps)①。但是当该军于同年的10月9日,在加利福尼亚州的蒙特利正式成军时,失去了其"装甲军"番号,并且被重新命名为第18空降军②。然而拖延了几乎一年之后,直到1944年8月25日,全军才在英格兰的奥斯本获得了他们的蓝色空降资格弧形臂章,当时该军下辖有第82和第101空降师。一个月后,第18空降军在马修·B.李奇威中将的指挥下,参加了"市场花园"行动,尽管盟军损失惨重,但是整个军在这次行动中表现优异。1945年春,第18空降军在得到了第13空降师的加强后,实施了

---

① 原文如此,实为作者的误植,该军的前身为1936年1月17日成立于路易斯安那州波尔卡兵营的第2装甲军。——译者注

② 此处是作者的误植,该军在1937年10月9日被重新命名为第18军。——译者注

第 18 空降军徽章。(图片承蒙美国陆军无偿提供)

"二战"期间规模最大的空降作战"大学"行动。1945 年 6 月,该军调回了肯塔基州的坎贝尔堡,并于同年 10 月 15 日退出现役。当朝鲜战争爆发后,第 18 空降军作为战略预备队再次转入现役。从那以后,该军介入了多起国际性危机事件。其中最值得一提的是,参加 1983 年"暴怒"行动的部队大部分隶属第 18 空降军,正是他们攻占了岛国格林纳达,推翻了该国的政权,并且还营救出了被扣押在岛上的数百名美国医学院学生。1989 年 12 月 20 日,第 18 空降军参与了"正义事业"行动,推翻巴拿马诺列加的统治,行动期间该军下辖部队同时对 27 个目标发动了攻击,并且还实施了两次夜间伞降突击。1990 年 8 月 9 日的"沙漠盾牌"行动期间,该军所属部队是最早抵达沙特阿拉伯境内的增援部队。翌年 2 月,第 101 空降师实施了第 18 空降军历史上规模最大的一次空降突击行动,与此同时,第 82 空降师在法国第 6 轻装甲师的支援下发动了地面攻势。得到第 24 步兵师(机械化)以及第 3 装甲骑兵团支援的第 18 空降军,在形势呈一边倒的 100 小时地面战中,重创了入侵科威特的伊拉克共和国卫队。在美国本土,第 18 空降军的几支主力单位,在安德鲁飓风之后被部署到了佛罗里达州的戴德县(Dade County),为数千名陷于困境的当地居民提供了医疗以及灾后援助。截至 1998 年,该军参加了不少于 79 次的演习,并且曾被部署到了 27 个不同的国家参加联合演习或执行维和任务。2005 年 1 月,该军作为驻伊多国部队的一部分,被部署到伊拉克参与了"伊拉克自由"行动。2006 年 1 月,该军撤回美国后,出于削减预算的目的,不再具备以旅级以上部队实施空降作战的能力。然而该空降军各下属部队仍然会出于训练目的实施海外部署。

组织架构

目前第 18 空降军的军部位于北卡罗来纳州的布拉格堡——空降部队和特种作战部队的家乡。该军还得到了下列部队的加强:驻地位于乔治亚州斯图尔特堡(Fort Stewart)的第 3 步兵师(机械化)和驻扎于纽约州德卢姆堡(Fort Drum)的第 10 山地师(轻步兵),该军作战序列中的空降部队如下:

2011 年 3 月 23 日，北卡罗来纳州布拉格堡。美国陆军的伞兵们正在参加一项步枪精确射击进阶课程。他们隶属第 82 空降师第 1 旅级战斗队。(图片来自美国国防部)

第 82 空降师(官方绰号:“全美国”)

驻地:北卡罗来纳州布拉格堡

目前这个师是世界上规模最大的伞兵部队，总兵力达 18 000 名男女伞兵。这个师保持着非常高的训练水平，并且可以在接获预警后的 18 小时内部署到世界的任何地方。值得注意的是该师从上校到炊事兵全部具备空降资格，全师数量繁多的各类装备也都具备空降能力。该师下辖 5 个旅，这是陆军为了适应新时代的作战环境采用的模块化编制——旅级建制的部队被认为最适合遂行作战任务。

该师的作战序列如下：

第 1 旅级战斗队(官方绰号:“魔鬼旅”)

旅部连

第 504 伞降步兵团，第 1 营(官方绰号:穿宽松裤子的魔鬼)

第 504 伞降步兵团，第 2 营(同上)

第 73 骑兵团第 3 骑兵中队(官方绰号:空降雷霆)

第 319 野战炮兵团(空降)第 3 营

第 1 旅特种支援部队营

第 307 旅级部队支援营

第 2 旅级战斗队(官方绰号:“隼鹰旅”)

旅部连

第 325 空降步兵团第 1 营(官方绰号:隼鹰)

第 325 空降步兵团第 2 营(同上)

第 73 骑兵团第 1 骑兵中队(官方绰号:空降雷霆)

第 319 野战炮兵团(空降)第 2 营

第 2 旅特种支援部队营

第 407 旅级部队支援营(官方绰号:金色狮鹫)

第 3 旅级战斗队(官方绰号:“美洲豹”)

旅部连

第 505 伞降步兵团第 1 营

第 505 伞降步兵团第 2 营

第 73 骑兵团第 5 骑兵中队(官方绰号:空降雷霆)

第 319 野战炮兵团(空降)第 1 营

第 3 旅特种支援部队营

第 82 旅级部队支援营

第 4 旅级战斗队(官方绰号:“从天而降的怒汉”)

旅部连

第 508 伞降步兵团第 1 营(官方绰号:“红色魔鬼”)

第 508 伞降步兵团第 2 营(同上)

第 73 骑兵团第 4 骑兵中队(官方绰号:空降雷霆)

第 321 野战炮兵团(空降)第 2 营(官方绰号:战争之王)

第 508 特种支援部队营

第 782 旅级部队支援营

第 82 战斗航空旅(官方绰号:“毫无困难”)

旅部连

第 82 航空团第 1 中队(攻击侦察,装备 AH-64D 阿帕奇长弓)

第 82 航空团第 2 中队(突击,装备 UH-60M 黑鹰)

第 82 航空团,第 3 中队(通用支援,装备 UH-60L 黑鹰/CH-47F 切诺基/HH-60M 黑鹰)

第 17 骑兵团第 1 骑兵中队(攻击侦察,装备 OH-58D 齐奥瓦)

第 122 通用支援航空营

戴维·H.彼得雷乌斯(David H. Petraeus,1952—)

戴维·H.彼得雷乌斯中将在接掌阿富汗进行的战争之前,成功地在伊拉克实施了复杂的军队调度。他目前的职位是中央情报局局长。(图片由美国陆军提供)

戴维·豪厄尔·彼得雷乌斯于1952年11月7日出生在纽约州哈德逊河畔的康沃尔,之后于1974年毕业于美国军事学院(西点军校)。毕业后他任职的第一个单位是第509营级空降战斗队(509th Airborne Battalion Combat Team),从那以后他的整个职业军官生涯就与空降部队密不可分。2003年彼得雷乌斯少将作为第101空降师(空中突击)的师长,指挥该师参与了"伊拉克自由"行动,支援了攻克摩苏尔的战斗。在于2004年2月回国之前,他在"反叛乱"作战(COIN)和民事行动两方面都取得了不俗的成绩。不久之后他晋升为中将,又重返伊拉克接掌了多国安全过渡司令部(缩写:MNSTC-I)。然后彼得雷乌斯又在2007年1月被晋升为上将,成为了整个驻伊拉克多国部队(缩写:MNF-I)的总司令。他在任内通过灵活调动麾下的20 000名士兵,使伊拉克境内的大部分地区脱离了恐怖分子的掌握。他之所以取得成功,最关键的因素是所谓的"逊尼派的觉醒",伊拉克传统的领导阶层以及他们的私有民兵的立场,因此转而倒向了伊拉克政府。2008年,他在伊拉克的职位由雷蒙德·T.奥迪尔诺将军(Gen. Raymond T. Odierno)接任,他则接掌驻佛罗里达州坦帕的中央司令部。他从那里统协了多支特种部队实施全球性的反恐怖战争。2010年6月,他得到了下一个任命:接替缺乏部下信任的斯坦利·麦克克利斯特尔中将(Gen. Stanley McChrystal),出任驻阿富汗国际安全援助部队总司令。他通过向分布在阿富汗境内的塔利班部队施加军事上的压力,迫使他们转而与阿富汗政府举行谈判,最终确保双方建立了基于"互不侵犯边境"原则的和平。2011年9月6日,他接替了里昂·帕内塔(Leon Panetta)出任中央情报局局长。

第101空降师(具备空中突击作战能力)(官方绰号:"呼啸之老鹰")

驻地:肯塔基州坎贝尔堡

第101空降师(空中突击)是美国陆军中唯一一个专门遂行空中突击作战任务的师级建制单位。该师下辖16 000名士兵以及281架直升机(包括3个装备了AH-64阿帕奇攻击直升机的航空营),它们具备了将该师实施作战任务时必需的每一件装备,以空运方式投入战场的能力。因此该师具备了在敌后100至200英里纵深执行作战任务的能力，这也使得这个师成为了陆军中少数几个需要得到每日威胁等级评估报告的部队之一。该师的士兵接受了利用绳索从呈悬停状态的直升机上快速下降至地面的专门训练，如果有必要他们也可以从悬停在近地高度的直升机上直接跳下地面。该师至今仍然是规模最大的空中机动单位，是美国陆军中最具灵活性最锐不可当的战略预备队。该师下辖4个具备自持能力的旅级战斗队，以及两个航空旅和其他必要的战斗支援部队：

第1旅级战斗队（官方绰号："巴斯托尼"）

旅部连

第327步兵团第1营（官方座右铭："格外出色"）

第327步兵团第2营（官方座右铭："毫不松懈"）

第32骑兵团第3营（任务：RSTA，侦察、监视与目标获取；官方座右铭："胜利或死亡"）

第320野战炮兵团第2营（官方座右铭："老鹰的胆量"）

第326旅级特种支援部队营（官方座右铭："斯巴达人"）

第426旅级部队支援营（官方座右铭："工头"）

第2旅级战斗队（官方座右铭："打击"）

旅部连

第502步兵团第1营（官方座右铭："首次打击"）

第502步兵团第2营（官方座右铭："打击部队"）

第75骑兵团第1骑兵中队（任务：RSTA，侦察、监视与目标获取；官方座右铭："寡妇制造者"）

第320野战炮兵团第1营（官方绰号："精英"）

第311旅级特种支援部队营（官方绰号："一次打击，一个小队"）

第526旅级支援营（官方绰号："最佳选手"）

第3旅级战斗队（官方绰号："降落伞/落下伞"）

旅部连

第187步兵团第1营（官方绰号："降落伞首领"）

第187步兵团第2营（官方绰号："铁降落伞"）

第33骑兵团第1骑兵中队（任务：RSTA，侦察、监视与目标获取；官方绰号："战争降落伞"）

第320野战炮兵团第3营（官方座右铭："红色骑士"）

特种支援部队营（官方座右铭："属于战争"）

第626旅级部队支援营（官方座右铭："屹立不倒"）

第4旅级战斗队（官方绰号："柯拉希"）

旅部连

第506步兵团第1营（官方座右铭：红色柯拉希）

第 506 步兵团第 2 营（官方座右铭：白色柯拉希）

第 61 骑兵团第 1 骑兵中队（官方任务：RSTA，侦察、监视与目标获取；座右铭："黑豹"）

第 320 野战炮兵团第 4 营（官方座右铭："枪炮的荣誉"）

特种支援部队营（官方座右铭："阿帕奇人"）

第 801 旅级部队支援营（官方座右铭："维修技师"）

第 101 航空旅（官方绰号："命运的双翼"）

旅部连

第 17 骑兵团第 2 营（装备 OH-58D 齐奥瓦）

第 101 航空团第 1 营（AH-64D 阿帕奇）

第 101 航空团第 5 营（UH-60L 黑鹰）

第 101 航空团第 6 营 GSAB：通用支援航空营（UH-60L 黑鹰）

第 96 支援营（航空）官方绰号："维修能手"

第 159 航空旅（官方绰号："雷霆"）

第 17 骑兵团第 1 营（座右铭："白马"；机型：OH-58D 齐奥瓦）

第 101 航空团第 3 营（官方座右铭："鹰击"；机型：AH-64D 阿帕奇）

第 101 航空团第 4 营（官方座右铭："鹰翼"；机型：UH-60L 黑鹰）

第 101 航空团第 7 营（官方座右铭："鹰举"；部队类别：GSAB 通用支援航空营；机型：CH-47D 切诺基）

第 563 支援营（航空）；（官方座右铭："支持他们战斗"）

招募与训练

空降作战的艰巨性迫使空降兵的体能必须处在巅峰状态。在精神方面，空降兵必须在战场条件下表现出主动性以及创新精神，才可以应付伞降着陆之初部队建制散乱、缺乏有效指挥的问题。由于这个原因，志愿者必须具备伞降以及空中突击资格。未来的伞兵在加入空降学校接受上述训练之前，首先必须通过陆军的基础训练课程。在递交 DA4187 表①以及其他必需的文书作业之后，每一名学员必须达到或超过伞兵的强制体能训练标准：两分钟内完成 42 个俯卧撑、两分钟内完成 53 个仰卧起坐、15 分钟以内完成 2 英里跑步。达标者下一步将要向位于乔治亚州本宁堡的空降训练中心报到，接受为期 3 周严格的空降训练。第一阶段又名地面训练周，主要是提升受训人员的身体素质，尤其强调长跑训练，他们必须在一个小时内跑完 7 到 9 英里。下一阶段被称作"跳伞塔周"，学员们将学会从跳伞塔上从连接着伞具的钢丝绳上滑下，实施多次模拟跳伞，伞具每一次的释放高度都将比前一次更高。通过前两个阶段的艰苦训练后，他们获得的报酬就是第三阶段的"跳

① DA4187 表，美国陆军的人事调动表。——译者注

伞周”，受训人员必须从飞行高度为 1 500 英尺的飞机上实施数次实跳。毕业标准是进行 5 次跳伞，通过固定在机身内部的开伞索，受训人员背负的降落伞将在他们离机后自动打开。开伞后他们的降落速度会减少到每秒 20 英尺，着地时伞兵们将施展经过专门训练的动作缓减冲击力，避免摔断四肢。经过这一系列严格训练的士兵，将被授予代表具备了空降资格的镀银伞翼徽章，并且可以戴上空降师士兵独有的红色贝雷帽。目前有 250 名女性军人被配属到了第 82 空降师，根据法律她们不得直接参加地面战斗，但可以通过穿着战斗装备实施跳伞，获得并维持其空降资格。

对于那些打算加入第 101 空中突击师的士兵，因为要搭乘直升机而非通过跳伞实施展开，因此他们所接受的训练也是截然不同的。自 1974 年该师正式改编为空中突击师起，伞降资格就不再是加入该师的强制性要求。接受空中突击训练的学员将前往肯塔基州坎贝尔堡，向萨布劳斯基空中突击学校①报到，以便接受训练并熟悉这一现代战争中具备了高度技巧性的作战技能。学员们在训练课程开课的第一天——即所谓的“初始日(Zero Day)”起，就处在了校方的各类强制性命令的管治之下。学员们在报到之前会得到一张获准携带的物品清单，上面列举了报到之前可以打进背包的各种必备物品、可选物品以及违禁品，没有按照打包清单备妥装备或者携带了违禁品的学员，将立即被取消受训资格。在校学员在任何时候都只能戴配发的标准凯夫拉头盔，贝雷帽或其他头饰一律禁止佩戴。之后学员们还要通过一系列严格的体能训练，那些科目经过专门设计，目的是淘汰那些恐高或者在充满压力的环境下，不能很好地放松自己的学员。学员需要通过的其他科目还有障碍跑，学员在每一个障碍之间必须跑步通过，并且在越过每一道障碍时都要喊道：“空中突击！”通过障碍跑道之后，接下来的科目是两英里跑，时间限制在 18 分钟以内。通常都会有 10%—15%的学员在“初始日”遭到淘汰。通过这一轮考验的幸存者，接着将加入各个级别的课程，包括战斗空中突击、载荷起吊作业、缘绳下降以及背负满载的背包完成 12 英里跑步。所有学员只有在每个级别中都获得及格成绩后，才能够得到“空中突击”徽章。学院在受训过程中每天还必须完成一次 3 英里跑步，以维持他们的体能水平。一部分学员可以获准参加在本宁堡“空降导航员”学校举行的为期 3 周的训练，训练内容包括了如何设置(直升机)着陆场(直升机)装卸场，以及空投场(伞降)。

装备

空降步兵携带的是与正规步兵同样的基本武装，但有些装备适当减轻了重量，以便缺

① 即美国陆军空中突击学校，现名是为了纪念沃尔特·詹姆斯·萨布劳斯基军士长(1910—1993)。萨布劳斯基出生于立陶宛，1941 年参加美国陆军前是著名的职业拳击运动员，战绩为 31 胜、2 负。他后来参加了第二次世界大战、朝鲜战争、武装干涉多米尼加共和国以及越南战争，并被授予了优异服役十字勋章和银星勋章。1994 年位于坎贝尔堡的美国陆军空中突击学校更名为“萨布劳斯基空中突击学校”，以示对他的纪念。——译者注

乏机动车辆的空降步兵携带与操作。伞兵们使用的降落伞是标准的T-10型，每具降落伞的最大安全承载上限是250磅。一套降落伞包括：一块尼龙质地的伞衣；30条伞绳，每条长度为25.5英尺，它们在末端与降落伞吊带联系在一起。每一名伞兵还要在胸口携带一具紧急救生伞，以防主伞失灵。救生伞下方再要吊挂一个重55磅的背包，伞兵们可以通过一套特别设计的尼龙带，在着陆前提前释放背包，以免发生意外事故。除此之外，每个伞兵还要携带加挂了一具40毫米榴弹发射器的M-4卡宾枪(M-16)或是一挺班用自动武器(M-249 SAW)或者反坦克火箭筒，另外再要加上足够维持72小时作战的食物(72小时/3日份战斗口粮配给)。这样也就能够理解为什么一名伞兵的战斗负重是相当可观的。另外还有一大批的小件个人装备，例如刺刀、水壶以及GPS导航系统，这样才最终配齐他们的整套战地装备。轻型摩托车以及四轮驱动全地形车可以利用降落伞空投，或者固定在减震托盘上之后，从低空飞行的运输机艉舱装卸跳板上直接空投到地面。第82空降师还有相当数量的105毫米以及155毫米轻型榴弹炮，以强化该师的建制内火力。从其他方面来说，伞兵携带的武装就现代标准来说属于“轻装部队”。出于这个原因，分配给他们的任务都是夺取处在敌后浅近纵深的固定目标，伞兵们可以很快得到来自地面推进的“重装部队”的增援，而并非像常规步兵部队那样参加长期作战行动。

第101空中突击师不像第82空降师，需要大型运输机将他们空运到预定目标附近。他们实施机动与部署依靠的是建制内两个战斗航空旅的各型直升机。它们是全世界同类装备中的佼佼者。

> AH-6/MH-6“小鸟”：这种轻型直升机与第160特种作战航空团使用的亚改型不同，安装的特殊设备较少。AH-6型专门为地面部队提供直接火力支援，它可以安装大量的武器弹药，包括：70毫米“九头蛇”火箭发射器、7.62毫米“加特林”机枪，以及“刺针”式空对空导弹。更新式的AH-6J型可以利用C-130运输机实施空运，并可以在抵达目的地后的5分钟内卸载并投入作战。MH-6型则于此截然不同，它安装了遂行特种作战任务必需的各类装备，专门用于将小规模战斗分队楔入或撤离敌后区域。两种改型的乘员数都是两人，在时速250英里时最大航程为400英里。
>
> MH-60“黑鹰”：这种通用直升机不仅为好几支陆军与空军特种部队所使用，它同时也是美国军方的标准中型通用直升机。第101空中突击师装备了好几种MH-60直升机的改型，以满足各种专门任务的需要。大部分黑鹰直升机的功能都是充当运输直升机，它们的任务是将一个班的士兵及其装备运入战场。MH-60L型①不仅安装了防弹装甲，同时还携带了“地狱火”反坦克导弹，用来执行近距离空中支援任务。MH-60K型则更进一步，安装了用来实施夜间飞行以及低空贴地飞行的大量航电装备，可以很轻松地用于特种作战行动②。“黑鹰”家族的最新改型是“直接行

① 此处为作者误植，MH-60K“黑鹰”具备武器携载能力，但仅装备第160特种作战航空团。——译者注
② 此处为作者误植，MH-60K仅仅装备了第160特种作战航空团。——译者注

2012 年 2 月 29 日，阿富汗的帕克蒂亚省的丹·胡·帕坦区。美国陆军士兵们正准备在坐落于该区的一座战斗前哨基地附近设立一个安全检查站。他们是隶属第 509 步兵团第 3 营 A 连的伞兵。（图片来自美国国防部）

动渗透者”[①]这一型号配备了完整的综合性火控系统，70 毫米火箭发射架、“加特林”机枪、30 毫米链炮[②]、“地狱火”反坦克导弹，以及“刺针”导弹。它的配置使它非常适合执行火力支援和武装护航任务。

CH-47“切诺克”：美国陆军的远程重型运输直升机，其早期型号曾经运用在越南战争之中。现在使用的型号是 MH-47E[③]，它的内置油箱容量为 1 000 加仑，可以连续飞行长达 6 小时无需加油。它同样也装备了 MH-60 系列的各种航电设备，因此具备夜间飞行能力、快速绳降能力以及空中加油能力。机舱内部可以运载 33 至 55 名士兵及其个人装备，或者两辆悍马高机动车辆，或者一辆悍马以及由“悍马”拖拽的一门 105 毫米榴弹炮。艉舱门的跳板式设计，使得运载的各种车辆可以在直升机着陆后直接驶出机舱。CH-47 直升机在飞行时需要两名飞行员以及 3 名枪炮手操纵机载的三挺 7.62 毫米“加特林”机枪——机身两侧各一挺，机尾跳板一挺。最后，切诺克

---

① 即 MH-60L DAP，MH-60L 基本型的“炮艇机”亚改型，不具备运兵能力，这一亚改型仅装备第 160 特种作战航空团。——译者注

② 休斯公司生产的 M-230 型。——译者注

③ 此处为作者误植，MH-47E 仅装备第 160 特种作战航空团，以及英国皇家空军的若干特种作战航空单位。——译者注

直升机的机身下方还有一套外置挂架，可以额外吊装数千磅的装备。

AH-67“阿帕奇”：这种综合了高速与致命两种特性的战争机器是美国陆军的主力攻击直升机型，该机装备的“地狱火”导弹性能先进，具备摧毁各类地面目标的能力。机载航电设备使用了最先进的飞行与传感技术，例如机上装备的目标搜索指示仪/飞行员夜视系统①，就使飞行员具备了在弱光或夜间环境下执行作战任务的能力。这一型直升机需要两名乘员、飞行员以及一名武器操纵员，配备了一套非常先进的与座舱显示器联动的头盔观瞄系统。“阿帕奇”直升机的空重为 17 650 磅，装备一具由两台引擎驱动的四桨叶螺旋桨，最大续航时间为 3 个小时。机载武器除了“地狱火”导弹之外，还可以装备 76 枚 2.75 英寸火箭弹以及一门 30 毫米自动加农炮。阿帕奇直升机在战场上主要用来执行反坦克任务，对于伞兵部队来说坦克是最主要的威胁。低空高速飞行的武装直升机几乎不可能被探测得到，它们是装甲车辆天生的克星。

已知作战行动

第 82 空降师

自从冷战结束后，第 82 空降师作为快速反应部队的主力，参与了数次战斗以及人道主义任务。1992 年 8 月，一个旅被派遣到佛罗里达州南部，救助因安德鲁飓风而流离失所的当地灾民——他们接受了该旅提供的食物、庇护所以及医疗援助，达 30 天之久。两年后即 1994 年 9 月 16 日，第 82 空降师被部署到了海地，参加了“恢复民主”行动，伞兵们的到来迫使之前推翻海地民选政府的拉乌尔·塞德拉斯中将辞职，并流亡海外。1994 年 12 月，第 505 伞降步兵团第 2 营抵达巴拿马，镇压了被羁押在当地且心怀不满的古巴难民。1999 年 3 月，同一个单位为了参加当时正在科索沃地区实施的“联军部队”行动(Operation Allied Force)，被部署到了阿尔巴尼亚，并且在不久之后的 2000 年 3 月，得到了第 505 伞降步兵团第 3 营的增援。2005 年 9 月，第 82 空降师第 3 旅被部署到了经卡特里纳飓风肆虐之后的新奥尔良，并恢复了当地国际机场的运作。2010 年，第 82 空降师的大批部队被派往刚经历了大地震的海地，向当地人分发了食物与医疗用品。

纽约世界贸易中心遭遇恐怖袭击之后，该师的数支部队被派往阿富汗参与了“持久自由”行动，其中大部分部队是在 2001 年 10 月出发的。2002 年 6 月，在得到了第 3 旅旅部连和其他部队的增援后，该师驻阿富汗部队扩充到一个完整的旅级战斗队，他们一直在该国执行战斗任务，直到 2003 年 1 月第 1 旅级战斗队前来换防为止。在这段时间里，第 504 伞降步兵团第 3 营 B 连的 70 名伞兵，在阿富汗西部地区实施了一次秘密的空降作战行动，行动的目的与结果至今仍然被分类为机密材料。2004 年 9 月，第 505 伞降步兵团第 1

① 即 TADS/PNVS，此处作者指的是该系统的“现代化”型号：M-TADS/PNVS“阿帕奇箭头”，提升了旧系统性能 1.5 倍的同时通过简化维修保养程序降低了整个系统的使用成本。——译者注

营奉命进入警戒状态，随时准备部署到阿富汗，为该国的第一次自由选举提供安全保障。2007 年 1 月，第 4 旅旅部、第 4 旅级战斗队以及航空旅作为多国联合特遣部队 82 的一部分，进行了海外部署，并在 2008 年 3 月调回了布拉格堡。第 4 旅于 2009 年 8 月被第二次部署到阿富汗，直到 2010 年 8 月期满回国。

2003 年 3 月 21 日，第 82 空降师间接参与了“伊拉克自由”行动，当时第 2 旅及其旅部充当了战区预备队。该师的几个旅曾轮流部署到伊拉克境内，直到 2005 年 4 月该师的主力部队才全部调防回国。在该师的第一轮部署期间，共有 12 000 名伞兵在阿富汗参战，其中有 36 名伞兵阵亡，另有 400 人受伤。从那以后，该师的第 1 和第 2 旅级战斗队已完成了他们在伊拉克的第二次部署，每一次他们都会举行小型仪式，以纪念在第一次部署期间阵亡的伞兵。第 82 空降师至今仍然保持着最高警戒状态，随时准备在美国的利益受到威胁时，被部署到世界的任何地方。

第 101 空降师（空中突击）

自冷战结束后，第 101 空降师（空中突击）一直保持着相当活跃的态势，执行了数次人道主义任务。2000 年 10 月，第 327 步兵团第 2 营自肯塔基州的坎贝尔堡开拔，前往科索沃地区，为当地正在进行中的全国普选提供安全保障。同年 11 月，第 327 步兵团第 3 营被部署到蒙大拿州，协助扑灭了当时发生在比特鲁特国家森林的大火。值得一提的是 2001 年 9 月，世界贸易中心遭袭后，该师是首批投入作战行动的部队之一。几乎就在遇袭后不久，第 2 旅（官方绰号：“打击”）就被部署到了科索沃地区，协同早已部署到当地的特种部队第 5 大队的分遣队执行维持和平任务。同年 10 月，该师的第 3 旅（官方绰号：“落下伞”）在“持久自由”行动期间，成了该师中第一支抵达阿富汗执行针对塔利班与基地组织武装的作战行动的单位。他们所参与的作战行动将在后面加以叙述。2008 年，第 4 旅级战斗队（官方绰号：“柯拉希”）下辖的第 506 步兵团第 1 营与第 2 营被部署到了阿富汗。他们在得到了第 101 战斗航空旅的加强后不久，即作为“命运”特遣队的一部，被调往了巴格拉姆空军基地。2009 年，第 159 战斗航空旅替换了第 101 战斗航空旅之后，“命运”特遣队被更名为“雷霆”特遣队。一年后的 2010 年 3 月，第 101 战斗航空旅被第二次部署到阿富汗，这一次他们的基地位于坎大哈机场，隶属于南方地区司令部。

“伊拉克自由”行动期间，大规模常规军事行动也并未停止。当时由戴维 · H. 彼得雷乌斯少将指挥的第 101 空中突击师第 1 旅，作为第 5 军的一部分被部署到了科威特。赋予该旅的任务是支援第 3 步兵师（机械化）攻占萨达姆国际机场，肃清进攻路线上的伊军支撑点，典型的例子是攻克那杰夫市的战斗，有好几千名好斗的“萨达姆敢死队员”（fedayeen，即阿拉伯突击队员）在那次战斗中被击毙。战斗于同年 4 月逐渐止息后，该旅将作战基地设在了摩苏尔市，并从那里发动了数次针对阿拉伯复兴党中坚分子与其他叛乱团体的扫荡。2004 年春，第 101 师被调回坎贝尔堡后，根据陆军的模块化改编计划进行改编后，下辖部队为：4 个旅级战斗队、2 个战斗航空旅以及 1 个后勤支持旅。这一全新的组织架构，使“呼啸之鹰”成为了美国陆军中规模最大的师级单位。2005 年夏季，第 101 空中突击师作为“兄弟帮”特遣队(Task Force Band of Brothers)的一部，被第二次部署到了伊拉克，轮换原来驻扎在此的第 42 步兵师。同年年末，该师的军人还奉命对尼尼微省以及杜胡克省的伊拉克安全部队提供了训练。与此同时，第 2 和第 4 旅级战斗队则与第 3 步兵师一道，组成了“巴格达”特遣队，执行安全保障任务。第 506 步兵团第 1 营也被编入了后者，并且与海军陆战队一道进驻了安巴尔省(Al Anbar Province)，那被认为是伊拉克最危险的一个省份，同时第 1 旅级战斗队与第 3 旅级战斗队则分别进驻了基尔库克市与萨拉赫丁省(Salah ad Din)。除了例行的作战行动之外，第 101 师的军人还参与了遍布伊拉克全境的大量民事行动项目，其范围涵盖了学校、医院以及警察局的重建工作。2008 年 11 月，第 2 与第 3 旅级战斗队从伊拉克轮换回了坎贝尔堡，第 4 旅级战斗队则在 2009 年 3 月，完成了他们的第二次驻伊拉克任期后回国。

第 187 步兵团(“降落伞/Rakkasans”)

尽管在通常情况下，它是第 101 空中突击师的一部分，但是第 187 步兵团的长期表现相当优异，并不亚于其母单位。以最近的例子而言，该团是“持久自由”行动期间第一个抵达阿富汗的常规单位。2002 年 3 月 2 日，实施的“蟒蛇”行动(Operation Anaconda)期间，该团第一次经受战火洗礼。那次空降突击行动的目的是，引诱并歼灭当时正在沙伊科特山谷地区活动的塔利班与基地武装的残余力量。行动当天，“降落伞”特遣队搭乘 CH-47“切诺克”直升机在山谷的东侧山脊着陆后，遭遇了来自高地的火力。因此，8 架直升机中只有 2 架成功放下了搭载的部队，在其后的 16 个小时里，第 187 步兵团第 1 营 C 连击退了敌军以绝对优势兵力发动的进攻。隶属第 101 航空团第 3 营的 AH-64D“阿帕奇”攻击直升机也为他们提供了火力支援。当天晚上，该连成功撤离山脊时，有 19 名伞兵伤亡。该连被授予了总统集体嘉奖令(PCU)。敌军的伤亡人数不明，但据推测应该远远超过美军的伤亡。

2003 年 3 月，“伊拉克自由”行动的最初阶段，由麦克·林宁顿上校指挥的第 187 步兵团第 3 营(绰号：“铁降落伞”)配属给了第 3 步兵师(机械化步兵)。经过一系列艰苦的战斗之后，该营成为了第一批开进巴格达的盟军部队，并且再次被授予了总统集体嘉奖令①。之后该营与第 1 营一道对尼尼微省的西北部实施了扫荡，与此同时，第 2 营则在辛迦尔省与比亚执行了同类任务。2004 年，“降落伞”被调回了坎贝尔堡，享受他们当之无愧的休整，随后在 2005 年秋第二次部署到了伊拉克。这一次他们的团长是迈克尔·D. 斯蒂尔(Michael D. Steele)上校，该团的注意力集中在萨拉赫丁省并在“蜂群”行动(Operation

① 这是该营历史上获得的第 5 枚总统集体嘉奖令。——译者注

Swarmer)中扮演了重要角色，那是自开战以来在伊拉克实施的规模最大的作战行动。通过与伊拉克安全部队的协作，他们击败了逊尼派暴乱组织以及基地组织的当地分支，并且在行动期间起获了好几处存放武器与炸药的秘密贮藏地点。第187步兵团再次回国休整后，又于2007年10月，作为新组建的(第101空降师)第3旅级战斗队第三次被部署到伊拉克，他们的驻地靠近巴格达。赋予他们的任务是确保底格里斯河与幼发拉底河河谷地区的治安，这一片三角地带被称作“死亡三角洲”。经过一系列的战斗之后，数支活跃在该地的叛乱武装或被歼灭或被俘获，因此当“降落伞”于2003年11月调防回到坎贝尔堡之前，该地区已经足够安全，可以被移交给伊拉克安全部队管辖，以便在未来更好地整合进一个全新的主权国家。

第173旅级空降战斗队(“天兵”)

该部实际上是一个独立空降旅，并且与第18空降军毫无隶属关系。尽管如此，该旅的伞兵执行的是与前者同样性质的任务，并且使用的是同样的武器装备，接受同样的训练。第173旅目前的作战建制如下：

第503步兵团(空降)，第1营(驻地：意大利维琴查；官方绰号“第一块岩石”)

第503步兵团(空降)，第2营(驻地：意大利维琴查；官方绰号：“岩石”)

第319空降野战炮兵团，第4营(驻地：德国班贝克的沃尔纳兵营；官方绰号：“一群野兽”)

第173空降旅级战斗队，特种支援部队营(驻地：德国班贝克[①]；官方座右铭：勇气与力量)

第91骑兵团，第1骑兵中队(任务：RSTA，侦察监视与目标获取；驻地：德国施韦因富特的康恩兵营；官方座右铭：“警惕”)

第173支援营(官方驻地：德国班贝克的沃尔纳兵营；座右铭：尽最大努力)

自1991年起，第173空降旅级战斗队就已经证明了该旅是美国陆军中数一数二的空降单位。事实上，自冷战结束起，第173空降旅就活跃于全球各地。直到2000年6月12日之前，这个旅一直是作为第101空降师实际上的第3旅而存在，在那之后它才被重组为一个独立空降旅，并作为南欧特遣队[②]的一部，驻扎在意大利的维琴查。这一变更是基于美国陆军总参谋长艾瑞克·健·新关将军(Eric Ken Shinseki)[③]提出的“新政策”：强调以旅级建制部队作为基本的行政与作战单位，以此来取代规模较大同时欠缺灵活性的师级建制部队。在完成改编后，第173空降旅被部署到了波斯尼亚、科索沃、匈牙利、摩洛哥以及捷

① 此处为作者误植，该营的驻地是意大利维琴查的艾德勒兵营。——译者注

② 即SETAF，现在的美国驻非洲集团军/USARAF，总部位于意大利的维琴查。——译者注

③ 艾瑞克·健·新关将军(1942—)第三代日裔美国人，1965年毕业于西点军校，曾任美国陆军第34任总参谋长。——译者注

克，通过这些训练磨砺它的作战能力。2003年3月14日，在第二个完成战备的空降步兵营被编入该旅后，它正式宣布完成了战备工作。仅仅12天后，第173空降旅即参加了“伊拉克自由”行动，它配合第10山地师以及早已潜入伊拉克境内的特种部队第10大队成员，实施了一次空降突击作战。

“天兵”作为由威廉·C. 梅维尔(William C. Mayville)上校指挥的“维京人”特遣队的一部，奉命为活跃在石油城基尔库克周边地带的库尔德抵抗组织提供军事援助。2003年3月26日，作为“北方迟滞”行动的一个组成部分，1 000名来自第173空降旅的伞兵在巴舍尔机场(Bashur Airfield)实施了伞降，伞兵们着陆后分散在了一片边长达10 000码的区域内，并且花费了15个小时才完成集结。当机场被肃清后，该旅的余部被空运到了当地，之后2003年3月29日，“天兵”转入了攻势作战。次日，“北方的选择”行动开始实施，第173旅进驻并控制了位于当地的各个油田。在这一系列的“接管”行动中，他们与下列敌军单位发生了交战并击败了对方，敌军的番号分别是：伊拉克第2、第4、第8以及第38步兵师，上述各师在战斗中得到了“安萨尔·伊斯兰”恐怖组织(Ansaral-Islam)不同程度的协助。4月10日，基尔库克城区宣告肃清，巷战中“天兵”共有9名伞兵伤亡。在地面战结束之后发生的作战行动中，第173空降旅发现了超过两千块属于萨达姆政权的金锭，之后作为“半岛打击”行动(Operation Peninsul Strike)的参战部队，他们粉碎了阿拉伯复兴党以及其他恐怖组织最后的有组织抵抗。而后他们又作为“刺刀”特遣队(Task Force Bayonet)的一部，参与了对当时出没在基尔库克城区及其周边地区的土耳其特种部队成员的逮捕行动，后者当时对库尔德平民实施了非法越境行动。该旅在接下来实施的作战行动中，例如“刺刀寒光”行动(Operation Bayonet Lighting)破获了好几处秘密藏匿武器的地点，“天兵”连续执行此类任务，直到他们于2004年2月21日调防回意大利为止。

2005年3月，第173空降旅在凯文·欧文斯(Kevin Owens)上校的指挥下，抵达阿富汗开始参与“持久自由”行动。作为“刺刀”特遣队的一部，“天兵”被部署到了南部地区司令部的防区内，包括：扎布尔省、坎大哈省、赫尔曼德省以及尼姆鲁兹省。在这一时期内，该旅与多支塔利班、基地组织、当地匪帮的武装力量频繁发生低烈度武装冲突，共有17名伞兵阵亡。2006年3月，第173空降旅被调回了意大利，同年10月，他们在那里根据陆军最新的模块化建制重组计划，被整编为第173空降旅级战斗队。全新的模块化组织使得该旅具备了进行长期作战的自持力，新编入该旅的多个支援单位保证了这个旅，在地面作战中具备足够的补给与机动能力。2006年6月8日，(旅属)特种支援部队营成立，并被正式配属给了该空降旅级战斗队。这个特种支援部队营由3个连组成，外加1个营部连①。2007年2月，“天兵”第二次被部署到阿富汗，接管了第10山地师第3旅级战斗队以及第

① 第173空降旅级战斗队，特种支援部队营建制如下：A连为战斗工兵连，B连为军事情报连，C连为通信连。——译者注

82 空降师第 4 旅级战斗队的防区。这些防区位于阿富汗的东部，其中尤其是在楠格哈尔省、纽里斯坦省、库纳尔省、帕克蒂卡以及拉格曼省等地区。在为期 15 个月的部署中，该旅的伞兵执行了超过九千次战斗巡逻任务。在与敌军发生的零星交火中，伞兵在绝大多数情况下取得了胜利，只有一次重要交火例外。

那是在 2008 年 7 月 13 日，一支由 200 名塔利班武装人员组成的部队攻击了位于纽里斯坦省瓦纳特的卡勒巡逻基地，该基地的驻军为 503 步兵团(空降)C 连 2 排，该基地为高山环绕，地形相当不利于防守，塔利班武装人员轻易地摧毁了基地的重型迫击炮阵地，然后他们又攻克了附近的一座观察哨所，守卫该哨所的伞兵有 9 人阵亡、27 人受伤。当武装直升机以及喷气机赶到时，塔利班武装已经几乎要突破巡逻基地外围的带刺铁丝网，前者使得塔利班武装在撤退途中遭受了惨重的损失。友军赶到后对塔利班部队实施了追击，后者一直逃到一座临近村镇后才得以摆脱追击。这一次攻击是自发生于 2005 年的“红翼”行动之后，美军在阿富汗遭受的人员伤亡最惨重的一次单一事件。除了上面提到的战例之外，还有另外 43 名“天兵”部队的伞兵在这一次海外部署期间阵亡。

然而在“天兵”卷入的另外一场小规模战斗中，他们取得了相对而言较好的战果。那是在 2007 年 10 月 25 日，塔利班武装对位于库伦加尔山谷一处孤立的前哨阵地发动了攻击，负责守卫该前哨的是第 503 步兵团(空降)2 营 B 连的一支分遣队。幸运的是，参谋军士塞尔瓦托·吉安达(Staff Sgt. Salvatore Giunta)使用榴弹击退了这次进攻，另外还击毙了两名试图拖走一名受伤伞兵的塔利班战斗人员。2010 年 9 月 10 日，美国政府宣布：吉安达军士因为这次行动中的勇敢表现，被授予国会荣誉勋章；他是自越战结束之后，第一位自战斗中生还的授勋者。

第九章

第 10 山地师(轻步兵)

官方座右铭①:Climb to Glory.(为荣耀而攀登。)

按照当前的编制,第 10 山地师(轻步兵)是美国陆军中一支专门在困难地形下执行作战任务的部队。同时它也是少数几个编制经过特别调整的部队,全师的兵员与装备可以通过战略空运在全球范围内完成快速部署,并能立即转而执行战斗或人道主义救援任务。因此该师保持着最高程度的战备状态,可以在接获警报后的 96 小时内完成海外部署。为了能够在上述时间段内完成部署,其中一个旅被指定为在全师中第一个实施部署,该旅下辖的一个营级特遣部队的任务就是成为建制内第一个完成部署的单位。这一姿态反映了该单位的宗旨是:在接到警报以后,即刻将手头可以动用的任何部队或装备投入战斗。自 2005 年起,第 10 山地师按照美国陆军全新的模块化建制,与陆军的其他师一起实施了改编,但是它作为一个师级单位仍然保留了最高程度的灵活性。值得注意的是,在近期的历史上,它相比美国陆军的其他师执行了更多的海外任务。尽管该师属于轻步兵建制,该师下辖的各个单位在难以通行的地形上实施的作战行动中,还是表现出了高度的机动性,并且配备了惊人的火力以及其他最先进的装备。作为第 18 空降军的一个组成部分,它至今仍然是美国最重要的快速反应部队中的重要组成部分。

组织架构

第 10 山地师(轻步兵)目前下辖了 4 个旅级战斗队,另外还加强了 1 个战斗航空旅(主力机型为 UH-60"黑鹰"直升机)以及 1 个特种支援部队旅。该师所接受的特种训练、配备的专用装备以及具备高度灵活性的编制,使得该师具备了在最难以通行的地形、最恶劣的气象条件下执行作战任务的能力。

① 中文"官方座右铭"译者加。——译者注

第 10 山地师师部营

师部连(参谋与支援)

网络支援连

第 10 山地师乐队

第 1 旅级战斗队(官方绰号:“武士”)

第 87 步兵团,第 1 营(官方座右铭:我们征服险峻山脉)

第 22 步兵团,第 2 营(官方座右铭:行动而非言辞)

第 71 骑兵团,第 1 骑兵中队(任务:MiTT,军事训练;座右铭:英勇前进)

第 6 野战炮兵团,第 3 炮兵营(官方座右铭:迅速而大胆)

第 1 旅级战斗队特种支援部队营(官方座右铭:易洛魁人)

第 10 旅级部队支援营

第 2 旅级战斗队(官方绰号:“突击队员”)

第 14 步兵团,第 2 营(官方座右铭:谨守战线)

第 31 步兵团,第 4 营(官方座右铭:为了国家)

第 89 骑兵团,第 1 骑兵中队(官方座右铭:准备就绪)

第 15 野战炮兵团,第 2 炮兵营(官方座右铭:算了吧)

第 2 旅级战斗队特种支援部队营(官方座右铭:活力与尊严)

第 210 旅级部队支援营

第 3 旅级战斗队(官方绰号:“斯巴达人”)

第 32 步兵团,第 1 营(官方座右铭:以寡击众)

第 87 步兵团,第 2 营(官方座右铭:我们让山脉屈服)

第 71 骑兵团,第 3 骑兵中队(官方座右铭:勇敢前进)

第 25 野战炮兵团,第 4 炮兵营(官方座右铭:行动胜于空谈)

第 3 旅级战斗队特种支援部队营(官方座右铭:力量与技巧)

第 710 旅级部队支援营

第 4 旅级战斗队(官方绰号:“爱国者”)

第 4 步兵团,第 2 营(官方座右铭:不要践踏我)

第 30 步兵团,第 2 营(官方座右铭:国家高于个人)

第 89 骑兵团,第 3 骑兵中队

第 25 野战炮兵团,第 5 炮兵营

第 4 旅级战斗队特种支援部队营

第 94 旅级部队支援营

战斗航空旅(官方绰号:“隼鹰”)

第 10 航空团,第 1 营(官方座右铭:天空的士兵)

第10航空团,第2营

第10航空团,第3营

第6骑兵团,第6骑兵中队(官方座右铭:爱国精神引领我们)

第277航空支援营

第10支援旅①

第10支援旅特种支援部队营

第63爆炸物处理营

第548战斗支援营

第91军事警察营

第7工兵营

第620交通管制队

人事与训练

为了与该师的建制保持一致,所有隶属第10山地师的军人都获得了在他们的制服上佩戴“山地部队”弧形臂章的权利,表明他们的精锐部队身份。事实上他们接受的训练,足以使得他们不仅胜任山地作战,而且具备在大部分难以通行的地形上执行作战任务的能力。有志于成为山地步兵的陆军士兵在结束了基础训练之后,首先要前往坐落于纽约州的德鲁姆堡(Fort Drum)报到;之后会前往位于佛蒙特州的陆军山地作战学校(Army Mountain Warfare School)受训;并在阿拉斯加州的格瑞里堡(Fort Greely)进一步强化他们的登山技能。这几个阶段中他们将要接受的技术指导包括:如何使用雪橇,如何穿着雪鞋行军,如何使用阿基奥雪橇②,在绳索的辅助下攀登冰川或从冰川顶端下降,以及如何在装备了雪地车辆的小型特种单位的支援下进行雪地作战。这些课程对体能的要求相当严酷,学员们被强制要求进行跑步、远足以及在各种气象条件和气温下,

美国陆军第10山地师臂章和山地步兵弧形臂章。③(图片由美国陆军提供)

① “第10支援旅”等7行内容为译者所加。——译者注

② 北欧地区使用的一种由一条雪橇犬或一名滑雪者拖拽的雪橇。在美国陆军军语中,这个词特指任何形式的由人力拖拽的雪橇。——译者注

③ 原书没有说明,此说明为译者所加。——译者注

在陡峭地形上实施行军。而这只是最基本的要求，部队对这些（未来的山地师）士兵们的期望是：可以在岩面上背负沉重的背包，携带个人武器，使用攀登装备（实施山区）行军，或者利用雪橇实施雪上行军。除了这些艰苦的训练之外，受训士兵还要学会如何灵活交替运用机动和攻击两种手段，迅速地肃清指定的目标。

装备

作为一支轻步兵部队，第10山地师装备了各型标准步兵武器，例如M-16步枪，通常还会加挂一具M203型40毫米榴弹发射器。作为世界上科技水平最高的作战部队，这一点还体现在部队内部广泛配备的各种电子配件上。这些电子配件包括：各种夜视护目镜、迫击炮火控系统、强化导航能力的GPS，以及基于国际商用机器公司的Thinkpad手提电脑设计的“徒步士兵系统”。技术含量相对较低的装备包括：合脚的靴子、温暖的作战服、保持士兵战斗力必备的备用袜子，以及地图与罗盘。

已知作战行动

冷战的结束并未使第10山地师从各类行动中松懈下来。1993年12月，该师被部署到索马里参加了“重建希望”行动，当时的师长是史蒂夫·L.阿诺德（Steven L. Arnold）少将。山地师士兵们的任务是确保公路沿线各个主要城市的安全，同时还要保证救援物资可以通过安全通道，分发到索马里人民手中。之后事态的发展把他们卷入到了该国的血腥内战中，并迫使他们出于自卫目的，与当地人进行了一系列交火——各个派系间的战斗主要围绕着对新近运抵该国的食品与医药（等人道主义救援物资）的争夺而展开。尽管如此，隶属第41工兵团的A连还是在基斯马尤构建了一座长达160英尺的“贝利桥”，这是自越战结束以来（美国军队）所构建的规模最大的同类军用急造桥梁。尽管取得了上述进展，索马里人还是深受当地武装民兵以及他们的“技术装备”①的困扰，他们漫无目标地散布在首都摩加迪沙的各个区域，随心所欲地对人群胡乱射击或者实施抢劫。1993年10月3日，代号为“突击队员”的特种作战特遣部队在完成集结后，他们试图逮捕一名在当地非常典型的可憎军阀：穆罕默德·法拉·艾迪德。然而，美军有两架直升机在市区上空被击落，然后第10山地师第14步兵团第2营奉命进入市区，确保特遣部队撤离过程中的安全。他们遭遇了大批武装民兵发动的源源不绝的攻击，战斗过程中被迫实施了逐屋争夺，才抵达陆军突击队员们被包围着的奥林匹克饭店，在长达3个小时的连打带跑的枪战之后，第2营在巴基斯坦装甲车的支援下，替换了被包围的陆军突击队，并且引导后者顺利突围。在长达六个半小时持续不断的交火中，第10山地师有1人阵亡、29人受伤，这是自越战结

① 各个厂牌的轻型卡车在安装了大口径机枪等“重型武器”之后被称作“技术装备”。——译者注

2001 年，美国陆军中士约翰・马泰克在阿富汗洛加尔省赫尔瓦地区的梅里盖特村实施的一次巡逻中，与敌人交火后正在通过安装在 M4 卡宾枪上的瞄准镜搜索敌人的位置。马泰克隶属于第 10 山地师第 4 旅级战斗队第 30 步兵团第 2 营 D 连。(图片来自美国国防部)

束以来持续时间最长的一次交火。1994 年 3 月 12 日，该师作为最后一个师级单位撤离索马里，回到了德鲁姆堡，该师当时已有 7 300 名士兵在索马里执行了维和任务。

同年稍晚一些时候，第 10 山地师被选中参加了正在海地实施的“坚持民主”行动，并且成为驻海地多国部队以及特遣部队 190 的核心力量。这支由来自 20 个国家的士兵组成的多国部队中，有 8 600 名士兵来自第 10 山地师。1994 年 9 月 19 日，该师的第 1 旅实施了陆军史上第一次依托航空母舰作为前进基地的空中突击作战，2 000 名士兵搭乘 54 架直升机在太子港国际机场登陆。这也是自 1942 年 5 月杜利特空袭东京以来，实施的规模最大的一次空中作战行动。他们的任务是维持一个稳定的国内环境，以便先前遭到罢免的民选总统让-伯纳德・阿里斯迪德(Jean-Bernard Aristide)重新掌权，并再次举行全国大选。当政权交接完成，第 10 山地师将该岛的防务移交给了第 25 步兵师后，该师的人员与装备于 1995 年 1 月 15 日调回了德鲁姆堡。

在 1997 年至 2000 年间，第 10 山地师被部署到了巴尔干半岛，作为“老鹰”特遣部队(Task Force Eagle)的一部，在波斯尼亚黑塞哥维那地区充当了维持和平部队。完成部署并展开后该师一分为二，单独实施了两次个别的作战行动，它们分别是：负责北方地区的“德鲁姆”特遣部队(Task Force Drum)，以及驻扎波斯尼亚的“老鹰”特遣部队(Task Force Eagle)。一直到 2000 年夏季，该师才将维和任务移交给了国民警卫队的第 49 装甲师，并调回了德鲁姆堡。其时，第10山地师已经成为自第二次世界大战结束以来，实施了最多次海外部署的陆军作战单位。

2001年爆发的反恐战争，又为第10山地师提供了一展身手的新舞台。在阿富汗进行的“持久自由”行动期间，师属特种支援部队营偕同第87步兵团第1营部署到了该国，他们完成展开后确保了前进作战基地的安全；在希比尔甘监狱（Sherberghan Prison）[①]对被抓获的3 500名塔利班武装人员实施了缴械与甄别；参加了攻克马扎里-沙里夫的战斗；镇压了恰拉-江基监狱发生的暴动[②]以及“蟒蛇”行动。在“蟒蛇”行动中，第10山地师的士兵们在战斗中击毙了数百名全副武装的基地组织武装人员，还摧毁了基地组织设在喀布尔东南100英里处的舍希科山谷（Shahi-KotValley）内的一座大型基地。上述部队在2002年夏季调回了德鲁姆堡，但是从2003年5月起，整个师又在阿富汗境内展开了一次大规模部署，其师部营还承担了联军联合特遣队180的指挥职能。并且在“雪崩”行动（Operation Avalanche）、“高山决心”行动（Operation Mountain Resolve）以及“高山蝰蛇”行动（Operation Mountain Viper）期间，第1旅实施的多次作战行动根除了防区内的塔利班以及恐怖分子武装。与此同时，第2旅承担了对新成立的阿富汗国防军（缩写：ANA）实施训练的任务。截至该年年末，该师有不少于六千名士兵在阿富汗执行任务。并且该师在2003年9月，按陆军全新的模块化编制实施了改编。2008年4月，该师进行了下一次海外部署，这一次的目的地是巴格达。师部的驻地位于巴格达南部，与此同时，得到了该师第4旅级战斗队加强的第4步兵师进驻了巴格达北部。原定加强上述两个单位的第10山地师第3旅级战斗队，在2009年1月转而部署到了阿富汗，替换了原来驻扎在洛加尔省和瓦尔达克省的第101空降师。不久以后，第2旅级战斗队也进驻了上述两个省，与此同时，第1旅级战斗队预计将于2010年春季完成在阿富汗的部署。2009年，杰瑞德・C. 蒙蒂（Jared C. Monti）[③]成为了该师第一位在“持久自由”行动中被授予国会荣誉勋章的士兵。

---

① 希比尔甘监狱事件指的是北方联盟的杜斯塔姆将军在转运塔利班俘虏期间，并未提供足够的运输工具，因而导致大量俘虏非正常死亡的事件。——译者注

② 参见第二部第十四章。——译者注

③ 杰瑞德・C. 蒙蒂（1975—2006），2006年6月他所在部队遭遇兵力占优势的叛乱分子攻击，他在试图救援一名伤员的过程中，尽管多次被叛乱分子击伤仍然不放弃对战友的救援，直至最终阵亡。他是反恐战争爆发以来第六位被授予国会荣誉勋章的美国军人。——译者注

第十章

第 160 特种作战航空团(具备空降作战资格)

官方座右铭:Night Stalkers never quit!(夜间潜行者决不退缩!)

在灾难性的伊朗人质救援行动中学到的最惨痛教训是:缺乏一个优秀的航空单位协助特种部队楔入目标区并实施其他机动动作,后果堪忧——尤其是在预警时间很短的情况下。美国陆军对这一教训的回应是,在 1980 年 6 月从第 158 航空营、第 229 航空营、第 159 航空营和驻扎在肯塔基州坎贝尔堡的第 101 航空营(隶属第 101 空降师)中招募志愿人员,开始白手起家组建一支精锐的特种作战部队。该部队成员的任务是开发全新的战术、技巧和技术,尤其是那些与佩戴第一代夜视镜实施夜间飞行相关的技巧。1982 年 4 月 1 日,这一临时编制的集群被正式命名为第 160 航空团,尽管如此,该单位还是在之后实施的作战行动中获得了"特遣部队 160"的绰号。对于最高军事当局而言,很显然假如该单位早成立两年,那么发生在"沙漠一号"的灾难完全是可以避免的。1986 年 10 月 16 日,它被正式升级为一个具备空降作战能力的单位。

在格林纳达的"暴怒行动"期间,第 160 航空团第一次经受了战火的洗礼。该部队的直升机搭载陆军突击队和"三角洲"部队成员,执行了营救格林纳达总督保罗·斯康爵士的任务,另外他们还支援了攻占里士满山监狱的战斗。上述两项任务全部顺利完成,但是该部有一架直升机被猛烈的地面火力击落。特遣部队 160 执行的下一项众所周知的任务发生在波斯湾地区,那也是 AH-6L"小鸟"直升机第一次从美国海军军舰上起飞执行作战任务。为了提高任务的安全系数,各个机组实施了刻苦的训练,以便能够在夜间,于海平面以上 30 英尺的高度实施超低空飞行,他们赖以实施如此高难度飞行动作的"技术装备"仅仅是随身佩戴的夜视镜而已。1987 年 9 月 21 日,一架从美国海军护卫舰"贾勒特"号(USS *Jarrett*)上起飞的 AH-6 直升机发现了正在国际水域非法布雷的伊朗舰只"伊朗阿贾"号(*Iran Ajr*)。同年的 10 月 8 日,另一架从美国海军护卫舰"福特"号上起飞的"小鸟"直升机,在遭到伊朗快艇队的射击后进行了还击,击沉了其中一艘快艇。这是军事史上直

第 160 特种作战航空团徽章。(图片由美国陆军提供)

升机在前视红外线设备和夜视镜的辅助下,实施夜间战斗的第一起战例。1988 年 6 月,在乍得实施的“芒特霍普 2 号”行动(Operation Mount Hope Ⅱ)①中,隶属第 160 航空团的两架 MH-47“切诺克”直升机,在热带丛林上空飞行了 490 英里,并成功回收了一架坠毁的苏制米-24“雌鹿”武装直升机。1990 年 12 月,特遣部队 160 在巴拿马参与了“正义事业”行动,该特遣队的 440 名成员以及各类机械装备,直接从坎贝尔堡部署到了巴拿马,其间没有发生一起重大事故。1989 年 12 月,若干支特种部队小队搭乘该单位的若干架 MH-60“黑鹰”直升机楔入了托里霍斯-托库门机场,与此同时,4 架 AH-6“小鸟”直升机攻击了巴拿马国防军(缩写:PDF)总部;其间尽管有 1 架 AH-6 被击落,但机上的乘员成功规避了巴拿马军队的搜捕。在整个行动中,“夜间潜行者”共有 4 人伤亡,其中战斗与机械故障原因各占一半,这对于该单位令人敬畏的名声不仅毫无影响,反而愈加增添了其光彩。

第 160 航空团的战绩超过了所有人的预期,因此在 1990 年 5 月 16 日,他们在完成了重组后,将番号变更为第 160 特种作战航空团(缩写:SOAR),并直属于新近成立的美国特种作战司令部(缩写:USSOCOM)的管辖之下。当时有鉴于他们对夜间作战行动的精通,他们的绰号“夜间潜行者”(Night Stalkers)也得到了官方的正式承认。完成改编后的第 160 特种作战航空团,很快就在“沙漠盾牌”行动期间得到了一试身手的机会,作为对伊拉克入侵科威特的回应,他们在 1990 年 12 月 3 日,被部署到了“卡利德国王国际机场”(King Khalid International Airport)。1991 年 1 月,“沙漠风暴”行动开始后,“夜间潜行者”在联军展开地面攻势之前,就对伊拉克军事目标实施了攻击。正如当时所发生的那样,隶属该团的人员和各种航空器的出动架次只能以“不计其数”来形容,它们为第 101 空降师的 AH-64“阿帕奇”攻击直升机实施了空中加油。并且还从伊拉克军队防线后方 60 英里纵深处,营救了一名被伊军击落的 F-16 战斗机的飞行员。值得一提的是,在这次救援中没有使用任何可见光照明设备,行动的每一个步骤都是在夜视镜的辅助下完成的。目前该

① 疑为作者笔误或原书印刷错误,这次机密装备回收行动的正确代号为芒特霍普 3 号。那架米-24“雌鹿”武装直升机在利比亚与乍得的武装冲突期间坠毁,第 160 特种作战航空团的“回收行动”的整个过程都是在乍得领空内进行的,显然是得到了该国政府的默许。——译者注

单位是美国最主要的执行夜间/全天候作战任务的特种作战部队。同时它也是美国陆军唯一的一支特种作战航空单位,其总兵力超过了 1 800 人。

组织结构

第 160 特种作战航空团(空降)代表着陆军特种作战单位第一次不再需要从自己的军种之外获得实施"楔入/脱离"行动的能力。无论从组织训练和装备上,他们都是按照陆军特种作战提供航空支援的要求完成的,并且可以在接到短期警报后就部署到全世界的任何地方。该团目前下辖 4 个营、1 个团部连和 1 个专用的训练连。该团装备的直升机也专门安装了琳琅满目的电子传感器和航电设备,以满足在各种环境下进行特种作战行动的需要。不期而至且猛烈的夜间攻击,是"夜间潜行者"们的作战特点。

总部(肯塔基州,坎贝尔堡)

团部连

系统集成与维护军官

特种作战航空训练连

第 1 营(肯塔基州,坎贝尔堡)

营部连

轻型攻击直升机连(机型:AH-6J"小鸟")

轻型攻击直升机连(机型:MH-6J"小鸟")①

中型突击直升机连(机型:MH-60K/L"黑鹰")

中型突击直升机连(机型:MH-60K/L"黑鹰")

中型突击直升机连(机型:MH-60K/L"黑鹰")

第 2 营(肯塔基州,坎贝尔堡)

营部连

重型突击直升机连(机型:MH-47G"切诺克")

重型突击直升机连(机型:MH-47G"切诺克")

航空维护连

第 3 营(乔治亚州,亨特陆军机场)

营部连

中型突击直升机连(机型:MH-60K/L"黑鹰")

重型突击直升机连(机型:MH-47G"切诺克")

重型突击直升机连(机型:MH-47G"切诺克")

航空维护连

---

① 所有的 AH/MH-6J 将在 2015 年全部升级为 AH/MH-6M。——译者注

第 4 营(华盛顿州,刘易斯堡)

营部连

中型突击直升机连(机型:MH-60K/L“黑鹰”)

重型突击直升机连(机型:MH-47G“切诺克”)

重型突击直升机连(机型:MH-47G“切诺克”)

航空维护连

人事与训练

“夜间潜行者”一贯为他们具备的专业能力而自豪,在每一次出击中机群抵达目标区后,他们可以按照仅比预定时间误差 30 秒的精度抵达各自的目标。军方对他们的要求是:不论昼夜,在任何气象条件下(依靠空中加油)飞抵全球任何地方,并且他们在完成历次任务过程中的成功率相当之高。该部队能够达到这样的熟练程度,只有两个原因:接受紧张的训练,并且部队的所有成员要对他们的工作保持“进取与苦干”的职业态度。为此,“夜间潜行者”在招募新成员时,只挑选志愿者中那些最优秀、已经考取了最多的相关职业资格的飞行人员、机组乘务人员或是地勤人员。未来的学员们不仅要通过陆军的基础训练、艰苦的空降训练,还要接受特种作战航空团内部的专业技能指导,其中包括为期 7 天、极度考验受训人员意志力的“体能与心理状态评估”。飞行员在申请加入部队前,必须满足最低一千小时的直升机飞行小时数,其中至少有一百小时必须是夜间飞行。那些“有幸”中选的受训人员,接下来就必须通过“基础任务资格课程”,它的非正式名称是“新兵排”(Green Platoon)。为该项目提供具体指导的单位是特种作战航空训练连。在这里士兵学员要接受为期 5 周的训练,军官学员则要接受为期 20 至 28 周的专业课程。“夜间潜行者”在他们的整个任期中,都要接受强制性的战术操练和演习,并且必须对与他们执行的那一形态的任务密切相关的各类日新月异的新技术,时刻保持着最新的认识。最后取决于每个新成员的个人能力,他们在完成训练后会取得为期一年到两年不等的“适宜执行各类任务”资格,并且要在三到五年的时间里,考取“飞行领导”资格。该部队准备充分的“战备状态”,只是严酷并且逼真的训练所造就的“附带产品”。可以毫不夸张地说,第 160 特种作战航空团的成员是全世界受过最精良的训练的一批飞行人员。

装备

波音 AH-6/MH-6:AH-6/MH-6“小鸟”型直升机,是第 160 特种作战航空团的“高速改装跑车”,该型直升机是越战时期装备的 OH-6“泥鳅”轻型观察直升机的直系后裔。这种机身小巧的直升机,在执行秘密作战行动时表现出来的能力,在一定程度上甚至掩盖了它貌似蛋壳状的机身,实际上相当具备“亲和性”的这一特性。事实上,截至目前,该机种的性能参数中,与攻击、空中突击和监视行动相关的数据仍然无法从公开渠道获得。一言以蔽之,该机型可以通过低空高速飞行,将一个小队的特种作战部队成员不为人知地带入敌对空域,并且以同样隐蔽的方式,协助他们完成“脱离”行动。较小尺寸也使得该机型具备了在人口相对密集的城市区域执行任务的能力,当它悬停在建筑物之间时,机上搭载的部队可以利用绳索下降到地面。在执行攻击性任务时,MH-6 型直升机可以挂载一套包括了空对地导弹和 7.62 毫米加特林机枪的武器站。另一种搭载 4 名“三角洲”部队突击队员的理想方式是,用安全带将他们系留在机舱外部,当抵达目标区域后,他们可以选择直接跳下地面或利用绳索下降到地面,具体方法取决于直升机悬停的高度。作为一个飞行平台,“小鸟”的动力来自一台喷气式涡轮引擎,机上安装了两套控制系统,由两名机组人员分别操纵。特别值得注意的是,该型直升机的尾梁上并未安装用来抵消主螺旋桨扭力的尾桨叶。作为替代,“小鸟”安装了一套“无尾桨系统”(缩写:NOITAR),通过安装在机尾的一套冷却空气喷射口,抵消主旋翼旋转导致的动臂运动。

西科斯基 MH-60L:“黑鹰”作为一种经过大量改装的运兵直升机,通常用来将陆军第 75 突击队团的成员载入险境。为了顺利完成这类任务,机身内部甚至安装了诸如红外线成像系统、全频率无线电干扰系统和一台与 M130 曳光弹/干扰箔条发射器联动的地空导弹雷达锁定侦测系统这样的“奢华配置”。它还能够在机身两侧的舱门处安装两挺机枪。MH-60L“直接行动侵入者”型同样也安装了一套进攻性武器系统阵列,因而可以执行通常交由攻击直升机实施的几乎任何类型的任务。与在特种部队中得到应用的其他武器装备一样,“黑鹰”的各个特种作战改型都具备全天候以及恶劣气象条件下遂行作战行动的能力。

波音 MH-47D/E:“切诺克”是越战时期初次投入实战的运兵直升机的升级改良型号。由两具螺旋桨提供推进力,机身外壳框架经过了精密的重塑与改良,以便容纳最新型的航电设备和电子传感器。其中包括:地形跟踪雷达、前视红外线光电扫描器装置以及一套用来规避并干扰敌军雷达和空防系统的电子干扰设备。这一系列的配置,赋予了该型直升机在弱光与低可视度环境下,仍然能够正常飞行的能力,可以令其他机型望而却步。它在机鼻处还安装了一套特征显著的探针状空中受油装置,通过实施空中加油可以大范围延长任务航程。“切诺克”可以装运 20 名全副武装的特种部队士兵前往交战区域,并且可以在悬停状态中让搭载的士兵缘着绳索降下地面。在作战层面,“切诺克”的适用任务范围包括:隐秘楔入/脱离、空中突击、再补给以及其他的专用任务。在飞行、降落与起飞的过程中,它的飞行品质非常稳定,只要甲板上有足够的空间,它们还可以利用美国海军舰艇为基地实施作战行动。最新式的 MH-47G 型在进行了大规模改装后,安装了全套的综合数字航空电子设备套装(缩写:IDA)和数据处理单位,改善了该型直升机在危险空域环境中的安全性,并且能够更高效地实施其作战行动。

已知作战行动

自1991年冷战结束以后，“夜间潜行者”在为美国服役的过程中有着持久的上佳表现，尽管其中很多作战行动至今仍然被分类为机密材料。该单位历史上最众所周知的一章发生在“哥特蛇”行动期间，那次行动的目的是逮捕一名双手沾满了鲜血的索马里军阀——穆罕默德·法拉·艾迪德。1993年10月3日，隶属第160特种作战航空团的MH-60“黑鹰”机群搭载着140名精锐的陆军突击队员和“三角洲”部队行动人员，飞临了该国饱受战争摧残的首都摩加迪沙的市中心。尽管搭载的部队成功地在人口稠密的城区着陆，但是直升机群却遭遇到了来自当地民兵的火力，其中两架被火箭弹击落。另外两架遭到了严重毁伤，并在返航回到基地后立即实施了迫降。3名飞行员身亡，第四名飞行员在坠毁过程中受伤并被当地民兵抓获。在之后的几个星期中，这成了后者用来讨价还价的筹码。两名“三角洲”部队突击队员当时曾经缘绳下降至坠机现场，试图确保生还机组人员的安全，但是不久后他们也在交火中阵亡。当突击队员们被数千名暴怒的索马里民兵压制在原地的同时，一支由美军(第10山地师)、巴基斯坦和马来西亚维和部队组成的快速反应部队经由陆路突破了包围圈，最终救出了所有被围人员，圆满完成了任务。与此同时，“夜间潜行者”的几架炮艇机对索马里武装匪帮实施了反复的扫射，杀死了数百名民兵。当整个事件落幕后，有19名美国军人被杀，其中5人隶属第160特种作战航空团，另有84人受伤。索马里人的伤亡人数据估计在一千人上下。这是自越战结束以后，美国地面部队经历的最激烈的一次交火。幸运的是，在干涉非洲事务时军事手段并不是唯一的选择。举例来说，1996年4月，第160特种作战航空团在利比里亚参加了“确保回应”行动(Operation Assured Response)。在接到警报的72小时内，执行这次任务所需的4架MH-47“切诺克”直升机，就在经过分解后通过C-5B“银河”(Galaxy)运输机空运到了当地，并在着陆后经过紧张的工作完成了组装。在以后的10天内，通过这些直升机及其机组人员毫不停歇的工作，从灾区疏散了2 500名平民。

轻盈、快速且致命，MH-6“小鸟”攻击直升机是“夜间潜行者”的主力攻击性武器。(图片由美国空军提供)

在2001年9月11日后，第160特种作战航空团又在全球反恐战争中发挥了显著的作用。隶属该部的人员和直升机逐步开赴阿富汗，参与了旨在推翻塔利班政权并猎捕幸存基地组织恐怖分子的“持久自由”行动。2001年10月19日，一架搭载了特种部队的MH-47E直升机从乌兹别克斯坦的卡希-卡拉巴德(Karshi-Khanabad)起飞后，飞行150英里抵达了阿富汗的德希，这次飞行正式宣告该团已完成了在当地的部署。根据公开信息，在几周后两架MH-47直升机参加了北方联盟部队夺取马扎里-沙里夫的战斗。同年 12 月,更多的直升机搭载着 150 名美、英特种部队成员深入托拉-博拉(Tora-Bora)山区,实施了对逃亡中的恐怖分子奥萨马·本·拉登的搜捕。2002 年 3 月 3 日,在舍希-科特山谷(Shahi-Kot Vally),当时两架 MH-47E 直升机正搭载着特种部队观察小队准备“楔入”该地区,其中无线电呼号为“刀片一号”(Razor 1)的直升机被火箭弹击落。幸存的陆军突击队员和机组乘员承受了来自周边山岭的猛烈火力,并有 5 人阵亡。最终拯救了剩余幸存者们生命的是毫无间断的空中支援和一支由第 160 特种作战航空团运到山脚下的快速反应部队,他们沿着山坡向上进攻并为幸存者们解了围。2005 年 6 月 28 日,另一次悲剧发生在“红翼”行动(Operation Red Wing)期间,在援救一支被包围在山区的海军“海豹”小队的过程中,又有一架 MH-47“切诺克”直升机被反坦克火箭弹击落,机上搭载的 8 名“海豹”队员和另外 8 名第 160 特种作战航空团的机组乘员同时丧生。2003 年 4 月 1 日,“伊拉克自由”行动开始后,“夜间潜行者”也积极参与了发生在该国的战斗,由他们实施的最著名的一次行动是:搭载一支特种部队,从位于纳沙里耶的一所伊拉克医院中,救出了被俘的二等兵杰西卡·林奇。2009 年 8 月 19 日,隶属第 1 营的一架 MH-60“黑鹰”,在科罗拉多州莱德维尔举行的一次演习中坠毁,机上所有 4 名乘员在坠机过程中丧生,这再一次向我们强调了前沿尖端科技在实际应用中的危险性。对于“夜间潜行者”来说,这是他们的日常例行工作中所固有的且必须承担的风险。

定义性行动

就在 2011 年 5 月 1 日午夜时分前,从位于阿富汗境内巴格拉姆空军基地的联合作战中心起飞的两架 HH-60“黑鹰”直升机和三架 MH-47E“切诺克”直升机,由“夜间潜行者”操纵进入了巴基斯坦领空。他们在飞行过程中使用了“低识别特征”模式,在先进的地形匹配雷达和红外线成像技术的帮助下,在合理飞航安全高度以下,通过蓄意紧贴地面飞行,完成了这次极度危险的“楔入”行动。他们的目的地是驻军城镇阿博塔巴德(Abbottabad),该城不仅是巴基斯坦军事学院的所在地,还坐落着一座为高墙环绕的建筑综合体——当时显然是被恐怖组织首脑奥萨马·本·拉登占用着。目前尚不为人所知的是:美军是如何以近乎“闲庭信步”的速度,在不被巴基斯坦军方侦测到的前提下,深入该国领空 90 英里的。据未经证实的消息称,他们对机载雷达信号应答机做了改进,使其可以模拟当地直升机所发射的电子识别信号;或者巴基斯坦政府早已得到了知会,故意对入境的美军机群“视而不见”。更接近事实的可能性是,这些旋翼机事实上安装了特制的消声设备,并在机身外壳上采用了反雷达隐身技术,使他们成为了夜空中的“隐形人”。无论如何,他们在未被侦测到的情况下,抵达了为夜幕笼罩的阿博塔巴德市。

显而易见的一点是,实际参与了行动的攻击队搭乘的是两架“黑鹰”直升机,与此同时预备队则留在“切诺克”直升机上待命——后者降落在了位于整个航程 2/3 位置处的一片沙漠之中。一旦发生意外,那些作为预备队的“海豹”队员将视实际情况加以干涉。事后证明，“夜间潜行者”在整个航程中确实做到了安静、隐匿，但是自然因素以一种令人意想不到的方式对这次行动施加了干预。阿博塔巴德市的海拔高度为 1 200 米——这表明当地的空气要相对稀薄，并且行动当天晚上的高气温越发减弱了，这些载重量已达到直升机引擎所能产生的升力的极限。按照原定计划，直升机将在目标上空悬停，随机的 21 名海豹队员和他们的军犬，将缘绳索快速下降至地面，但是当直升机在建筑综合体的院子上空悬停时，螺旋桨产生的向下气流在吹到 18 英尺高的围墙上反弹，产生的反吹气流或者叫“涡旋”，导致了那架 HH-60 直升机被迫实施了一次计划外的“硬着陆”。那次意外没有造成人员伤亡，搭乘的攻击组继续按照原计划实施了突袭，但是毁坏的直升机已经失去了飞行能力。所以当耗时 40 分钟的突袭结束后，“海豹”队员在坠毁的“黑鹰”上安置了炸药，乘坐剩余的一架 HH-60 以及备用的一架 MH-47E 实施了撤退。除了迫降时落在围墙另一边的尾梁之外，整架直升机在爆炸中炸成了碎片。在脱离行动区域返航阿富汗的航程中，也自有其惊险的一面，当时巴基斯坦空军出动了数架喷气式战斗机，以调查显然正在他们的领土上发生着的大规模军事行动。然而，他们无法侦测到这些使用了隐身技术的“入侵者”，后者遂安全返航巴格拉姆。对于“夜间潜行者”而言，这只是另一次成功的“楔入与脱离”行动，充斥着在该部队成员中已经习以为常的，诸如侥幸脱险、与灭顶之灾擦肩而过这一类的“老套情节”。

伴随着这一次成功而来的是事先不可预见的、来自技术层面以及外交层面上的枝节。尽管如此，在次日早晨，黑鹰直升机残骸的照片发表在了全世界的媒体上，其尾梁部位独一无二的某些特征，在经历了爆炸后几乎毫发无损，这些照片在航空界的有识之士中间引发了激烈的讨论。根据权威人士的推论：尾梁骨架与蒙皮所具备的隐形结构并非标准型 HH-60“黑鹰”直升机的特征。因此这架直升机显然经过了特别改造。尾桨叶片的尺寸、数量及其独一无二的形状，还有碟状的桨毂导流帽都表明了这是一种旨在消减噪声的结构。这在之前的各型直升机上都是前所未见的。五角大楼对于这种结构是否具备任何特殊属性这一问题，很快表达了不置可否的态度，但是美国政府考虑到，(包含)这项技术(的残骸)不论其现在的状态如何，早晚有可能落入敌对势力的掌中。(与技术泄密)同样重要的是从外交层面上看：巴基斯坦政府在行动开始前并未得到知会，已经将(这次突袭行动)当作了对其国家主权公然实施的粗暴侵犯。(该国政府的)愤怒公开表现于：他们开始计划削减与美国政府在反恐战争方面的本已薄弱不堪的合作。为此，参议院外交关系委员会主席、美国参议员约翰·克里(John Kerry)，在袭击发生两周后访问了伊斯兰堡，以期缓和两国之间的紧张局势。2011 年 5 月 21 日，巴基斯坦最终同意将直升机残骸归还美国。关于这架由“夜间潜行者”使用的 HH-60 直升机在具体特性和性能方面的猜测仍然在继续着，参与行动的重型“切诺克”直升机上是否安装了类似的特制消音桨叶同样引发疑窦。但是考虑到以笨重和嘈杂闻名的 MH-47E 在这次典型的“夜间潜行者”行动中，并未暴露行迹，那么即便它们接受过了这种改进，也是毫不令人惊讶的。

第十一章

情报支援行动

官方座右铭：Veritas Omnia Vinucla Vincit.（拉丁语：让真理冲破所有的禁锢。）

特种部队的世界一贯是笼罩在阴影之下的，尽管如此，在美国各支特种作战部队中，也没有任何一个单位（在保密方面）会像"情报支援行动"那样严守机密、不露丝毫口风。他们唯一的任务就是，为正在进行中的直接行动以及其他反恐怖行动提供实时情报支援，参与这类行动的通常都是特种部队中的特种部队——来自三角洲部队的行动人员，或者是隶属海军（特种）作战发展大队的"海豹"队员。就其本身而言，隶属该部门的所有行动人员都必须在收集人力情报（传统意义上的谍报）以及电讯情报（用通俗说法表达则是"电子窃听"）两方面具备相当高水平的技术能力，才能够确保任务的成功完成。

这个机构的起源要追溯到1979年的"鹰爪"行动，那次旨在解决"伊朗人质危机"事件最后却失败的任务。1980年夏季，该机构的创始人杰瑞·金（Jerry King）上校①组建了该机构的前身"外勤作战行动大队"（缩写：FOG）。成立这一单位的目的是，为当时已经落实到地面行动阶段的第二次营救尝试②收集情报，尽管这次行动后来因为空中支援③未能到位而取消，"外勤作战行动大队"却保留并得到了扩充，并且在1981年3月3日重组，获得了新名称"情报支援活动"。目前它是美国陆军的一个固定分支机构，其秘密总部位于弗

① 杰瑞·M.金，美国陆军特种部队军官，困难地形跳伞以及军事自由落体跳伞领域的专家，越战时期作为特种部队军官与派驻南越陆军的军事顾问有优异表现，"鹰爪"行动前他的职位是参谋长联席会议非常规战部主任，退役后他在佛罗里达大学获得了哲学博士学位，并担任了特种部队协会第40任副主席与第60任主席。——译者注

② 即"诚实运动"行动。1980年11月2日，罗纳德·里根接受了"阿尔及利亚解决方案"，伊朗方面宣布将释放人质，该行动旋即宣告终止。——译者注

③ 此处为作者的误植。"诚实运动"行动中改装C-130运输机的子计划并未失败，该行动的取消也与运输机改造计划无关。——译者注

“情报支援行动”徽章。(图片由美国陆军提供)

吉尼亚州的阿灵顿①,并拥有超过700万美元的年度“黑色”(机密)预算②。目前该部门的行动中心主要集中在拉丁美洲以及中东地区,如有必要他们也具备在东非地区、东南亚地区以及欧洲执行任务的能力。

目前被透露出来的与“情报支援行动”有关联的作战任务,仅仅是几个无法加以证实的故事而已。他们取得的第一次成功发生在1982年,当时一小队电讯情报收集人员前往意大利,并且支援了对詹姆斯·L.多齐尔(James L. Dozier)准将的营救行动——准将当时被意大利恐怖组织“赤军旅”绑架。“情报支援行动”截获的电讯情报,为营救部队指明了多齐尔准将被关押的准确位置,准将于1982年1月28日成功获救③。同年年末,电讯情报小队开赴萨尔瓦多,支援了该国政府与得到了苏东阵营支持的叛乱武装之间的战斗,这次行动的代号为“女王猎人”。隶属“情报支援行动”的行动人员,驾驶一架经过大规模改装的比奇100“空中国王”客机④,对活跃在该国以及邻国洪都拉斯的各支左翼游击队组织,实施了严密的监视。他们收集的情报确保了萨尔瓦多与洪都拉斯军方,在未来三年内取得了一系列的胜利,并最终导致当地叛乱分子的溃败。另外还有谣言传说,他们参与了对越战结束后被秘密关押于东南亚地区的美军“失踪人员”的搜索。指挥那次行动的是陆军特种部队退役少校“波”詹姆斯·G.格里兹⑤,不过这次行动最终被美国政府取消。1993年11月,“情报支援行动”赢得了一次意义不可限量的成功。当时一支“信号情报”小队截获了一个由当时可卡因非法交易方面的重要人物,大毒枭帕布洛·艾斯科巴(Pablo Escobar)打出的一个欠缺谨慎的电话;他的位置因此暴露,并被通报给了哥伦比亚当局,该国的特种部队最终在

① 根据杰夫瑞·T.理查森的著作《真相克服一切枷锁》,当时该部门位于弗吉尼亚州阿灵顿的总部,其公开名称是所谓的“战术概念行动”。——译者注

② 这是“情报支援行动”成立之初的1981年的数据,该机构目前的预算不明。——译者注

③ 实施营救行动的是意大利警方的特种作战单位“中央安全行动勤务”(NOCS)。——译者注

④ 作者在此考据有误,驾驶比奇飞机参与了中美洲秘密行动的飞行员来自军方的秘密航空单位“海浪”,当时的驻地位于麦克迪尔空军基地。20世纪80年代初,中央情报局是唯一拥有在国外实施隐秘行动授权的机构,但相应地它们缺乏“硬件”设施;与此同时,美国军方拥有足够的技术装备,但不具备在海外实施隐秘行动的权限;双方遂“一拍即合”成立了秘密航空单位“海浪”,中央情报局下属的门面公司“航空技术勤务公司”充当了这个单位的掩护身份。——译者注

⑤ 詹姆斯·G.格里兹(1939—),美国陆军特种部队中校,他在越战结束之后对下落不明战俘实施的救援活动在当时引发了相当大的争议。——译者注

三角洲部队的协助下，包围了艾斯科巴，并将之击毙。

组织架构

有关“情报支援行动”具体规模的可靠消息鲜被透露给外界，尽管如此，还是有谣传宣称，有 100 到 200 名掌握了高级情报收集技术的特工在为该组织工作。至于他们的具体组织架构及任务模式，显然是军方的最高机密情报。

招募与训练

“情报支援行动”的工作人员有可能全部出身于军方的其他特种作战部队，尤其是三角洲部队以及海豹部队，但是中央情报局的“特别行动部”(SAD)同样也是(“情报支援行动”)招募行动人员的理想来源。任何有志于加入该组织的人员，必须对特种作战行动如何实施运作的全过程具备相当完整的认知。并且显而易见的是，中央情报局的“特别行动部”与“情报支援行动”有非常紧密的工作关系，从大量相关特种作战行动的描述来看，两个组织的人员完全可以互相分担对方的任务。如果上述说法属实，那么“情报支援行动”的所有成员都具备了通常意义上的“特种作战资格”，包括武器使用、通信、监视、侦察以及外国语言方面的专门知识。此外，正在为了加入“情报支援行动”而接受训练的受训人员，无疑还要学会其他与“黑色行动”领域相关的新知识，特别是电讯监听技术，以便更好地完成交付给他们的任务。

装备

可以很有把握地说，“情报支援行动”的行动人员大量使用的武器装备、通信设备、降落伞，以及其他的“楔入/脱离”技术，与美国所有特种部队中广泛使用的装备或技术别无二致。为了与他们掌握的电讯情报领域的专业知识相匹配，配备给他们的相关战地装备无疑都是当前技术水平下最先进的装备，并且它们的设计原理与具体的功能必然被分类为最高机密中的机密。

已知作战行动

1993 年，“情报支援行动”组织的特工在索马里参与了“哥特蛇”行动，他们及时提供了这次行动的主要目标——索马里军阀穆罕默德·法拉·艾迪德在摩加迪沙的藏身地点。1993 年 10 月 3 日，由陆军突击队以及三角洲部队行动人员执行的主要任务，随着两架直升机遭索马里民兵击落后化为了一场悲剧，但是另一支特种部队分遣队根据“情报支援行动”下辖的电讯情报小队提供的情报，逮捕了奥马尔·沙拉德·艾尔米(Omar Salad Elmi)和穆罕默德·哈桑·阿维尔(Mohammed Hassan Awale)——他们是艾迪德手下阶级最高

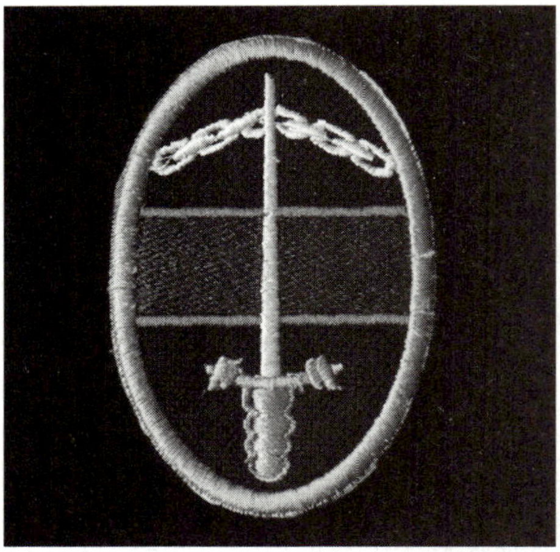

情报支援行动驻阿富汗电讯情报分队徽章。该分队代号"奥兰治"特遣部队,通过窃听基地组织以及塔利班领导层的无线电与手机通讯,向由三角洲部队、海军特种作战发展大队以及英国特种空降勤务部队下辖单位编组而成的"宝剑"特遣部队提供了大量实时情报。(图片由译者提供)

的两名幕僚,以及 24 名其他级别的俘虏。3 年后,他们又出现在波斯尼亚,参与了一次由联合国组织的旨在逮捕两名塞尔维亚族领导人拉特科·姆拉迪奇(Ratko Mladic)①以及拉多万·卡拉季奇②(Radovan Karadzic)的行动,这两人涉嫌策划了对当地穆斯林族与克罗地亚族实施的"种族清洗"。1997 年 7 月 10 日,隶属英国特种空降勤务团的一支小队依靠"情报支援行动"提供的情报,在格拉丁湖附近逮捕了米兰·科瓦切维奇(Milan Kovacevic)、西莫·德雅卡(Sisa Drljaca)和斯皮罗·米拉诺维奇③(Spiro Milanovic)。最大胆的一次逮捕发生在 1998 年 9 月 27 日,"情报支援行动"偕同英国特种空降勤务团深入塞尔维亚境内 50 英里,逮捕了另一名因为战争罪遭到起诉的塞尔维亚人斯特凡·托多罗维奇(Stevan Todorovic)。这些塞尔维亚囚犯最终在荷兰海牙以反人类罪遭到起诉。

就在 2001 年 9 月 11 日针对世界贸易中心的恐怖袭击发生之前,"情报支援行动"向中央情报局提供了当时已受通缉的恐怖分子奥萨马·本·拉登的藏身之地,有好几个旨在侵入阿富汗捕获他的计划曾被提交给当局。但无一例外地遭到了克林顿政府的否决,原因则大同小异:"出于政治上的考虑"。然而 9·11 事件之后,"情报支援行动"被卷入了一组高速旋转的齿轮——"持久自由"行动之中,若干个小队被紧急空运到了阿富汗,参加与中央情报局联合实施的"下颚粉碎者"行动。这次行动的目的是对本·拉登穷追不舍,直到将其抓获为止。然而,那名狡猾的恐怖分子还是从位于托拉巴拉山区的据点中找到了包围圈的缺口,并逃脱了制裁,显然他正藏身于巴基斯坦境内。尽管如此,一支电讯情报小队还是在 2001 年 11 月 3 日,在也门的哈里比省附近抓获了基地组织的资深领导人恰德·桑扬·阿儿-哈里希(Qaéd Sunyan al-Harethi)。他和另外 4 名恐怖分子当时正在策划炸毁美国大使爱德蒙·霍尔(Edmund J. Hull)的住宅。幸运的是,中央情报局及时得到

① 拉特科·姆拉迪奇指挥的部队于 1995 年 7 月攻陷了位于斯雷布雷尼察和泽帕的联合国安全区。据称屠杀了在安全区避难的 40 000 余名波斯尼亚难民中的 8 300 人。拉特科·姆拉迪奇在南斯拉夫内战结束后得到了塞尔维亚安全部队的保护,他最后于 2011 年 5 月被捕,这被认为是塞尔维亚被获准加入欧盟的先决条件之一。——译者注

② 拉多万·卡拉季奇最终于 2008 年 7 月被捕。——译者注

③ 米兰·科瓦切维奇和西莫·德雅卡在格拉丁湖附近被英国特种空降勤务团和隶属海军特种作战发展大队的"海豹"队员逮捕。——译者注

了预警，并向他们的兰德罗孚越野车预计出现的地点，派遣了一架携带了武装的“掠食者”无人机。当他们乘坐的越野车出现时，盘旋在该地区上空的无人机发射了一枚“地域火”导弹，摧毁了车辆，并且炸死了车上的乘客。“情报支援行动”有多少支小队在阿富汗行动以及他们扮演了什么样的角色，至今仍然是严加保密的信息，但是他们无疑是异常活跃，并且高效地完成了赋予他们的任何任务。

“情报支援行动”在“伊拉克自由”行动期间也扮演了隐秘但重要的角色，这也是毫不令人惊讶的。该机构的行动人员曾与英国特种部队一道，在摩苏尔对乌代和库赛——萨达姆·侯赛因的两个凶残成性的儿子，实施了成功的追捕。根据他们提供的情报，第101空降师的一支分遣队于2003年7月22日，抵达了两人位于摩苏尔市中心的藏身之处，在之后发生的交火中，他们被“情报支援行动”以及隶属英国特种部队的行动人员击毙。在那之后，又成立了旨在抓捕侯赛因本人的特遣队121[1]，该特遣队在2003年6月13日星期六，从道尔附近一座农场内的“蜘蛛洞”中抓获了这名独裁者。2006年6月7日，“情报支援行动”组织的小队也积极介入了对嗜杀的恐怖分子阿布·穆萨比·阿尔-扎卡维(Abu Musabal-Zarqawi)的追捕，正是他们发现了扎卡维位于巴格达北部希伯希伯(Hibhib)的藏身处。一支三角洲部队的侦察小队使用激光目标指示器，标示出了他的安全屋的同时，一架F-16投下了一枚500磅激光制导炸弹，炸死了扎卡维以及数名恐怖组织的同情者。“情报支援行动”目前仍然活跃在伊拉克全境，实施反恐行动，尽管具体细节仍然不为人知。可以肯定的是，“情报支援行动”组织在表象背后扮演了重要的角色，(他们)向执行直接行动任务的其他特种作战部队提供了精确的情报，而后者的行动结果本身就说明了一切。

---

① 特遣队121，是一支由多国特种部队组成的多军种联合特种作战特遣部队，配属该特遣部队的特种作战单位分别来自：陆军突击队、“三角洲”部队、“情报支援行动”、“海军特种作战发展大队”、中央情报局的“特别行动部”，以及英国、澳大利亚、加拿大和波兰的特种部队。该特遣队的主要行动目标是恐怖组织中的“高价值目标”。当这支特遣队在不同的国家执行任务、针对不同的“目标”实施行动，或与不同的盟国军事单位合作时，其番号也会做相应变更。——译者注

第十二章

海军陆战队舰队陆战队侦察营/特种作战营

官方座右铭:Celer, Silens, Mortalis(拉丁语:敏捷,沉默,致命)

纵观整部世界历史也只有很少的军事组织能够宣称:他们像美国海军陆战队那样拥有那么多的传奇遗产,或是像美国海军陆战队那样一贯以精锐战斗部队自处。当特种作战被纳入他们的战术环境后,这一份传奇甚至囊括了更多的赞誉。自从冷战结束后,海军陆战队开始从师级单位中挑选侦察连成员,他们将要接受的训练比他们已经接受过的海军陆战队基础训练更严格。尽管他们也许会故意高声否认他们与陆战队的其他单位有任何不同。但是随着21世纪的来临以及反恐战争的爆发,部分单位开始接受了(将自身)转型为相对其他单位更加精锐(的精锐部队)这一思想,这些单位被正式指定为"具备特种作战能力"(缩写:SOC)。从组织结构而言,考虑到海军陆战队在2006年2月24日之前,还没有将其辖属的各个"特种作战单位"纳入到美国特种作战司令部的建制内,这一发展便具备了重大的意义。在此之前,海军陆战队内部已经存在了两个互不统属的负责执行侦察任务的实体:侦察兵(缩写:RECON)和舰队陆战队侦察兵(缩写:FORECON),他们将在两栖作战行动或地面作战行动展开之前,以及作战期间为海军陆战队提供军事情报。二者的区别在于:侦察兵为师级作战单位实施的军事行动提供情报方面的支援,他们的作战地域仅限于停泊在近岸水域的海军舰艇炮火射程之内;舰队陆战队侦察兵则为了在敌后纵深区域执行侦察任务接受了专门的训练,在实战中他们提交的报告将直接呈递给陆战队远征部队的指挥官(缩写:CMEF)。自1998年后,上述单位被混编为了两个特定的侦察营,他们分别被配属给了大西洋舰队陆战队和太平洋舰队陆战队。这一安排一直持续到2006年3月,当时隶属第1和第2舰队陆战队侦察连的人员,开始转隶属新成立的海军陆战队特种作战司令部(缩写:MARSOC),其番号也相应变更为第1和第2海军陆战队特种作战营(缩写:MSOB)。总的来说,隶属海军陆战队特种作战司令部的各个单位其能力所及的任务范围与其他特种作战单位毫无二致,囊括了友好国家协防、特种侦察和直接行动。此外，海军陆战队所有的侦察单位与特种部队的成员都具备了伞降和自给式呼吸器潜水资格（Scuba Driving Qualification），他们可以搭乘航空载具、水上载具，或通过陆路部署到敌对区域，甚至在敌军防线后方纵深区域实施展开。如果一支侦察分队在行动中暴露了踪迹，他们可以利用直升机上安装的“斯彼”索具装备（一种特殊用途的带状装备），以最快的速度穿越热带丛林或温带林地的树冠层脱离战斗。值得一提的是，正是舰队陆战队侦察单位①帮助开发了通过一套闭锁装置（在水下）出—入潜艇的方法②，以及高海拔离机—低海拔开伞和高海拔离机—高海拔开伞两种军事自由落体跳伞技术（Military Free-Fall Parachuting），海军陆战队侦察兵采用上述技术的时间，要远远早于陆军的“绿色贝雷帽”和海军的“海豹”部队。而且尽管海军陆战队的相关单位在相当长的一段时间内，没有被纳入特种作战部队的范畴，但是舰队陆战队侦察连中的部分成员，仍然是当今世界上最精通本职业务的一批特种作战行动人员。

美国海军陆战队，舰队陆战队侦察连徽章。（图片由美国海军陆战队提供）

基本上，海军陆战队师属侦察单位③受训执行两种任务。所谓的“绿色区域作战行动”包括了为支援两栖与地面作战实施传统的前期和后期侦察，并伴随着为友邻单位提供“战斗毁伤评估”（缩写：BDA）④，布置或回收远程传感器以及信标设备⑤。这些侦察连仅执行目的单一的军事情报收集任务，例如查明敌军的方位、部队的兵力以及作战意图，并且他们也可以在着陆场为运载部队的直升机，或者在空降场为预定实施的伞降作战提供末端引导。保持行踪的隐秘并在行动过程中保持沉默，是成功完成绿色区域作战行动的基本要素，所以侦察兵们在任何情况下都要避免开火，除非是为了进行自卫——在这种情况下可以认为，他们的行踪已经暴露了。作为对比，被配属给海军陆战队远征单位（缩写：MEU）的舰队陆战队侦察连则获得了授权，在友军野战炮火和海军舰炮支援火力（缩写：

① 参见本书第一部第三章相关章节：“海军陆战队测试单位1号”。——译者注

② 原文：locking-in/locking-out，指潜水员、特种部队行动人员，通过潜艇内置的干/湿过渡舱，在海面以下出—入潜艇的技术。较早期的其他中文资料中，将其翻译为“潜艇闭锁机动”。——译者注

③ 海军陆战队师属侦察单位（Division Recon），即海军陆战队侦察营。——译者注

④ 执行“战斗毁伤评估”任务的海军陆战队侦察兵或特种部队行动人员，必须亲眼目击友军航空兵部队的战斗载荷：包括高爆弹、燃烧弹，以及友军支援火力：包括野战炮兵、海军炮火，对目标本身造成的损毁及对目标周边地域造成的附带性损伤。——译者注

⑤ 布设的传感器可以用来监控敌军或友军地面部队的实际活动情况，或者为友军特种作战单位实施的行动提供导航。——译者注

NGFS)射程所远不能覆盖的地区，实施绿色区域作战行动，那被称作“纵深侦察”。当舰队陆战队侦察单位深入内陆地区后，他们就完全按照字面意思成了深入敌后的一支孤军，这一状态将持续到他们胜利完成任务为止。

另一个层面的海军陆战队侦察行动被称作“黑色区域作战行动”。在这里，师属侦察单位和舰队陆战队侦察单位将以直接行动的方式，与敌军的作战单位或单个战斗人员交战，并且可以使用其他的军事部队，例如通过呼叫炮火支援或空袭，来摧毁已经被激光指示器“标定”的一个或多个目标。舰队陆战队侦察兵的前进观察员通常在执行任务时，挖掘一个深入地下的“蜘蛛洞”，以满足这类行动对安全和隐秘的需要。其他的任务形态也许意味着：夺取海上天然气/石油钻井平台，在海上封锁行动中对船只实施登临、搜索与占领。如果有必要，舰队陆战队侦察单位的分遣队可以为重要人员提供人身安全保护，还精通如何在有人质遭挟持的情况下实施应对的方法。整体而言，舰队陆战队侦察单位和大多数特种作战单位一样，精通躲避与逃脱及以小单位实施的作战行动。如有必要，他们也可以实施直接行动任务，或是与敌军单位做正面交战，但是秘密战场/战区监视仍然是他们最擅长的任务形式。

组织架构

2006 年之前，海军陆战队侦察营下辖 3 个侦察连，每一个连都分配了不同的任务。其中，A 连承担了训练工作，向所有潜在的新成员传授如何实施侦察行动的艺术。学员毕业后会被分配到 B 连，并在该连反复演练他们(侦察营)所最精通的业务：为支援师级单位作战而实施的侦察行动。只有 B 连中最优秀的海军陆战队员，可以申请加入 C 连服役，该连的专长是实施特种作战行动/纵深侦察任务，在成为 C 连的正式成员之前，他们还要额外接受一个阶段的紧张训练。但是，当海军陆战队特种作战司令部于 2006 年 8 月 11 日成立后，第 1 和第 2 舰队陆战队侦察连被撤销了编制，其人员则分别被合并到现存两个侦察营内新编成的 D 连中。这两个(D)连所承担的责任是，向特定陆战队远征部队(缩写：MEU)提供其建制内的纵深侦察排(缩写：DRP)。这两个连的组织结构示意图如下：

连部排

第 1 排(缩写：DAP；任务：直接行动)

第 2 排(缩写：DAP；任务：直接行动)

第 3 排(缩写：DRP；任务：纵深侦察)

第 4 排(缩写：DRP；任务：纵深侦察)

第 5 排(侦察兵与狙击手排)

2008 年 12 月 19 日，一个新成立的舰队陆战队侦察连转入现役，该连将向第二陆战队远征部队提供舰队陆战队级单位实施作战行动所需的军事情报，该连在组织建制上隶属海军陆战队第 2 师第 2 侦察营。目前每一个独立的海军陆战队远征单位(缩写：MEU)都配属了一个舰队陆战队侦察连，这是海军陆战队空—地特遣部队(缩写：MAGF)规模最小的一种“版本”。该单位包括了 1 个具备短期自持力的加强营，他们可以投入自然灾害救援、警察行动或是其他优先层级较低的任务。7 个海军陆战队远征单位的兵力规模在 1 500 名至 3 000 名陆战队员之间不等，并且作为两栖战预备集团（缩写：ARG）的一部分，在海军舰艇上以前进部署的方式待命。海军陆战队远征单位还可以利用其自持力，独立作战 30 天——主要执行特种作战任务。配属给海军陆战队远征单位的舰队陆战队侦察连直属于远征指挥官（缩写：CMEF），后者对这些侦察兵的期望是实施两栖侦察、（对预定目标进行）监视并在必要时执行直接行动任务。在这种情况下，每一个侦察连下辖 6 个作战排，每个排下辖 3 支由 6 名海军陆战队员组成的侦察小队。连部排的成员包括了一名上尉、一名海军陆战队枪炮军士、一名无线电操作员、一名特种侦察医护兵和一名排装备维护员兼军械员。采用 6 人侦察队的编制，代替传统的 4 人侦察队编制的原因较为复杂：两名额外的海军陆战队侦察兵可以确保侦察队成员有足够的兵力，在确保自身安全的前提下，让所有成员都得到充分的休息。另外，假如有一名成员受伤，就具备了足够的人力在带走伤员的同时，将原来由伤员所携带的昂贵且（对敌方而言）极具情报分析价值的个人装备带往安全的处所。

2009 年 4 月，一个海军陆战队特种作战团宣告成立，以执行比原来由舰队陆战队侦察单位执行的例行任务更艰巨的任务。这个新单位（向海军陆战队）提供了专业的军事战斗技能（的同时），并可以向经过选择的友好国家军队提供军事顾问。该单位的水手和海军陆战队员要向盟国或友好东道国的武装部队，包括军事组织、海军或准军事单位，在加强国内安全、强化政治局势的稳定和预防由恐怖主义组织或其他国内不安定因素实施的暴力活动方面，提供军事训练、顾问或者援助。按照美国特种作战司令部的意愿，这两个团只接受由海军陆战队特种作战司令部发布的命令，这就使得他们超越了海军陆战队司令部的常规指挥链。该团下辖 4 个营①，每个营由 4 个特种作战连组成，每个连 14 人，连指挥官为海军陆战队上尉军衔。

第 1 海军陆战队特种作战营

驻地：加利福尼亚州，彭德尔顿兵营（MCB Camp Pendleton）

第 1 海军陆战队特种作战营，于 2006 年 10 月 26 日转入现役，下辖 4 个连，其装备情况足以支持该营在接到海军陆战队特种作战司令部的命令后，立即完成部署。该营人员擅长向隶属其他单位的海军陆战队侦察兵传授通讯、侦察、特种装备和火力支援引导方面的技能。

第 2 海军陆战队特种作战营

驻地：北卡罗来纳州，勒琼兵营（MCB Camp Lejeune）

第 2 海军陆战队特种作战营于 2006 年 5 月 15 日转入现役，下辖 5 个海军陆战队特种作战连，隶属该营的陆战队员在装备、情报和火力支援方面掌握了相当高的技能。

---

① 作者笔误，实为 3 个营。——译者注

第 3 海军陆战队特种作战营

驻地：北卡罗来纳州，勒琼兵营（MCB Camp Lejeune）

第 3 海军陆战队特种作战营的职责是，为所有将要进行海外部署的海军陆战队特种作战部队提供训练方面的支援。

招募与训练

任何个人①在通过了海军陆战队基础训练，世界上最严格的军事训练课程之一，之后就具备了参加舰队陆战队侦察兵单位的资格。未来的受训人员一旦认为自己在体能和心理两方面做好了准备，他就将参加一套分为 5 个阶段的“任务训练计划”，以求最终获得自己的“特种作战能力”资格。这一为期两年的训练程序极其紧张与详尽，按照海军陆战队的传统，这套训练课程强调的是按照实战的本来面目，对参训的陆战队员实施训练。与所有的特种部队训练学校一样，侦察兵训练课程希冀发现学员身上所具备的坚韧的意志力，以及与身体适应性相匹配的耐力。

阶段 1：个人训练

舰队陆战队侦察兵训练的最初阶段，所有的学员首先需要通过海军陆战队远征单位的“海外部署预备训练项目”，以确保他们具备参加接下来的训练课程的资格。学员们必须在这一阶段成功地通过步兵训练课程②，基础侦察课程③，通过生存、躲避、抵抗、脱离学校的 C 级课程④，美国海军陆战队战斗潜水课程⑤，基础空降课程⑥，特种作战

---

① 这里的个人指：美国公民或美国长期居留证持有者。假如要更进一步参加陆战队侦察兵单位，则必须具备美国公民身份。——译者注

② 步兵训练课程：美国海军陆战队步兵学校的校址分别位于东海岸的盖革尔兵营和西海岸的圣奥诺弗雷兵营。——译者注

③ 基础侦察课程：具体负责指导这项训练的是隶属海军陆战步兵学校（西海岸）的步兵进阶训练营（缩写：AITB），该设施位于彭德尔顿兵营。受训的陆战队员要在那里接受进阶巡逻课程、进阶无线电联络课程、情况报告规程、进阶导航课程（海上与陆地）、侦察与生存技巧、地面侦察与战斗工程兵侦察训练、炮兵前方观察员训练、两栖行动训练、特种行动训练、艇手（操艇）课程等专业训练。受训人员必须通过全部训练科目后才能够成为侦察兵，军职专业代码也由海军陆战队步兵（Riflemen）的 0311 变更为海军陆战队侦察兵的 0321。——译者注

④ 生存、躲避、抵抗、脱离学校的 C 级课程：相对于较为简单的 A 级与 B 级课程，C 级课程着重于如何在“和平环境”与“战时环境”下规避敌对武装力量抓捕的训练。包含了如何在遭受拘禁后，抵抗敌方审问的技巧。有资格参加 C 级课程的海军、海军陆战队军人包括陆战队侦察兵、陆战队侦察兵与狙击手、隶属海军陆战队特种作战司令部的陆战队员、海军“海豹”队员、海军“特种战小艇乘员”以及海军航空兵的飞行人员和机组乘员等。来自海军陆战队的受训人员将在位于北岛海军航空站的训练设施接受该项训练课程。——译者注

⑤ 美国海军陆战队战斗潜水课程包括：如何使用德雷格尔公司生产的循环式水下呼吸器、潜水心理学以及潜水医学等科目，演练多在夜间进行，以尽可能模拟实战条件。来自海军陆战队空地特遣部队侦察单位、舰队陆战队侦察单位和海军陆战队师属侦察单位的侦察兵们，将在位于佛罗里达州、巴拿马城的海军潜水与救援打捞训练中心受训。结训后，这些侦察兵的军职专业代码由原来的 0321 变更为 0324，代表他们成为了“已取得战斗潜水员资格的侦察兵”。——译者注

⑥ 基础空降课程受训地点位于本宁堡的美国陆军空降学校。——译者注

训练大队①以及军事自由落体跳伞学校的课程②。海军陆战队教官从来不曾以他们对受训人员的同情与理解而闻名于世，受训中的陆战队员一旦在上述任何一个科目中遭到失败，将立即被重新分配至海军陆战队正规单位服役。

阶段 2：集体训练

第二阶段的任务训练计划，基本上仍然包括海军陆战队远征单位的“海外部署预备训练项目”(Predeployment Training Plan，缩写：PTP)中的一部分，在这一阶段，所有的学员将被分配至不同的训练小组(缩写：T-Cell)，并接受来自舰队陆战队侦察连、作战科(S-3)经验老到的非委任军官们的监督。这一制度保证了军士们可以在军官不在场的情况下，对学员实施训练，而军官们的职责是在连部排处理行政事务。另外“训练小组”还向未来的侦察排军士提供了锻炼其指挥领导能力的机会，这是该项目的另一个基本组成部分。这一阶段的训练课程，或者又名“课程模块”，其教授的内容包括：进阶远程通讯技术③、武器使用与战术④、致命武器熟识⑤、空—地联合部队火力应用(近距离空中支援与海军炮火支援)、机动车辆侦察、进阶空降训练⑥、战斗创伤处置技术、两栖训练以及战斗潜水课程⑦。受训的陆战队员还被期望，在穿越沙漠地区、山区，或其他恶劣地形的远程巡逻演练中，表现出自己的能力特质。当为期 6 个月的训练告终后，整个单位已经能够像一个集体那样默契协作，并且已经掌握了在实施纵深侦察行动时，在作业程序上所必须了解的方方面面。

---

① 特种作战训练大队：海军陆战队远征单位“特种作战能力”训练中最重要的一环。他们教授的课程清单列举如下：侦察潜水、爆破应用、爆破手段破门、城市环境的侦察与生存、狙击手城市环境应用、攻击攀登、基础与进阶小艇操作、强化近距离战斗、安全保卫、小艇袭击、直升机降绳索操纵、远程航海导航、纵深楔入与脱离、飞行器战术回收、人员战术回收以及非致命性武器使用。——译者注

② 此处为作者的误植，阶段 1 的最后一部分训练被称作特殊技术学校(阶段)，海军陆战队侦察兵将要接受的专业技术学校训练以及不同学校的名额列举如下：战术航空管制课程(每个侦察队一人)；陆军突击队学校(担任了侦察队队长及以上指挥职务的陆战队员)；陆军侦察与生存领导课程(同上)；陆军空降引导员学校(同上)；陆军强制开伞跳伞长学校(每个排至少两人)；海军陆战队山地领导课程(每年开办两届，分别为夏季与冬季课程，每个侦察队至少一人)；军事自由落体跳伞学校(每个侦察队一人)；海军陆战队侦察兵与狙击手学校(同上)；潜水装备监管课程(每个排至少两人)；LAR-V 循环式水下呼吸器技术员课程(同上)。——译者注

③ 受训人员要学会使用最原始的莫斯电键、高频设备、卫星通信设备、多频带设备以及数字化通讯设备，以满足侦察兵们在执行纵深侦察任务时的通讯需要。——译者注

④ 受训人员将接受安装了“特种作战专用模块”的 M-4 卡宾枪，以及“海军陆战队远征单位特种作战能力”手枪的操作应用与战术训练。在长达 3 周的训练周期中，受训人员要发射 5 000 至 8 000 发子弹。——译者注

⑤ 受训人员要学会识别(美国的)敌对国家与潜在敌对国家装备的各种致命性武器，以及这些武器的使用操作知识。相当于陆军特种部队的“外国武器训练”。——译者注

⑥ 主要包括低空强制开伞、与高海拔离机—高海拔开伞两种伞降方式的训练，以及如何在跳伞过程中识别一个未得到预置信号装置标记的空降场。——译者注

⑦ 相对于之前的海军陆战队战斗潜水员课程，受训人员将学习更高级的潜水理论知识，如何使用可潜推进器，以及如何在潜水过程中保持队形等知识。——译者注

阶段 3:特种作战能力训练

在这一阶段,未来的海军陆战队侦察兵们将在“特种作战训练大队”通过进行实际操作演练,以接受“黑色区域作战行动”方面的灌输教育,掌握另一部分的基本知识。他们需要解决的战术问题包括夺取海上目标和城市环境目标,训练着重强调了近距离战斗技术、爆破技术、天然气/石油钻井平台的夺取、登船突击以及其他的相关训练课目。还包括较少在实践中得到应用但同样重要的其他科目,例如警戒线设立/搜索任务和人道主义行动,这些也是受训期间的强制性科目。

阶段 4:特种作战能力(部队)部署

当一名受训人员最终被鉴定为具备了“执行特种作战任务的能力”之后,他将得到相关资质的认证,并且被分配到一个正在进行海外部署的排级单位中去。在那之后,他们将与各自的“海军陆战队远征单位”一起,进行为期 6 个月的作战部署,海外部署的具体区域取决于他们所加入的具体单位。举例来说,驻地位于西海岸地区的第 1 陆战队远征单位[①]会被部署到太平洋地区;驻扎于东海岸地区的第 2 陆战队远征单位[②]则可能同时被部署到地中海及波斯湾地区;驻扎在冲绳的第三陆战队远征单位[③],是唯一一个时刻准备着在接到警报后实施全球性部署的海军陆战队侦察单位。陆战队侦察兵登船后,完全致力于维持部队的纪律和训练水平,后者包括在搭乘舰艇的甲板上实施实弹演练,以及严格的体能训练课程。不论他们的训练状态如何,他们随时都有可能奉命加入有英国皇家海军陆战队、泰王国陆战队或澳大利亚部队参与的联合演习。

阶段 5:特种作战能力(部队)部署后

当为期 18 个月紧张的军事技能与体能训练结束后,每一个陆战队侦察兵可以得到为期 30 天的休假。在这段时间内,他们必须决定是继续留在当前的舰队陆战队侦察连以及该连所配属的“陆战队远征单位”内,还是退出侦察兵序列,返回他们原来的服役兵种,例如步兵、行政人员或是机动车辆运输部门。据统计,有超过 50%的陆战队侦察兵拒绝延长他们在舰队陆战队侦察单位的任期,并决定转调到任务较为轻松的兵种服役。因此,所有的陆战队远征单位的“特种作战能力”每次只能够维持一年。只有在所有人员接受并通过了再测试,或者再训练后该单位才能够重新获得上述资格。

---

① 此处原文是 I MEU,这是作者的误植,正确的番号为:第 1 陆战队远征部队(缩写:I MEF)。——译者注

② 此处原文是 II MEU,这是作者的误植,正确的番号为:第 2 陆战队远征部队(缩写:II MEF)。——译者注

③ 此处原文是 III MEU,这是作者的误植,正确的番号为:第 3 陆战队远征部队(缩写:III MEF)。——译者注

侦察兵/狙击手

官方座右铭:One shot, one kill(弹不虚发)

侦察兵与狙击手排是海军陆战队侦察单位中至关重要的一个小团体,正如他们的名字所展示的那样,他们是监视与射击两方面的能手。这一将传统上互不相关的两个军事职能——侦察和狙击合二为一的建制,在现代军事组织,甚至包括美国陆军中都是独一无二的。身为狙击手的海军陆战队员,必须在以下几个方面具备很高的造诣:野战技能、隐蔽、精确的射击技术和从隐蔽处实施远程射击。用战场上的俗语来说,他们通过精确的单发射击,消灭军官、班组武器操作人员、无线电操作员和其他承担了关键性任务的军事人员,“剥夺了敌军在战场上自由行动的能力”。海军陆战队侦察兵/狙击手是美国特种部队中最重要的组成部分之一,至少在该军种中这是对体能、心理和射击能力要求最苛刻但也是“相对”容易加入的一个兵种。

招募与训练

任何海军陆战队员只要完成了基础训练,并在步兵营中履行过例行勤务,就可以志愿加入侦察兵与狙击手这一兵种,不过有一条强制规定是:所有参训人员在取得狙击手资格前,必须先晋升为一等兵①(lance corporal)。志愿者在完成报名后经历的流程通常包括:接受一次严格的体能适应性测试②,通过测试后与排军士长或担任指挥职务的军官进行面试③。一旦他被(狙击手)训练排接纳,该学员就将被正式指定为“专业教导枪手”④。尽管如此,从列入候补名单一直到海军陆战队侦察兵与狙击手训练学校有空缺,可以接受该学员入学受训,其间通常也要等待3年的时间。在此期间,候补学员需要不断地磨砺他的技能,并且要付出相当艰苦的努力才能够确保他可以通过狙击手学校的测试⑤。事实上,侦察兵与狙击手基础课程可能是整个海军陆战队中最艰巨的一项考验,其淘汰率高达

① 这里指的是对参训海军陆战队员的军衔限制,士兵的最低军衔是“一等兵”,军官的最高军衔是“上尉”。——译者注

② 准备参加海军陆战队侦察兵与狙击手课程的准学员,需要满足的体能要求如下:穿着战斗靴与战斗服在18分钟内完成3英里跑步,2分钟内完成20个不借力的引体向上,2分钟内完成100个仰卧起坐。以自由泳或蛙泳姿势完成500米游泳,举重完成50米游泳,举重完成30秒的打水。在完成水中测试期间,受训人员不得以任何形式表现出恐慌情绪。——译者注

③ 面试期间将确认“准学员”是否符合以下条件:是否具备正确的军职专业代码;左右眼视力已矫正至20/20;服役合同至少还有一年的期限(现役);在整个等待入学期间必须保持上面注释2中的体能标准;步枪射击技能必须保持在“专家级水平”;军职适应性测试总分100分以上;最近半年内没有接受过军事法庭审判或纪律处分;没有精神病史;已递交了入住侦察兵与狙击手排营房的申请等条件。——译者注

④ 作者在此处表述有误,“专业教导枪手”与“猎人枪手”是侦察兵与狙击手排内部,区分一个成员是否通过了“侦察兵与狙击手训练课程”的非正式称呼。——译者注

⑤ 准学员在“等待入学”期间,被建议接受以下军事专业技能的训练(顺序不分先后):巡逻技巧、呼叫与校正支援火力、地面导航、海军陆战队基础侦察训练,等等。——译者注

60%。一旦学员轮到了入学受训的空缺，他们将会在下列4个海军陆战队基地之一接受训练：加利福尼亚州的彭德尔顿兵营、北卡罗来纳州的勒琼兵营、弗吉尼亚州的匡迪科(Quantico)，或是位于夏威夷的海军陆战队大本营(Marine Corps Base Camp in Hawaii)。通过了长达8周半的侦察兵狙击手基础课程的学员，毕业后还要额外接受为期4周的狙击小组领导课程。

阶段1:射击与基础野外知识

学员在这一阶段将要接受必备技能的指导，其中包括：隐蔽行动、伪装、观察、测距和(狙击)武器系统操作。受训的海军陆战队员必须在另一名装备了M49型观测镜或双筒望远镜，负责报告现场风向、风速的陆战队员①的协助下，分别向(已给定距离的)位于300、500、600、700、800、900和1 000码距离的标靶射击。并且在35次射击中，必须命中目标至少28次，该学员才能够晋级接受下一阶段的训练。观测技能——尤其是从茂密的灌木或植被后方实施观测——也是训练课程中需要完成的强制科目之一。

阶段2:任意距离射击训练与潜行

侦察兵与狙击手训练进入到这一阶段，学员必须在整个课程中向未给定射程的标靶射击，他们要依靠射程卡片和目测计算出射程，进而击中目标。对学员的要求是：测定分散布置在300至800码以外的钢质标靶的距离，并击倒每一个目标。另一大挑战是课程的潜行阶段，受训人员必须在不被教官发现的前提下，从1 200码的距离外向一个特定目标潜行，直到他们接近到200码的距离内②。这项测试必须在三到四个小时内完成，学员抵达最后的射击位置后，必须向目标射击两次，并且其间不能让经验老到的教官们发现狙击阵地的位置所在。③

阶段3:进阶野外知识与任务计划

进入课程的这一阶段，未来的侦察兵与狙击手将被分配到前线单位，在实战条件下接受在职训练。能够通过这一阶段的学员已经具备了运用精准的步枪火力，击毙藏匿于隐蔽阵地内指定目标的能力，并具备了在这一兵种内获得应有成功的前景④。此时，该学员

---

① 即观察手，如果观察手的相关军事技能无法达标，他的狙击手同伴同样会失去继续受训的资格。举例来说，在测试中，观察员必须在各种射程上发现模拟的隐蔽目标、半身目标或全身目标，发现率必须超过70%。——译者注

② 受训人员有10次实施潜行的机会，合格标准是：被发现率低于30%，必须有两次潜行完全未被发现。——译者注

③ 满分标准是：受训人员进入200码射程之内，成功实施了两次射击，射界选择正确，风偏修正正确，弹着点修正正确，射击阵地选择正确，在潜行与射击过程中该学员从未被教官发现。——译者注

④ 自“侦察兵与狙击手训练学校”结训后，他们还有机会接受城市环境狙击课程、高射击角度狙击课程、侦察兵与狙击手小组领导课程。并且可以参加友好国家军队中技术水平更高的训练课程——英国皇家海军陆战队狙击手学校。——译者注

先前得到的指定称号:“专业教导枪手”将被变更为“猎人枪手”①。

装备

舰队陆战队侦察连具备通过空运、水路和陆路部署到敌后区域的能力,并且得到了大量不同类型的专业装备,以满足他们在行动“楔入”阶段的客观需要。在火器方面,配备给大部分海军陆战队员的是标准的 M16A2 步枪,这是自越南战争时期采用的著名武器的改进型号。然而,根据具体任务的需要,海军陆战队员可以用全长较短的 M4A1 卡宾型作为替代选择,它们使用的是同样规格的 5.56 毫米子弹。卡宾枪全长 33 英寸,比标准长度的 M-16 型步枪短 6 英寸,并且可以安装前置握把以及消音器,用于近距离战斗或是无声地消灭敌军的哨兵。②除了可调整的机械瞄准具外,还可以安装用于昼间精确射击的 ACOG 昼间光学瞄准镜,以及一具用于夜间作战的 AN/PVS-17 夜视瞄准镜。如果要继续提升卡宾枪的技术含量,还可以安装一具 AN/PEQ-2 红外线目标照准/标定器,以提升夜间射击的精确性。假如需要更强的额外火力,可以在枪管下方加挂一具 QDM203 型 40 毫米榴弹发射器③,该发射器的全重仅 3 磅。每一名海军陆战队员还要携带一把 M9 型 9 毫米手枪作为随身武器。尽管如此,海军陆战队员对于列装时间较长,使用 0.45 英寸口径子弹的 M1911 手枪仍然有相当大的需求。根据任务的具体需要,还会配发大量不同型号的散弹枪,以及 M249 型班用自动武器,那是一种弹链/弹匣供弹的自动武器,循环射速达每分钟 750 发。然而,海军陆战队侦察兵使用的 M249 改进型号必须可以进行大件分解,以方便伞降以及着陆后快速组装。如果在着陆过程中与敌对武装发生交火,这件武器就不能够立即投入使用,这将极大地削弱他们的火力优势。舰队陆战队侦察单位在执行特种作战行动时,还能够得到大量的非标准武器配备,其中最主要的是各种不同型号的狙击步枪,其范围涵盖了从使用 7.62 毫米标准弹的 M40A1 狙击步枪,到使用口径更大的 12.7 毫米子弹的特种应用瞄准镜狙击步枪④,该型狙击步枪(发射的子弹)在其最大射程 1 800 码仍然具备穿甲能力。配发给舰队陆战队侦察班的另外一件重要装备,是 AN/PEQ-1A 特种作战部队激光标定系统,该装备的作用是在安全距离之外,以不可见激光标定目标,随后航空兵部队就可以发射激光制导导弹或炸弹将其摧毁。它的全重为 34 磅,有效使用距离达 3 英里。

除了武器之外,海军陆战队侦察单位还要携带自重 28 磅的“近距离作战装备突击

---

① 作者在此处表述有误,“专业教导枪手”与“猎人枪手”是侦察兵与狙击手排内部,区分一个成员是否通过了“侦察兵与狙击手训练课程”的非正式称呼。——译者注

② 这些战术配件都包括在了“特种作战专用模块”中。——译者注

③ 指 M4/M4A1 卡宾枪专用的 M203A1 榴弹发射器的快速拆装(缩写:QD)亚改型。——译者注

④ 此处为作者误植,正确的名称是特种应用狙击步枪系统(缩写:SASRS)或特种应用瞄准镜步枪(缩写:SASR)。在本节中 SASR 指的是 M82A3 型狙击步枪。——译者注

2010 年 3 月 25 日，吉布提。美国海军陆战队一等兵贾斯丁·W. 韦尔森以及中士大卫·O. 塔伊正在一次压力射击训练中向靶标射击，这种以接力形式进行的射击训练着重考察狙击手之间的通讯、射击以及团队协作能力。他们都隶属第 24 陆战队远征单位海军陆战队第 9 团第 1 营营级登陆分队的总部与支援连下辖的侦察兵与狙击手排。（图片来自美国国防部）

背心”[①]，以便为陆战队员提供足够的个人防护，它的重量使其显得不甚实用。自重更轻，使用性更灵活的型号，已经在接受相关部门的评估，并将在不久后取而代之。海军陆战队员在战时，被要求佩戴的另一件装备是笨重的、凯夫拉材质的“模块化集成通讯头盔”（缩写：MICH）[②]，它在为使用者提供个人防护的同时，还能够保证佩戴者时刻与无线电通讯网络保持通联状态。在机动车辆方面，舰队陆战队侦察单位有时会使用到由梅赛德斯-奔驰公司生产的“改良型高速突击车”，这是一种依靠柴油内燃机提供动力的全地形车辆。与此同时，装备更为普遍的M998悍马则被当作后勤支援车辆使用。当需要通过水路实施“楔入”行动时，海军陆战队员们会使用“战斗橡皮侦察艇”，该艇型长15英尺，宽6英尺，装备了一台功率为55马力的喷水推进装置，它同时也具备了降低行驶时噪声的特性。当为了任务需要从水下接近目标区时，他们会使用由德雷格尔公司生产的“马克25”型水下呼吸设备，该装置在充满呼吸气体（纯氧）后，可以供使用者在水下停留长达240分钟。[③]作为一种闭路式呼吸系统，它在使用时也不会在水面留下暴露使用者行踪的气泡。最后，当陆战队侦察兵需要通过空降手段楔入行动区域时，他们既可以使用MC-5型[④]“强制开伞/自由落体空气冲压式降落伞系统”，也可以使用MC-1C型“低海拔强制开伞降落伞”。相对于在20世纪50年代入役的T100-10型降落伞[⑤]，上述两种系统在性能上有了显著的提高，它们可以适用于实施高海拔离机—高海拔开伞，或高海拔离机—低海拔开伞两种伞降方式，这完全取决于任务的需要。这两种设备还能够在降落过程中，赋予使用者优良的操纵性，这使得他们在挑选合适的着陆区时具备更大的灵活性。从为海军陆战队侦察分队提供火力的各种主要武器，到提供个人防护的其他特种装备，大部分细节至今仍然不为敌对武装分子所知，敌方的战术状况毫无得到改善的可能，并且当海军陆战队侦察兵向他们扣下扳机的时候，只会变得更加恶劣。

已知作战行动

海军陆战队侦察单位曾经参与的特种作战行动都被分类为最高机密材料，甚少向外界公开，在这一方面他们享有的“待遇”与其他军种的特种部队毫无二致。相关信息的取得相当困难，更毋须提及对这些信息的验证了。尽管如此，我们通过已公开的信息得知，

① 此处作者考证有误，1999年12月9日，一架海军陆战队的CH-46E于太平洋坠毁，机上若干名隶属第1舰队陆战队侦察连5排的陆战队侦察兵，在无法及时卸下“近距离作战装备突击背心”而溺死后，这一型号的防护背心随即遭弃用。——译者注

② 模块化集成通讯头盔（缩写：MICH）按尺寸不同，全重在3磅至3.6磅之间。——译者注

③ 即德雷格尔公司的LAR-V水下呼吸器，实际供气时间取决于使用者的运动量和潜水深度，在此不一一列举。——译者注

④ MC-5型降落伞目前正在被“多任务降落伞系统”（缩写：MMPS）所取代。——译者注

⑤ 原文如此，此处应为英文版印刷错误，美军在20世纪50年代只装备了T-10型降落伞。——译者注

2010年3月24日，吉布提。美国海军陆战队员搭乘隶属陆战队第162旋翼机中队的CH-53“超级种马”直升机实施特种楔入与脱离训练。这些海军陆战队员隶属第24陆战队远征单位海军陆战队第9团第1营营级登陆分队的第2侦查排。在访问期间，该陆战队远征单位接受了一系列技能维持训练，并与法国和吉布提军方实施了若干次联合演习。第24陆战队远征单位在这次为期7个月的海外部署期间，隶属拿骚号①两栖战预备集群，并充当了美国中央司令部的战区预备队。（图片来自美国国防部）

他们曾经活跃在攻陷费卢杰的战斗中。那次战斗发生在2004年11月8日至12月24日之间，当时一个由海军陆战队上尉贾森·肖布勒(Jason Schauble)指挥的舰队陆战队侦察排，被配属给了海军陆战队第8团第1营。他们在该城北部通过实施狙击，呼叫炮兵火力支援或引导空袭，在危险接近距离②上消灭了大量的叛乱分子。肖布勒上尉指挥的24名海军陆战队侦察兵中有1人阵亡、13人受伤。尽管如此，他们通过自己所掌握的完善的军事技能，完成了一次极其艰难且危险的任务。“伊拉克自由”行动期间，海军陆战队的海外部署时间不断延长，也迫使该军种以一种更长远的视角，重新检视由舰队陆战队侦察单位

① 塔拉瓦级两栖突击舰，舷号LHA-4。——译者注

② “标准”的危险接近距离为600米。在实际应用中根据战术态势、使用弹种的差异以及弹药投射方式的不同，这个距离也会做相应调整。——译者注

扮演的传统角色。在建筑物密度极高的城区中实施机动动作时，几乎没有可能获得实施侦察行动必备的两大基本要素：掩蔽和隐蔽。这一点在实施反叛乱战时尤为明显。也是自那时起，至少是在伊拉克境内，舰队陆战队侦察兵最擅长的长期性秘密侦察行动的次数得到了削减，取而代之的是各种直接行动任务。反映了这一趋势的其中一次著名事件，发生在索马里北部海岸，2010 年 9 月 9 日，一组 9 名海盗占领了德国集装箱货轮“麦哲伦之星”号(*Magellan Star*)。次日，由停泊在附近的美国海军舰艇派出的一支舰队陆战队侦察兵分遣队，对遭到劫持的货轮实施了登临，海盗们在毫无反抗的情况下被制服，所有 11 名船员全部安全获救。鉴于这一地区日益猖獗的海盗行为以及部署具备直接行动能力的海军陆战队侦察单位的必要性，同类事件可能会频繁发生，直到问题的根源——当地恐怖主义活动的猖獗和执法力量缺失的状态，得到改善为止。

第十三章

海军“海豹”

官方座右铭：The only easy day was yesterday.（考验日趋严酷。）

海军“海豹”部队在越南战争期间赢得了相当可观的成功，并在1991年以一个上升的态势度过整个冷战时期后，海军特种战司令部（缩写：NSWC）于1987年4月16日成立于加利福尼亚州科罗拉多海军两栖基地（缩写：NAB Coronado）。它作为海军特种部队建制中的总司令部，控制着“海豹”队以及两支次级特种作战支援单位：“海豹（水下）输送工具队”（缩写：SDV）和“特种小艇队”（缩写：SBT）。因此，海军特种战司令部也就具备了在沿岸地区以小规模单位实施作战行动的能力，这些特种作战单位可以由公海、河流、沼泽、三角洲，甚至近岸水域开展他们的任务，并在行动完成后，成功运用上述两个次级单位对行动单位实施回收。海军特种战司令部下辖单位所能执行的一长串各类形态的任务包括：非常规战、直接行动、反毒品作战行动、反恐怖主义、友好国家协防、人员回收、营救、水文情报侦察。考虑到全世界半数以上的人口中心及其基础设施都设置在大型水体周边1英里的范围之内，执行此类行动的能力在军事方面具备多么重大的意义，也就显而易见了。此外，“海豹”们还具备了在几乎任何环境下，不论是在温带、寒带、沙漠、丛林或者都市环境下，以其惯有的高效率实施作战行动的能力。从战术方面来说，他们所接受的训练就是为了与敌人战斗并战胜之——他们在行动中是格外致命的对手。“海豹”分队在实战中会被配属至“海军特种战中队”（缩写：SWS）或“特种作战特遣部队”（缩写：SOTF）的指挥之下，并且为了在全球任何地点执行任务而时刻准备。为了具备实施全球部署的能力，他们通常都在联合特遣部队（缩写：JTF）或多军种特种作战特遣部队（缩写：CJSOTF）的支援下，实施其作战行动。总的来说，海军特种战司令部的成员人数仅仅略多于整个美国海军现役军人人数的1%，但是在整个海军所取得的战果中，然而，由他们回报给军方的“红利”要远高于在海军总兵力中所占的比例。

组织架构

目前海军特种战司令部下辖8支“海豹”分队和4支作战支援分队。他们被按照负责的地区组成5个大队，负责全球范围内的作战行动。在他们的花名册上，其总兵力为6 500人，其中据估计战斗人员的数目在两千人左右。必须强调的是：在这里提到的“数据”或多或少是基于公开资料做出的推测。其人员或分队的具体数量，一贯被海军列为最高机密，所以精确的数字决无可能透露。

美国海军特种作战徽章。①（图片由美国海军提供）

美国特种战发展大队

驻地：弗吉尼亚州戴姆内克②

该大队自1987年成立以来，一直以“海豹6队”（Seal Team 6，缩写：ST6）的名称而广为人知，该单位作为一个实战测试单位，为海战发展大队③测试各种新概念以及装备。他们被认为是一个非常精锐的作战单位中的精锐，并将在本书的第15章作专门的介绍。

海军特种战大队下辖的各个单位④，列举如下：

海军特种作战大队1(缩写:NSWG 1)

驻地：加利福尼亚州科罗拉多海军两栖基地（NAB Coronado）

海豹1队（任务责任区：东南亚地区），海豹3队（任务责任区：西南亚地区），海豹5队（任务责任区：北太平洋地区）以及海豹7队（任务责任区：全球范围）。

海军特种作战大队2(缩写:NSWG 2)

驻地：弗吉尼亚州小克里克海军两栖基地（NAB Little Creek）

海豹2队（任务责任区：欧洲地区），海豹4队（任务责任区：中、南美洲地区），海豹8队（任务责任区：加勒比海地区、非洲、地中海地区），以及海豹10队（任务责任区：全球范围）

海军特种作战大队3(缩写:NSWG 3)

驻地：夏威夷州珍珠港

海豹（水下）输送工具1队（辖属单位分别驻扎在夏威夷州珍珠港与弗吉尼亚州

---

① 此徽章设立于1970年10月16日，授予通过基础水下爆破队/海豹队员训练（缩写：BUD/S）以及“海豹”资格训练（缩写SQT）的海军军官、士官和手水。原文无说明，此说明为译者所加。——译者注

② 2004年以前该设施被称作“戴姆内克”，现在的正式名称为“弗吉尼亚海滩汉普顿路训练支援设施”，这是美国海军在东海岸的重要训练设施之一。进驻该设施的有：大西洋舰队战斗训练中心、战术训练大队、海军与海军陆战队情报训练中心等十余所属于海军或海军陆战队的训练机构。——译者注

③ 原文为Naval Warfare Development Group（NWDG，美国海军建制内不曾存在过此类单位，显然是作者的误植，正确的单位番号应为“海军特种战大队”（缩写：NSWG）。——译者注

④ 这里列举的是2003年的编制状况，海军特种作战大队的最新编制请参考本书美国特种部队组织架构表中海军特种作战司令部组织架构表2。——译者注

小克里克）

海军特种作战大队 11（缩写：NSWG 11）

驻地：加利福尼亚州科罗拉多海军两栖基地（NAB Coronado）

海豹 17 队，海豹 18 队

“海豹”队的基本战术单位被称作“分队”（the team），每一支分队由一名参谋与总部分

迈克尔·墨菲，海豹队的一名优秀军官，因其在阿富汗的英勇行为而荣获了追授的国会荣誉勋章。（图片承蒙美国海军无条件提供）

迈克尔·P. 墨菲（Michael P. Murphy，1976—2005）

迈克尔·帕特里克·墨菲，1976 年 5 月 7 日出生在纽约州的史密斯敦，2000 年 9 月，他在位于佛罗里达州彭萨科拉的美国海军候补军官学校（U. S. N. OCS）获得了入学名额。同年 12 月他获得海军少尉军衔的委任，并转调到加利福尼亚州的科罗拉多海军两栖基地，接受基础水下爆破/海豹课程（缩写：BUD/S），于 2001 年 1 月毕业①。2002 年 7 月，墨菲赢得了象征海军“海豹”资格的三叉戟徽章，然后他在 2005 年春季作为阿尔法排的副指挥官抵达了阿富汗，参与“持久自由”行动。墨菲于 2005 年 6 月参加了“红翼”行动（Operation Red Wing），行动的意图是确定一名著名的塔利班战地指挥官阿哈迈德·沙赫（Ahmad Shah）的位置并将其消灭。由他指挥的 4 人侦察小队搭乘直升机，楔入库尔纳省地形崎岖的山区，但是在执行任务的过程中，一名牧羊人将他们的位置出卖给了在当地活动的塔利班组织。墨菲与其他 3 名海豹队员在不利的地形下，与总人数估计在一百至两百人的塔利班武装分子激战了数小时。当他试图呼叫增援的时候，却发现自己的手机无法在提供掩蔽的岩石背后正常工作，他故意将自己暴露在敌火之下，并终于和救援分队取得了联络。尽管如此，他和另外 2 名海豹队员还是在之后的交火中陆续阵亡，唯一的幸存者海军导航士官马库斯·拉特里尔（Marcus Lutrell）则在数天以后才获救。为了表彰他牺牲自己拯救队友的英勇行为，墨菲成为了第一位曾在阿富汗作战并被追授国会荣誉勋章的美国军人。2008 年 5 月 7 日海军部长唐纳德·温特宣布，舷号为 DDG-112 的阿里伯克级驱逐舰将被命名为“迈克尔·墨菲”号（USS *Michael Murphy*），以表示对他的敬意。

① 作者表述有误，这是参训日期。——译者注

遣队(Staff & HQ Detachment)及 3 个由 40 名“海豹”队员编成的“连”(Company)组成。每一个“连”中还包括了一个指挥组,由 2 名海军军官与 14 名海军士兵组成。在实施具体的战斗任务时,“海豹”队员们会分散编组为 8 支由 4 名队员组成的班,或者说火力小组。与此同时,如果确有必要,他们也同样可以用更大规模的单位实施展开。最小的战术单位是双人小队,又被称为“泳伴”(swim buddies)。所有的“海豹”队员都要按照不同的先后顺序,掌握大量实施团队作战行动所必须的重要军事技术与技能,其中包括但不限于狙击;破门、破障;通讯;航海机械;近距离空中支援管制;医疗、急救;陆地导航(尖兵);海上导航;重武器操作;潜水领航(水下导航);审讯;爆炸装置拆解;技术(装备)监视以及其他先进的特种作战技能。并且所有的“海豹”队员全部根据他们所分配到的不同任务,在相关技术领域方面接受了严格的交叉训练。有时海豹分队在被输送到他们的战术责任区域后,会搭乘由精锐的“海豹(水下)输送队”(缩写:SDV)成员操纵的马克 8 型小型潜艇秘密地接近他们的预定目标区域。这些小型潜艇既可以驮载在潜艇艇体外,并在必要时由配备了自给式水下呼吸器的“海豹”队员操纵,也可以由安装在潜艇内部的特制容器内“发射”入水。当“海豹”队员需要执行水面任务时,他们可以搭乘由“特种小艇队”(缩写:SBT)成员驾驶的各种小型高速快艇,在保持隐蔽的前提下完成部署。另外,当需要在海上实施“直接行动”任务时,仅仅依靠特种小艇队及其艇员就可以完成整套的“临检、登船、搜查与占领”程序;完成特种侦察任务;海岸巡逻与渗透;反恐怖主义与反海盗作战行动;内河作战以及搜索与救援行动。这两个“海军特种战司令部”的分支单位通过在训练与工作中的密切合作,可以履行指派给他们的任何类型的特种作战以及海上任务。

招募与训练

美国海军对“海豹”队员的期待是:可以在各种作战环境中承受极端的压力、危险的工作环境,并有效率地完成交付给他们的任何类型的任务。因此,为了让他们对未来的工作作好充分的准备,他们需要接受的训练课程是极其艰巨、极富挑战性的,标准之高即使对任何国家的军人而言都是难以通过的。志愿者们首先要在伊利诺伊州大湖区的新兵训练司令部(缩写:RTC)通过(海军新兵的)基础训练,之后还要在同一个基地接受“海军特种战课程”(缩写:NSWC)。任何准受训人员在获准进入“海豹”训练设施之前,首先需要忍受长达 5 周的“预习阶段”的考验,该阶段包括了“体能筛选测试”(Physical Screening Test)。单是这一“例行性”的资格测试,就绝不是那些没有进行过准备的人所能够通过的。受训人员必须在 12 分 30 秒内以蛙泳或自由泳姿势完成 1 500 英尺游泳,两分钟内完成 42 个俯卧撑,两分钟内完成 50 个仰卧起坐,穿着笨重的战斗靴在 11 分 30 秒内完成 1.5 英里跑步。通过这些项目的幸存者们,甚至都得不到足够的时间庆祝自己所取的小小成就,就会被转移到加利福尼亚州的科罗拉多,参加以公正无私和令人畏惧著称的“水下爆破队/海豹队基础训练”(缩写:BUD/S)。这一段长达 6 个月的训练周期内,包含了大量精心设计的体能方面的“虐待”，其目标是淘汰多达80%的志愿者。在通过这一阶段之前，他们还没有资格被称为“受训者”或“学员”，并且这一训练程序通常都能够达到上述目的。

第一阶段

为期7周的第一轮训练期间，注重严格的基本素质训练，志愿者们必须完成大量的跑步、游泳以及健身体操练习，设计这些科目的目的是提高志愿者的水性、团队合作能力以及更敏捷的思维能力。另外，他们每周必须佩戴脚蹼通过2英里的限时游泳测试，穿着靴子完成4英里的限时跑步测试。另一种强制性课目是“橡皮艇操艇”技术(small boat seamanship)。特别值得一提的练习是“水下逃生”(underwater acclimaboots)，参与该课目的志愿者会在手腕绑在背后的情况下，被投入游泳池，不论他们以何种方法完成这一科目，他们必须在泳池的水面上保持漂浮状态长达20分钟，其间并且要用牙齿从池底叼起自己的潜水面罩。然而当训练进入第4周后，其科目又可以使“水下逃生”练习相形见绌，该阶段被恰到好处地称作“地狱周”，并且完全可以从正面意义上理解这个名字。志愿者们在5天半的训练周期中，会连续不断地进行各种训练，同时每天得到的睡眠时间只有短短的4个小时。其中特别值得一提的是被称作“糖霜饼干”的练习。对于那些浑身的衣服都在滴水的志愿者们而言，那是一次噩梦般的经历：他们必须不停地在沙滩上打滚，直到他们身上没有一寸地方不沾满沙子为止，随后他们要(负担着额外的重量)继续自己原来的任务。通过以系统性的方法施加的这些压力，展示了人类在事实上具备着出乎他们意料之外的体力与耐力，并且再次证实了一条最经典的军事原则：团队精神。显而易见的一点是，在“地狱周”期间的任何时候，感到自己无法通过测试的志愿者都可以在敲响一座铜质船钟三声后自行退训。熬过这一关的幸存者们在得到不长的一段时间的喘息后，还要通过另外3周的艰苦训练，其间他们要掌握水文调查与绘制水文图的艺术。

第二阶段

这一阶段的“海豹”训练为期8周，主要进行潜水训练。学员们为了能够成为合格的战斗蛙人，要在训练中广泛使用各种类型的自给式水下呼吸装置，主要包括以下两大类：使用压缩空气充当呼吸气体的开路式系统和使用纯氧充当呼吸气体的闭路式系统。为了继续保持并加强学员的体能状态，他们必须进行大量的长距离潜泳训练，并且还要证明他们确实掌握了从水面或半潜平台上实施专业潜水与水下回收的技术。这些训练在敌情设置方面强调了灵活应变能力的培养，受训人员接受过这些训练后，可以确实掌握通过实施秘密机动、楔入并脱离目标区域的艺术。正是这一点，使得“海豹”成为特种部队这个小团体中独一无二的群体。

第三阶段

“海豹”训练的最后阶段，其目的是向学员们传授基础以及更高级的地面战技能。这些技能包括但不限于:武器操作、爆破、巡逻、伏击、缘绳下降、陆地导航、射击术以及大量以小型单位实施的侦察战术。在这一段为期9周的训练中,所有的学员将继续接受体能训练,并且在这个时候其训练强度甚至超过了前两个阶段,只有很少的一部分学员可以通过计时跑步、游泳以及障碍路程。顺利通过这些测试的学员,将在圣克莱蒙特岛(San Clement Island)度过训练周期中的最后3个半星期,他们必须在一系列要求严格的模拟任务中,综合运用他们新近学会的所有技能。对于那些打算成为急救人员的“海豹”队员,他们还必须通过为期37周的“美国陆军特种部队医疗军士课程”,那是另一种毫不逊色于“海豹”基础训练的严酷考验。

成功通过基础水下爆破/海豹训练的学员的下一站是乔治亚州的本宁堡,接受由陆军举办的为期3周的基础跳伞资格课程,并赢得他们的银质伞翼。考虑到这些受训者在过去几个月中忍受过的一切“磨难”,他们会发现空降训练毋宁说是一次休假。在那之后,他们将被转调到海军特种战中心,以参加“海豹资格训练”(缩写:SQT)。这意味着他们要接受另外15周的训练,学习各种精密的通讯技术、小艇操纵技术、近距离战斗、狙击和伞降技术。学员们在通过这个阶段后,开始在技术方面具备了接近于一个真正行动人员的水准,他们将在一次不事声张的仪式上,被授予那令人垂涎的海军特种战徽章:金色的三叉戟徽章,并得到海豹队员专有的“海军军人分类代码”①。紧随其后的所有新晋“海豹”队员

海豹(水下)运载工具赋予了海军突击队员们秘密楔入任何沿岸目标的能力。操纵人员具备极强的技术与能力,足以在各种恶劣海况下操纵这些设备。(图片由美国国会图书馆提供)

① “海豹”队员的海军军人分类代码为5326(海军特种战行动人员)。——译者注

将前往阿拉斯加州的科迪亚科，接受 3 周的“寒冷气候训练”。完成上述训练后，其中部分人员会前往设在加利福尼亚州蒙特雷的“国防部语言研究所”，学习各种异国方言，例如阿拉伯语、波斯语，或者汉语普通话。他们的“训练”或许结束了，但是作为一名“海豹”队员，在整个职业生涯中，他们必须不断参加新的训练课程，并且要经常更新现有的知识/技能结构。事实上，每一名“海豹”队员在分配到一个特定的“海豹”分队后，每经过一次为期 6 个月的海外部署后，就要接受为期 18 个月的再训练与相应的休假。每一名“海豹”队员都被期望着时刻付出百分之一百一十的努力，这并不是一种夸张的说法。有赖于他们所接受过的训练，他们在任何时候都有能力，并且确实做到了这一点。

装备

“海豹”使用的武器装备中，大部分都是与其他军种特种作战单位一致的标准配备。最常用的个人武器是 M-4 卡宾枪，它是令人敬畏的 M-16 步枪的短枪管轻量型号，为了加强火力，通常还会加挂一具 M-203 型榴弹发射器。另外，当他们以小单位编组在敌占区行动时，尖兵会按照战术需要携带不同型号的 12 号口径散弹枪——当使用 00 号“猎鹿弹”时，它们可以在 100 米距离内对软目标造成致命的损伤。后卫是“海豹”在战术队形中非常看重的另一个位置，他通常会装备一挺经过轻量处理的短枪管 M-60 型通用机枪，它使用 7.62 毫米子弹，弹链供弹使它能够提供持续性火力。各支“海豹”分队目前正在换装更新式的 M240 通用机枪，它的重量更轻、可靠性更高。根据任务的具体需要，他们还会携带“双刃大砍刀”地雷、催泪手榴弹，或是白磷手榴弹投入战斗。当需要经陆路投入作战行动时，“海豹”们还要操纵“沙漠巡逻车”，那是一种经过改装的沙滩越野车，乘载 3 人，车上安装了一台 200 马力引擎，四轮驱动装置，另外还可以携带 2 000 磅的额外装备。沙漠巡逻车的标准车载武器是：一挺 0.5 英寸口径的勃郎宁 M2 机枪，或者一挺马克 19 型 40 毫米榴弹发射器。海豹(水下)输送工具队目前装备的是新型的马克 8 型海豹(水下)输送工具，它是一种安装了敞开式座舱，具备自由浮/潜能力的小型潜水器。它们平时可以储藏在安装于核潜艇外部的专门防水容器内，当 4 人“海豹”小队及其装备登艇后，该容器在密封后可以作为一个干—湿过渡舱，供海豹队员实施水下释放作业。小型潜水器本身利用电力推进，电池充满后可以提供 8 个小时的续航时间①。据估计，一共只有 200 名“海豹”队员考取了操纵马克 8 型潜艇所必须的全部技术资质，例如：他们必须能够在无光照条件下，在水下进行释放海豹(水下)输送工具的全部操作程序；以及在同样的条件下进行水下导航等。在楔入沿海地区时，另一种相对不那么戏剧性的渗透方式是：从停泊在近岸水域的小型水面舰艇上，放下安装了舷外发动机的短航程战斗袭击橡皮艇完成渗透。

---

① 马克 8 型海豹(水下)输送工具也可以通过 CH-47“切诺克”和 CH-53E“超级种马”(Super Stallion)直升机实施空运。——译者注

特种小艇队

官方座右铭:On time! On target! Never quit!(准时!准确!绝不放弃!)

对于海军特种战司令部下辖人员所实施的任何形态的海军特种作战行动而言,这些水手都是必不可少的助力,并且他们操纵的这些专精于在浅水区帮助“海豹”队员实施楔入/脱离行动的小型船只所起到的作用,是大型舰只无法比拟的。除了运送“海豹”队员外,他们还善于实施沿岸巡逻、海岸监视、武装护航、沿海封锁以及搜索与救援行动。隶属特种小艇队的水手们尽管并不需要像“海豹”队员那样直接投入战斗,但是为了能够顺利履行他们的职责而接受了严格的训练,他们需要忍受的体能考验,论及严酷程度丝毫不亚于那些身为“水下突击队员”的同行。特种小艇队的历史渊源可上溯到“二战”时期的鱼雷快艇部队(缩写:PT),以及越战时期的“棕水海军”部队。这些杰出的小艇艇员们,自 2001 年 9 月反恐战争爆发以来,经历了两次意义重大的革新:第一项革新是他们作为“特种战小艇操纵人员”获得了独立的军衔等级体系,这不仅表明他们的价值得到了其他军兵种特种作战单位的承认,也意味着该单位的成员与海军中的其他兵种一样具备了平等的晋升机会;第二项革新是海军正式将“特种战小艇艇员”采纳为一项独立的战斗技术专长①,并且他们正式获得了佩戴兵种徽章的资格。综上所述,这些艇员们已不再笼罩在那些出类拔萃的(水下突击队)同行们的阴影之下,这一兵种存在的必要性以及他们为海军作出的贡献已得到更为广泛的承认。

“海军特种战小艇操纵人员”资格徽章。(图片由译者提供)

组织架构

海军特种作战大队 4(缩写:NSWG 4)②

海军特种小艇中队 12(驻地:加利福尼亚州科罗拉多)

海军特种小艇中队 20(驻地:弗吉尼亚州小克里克)

海军特种小艇中队 22(驻地:密西西比州汉考克县)

海军特种小艇中队 12 和海军特种小艇中队 20 通常在“海豹”队员从沿岸水域实施楔入/脱离行动,以及实施大部分的海上行动时,为后者提供支援。海军特种小艇中队 22 承担的任务则与前两者截然不同,该单位仅在密西西比河流域进行训练,他们是内河作战以

① 意即考取了海军特种战小艇操纵人员资格的水手,将获得专门的海军军人分类代码:5352。——译者注

② 这里列举的是 2003 年的编制情况,海军特种小艇队的最新编制请参考本书美国特种部队组织架构表中海军特种作战司令部组织架构表 3。——译者注

及各种相关战术的专家。

招募与训练

所有具备了“海军特种战小艇操纵人员”资格的水手，与他们负责运送的“海豹”队员一样都是志愿者，并且在正式成为学员之前，必须通过体能训练与相关的教学课程。但与后者不同的是，“海豹”队更偏爱招收年轻队员，海军特种战小艇操纵人员课程招募学员的年龄上限则是30岁，并且要处在极佳的体能状态。潜在的受训人员首先要在加利福尼亚州科罗拉多的海军两栖基地，接受为期两周的灌输课程①，通过该阶段后才可以前往“海军特种战小艇操纵人员”艇员基础训练学校受训。其间他们还需要通过“体能筛选测试”(缩写：PST)的考验，这项测试包括但不局限于以下项目：以蛙泳或自由泳姿势在10分钟内完成500码游泳，2分钟内完成79个俯卧撑，2分钟内完成79个仰卧起坐，以静止悬垂的状态完成11个引体向上，以及穿着战斗靴在10分钟内完成1.5英里跑步。②之后进行的“艇员基础训练”课程为期5周，其目的是测试并开发受训人员的水中能力、团队合作能力以及心理承受能力。为了能够加入“艇员基础训练”课程，学员在灌输教育期间，每天都要接受大量的游泳、跑步与健身体操练习，并且每过一周运动量都会有相应的增长。训练终结于一次周期为72小时的不间断演习，受训人员们将只能得到很短的休息时间，接着又要暴露在恶劣的环境之下，并要进行大量的操艇、游泳和导航演练。

成功通过上一阶段训练的学员得到了参加“艇员资格训练”(缩写：CQT)的机会，在这一阶段中，他们将接受精细的武器操作、海员知识、急救技能和小部队战术的灌输。在14周的训练中，未来的水手们将要在经受体力上的额外挑战的同时，还要接受航海导航、通讯、搭乘水面载具实施巡逻、射击技术和机械工程训练。合格的准艇员下一步将参加“海军特种战任务计划周期”，其间他们将在精细的模拟演练中体验到一次特种作战从制定计划、向参战人员进行简报、执行计划，到完成行动后进行汇报的整个过程。学员们在经受了苛刻的训练方案与艰苦环境的磨炼后，才能具备与其他军兵种的特种作战单位实施联合作战的资格，其中就包括了“绿色贝雷帽”以及隶属海军陆战队和空军特种作战司令部的各支特种作战单位。他们的个人能力最后都将体现在：可以在恶劣气候条件与海况下实施各种常规性的海上特种作战行动，例如直接行动、侦察、船舶登临、海上设施登临，并能够对前述两种设施实施搜查与占领。在赢得他们的海军特种战小艇操纵人员资格徽章后，他们还要继续接受除小艇作战之外的其他专业技能训练，例如沙漠与丛林环境求

① 灌输课程周期应为3周。——译者注

② 进行上肢体能测试时，每一个科目间的休息时间是2分钟，进行1.5英里跑步前可以休息10分钟。——译者注

生、医疗训练、空中突击训练以及与各个特种小艇中队所担负的具体任务相关的其他军事技能①。

装备

特种小艇队装备使用了各类型号的小型高速快艇，它们都是同时代装备中性能最优异的型号，例如马克 5 型特种作战快艇，这是一种用于在危险地区实施高速楔入/脱离动作的硬底充气快艇。快艇艇身长 81 英尺，在没有浪涌的海况下最高航速可达 48 节，除了 5 名艇员之外，还能够搭载 16 名全副武装的“海豹”队员。他们使用的另外一种尺寸更小，但同样敏捷的快艇被称作“海狐”艇，是一种双引擎玻璃钢外壳快艇。它可以将一个分队的海豹队员运往渗透区域，艇上安装了两挺 M2 型 0.5 英寸口径机枪为他们提供自卫火力。特别值得一提的是，他们装备的“空—海快艇部署系统”，简单地说，就是一套专用于 11 米长硬壳充气艇的降落伞装置，使充气艇就具备了从 C-130 或 C-17 运输机上实施空投的能力。当充气艇离机后，4 名“特种作战快艇乘员”将紧随其后实施伞降，落在快艇的落点附近并登上快艇，20 分钟内他们就能够解开艇上所有设施的防水包装并做好战斗准备。另一件值得注意的装备被称作“海上外部空运系统”，这是一套安装在 MH-47 切诺克直升机机腹的特制吊索，在作战行动的楔入或脱离阶段，一艘硬壳充气艇及乘员可以利用这套系统，在空运与水面航行之间实施快速切换。装备了这套系统之后，特种作战快艇乘员在实施部署的过程中所消耗的时间，以及实施部署时的最大作战半径，相对于之前都有了显著的提高。

已知作战行动

自 1991 年冷战结束以后，“海豹”部队参与的作战行动至今仍属于机密，并经过了重重掩盖。然而随着反恐战争于 21 世纪初期的爆发，由他们实施的作战行动的大概轮廓也开始逐渐广为人知。作为针对纽约世界贸易中心实施的恐怖攻击的回应，“海豹”队从 2001 年 10 月起，参与了“持久自由”行动，根据已公开的信息，“海豹”队在中央司令部的作战序列中占据了突出地位。一支由海军上校雷蒙德·霍华德②指挥的联合特种作战特遣部队在“持久自由”行动初期，参与了在阿富汗全境实施的全部作战行动。这支存在于 2001 年 10 月至 2002 年 4 月之间的特遣部队代号为 K-Bar③，除了几支“海豹”分队外，该

---

① 其他训练课目还包括了为期 12 周的语言训练、无线电通讯技术训练、轮机训练（舷外机、内燃机、喷水推进系统）等海军或国防部主办的军事技术训练课程。——译者注

② 雷蒙德·霍华德在 2011 年晋升为海军中将。他是印第安纳波利斯军校 1979 届毕业生，海军水下爆破队/海豹基础训练 128 期荣誉毕业生。他在指挥 K-Bar 特遣部队期间，曾经赞扬加拿大的联合特遣部队 2 是特遣部队中，最擅长“直接行动”任务的特种作战单位。该部队的渊源可以上溯至本书第一部第二章中介绍过的第一特种勤务部队。——译者注

③ 该特遣队执行了 42 次侦察、监视任务，抓捕了 107 名阿富汗人，并击毙了至少 115 名武装分子。——译者注

特遣队还指挥着来自十几个不同国家的特种作战部队①。该特遣队存在的那段时期内，击毙了100名基地组织或塔利班武装分子，并缴获了总重量达50万磅的武器和爆炸物。在2001年12月间的一次已知行动中，"海豹"与丹麦突击队员搭乘空军特种作战部队的直升机攻克了卡里干(Khairkha)。2001年11月25日至12月1日间，一支隶属英国特种小艇勤务团的小分队参与了联军部队对恰拉-江基监狱(Qala-i-Jangi)发生的塔利班暴动的镇压，其中就有一位是来自"海豹"队的交换训练人员史蒂夫·巴斯水手长(Chief Stephen Bass)，因为其在敌火下表现出来的英勇行为而在这次行动结束后，被授予了海军十字勋章。"海豹"尽管在战场上表现优异，但也并不是毋需付出任何代价。2002年3月4日，一支在阿富汗东部参加了"巨蟒"行动的海豹分队中，海军航空兵地勤上士尼尔·C. 罗伯兹(Neil C. Roberts)，不慎从直升机上坠落，并遭到了塔利班武装分子的包围。坠地后尽管独自一人，他仍然在地面上坚持战斗，当他的同伴因规避地面防空火力而离开该区域之后，他被塔利班俘获并杀害。罗伯兹是在阿富汗阵亡的第一位"海豹"队员。2002年3月27日，医疗专业水手长马修·J. 布尔乔亚(Chief Matthew J. Bourgeois)在一次小单位训练演习中触雷身亡。更大规模的灾难发生在2005年6月28日"红翼"行动期间，当时在库纳尔省(Kunar Province)活动的塔利班民兵发现了一支由海军上尉迈克尔·P. 墨菲指挥的"海豹"4人侦察小队，并对他们发起了攻击。墨菲等3名海豹队员在激烈的交火中阵亡，只有海军士官马库斯·拉特里尔幸存。墨菲上尉后来荣获了追授的国会荣誉勋章。雪上加霜的是，为了营救上述海豹侦察小队而实施的一次行动中，塔利班以地面火力击落了一架隶属陆军航空兵"夜间潜行者"的MH-47切诺克直升机，机上8名海豹队员与数名来自其他特种部队单位的士兵阵亡。

"海豹"队实施的最大规模的一次部署，发生在"伊拉克自由"行动中的占领时期，2003年3月20日，几支"海豹"分队协同英国皇家海军陆战队与波兰的GROM特种部队，从停泊在波斯湾海域的美国海军舰艇出发，他们的目标是位于波斯湾北部巴克尔港和豪尔阿马亚的油田。在当时看来，在伊拉克人摧毁这些设施并将上百万加仑的原油倾倒入波斯湾之前，完好无损地占领上述设施是很有必要的。其中几支分队的任务是占领位于埃尔法的陆上泵站，他们在击毙5名、击伤16名伊拉克士兵后，攻占了该设施。其他海豹分队分别搭乘充气艇和马克8型海豹队水下输送工具对海上钻井平台实施了攻击，守卫那些设施的共和国卫队士兵很快放弃了抵抗，所有这些目标全部被肃清，且双方都没有人员伤亡。还有一些"海豹"队员在埃尔法附近登陆，以协助当时正在通过鲁迈拉油田(Rumaila)的美国海军陆战队第5团级战斗队向北推进。他们搭载的直升机因为遭遇了地面火力而被迫在湿地着陆。海豹队员的沙漠巡逻车很快发生了故障，并且遭到300名伊拉克士兵

① 根据2004年授予该特遣部队总统集体嘉奖令的相关文件，隶属该特遣队的美军特种部队有海豹2、3与8队，空军特种战术中队与陆军特种部队。——译者注

的包围。但幸运的是，与他们一同行动的一名空军战斗管制员召来了精确的空袭火力，阻滞了敌军的进一步攻击，使他们坚持到皇家海军陆战队 42 突击队前来为他们解围为止。另一支海豹分队的任务是搭乘 MH-53“低空铺路”（Pave Low）直升机前往穆卡拉雅大坝（Mukaraya），并完整地夺取该设施。尽管当地的土质导致了沙漠巡逻车的故障，海豹队员与协同作战的波兰 GROM 单位还是成功夺取了该目标，并成功坚守到北上的美国陆军部队换防为止。“伊拉克自由”行动期间，“海豹”队员仅有的另一次广为人知的行动发生于 2006 年 9 月 9 日，攻占拉马丹市（Ramadi）的战斗期间。当时一支由海军士官迈克尔・莫萨姆（Michael A. Moorsom）指挥的 4 人狙击分队，在一处房顶上构筑了狙击阵地。当一枚由叛乱分子投掷的手榴弹落到他们的阵地上时，莫萨姆以最大的无私精神扑向了手榴弹，并承受了全部的爆炸力，他的英勇行为拯救了他的 3 名同伴。而他自己则受了重伤，不治身亡。之后，他荣获了追授的国会荣誉勋章。值得庆幸的是，“海豹”并非仅仅执行军事任务，2010 年 7 月 7 日，隶属特种小艇中队 20 的一艘马克 5 型特种作战快艇，救起了 9 名落水人员。当时后者乘坐的一辆水陆两栖卡车与一条驳船相撞后翻覆，并沉入了特拉华河。意外发生时，“海豹”的两艘快艇正巧停泊在附近的宾夕法尼亚大学码头，特种作战快艇乘员们很快投入了救援行动。

第十四章

特别行动部(中央情报局)

中央情报局(缩写:CIA)在相当长的一段时间,都被当作谍报史上最成功、最富有经验的情报收集网络,并且它还具备为了贯彻国家政策以及确保国家安全执行直接行动任务的能力。而执行上述任务的主要机构正是中央情报局内部的特别行动部(缩写:SAD)。在这个高度机密的组织与中央情报局的指挥链之间,是职能相对更为宽泛的国家秘密勤务处(缩写:NCS),而特别行动部的职能仅限于隐秘作战行动以及其他"黑色"行动。特别行动部仅仅从美国特种部队的退役行动人员中间招募新成员,该部的主要任务是执行准军事任务,但也会出于扩大战果的考虑而与军方的对应机构进行合作。它作为一个在某些方面来说,可以被分类为"民营机构"的组织中的军事部门,它本身可以被当作是国家特种作战力量中的一个组成部分。特别行动部行动人员最基本的存在价值在于,(一旦相关行动曝光)美国政府因此可以言之凿凿地否认曾经派遣隶属军方的作战单位,在法律禁止美军"进入"的区域执行任务。更重要的是,尽管他们在战场上经常与特种部队进行合作,但是特别行动部只根据由总统本人或者他的国家安全委员会(national Security Council)下达的命令投入行动,其指挥链与"常规"特种部队是截然不同的。

更具体地说,特别行动部具备执行各种层面的直接行动任务的能力,包括纵深侦察、破坏行动、刺杀以及其他更具军事特征的行动,例如在被判定为极度危险的环境下实施敌后袭掠与伏击行动。在必要的时候,特种作战大队(缩写:SOG)下辖的所有单位也可以与美国特种部队司令部下辖的各个特种作战单位实施密切的合作。此外,出于相对更为"传统"的谍报目的,所有的准军事行动情报官(缩写:PMOO)都精通于隐秘地实施人力情报收集的艺术。为了实施非军事性质的心理作战行动,特别行动部内部还常年维持一支精锐的"政治行动大队",他们接受过如何以隐秘的手段对非友好国家政府施加政治影响,进而达到改变该国政府公开态度的专门训练。这一类行动包括:宣传活动、向反对派提供财政援助、为受到美国政府青睐的"代理人"树立公众形象、实施民意调查,以及其他形式的

中央情报局徽章。(图片由美国中央情报局提供)

政治介入。中央情报局通过上述行动可以在全球范围内聚合或者更进一步促成美国的政策。考虑到交付给他们的任务范围之广,特别行动部的行动人员所接受的训练水平之高、科目之全面,可能在全世界范围内,再也没有一支特种部队能够与他们平分秋色。目前正在进行中的反恐战争使得(由特别行动部实施的)海外部署不仅其规模是中央情报局历史上空前的,其持续的时间也愈发旷日持久。最后很明显的一点是,在执行上级指示的任务时,他们在任何意义上都不会“按照(书面)规则来打这场比赛”。

组织架构

据目前已知的信息,特别行动部下辖了 4 个分支部门,每一个分部都是由掌握了多项专业技能/技术的退役特种部队成员组成,并且这些行动人员都可以根据完成每一项任务所需要的不同专长,在各支“特别行动大队”内部进行交换。更进一步来说,所有的行动人员都具备了不亚于“常规”特种部队成员的能力,足以与他们协同工作甚至并肩战斗,在某些特定的任务中他们的技能不是完成任务所必需的,就是能够与协同行动的特种部队军人的专长技能领域互有补充。

航空行动分部

纵贯整个冷战时期,中央情报局维持了数个执行秘密空运任务的组织,例如:美国航空公司(Air America)、南方航空运输公司(South Air Transport)以及长荣航空公司(Evergreen Air)。这些公司的飞机航迹遍布世界各地,并且介入了多次武装冲突。在隶属“公司”管辖之下的同类组织的漫长历史沿革中,最新的一位继承者就是“航空行动分部”(Air Branch),它负责操控列在中央情报局航空资产清册中的所有飞行器——不论它是固定翼飞机还是旋翼机,不论这些飞行器的原产地是美国或是美国以外的其他国家。令该分部人员引以为豪的是,他们具备操纵世界上除了太空飞船以外的任何一种飞行器的能力。其中大部分成员在加入航空分部之前,在美国陆军的第 160 特种作战航空团服役,这支被称作“夜间潜行者”的精锐部队异常精通轻型飞机与直升机的操纵。

海上行动分部

正如其名称，海上行动分部着重于在公海或其他水体上执行秘密任务。显而易见的是，该分部的大部分成员都是“海豹”队以及海军特种作战发展大队（缩写：DEVGRU）的退役行动人员，以及少量曾在舰队陆战队侦察连（缩写：FORECON）服役的陆战队侦察兵。他们接受的训练强调两栖以及水上行动，包括战斗潜水员训练和蛙人水下侦察任务，喷气滑水侦察以及在近岸水域实施的人质救援行动。

地面行动分部

这是特别行动部下辖的最大的一个分部，是这个部门的“地面作战力量”，其大部分成员曾经在“绿色贝雷帽”、三角洲部队突击队员以及陆军突击队服役。该分部的所有人员为了实施军事以及民事行动，接受了大量不同技能/技术的交叉训练，尤其强调了射击技术和致命性武器的应用。其他领域的专门知识还包括：威胁程度评估、秘密战术通讯、个人徒手格斗、各种锐器以及棍棒的使用、分队领导技术与分队机动、建筑物渗透、捕俘与后送、人质危机处置、远程侦察以及极端环境求生技术等不一而足。虽然已经有相关的分部执行航空与海上作战行动，但地面行动分部仍然要承担大部分的作战任务，因此为了确保行动人员的安全，他们就必须掌握先进的机动车辆驾驶技术，尤其是如何在高速行驶过程中实施紧急机动动作。所有与行动相关的驾驶技能都是属于战术车辆指挥官的管辖范围之内，并且所有的行动人员必须通过相关科目的考试。最终结训时学员们将可以不论昼夜、在任何一种气象条件下驾驶世界上任何一种汽车，在情势所迫下他们还可以将车辆充当武器。特别行动部并没有要求或鼓励下属的每一个行动人员都必须掌握列在明细清单上的一长串专业技能/技术，但是那些做到了这一点的则成了现存最优秀的秘密行动人员。

装甲与特别规划处

这是特别行动部内一个最近才为人所知的次级部门，该部门的成员具备了在必要的时候破坏或摧毁任何一种车辆、飞行器、船舶或建筑的能力。为了达成上述目标，他们的任务之一就是通过公开渠道购买或者秘密盗取最新型的个人装甲防护系统，并对它们进行测试，同时这个部门还要储备大量需要应用在战场上的军械与武器。

因为特别行动部的任何行动都被官方分类为机密级材料，因此这个部门真正的组织架构至今不为人所知，以下的叙述仅仅出于猜测。以战地行动为例：一个特别行动大队需要为上级交代下来的特定任务提供人员与物资。这些行动的相关人员在技术上被称作“准军事行动情报官”或者以字母缩写简称为：PMOO。根据猜测，特别行动部的编外人员人数大约在一百二十人，即是说它的规模甚至要小于“三角洲”部队或者“海豹六队”——它们是性质最接近的军方同类单位。并且，每一支分队的规模大约在 1 人至 6 人不等，他们都是根据特定任务的实际需要，按照每个行动人员所掌握的技能与资质进行编组的。

招募与训练

为了维持该部门作为精锐部队的状态，特别行动部仅招募各个军种特种作战单位的退役人员。此外，他们还必须符合中央情报局对其雇员的学历要求——由具备相关资质的大学颁发的学士学位。所有的申请人不论从中央情报局的招募人员处获得了何种许诺，必须先要通过“特别行动部”主办的“预选测试”(preliminary selection)，它是以“三角洲部队”的选拔课程为基础改良的。尽管候选人员主要来自陆军的“三角洲”部队和海军的“发展大队”(旧名：海豹6队)，但也有相当一部分曾在空军特种战术中队、伞降救援部队、“绿色贝雷帽”、陆军突击队、海军陆战队舰队侦察连服役，有些人甚至就是中央情报局的现役行动人员。这些受训人员不仅因为他们先前的服役经历获得了宝贵的信任，并且非常精通于各自的专业领域，在任务的计划、筹备还有执行方面，也有上佳的表现。顺利通过预选测试的受训人员的下一站是位于弗吉尼亚州的佩里兵营(Camp Peary)——那里更广为人知的名字是“农场”，参加为期12个月的“秘密勤务训练计划”(缩写：CSTP)，之后他们将在北卡罗来纳州的哈维波音特(Harvey Point)进一步强化与扩展他们的专业技能。在这里，占主导地位的是所谓的“黑色行动”技能训练，所有有志于成为“准军事行动情报官员”的学员，将针对现代化武器、爆破技术、狙击技术以及火器使用等方面的实际应用接受反复的操练，直到他们在上述技术的熟练程度方面进步到了一个更高的层次。他们要接受的其他技能训练包括：克拉夫—马加(Krav Maga)——一种由以色列军方发展出来的徒手格斗体系、如何以最高的效率进行公路与越野驾驶、如何规避敌对武装力量的逮捕或

约翰尼·迈克尔·斯潘(Johnny Micheal Spann，1969—2001)

“麦克”约翰尼·迈克尔·斯潘，于1969年3月1日出生在亚拉巴马州的温菲尔德，他在1991年就读于奥本大学时加入了海军陆战队后备役部队。大学毕业后他考入了弗吉尼亚州匡迪科的海军陆战队军官学校，毕业后被委派到了第2空—海炮火联络连。这支精锐部队的任务是：为战场上的海军陆战队单位实施海军炮火支援及由航空兵实施的近距离空中支援的引导。斯潘在服役6年后晋升为上尉，之后他于1999年6月调入了中央情报局的“特别行动部”。他是在“持久自由”行动初期第一批被部署到阿富汗境内的战地情报官员之一，在那里他曾与特种部队的行动人员结伴行动，直到联军的空中力量击溃了塔利班武装。当恰拉-江基监狱暴乱于2001年11月25日发生时，他正在那座古老的堡垒中对被抓获的犯人实施审讯——其中也包括了美国籍的变节者约翰·沃克·林德(John Walker Lindh)。他在遭遇暴徒的攻击之前已经拔出了手枪，在被打死之前击毙了数名袭击者。斯潘悲剧性地成为第一位在阿富汗阵亡的美国人。他被追授了中央情报局的情报之星勋章以及卓越服务奖章，在恰拉-江基监狱内还竖立了一块旨在纪念他的小型纪念碑。

者被逮捕后如何逃脱、生存技术和逃脱、抵抗与躲避指导、战斗急救医疗训练以及高级战术通讯与电讯定向。只有在此之后，他们才被判定具备了在这支最精锐的美国特种单位服役的资格。

装备

不同于那些更常规化的特种部队，在有些任务中他们会携带那些外形极易辨认的专业化装备，配发给特别行动部人员的各种设备，其技术含量高、可辨识性低，相对而言更接近于谍报工具。在这个领域中，低辨识性就等同“生存”本身，因此装备的外形越不醒目也就能够更好地隐匿携带者的身份。这些设备包括：用于地面导航的卫星定位系统、先进的“猝发”式电信设备、小型化的红外线与微波信号发送器以及各种可以安装在汽车或其他交通工具上的远程跟踪装置。行动人员还要具备操作驻在国的各种武器的能力，不论它们是外国制造还是美国产品，但是总的来说，第三世界国家使用得最多的武器是无所不在的卡拉什尼科夫 AK-47 突击步枪。毋庸置疑的是，也许还存在着其他目前不为人知的秘密技术装备，它们的性能也必然是令人惊异的，只是这些设备不仅在过去没有，即使在未来也不具备任何被公布于众的可能性。

已知作战行动

自冷战结束以来，特别行动部就积极活跃于各个热点地区。下属分遣队曾在美军被部署到索马里之前就进入了该国，并且该部门的准军事行动官员拉里·弗里德曼(Larry Freedman)于 1992 年 12 月 23 日，在一次特种侦察任务中殉职①。在他死后中央情报局向他追授了一枚情报之星勋章，这是执行此类任务(的行动人员)所能够获得的最高荣誉。尽管如此，在接下来的 10 年中，特别行动部下辖的各个分遣队仍然活跃于该地区，主要任务是遏制当地军阀的崛起以及基地组织网络的威胁。1992 年，他们在一个著名的商人及当地军阀的资助者奥斯曼·艾托(Osman Ito)的手杖中安置了一个信标装置，搭乘“小鸟”直升机的特种部队在这个装置的指引下，成功地对艾托实施了逮捕。显然，特别行动部还对索马里的其他军阀实施了贿赂，以便通过他们监视基地组织在该国的活动，2007 年 1 月 9 日，特别行动部根据行动人员的指引发动了一次导弹袭击，杀死了 10 名民兵。2009 年 9 月 14 日，奉行暴力活动的激进派别索马里青年党(Islamic faction Shabaab)的著名领袖萨利赫·阿里·萨利赫·纳布汉(Saleh Ali Saleh Nabhan)②在一次类似的袭击中被击毙，当

① 拉里·弗里德曼在加入中央情报局特别行动部之前，曾在三角洲部队服役，授予他情报之星勋章的理由是，其在执行任务期间有“异乎寻常的英勇行为”。资料来源：The Book of Honor: Cover Lives and Classified Deaths at the CIA by Ted Gup, 2000。——译者注

② 萨利赫·阿里·萨利赫·纳布汉(1979—2009)，出生于肯尼亚，是基地组织索马里分支的领导人，他涉嫌参与了 2002 年在肯尼亚首都蒙巴萨对一座酒店的爆炸以及在当地对以色列航班的袭击。——译者注

时两架 AH-6“小鸟”直升机对他乘坐的汽车实施了猛烈的扫射，袭击结束后“海豹”队员带走了他的尸体。特别行动部行动人员在“非洲之角”继续着低调而高效的工作，尤其是针对该地区日渐兴盛的由当地人实施的海盗活动。

苏联于 1989 年从阿富汗撤军后，中央情报局继续在阿富汗维持着强大的存在，在接下来的 20 年中，中央情报局为了确定沙特流亡者与恐怖分子奥萨玛·本·拉登的行踪，并将其击毙进行了多次尝试，因为顾虑到特别行动大队人员所面临的危险，比尔·克林顿总统没有授权执行这些任务，但是在针对纽约世界贸易大楼实施的 9·11 恐怖袭击之后，这种情况发生了彻底的变化。依靠在过去的 20 年中与阿富汗当地持不同政见者团体建立起来的“关系”，隶属特别行动部的多支分遣队在“下颚破碎者”行动(Operation Jawbreaker)初期，在特种部队出发前，就搭乘自己的飞机——抵达了乌兹别克斯坦境内的前进作战基地。他们在那里巩固了与反对塔利班政权的北方联盟之间的“工作关系”，并在“持久自由”行动开始之前花费了好几周的时间，对塔利班武装的阵地实施了观察，对他们的实力进行了评估。当隶属特种部队第 5 大队的一支 A 队“绿色贝雷帽”于 2001 年 10 月 19 日抵达阿富汗时，特别行动部的人员充当了特种部队与北方联盟武装之间的联络员与协调者。

此外，正是通过他们提供的军事情报以及目标信息，才确保了在最短的时间内击溃了塔利班，并且只损失了最少的美国人的生命。尽管在 2002 年，准军事行动官员们与其他特种作战分队一样，并未成功发现并抓获本·拉登，但是自那以后，他们在追捕基地组织与塔利班武装这两方面扮演了活跃的角色，他们通常与受过严格训练并且动机明确的由当地人组成的部队，或是与其他特种部队协力执行上述任务。

巴基斯坦作为阿富汗的邻国，对于美国军事单位而言是限制进入的地区，因此该国也就成为特别行动部重点关注的地区之一。他们的准军事行动官员已经被证明曾经渗透至该国西北部荒蛮的部族地区，搜索塔利班与基地组织成员，并且他们还经常在巴基斯坦特种勤务大队(缩写:SSG)[①]突击队员们的协助下，对前者的藏身之处实施致命的突袭。尽管如此，鉴于当地政府对外国籍行动人员的出现保持着相当敏感的态度，特别行动部通常使用各种型号的无人机对已辨明身份的敌对武装组织领导人实施侦察、监视或者将其击毙。本·拉登的儿子萨伯·本·拉登(Saad bin Laden)也是在 2009 年 7 月 22 日被这一类型的无人机导弹攻击所击毙。这一成功的项目在乔治·W. 布什总统执政期间一直维持着相对适度的规模，但是他的继任者巴拉克·奥巴马自 2009 年以后，大力扩展了由特别行动部指导的无人机载导弹袭击项目。这一行动对活跃在巴基斯坦—阿富汗边境地区的可疑叛乱分子以及恐怖组织成员造成了长期的沉重压力，但是也在巴基斯坦国内催生了

---

① 巴基斯坦陆军特种部队，1956 年成立后，曾经参与了两次印巴战争，以及印巴双方在克什米尔地区的西亚琴冰川和卡吉尔高地发生的武装冲突，他们还曾经在 20 世纪 80 年代中后期进入阿富汗境内与占领该国的苏军作战。——译者注

强烈的反弹情绪。导弹技术也被运用到了基地组织的另一个温床——也门。2002 年 11 月 5 日，一次“地狱火”导弹攻击杀死了基地组织的一名资深行动人员阿尔·哈桑姆-叶梅尼(Al-Haitham al-Yemeni)，他是发生于 2000 年 10 月的“科尔”号袭击事件的幕后黑手。这次袭击之后，根据奥巴马总统的命令，导弹袭击的可选目标被扩展到了基地组织的地区性领导阶层，并通过一系列的努力后来导致了在美国出生的安瓦尔·奥拉基①(Anwar al-Aulaqi)的被捕或被杀。

令人毫不惊讶的是，在“伊拉克自由”行动正式开始之前的武装入侵中，特别行动部的行动人员也扮演了突出的角色。数支分遣队在战争正式爆发的好几个月以前，就渗入了伊拉克北部地区，并融入了当地的库尔德人抵抗组织。两个小组后来实施了“维京人之锤”行动(Operation Viking Hammer)，并在联军发动入侵之前，彻底歼灭了一个暴虐的恐怖组织——伊斯兰辅助者组织(Ansar al-Islam)。2003 年 2 月，特别行动部的分遣队与隶属特种部队第 10 大队的“绿色贝雷帽”以及由当地人组成的部队，协力牵制了多达 13 个师的伊拉克部队，使得他们无暇南下支援发生在那里的战事。随后特别行动部的成员们还帮助并执行了“红色黎明”行动(Operation Red Dawn)，并与三角洲部队以及陆军的“情报支援行动”协力逮捕了逃亡中的独裁者萨达姆·侯赛因。他们还积极参与了与伊拉克基地组织成员之间的较量，协助击毙、逮捕了数名逃亡中的该组织资深成员。2008 年 10 月 26 日，特别行动部的分遣队以及来自其他武装部队的行动人员，对位于叙利亚境内阿布·卡马尔(Abu Kamal)的一处藏身处发动了突然袭击，击毙了数名曾协助恐怖分子偷渡进入伊拉克境内的走私组织头目。显而易见的是，这次事件得到了叙利亚政府的默许，当地居民在事后都受到了来自政府的警告：不得以直接或间接的方式谈论这次事件。根据报道，类似的行动还曾经发生在格鲁吉亚以及菲律宾境内，它们也是目前已知的有基地组织成员活动的国家。特别行动部已经证明了，他们在全球范围内对目标实施追踪与消灭时，是毫不留情并且总是取得成功的，尽管该组织的存在鲜为人知，但是他们构成了世界性反恐怖斗争中的重要一环。为此，中央情报局局长里昂·帕内塔(Leon Panetta)在 2010 年 7 月 22 日，任命特别行动部出身的约翰·D. 本内特(John D. Bennett)掌管国家秘密勤务处。

典型行动

纵观中央情报局针对恐怖分子发动的战争的各个层面——包括了由特别行动部实施的秘密行动，其中有几个案例取得了异乎寻常的成功，可以这么说：它们就是通过长达 10 年的艰苦工作所获得的报酬。然而没有一个目标，其受到追踪的烈度或者说无情的程度

① 安瓦尔·奥拉基(1971—2011)，在美国出生的一名也门伊玛目，美国政府对他提出的指控包括：为基地组织制订行动计划、主持了若干个网页，以及基地组织网络杂志《鼓舞》的编辑工作，等等。——译者注

可以与罪恶的9·11事件的策划者奥萨马·本·拉登相比,尽管所获甚少。经过长达10年的侦探工作与情报分析,仍未能够获得他们所渴望的成就。显然在2001年10月,“持久自由”行动展开之初,本·拉登就在阿富汗,并且就在2002年初春,联军部队几乎已经把他包围在了托拉博拉山区。在那之后,对于他的确切行踪就仅限于“推测”,而“公司”也就被迫依靠极为有限的情报开展行动。对于大部分情报分析员而言,他最有可能的藏身之处位于巴基斯坦西北部地形崎岖的部族地区(tribal area),那里毗邻阿富汗边境,他在该地区很容易寻得隐蔽的处所,并可以获得当地同情者的庇护。但是在另一个方面,这是一条所谓的“冷线索”,鉴于立场摇摆不定的巴基斯坦政府并不愿意为此提供协助,要在缺乏确凿证据的前提下,在那个地区实施“直接行动”是不切实际的。缺乏电讯情报则使得上述问题变得更加复杂,因为诡计多端的恐怖分子早就认识到,不论他躲藏在世界的任何一个角落,美国人都可以通过他拨打给手下宠臣的哪怕一个电话而追踪到他的确切位置。根据情报分析人员的推断,本·拉登避免使用直接的通讯手段,更青睐利用极受信任的信使,分段传递口信,或者就像已经被证实的那样,将下载的电脑文档携带到中立地点后,再通过电子邮件进行传递。这一系统原始且极度简单,在缺乏可靠情报的前提下几乎是不可能破获的。

中央情报局的任务因此而转向了在地球上最偏远的角落里,对这些可疑的信使进行身份甄别并实施跟踪,其难度几乎等同于在高耸的干草堆中找出一根针。取得突破性发现的前景似乎是遥不可及的,然而通过实施历史上最旷日持久的不同单位间高度协调的情报收集与破译计划,这一扑朔迷离的拼图中的一部分开始逐渐浮出水面。通过在10年间缓慢积累起来的情报,并经过了煞费苦心的汇总之后,一幅完整的图像开始显现。对于美国而言,幸运的是乔治·W.布什总统经过考虑后,将被逮捕的恐怖分子及其支持者定义为“敌对战斗人员”而非“士兵”,所以他们也就不受到日内瓦公约所能提供的任何保护。恐怖分子嫌疑人,又名“被拘押者”,不是被秘密押送到位于古巴关塔那摩湾的特别拘留中心,就是被“移交”给设有类似“黑色地点”的国家,例如波兰、埃及以及世界上任何一个可以合法进行“强化”审讯的地方。所谓的“强化”审讯包括“水刑”,换一种说法就是让受审者经受模拟的溺水状态,对于任何一个经受过这种酷刑的人而言,这都是一种极端的创伤性体验,但是它确实能够让受审者屈服。鉴于美国军方对此类技术的蔑视,“强化”审讯工作通常都是由中央情报局实施,或是在盟国情报机关的庇护下在国外进行。具有讽刺意味的是,第一条得到了确认的关于本·拉登雇佣信使的情报,来自两名臭名昭著的“被拘押者”卡里德·谢赫·穆罕默德——基地组织的行动首脑以及他的助手阿布·法拉杰·阿尔-利比。两人在经受了水刑之后,招认了使用信使这一事实,他们供出的一名信使叫“阿布·阿哈迈德·阿尔-科威特”。在那之后,他们又推翻了这一份供词。分析员们推断,事实上他们是在试图掩护某一个非常接近本·拉登核心圈子的人。这一预感后来在2009年的某一时间得到了证实,那名“信使”被确认为最受本·拉登信任的两名同伙穆罕默德和阿尔-利比的门徒。

追捕的下一步就是搜索那名行踪不定的信使。中央情报局的行动人员们将注意力集中到了在巴基斯坦西北部工作的一对兄弟身上，自2010年8月起，他们在白沙瓦的电话通话开始被秘密录音。两名嫌疑犯在受到了为期好几个月的秘密跟踪后，“公司”的注意力从地形崎岖、穷困潦倒的边疆地区转向了一座富足的城市——位于首都伊斯兰堡北方30英里处的阿博尔塔巴德市。“公司”在那里采取的行动极富创新性与异国情调，不亚于任何一部世界级的间谍小说。两名遭到了跟踪的信使最终被发现，他们频繁出入位于阿博尔塔巴德市郊的一片四周有高墙环绕的建筑综合体，它在周围建筑的映衬下显得鹤立鸡群。通过对这幢18英尺高的3层楼房子的增强卫星照片进行判读之后，发现在它的顶楼还有一道高达7英尺的围墙，这不仅与周边环境毫不相称，而且显然这一构造的目的就是为了隐瞒住户的身份。通过利用无所不有的谷歌地图实施了进一步分析之后发现，这幢建筑在2001年尚不存在，而是在2005年建成的，正好吻合了时间范围。最后，中央情报局的地面分队在附近租下了一套“安全房”，并以此为依托对那座建筑实施了严密的监视。引人疑窦的是，居住在那里的两名信使显然缺乏可信的经济来源来维持这样高水准的生活方式。必然是有其他人在负担那幢建筑物中发生的一切开支。

在通过对各项证据煞费苦心的筛选之后，真相开始逐渐显现，尽管没有找到本·拉登藏身于此的确凿证据，但现有的材料是如此的强有力，所以也不能够单纯地对此弃之不顾。经过更进一步的检查，这幢建筑并没有安装电话线或碟形卫星天线，按照常识来说，富有的住户毫无疑问负担得起安装上述设备的费用，并且乐于以此来炫耀自己的财富。此外，居住在建筑物中的三个家庭总是一成不变地焚烧他们的生活垃圾，而不是让市政工人来收集它们。在通过美国国家地理情报局(National Geospatial Inteligence Agency)的高分辨率照相侦察卫星以及国家安全局(缩写:NSA)的强化监听设备的侦察，获得了更进一步的细节之后，高层于2010年9月，在华盛顿对如何实施下一步的行动进行了讨论，中央情报局局长帕内塔授权出动新近完成开发的隐形无人机——RQ-170“哨兵”(Sentinels)——避开巴基斯坦雷达站的监控，秘密进入该国境内，尽可能对这座建筑的各个角度进行拍摄。之后根据这些照片，建造了整个建筑综合体的立体模型，通过对该模型的分析更进一步加深了情报分析师的怀疑。围绕着3楼平台建造的那道高7英尺、用途不明的围墙正好有足够的高度，遮蔽在平台上散步的——身高6英尺4英寸的本·拉登，使他不会暴露在任何外人的视线之中，据此推断他就居住在那里。最终，针对这幢建筑以及它的不同寻常的构造，所能做出的唯一合理的解释就是，存在着一个“高价值目标”。本·拉登从未出现在任何一张侦察照片上，或者被地面上的监视人员所发现，但是通过对已知情报的分析得出的结论是：他以及他的数位妻子和孩子躲藏在那幢房子中的可能性高达60%—80%。帕内塔对事件的进展一直能够得到全面的汇报，在2011年5月1日，他授权实施了一次由特种部队执行的“直接行动”任务。

在正常情况下只有五角大楼才拥有所有必要的权限，授命军事单位实施此类行动，但是在这个例子中，国防部长罗伯特·M. 盖兹将权限暂时移交给了中央情报局局长帕内塔，也正是后者直接领导了对这一次精确到每一分钟的计划的制订。帕内塔本人显然也是出于对巴基斯坦情报机关内部的基地组织同情者可能将消息泄露给本·拉登的担忧，否决了将实施突袭行动的消息事先知会巴基斯坦当局的建议。此外，隶属海军作战发展大队的海豹队员在“海神之矛”行动(Operation Neptune Spear)的整个过程中，时刻处在伴随他们行动的特别行动部行动人员的指挥之下。行动当天晚上，整个住宅区遭遇了一次无法解释其原因的停电，而且时间恰到好处，正好为这次袭击提供了“方便”。与此同时，根据中央情报局的“托词”：他们从未出现在那里。总的来说，“海神之矛”行动是一次迟到但甜蜜的复仇。根据2011年5月29日公布的消息，1998年发生在肯尼亚的一次恐怖袭击中，有2名中央情报局的特工汤姆·沙赫(Tom Shah)和默里·赫卡比·哈迪(Molly Huckaby Hardy)，与另外44名美国大使馆的雇员一起被害，在之后的13年里，“公司”的成员们坚定地实施着他们的复仇。而且这一使命最终在阿博尔塔巴德市由特别行动部的行动人员们达成了。但是外交就是外交，尽管巴基斯坦方面表现得十分恼怒，随着副局长迈克尔·J. 莫雷尔(Michael J. Morell)对伊斯兰堡的访问，该国不再对中央情报局下辖各分支机构的特工获得进入本·拉登住宅的许可加以妨碍——他们故地重游的目的是，回收在创作他们的杰作时遗留下来的DNA证据。2011年5月26日有消息称，本·拉登的死亡宣示着中央情报局在坚忍、技能以及想象力三个方面达到了全盛时期，“公司”以及其特别行动部的行动人员，依靠想象力以及沉着清算了一笔旧账。

第十五章

海军特种作战发展大队(海豹6队)

海军特种作战发展大队，又以缩写DEVGRU或海豹6队(Seal Team Six)的名称而广为人知，这支部队的名声建立在作战中表现出来的大胆无畏之上。不仅仅是在美国，可能在世界上其他国家中也不存在这样类似于它的一支部队。他们作为一支隐藏在层层黑幕之下的机密军事单位的成员，在击毙本·拉登之后，对于自己获得的"国之瑰宝"这一殊荣却敬谢不敏，其实这更加强调了外界对他们根本是知之甚少(这一事实)。目前已公开的寥寥几条信息更可能是当局故意散布的虚假情报，其目的不外乎将这潭泥水搅得更混。尽管如此，根据他们的训练水平、人员数量以及已知的战绩来判断，海军特种作战发展大队很可能是整个美国特种作战力量中的精髓，毋庸提及他们在成立后的30年间实施过的大量反恐怖作战行动。他们通常会与中央情报局的行动人员结伴实施战地行动，并且通常都能够取得惊人的战果。但是相应的，他们的任务档案都会被分类为密级最高的机密文件；出于同样的原因，他们也就不再处于(相关)国际法的管辖范围之内。①

招募与训练

海军特种作战发展大队，是美国武装力量中隐匿得最深的一个组织，因此关于他们的各种信息或多或少只是基于推测。根据已公开的信息，他们的总部位于戴姆内克，靠近弗吉尼亚州的奥希阿纳海军航空站(NAS Oceana)。还有未经证实的消息称：他们的组织架构仿效了英国的特种空降勤务团(22nd SAS)，部队的次级战术建制称为"(骑兵)中队"②，4个中队的代号分别是：红队、蓝队、银队、金队，另外还有第5个中队是接受过专

---

① 指他们在与中央情报局特别行动部执行联合任务时，其行为不受日内瓦公约和海牙公约陆战法规的限制，但同样也不受上述国际法的保护。——译者注

② 海军特种战发展大队与三角洲部队一样，同样沿袭了特种空降勤务团的编制方式。——译者注

门训练的小艇单位,代号为“灰队”。①据猜测,他们的总兵力接近三百人,并且这个数字只包含了水手长以下军衔的各级水手,显然其规模要远远小于“海豹”部队;根据官方公布的数据,后者的总兵力达3 000人之众。与他们的“正规”同行之间的另一个不同点在于,“海豹”接收来自美国海军各个兵种的志愿者;而海军特种作战发展大队在招募人员时,仅仅从现役“海豹”队员中发掘未来的新学员。那些不符合海军特种作战发展大队严格要求的“普通”海豹队员自然不用多说,甚至对于那些已经获准参加训练的受训人员,也仅仅是获得了一个“可能”,会在未来与整个武装力量中最优秀的一批特种作战行动人员共事的机会。海军特种作战发展大队的成员平均年龄30岁出头,高于正规“海豹”队员的平均年龄十岁左右,更多的经验意味着他们更老到、处事更聪明。新进学员在受训初期会被移交给“绿队”(Green Team),他们将在那里接受各个科目的训练强度,已经过大幅强化的“海豹”训练。“绿队”中发生的一切都基于严酷的淘汰法则,受训人员们得不到任何“情形会日益好转”或诸如此类的提示;在这段时间里,受训人员所接受的考验强度会日益激烈,分配给他们的任务的完成标准也日益苛刻。在这一阶段他们需要掌握的大量技能中,就包括携带氧气瓶从3万英尺高空实施跳伞——这样可以避免被地面上的敌人发现。长达7个月的训练周期,迫使受训人员不断地突破体能与心理上的极限,这一阶段的淘汰率估计高达50%——不能达到要求的志愿者全部会被退回原单位,毫无通融的余地。读者需要铭记在心的是:这些“辍学生”都是现役“海豹”队员,他们不论在体能还是心理状态上都处于巅峰状态。甚至对于那些成功毕业的“海豹”队员来说,他们的服役条件也并不会因此得到丝毫的改善。每一名现役的“海军特种作战发展大队”成员,每一年中有300天是在接受训练;与此同时,他们还随时有可能被部署到海外执行任务。以他们进行的近距离作战演练为例:他们会反复实施演练,直到每一个战术动作都成为他们的反射性动作为止。有未经核实的信息表明:海军特种作战发展大队的每一名行动人员,在一天的射击训练中,需要消耗2 500至3 000发子弹,以维持他们的射击命中率,他们的每日训练弹药消耗量超过了整个“海豹”部队的每日训练弹药消耗量的总和。海军特种作战发展大队与正规“海豹”部队之间的另

海军特种战发展大队徽章。(图片由美国海军无偿提供)

① 各“骑兵中队”的任务形态列举如下:红色中队,突击;蓝色中队,突击;金色中队,永久性建筑物突击;灰色中队,小艇乘员。还有本书中未提及的银色中队,突击;黑色中队,侦察与监视。——译者注

一个主要差别在于：前者从字面意义上拥有按实际需要自由获得最先进的作战技术装备——在部队内部，这些技术装备被戏称作“玩具”——的权利。贯穿他们在“单位”(unit)的整个服役期，陪伴他们的是连绵不断的高强度训练，任何成员如果感到他的年龄或体力已经不足以跟上其他人的脚步，就会被毫不留情地踢开，而他的位置则会由缺乏经验的新手接替。

所谓人如其名，海军特种作战发展大队的主要任务就是酝酿、发展，以及评估与海军特种作战相关的新战术和新武器。这些方法的实用性一经得到证实，并经过优化后就会推广到整个“海豹”部队。出于上述的这些原因，海军特种作战发展大队成为了美国最具代表性的主力反恐怖单位，唯一能够与他们媲美的是陆军的战斗行动大队——即致命的“三角洲”部队。这也是仅有的两支无需事先取得当局的批准，即可以根据美国总统的预先授权，对恐怖分子或其基地实施打击的部队——并且这种行动是完全合法的。

已知作战行动

1962 年至 1974 年之间，最初的“海豹”在南越以及纵贯整个东南亚的其他热点地区取得了非凡的战果，但是与美国的其他特种部队一样，随着美军撤出东南亚地区，不仅部队的编制和预算都遭到了削减，甚至他们的名声也随之一落千丈。这一段低谷时期一直延续到了 1980 年 10 月，当时对被扣押在伊朗的美国人质的营救企图遭遇了失败，美国海军随之得到了授权：招募、训练，并部署一支隶属海军的专业反恐部队。负责组建这支部队的海军军官是理查德·马辛科中校，他亲自对人事档案进行了筛选，首先从现役的“海豹”队员中挑选出了一批杰出的水手，又从海军水下爆破队征募了一小批有才能的蛙人，随后无情地将他们锤炼成一支精锐的反恐单位。有趣的是，他将这个单位命名为“海豹 6 队”，以此来迷惑苏联的情报机构——当时一共只有两支现役的海豹分队。马辛科在训练中身先士卒，直到将他们的状态磨砺到如刀刃一般锋利，他就是这样在一支特种部队中建立了一支更精锐的特种部队。1983 年的“暴怒”行动中，“海豹 6 队”第一次经受了战火的洗礼，其结果则好坏参半。他们成功地控制了两个预定目标：总督府与无线电台。唯一的问题是，性能低劣的通讯设备使他们无法得到友军的支援①，占领了无线电台的海豹 6 队队员，最后甚至被兵力占优的格林纳达部队赶下了大海。1987 年海豹 6 队的番号进行了变更，改为了不引人注目的缩写形式：DEVGRU，并沿用至今。他们下一次经历的实战是在 1992 年至 1993 年间，他们被部署到索马里并参加了“重建希望”行动与“哥特蛇”行动。他

---

① 根据参加了那次行动的“海豹”队员的回忆，他们在离机时将用于远程通讯的卫星电话遗忘在了直升机上，只携带了用于进行短程通讯的摩托罗拉 MX-360 型无线电。资料来源：Chalker Dennis; Dockery Kevin (2002). *One Perfect Op: Navy Seal Special Warfare Teams*. New York: Avon Books。——译者注

们在这两次行动中表现上佳，并且避免了参战的其他特种作战部队所蒙受的惨重的人员伤亡。在那之后，有好几支分遣队被部署到波斯尼亚，他们与英国特种空降勤务团合作，对犯下战争罪行的若干个人实施了追踪，并且最终将他们逮捕归案。

自2001年起，海军特种作战发展大队开始被部署到阿富汗与伊拉克，执行作战与反恐任务，在取得了惊人的成就的同时，他们也遭受了一定的人员损失。2008年9月3日，海军特种作战发展大队的成员与其他特种作战单位成员组成的一支人数为45人的特种部队小组，搭乘直升机秘密潜入了巴基斯坦境内的南瓦济里斯坦地区(South Waziristan)，并在当天晚上成功突袭了位于安格瑞艾达(Angoor Ada)的一处塔利班"安全屋"，在美军越境进入巴基斯坦领土实施的作战行动中，这是第一个被公之于众的例子。在这次行动中，突袭队员们击毙了若干名武装人员，其中还包括了几名女性①。然而在2010年10月8日发生了一场悲剧，当时海军特种作战大队实施了一次营救行动，试图救出遭到绑架的苏格兰人琳达·诺格罗夫(Linda Norgrove)——在遭到塔利班拘禁前，她是一名在库纳尔省工作的国际救援人员。在交火后发生的一片混乱中，一名"海豹"队员向叛乱分子投掷了一枚手榴弹，却没有注意到诺格夫正躺在手榴弹的落点附近，她最后因伤重不治死亡。在事件发生后有若干名"海豹"队员试图匿情不报，结果他们立即被解除了职务。海军特种作战发展大队同样也在海上军事行动中展现了他们的英勇。2009年4月，索马里海盗劫持了美国货轮马士基·阿拉巴马号(*Maersk Alabama*)，将船长理查德·菲利普斯(Richard Phillips)扣押在一艘救生艇上，并威胁要做出危害他生命的行为。幸运的是，航行在附近的美国驱逐舰班布里奇号上，有一支隶属海军特种作战发展大队的狙击手小组实施了干预，4月12日，呆在救生艇甲板上的4名海盗中，其中3人被狙击手的一轮齐射击毙，唯一幸存的一名海盗在稍后被海豹队员逮捕。菲利普斯船长与他的船员在经历了这样一次可怕的事件之后，仍然能够毫发无伤，显示了特种作战发展大队的成员即使人数极少，也能够在行动中施展出极具致命性的威力。

海军特种战曼达湾特遣单位徽章。该特遣单位在为肯尼亚军队提供军事训练的同时，介入了美国在东非地区针对基地组织分支实施的反恐怖作战，以及在索马里近岸水域实施的反海盗作战行动。(图片由译者提供)

① 在这次持续了30分钟的袭击中，特种部队袭击了3座据称有恐怖组织领导人藏匿的房屋，结果一无所获。根据巴基斯坦政府的声明，美军击毙了至少3名妇女、4名儿童，嗣后该国外交部提出了强烈抗议。——译者注

典型的作战行动

尽管在本书脱稿之时，尚未得到完整的信息，但是海军特种作战发展大队在2011年5月1日至2日间，因为巧妙地执行了“海神之矛”行动而获得了不朽的名声。2010年秋季，一次通过中央情报局协调的高效情报收集工作，得到了令人信服的证据，表明大量恐怖活动的策划人奥萨马·本·拉登，很有可能藏身于阿伯塔巴德市郊的一所安全房内，该地距离巴基斯坦首都伊斯兰堡仅仅30英里。中央情报局通过卫星对那所占地一亩的安全屋进行了细致的照相侦察，并且还根据无人侦察机拍摄的照片，在北卡罗来纳州构建了一座等大的立体模型，在模型完工后，隶属海军特种作战发展大队的海豹队员即利用它展开了演练。2011年4月26日，红队被秘密转移到了阿富汗境内的贾拉拉巴得(Jalalabad)，他们在那里接连不断地进行了反复演练，直到他们将这座三层建筑物中每一个平面的构造都谨记于心为止。鉴于特种作战行动的本质，这些行动人员对于正在接受的演练的目的，以及这次行动针对目标的身份一无所知。当他们在出发前的最后一刻被告知，他们的目标正是那名臭名昭著的通缉犯的时候，这些“海豹”队员爆发出了一阵喝彩。出于方便作战行动的考虑，袭击指挥部被从联合特种作战司令部转移到了中央情报局，隶属该机构特别行动部的特工人员将在现场实施战术管制。

2011年5月1日一个周六的深夜，随着两支隶属海军特种作战发展大队的突袭分队，一条名叫开罗的军犬——它是比利时玛伦牧羊犬(Belgian Malinois)，一名巴基斯坦语翻译，若干名来自中央情报局特别行动部的特工，登上了5架隶属陆军第160特种作战航空团“夜间潜行者”的直升机，“海神之矛”行动正式宣告实施。根据计划，24名“海豹”队员——他们是整个部队中最优秀的行动人员，将搭乘HH-60“黑鹰”直升机，从位于阿富汗境内巴格拉姆空军基地的阿尔法营地出发，深入巴基斯坦领空90英里，抵达阿伯塔巴德市。充当“快速反应部队”的支援组，由另外24名来自“海豹”以及其他分遣队的人员组成，他们将搭乘MH-47E直升机，飞抵位于航程2/3处的一条干河床内待命。这次危险的入侵必须在没有月光的夜晚执行，并且通过实施超低空飞行，以便成功地规避巴基斯坦军方的雷达探测。午夜1点左右，“夜间潜行者”们终于抵达了目标区域并在其上空盘旋。

根据攻击计划，一个分队的“海豹”队员将通过“快速绳”缘绳下降至废弃的院子中央，与此同时，另一个分队将直接在屋顶着陆，直接对本·拉登施加压力。可能是出于特种作战行动的“神奇惯例”——尽管事先进行了周密的准备，并且反复实施了演练。即使是由“海豹”队员执行的制订得最严密的计划，也有可能出错。一架HH-60直升机在接近目标时，因为高达18英尺的围墙与螺旋桨产生的气流互相影响产生的涡轮效应而失去了升力，一阵巨响后它完成了硬着陆，幸而机身并未翻滚。没有一名海豹队员在撞击中受伤，但是原定同时发动突击的计划也被迫放弃，另一架直升机被迫在建筑综合体的围墙之外着陆。在执行特种作战任务的过程中，总是在危急时刻存在着通过随机应变来摆脱困境的可能性，而现在的行动能否成功的基本要素正是随机应变。“海豹”队员们毫不犹豫地跳出了坠毁的直升机，在围墙外呈扇形展开后，开始准备突入这座建筑。而那些在院子中降落的海豹队员也开始前进，途中他们遭遇了好几扇伪装安全门的阻碍，海豹队员们使用炸药破除障碍后继续向内层突破。其间他们遭到了轻微的抵抗，两名深受信任的信使，本·拉登的一个儿子在抵抗中被击毙。在场的还有相当数量的妇女以及儿童，其中一名妇女因为做出了违背交战规则的动作而意外身亡。海豹队员们经过逐屋清除，很快抵达了本·拉登可能藏身的三楼，并实施了破门动作。一名海豹队员遭到了一名妇女的冲撞——她显然是本·拉登的妻子之一，其结果是她在腿部中了一枪后倒在房间的另一边。须臾之间他们发现，出现在昏暗走廊上的高大身影正是那名“高价值目标”，显然没有携带任何武装，并且正对自己住宅遭到的猛烈攻击而困惑不已。1 名海豹队员向本·拉登开了火但没有命中，后者立即闪进了附近的一间房间。3 名海豹队员紧随其后冲进了那个房间，当他们追捕的目标显然就要够到一件武器的时候，一轮“两发速射”击中了他的胸口，随后第三发子弹击中了他的头部，本·拉登当场身亡。这时距离突袭行动开始后仅仅过了 15 分钟，本·拉登的尸体已经被拍照存档，并进行过了 DNA 测试，同时海豹队和特别行动部的行动人员们对这座房子实施了劫掠，带走了每一台电脑、每一个闪存存储器、每一张光碟，以及可以被搬走的每一件东西。行动开始 40 分钟后，所有的人员顺利完成撤退。美国人没有遭受任何伤亡，海豹队像他们抵达现场时一样，悄无声息地离开了现场，带走的战利品中包括了本·拉登的尸体。坠毁的“黑鹰”直升机已经失去了飞行能力，它在撤离前被炸药摧毁，搭乘该机的人员则乘坐一架备用的 MH-47 直升机撤退。参加行动的“海豹”队员在凌晨 3 点左右，抵达了贾拉拉巴得，从他们身上散发出来的喜悦与宽慰之情，根本是用任何语言都无从表达的。

整个世界被宣告本·拉登死亡这一令人难以置信的消息唤醒，这在美国激起了一轮欢庆的热潮，授权实施这次袭击的巴拉克·奥巴马总统很快就宣布“正义得到了伸张”，并对所有参战人员的英勇行为表示了感谢。当美国原住民听说本·拉登的目标代号是“杰洛尼莫”(Geronimo)时，引发了一场小小的风波，杰洛尼莫是一位著名的奇里卡华·阿帕奇人(Chiricahua Apache)酋长，原住民们对于让他的名字与一个臭名昭著的恐怖分子产生联系而表示了厌恶。此外，巴基斯坦政府高层也感到自己蒙受了耻辱，他们的国家主权遭到了粗暴的侵犯，而事先竟然不能得到一声知会。他们甚至扬言要向侵犯领空的任何美国部队开火。他们如此气急败坏自然不难理解，然而巴基斯坦政府也有必要解释一下：为什么一名在全世界范围内遭到通缉的流亡恐怖分子，可以在他们国家的一座驻军城镇内“安居乐业”长达数年之久而不被发现？所有的情况都指向了一个共谋者——巴基斯坦国外情报局——该国的主要情报机构①，但该机构在正式场合竭力否认他们对本·拉登的行踪有任何了解。

① 即所谓“三军情报局”。——译者注

战争的变幻莫测正如同一枚硬币的正反两面，一方因胜利而陷入狂喜必然代表着另一方因其失败而陷入悲恸。这个道理的正确性，通过发生于2011年8月6日的一次痛苦的教训，再次得到了证实，当时一支由“海豹”队员组成的“应急反应部队”（缩写：SEAL IRF）正在执行一次例行飞行任务。他们的任务是向当时正在阿富汗瓦尔达克省坦吉山谷（Tangi Valley，Wardak province）中与敌对战斗人员交火的第75突击队团所属部队提供支援。他们搭乘的陆军CH-47“切诺克”直升机在飞行途中，遭到了塔利班武装以火箭推进榴弹发动的攻击并坠毁，机上38人全部丧生。其中15名“海豹”队员隶属海军特种作战发展大队的“金队”——在海军特种战大队中，中队以下的战术单位是小队，人数正好是15人——8名隶属其他单位的“海豹”队员，3名隶属空军特种战术中队的战术航空管制员，隶属美国陆军航空兵的5人机组，还有7名阿富汗突击队员。自从“持久自由”行动开展以来的10年中，这是美国人遭受最多人员伤亡的一次单一事件，也是隶属各军种的特种作战部队在这10年间所遭遇到的最惨重的一次人员损失。此外，与外界流传的谣言不同，死亡的“海豹”队员中没有一人曾经参与过击毙本·拉登的行动。就像世界上其他特种部队一样，“海豹”们接受了他们的损失，对阵亡的同伴表示了哀悼，随后继续他们的使命。现任国防部长里昂·帕内塔在这次事件发生后的讲话中提到：“这是一个提醒，提醒所有的美国人，我们仍然生活在一个正处于交战状态中的国家。”在任何特种作战行动中，伤亡都是在所难免的，但是像“海神之矛”行动那样的成功，强调了这场全球反恐战争期间一个非凡的事实：不论恐怖分子藏匿在哪里，不论恐怖分子如何煞费苦心地隐藏自己的行踪，他们都无从逃脱致命的美国精锐部队战士的掌控。

第十六章

美国特种作战司令部

美国特种作战司令部(缩写:SOCOM)自从它于1987年4月16日,在位于佛罗里达州坦帕的麦克迪尔空军基地(MacDill AFB)成立以来,就负起了统辖指挥美国所有的特种作战部队的责任。它是美国武装力量的第五个常设军事司令部(其他四个分别为:陆军、海军、海军陆战队与空军司令部),并且也是其中规模最小的一个司令部:仅仅管辖了57 000名现役与后备役军人。然而它也是仅有的一个得到了掌管四大军种的多军种联合特种作战的完全授权的机构,处于其管辖之下的士兵们不仅训练精良,还装备有大量最先进的军事技术装备。这一事实加上该司令部具备的战略影响力,可以毫不夸张地说,是全球性的,使得特种作战司令部具备了以毁灭性的方式投射美国军事力量的能力,这一点甚至掩盖了他们规模甚小这一事实。行动上的灵活性,也使得他们在反恐战争中扮演了一个主要的角色。为了遂行九种特定形态的任务,大部分特种作战部队都经过了专门的训练,并得到了专用的装备。这些任务中部分是公开性质的,部分则是彻底的隐秘行动:

直接行动(Direct Action)

这是一种针对特定目标或个人实施的小规模战术突击行动,其形式包括但不限于:伏击、突袭,或者布雷;通过各种武器载具发射导弹;也可以简单到集中兵力发动一次地面进攻。尽管这一类的行动规模相对较小,对精确性的要求较高,但是目标一旦被消灭,则能够在战略或战术层面产生相当的影响。参战行动人员需要迅速而隐秘地楔入目标区域,一旦任务完成,他们也要施展同样的迅速、秘密的手段脱离行动区域。一般来说,直接行动的目标总是位于敌后深远纵深,处于常规部队或武器的打击范围之外。

打击恐怖主义(Combating Terrorism)

这在特种作战行动中属于长期任务形态:需要消耗更多的时间,分派给此类任务的人力与其他资源也要远远多于普通的"直接行动"式突击行动。其任务形态包括:

美国特种作战司令部徽章。(图片由美国国防部提供)

反恐怖、预防恐怖主义扩散、人质营救、强化某一特定地区或设施的保安措施、针对已知恐怖组织下属的基层组织实施大规模攻击。在大多数情况下,针对这类任务接受了最全面训练的单位是陆军的"三角洲"部队和海军的特种作战发展大队(俗称的海豹6队),当有对付大型目标的需要时,任务将被交付给第75突击队团:一支精锐的轻步兵部队要比轻装疾行的突击队员更适宜执行此类任务。

友好国家内部协防(Foreign Internal Defense)

这是特种部队承担的规模相对较大的一项旷日持久的工作,行动人员们会根据外国政府提出的请求,前往该国担任训练教官,帮助驻在国政府镇压颠覆分子、有组织犯罪浪潮或者叛乱分子。军训组承担的另一部分任务是,通过为驻在国的军事或准军事部队提供训练,使该国得以具备相当程度的自卫能力。这一工作的本质在于不要对驻在国的文化构成(任何形式的)触犯,因此对该国语言与文化的了解程度是进行人员选拔时的一项重要指标。出于这个原因,在外国文化方面接受过严格训练的"绿色贝雷帽",就成为了执行此类任务的最佳人选。如果确有必要除了提供训练以外,特定的行动人员也会以"军事顾问"的身份参与到实际的作战行动中去。

非常规作战(Unconventional Warfare)

此类行动相对于友好国家内部协防任务,需要具备更宽广的视野以及对事态的长期发展具备更深远的洞察力,在某些情况下可能还需要得到大额的预算、装备与人力支援。执行这类任务的特种作战单位通常会介入到与(驻在国的)非正规部队,或是所谓"代理人"部队的直接冲突之中,后两者通常还会得到敌对政府或驻在国分离主义运动的资助,当正规军事部队的调动出于外交原因而显得不切实际的时候,这类行动就具备了相当的价值。此类旷日持久的低烈度作战任务形态包括:袭击、巡逻、保安、政治颠覆、秘密情报收集,以及其他类型的需要"避开公众视线"实施的隐秘行动——它们具备潜在的致命性,但是不会引起外界过多的关注。陆军的"情报支援行动"作为精通相关技术的单位,非常擅长实施此类行动。

特种侦察行动(Special Reconnaissance)

这类行动由两个部分组成:特种部队成员以小队规模——有时甚至是个人深入

正在发生敌对行动的区域;他们从上述地区向上级回报各类实时军事情报。他们奉命搜寻的信息可能包括:特定人员是否曾在某个指定地区出没,以及敌对武装力量可能的行动意图等。侦察分队使用的情报汇集技巧被称作“SALUTE”,分别代表了敌对武装力量部队的规模、正在实施的行动、部队的位置、他们的番号、出现的时间以及装备配置的状况。执行此类任务需要动用大量精密的观察以及通讯装备,有时甚至会与由当地人组成的(辅助)部队进行联合行动。这些行动通常会在正在进行交火的战场中或战场附近展开,有时也会在敌军防线后方实施此类行动,以便及时获取敌情。“海豹”和舰队陆战队侦察连(缩写:FORECON)通常会在毗邻大型水体的地区实施此类任务,但是这并不是一种固定的规律,所有的特种作战单位都具备在这种环境下执行特种侦察任务的能力。

心理作战(Psychological Operations)

这类行动的宗旨在于,通过“感化”或说服的方式,迫使外国政府根据行动人员的期望改变其行为方式,使其有利于美国政府的国家或战略利益。执行这类任务的特定单位将通过对纸质媒体、无线电台或者电视台,以及其他任何被认为具备重要性和有效性的公共媒体的操纵来进行这场战役。最有可能协调此类行动的单位,无疑是隶属中央情报局的特别行动部。

民事行动(Civil Affairs)

根据合理的推断就可以了解到:这类行动的本质就是所谓“公共关系”的构建,特种作战行动人员通过作出各种“亲民”的举动,改善与驻在国人民之间的关系,振奋士气,或者巩固心怀疑惧的武装部队与当地人之间的关系。通过实施民事行动能够取得与心理作战类似的成果,相对后者而言,它的操作过程没有那么微妙复杂,但是需要执行人具备相对更强的前瞻性。

信息作战行动(Information Operations)

电脑与互联网事实上早已成为了军事组织之间的竞技场,这一类的行动主要有两个宗旨:通过保安措施确保敌对势力无法获取己方情报;破坏敌对势力通过先进的技术手段进行秘密通讯或者收集己方情报的能力。这类网络战争同样也能够被利用于瘫痪一个国家的电网、整个无线通讯网络,或者任何一种运作原理是基于自动化技术的社会行为。

防止大规模杀伤性武器扩散(Counter-proliferation)

这是一种鲜为人知却是生死攸关的特种作战行动,通过进行曾在前文中提及的所有形态的任务,控制或摧毁高度危险的大规模杀伤性武器,或者预防它们落入敌对势力的掌控之中。鉴于此类任务的高度急迫性,直接投入这类任务的军事作战单位将来自任何一支可以立即投入战斗的特种部队。

显而易见的是,特种作战司令部是特种作战行动史上最成功的同类组织。该组织在计划、完善、执行诸如"海神之矛"行动这样极富戏剧性的作战行动中所表现出来的能力，将他们推到了全球反恐战争的最前沿。特种作战司令部所取得的一连串成功，哪怕只是以白描的手法平铺直叙出来，也会被外行人当作不真实的"超现实主义故事"，如果用本书作者非正式提出的一个概念来表述的话，就是："美国特种部队总是出现在你最意想不到的地方！"

历史

成立特种作战司令部的过程，是紧随着"鹰爪"行动——1980 年 4 月 24 至 25 日间，尝试营救被扣押在伊朗的美国人质的行动失败而开始的。其后国家因此蒙受的灾难性的尴尬局面，在国防部内部触发了一场深层次的反省，伴随着它的是根除失败的原因并且加以纠正的决心。显而易见的是，要想在越战结束后的艰难时势中重建特种部队的作战能力，就必须以更有效率的方式向他们划拨经费，以更好的方式对他们进行训练，还要以更新、更好的方式帮助特种部队在行动区域实施展开。美国国会为此成立了霍洛韦委员会①，复核鹰爪行动期间发生的一切事实，并提出相应的改进意见，被该委员会揭露出来的真相是相当令人吃惊的。根据他们的调查，实施"鹰爪"行动的特遣部队所下辖的各个单位中，尽管其成员作为个人都接受过优异的军事训练，但是一直到行动开展之前，各单位相互之间不曾有过协同合作的经验，而且配发给他们的装备在实际行动中被证明缺乏兼容性。事实上，行动中使用到的海军陆战队直升机，根本没有安装进行远程飞行所必备的一整套专用装备；另一方面，驾驶这些直升机的飞行员并不了解如何驾机实施夜间作战行动。仅仅这两点就几乎已经注定了这次行动的失败。毋需再提及这些直升机根本没有安装特制的空气滤清器——而那是在遭遇突发的沙暴时，避免引擎发生故障所必须的一个附件。更进一步的调查还证明，这次行动在所有的层面上都存在着过失：任务计划、情报链和气象预报这些方面的失误，进一步减弱了成功的可能性。将这些缺失综合起来之后，更进一步"验证"了在正规军事组织中，早已根深蒂固的那种对特种作战部队以及为了执行某些任务，而专门挑选人员组织一支精锐部队这一做法的怀疑。事实上就在国会的听证会开始之前，特种部队军官们曾相当坦率地承认：军方的许多高层领导对由特种部队进行的海外部署普遍怀有偏见，并且在实战中特种部队总是遭到滥用，并因而承受了毫无必要的损失。幸运的是，1986 年通过的《戈尔登沃尔特—尼古拉斯法案》为特种部队提供了"庇护"，该法案是自 1947 年通过《国家安全法案》以来，对国家军事政策实施的第一次重大检讨。自此以后，多军种联合特种作战的指挥责任有了明确的归属，对指挥链中的上下级隶属关系有了清晰的描述，地区性军事司令部的总司令官再也无权干涉特种部队的行动。一年后，美国参议员山姆·纳恩(Sam Nunn)和威廉·科恩(William Cohen)认为，特种部队必

① 该委员会又名"特种作战行动审核小组"。——译者注

须需要一次制度上的转变，因此又对这个法案进行了修正。他们感到，鉴于在整个第三世界国家中不断爆发的非常规战争，以及基于政治原因或宗教原因产生的恐怖主义活动所带来的日益增长的威胁，这是相当合理的。特别值得注意的是，参议员纳恩和科恩对于以下几个方面进行了据理力争：特种作战单位需要得到更优良的训练、更强有力的领导、更精良实用的装备，军方应该而且不得不为了发展更好的特种作战程序投入人力以及资金。并且最重要的是，各个军种之间因为作战指挥与管制权限而产生的纠缠不清的问题，必须加以规整，并且使其成为正式的制度——不论涉及的军种对此持欢迎或抵制的态度。

1987年，随着美国特种部队司令部的成立(U. S. SFCOM)，军方内部以及政界的争吵逐步止歇，这意味着两者对于非常规战争所持有的早期看法已经完全得到改观。为了能够确保那些长期对特种作战秉持反对态度的人士，不再从中作梗，专门指定了一位四星上将——或海军上将，担任这个司令部的指挥官；与此同时，还在五角大楼指定了一位国防部部长助理，专门负责特种作战与低烈度武装冲突的相关事务。上述两位高级官员的任命，保证了特种作战部队可以在国防部的决策会议上获得平等的发言权，而且其建言可以上达最高层的委员会。当詹姆斯·林塞将军(James Lindsay)被指定为美国特种部队司令部的第一任司令官后，还确保了特种部队在争取预算优先权这一问题上，具备了与其他四个军种司令部同样的平等地位。在今天，各个军种的特种作战单位之间毫无隔阂地实施着交叉训练，熟知对方的能力与局限，在面对困难时互相支援。尽管有时他们需要执行机密性质的任务，但是至今为止，特种作战司令部仍然没有获得派遣不穿制服的特种作战人员执行"隐秘"(这里特指间谍活动)任务的授权。目前这仍然是中央情报局下辖的特别行动部的职权范围——被划入了民事行为的范畴。尽管如此，来自两个组织的成员仍然在某些特定的任务或目标上有紧密的合作，并在某些时候取得了显著的战果。这也就是为什么特别行动部只从曾在过去与他们有过合作的前特种作战司令部所属部队成员中招募新人的原因。

组织架构

特种作战司令部目前包括5个各自独立又密切协同的军种司令部。有一点值得注意的是，尽管所有的美国特种部队单位在其各自执行的任务类型方面有相当程度的重叠，其中一些单位在某一特定的方面，相对于其他单位接受了更彻底的训练，因此会更为精通正在进行中的某些形态的任务。出于上述原因，他们具备了更充分的资格被选中执行某些特定的任务。特种作战司令部本身按照地理区划被分割成5个战区性的作战司令部，包括南方特种作战司令部(缩写：SOCSOUTH，负责南美地区)，大西洋特种作战司令部(缩写：SOCLANT，负责北美地区)，欧洲特种作战司令部(缩写：SOCEUR，负责欧洲、西非地区、南非以及以色列)，中央特种作战司令部(缩写：SOCCENT，负责西南非洲地区、东非地区以及中东地区)；最后是太平洋特种作战司令部(缩写：SOCPAC，负责东非地区以及太平洋地区)。

联合特种作战司令部(缩写:JSOC)

联合特种作战司令部包括美国最主要的几个反恐怖组织,并且如其名称所示,承担了搜罗人才,对他们施以训练并将他们组织为所谓的“一级特种任务单位”的任务,他们是军事建制中最精锐的反恐部队。在战场上,来自两到三支不同单位的人员,可以在混编为一支“特遣部队”后进行海外部署,其中大部分单位的细节情况可以参照他们各自的章节:

陆军特种部队第1作战分遣队——德尔塔(三角洲部队)
海军特种作战发展大队(缩写:DEVGRU,或者又名海豹6队)
情报支援行动
空军第24特种战术中队

美国陆军特种部队司令部(缩写:USASOC)

美国陆军特种部队司令部于1989年12月1日成立,位于北卡罗来纳州的布拉格堡,是军方的16个主要军事司令部之一,并且仅从管辖部队的人数上来说,是联合特种作战司令部下辖的最大分支部门。它的“血缘”可以追溯到成立于1954年的美国陆军特种部队大队,并且经过了长达60年的发展,它也是最资深的特种作战指挥机构。它具备了执行多种任务的能力,但是其最主要的精力还是集中在地面行动上,尤其是敌后行动。

第75突击队团(75th Ranger)
美国陆军特种部队(即“绿色贝雷帽”)
第160特种作战航空团(缩写:160th SOAR)
第4心理作战大队(具备空降作战资格)
第95民事旅(具备空降作战资格)
第528后勤支援旅(具备特种作战能力以及空降作战资格)
约翰·F.肯尼迪特种战中心(与特种战学校)(缩写:USAJFKSWCS)

海军特种作战司令部(缩写:NSW/NAVSOC/SPECWARCOM)

美国海军特种作战司令部,作为特种作战司令部的一个分支机构,于1987年4月16日,成立于加利福尼亚州的科罗拉多。它的目的是确保海军不仅具备在全世界范围内实施两栖特种作战的能力,并且还要具备同等的实施地面特种作战的能力。他们的作战行动专长于通过海路,在不为人知的情况下楔入行动地域,通过实施闪电般的快速袭击肃清预定目标,随后在当地守军作出反应之前,通过实施同样隐秘的脱离行动撤离任务地域。

海豹队(缩写:SEALS)
海豹队(水下)运载工具中队(缩写:SDV)
特种作战战斗艇员(缩写:SWCC)

海军陆战队部队特种作战司令部(缩写:MARSOC)

自越南战争爆发起,海军陆战队就着魔般地构建起属于自己的特种作战单位,并且顽强地捍卫了其"传统上"的独立性,直到2004年3月24日,才正式成为特种作战司令部下属的一个分支部门,它的总部设在北卡罗来纳州的勒琼兵营。尽管从人数上看,它是美国特种部队中规模最小的一个分支,其管辖的兵力仅仅为2 500名海军陆战队员,却具备了实施多种行动的能力,包括直接行动、反恐怖、特种侦察以及友好国家协防。海军陆战队特种作战单位最精通的两种行动模式是:隐秘侦察与狙击,同样的他们也具备向友好国家的军事单位或准军事部队传授上述军事技能的能力。

海军陆战队特种作战团(缩写:MSOR)
海军陆战队特种作战情报营(缩写:MIB)
海军陆战队特种作战支援大队(缩写:MSOSG)
海军陆战队特种作战训练学校(缩写:MSOS)

空军特种作战司令部(缩写:AFSOC)

空军特种作战司令部成立于1990年5月22日,其总部位于佛罗里达州的赫尔伯特机场,并且是空军的主要司令部机关。除了在全球范围内向特种作战司令部提供实施秘密航空机动的能力之外,它还总管了隶属美国空军、美国空军后备役、空中国民警卫队的全部特种作战单位的行政事务。空军特种作战司令部下辖的空军士兵与所有的现代特种部队一样,可以胜任各种形态的任务,包括指挥航空火力支援、实施突击队式的直接行动、突袭、秘密侦察、在其他军种的特种部队楔入并脱离敌占区时为其提供支援。另外,其中一种具备了特别的军事价值的行动是:通过搭载在航空平台上的无线电与电视广播系统,实施心理作战。

第23航空队
第1特种作战联队(缩写:1st SOW)
第27特种作战联队(缩写:27th SOW)
第193特种作战联队(缩写:193th SOW)
第352特种作战大队(缩写:352nd SOG)
第353特种作战大队(缩写:353rd SOG)
第919特种作战联队(缩写:919th SOW)

已知作战行动

当特种作战司令部于 1987 年成立后不久，即在波斯湾实施了一次最终导致该机构步入其上升期的海外部署。这次海外部署于当年 9 月展开，其行动代号为“诚挚意愿”(Operation Earnest Will)，第 160 特种作战航空团的直升机以及机上搭载的“海豹”分遣队，成功地阻止了由伊朗船只实施并曾在波斯湾水域内猖獗一时的非法布雷活动。通过两次小规模遭遇战，布雷的威胁就被消灭了。在之后的 12 个月内，“海豹”部队还摧毁了几座曾经被伊朗利用，向中立国油轮发动攻击的石油钻井平台。陆军航空兵的小型直升机依托海军舰艇的甲板为基地，实施作战行动这一事实，展示了特种作战部队曾经构想过的多军种合作在实战中的价值。1992 年秋季，隶属特种作战司令部的几个单位被部署到索马里参加了“重建希望”行动(Operation Restore Hope)，这次行动最初旨在向当地人提供人道主义救援，却以与当地敌对武装力量间发生的数次惨烈的遭遇战而告终。因此，由美国陆军突击队、“三角洲”部队、“海豹 6 队”、第 160 特种作战航空团和空军特种战术单位组成的一支特遣队，实施了“哥特蛇”行动(Operation Gothic Serpent)，试图对当地军阀穆罕默德·法拉·艾迪德手下的几名高级幕僚实施逮捕。然而在 1993 年 10 月 3 日的行动中，当地叛乱分子击落了两架直升机，陆军突击队员为了救援遇难机组人员，付出了 17 人阵亡、106 人受伤的代价。索马里人遭受的伤亡据估计在一千人左右。

2001 年 10 月，特种作战司令部在“持久自由”行动期间，扮演了迄今为止最重要的角色，仅用两个月时间就推翻了暴虐的塔利班政权，并且只付出了极小的伤亡——全部归咎于友军火力误伤。令人大跌眼镜的是，虽然在前一次战争中狂热的圣战士们(Mujahideen fighters)曾抵御了苏联军队达 10 年之久的入侵长，这次却很快被由 200 名特种部队“A 队”发动的攻势所瓦解，这些“A 队”由 4 到 12 人组成，其成员主要来自陆军特种部队第 5 大队，伴随他们行动的还有少量隶属空军第 720 特种战术大队的行动人员。隶属“海豹”部队、陆军突击队的各单位、空军的战斗管制员、伞降救援人员也有出色的表现，他们于次年春天在塔魁加尔山区(Takur Ghar mountain)取得了可观的胜利，使敌军蒙受了巨大的损失。2005 年 6 月 28 日，一次灾难降临到了一支由海军上尉迈克尔·墨菲(Michal Murphy)率领的“海豹”巡逻队身上，他们 4 人(除一人外)在与兵力、火力占绝对优势的塔利班部队的战斗中逐个战死，后者还击落了一架赶来救援的美军直升机，机上 16 名(特种部队)军人全部阵亡。特种作战司令部下辖的各个单位目前仍然在阿富汗执行着各类特种作战行动，其细节不是被分类为机密材料，就是只向外界就概略情况作了公开。但是据猜测，这些单位平均每月要实施 300 次机密作战行动。最常见的任务类型是，对叛乱分子可能的藏匿处所或坚固据点实施夜间突击，并且通常都能够取得相当大的战果。目前已经过证实的一个数据是：在 2011 年 4 月至 7 月之间，特种部队执行了 2 832 次突袭任务，在这些行动期间逮捕了 2 941 名有叛乱分子嫌疑的当地人；此外还击毙了 843 人。特种部队在多大的程度上介入了全球反恐战争，目前仍然属于军方的机密材料，并且具体的统计

威廉·H. 麦克雷文(William H. McRaven, 1955—　)

美国海军中将,威廉·H. 麦克雷文。(图片由美国海军无偿提供)

威廉·H. 麦克雷文出生于得克萨斯州的圣安东尼奥,是一位空军上校的独子,他在得克萨斯州立大学主修记者专业。他于1976年通过了海军后备役军官训练课程(缩写:NROTC)并获得了军官委任,之后他参加了“海豹”训练课程,并在一段时间内指挥了“海豹”4队,纵观他的整个四平八稳的职业生涯,都抹不掉海军特种作战的影响,当他在海军研究生院(Naval Postgraduate School)修习硕士学位时,他不仅是最早一批选修“特种作战与低烈度武装冲突”课程的学员,而且当他毕业时成绩排名第一。麦克雷文很快成为了反恐怖主义理论与实践方面的权威,就此课题撰写过意义重大的论文①。之后他加入了一支驻扎在伊拉克的特种作战分遣队,在斯坦利·麦卡里斯特尔将军的指挥之下,并且因为在2006年击毙了著名的恐怖分子穆萨德·扎卡维而赢得了相当的声誉。另外,由驻扎在阿富汗的特遣部队714② 执行过的大量“直接行动”任务的计划与执行过程中,也有他的介入,通过实施这些行动击毙了数百名基地组织恐怖分子与塔利班叛乱分子。麦克雷文并非那种“在轮椅上生根”的将军,他经常以观察员的身份参与秘密作战行动。他的专家身份使他获得了海军特种作战大队1和驻欧特种作战司令部的指挥职务。然而一直到2011年5月2日,由麦克雷文海军中将指挥的总兵力达4 000人的联合特种作战司令部,实施了那次击毙奥萨马·本·拉登的行动后,他的名字才开始在世界范围内广为人知。之后在国防部长罗伯特·盖茨的提名下,他被晋升为海军上将,并担任了美国特种作战司令部的第9任指挥官。这位集武士与学者于一身的出类拔萃的将领,在这个职位上为整个全球反恐战争打上了清晰的个人烙印,他的后盾是57 000名随时听候他调遣的“沉默的专业人士”。

数据可能永远不会公布于众。

2003年3月,“伊拉克自由”行动期间,特种作战司令部将特种部队第10大队部署到了伊拉克,他们与当地的库尔德人游击队合作,并取得了令人瞩目的成功。通过双方的合作,他们以少量兵力将好几个伊拉克陆军师牵制在了该国北部地区,使他们无法被部署到

① 他撰写的论文题目为《特种作战行动理论》。——译者注

② 之前该特遣部队由麦卡里斯特尔亲自指挥。——译者注

参谋长联席会议主席，美国陆军上将马丁·E.邓普西在2012年6月3日访问菲律宾的纳瓦罗兵营①。其间，暂停原定行程参加了一个旨在纪念两名在该国遇害的绿色贝雷帽成员的纪念仪式。(图片来自美国国防部)

南方，妨碍联军在那个方向发动的入侵。“海豹”与其他单位则在其他形态的任务上相当活跃：定位“飞毛腿”导弹移动发射架、占领波斯湾水域的伊拉克石油钻井平台。“海豹”目前仍然活跃在伊拉克，他们作为那场对抗基地组织恐怖分子与其他叛乱分子的秘密战争中的矛头，获得了巨大的成功。但是特种作战司令部所取得的最值得庆祝的成就——同时也可能是特种部队行动史上最值得为之欢呼的一次行动，发生于2011年5月2日，第160特种作战航空团的直升机搭载着“海豹”与“海军特种作战发展大队”，对位于巴基斯坦境内阿博塔巴德的一处安全屋实施了突击，击毙了奥萨马·本·拉登——世界头号通缉犯。这一惊人的成就无论怎么庆祝都不为过，这几个事件之间的联系再清楚不过了，美国历史上另一个曾经最遭受美国人切齿痛恨的宿敌米塔科米特(绰号“菲力普国王”的那位印第安酋长)②最终也是丧命于一队训练有素的特种作战部队之手——那是发生在1676年的故事。纵观全书之后，我们可以说：在整部美国特种部队历史中，没有一个片段不是笼罩在本杰明·丘奇上校的影子之下。

的确，当美国特种部队的整个故事被完整地查阅一遍之后，我们有可能会发现，其实

① 菲律宾武装部队在该国西南部的重要作战基地。——译者注

② 参见本书第一部第一章第一节。——译者注

最伟大的传奇故事根本尚未为我们所知。

特种作战司令部将继续作为世界上最重要的反恐怖主义组织，不仅承担了空前的职能，综合了情报的收集、卓越的机动性以及超乎其部队建制与规模之外的火力，在大规模常规作战变得越发不切实际的今天，非对称作战（广义的游击战）作为两者中资源消耗较少的一种作战形式，而主宰了战场。美国的那些“沉默的专业人士”，毋庸置疑地将在人数与职能上得到扩张，从他们身上彰显出来的是：极好的训练、严格的战术纪律和卓越的部队运作。无论是在过去还是将来，这都是他们的印记与名片。

各章参考书目

第一章参考书目

新英格兰民兵

Chet, Guy. *Conquering the American Wilderness: The Triumph of European Warfare in the Colonial Northeast*. Amherst: University of Massachusetts Press, 2003.

Chet, Guy. "The Literary and Military Career of Benjamin Church: Change or Continuity in Early American Warfare." *Historical Journal of Massachusetts* 35, no. 2(Summer 2007):105—12.

Church, Benjamin. *Diary of King Philip's War, 1675—1676*. Chester, CT: Published for the Little Compton Historical Society by the Pequot Press, 1975.

Mandell, Daniel R. *King Philip's War: Colonial Expansion, Native Resistance, and the End of Indian Sovereignty*. Baltimore: Johns Hopkins University Press, 2010.

Philbrick, Nathaniel. *Mayflower: A Story of Courage, Community, and War*. New York: Viking, 2006.

Schultz, Eric B. *King Philip's War: The History and Legacy of America's Forgotten Conflict*. Woodstock, VT: Countryman Press, 2000.

Zelner, Kyle F. *A Rabble in Arms: Massachusetts Towns and Militiamen during King Philip's War*. Amherst: University of Massachusetts Press, 2009.

罗杰斯突击队

Black, Robert W. *Ranger Dawn: The American Ranger from the Colonial Era to the Mexican War*. Mechanicsburg, PA: Stackpole Books, 2009.

Brumwell, Stephen. *White Devil: A True Story of War, Savagery, and Vengeance in Colonial America*. Cambridge, MA: Da Capo Press, 2005.

Horn, Bernd. "Hollow of Death: Rogers' Rangers Desperate Fight for Survival, 21 January 1757." *Canadian Military History* 14, no. 4(October 2005):5—14.

Lock, John D. *To Fight with Intrepidity: The Complete History of the U. S. Army Rangers, 1622 to Present*. New York: Pocket Books, 1998.

Loescher, Burt G. *Genesis: Rogers' Rangers: The First Green Berets; the Corps and the Revivals, April 6, 1758-December 24, 1783*. Bowie, MD: Heritage Books, 2000.

Loescher, Burt G. *The History of Rogers' Rangers*. Bowie, MD: Heritage Books, 2001.

Mancini, John. "Rogers' Rangers and the Battle of Labarbue Creek." *Military Heritage* 5, no. 3(December 2003):76—81.

Rogers, Robert. *The Annotated and Illustrated Journals of Major Robert Rogers*. Fleischmanns, NY: Purple Mountain Press, 2002.

Ross, John F. *War on the Run: The Epic Story of Robert Rogers and the Conquest of America's First Frontier*. New York: Bantam Books, 2009.

Wulf, Matt. *Robert Rogers' Rules for Ranging Service: An Analysis*. Westminster, MD: Heritage Books, 2006.

Wulf, Matt. *North American Frontier Soldier*. Westminster, MD: Heritage Books, 2008.

一分钟人

Breen, T. H. *American Insurgents, American Patriots: The Revolution of the People*. New York: Hill and Wang, 2010.

Cain, Alexander R. *We Stood Our Ground: Lexington in the First Year of the Revolution*: Westminster, MD: Heritage Books, 2004.

Galvin, John R. *The Minute Men: The First Fight: Myths and Realities of the American Revolution*. Washington, DC: Potomac, 2006.

Gross, Robert A. *The Minutemen and Their World*. New York: Hill and Wang, 2001.

Morrissey, Brendan. *Boston, 1775: The Shot Heard Round the World*. Westport, CT: Praeger, 2004.

Ryan, D. Michael. *Concord and the Dawn of Revolution: Hidden Truths*. Charleston, SC: History Press, 2007.

美洲来复枪手

Callahan, North. *Daniel Morgan, Ranger of the Revolution*. New York: Holt, Rinehart and Winston, 1961.

Cecere, Michael. *They Are Indeed a Very Useful Corps: American Riflemen in the Revolutionary War*. Westminister, MD: Heritage Books, 2006.

Higginbotham, Don. *Daniel Morgan, Revolutionary Rifleman*. Chapel Hill: University of North Carolina Press, 1961.

La Crosse, Richard B. *Revolutionary Rangers: Daniel Morgan's Riflemen and Their Role on the Northern Frontier, 1778—1783*. Bowie, MD: Heritage Books, 2002.

Morgan, Richard L. *General Daniel Morgan: Reconsidered Hero*. Morgantown, NC: Burke County Historical Society, 2001.

Westwood, David. *Rifles: An Illustrated History of Their Impact*. Santa Barbara, CA: ABC-Clio, 2005.

第2乘骑游击军团

Hartman, John W. *The American Partisan: Henry Lee and the Struggle for Independence, 1776—1782*. Shippensburg, PA: Burd Street Press, 2000.

Hayes, John T. *Massacre: Tarleton vs Buford, May 29, 1780; Lee vs Pyle, February 25, 1781*. Fort Lauderdale, FL: Saddlebag Press, 1997.

Lee, Henry. *The Campaign of 1781 in the Carolinas: With Remarks Historical and Critical on Johnson's Life of Greene*. Cranbury, NJ: Scholar's Bookshelf, 2006.

Troxler, Carole W. *Pyle's Defeat: Deception at the Racepath*. Elon, NC: Alamance County Historical Association, 2003.

美国游击队员

Piecuch, James. *Three People, One King: Loyalists, Indians, and Slaves in the Revolutionary South, 1775—1782*. Columbia: University of South Carolina Press, 2008.

Russell, David L. *The American Revolution in the Southern Colonies*. Jefferson, NC: McFarland, 2000.

Swisher, James K. *The Revolutionary War in the Southern Back Country*. Gretna, LA: Pelican Press, 2008.

Thomsen, Paul A. "The Devil Himself Could Not Catch Him." *American History* 35, no. 3(August 2000): 46—53.

Wilkins, David K. *The Southern Strategy: Britain's Conquest of South Carolina and Georgia, 1775—1780*. Columbia: University of South Carolina Press, 2005.

海龟号

Diamant, Lincoln. *Dive! The Story of David Bushnell and His Remarkable 1776 Submarine (and Torpedo)*. Fleischmanns, NY: Purple Mountain Press, 2003.

Lefkowitz, Arthur S. *Bushnell's Submarine: The Best Kept Secret of the American Revolution*. New York: Scholastic Nonfiction, 2006.

Manstan, Roy R., and Frederic J. Frese. *Turtle: David Bushnell's Revolutionary Vessel*. Yardley, PA: Westholme, 2010.

来复枪军团

Austerman, Wayne R. "This Excellent and Gallant Rifle Corps." *Man at Arms* 3, no. 3(1981):18—24, 44.

Berkeley, Lewis. "Early U. S. Riflemen: Their Arms and Training." *American Rifleman* 106, no. 12(December 1958):30—33.

Campbell, J. Duncan. "Notes on the Insignia of the Riflemen, U. S. Army." *Military Collector and Historian* 1(1949):6—8.

Fredriksen, John C. *Green Coats and Glory: The United States Regiment of Riflemen, 1808—1821*. Youngstown, NY: Old Fort Niagara Association, 2000.

Gerber, William E. "Harper's Ferry Rifles: Comparing the Models 1803 and 1814." *American Society of Arms Collectors Bulletin*, no. 38(1978):17—21.

Holt, Richard A. "Pre-1814 U. S. Contract Rifles." *American Society of Arms Collectors Bulletin*, no. 147 (1982):7—19.

McBarron, H. Charles. "American Military Dress in the War of 1812: Regular Riflemen." *Military Affairs* 5(1941):139—140.

Palmer, Richard. "Lake Ontario's Battles, Part 3: The Battle of Sandy Creek." *Inland Seas* 53, no. 4 (1997):282—291.

Zlatich, Marko, and Detmar H. Finke. "The Uniform of the United States Rifle Regiment, 1808—1812." *Military Collector and Historian* 50(Spring 1998):120—126.

轻炮兵团

"Biographical Notice of Lieut. W. W. Smith." *Analectic Magazine* 8(July 1816):52—54.

Campbell, J. Duncan. "Second Pattern Cap Plate, U. S. Light Artillery, 1814." *Military Collector and Historian* 26(Spring 1974):6—9.

Chartrand, Rene, and Eric I. Marsden. "U. S. Light Artillery, 1814—1821." *Military Collector and Historian* 48(Summer 1996):86—87.

Eustis, Abraham. "The Capture of York." *Massachusetts Historical Society Proceedings* 11 (December 1876):492—495.

Fredriksen, John C. *The United States Army in the War of 1812: Concise Biographies of Commanders and Operational Histories of Regiments, with Bibliographies of Published and Primary Sources*. Jefferson, NC: McFarland, 2009.

Larter, Harry C. "Material of the First American Light Artillery." *Military Collector and Historian* 4

(1952):53—63.

Putnam, Alfred A. "General Moses Porter, 1756—1822." *Danvers Historical Society Collections* 15(1927): 1—25.

Todd, Frederick P. "Notes on the Dress of the Regiment of Light Artillery, U. S. A., 1808—1811." *Military Collector and Historian* 2(1950):10—11.

第一次远程侦察

Chaffin, Tom. *Pathfinder: John Charles Fremont and the Course of American Empire*. New York: Hill and Wang, 2002.

Denton, Sally. "Fremont Steals California." *American Heritage* 60, no. 4(Winter 2011):30—39.

Fremont, John C. *Memoirs of My Life*. New York: Cooper Square Press, 2001.

Roberts, David. *A Newer World: Kit Carson, John C. Fremont, and the Claiming of the American West*. New York: Touchstone, 2001.

Sherwood, Midge. *Fremont: Eagle of the West*. North Hollywood, CA: Jackson Peak Publishers, 2002.

Walker, Dale L. *Bear Flag Rising: The Conquest of California, 1846*. New York: Forge, 2000.

狙击兵团与徒步来复手枪

Cunningham, Roger D. "The Regiment of Voltigeurs and Foot Riflemen." *On Point* 13, no. 3(2007):29—31.

乘骑来复枪手团

Raab, James W. W. W. *Loring: Florida's Forgotten General*. Manhattan, KS: Sunflower University Press, 1996.

Settle, Raymond W. ed. *The March of the Mounted Riflemen: First United States Military Expedition to Travel the Full Length of the Oregon Trail from Fort Leavenworth to Fort Vancouver, May to October, 1849: As Recorded in the Journals of Major Osborne Cross and George Gibbs, and the Official Report of Colonel Loring*. Lincoln: University of Nebraska Press, 1989.

Wade, Arthur P. "Forts and Mounted Rifles along the Oregon Trail, 1846—1853." *Kansas Quarterly* 10, no. 3(1978):3—15.

Wright, John. *Recollections of Western Texas: Descriptive and Narrative, Including an Indian Campaign, 1852—1855, Interspersed with Illustrative Anecdotes, by Two of the U. S. Mounted Rifles*. Edited by Robert Wooster. Lubbock: Texas Tech University Press, 2001.

得克萨斯突击队

Collins, Michael L. *Texas Devils: Rangers and Regulars on the Lower Rio Grande, 1846—1861*. Norman: University of Oklahoma Press, 2008.

Cutrer, Thomas W. *Ben McCulloch and the Frontier Military Tradition*. Chapel Hill: University of North Carolina Press, 1993.

Moore, Stephen L. *Savage Frontier: Rangers, Riflemen, and Indian Wars in Texas*. 2 vols. Denton: University of North Texas Press, 2006—2007.

Utley, Robert M. *Lone Star Justice: The First Century of the Texas Rangers*. New York: Oxford University Press, 2002.

Wilkins, Frederick. *The Highly Irregular Irregulars: Texas Rangers in the Mexican War*. Austin, TX: Eakin Press, 1990.

Wilkins, Frederick. *The Legend Begins: The Texas Rangers, 1823—1845*. Austin, TX: State House Press, 1996.

美国神枪手团

Earley, Gerald L. *The Second United States Sharpshooters in the Civil War: A History and Roster*. Jefferson, NC: McFarland, 2009.

Fahle, Michael L. *The Best the Union Could Muster: The True Story of Berdan's Sharpshooters at the Battle of Gettysburg*. Lindsey, OH: Greencoat Publications, 1998.

Giese, Lucretia H., and Roy L. Perkinson. "A Newly Discovered Drawing of Sharpshooters by Winslow Homer: Experience, Image, and Memory." *Winterthur Portfolio* 45, no. 1(Spring 2011):61—89.

Greene, William B. *Letters from a Sharpshooter: The Civil War Letters of Private William B. Greene, Co. G, 2nd United States Sharpshooters(Berdan's) Army of the Potomac, 1861—1865*. Belleville, WI: Historic Publications, 1993.

Katcher, Philip R. N. *Sharpshooters of the American Civil War, 1861—1865*. Chicago: Raintree, 2003.

Marcot, Roy M. *U. S. Sharpshooters: Berdan's Civil War Elite*. Mechanicsburg, PA: Stackpole Books, 2007.

Matthews, James M. *Soldiers in Green: The Civil War Diaries of James Mero Matthews, 2nd U. S. Sharpshooters*. Sandy Point, ME: Richardson's Civil War Roundtable, 2002.

Murray, R. L. *Berdan's Sharpshooters in Combat: The Peninsula Campaign and Gettysburg*. Wolcott, NY: Benedum Books, 2005.

Ripley, William Y. W. *Vermont Riflemen in the War for the Union, 1861—1865. A History of Company F, First United States Sharpshooters*. Rutland, VT: Tuttle, 1883.

Sword, Wiley. *Sharpshooter: Hiram Berdan, His Famous Sharpshooters, and Their Sharps Rifles*. Lincoln, RI: Andrew Mowbray, 1988.

White, Wyman S. *The Civil War Diary of Wyman S. White: First Sergeant of Company F., 2nd United States Sharpshooter Regiment*. Baltimore: Butternut and Blue, 1991.

1862 年的安德鲁斯突袭

Bonds, Russell S. *Stealing the General: The Great Locomotive Chase and the First Medal of Honor*. Yardley, PA: Westholme Publishing, 2006.

Cohen, Stan. *The General and the Texas: A Pictorial History of the Andrews Raid, April 12, 1862*. Missoula, MT: Pictorial Historical Publishing, 1999.

Rottman, Gordon L. *The Great Locomotive Chase: The Andrew's Raid of 1862*. New York: Osprey, 2009.

布雷泽的独立侦察兵部队

Stephenson, Darl L. *Headquarters in the Brush: Blazer's Independent Union Scouts*. Athens: Ohio University Press, 2001.

Walzer, Jordan D. "Chasing the Gray Ghost: Blazer's Independent Union Scouts and the Shenandoah Valley Campaign of 1864." *North and South* 11, no. 2(December 2008): 54—61.

费吉尼亚骑兵团第 43 营

Ashdown, Paul, and Edward Caudill. *The Mosby Myth: A Confederate Hero in Life and Legend*. Wilmington, DE: Scholarly Resources, 2002.

Black, Robert W. *Ghost, Thunderbolt, and Wizard: Mosby, Morgan, and Forrest in the Civil War*. Mechanicsburg, PA: Stackpole Books, 2008.

Bonan, Gordon B. *The Edge of Mosby's Sword: The Life of Confederate Colonel William Henry Chapman*. Carbondale: Southern Illinois University Press, 2009.

Brown, Peter. *Mosby's Fighting Parson: The Life and Times of Sam Chapman*. Westminster, MD: Willow Bend Books, 2001.

Brown, Peter., ed. *Take Sides with the Truth: The Postwar Letters of John Singleton Mosby to Samuel F. Chapman*. Lexington: University Press of Kentucky, 2007.

Cary, Carolyn C. *William Thomas Overby: Proud Partisan Ranger*. Fayetteville, GA: C. J. Cary and Associates, 2003.

Johnson, Teri. "Mosby's Magic: All Over Northern Virginia the Confederacy's Gray Ghost Spooked His Yankee Prey." *America's Civil War* 23, no. 6(January 2011): 30—37.

Mewborn, Horace. "*From Mosby's Command*": *Newspaper Letters and Articles about John S. Mosby and his Rangers*. Baltimore: Butternut and Blue, 2005.

Mosby, John S. *The Memoirs of John Singleton Mosby*. Nashville: J. S. Sanders, 1995.

Ramage, James A. *Gray Ghost: The Life of Colonel John Singleton Mosby*. Lexington: University Press of Kentucky, 1999.

Simson, Jay W. *Custer and the Front Royal Executions*. Jefferson, NC: McFarland, 2009.

向的黎波里行军

Fremont-Barnes, Gregory. *The Wars of the Barbary Pirates: To the Shores of Tripoli: The Rise of the U. S. Navy and Marines*. New York: Osprey, 2006.

Lambert, Frank. *The Barbary Wars: American Independence in the Atlantic World*. New York: Hill and Wang, 2005.

London, James E. *Victory in Tripoli: How America's War with the Barbary Pirates Established the U. S. Navy and Built a Nation*. Hoboken, NJ: Wiley, 2005.

Longo, Mark S. "To the Shores of Tripoli." *Military Heritage* 6, no. 6(June 2005): 40—49.

Martin, Tyrone G. "... To the Shores of Tripoli." *Naval History* 19, no. 2(April 2005): 57—61.

Wheelan, Joseph. *Jefferson's War: America's First War on Terror, 1801—1805*. New York: Carroll and Graf, 2003.

Whipple, A. B. C. *To the Shores of Tripoli: The Birth of the U. S. Navy and Marines*. Annapolis, MD: Naval Institute Press, 2001.

Zacks, Richard. *The Pirate Coast: Thomas Jefferson, the First Marines, and the Secret Mission of 1805*. New York: Hyperion, 2005.

吉利福尼亚的征服

Kurutz, Gary F. "'The Entire Southern Country Abandoned by American Arms': An Eyewitness Account of the Siege of Los Angeles, 1846." *Southern California Quarterly* 85, no. 2(June 2003): 117—144.

Marti, Werner H. *Messenger of Destiny: The California Adventures, 1846—1847*. San Francisco: J. Howell, 1960.

Rychetnik, Joe. "Both Old-Fashioned Skullduggery and Brave Fighting Lay behind the U. S. Acquisition of California." *Military History* 11, no. 5(August 1994): 20—25.

Rychetnik, Joe. "The U. S. Marine's Role in the Conquest of California." *Californians* 13, no. 1(1996): 12—14.

Santelli, Gabrielle M. *Marines in the Mexican War*. Washington, DC: History and Museums Division, Headquarters, U. S. Marines Corps, 1991.

击沉"阿尔比尔"号

Cushing, William B. *The Sea Eagle: The Civil War Memoir of Lt. Cdr. William B. Cushing*. Edited by Alden R. Carter. Lanham, MD: Rowman and Littlefield, 2009.

Hinds, John W. *The Hunt for the Albemarle: Anatomy of a Gunboat War*. Shippensburg, PA: Burd Street Press, 2001.

Schneller, Robert J. *Cushing: Civil War SEAL*. Washington, DC: Brassey's, 2004.

Stempel, Jim. *The CSS Albemarle and William Cushing: The Remarkable Confederate Ironclad and the Union Officer Who Sank It*. Jefferson, NC: McFarland, 2011.

美洲原住民

Aleshire, Peter. *The Fox and the Whirlwind: General George Crook and Geronimo*. New York: Wiley, 2000.

Britten, Thomas A. *A Brief History of the Seminole-Negro Indian Scouts*. Lewiston, NY: Edwin Mellen Press, 1999.

Chamberlain, Kathleen. *Victorio: Apache Warrior and Chief*. Norman: University of Oklahoma Press, 2007.

Confer, Clarissa W. *The Cherokee Nation in the Civil War*. Norman: University of Oklahoma Press, 2007.

Cozzens, Peter. *The Struggle for Apacheria*. Mechanicsburg, PA: Stackpole Books, 2001.

Dunlay, Thomas W. *Wolves for the Blue Soldiers: Indian Scouts and Auxiliaries with the United States Army, 1860—1890*. Lincoln: University of Nebraska Press, 1982.

Field, Ron. *U. S. Army Frontier Scouts, 1840—1921*. New York: Osprey, 2003.

Gatewood, Charles B. *Lt. Charles B. Gatewood and His Apache Wars Memoir*. Lincoln: University of Nebraska Press, 2005.

Griffith, Benjamin. "Lt. David Moniac, Creek Indian: First Minority Graduate of West Point." *Alabama Historical Quarterly* 43, no. 2(1981):99—110.

Hatch, Tom. *The Blue, the Gray, and the Red: Indian Campaigns of the Civil War*. Mechanicsburg, PA: Stackpole Books, 2003.

Kraft, Louis. *Gatewood and Geronimo*. Albuquerque: University of New Mexico Press, 2000.

Lardas, Mark. *Native American Mounted Riflemen*. New York: Osprey, 2006.

McKanna, Clare V. *Court-Martial of Apache Kid: Renegade of Renegades*. Lubbock: Tesas Tech University Press, 2009.

Radbourne, Allan, and Joyce L. Jauch. *Micky Free: Apache Captive, Interpreter, and Indian Scout*. Tucson: Arizona Historical Society, 2005.

Robinson, Charles M. *General Crook and the Western Frontier*. Norman: University of Oklahoma Press, 2001.

Spencer, John C. *American Civil War in the Indian Territory*. New York: Osprey, 2006.

Van de Logt, Mark. *War Party in Blue: Pawnee Scouts in the U. S. Army*. Norman: University of Oklahoma Press, 2010.

第二章参考书目

总目

Hogan, David W. *U. S. Army Special Operations in World War II*. Washington, DC: Center of Military History, Department of the Army, 1991.

Paddock, Alfred H. *U. S. Army Special Warfare Its Origins: Psychological and Unconventional Warfare, 1941—1952*. Lawrence: University Press of Kansas, 2002.

Thompson, Leroy. *U. S. Special Forces, 1941—1987*. New York: Blandford Press, 1987.

Thompson, Leroy. *America's Commandos: U. S. Special Operations Forces of World War II and Korea*. Mechanicsburg, PA: Stackpole Books, 2001.

Warner, Philip. *Secret Forces of World War II*. Barnsley: Pen & Sword, 2004.

阿拉莫侦察兵

Alexander, Larry. *Shadows in the Jungle: The Alamo Scouts behind Japanese Lines in World War II*. New

York: NAL Caliber, 2009.

Zedric, Lance Q. *Silent Warriors of World War II: The Alamo Scouts behind Japanese Lines*. Venture, CA: Pathfinder Publications of California, 1995.

第1特种勤务部队

Adleman, Robert H., and George Walton. *The Devil's Brigade*. Annapolis, MD: Naval Institute Press, 2004.

Burhans, Robert D. *The First Special Service Force: A Canadian/American Wartime Alliance: The Devil's Brigade*. Washington, DC: Infantry Journal Press, 1947.

Cottingham, Peter L. *Once upon a Wartime: A Canadian Who Survived the Devil's Brigade*. Neepawa, MB: P. L. Cottingham, 1996.

Hicks, Anne. *The Last Fighting General: The Biography of Robert Tryon Frederick*. Atglen, PA: Schiffer Military History, 2006.

Hope, Tom, ed. *Bonding for Life: The Post World War II Story of the Elite Strike Brigade, First Special Service Force*. Helena, MT: First Special Service Force Association, 2007.

Joyce, Kenneth H. *Snow Plough and the Jupiter Deception: The Story of the 1st Special Service Force and the 1st Canadian Special Service Battalion, 1942—1945*. St. Catharines, ON: Vanwell, 2006.

Joyce, Kenneth H. *Crimson Spearhead: The History, Uniforms, and Insignia of the First Special Service Force, and Related Units*. Ottawa, ON: Service Publications, 2010.

Nadler, John. *A Perfect Hell: The True Story of the Black Devils, the Forefathers of Special Forces*. New York: Presidio Press, 2006.

Nelson, Mark J. *With the Black Devils: A Soldier's World War II Account with the First Special Service Force and the 82nd Airborne*. Atglen, PA: Schiffer Military Books, 2004.

Ross, Robert T. *The Supercommandos: First Special Service Force, 1942—1944, an Illustrated History*. Atglen, PA: Schiffer, 2000.

Springer, Joseph. *The Black Devil Brigade: The True Story of the First Special Service Force*. Pacifica, CA: Pacifica Military History, 2001.

Werner, Brett. *First Special Service Force 1942—1944*. New York: Osprey, 2006.

Wood, James A. *We Move Only Forward: Canada, the United States, and the First Special Service Force, 1942—1944*. St. Catharines, ON: Vanwell, 2006.

陆军突击队

Altieri, James. *Darby's Rangers: An Illustrated Portrayal of the Original Rangers, World War II, in Training and in Action*. Arnold, MO: Ranger Book Committee, 1977.

Altieri, James. *The Spearheaders: A Personal History of Darby's Rangers*. Washington, DC: Zenger, 1979.

Black, Robert W. *Rangers in World War II*. New York: Ivy Books, 1992.

Black, Robert W. *The Battalion: The Dramatic Story of the 2nd Ranger Battalion in Wrold War II*. Mechanicsburg, PA: Stackpole Books, 2006.

Black, Robert W. *The Ranger Force: Darby's Rangers in World War II*. Mechanicsburg, PA: Stackpole Books, 2009.

Breuer, William B. *Great Raid on Cabanatuan: Rescuing the Doomed Ghosts of Bataan and Corregidor*. New York: Wiley, 1994.

Darby, William O., and William H. Baumer. *We Led the Way*. Novato, CA: Presidio Press, 1993.

DeFelice, Jim. *Rangers at Dieppe: The First Combat Action of U. S. Army Rangers in World War II*. New York: Berkley Caliber, 2008.

Dunstan, Simon. *Allied Special Forces*. Edison, NJ: Chartwell Books, 2007.

Edlin, Robert L., Marica Moen, and Margo Heinen. *The Fool Lieutenant: A Personal Account of D-Day and World War II*. Elk River, MN: Meadowlark, 2003.

Gorman, John W. *Compass: U. S. Army Ranger, European Theater, 1944—1945*. New York: iUniverse, 2009.

Heefner, Wilson A. *Dogface Soldier: The Life of General Lucian K. Truscott*. Columbia: University of Missouri Press, 2010.

Jeffers, H. Paul. *Onward We Charge: The Heroic Story of Darby's Rangers in World War II*. New York: NAL Caliber, 2007.

Jeffers, H. Paul. *Command of Honor: General Lucian Truscott's Path to Victory in World War II*. New York: NAL Caliber, 2008.

King, Michael J. *William Orlando Darby, a Military Biography*. Hamden, CT: Archon Books, 1981.

King, Michael J. *Rangers: Selected Combat Operations in World War II*. Fort Leavenworth, KS: Combat Studies Institute, U. S. Army Command and General Staff College, 1985.

Ladd, James D. *Commandos and Rangers of World War II*. Newton Abbot: David and Charles, 1989.

Not for Glory: The Memoirs of Sgts. Evan J. "Tommy" Thompson, Ronald "Rip" Peterson, and Roger Twigg, A, D, and F Companies, First Ranger Battalion, as told to William E. Staab. New York: Vantage Press, 2009.

O'Donnell, Patrick. *Beyond Valor: World War II's Ranger and Airborne Veterans Reveal the Heart of Combat*. New York: Free Press, 2001.

Prince, Morris. *The Road to Victory: The Story of WWII's Elite 2nd Battalion Rangers*. Elk River, MN: Meadowlark, 2001.

Ross, Robert T. *U. S. Army Rangers and Special Forces of World War II: Their War in Photographs*. Atglen, PA: Schiffer, 2000.

Rottman, Gordon T. *U. S. Army Rangers and LRRP Units, 1942—1987*. London: Osprey, 1987.

Sadler, Michael. *Army Rangers in Action*. New York: Bearport, 2008.

Saloman, Sidney A. *2nd U. S. Ranger Infantry Battalion: Germeter-Vossenach-Hurtgen-Bergstein-Hill 400, Germany*. Doylestown, PA: Birchwood Books, 1991.

Sasser, Charles W. *Raider: The True Story of the Legendary Soldier Who Performed More POW Raids Than Any Other American in History*. New York: St. Martin's Press, 2002.

Westwell, Ian. *U. S. Rangers: "Leading the Way."* Hersham: Ian Allan, 2003.

梅里尔的掠夺者

Astor, Gerald. *The Jungle War: Mavericks, Marauders, and Madmen in the China-Burma-India Theater in World War II*. Hoboken, NJ: Wiley, 2004.

Baker, Alan D. *Merrill's Marauders*. New York: Ballantine Books, 1972.

Bjorge, Gary J. *Merrill's Marauders: Combined Operations in Northern Burma in 1944*. Fort Leavenworth, KS: Combat Studies Institute, U. S. Army Command and General Staff College, 1996.

George, John B. *Shots Fired in Anger: A Rifleman's View of the War in the Pacific, 1942—1945, Including the Campaign on Guadalcanal and Fighting with Merrill's Marauders in the Jungles of Burma*. Washington, DC: National Rifle Association of America, 1981.

Hopkings, James E. T., and John M. Jones. *Spearhead: A Complete History of Merrill's Marauder Rangers*. Baltimore: Galahad Press, 1999.

Hoyt, Edwin. *Blood in the Jungle*. New York: iBooks, 2004.

Hunter, Charles N. *Galahad*. San Antonio, TX: Naylor, 1963.

Kearney, Cresson H. *Jungle Snafus ... and Remedies*. Cave Junction: Oregon Institute of Science and Medicine, 1996.

Latimer, John. *Burma: The Forgotten War*. London: John Murray, 2004.

McClean, Donald B. *Merrill's Marauders, February-May, 1944*. Forest Grove, OR: Normount Armament Co., 1968.

McGee, William E. *Men of Granite: True Stories of New Hampshire's Fighting Men*. Portsmouth, NH: Peter Randall, 2007.

O'Donnell, Patrick K., ed. *Into the Rising Sun: In Their Own Words, World War II's Pacific Veterans Reveal the Heart of Combat*. New York: Free Press, 2002.

Ogburn, Charlton, Jr. *The Marauders*. Woodstock, NY: Overlook Press, 2002.

Randle, Fred E. *Hell on Land, Disaster at Sea: The Story of Merrill's Marauders and the Sinking of the Rhona*. Paducah, KY: Turner, 2002.

Randolph, John. *Marsmen in Burma*. Houston: Gulf, 1946.

Weston, Logan. *The Fightin' Preacher*. Cheyenne, WY: Vision Press, 2004.

Young, Edward M. *Merrill's Marauders*. New York: Osprey, 2009.

空降部队

Arnold, James. *Operation Overlord: Utah Beach & US Airborne Divisions, 6 June 1944*. Lincolnshire: Ravelin, 1994.

Blair, Clay. *Ridgway's Paratroopers—The American Airborne in World War II*. New York: Dial Press, 1985.

Crookenden, Napier. *Airborne at War*. New York: Scribner, 1978.

Davis, Brian L. *U. S. Airborne Forces Europe, 1942—1945*. London: Arms and Armour Press, 1974.

Deschodt, Christophe. *D-Day Paratroopers: The Americans*. Paris: Histoire & Collections, 2004.

Devlin, Gerard M. *Paratrooper! The Saga of U. S. Army and Marine Parachute and Glider Combat Troops during World War II*. New York: St. Martin's Press, 1979.

Ellis, Chris, and Mike Verier. *Airborne at War*. Edison, NJ: Chartwell Books, 2007.

Flanagan, E. M., Jr. *Airborne—A Combat History of American Airborne Forces*. New York: Ballantine Books, 2003.

Harclerode, Peter. *Wings of War—Airborne Warfare, 1918—1945*. London: Weidenfeld and Nicolson, 2005.

Howard, Gary. *America's Finest: U. S. Airborne Uniforms, Equipment, and Insignia of World War Two*. Mechanicsburg, PA: Stackpole Books, 1994.

Huston, James A. *Out of the Blue: U. S. Army Airborne Operations in World War II*. West Lafayette, IN: Purdue University Studies, 1972.

Laughlin, Cameron P. *U. S. Airborne Forces of World War Two*. Poole: Arms and Armour Press, 1987.

Marshall, S. L. A. *Night Drop: The American Airborne Invasion of Normandy*. Boston: Little, Brown, 1962.

O'Donnell, Patrick M. *Beyond Valor: World War II's Ranger and Airborne Veterans Reveal the Heart of Combat*. New York: Free Press, 2001.

Rentz, Bill. *Geronimo! U. S. Airborne Uniforms, Insignia, and Equipment in World War II*. Atglen, PA: Schiffer, 1999.

Ross, Kirk B. *The Sky Men: A Parachute Rifle Company's Story of the Battle of the Bulge and the Jump across the Rhine*. Atglen, PA: Schiffer, 2000.

Thompson, Leroy. *U. S. Airborne in Action*. Carrollton, TX: Squadron/Signal Publications, 1992.

Tugwell, Maurice. *Airborne to Battle—A History of Airborne Warfare, 1918—1971*. London: William Kimber, 1971.

Whitlock, Flint. *If Chaos Reigns: The Near-Disaster and Ultimate Triumph of Allied Airborne Forces on D-Day, June 6, 1944*. Havertown, PA: Casemate, 2011.

Wright, Robert K. *Airborne Forces at War: From Parachute Test Platoon to the 21st Century*. Annapolis,

MD: Naval Institute Press, 2007.

Zaloga, Steve. *U. S. Airborne Divisions in the ETO, 1944—1945*. New York: Osprey, 2007.

第 11 空降师

Bailey, Maxwell C. "Raid at Los Banos." *Military Review* 63, no. 5(May 1983): 51—66.

Burgess, Henry A. *Looking Back*. Missoula, MT: Pictorial Histories Publishing, 1993.

Flanagan, E. M. *The Angels: A History of the 11th Airborne Division*. Novato, CA: Presidio Press, 1989.

Flanagan, E. M. *Angels at Dawn: The Los Banos Raid*. Novato, CA: Presidio Press, 1999.

Roberts, Donald J. "Angels to the Resue." *Military Heritage* 3, no. 1(September 2001):78—86.

Rottman, Gordon L. *U. S. Airborne Units in the Pacific Theater, 1942—1945*. Oxford: Osprey, 2007.

Salecker, Gene E. *Blossoming Silk against the Rising Sun: U. S. and Japanese Parachutists at War in the Pacific in World War II*. Mechanicsburg, PA: Stackpole Books, 2010.

Wiegand, Brandon T. *Index to the General Orders of the 11th Airborne Division in World War II*. Brackenridge, PA: D-Day Militaria, 2004.

第 17 空降师

Breuer, William B. *Storming Hitler's Rhine: The Allied Assault, February-March 1945*. New York: St. Martin's Press, 1985.

Clark, Lloyd. *Crossing the Rhine: Breaking into Nazi Germany 1944 and 1945—The Greatest Airborne Battles in History*. New York: Atlantic Monthly Press, 2008.

Hagerman, Bart, and Gardner Hatch. *17th Airborne Division*. Paducah, KY: Turner, 1987.

O'Rourke, Frank F. "A Gliderman across the Rhine." *World War II* 19, no. 1(April 2004):42—48.

Pay, Don R. *Thunder from Heaven: Story of the 17th Airborne Division, 1943—1945*. Nashville: Battery Press, 1980.

Rawson, Andrew. *Rhine Crossing: Operation Varsity—30th and 79th US Divisions and 17th US Airborne Division*. Barnsley: Pen & Sword, 2006.

Ross, Kirk B. *The Sky Men: A Parachute Rifle Company's Story of the Battle of the Bulge and the Jump across the Rhine*. Atglen, PA: Schiffer, 2002.

Seelinger, Matthew J. "Operation Varsity: The Last Airborne Deployment of World War II." *On Point* 10, no. 3(December 2004):9—17.

Therrien, Mel. *17th Airborne Division History*. St. Paul, MN: 17th Airborne Division Association, 1993.

Wiegand, Brandon T. *Index to the General Orders of the 17th Airborne Division in World War II*. Brackenridge, PA: D-Day Militaria, 2004.

Wilson, Robert L. *A Paratrooper's Panoramic View: Training with the 464th Parachute Field Artillery Battalion for Operation Varsity's "Rhine Jump" with the 127th Airborne Division*. Bloomington, IN: AuthorHouse, 2005.

Wright, Stephen L. *The Last Drop: Operation Varsity, March 24—25, 1945*. Mechanicsburg, PA: Stackpole Books, 2008.

第 82 空降师

Alexander, Mark. *Jump Commander: In Combat with the 82nd Airborne in World War II*. Havertown, PA: Casemate, 2010.

Anzunoi, Robert P. *I'm the 82nd Airborne Division! A History of the All American Division in World War II after Action Reports*. Atglen, PA: Schiffer Military History, 2005.

Baugh, James E. *From Skies of Blue: My Experiences with the Eighty-Second Airborne during World War II*. New York: iUniverse, 2003.

Booth, T. Michael. *Paratrooper: The Life of Gen. James M. Gavin*. New York: Simon and Schuster, 1994.

Breuer, William B. *They Jumped at Midnight: The "Crash" Parachute Missions That Turned the Tide at Salerno*. St. Louis, MO: Zeus, 1983.

Buriss, T. Moffatt. *Strike and Hold: A Memoir of the 82nd Airborne in World War II*. Washington, DC: Brassey's, 2000.

Burns, Dwayne, and Leland Burns. *Jump into the Valley of the Shadow*. Philadelphia: Casemate, 2006.

Carter, Ross S. *Those Devils in Baggy Pants*. New York: Appleton-Century-Crofts, 1951.

Cooksey, Jon. *Crossing the Waal: The U. S. 82nd Airborne Division at Nijmegen*. Barnsley: Pen & Sword, 2005.

Covington, Henry L. *A Fighting Heart, An Unofficial Story of the 82nd Airborne Division*. Fayetteville, NC: T. Davis, 1949.

Dawson, W. Forrest. *Saga of the All American*. Nashville: Battery Press, 2004.

Francois, Dominique. *82nd Airborne in Normandy: A History in Period Photographs*. Atglen, PA: Schiffer Military History, 2004.

Garrison, Chester A. *An Ivy-League Paratrooper*. Corvallis, OR: Franklin Press, 2002.

Gavin, James M. *On to Berlin: Battles of an Airborne Commander, 1943—1946*. New York: Viking Press, 1978.

Lebensen, Leonard. *Surrounded by Heroes: Six Campaigns with Division Headquarters, 82nd Airborne Division, 1942—1945*. Drexel Hill, PA: Casemate, 2007.

Lelendais, Benoit. *From Heaven to Hell: Men Like No Others: HQ/1 508 PIR, a Company of the 82nd Airborne*. Cully: Orep Edition, 2007.

LoFaro, Guy A. *Sword of St. Michael: The 82nd Airborne Division in World War II*. Cambridge, MA: Da Capo Press, 2011.

McCann, John P. *Passing Through: The 82nd Airborne Division in Northern Ireland, 1943—1944*. Newtonards: Colourpoint Books, 2005.

Megallas, James. *All the Way to Berlin: A Paratrooper at War in Europe*. New York: Ballantine Books, 2003.

Mitchell, George C. *Matthew B. Ridgway: Soldier, Statesman, Scholar, Citizen*. Mechanicsburg, PA: Stackpole Books, 2002.

Mrozek, Steven J. *The 82nd Airborne Division*. Paducah, KY: Turner, 1997.

Murphy, Robert M. *No Better Place to Die: Ste-Mere Eglise, June 1944: The Battle for La Fiere Bridge*. Havertown, PA: Casemate, 2009.

Nordyke, Phil. *All American, All the Way: The Combat History of the 82nd Airborne Division in World War II*. St. Paul, MN: Zenith Press, 2005.

Nordyke, Phil. *Four Stars of Valor: The Combat History of the 505th Parachute Infantry Regiment in World War II*. St. Paul, MN: Zenith Press, 2006.

Nordyke, Phil. *More Than Courage: Sicily, Naples-Foggia, Anzio, Rhineland, Ardennes-Alsace, Central Europe: The Combat History of the 504th Parachute Infantry Regiment in World War II*. Minneapolis: MBI, 2008.

Richlack, Jerry L. *Glide to Glory: 325 Glider Infantry Regiment, 82nd Airborne Division*. Chesterland, OH: Cedar House, 2002.

Rottman, Gordon L. *U. S. Airborne Units in the Mediterranean Theater, 1942—1944*. Oxford: Osprey, 2006.

Ruggero, Ed. *Combat Jump: The Young Men Who Led the Assault into Fortress Europe, July 1943*. New York: HarperCollins, 2003.

Saunders, Dave. *Nijmegen, Grave, and Groesbeck*. Barnsley: Leo Cooper, 2001.

Thompson, Leroy. *The All Americans: The 82nd Airborne*. Newton Abbott: David & Charles, 1988.

Tucker, William H. *Parachute Soldier: Based on the 1942 to 1945 Diary of Sergeant Bill Tucker*. Athol, MA: Haley's, 1994.

Verier, Mike. *82nd Airborne: "All American."* Hersham: Ian Allan, 2001.

Wurst, Spencer F., and Gayle Wurst. *Descending from the Clouds: A Memoir of Combat in the 505 Parachute Infantry Regiment, 82nd Airborne Division*. Havertown, PA: Casemate, 2004.

第 101 空降师

Allen, Patrick H. F. *Screaming Eagles: In Action with the 101st Airborne Division (Air Assault)*. London: Hamlyn, 1990.

Antal, John F. *Hell's Highway: The True Story of the 101st Airborne Division during Operation Market Garden, September 17—25, 1944*. Minneapolis: MBI and Zenith Press, 2008.

Bando, Mark. *The 101st Airborne: From Holland to Hitler's Eagle Nest*. Osceola, WI: Motorbooks International, 1995.

Bando, Mark. *The 101st Airborne: Screaming Eagles at Normandy*. Osceola, WI: MBI, 2001.

Bando, Mark. *Vanguard of the Crusade: The 101st Airborne Division in World War II*. Bedford, PA: Aberjona Press, 2003.

Bando, Mark. *101st Airborne: The Screaming Eagles in World War II*. St. Paul, MN: Zenith Press, 2007.

Bowen, Robert. *Fighting with the Screaming Eagles: With the 101st Airborne from Normandy to Bastogne*. Mechanicsburg, PA: Stackpole Books, 2001.

Burgett, Donald R. *Currahee! A Screaming Eagle at Normandy*. Novato, CA: Presidio Press, 1999.

Burgett, Donald R. *The Road to Arnhem: A Screaming Eagle in Holland*. Novato, CA: Presidio Press, 1999.

Burgett, Donald R. *Seven Roads to Hell: A Screaming Eagle at Bastogne*. Novato, CA: Presidio Press, 1999.

Burgett, Donald R. *Beyond the Rhine: A Screaming Eagle in Germany*. Novato, CA: Presidio Press, 2001.

Francois, Dominique. *101st Airborne Division in Normandy: A History in Period Photographs*. Atglen, PA: Schiffer Military History, 2006.

Guarnere, William. *Brothers in Battle, Best of Friends: Two WWII Paratroopers from the Original Band of Brothers Tell Their Story*. New York: Berkley Caliber, 2007.

Hojris, Rene. *Anthony "Nuts!" McAuliffe: A Portrait of the U. S. General Who Became World Famous by Replying "Nuts!" to the German Demand for Surrender at Bastogne during the Battle of the Bulge in WWII*. Bronshoj: Roger Publishing House, 2004.

Houston, Robert J. *D-Day to Bastogne: A Paratrooper Recalls World War II*. Smithtown, NY: Exposition Press, 1980.

Koskimaki, George E. *D-Day with the Screaming Eagles*. Madelia, MN: House of Print, 1970.

Koskimaki, George E. *The Battered Bastards of Bastogne: A Chronicle of the Defense of Bastogne (December 19, 1944-January 17, 1945)*. Sweetwater, TN: George E. W. Koskimaki, 1994.

Koskimaki, George E. *Hell's Highway: Chronicle of the 101st Airborne Division in the Holland Campaign, September-November 1944*. Havertown, PA: Casemate, 2003.

Marshall, S. L. A. *Bastogne: The Story of the First Eight Days in Which the 101st Airborne Division Was Closed within the Ring of German Forces*. Washington, DC: Center of Military History, United States Army, 2004.

McManus, John C. *Alamo in the Ardennes: The Untold Story of the American Soldiers Who Made the Defense of Bastogne Possible*. New York: NAL Caliber, 2008.

Mitchell, Ralph M. *The 101st Airborne Division's Defense of Bastogne*. Fort Leavenworth, KS: U. S. Army Command and General Staff College, Combat Studies Institute, 1986.

Nibley, Hugh. *Sergeant Nibley, Ph. D.: Memories of an Unlikely Screaming Eagle*. Salt Lake City: Shadow Mountain, 2006.

Rapport, Leonard. *Rendezvous with Destiny: A History of the 101st Airborne Division*. Washington, DC: Infantry Journal, 1948.

Rice, Thomas M. *Trial by Fire: A Paratrooper of the 101st Airborne Division Remembers the 194 Battle of Normandy*. Bloomington, IN: AuthorHouse, 2004.

Saunders, Tim. *Hell's Highway*. Barnsley: Leo Cooper, 2001.

Shapiro, Milton J. *The Screaming Eagles: The 101st Airborne Division in World War II*. New York: Messner, 1976.

Simms, James B. *A Soldier's Armageddon*. Manhattan, KS: Sunflower University Press, 1999.

Taylor, John M. *General Maxwell Taylor: The Sword and the Pen*. New York: Doubleday, 1989.

Taylor, Thomas. *Behind Hitler's Lines: The True Story of the Only Soldier to Fight for Both America and the Soviet Union in World War II*. New York: Ballantine Books, 2004.

True, William. *The Cow Spoke French: The Story of Sgt. William True, American Paratrooper in World War II*. Bennington, VT: Merriam Press, 2002.

Walker, James W. *Fortune Favors the Bold: A British LRRP with the 101st*. New York: Ivy Books, 1998.

Whiting, Charles. *American Eagles: The 101st Airborne Assault on Fortress Europe, 1944/1945*. York: Eskdale, 2001.

第10空降师

Baumgardner, Randy, ed. *Tenth Mountain Division*. Paducah, KY: Turner, 1998—2003.

Brooks, Robert R., and John Imbrie. *Mission Undine: The 10th Mountain Division at the Yugoslav Border, May 19 to July 17, 1945*. Forest Hills, NY: National Association of the 10th Mountain Division, 2005.

Brown, Donald G. *Love Letter to Americans: Observations of a Ski Trooper and Journalist*. Victoria, BC: Trafford, 2003.

Burton, Hal. *The Ski Troops*. New York: Simon and Schuster, 1971.

Casewit, Curtis W. *The Saga of the Mountain Soldiers: The Story of the 10th Mountain Division*. New York: J. Messner, 1981.

Dole, Robert J. *One Soldier's Story: A Memoir*. New York: HarperCollins, 2005.

Dusenbery, Harris. *North Apennines and Beyond: With the 10th Mountain Division*. Portland, OR: P. Ware, 1998.

Ellis, Robert B. *See Naples and Die: A World War II Memoir of a United States Army Ski Trooper in the Mountains of Italy*. Jefferson, NC: McFarland, 1996.

Feuer, A. B. *Packs On! Memoirs of the 10th Mountain Division*. Westport, CT: Praeger, 2004.

Imbrie, John. *10th Mountain Division Campaign in Italy, 1945*. Forest Hills, NY: National Association of the 10th Mountain Division, 2002.

Jenkins, McKay. *The Last Ridge: The Epic Story of the U. S. Army's 10th Mountain Division and the Assault on Hitler's Europe*. New York: Random House, 2003.

Johnson, Norma T. *Soldiers of the Mountain: The Story of the 10th Mountain Division of World War II*. Baltimore: Publish America, 2005.

Kohlman, Oley. *Up Hill with the Ski Troops*. Walden, CO: O. Kohlman, 1995.

Meinke, Albert H. *Mountain Troops and Medics: Wartime Stories of a Frontline Surgeon in the U. S. Ski Troops*. Kewadin, MI: Rucksack, 1993.

Parker, Robert W. *What'd You Do in the War, Dad? A Personal Look at 34 Months in the 10th Mountain Division*. Santa Fe, NM: Rio Grande, 2005.

Pote, Winston. *Mountain Troops, 10th Mountain Division, Camp Hale, Colorado*. Camden, ME: Down East Books, 1982.

Putnam, William L. *Green Cognac: The Education of a Mountain Fighter*. New York: AAC Press, 1991.

Reining, Harry J. *My Story: A World War II Memory*. Richardson, TX: Printed by RedEx Kinko's, 2004.

Shelton, Peter. *Climb to Conquer: The Untold Story of World War II's 10th Mountain Division Ski Troops*. New York: Scribner, 2003.

Sherwood, Frank P. *It Wasn't All Combat: A Soldier's Life in World War II*. New York: iUniverse, 2007.

Whitlock, Flint. *Soldiers on Skies: A Pictorial Memoir of the 10th Mountain Division*. Boulder, CO: Paladin Press, 1992.

Wolf, Tom. *Ice Crusaders: A Memoir of Cold War and Cold Sport*. Boulder, CO: Roberts Rinehart, 1999.

第 1 山地师

Baisden, Charles. *Flying Tiger to Air Commando*. Atglen, PA: Schiffer, 1999.

Chinnery, Philip D. *Any Time, Any Place: Fifty Years of the USAF Air Commando and Special Operations Forces, 1944—1994*. Annapolis, MD: Naval Institute Press, 1994.

Eason, W. Robert. *WW II Air Commandos: Photo Supplement to Volumes I and II* Madison, VA: W. R. Eason, 1996.

King, Barbara P., and Edward M. Leete. *The First Air Commando Group of World War II: An Historical Perspective.* Maxwell Air Force Base, AL: Air Command and Staff College, 1977.

Mason, Herbert A., Randy G. Bergeron, and James A. Renfrow. *Operation THURSDAY: Birth of the Air Commandos.* Washington, DC: Air Force History and Museums Program, 1994.

Masters, John. *The Road Past Mandalay: A Personal Narrative*. New York: Harper, 1961.

Thomas, Lowell. *Back to Mandalay*. New York: Greystone Press, 1951.

Van Wagner, R. D. *Any Place, Any Time, Any Where: The 1st Air Commandos in WWII*. Atglen, PA: Schiffer, 1989.

Y'Blood, William T. *Air Commandos against Japan: Allied Special Operations in World War II*. Annapolis, MD: Naval Institute Press, 2008.

Young, Edward M. *Air Commando Fighters in World War II*. North Branch, MN: Specialty Press, 2000.

第 801 重轰炸机大队

Fesmire, Robert H. *Flight of a Maverick: In the Secret War against Hitler*. Nashville: Eggman, 1995.

Parnell, Ben. *Air Commandos: The Saga of the Carpetbaggers of World War II: A Story of the 801st/492nd Bombardment Group(H), U. S. Army, Eighth Air Force*. New York: iBooks, 2004.

海军陆战队两栖侦察营

Melson, Charles D., and Paul Hanon. *Marine Recon, 1940—1990*. London: Osprey, 1994.

Meyers, Bruce F. *Swift, Silent, and Deadly: Maritime Amphibious Reconnaissance in the Pacific, 1942—1945*. Annapolis, MD: Naval Institute Press, 2004.

海军陆战队突袭者

Alexander, Joseph H. *Edson's Raiders: The 1st Marine Raider Battalion in World War II*. Annapolis, MD: Naval Institute Press, 2000.

Beau, Jerome C., and Robert A. Buerlein. *The U. S. Marine Raiders of WWII: Those Who Served*. Richmond, VA: American Historical Foundation, 1996.

Daley, LaVarre. *United States Marine Corps Raiders: A Personal Account*. Erie, CO: M. J. Clark, 2002.

Feuer, A. B. "Carlson's Raiders at Makin Island." *Military Heritage* 1, no. 2(March 1999): 87—87.

Gaddis, David. "Defending Bloody Ridge." *Naval History* 13, no. 1(February 1999): 47—49.

Gilbert, ed. *U. S. Marine Corps Raider, 1942—1943*. New York: Osprey, 2006.

Gleason, James D. *Real Blood! Real Guts! U. S. Marine Raiders and Their Corpsmen in World War II*. N. p.: Raider, 2003.

Hoffman, Jon T. *Once a Legend: "Red Mike" Edson of the Marine Raiders*. Novato, CA: Presidio Press, 1994.

Hoffman, Jon T. *From Makin to Bougainville: Marine Raiders in the Pacific War*. Washington, DC: History and Museums Division, Headquarters, U. S. Marine Corps, 1995.

Hoffman, Jon T. *Marine Raiders: More than a Few Good Men*. Paducah, KY: Turner, 1999.

Hoyt, Edwin P. *The Marine Raiders*. New York: Pocket Books, 1989.

Ludwig, Verle E. *Archie Smallwood and the Marine Raiders: A Rifleman's Brief. 30-Caliber History of the 20th Century*. Santa Barbara, CA: Fithian Press, 1998.

O'Donnell, Patrick K. "Raid on Makin." *MHQ* 14, no. 3(Spring 2002):56—59.

Rosenquest, R. G., Martin J. Sexton, and Robert A. Buerlein. *Our Kind of War: Illustrated Saga of Marine Raiders of WWII*. Richmond, VA: American Historical Foundation, 1990.

Rottman, Gordon L. *US Special Warfare Units in the Pacific Theater, 1942—1945: Scouts, Raiders, Rangers, and Reconnaissance Units*. Oxford: Osprey, 2005.

Sexton, Martin J. *The Marine Raiders' Historical Handbook*. Richmond, VA: American Historical Foundation, 1987.

Smith, George W. *Carlson's Raid: The Daring Marine Assault on Makin*. Novato, CA: Presidio Press, 2001.

Smith, Michael S. *Bloody Ridge: The Battle That Saved Guadalcanal*. Novato, CA: Presidio Press, 2000.

Sweeney, John B. "Battle of Bloody Ridge." *Marine Corps Gazette* 88, no. 9(September 2004): 93—96.

Updegraph, Charles L. *U. S. Marine Corps Special Units of World War II*. Washington, DC: Historical Division, Headquarters, United States Marine Corps, 1972.

Wiles, Tripp. *Forgotten Raiders of '42: The Fate of Marines Left Behind on Makin*. Washington, DC: Brassey's, 2007.

Wukovits, John F. *American Commando: Evan Carlson and His WWII Marine Raiders, and America's First Special Forces Mission*. New York: NAL Caliber, 2009.

海军陆战队伞兵

Christ, James F. *Battalion of the Damned: The 1st Marine Paratroopers at Gavutu and Bloody Ridge, 1942*. Annapolis, MD: Naval Institute Press, 2007.

Cole, Merle T. "The Paramarines: Organization and Training of USMC Parachute Troops, 1940—1944." *American Aviation Historical Society Journal* 34, no. 4(December 1989):242—249.

Haney, Ken. *U. S. Marine Corps Paratroopers, 1940—1945: An Illustrated History*. Jackson, TN: K. Haney, 1990.

Mason, Chris. *Paramarine! Uniforms and Equipment of Marine Corps Parachute Units in World War II*. Atglen, PA: Schiffer, 2004.

海军陆战队侦察兵与狙击手连

Senich, Peter R. *U. S. Marine Corps Scout-Sniper: World War II and Korea*. Boulder, CO: Paladin Press, 1993.

海军滩头跳跃者

Dwyer, John B. *Seaborne Deception: The History of the U. S. Navy Beach Jumpers*. New York: Praeger, 1992.

海军侦察兵与突袭者

Dwyer, John B. *Scouts and Raiders: The Navy's First Special Warfare Commandos*. Westport, CT: Praeger, 1993.

Rottman, Gordon L. *US Special Warfare Units in the Pacific Theater, 1942—1945: Scouts, Raiders, Rangers, and Reconnaissance Units*. Oxford: Osprey, 2005.

海军水下爆破队

Berry, Erick. *Underwater Warriors: Story of American Frogmen*. New York: D. McKay, 1967.

Best, Herbert. *The Webfoot Warriors: The Story of UDT, the U. S. Navy's Underwater Demolition Team*. New York: John Day, 1962.

Blassingame, Wyatt. *The U. S. Frogmen of World War II: Illustrated with Photographs and Maps*. New York: Random House, 1964.

Bush, Elizabeth K. *America's First Frogman: The Draper Kauffman Story*. Annapolis, MD: Naval Institute Press, 2004.

Camp, Dick. *Iwo Jima Recon: The U. S. Navy at War, February 17, 1945*. St. Paul, MN: Zenith Press, 2007.

Cunningham, Chet. *The Frogmen of World War II: An Oral History of the U. S. Navy's Underwater Demolition Teams*. New York: Pocket Star Books, 2005.

Dockery, Kevin. *Special Warfare, Special Equipment: The Arms and Equipment of the UDT and SEALs from 1943 to the Present*. Chicago: Emperor's Press, 1996.

Dockery, Kevin. *Navy Seals: A Complete History: From World War II to the Present*. New York: Berkley Books, 2004.

Dwyer, John B. *Commandos from the Sea: The History of Amphibious Special Warfare in World War II and the Korean War*. Boulder, CO: Paladin Press, 1998.

Fane, Francis D. *The Naked Warriors: The Story of the U. S. Navy's Frogmen*. Annapolis, MD: Naval Institute Press, 1995.

Higgins, Edward T. *Webfooted Warriors: A Story of a "Frogman" in the Navy during World War II*. New York: Exposition Press, 1955.

Kaine, Francis R. *Reminiscences of Captain Francis R. Kaine, U. S. Naval Reserve*. Annapolis, MD: Naval Institute Press, 1990.

Karl, S. W. *Too Deep, Too Late*. New York: Manor Books, 1978.

O'Dell, James D. *The Water Is Never Cold: The Origins of the U. S. Navy's Combat Demolition Units, UDTS, and SEALs*. Washington, DC: Brassey's, 2000.

Young, Darryl. *SEALS, UDT, Frogmen: Men under Pressure*. New York: Ivy Books, 1994.

战略情报局

Aldrich, Richard J. *Intelligence and the War against Japan: Britain, America, and the Politics of Secret Service*. New York: Cambridge University Press, 2000.

Bartholomew-Feis, Dixee. *The OSS and Ho Chi Minh: Unexpected Allies in the War against Japan*. Lawrence: University Press of Kansas, 2006.

Bevan, Colin. *Operation Jedburgh: D-Day and America's First Shadow War*. New York: Viking, 2006.

Delattre, Lucas. *A Spy at the Heart of the Third Reich: The Extraordinary Story of Fritz Kolbe, America's Most Important Spy of World War II*. New York: Atlantic Monthly Press, 2005.

Fenn, Charles. *At the Dragon's Gate: With the OSS in the Far East*. Annapolis, MD: Naval Institute Press, 2004.

Ford, Roger. *Steel from the Sky: The Jedburgh Raiders, France, 1944*. London: Orion, 2004.

Freeman, Gregory A. *The Forgotten 500: The Untold Story of the Men Who Risked All for the Greatest*

Rescue Mission of World War II. New York: NAL Caliber, 2007.

Hassell, Augustino von, Sigrid von Hoyningen-Huene MacRae, and Simone Ameskamp. *Alliance of Enemies: The Untold Story of Secret American and German Collaboration to End World War II*. New York: Thomas Dunne Books, 2006.

Irwin, Will. *The Jedburghs: The Secret History of the Allied Special Forces, France, 1944*. New York: Public Affairs, 2010.

Katz, Robert. *The Battle for Rome: The Germans, the Allies, the Partisans, and the Pope, September 1943-June 1944*. New York: Simon and Schuster, 2003.

Kloman, Erasmus H. *Assignment Algiers: With the OSS in the Mediterranean Theater of Operations*. Annapolis, MD: Naval Institute Press, 2005.

Liptak, Eugene. *Office of Strategic Services, 1942—1945: The World War II Origins of the CIA*. New York: Osprey, 2009.

Lucas, Peter. *The OSS in World War II Albania: Covert Operations and Collaboration with Communist Partisans*. Jefferson, NC: McFarland, 2007.

Macpherson, Nelson. *American Intelligence in War-Time London: The Story of the OSS*. Portland, OR: Frank Cass, 2003.

Mauch, Christof. *The Shadow War against Hitler: The Covert Operations of America's Wartime Secret Intelligence Service*. New York: Columbia University Press, 2003.

Moon, Tom. *This Grim and Savage Game: OSS and the Beginning of U. S. Covert Operations in World War II*. Cambridge, MA: Da Capo Press, 2000.

Nelson, Wayne. *A Spy's Diary of World War II: Inside the OSS with an American Agent in Europe*. Jefferson, NC: McFarland, 2009.

O'Donnell, Patrick K. *Operatives, Spies, and Saboteurs: The Unknown Story of the Men and Women of World War II's OSS*. New York: Free Press, 2004.

O'Donnell, Patrick K. *The Brenner Assignment: The Untold Story of the Most Daring Spy Mission of World War II*. Cambridge, MA: Da Capo, 2008.

O'Donnell, Patrick K. *They Dared Return: The True Story of Jewish Spies behind the Lines in Nazi Germany*. Cambridge, MA: Da Capo Press, 2009.

Perdue, Robert E. *Behind the Lines in Greece: The Story of OSS Operations Group II*. Bloomington, IN: AuthorHouse, 2010.

Persico, Joseph E. *Roosevelt's Secret War: FDR and World War II Espionage*. New York: Random House, 2001.

Pinck, Daniel C. *Journey to Peking: A Secret Agent in Wartime China*. Annapolis, MD: Naval Institute Press, 2003.

Reynolds, E. Bruce. *Thailand's Secret War: The Free Thai, OSS, and the SOE during World War II*. New York: Cambridge University Press, 2005.

Rudgers, David F. *Creating the Secret State: The Origins of the Central Intelligence Agency, 1943—1947*. Lawrence: University Press of Kansas, 2000.

Smith, R. Harris. *OSS: The Secret History of America's First Central Intelligence Agency*. Guilford, CT: Lyons Press, 2005.

Waller, Douglas. *Wild Bill Donovan: The Spymaster Who Created the OSS and Modern American Espionage*. New York: Free Press, 2011.

Warner, Michael. *The Office of Strategic Services: America's First Intelligence Agency*. Washington, DC: Central Intelligence Agency, 2001.

Yu, Macchun. *OSS in China: Prelude to Cold War*. Annapolis, MD: Naval Institute Press, 2011.

美国志愿大队

Armstrong, Alan. *Preemptive Strike: The Secret Plan That World Have Prevented the Attack on Pearl*

Harbor. Guilford, DE: Lyons Press, 2006.

Bishop, Lewis S. *Escape from Hell: An AVG Flying Tiger's Journey*. Bloomington, IL: Tiger Eye Press, 2004.

Bond, Charles R. *A Flying Tiger's Diary*. College Station: Texas A&M University Press, 1984.

Byrd, Martha. *Chennault: Giving Wings to the Tiger*. Tuscaloosa: University of Alabama Press, 1987.

Chennault, Claire L. *Way of a Fighter*. New York: G. P. Putnam's Sons, 1949.

Clements, Terrill J. *Sharks of the Air: Camouflage and Markings of the American Volunteer Group, August 1941-July 1942*. Seattle: T. J. Clements, 1998.

Cornelius, Wanda. *Ding Hao: America's Air War in China, 1937—1945*. Gretna, LA: Pelican, 1980.

Ford, Daniel. *Flying Tigers: Claire Chennault and His American Volunteers, 1941—1942*. New York: Smithsonian Books/Collins, 2007.

Heiferman, Ronald. *Flying Tigers: Chennault in China*. New York: Ballantine Books, 1971.

Hill, David L. *"Tex" Hill: Flying Tiger*. Spartanbrug, SC: Honoribus Press, 2003.

Losonsky, Frank S. *Flying Tiger: A Crew Chief's Story: The War Diary of a Flying Tiger American Volunteer Group Crew Chief with the 3rd Pursuit Squadron*. Atglen, PA: Schiffer Military/Aviation History, 1996.

Nalty, Bernard C. *Tigers over Asia*. New York: Elsevier-Dutton, 1978.

Pistole, Larry M. *The Pictorial History of the Flying Tigers*. Orange, VA: Publisher's Press, 1981.

Scott, Robert L. *Flying Tiger: Chennault of China*. Garden City, NY: Doubleday, 1959.

Smith, Robert M. *With Chennault in China: A Flying Tiger's Diary*. Blue Ridge Summit, PA: Tab Books, 1984.

Sperry, Roland. *China through the Eyes of a Tiger*. New York: Pocket Books, 1990.

Toland, John. *The Flying Tigers*. New York: Random House, 1963.

克钦族侦察兵

Barrett, Neil R. *Chingpaw*. New York: Vantage Press, 1962.

Dunlop, Richard. *Behind Japanese Lines, with the OSS in Burma*. Chicago: Rand McNally, 1979.

Fellowes-Gordon, Ian. *Amiable Assassins: The Story of the Kachin Guerillas of North Burma*. London: R. Hale, 1957.

Fellowes-Gordon, Ian. *The Magic War: The Battle for North Burma*. New York: Scribner, 1972.

Moon, Thomas N., and Carl F. Eifler. *The Deadliest Colonel*. New York: Vantage Press, 1975.

Oatts, Lewis B. *The Jungle in Arms*. London: W. Kimber, 1962.

Peers, William R., and Dean Brelis. *Behind the Burma Road: The Story of America's Most Successful Guerrilla Force*. Boston: Little, Brown, 1963.

美洲原住民

Bernstein, Alison R. *American Indians and World War II: Towards a New Era in Indian Affairs*. Norman: University of Oklahoma Press, 1991.

Bixler, Margaret T. *Winds of Freedom: The Story of the Navajo Code Talkers of World War II*. Darien, CT: Two Bytes Publishing, 1992.

Brandon, Lee E. *The Proudest Moment of Their Lives: Navajo Code Talkers and the Battle of Iwo Jima*. Brevard, NC: Brevard College, 2004.

Franco, Jere B. *Crossing the Pond: The Native American Effort in World War II*. Denton: University of North Texas Press, 1999.

Gilbert, Oscar E. *Native American Code Talkers in World War II*. New York: Osprey, 2008.

Kawano, Kenji. *Warriors: Navajo Code Talkers*. Flagstaff, AZ: Northland Publishing, 1990.

Mack, Stephen. *It Had to Be Done: The Navajo Code Talkers Remember World War II*. Cortaro, AZ:

Whisper Dove Design, 2008.

McClain, Sally. *Navajo Weapon*. Tucson, AZ: Rio Nuevo Publishers, 2002.

Meadows, William C. *The Comanche Code Talkers of World War II*. Austin: University of Texas Press, 2002.

Nez, Chester, and Judith S. Avila. *Code Talker*. New York: Berkley Caliber, 2011.

Townsend, Kenneth W. *World War II and the American Indian*. Albuquerque: University of New Mexico Press, 2000.

Viola, Herman K. *Warriors in Uniform: The Legacy of American Indian Heroism*. Washington, DC: National Geographic, 2008.

第二代日裔美国人译员

Dingman, Roger. *Deciphering the Rising Sun: Navy and Marine Codebreakers, Translators, and Interpreters in the Pacific War*. Annapolis, MD: Naval Institute Press, 2009.

Harrington, Joseph D. *Yankee Samurai: The Secret Role of Nisei in America's Pacific Victory*. Detroit: Pettigrew Enterprises, 1979.

Hays, Otis. *Alaska's Hidden Wars: Secret Campaigns on the North Pacific Rim*. Fairbanks: University of Alaska Press, 2004.

McNaughton, James C. *Nisei Linguists: Japanese Americans in Military Intelligence Service during World War II*. Washington, DC: Department of the Army, 2006.

Secret Valor: M. I. S. Personnel, World War II, Pacific Theater, Pre-Pearl Harbor to Sept. 8, 1951: 50th Anniversary Reunion, July 8—10, 1993. Honolulu: Military Intelligence Service Veterans Club of Hawaii, 1993.

菲律宾侦察兵

Linn, Brian M. *Guardians of Empire: The U. S. Army and the Pacific, 1902—1940*. Chapel Hill: University of North Carolina Press, 1997.

Milligan, W. D. *Lest We Forget: The Brave and Honorable Guerillas and Philippine Scouts of World War II*. Quezon City: Central Book Supply, 2010.

Olson, John, ed. *The Philippine Scouts*. Daly City, CA: Philippine Scouts Heritage Society, 2002.

Rottman, Gordon L. *World War II US Cavalry Units: The Pacific*. New York: Osprey, 2009.

Sorley, Lewis. *Honorable Warrior: General Harold K. Johnson and the Ethics of Command*. Lawrence: University Press of Kansas, 1998.

The Philippine Scouts, Prepared by the Philippine Scouts Heritage Society. Fort Sam Houston, TX: The Society, 1996.

Whitehead, Arthur K. *Odyssey of a Philippine Scout: Fighting, Escaping, and Evading the Japanese, 1941—1944*. Bedford, PA: Aberjona Press, 2006.

菲律宾游击队

Guardia, Mike. *American Guerilla: The Forgotten Heroics of Russell W. Volckmann*. Philadelphia: Casemate, 2000.

Holmes, Virginia H. *Guerrilla Daughter*. Kent, OH: Kent State University Press, 2009.

Hunt, Ray. *Behind Japanese Lines: An American Guerrilla in the Philippines*. Lexington: University Press of Kentucky, 2000.

Keats, John. *They Fought Alone*. Philadelphia: Lippincott, 1963.

Lukacs, John D. *Escape from Davao: The Forgotten Story of the Most Daring Prison Break of the Pacific War*. New York: Simon and Schuster, 2010.

Mills, Scott A. *Stranded in the Philippines: Professor Bell's Private War against the Japanese*. Annapolis, MD: Naval Institute Press, 2009.

Norling, Bernard. *The Intrepid Guerillas of North Luzon*. Lexington: University Press of Kentucky, 1999.

Ramsey, Edwin P. *Lieutenant Ramsey's War: From Horse Soldier to Guerilla Commander*. Washington, DC: Brassey's, 2004.

Volckmann, Russell W. *We Remained: Three Years behind Enemy Lines in the Philippines*. New York: Norton, 1954.

第三章参考书目

总目

Barker, Geoffrey T. *A Concise History of U. S. Army Special Operations Forces, with Lineage and Insignia*. Fayetteville, NC: Anglo-American Publishing, 1988.

Brown, Jeremy M. *Explaining the Reagan Years in Central America: A World System Perspective*. Lanham, MD: University Press of America, 1995.

Buschmann, Klaus. *United States Army Special Forces, 1952—1974*. Las Vegas, NV: Lang, 1978.

Colby, Carroll B. *Special Forces, the U. S. Army's Experts in Unconventional Warfare*. New York: Coward-McCann, 1964.

Collins, John M. *Green Berets, Seals, and Spetsnaz: U. S. and Soviet Special Military Operations*. Washington, DC: Pergamon-Brassey's, 1987.

Duncan, Don. *The New Legions*. New York: Random House, 1967.

Edwards, Paul M. *Combat Operations of the Korean War: Ground, Air, Sea, Special and Covert*. Jefferson, NC: McFarland, 2010.

Evanhoe, Ed. *Darkmoon: Eighth Army Special Operations in the Korean War*. Annapolis, MD: Naval Institute Press, 1995.

Fitzgerald, Tom. *Get Tough! The U. S. Special Forces Physical Conditioning Program*. New York: St. Martin's Press, 1985.

Ives, Christopher K. *U. S. Special Forces and Counterinsurgency in Vietnam: Military Innovation and Institutional Failure, 1961—1963*. New York: Routledge, 2007.

Lenahan, Rod. *Crippled Eagle: A Historical Perspective of U. S. Special Operations, 1976—1996*. Charleston, SC: Narwhal Press, 1998.

Neillands Robin. *In the Combat Zone: Special Forces since 1945*. London: Weidenfeld and Nicolson, 1997.

Paddock, Alfred H. *U. S. Army Special Warfare: Its Origins: Psychological and Unconventional Warfare, 1941—1952*. Washington, DC: Government Printing Office, 1982.

Spies, Scouts, and Raiders: Irregular Operations. By the Editors of Time-Life Books. Alexandria, VA: Time-Life Books, 1985.

Thompson, Leroy. *De Oppresso Liber: The Illustrated History of the U. S. Army Special Forces*. Boulder, CO: Paladin Press, 1987.

Thompson, Leroy. *U. S. Special Forces, 1941—1987*. New York: Blandford Press, 1987.

Thompson, Leroy. *U. S. Special Operations Forces in the Cold War*. Mechanicsburg, PA: Stackpole Books, 2002.

Vanderbroucke, Lucien S. *Perilous Options: Special Operations as an Instrument of U. S. Foreign Policy*. New York: Oxford University Press, 1993.

Walker, Greg. *At the Hurricane's Eye: U. S. Special Forces from Vietnam to Desert Storm*. New York: Ivy Books, 1994.

Walmer, Max. *An Illustrated Guide to Modern Elite Forces*. New York: Prentice Hall, 1986.

Zimmerman, Dwight J., and John D. Gresham. *Beyond Hell and Back: How America's Special Operations*

Forces Became the World's Greatest Fighting Unit. New York: St. Martin's Press, 2007.

航空再补给与通讯勤务部队

Baumer, William H. *The Extended Mission of Stardust Four Zero*. Apollo, PA: Closson Press, 1999.

Brown, Wallace L. *The Endless Hours: My Two and a Half Years as a Prisoner of the Chinese Communists*. New York: Norton, 1961.

Haas, Michael E. *Air Commando! 1950—1975: Twenty-Five Years at the Tip of the Spear*. Hurlburt Field, FL: U. S. Air Force Special Operations Command, 1995.

Haas, Michael E. *Apollo's Warriors: U. S. Special Operations during the Cold War*. Maxwell Air Force Base, AL: Air University Press, 1997.

Haas, Michael E. *In the Devil's Shadow: UN Special Operations during the Korean War*. Annapolis, MD: Naval Institute Press, 2000.

Kelly, Orr. *From a Dark Sky: The Story of U. S. Air Force Special Operations*. Novato, CA: Presidio Press, 1996.

Kiba, Steve E. *The Flag, My Story: Kidnapped by Red China*. Bloomington, IN: 1st Books Library, 2002.

Marchio, James. "Casualties of the Cold War: "Operation Think: And the Air Resupply Communications Service." *Air Power History* 39, no. 4(Winter 1992): 19—23.

Thigpen, Jerry L. *The Praetorian STARship: The Untold Story of Combat Talon*. Maxwell Air Force Base, AL: Air University Press, 2001.

空军伞降救援人员

Brehm, Jack. *That Others May Live: The True Story of a PJ, a Member of America's Most Daring Rescue Force*. New York: Crown, 2000.

La Pointe, Robert L. *PJs in Vietnam: The Story of Air Rescue in Vietnam as Seen through the Eyes of Pararescuemen*. Anchorage, AK: Northern PJ Press, 2001.

空军特种作战司令部

Chinnery, Philip D. *Any Time, Any Place: Fifty Years of the USAF Air Commando and Special Operations Forces, 1944—1994*. Annapolis, MD: Naval Institute Press, 1994.

Gleason, Robert L. *Air Commando Chronicles: Untold Stories from Vietnam, Latin America, and Back Again*. Manhattan, KS: Sunflower University Press, 2000.

Haas, Michael E. *Apollo's Warriors: U. S. Air Force Special Operations during the Cold War*. Maxwell Air Force Base, AL: Air University Press, 1997.

Halliday, John T. *Flying through Midnight: A Pilot's Dramatic Story of His Secret Missions over Laos during the Vietnam War*. New York: Scriber, 2005.

Mutza, Wayne. *Green Hornets: The History of the U. S. Air Force 20th Special Operations Squadron*. Atglen, PA: Schiffer, 2007.

Padden, Ian. *U. S. Air Commando*. New York: Bantam, 1985.

Thigpen, Jerry L. *AFSOC: The Air Force's Newest Command*. Carlisle Barracks, PA: U. S. Army War College, 1991.

Trest, Warren A. *Air Commando One: Heinie Aderholt and America's Secret Air Wars*. Washington, DC: Smithsonian Institute Press, 2000.

三角洲部队

Beckwith, Charlie A., and Donald Knox. *Delta Force: The Army's Elite Counterterrorist Unit*. New York:

Avon Books, 2000.

Boykin, Jerry. *Never Surrender: A Soldier's Journey to the Crossroads of Faith and Freedom*. New York: Faith Works, 2008.

Griswold, Terry. *Delta, America's Elite Counterterrorist Force*. Osceola, WI: Motorbooks International, 1992.

绿色贝雷帽

Archer, Chalmers. *Green Berets in the Vanguard: Inside Special Forces, 1953—1963*. Annapolis, MD: Naval Institute Press, 2001.

Bank, Aaron. *From OSS to Green Berets: The Birth of Special Forces*. Novato, CA: Presidio Press, 1986.

Coppola, Vincent. *Uneasy Warriors: Coming Back Home: The Perilous Journey of the Green Berets*. Atlanta: Longstreet Press, 1995.

Gornett, Alan G. *Gone Native: An NCO's Story*. New York: Ballantine Books, 2000.

Craig, William T. *Lifer! From Infantry to Special Forces*. New York: Ivy Books, 1994.

Dix, Drew. *The Rescue of River City*. Fairbanks, AK: Drew Dix, 2000.

Donlon, Roger H. C. *Outpost of Freedom*. New York: McGraw Hill, 1965.

Donlon, Roger H. C. *Beyond Nam Dong*. Leavenworth, KS: R. N. Publishers, 1998.

English, Adrian, et al. *The Green Beret: U. S. Special Forces from Vietnam to Delta Force*. New York: Villard Books, 1986.

Fitzgibbon, Daniel H. *To Bear Any Burden: A Hoosier Green Beret's Letters from Vietnam*. Indianapolis: Indiana Historical Society Press, 2005.

Gargus, John. *The Son Tay Raid: American POWs in Vietnam Were Not Forgotten*. College Station: Texas A&M University Press, 2010.

Gill, H. A. *Soldier Under Three Flags: Exploits of Special Forces Captain Larry A. Thorpe*. Venture, CA: Pathfinder Publications, 1998.

Gregory, Barry. *The Vietnam War/2, the Green Berets*. New York: Marshall Cavendish, 1988.

Gritz, James. *A Nation Betrayed*. Boulder City, NV: Lazurus, 1989.

Halberstadt, Hans. *Green Berets: Unconventional Warriors*. Novato, CA: Presidio Press, 1988.

Halberstadt, Hans. *War Stories of the Green Berets*. St. Paul, MN: Zenith Press, 2004.

Hoe, Alan. *The Quiet Professional: Major Richard J. Meadows of the U. S. Army Special Forces*. Lexington: University Press of Kentucky, 2011.

Kelly, Francis J. *U. S. Army Special Forces, 1961—1971*. Washington, DC: Government Printing Office, 1973.

Kelly, Francis J. *The Green Berets in Vietnam, 1967—1971*. Washington, DC: Brassey's, 1991.

Kureth, Elwood J. C. *Reflections of a Warriors: Six Years as a Green Beret in Vietnam*. New York: Pocket Books, 2007.

Marvin, Daniel. *Expendable Elite: One Soldier's Journey into Covert Warfare*. Waterville, OR: TrineDay, 2003.

Meissner, Joseph P. *The Green Berets and Their Victories*. Bloomington, IN: AuthorHouse, 2005.

Paddock, Alfred H. *U. S. Army Special Warfare: Its Origins*. Lawrence: University Press of Kansas, 2002.

Patton, Charles D. *Colt Terry, Green Beret*. College Station: Texas A&M University Press 2005.

Pristash, David J. *Diary of a Special Force Trooper in Vietnam, 1967*. Brecksville, OH: Publishing Systems, 1997.

Ray, Morris. *The Ether Zone: U. S. Army Special Forces Detachment B-52, Project Delta*. New York: Midpoint Trade Books, 2011.

Rottman, Gordon L. *Green Beret in Vietnam, 1957—1973*. Oxford: Osprey, 2002.

Sasser, Charles W. *Always A Warrior: The Memoir of a Six-War Soldier*. New York: Pocket Books, 1994.

Shachnow, Sidney, and Jann Robbins. *Hope and Honor*. New York: Forge, 2006.

Shelton, Henry H. *Without Hesitation: The Odyssey of an American Warrior*. New York: St. Martin's Press, 2010.

Simpson, Charles M. *Inside the Green Berets: The First Thirty Years, a History of the U. S. Army Special Forces*. Novato, CA: Presidio Press, 1983.

Stanton, Shelby L. *U. S. Army Special Forces A-Team Vietnam Combat Manual*. Boulder, CO: Paladin Press, 1988.

Stanton, Shelby L. *Green Berets at War: U. S. Army Special Forces in Southeast Asia, 1956—1975*. New York: Ivy Books, 1999.

陆军突击队

Ankony, Robert C. *Lurps: A Ranger's Diary of Tet, Khe Sanh, A Shau, and Quang Tri*. Lanham, MD: Hamilton Books, 2006.

Arnold, James R. *Rangers*. New York: Bantam Books, 1988.

Black, Robert W. *Rangers in Korea*. New York: Ivy Books, 1989.

Black, Robert W. *A Ranger Born: A Memoir of Combat and Valor from Korea to Vietnam*. New York: Ballantine Books, 2002.

Burford, John. *LRRP Team Leader*. New York: Ballantine Books, 1994.

Burford, John. *LRRPs in Action*. Carrollton, TX: Squadron Signal Publications, 1994.

Chambers, Larry. *Death in the A Shau Valley: L Company LRRPs in Vietnam, 1969—1970*. New York: Ivy Books, 1998.

Chambers, Larry. *Recondo: LRRPs in the 101st Airborne*. London: Greenhill, 2004.

Cold Steel Third: 3rd Airborne Ranger Company, Korean War (1950—1951). Assembled from Records and Letters of Company Members. Edited by Bob Channon. Franklin, NC: Genealogy Publishing Service, 1993.

Emanuel, Ed. *Soul Patrol: The Riveting True Story of the First African-American LRRP Team in Vietnam*. New York: Presidio Press, 2003.

Field, Ron. *Ranger: Behind Enemy Lines in Vietnam*. London: Military Illustrated, 2000.

Goshen, Bill. *War Paint*. New York: Ballantine Books, 2001.

Hall, Don C. *I Served*. Bellevue, WA: A. D. Hall, 2001.

Harrison, Benjamin L. *Hell on a Hill Top: America's Last Major Battle in Vietnam*. New York: iUniverse, 2004.

Hogan, David W. *Raiders or Elite Infantry? The Changing Role of the U. S. Army Rangers from Dieppe to Grenada*. Westport, CT: Greenwood Press, 1992.

Johnson, Frank. *Diary of an Airborne Ranger: A LRRP's Year in the Combat Zone*. New York: Ballantine Books, 2001.

Jorgenson, Kregg P. J. *LRRP Company Command: The Cav's LRP Rangers in Vietnam, 1968—1969*. New York: Ballantine Books, 2000.

Kiper, Richard L. *Army Raiders: The Special Activities Group in Korea*. Kent, OH: Kent State University Press, 2011.

Landau, Alan M. *Airborne Rangers*. Osceola, WI: Motorbooks International, 1992.

Lanning, Michael L. *Insides the LLRPs: Rangers in Vietnam*. New York: Presidio Press, 2006.

Linderer, Gary A. *Phantom Warriors*. 2 vols. New York: Ballantine Books, 2000.

Martin, Michael N. *The Black Tigers: Rangers of the Second Indochina War*. South Bend, IN: Carleton Graphics, 1998.

Martinez, Reynel. *Six Silent Men: 101st LRP/Rangers*. Book 1. New York: Ivy Books, 1997.

Miller, Kenn. *Six Silent Men: 101st LRP/Rangers*. Book 2. New York: Ivy Books, 1997.

Miraldi, Paul W. *Uniforms and Equipment of U. S. Army Infantry, LRRPS, and Rangers in Vietnam, 1965—1971*. Atglen, PA: Schiffer, 1999.

Posey, Edward L. *The U. S. Army's First, Last, and Only All-Black Rangers: The 2nd Ranger Infantry Company (Airborne) in the Korean War, 1950—1951*. New York: Saves Beattie, 2009.

Puzzo, John J. *K/75th Rangers, "The Highlanders," in the Viet Nam War*. Plainville, CT: Minutes to Midnight Press, 2009.

Roper, Jim. *Aardvarks and Rangers*. Baltimore: PublishAmerica, 2004.

Rottman, Gordon L. *U. S. Army Long-Range Patrol Scout in Vietnam, 1965—1971*. New York: Osprey, 2008.

Rotundo, John L. *Charlie Rangers*. New York: Ballantine Books, 1989.

Shanahan, Bill. *Stealth Patrol: The Making of a Vietnam Ranger*. Cambridge, MA: Da Capo Press, 2003.

Sizer, Mona D. *The Glory Guys: The Story of the U. S. Army Rangers*. Lanham, MD: Taylor Trade, 2010.

Stanton, Shelby L. *Rangers at War: Combat Recon in Vietnam*. New York: Orion Books, 1992.

Thompson, Leroy. *America's Commandos: U. S. Special Operations Forces of World War II and Korea*. Mechanicsburg, PA: Stackpole Books, 2001.

Walker, James W. *Fortune Favors the Bold: A British LRRP with the 101st*. New York: Ivy Books, 1998.

第 82 空降师

Barker, Geoffrey T. *A Concise History of U. S. Army Airborne Infantry, with Lineage and Insignia*. Brandon, FL: Anglo-American Publishing, 1989.

Ellis, John. *A History of the Airborne Command and Airborne Center*. Sharpsburg, MD: Antietam National Museum, 1979.

Thompson, Leroy. *U. S. Airborne Forces of the Cold War*. Mechanicsburg, PA: Stackpole Books, 2003.

Toomey, Charles L. *XVIII Airborne Corps in Desert Storm: From Planning to Victory*. Central Point, OR: Hellgate Press, 2004.

第 101 空降师

Anderson, Christopher J. *Screaming Eagles: The 101st Airborne Division from D-Day to Desert Storm*. Mechanicsburg, PA: Stackpole Books, 2000.

Borroel, Roger. *With the "Screaming Eagles" in Vietnam: A Personal Narrative of a Soldier in the 101st Airborne Division. 1968—1969*. East Chicago, IL: La Villita, 1995.

Burns, Richard R. *Pathfinder: First In, Last Out*. New York: Ballantine Books, 2002.

Dustan, Simon, and Mike Sharp. *Airborne in Vietnam*. Edison, NJ: Chartwell Books, 2007.

Flanagan, E. M. *Lightning: The 101st in the Gulf War*. Washington, DC: Brassey's, 1994.

Garcia, Rafael J. *Paladin Zero Six: A Desert Storm Memoir by a 101st Airborne Attack Helicopter Company Commander*. Jefferson, NC: McFarland, 1994.

Linderer, Gary A. *Eyes behind the Lines*. New York: Ivy Books, 1991.

Linderer, Gary A. *The Eyes of Eagles*. New York: Ballantine Books, 1991.

Miller, Randy K. *Troubled Hero: A Medal of Honor, Vietnam, and the War at Home*. Bloomington: Indiana University Press, 2006.

Nolan, Keith W. *Ripcord: Screaming Eagles under Siege, Vietnam, 1970*. Novato, CA: Presidio Press, 2000.

Sharpe, Mike. *101st Airborne Division in Vietnam: The "Screaming Eagles."* Hersham: Ian Allan, 2005.

Taylor, Thomas. *Lightning in the Storm: The 101st Airborne Air Assault Division in the Gulf War*. New York: Hippocrene Books, 1994.

Wiknik, Arthur. *Nam-Sense: Surviving Vietnam with the 101st Airborne Division*. Havertown, PA: Casemate, 2005.

第173空降旅

Arthurs, Ted. *Land with No Sun: A Year in Vietnam with the 173rd Airborne*. Mechanicsburg, PA: Stackpole Books, 2006.

Berry, Clifton F. *Sky Soldiers*. New York: Bantam Books, 1987.

Bradley, James R. *173rd Airborne Brigade: Sky Soldiers*. Paducah, KY: Turner, 1993.

Breen, Bob. *First to Fight: Australian Diggers, N. Z. Kiwis, and U. S. Paratroopers in Vietnam, 1965—1966*. Boston: Allen and Unwin, 1989.

Flannigan, E. M. *Corregidor, the Rock Assault Force, 1945*. Novato, CA: Presidio Press, 1988.

Hendrix, Dennis. *Head Hunter—One Kilo*. Bloomington, IN: AuthorHouse, 2006.

Leppelman, John. *Blood on the Risers: An Airborne Soldier's Thirty-Five Months in Vietnam*. New York: Ballantine Books, 2006.

McDonough, James L. *Platoon Leader: A Memoir of Command in Combat*. Novato, CA: Presidio Press, 2003.

Murphy, Edward F. *Dak To: America's Sky Soldiers in South Vietnam's Central Highlands, June-November 1967*. New York: Ballantine Books, 2007.

Sanford, Gene W. *Sky Soldier: Airborne, the Long Way Home*. Evansville, IN: Sky Soldier's Ministry, 1992.

第187空降步兵团

Bond, James E. *Rakkasans: A History and Collection of Personal Narratives from Members of the 3rd Battalion (Airborne), 187th Infantry, 101st Airborne Division, Republic of Vietnam, 1968*. Baltimore: Gateway Press, 2008.

Flanagan, E. M. *The Rakkasans: The Combat History of the 187th Airborne Infantry*. Novato, CA: Presidio Press, 1997.

Gill, Kirk, L. *3rd Brigade, 101st Airborne Division (Air Assault): Rakkasans*. Paducah, KY: Turner, 1992.

Waterhouse, Fred J. *The Rakkasans: Airborne, 187th Steel Berets*. Paducah, KY: Turner, 1997.

Zaffiri, Samuel. *Hamburger Hill, May 11—20, 1969*. Novato, CA: Presidio Press, 1988.

中央情报局

Ahern, Thomas L. *Vietnam Declassified: The CIA and Counterinsurgency*. Lexington: University Press of Kentucky, 2010.

Briggs, Thomas L. *Cash on Delivery: CIA Special Operations during the Secret War in Laos*. Rockville, MD: Rosebank Press, 2009.

Conboy, Kenneth J. *Shadow War: The CIA's Secret War in Laos*. Boulder, CO: Paladin Press, 1995.

Cook, John L. *The Advisor: The Phoenix Program in Vietnam*. Atglen, PA: Schiffer, 1997.

Herrington, Stuart A. *Stalking the Viet Cong: Inside Operation Phoenix: A Personal Account*. Novato, CA: Presidio Press, 1997.

Kelly, Joseph B., and Ben R. Games. *Confessions of a CIA Interrogator*. Bloomington, IN: AuthorHouse, 2007.

Leary, William M. *Perilous Missions: Civil Air Transport and CIA Covert Operations in Asia*. Washington, DC: Smithsonian Institution Press, 2002.

Milton, Bearden, and James Risen. *The Main Enemy: The Inside Story of the CIA's Final Showdown with the KGB*. New York: Random House, 2003.

Monje, Scott C. *The CIA: A Documentary History*. Westport, CT: Greenwood Press, 2008.

Moyar, Mark. *Phoenix and the Birds of Prey: Counterinsurgency and Counterterrorism in Vietnam*. Lincoln: University of Nebraska Press, 2007.

Nashel, Jonathan. *Edward Lansdale's Cold War*. Amherst: University of Massachusetts Press, 2005.

Rosenau, William. *The Phoenix Program and Contemporary Counterinsurgency*. Santa Monica, CA: RAND, 2009.

Smith, Warner. *Covert Warrior: Fighting the CIA's Secret War in Southeast Asia and China, 1965—1967: The Vietnam Memoir of Warner Smith*. Novato, CA: Presidio Press, 1996.

海军陆战队舰队陆战队侦察兵

Baumgardner, Randy. *3rd Reconnaissance Battalion: Vietnam War, 1965—1969*. Paducah, KY: Turner, 2003.

Delezen, John E. *Eye of the Tiger: Memoir of a United States Marine, Third Force Recon Company, Vietnam*. Jefferson, NC: McFarland, 2003.

Dillon, George T. *My Duty As I Saw It: U. S. M. C* Baltimore: PublishAmerica, 2005.

Floyd, W. C. *Green Ghosts: Personal Accounts of Reconnaissance in the DMZ by Marines and Corpsmen Who Bet Their Daily Lives in the Most Dangerous Combat Environment in Vietnam*. Lincoln, NE: iUniverse, 2006.

Goodson, Barry L. *CAP Mot: The Story of a Marine Special Forces Unit in Vietnam, 1968—1969*. Denton: University of North Texas Press, 1997.

Henderson, Charles. *Marshaling the Faithful: The Marines' First Year in Vietnam*. New York: Berkley Books, 1993.

Hildreth, Ray. *Hill 488*. New York: Pocket Books, 2003.

Hodgins, Michael C. *Reluctant Warrior*. New York: Fawcett Columbine, 1997.

Lanning, Michael L., and Ray W. Stubbe. *Inside Force Recon: Recon Marines in Vietnam*. New York: Ivy Books, 1989.

Lee, Alex. *Force Recon Command: A Special Marine Unit in Vietnam, 1969—1970*. Annapolis, MD: Naval Institute Press, 1995.

Meyers, Bruce F. *Fortune Favors the Brave: The Story of First Force Recon*. Annapolis, MD: Naval Institute Press, 2000.

Norton, Bruce H. *Force Recon Diary, 1969—1970*. New York: Ivy Books, 1992.

Peters, Bill. First *Force Recon Company: Sunrise at Midnight*. New York: Ivy Books, 1999.

Rhodes, John R. *Rejoice or Cry: A Vietnam Diary*. Edison, NJ: John R. Rhodes, 1996.

Roberts, Craig. *The Walking Dead: A Marine's Story of Vietnam*. New York: Pocket Books, 1989.

Yerman, Ron. *Lead, Follow, or Get the Hell Out of the Way!* New York: Vantage Press, 1997.

Young, Paul. *First Recon—Second to None: A Marine Reconnaissance Battalion, 1967—1968*. New York: Ivy Books, 1992.

海军陆战队舰队陆战队侦察兵

Callaway, Joseph W. *Mekong First Light*. New York: Ballantine Books, 2004.

Carrico, John M. *Vietnam Ironclads: U. S. Navy River Assault Craft, 1966—1970*. Morrisville, NC: J. M. Carrico, 2007.

Cutler, Thomas J. *Brown Water, Black Berets: Coastal and Riverine Warfare in Vietnam*. Annapolis, MD: Naval Institute Press, 1988.

Friedman, Norman. *U. S. Small Combatants, Including PT-Boats, Subchasers, and Brown-Water Navy*. Annapolis, MD: Naval Institute Press, 1987.

Fulton, William B. *Mobile Riverine Force: America's Mobile Riverine Force Vietnam*. Paducah, KY: Turner, 1997.

Goldsmith, Wynne. *Papa Bravo Romeo: U. S. Navy Patrol Boats at War in Vietnam*. New York: Ballantine Books, 2001.

McAbee. Ronald L. *River Rats: Brown Water Navy: U. S. Naval Mobile Riverine Operations, Vietnam*. Spartanburg, SC: Honoribus Press, 2001.

Mesko, Jim. *Riverine: A Pictorial History of the Brown Water Navy in Vietnam*. Carrollton, TX: Squadron/Signal Publications, 1985.

O'Neill, John E. *Unfit for Command: Swift Boat Veterans Speak Out against John Kerry*. Washington, DC: Regnery, 2004.

Rottman, Gordon L. *The Vietnam Brown Water Navy: Riverine and Coastal Warfare, 1965—1969*. Hong Kong: Concord, 1997.

Rottman, Gordon L. *Vietnam Riverine Craft, 1962—1975*. Oxford: Osprey, 2006.

Steffes, James. *Swift Boat Down: The Real Story of the Sinking of PCF-19*. N. p.: Xlibris, 2006.

Symmes, Weymouth D. *War on the Rivers: A Swift Boat Sailor's Chronicle of the Battle for the Mekong Delta*. Missoula, MT: Pictorial Histories, 2004.

海军水下爆破队

Bosiljevac, T. L. *SEALs: UDT/Seal Operations in Vietnam*. Boulder, CO: Paladin Press, 1990.

Carrico, Phillip E. *Exploits of Navy Frogmen in Korea: Pioneers of U. S. Navy Special Warfare*. Hemphill, TX: Dogwood Press, 2004.

Dockery, Kevin. *Special Warfare: Special Weapons, the Arms and Equipment of the UDT and SEALs from 1943 to the Present*. Chicago: Emperor's Press, 1996.

Fane, Francis D., and Don Moore. *The Naked Warriors: The Story of the U. S. Navy's Frogmen*. Annapolis, MD: Naval Institute Press, 1995.

Kaine, Francis R. *Reminiscences of Captain Francis R. Kaine, U. S. Naval Reserve*. Annapolis, MD: Naval Institute Press, 1990.

Melson, Charles D., and Bruce Vanderhort. *The Water Is Never Cold: The Origins of the U. S. Navy's Combat Demolition Units, UDT, and SEALs*. Washington. DC: Brassey's, 2000.

Nickelson, Richard G. *Hooyah! UDT/SEAL Stories of the 1960s*. Westminster, MD: Eagle Editions, 2006.

Waterman, Steven L. *Just a Sailor: A Navy Diver's Story of Photography, Salvage, and Combat*. New York: Ballantine Books, 2000.

Young, Darryl. *SEALs, UDT, Frogmen: Men under Pressure*. New York: Ivy Books, 1994.

海军"海豹"部队

Couch, Dick. *SEAL Team One*. Annapolis, MD: Naval Institute Press, 2008.

Cummings, Dennis J., ed. *The Men behind the Trident: SEAL Team One in Vietnam*. Annapolis, MD: Naval Institute Press, 1997.

Dockery, Kevin. *SEALs in Action*. New York: Avon Books, 1991.

Dockery, Kevin. *Free Fire Zones: The True Story of U. S. Navy SEAL Combat in Vietnam*. New York: Harper Torch, 2000.

Dockery, Kevin. *Navy SEALs: A History of the Early Years*. New York: Berkley Books, 2001.

Dockery, Kevin. *Navy SEALs: A History, Part II: The Vietnam Years*. New York: Berkley Books, 2002.

Dockery, Kevin. *Navy SEALs: A Complete History: From World War II to the Present*. New York: Berkley Books, 2004.

Dockery, Kevin. *Operation Thunderhead: The True Story of Vietnam's Final POW Pescue Mission—and the Last SEAL Killed in Country*. New York: Berkley Caliber, 2008.

Enoch, Barry W., and Gregory A. Walker. *Teammates, SEALs at War*. New York: Pocket Books, 1996.

Fawcett, Bill, ed. *Hunters and Shooters: An Oral History of the U. S. Navy Seals in Vietnam*. New York: William Morrow, 1995.

Gardner, Bill. *Hell Week: U. S. Navy SEALs*. Victoria, BC: Trafford Press, 2004.

Gormly, Robert A. *Combat Swimmer: Memoirs of a Navy SEAL*. New York: Dutton, 1998.

Hutchins, Joel. *Swimmers among the Trees: SEALs in the Vietnam War*. Novato, CA: Presidio Press, 1996.

Jordan, David. *The U. S. Navy SEALs: Sea, Air, and Land Specialists*. San Diego: Thunder Bay Press, 2003.

Keith, Thomas H. *SEAL Warrior: Death in the Dark: Vietnam, 1968—1972*. New York: St. Martin's Press, 2009.

Keith, Thomas H. *SEAL Warrior: The Only Easy Day Was Yesterday*. New York: St. Martin's Griffin, 2010.

Kelly, Daniel E. *U. S. Navy Seawolves: The Elite HAL-3 Helicopter Squadron in Vietnam*. New York: Ballantine Books, 2002.

Kelly, Orr. *Brave Men... Dark Waters: The Untold Story of the Navy SEALs*. Novato, CA: Presidio Press, 1992.

Kelly, Orr. *Never Fight Fair! Navy SEALs Stories of Combat and Adventure*. Novato, CA: Presidio Press, 1995.

McPartlin, Greg. *Combat Corpsmen*. New York: Penguin, 2005.

Marcinko, Richard. *Rogue Warrior*. New York: Pocket Books, 1992.

Micheletti, Eric. *SEALs in Vietnam*. Paris: Histoire & Collections, 1997.

Miller, Rad. *Whattaya Mean I Can't Kill'Em: A Navy SEAL in Vietnam*. New York: Ivy Books, 1998.

Miller, Rad. *SEAL Stories: Tango Platoon 1969 Vietnam*. Bloomington, IN: AuthorHouse, 2007.

Smith, Gary R. *Death in the Jungle: Diary of a Navy SEAL*. Boulder, CO: Paladin Press, 1994.

Vistica, Gregory L. *The Education of Lieutenant Kerrey*. New York: Thomas Dunne Books/St. Martin's Press, 2003.

Walsh, Michael J. *SEAL! From Vietnam's PHOENIX Program to Central America's Drug Wars: Twenty-Six Years as a Special Operations Warrior*. New York: Pocket Books, 1994.

Watson, James, and Kevin Dockery. *Point Man: Inside the Toughest and Most Deadly Unit in Vietnam by a Founding Member of the Elite Navy SEALs*. New York: Morrow, 1993.

Young, Darryl. *The Element of Surprise: Navy SEALs in Vietnam*. New York: Ivy Books, 1990.

赫蒙族人

Churchill, Jan. *Classified Secret: Controlling Airstrikes in the Clandestine War in Laos*. Manhattan, KS: Sunflower Press, 2000.

Curry, Robert, et al. *Whispering Death "tuag nco ntsoov": Our Journey among the Hmong in the Secret War for Laos*. New York: iUniverse, 2004.

Halliday, John T. *Flying through Midnight: A Pilot's Dramatic Story of His Secret Missions Over Laos during the Vietnam War*. New York: Scribner, 2005.

Hathorn, Reginald. *Here There Are Tigers: The Secret Air War in Laos, 1968—1969*. Mechanicsburg, PA: Stackpole Books, 2008.

Leary, William M. *Perilous Missions: Civil Air Transport and CIA Covert Operations in Asia*. Washington, DC: Smithsonian Institution Press, 2002.

Morrison, Gayle. *The Sky Is Falling: An Oral History of the CIA'S Evacuation of the Hmong from Laos*. Jefferson, NC: McFarland, 1999.

Nalty, Bernard C. *The War against Trucks: Aerial Interdiction in Southern Laos, 1968—1972*. Washington, DC: Air Force History and Museums Program, 2005.

Pao Vang. *Against All Odds: The Laotian Freedom Fighters*. Washington, DC: Heritage Foundation, 1987.

Quincy, Keith. *Harvesting Pa Chay's Wheat: The Hmong and America's Secret War in Laos*. Spokane: Eastern Washington University Press, 2000.

基特·卡森侦察兵

Brown, F. C. "Kit Carson Scouts in the Vietnam Conflict." *Military Collector and Historian* 30, no. 3(September 1978): 109—112.

Cowan, William V. "Kit Carson Scouts." *Marine Corps Gazette* 53, no. 10(October 1969): 30—32.

Tovy, Tal. "From Foe to Friend" *Armed Forces and Society* 33, no. 1(October 2006): 78—93.

蒙塔格纳德人

Barnes, H. Lee. *When We Walked above the Clouds: A Memoir of Vietnam*. Lincoln: University of Nebraska Press, 2011.

Blondell, Anthony J. *Honor and Sacrifice: The Montagnards of Ba Cat*. Central Point, OR: Hellgate Press, 2000.

Burruss, L. H. *Mike Force*. Lincoln, NE: iUniverse, 2000.

Donlon, Roger H. *Beyond Nam Dong*. Leavenworth, KS: R and N Publishers, 1998.

Donahue, James C. *No Greater Love: A Day with the Mobile Guerilla Force in Vietnam*. Canton, OH: Daring Books, 1988.

Dooley, George E. *Battle for the Central Highlands: A Special Forces Story*. New York: Ballantine Books, 2000.

Moore, David K. *Tribal Soldiers of Vietnam: The Effects of Unconventional Warfare on Tribal Populations*. Philadelphia: Xlibris, 2007.

Philips, William R. *Night of the Silver Stars: The Battle of Lang Vei*. Annapolis, MD: Naval Institute Press, 1997.

Rottman, Gordon L. *Special Forces Camps in Vietnam, 1961—1970*. New York: Osprey, 2005.

Rottman, Gordon L. *Mobile Strike Forces in Vietnam, 1966—1970*. New York: Osprey, 2007.

Sherman, Steve. *U. S. Army Special Forces Participation in the CIDG Program: Vietnam, 1957—1975*. Houston: Radix Press, 2000.

Wade, Leigh. *Tan Phu, Special Forces Team A-23 in Combat*. New York: Ivy Books, 1997.

Wade, Leigh. *Assault on Dak Pek: A Special Forces A-Team in Combat, 1970*. New York: Ivy Books, 1998.

Wade, Leigh. *The Protected Will Never Know*. New York: Ivy Books, 1998.

Yedinak, Steven M. *Hard to Forget: An American with the Mobile Guerilla Force in Vietnam*. New York: Ivy Books, 1998.

研究与观察大队

Benavidez, Roy P., and John P. Craig. *Medal of Honor: One Man's Journey from Poverty and Prejudice*. Washington, DC: Potomac Books, 2005.

Blessing, Leonard D. *Warrior Healers: The Untold Story of the Special Forces Medic*. Lincoln, NE: iUniverse, 2006.

Burkins, Lee. *Soldier's Heart: An Inspirational Memoir and Inquiry of War*. Bloomington, IN: 1st Books, 2003.

Carpenter, Stephen A. *Boots on the Ground: The Story of Project Delta.* Scotts Valley, CA: Createspace, 2010.

Conboy, Kenneth J., and Dale Andrade. *Spies and Commandos: How America Lost the Secret War in North Vietnam.* Lawrence: University Press of Kansas, 2000.

Donahue, James C. *Blackjack-33: With Special Forces in the Viet Cong Forbidden Zone.* New York: Ivy Books, 1999.

Garner, Joe R. *Code Name, Copperhead: My True-Life Exploits as a Special Forces Soldier.* New York: Simon and Schuster, 1994.

Gillespie, Robert M. *Black Ops, Vietnam: The Operational History of MACVSOG.* Annapolis, MD: Naval Institute Press, 2011.

Gole, Henry G. *Soldiering: Observations from Korea, Vietnam, and Safe Places.* Washington, DC: Potomac Books, 2005.

Greco, Frank. *Running Recon: A Photo Journey with SOG Special Ops along the Ho Chi Minh Trail.* Boulder, CO: Paladin Press, 2004.

Greco, Frank. *Kontum: Command and Control: Select Photographs of SOG Special Ops during the Vietnam War.* Philadelphia: Xlibris, 2005.

Hoe, Alan. *The Quiet Professional: Major Richard J. Meadows of the U. S. Army Special Forces.* Lexington: University Press of Kentucky, 2011.

Jackson, Walter J. *Shades of Daniel Boone: A Personal View of Special Ops during the War in Vietnam.* Westminster, MD: Eagle Editions, 2005.

Meyer, John S. *Across the Fence: The Secret War in Vietnam.* Oceanside, CA: SOG Publishing, 2011.

Miller, Franklin D., and Elwood C. Kureth. *Reflections of a Warrior.* Novato, CA: Presidio Press, 1991.

Morris, R. C. *The Ether Zone: U. S. Army Special Forces Detachment B-52, Project Delta.* Ashland, OR: Hellgate Press, 2009.

Nicholson, Thom. *15 Months with SOG: A Warrior's Tour.* New York: Ivy Books, 1999.

Parnar, Joe, and Robert Dumont. *SOG Medic: Stories from Vietnam and over the Fence.* Boulder, CO: Paladin Press, 2007.

Plaster, John L. *The Secret War's of America's Commandos in Vietnam.* New York: Simon and Schuster, 1997.

Plaster, John L. *SOG: A Photo History of the Secret Wars.* Boulder, CO: Paladin Press, 2000.

Plaster, John L. *Secret Commandos: Behind Enemy Lines with the Elite Warriors of SOG.* New York: Simon and Schuster, 2004.

Reske, Charles F., ed. *MAC-V-SOG Command History, Annex B, 1971—1972.* 2 vols. Sharon Center, OH: Alpha Press, 1990.

Rottman, Gordon. *US MACV-SOG Reconnaissance Team in Vietnam.* New York: Osprey, 2011.

Saal, Harve. *SOG, MACV Studies and Observations Group: Behind Enemy Lines.* Ann Arbor, MI: Edwards Brothers, 1990.

Shultz, Richard H. *The Secret War against Hanoi: And Johnson's Use of Spies, Saboteurs, and Covert Warriors in North Vietnam.* New York: HarperCollins, 1999.

Singlaub, John K., and Malcolm McConnell. *Hazardous Duty: An American Soldier in the Twentieth Century.* New York: Summit Books, 1991.

Stein, Jeff. *A Murder in Wartime: The Untold Spy Story That Changed the Course of the Vietnam War.* New York: St. Martin's Press, 1992.

第四章参考书目

Call, Steve. *Danger Close: Tactical Air Controllers in Afghanistan and Iraq.* College Station: Texas A&M University Press, 2007.

Carney, John T., and Benjamin F. Schemmer. *No Room for Error: The Tactics behind the USAF Special Tactics Unit*. Novato, CA: Presidio Press, 2003.

Fleming, Edward. *Heart of the Storm: My Adventures as a Helicopter Rescue Pilot and Commander*. Hoboken, NJ: Wiley, 2004.

Hebert, Adam J. "The Air Commandos." *Air Force Magazine* 88, no. 3 (March 2005): 32—38.

Hebert, Adam J. "The Ground Warriors of Airpower." *Air Force Magazine* 88, no. 9 (September 2005): 32—37.

Hirsch, Michael. *None Braver: U. S. Air Force Pararescuemen in the War on Terrorism*. New York: New American Library, 2003.

Jolly, Randy. *Air Commandos: The Quiet Professionals, Air Force Special Operations Command*. Garland, TX: Aero Graphics, 1994.

Kelly, Orr. *From a Dark Sky: The Story of U. S. Air Force Special Operations*. Novato, CA: Presidio Press, 1996.

Llinares, Rick, and Andy Evans. *U. S. Air Force Special Operations Command*. Bedford: SAM, 2010.

McCullough, Amy. "Air Commando U: The Air Force Special Operations Center Is Discovering New Ways to Turn Out Highly Trained Airmen." *Air Force Magazine* 94, no. 7 (2011): 47—51.

McKinney, Mike. *Chariots of the Damned: Helicopter Special Operations from Vietnam to Kosovo*. New York: Thomas Dunne Books/St. Martin's Press, 2002.

Mutza, Wayne. *Green Hornets: The History of the U. S. Air Force 20th Special Operations Squadron*. Atglen, PA: Schiffer Military History, 2007.

Pushies, Fred. *U. S. Air Force Special Ops*. St. Paul, MN: Zenith Press, 2007.

Pushies, Fred. *Deadly Blue: Battle Stories of the U. S. Air Force Special Operations Command*. New York: American Management Association, 2009.

Yancy, Madonna. *United States Air Force Commandos*. Paducah, KY: Turner, 2000.

第五章参考书目

Beckwith, Charlie A., and Donald Knox. *Delta Force: The Army's Elite Counterterrorist Unit*. New York: Avon Books, 2000.

Blaber, Pete. *The Mission, the Men, and Me: Lessons Learned from a Former Delta Force Commander*. New York: Berkley Caliber, 2008.

Bowden, Mark. *Black Hawk Down: A Story of Modern War*. New York: Atlantic Monthly Press, 1999.

Boykin, Jerry. *Never Surrender: A Soldier's Journey to the Crossroads of Faith and Freedom*. New York: Faith Words, 2008.

Fury, Dalton. *Kill Bin Laden: A Delta Force Commander's Account of the Hunt for the World's Most Wanted Man*. New York: St. Martin's Press, 2008.

Griswold, Terry, and D. M. Giangreco. *Delta: America's Elite Counterterrorist Force*. St. Paul, MN: Zenith Press, 2005.

Haney, Eric L. *Inside Delta Force: The Story of America's Elite Counterterrorism Unit*. New York: Delacorte Press, 2006.

Pushies, Fred J. *Weapons of Delta Force*. St. Paul, MN: MBI, 2002.

第六章参考书目

Antenori, Frank, and Hans Halberstadt. *Roughneck Nine-One: The Extraordinary Story of a Special Forces A-Team at War*. New York: St. Martin's Press, 2006.

Blehm, Eric. *The Only Thing Worth Dying For: How Eleven Green Berets Forged a New Afghanistan*. New York: Harper, 2010.

Blessing, Leonard D. *Warrior Healers: The Untold Story of the Special Forces Medic*. New York: iUniversal, 2006.

Bradley, Rusty, and Kevin Mauer. *Lions of Kandahar: The Story of a Fight against all Odds*. New York: Bantam Books, 2011.

Couch, Dick. *Chosen Soldier: The Making of a Special Forces Warrior*. New York: Crown, 2007.

Grey, Stephen. *Into the Viper's Nest: The First Pivotal Battle of the Afghan War*. Minneapolis: MBI, 2010.

Halberstadt, Hans. *Green Berets: Unconventional Warriors*. Novato, CA: Presidio Press, 1988.

Isby, David C. *Leave No Man Behind: Liberation and Capture Missions*. London: Cassell, 2005.

Johnson, Ronald W. *Honduras to Haiti: Five Years in the Life of a Special Forces Sergeant*. Bloomington, IN: 1st Books, 2004.

McNab, Chris. *Survive in the Jungle with the Special Forces "Green Berets."* Broomall, PA: Mason Crest, 2003.

Meissner, Joseph P. *The Green Berets and Their Victories*. Bloomington, IN: AuthorHouse, 2005.

Moore, Robin. *The Green Berets: The Amazing Story of the U. S. Army's Elite Special Forces Unit*. New York: Skyhorse Press, 2007.

Moore, Robin. *The Wars of the Green Berets: Amazing Stories from Vietnam to the Present*. New York: Skyhorse Press, 2007.

Pushies, Fred J. *U. S. Army Special Forces*. St. Paul, MN: MBI, 2001.

Schumacher, Gerald. *To Be a U. S. Army Green Beret*. St. Paul, MN: Zenith Press, 2005.

Simons, Anna. *The Company They Keep: Life inside U. S. Army Special Forces*. New York: Free Press, 1997.

Stanton, Doug. *Horse Soldiers: The Extraordinary Story of a Band of U. S. Soldiers Who Rode to Victory in Afghanistan*. New York: Scribner, 2009.

Strozzi-Heckler, Richard. *In Search of the Warrior Spirit: Teaching Awareness Discipline to the Green Berets*. Berkeley, CA: North Atlantic Books, 2003.

第七章参考书目

Bryant, Russ. *75th Rangers*. St. Paul, MN: MBI, 2005.

Bahmanyar, Mir. *Shadow Warriors: A History of U. S. Army Rangers*. Westminster, MD: Osprey Direct, 2006.

Bowden, Mark. *Black Hawk Down: A Story of Modern War*. New York: Atlantic Monthly Press, 1999.

Bryant, Russ. *To Be a U. S. Army Ranger*. St. Paul, MN: Zenith Press, 2003.

Bryant, Russ, and Susan Bryant. *Weapons of the U. S. Army Rangers*. St. Paul, MN: Zenith Press, 2005.

Combs, David A. *Black Chinook: An Army Ranger's Story*. N. p.: Bouna Books, 2006.

Couch, Dick. *Sua Sponte: The Forging of a Modern American Ranger*. New York: Berkley Books, 2012.

Hohl, Dean. *Rangers Lead the Way: The Army's Rangers' Guide to Leading Your Organization through Chaos*. Avon, MA: Adams Media Corp., 2003.

Krakauer, Jon. *Where Men Win Glory: The Odyssey of Pat Tilman*. Garden City, NY: Doubleday, 2009.

Le Storti, Anthony J. *When You're Asked to Do the Impossible: Principles of Business Teamwork and Leadership from the U. S. Army's Elite Rangers*. Guilford, CT: Lyons Press, 2003.

Lock, John D. *To Fight with Intrepidity: The Complete History of the U. S. Army Rangers, 1622 to Present*. Tucson, AZ: Fenestra Books, 2001.

MacPherson, Malcom. *Roberts Ridge: A Story of Courage and Sacrifice on Takur Ghar Mountain*. New York: Bantam Dell, 2006.

Barber, Brace E. *No Excuse Leadership: Lessons from the U. S. Army's Elite Rangers*. Hoboken, NJ: Wiley, 2004.

Puckett, Ralph. *Words for Warriors: A Professional Soldier's Notebook*. Tucson, AZ: Wheatmark, 2007.

Struecker, Jeff. *The Road to Unafraid: How the Army's Top Ranger Faced Fear and Found Courage through Black Hawk Down and Beyond*. Nashville: W. Publishing Group, 2006.

Taylor, Thomas. *Rangers, Lead the Way*. Paducah, KY: Turner, 1996.

U. S. Army Ranger Handbook. New York: Skyhorse, 2007.

Westwell, Ian. *U. S. Rangers: "Leading the Way."* Hersham: Ian Allan, 2003.

第八章参考书目

Clancy, Tom. *Airborne: A Guided Tour of an Airborne Task Force*. New York: Berkley Books, 1997.

Flanagan, E. M. *Airborne: A Combat History of American Airborne Forces*. New York: Ballantine Books, 2003.

Schrader, Richard K. *Pride of America: An Illustrated History of the U. S. Army Airborne Forces*. Missoula, MT: Pictorial Histories Publishing, 1991.

Smith, W. Thomas. *Alpha Bravo Delta Guide to American Airborne Forces*. Indianapolis: Alpha, 2004.

Wrigth, Robert K. *Airborne Forces at War: From Parachute Test Platoon to the 21st Century*. Annapolis, MD: Naval Institute Press, 2007.

第82空降师

Anzuoni, Robert P. *The All American: An Illustrated History of the 82nd Airborne Division, 1917 to the Present*. Atglen, PA: Schiffer, 2001.

Caraccilo, Dominic J. *The Ready Brigade of the 82nd Airborne in Desert Storm: A Combat Memoir by the Headquarters Company Commander*. Jefferson, NC: McFarland, 1993.

Francois, Dominique. *82nd Airborne Division, 1917—2005*. Bayeux: Heimdal, 2006.

Grey, Stephen. *Into the Viper's Nest: The First Pivotal Battle of the Afghan War*. Minneapolis, MN: Zenith Press, 2010.

Mrozek, Steven J. *82nd Airborne Division: America's Guard of Honor*. Paducah, KY: Turner, 2004.

Pushies, Fred J. *82nd Airborne*. Minneapolis: MBI, 2008.

Verier, Mike. *82nd Airborne: "All American."* Hersham: Ian Allan, 2001.

Zinsmeister, Karl. *Boots on the Ground: A Month with the 82nd Airborne in Battle for Iraq*. New York: Truman Talley Books/St. Martin's Press, 2003.

101空降师

Atkinson, Rick. *In the Company of Soldiers: A Chronicle of Combat in Iraq*. New York: Henry Holt, 2004.

Bryant, Russ, and Susan Bryant. *Screaming Eagles: 101st Airborne Division*. St. Paul, MN: Zenith Press, 2007.

Chambers, Larry. *Recondo: LRRPs in the 101st*. New York: Random House, 2004.

Day, Thomas L. *Along the Tigris: The 101st Airborne Division in Operation Iraqi Freedom: February 2003 to March 2004*. Atglen, PA: Schiffer, 2007.

Frederick, Jim. *Black Hearts: One Platoon's Descent into Madness In Iraq's Triangle of Death*. New York: Harmony Books, 2010.

Friedman, Brandon. *The War I Always Wanted: The Illusion of Glory and the Reality of War: A Screaming Eagle in Afghanistan and Iraq*. St. Paul, MN: Zenith Press, 2007.

Gericke, Bradley T. *David Petraeus: A Biography*. Santa Barbara, CA: Greenwood, 2011.

Grey, Stephen. *Into the Viper's Nest: The First Pivotal Battle of the Afghan War*. Minneapolis, MN: Zenith Press, 2010.

Hughes, Christopher P. *War on Two Fronts: An Infantry Commander's War in Iraq and the Pentagon*. Drexel Hill, PA: Casemate, 2007.

Jones, Robert E. *The History of the 101st Airborne Division Screaming Eagles: The First 50 Years*.

Paducah, KY: Turner, 2005.

Mast, Gregory, and Hans Halberstadt. *To Be A Paratrooper*. St. Paul, MN: Zenith Press, 2007.

Moore, Robin. *Hunting Down Saddam: The Inside Story of the Search and Capture*. New York: St. Martin's Press, 2004.

Skiba, Katherine M. *Sister in the Band of Brothers: Embedded with the 101st Airborne in Iraq*. Lawrence: University Press of Kansas, 2005.

Tucker, Mike. *Among Warriors in Iraq: True Grit, Special Ops, and Raiding Mosul and Fallujah*. Guilford, CT: Lyons Press, 2005.

第 187 空降兵团

Conklin, Ryan A. *An Angel from Hell: Real Life on the Front Lines*. New York: Berkley Caliber, 2010.

Naylor, Sean. *Not a Good Day to Die: The Untold Story of Operation Anaconda*. New York: Berkley Books, 2005.

第 173 空降旅

Bradley, James. *173d Airborne Brigade: Sky Soldiers*. Paducah, KY: Turner, 2006.

Junger, Sebastian. *War*. New York: Twelve, 2010.

第九章参考书目

Casper, Lawrence E. *Falcon Brigade: Combat and Command in Somalia and Haiti*. Boulder, CO: Lynne Rienner, 2001.

Le, Sandra. *18 Hours: The True Story of an SAS Hero's Bloodiest Battle against Al Qaeda in Afghanistan*. London: John Blake, 2007.

McNab, Christopher. *Survive in the Mountains with the U. S. Army Rangers and Army Mountain Division*. Broomall, PA: Mason Crest, 2003.

Pushies, Fred J. *10th Mountain Division*. Minneapolis: MBI, 2008.

Sasser, Charles W. *None Left Behind: The 10th Mountain Division and the Triangle of Death*. New York: St. Martin's Press, 2009.

Stanton, Martin. *Somalia on Five Dollars a Day: A Soldier's Story*. Novato, CA: Presidio Press, 2001.

Tucker, Mike. *Among Warriors in Iraq: True Grit, Special Ops, and Raiding in Mosul and Fallujah*. Guilford, CT: Lyons Press, 2005.

第十章参考书目

Bowden, Mark. *Black Hawk Down: A Story of Modern War*. New York: Atlantic Monthly Press, 1999.

Durant, Michael J., and Steven Hartov. *The Night Stalkers: Top Secret Missions of the U. S. Army's Special Operations Regiment*. New York: G. P. Putnam's Sons, 2006.

Pushies, Fred J. *Night Stalkers: 160th Special Operations Aviation Regiment*. St. Paul, MN: Zenith Press, 2005.

第十一章参考书目

Berntsen, Gary, and Ralph Pezzullo. *Jawbreaker: The Attack on Bin-Laden and al-Qaeda. A Personal Account by the CIA's Key Field Commander*. New York: Crown, 2005.

Geraghty, Tony. *Black Ops: The Rise of Special Forces in the C. I. A., the S. A. S., and the Mossad*. New York: Pegasus Books, 2010.

Smith, Michael. *Killer Elite: The Inside Story of America's Most Secret Special Force Unit*. New York: St. Martin's Griffin, 2011.

第十二章参考书目

Afong, Milo S. *HOGs in the Shadows: Combat Stories from Marine Snipers in Iraq*. New York: Berkley Caliber, 2007.

Afong, Milo S. *Hunters: U. S. Snipers in the War on Terror*. New York: Berkley, 2011.

Cavallaro, Gina, with Matt Larsen. *Sniper: American Single-Shot Warriors in Iraq and Afghanistan*. Guilford, CT: Lyons Press, 2010.

Coughlin, Jack, Casey Kuhlman, and Don Davis. *Shooter: The Autobiography of the Top-Ranked Marine Sniper*. New York: St. Martin's Press, 2005.

Cox, Thomas. *The Last Wolf: A Vivid Quest through the Eyes of a Marine Corps Chief Scout Sniper*. Philadelphia: Xlibris, 2010.

Darack, Ed. *Victory Point: Operations Red Wings and Whalers: The Marine Corps' Battle for Freedom in Afghanistan*. New York: Berkeley Caliber, 2009.

Hollis, John H. *Enter Iraq: A Pictorial of U. S. Marine Force Recon on the Syrian Border*. New York: Aegeon Press, 2007.

Mast, Gregory. *To Be a Military Sniper*. St. Paul, MN: Zenith Press, 2007.

Piedmont, John P. *Det One: U. S. Marine Corps U. S. Special Operations Command Detachment, 2003—2006*. Washington, DC: History Division, U. S. Marine Corps, 2010.

Pushies, Fred J. *Marine Force Recon*. St. Paul, MN: MBI, 2000.

Pushies, Fred J. *MARSOC: U. S. Marine Corps Special Operations Command*. Minneapolis: Zenith Press, 2011.

Raab, J. Michael. *Every Day is Monday: U. S. Marine Snipers in Iraq*. Pottstown, PA: Scout Writer Books, 2009.

Roberts, Craig. *Crosshairs on the Kill Zone: American Combat Snipers, Vietnam Through Operation Iraqi Freedom*. New York: Pocket Star Books, 2004.

Tucker, Mike. *Ronin: A Marine Scout/Sniper Platoon in Iraq*. Mechanicsburg, PA: Stackpole Books, 2008.

Wright, Evan. *Generation Kill: Devil Dogs, Iceman, Captain America, and the New Face of American War*. New York: Berkley Caliber, 2005.

第十三章参考书目

Bahmanyar, Mir. *SEALs: The U. S. Navy's Elite Fighting Force*. New York: Osprey, 2008.

Boehm, Roy. *First SEAL*. New York: Pocket Books, 1997.

Bonner, Carol, and Kit Bonner. *U. S. Navy SEALs: Quiet professionals*. Atglen, PA: Schiffer, 2010.

Bravedy, Chuck. *Iraq in My Eye: Memoirs of a Navy SEAL*. Baltimore: PublishAmerica, 2007.

Cannon, Jon, and Jeff Cannon. *Leadership Lessons of the Navy SEALs: Battle-Tested Strategies for Creating Successful Organizations and Inspiring Extraordinary Results*. New York: McGraw-Hill, 2003.

Chalker, Dennis C. *The United States Navy SEALs Workout Guide: The Exercises and Fitness Programs of the U. S. Navy SEALs and BUD/S Training*. New York: William Morrow, 1998.

Chalker, Dennis C. *Hell Week: SEALS in Training*. New York: Avon Books, 2002.

Chalker, Dennis C., and Kevin Dockery. *One Perfect Op: One Man's Extraordinary Account of His Involvement in the Navy's Elite and Top-Secret Special Forces Teams*. New York: Morrow, 2002.

Constance, Harry. *Good to Go: The Life and Times of a Decorated Member of the U. S. Navy's Elite SEAL Team Two*. New York: Morrow, 1997.

Couch, Dick. *The Warrior Elite: The Forging of Seal Class 228*. New York: Crown, 2001.

Couch, Dick. *The Finishing School: Earning the Navy SEAL Trident*. New York: Crown, 2004.

Couch, Dick. *Downrange: Navy SEALs in the War on Terrorism*. New York: Crown, 2005.

Couch, Dick. *The Sheriff of Ramadi: U. S. Navy SEALs and the Winning of al-Anbar*. Annapolis, MD: Naval Institute Press, 2008.

De Lisle, Mark. *The Navy SEAL Workout: The Complete Total-Body Fitness Program*. Lincolnwood, IL: Contemporary Books, 1998.

Deuster, Patricia A. *The U. S. Navy SEAL Guide to Fitness and Nutrition*. New York: Skyhorse, 2007.

Divine, Mark. *The Navy SEALs Handbook: History, Training, and Equipment of America's Elite Naval Commando Units*. Encinitas, CA: NavySEALs. com, 2006.

Dockery, Kevin. *Navy Seals: A History, Part III: Post-Vietnam to the Present*. New York: Berkley Books, 2003.

Dockery, Kevin. *Navy Seals: A Complete History: From World War II to the Present*. New York: Berkley Books, 2004.

Dockery, Kevin. *Weapons of the Navy SEALs*. New York: Berkley Books, 2004.

Dockery, Kevin, and Bill Fawcett. *The Teams: An Oral History of the U. S. Navy SEALs*. New York: William Morrow, 1998.

Enoch, Barry W. *Teammates, SEALs at War*. New York: Pocket Books, 1996.

Gardner, Bill. *Hell Week: U. S. Navy SEALs*. Victoria, BC: Trafford, 2004.

Gormly, Robert A. *Combat Swimmer: Memoirs of a Navy SEAL*. New York: Dutton, 1998.

Greitens, Eric. *The Heart and the Fist: The Education of a Humanitarian and the Making of a SEAL*. Boston: Houghton Mifflin Harcourt, 2011.

Halberstadt, Hans. *U. S. Navy SEALs*. St. Paul, MN: Zenith Press, 2006.

Hollenbeck, Cliff, and Dick Couch. *To Be a U. S. Navy SEAL*. St. Paul, MN: MBI, 2003.

Jordan, David. *The U. S. Navy SEALs: Sea, Air, and Land Specialists*. San Diego: Thunder Bay Press, 2003.

Keith, Thomas H. , and J. Terry Riebling. *SEAL Warrior: The Only Easy Day Was Yesterday*. New York: St. Martin's Griffin, 2010.

Luttrell, Marcus. *Lone Survivor: The Eyewitness Account of Operation Redwing and the Lost Heroes of SEAL Team 10*. New York: Little, Brown, 2009.

Marcinko, Richard. *Rogue Warrior: The Real Team*. New York: Pocket Books, 1999.

McNab, Chris. *Survive at Sea with the U. S. Navy SEALs*. Broomall, PA: Mason Crest, 2003.

Miniter, Richard. *Some Gave All: The Untold Story of the U. S. Navy SEALs' Bloodiest Battle against al Qaeda in Afghanistan*. New York: Threshold Editions, 2007.

Office of Naval Research, et al. *Naval Forces under the Sea: The Rest of the Story*. Flagstaff, AZ: Best Publishing, 2007.

Needham, Robert. *Team Secrets of the Navy SEALs: The Elite Military Force's Leadership Principles for Business*. Kansas City, MO: Andrews McMeel, 2003.

Nickelson, Richard G. *Hooyah! UDT/SEAL Stories of the 1960s: Routine and Offbeat Exploits That Team Members Have Been Talking and Laughing about for Years*. Westminster, MD: Eagle Editions, 2006.

Pfarrer, Chuck. *Warrior Soul: The Memoir of a Navy SEAL*. New York: Random House, 2004.

Pushies, Fred J. *Weapons of the Navy Seals*. St. Paul, MN: MBI, 2004.

Roat, John C. *Class-29: The Making of U. S. Navy SEALs*. New York: Ballantine Books, 2000.

Sasser, Charles W. *Encyclopedia of the Navy Seals*. New York: Facts on File, 2002.

Schoenberg, Richard D. *The Only Easy Day Was Yesterday: An Inside Look at the Training of the Navy SEALs*. Annapolis, MD: Naval Institute Press, 2006.

Smith, Stewart. *The Complete Guide to Navy Seal Fitness*. New York: Hatherleigh Press, 2008.

Stublefield, Gary. *Inside the U. S. Navy SEALS*. Osceola, WI: Motorbooks International, 1995.

Wasdin, Howard E. , and Stephen Templin. *SEAL Team Six: Memoirs on an Elite Navy SEAL Sniper*. New York: St. Martin's Press, 2011.

Williams, Gary. *SEAL of Honor: Operation Red Wings and the Life of Lt. Michael P. Murphy, USN*.

Annapolis, MD: Naval Institute Press, 2010.

Wood, Michael *P. U. S. Navy SEALs in San Diego*. Charleston, SC: Arcadia, 2009.

Zimmerman, Dwight J. *Uncommon Valor: The Medal of Honor and the Six Warriors Who Earned it in Afghanistan and Iraq*. New York: St. Martin's Press, 2010.

第十四章参考书目

Baer, Robert. *See No Evil: The True Story of a Ground Soldier in the CIA's War on Terrorism*. New York: Crown, 2002.

Berntsen, Gary, and Ralph Pezzullo. *Jawbreaker: The Attack on Bin-Laden and al-Qaeda. A Personal Account by the CIA's Key Field Commander*. New York: Crown, 2005.

Geraghty, Tony. *Black Ops: The Rise of Special Forces in the C. I. A., the S. A. S., and the Mossad*. New York: Pegasus Books, 2010.

Haas, Roland W. *Enter the Past Tense: My Secret Life as a CIA Assassin*. Washington, DC: Potomac Books, 2007.

Kessler, Ronald. *The CIA at War: Inside the Secret Campaign against Terror*. New York: St. Martin's Press, 2003.

Kiriakou, John. *The Reluctant Spy: My Secret Life in the CIA's War on Terror*. New York: Bantam Books, 2010.

Mahoney, Richard D. *Getting Away With Murder: The Real Story Behind American Taliban John Walker Lindh and What the U. S. Government Has to Hide*. New York: Arcade Publishers, 2004.

Riedel, Bruce O. *The Search for al-Qaeda: Its Leadership, Ideology, and Future*. Washington, DC: Brookings Institution Press, 2008.

Schroen, Gary C. *First In: An Insider's Account of How the CIA Spearheaded the War against Terrorism in Afghanistan*. New York: Presidio Press, 2005.

Scott, Peter S. *Drugs, Oil, and War: The United States in Afghanistan, Columbia, and Indonesia*. Lanham, MD: Rowman and Littlefield, 2003.

Suskind, Ron. *The One Percent Doctrine: Deep Inside America's Pursuit of Its Enemies since 9/11*. New York: Simon and Schuster, 2006.

Tenet, George. *At the Center of the Storm: The CIA during America's Time of Crisis*. New York: Harper Perennial, 2008.

Tucker, Mike, and Charles S. Faddis. *Operation Hotel California: The Clandestine War inside Iraq*. Guilford, CT: Lyons Press, 2009.

第十五章参考书目

Allen, Patrick H. F. *U. S. Special Operations Command in Action*. Shrewsbury: Airlife, 2002.

McRaven, William H. *Spec Ops: Case Studies in Special Operations Warfare: Theory and Practice*. Noavto, CA: Presidio Press, 1996.

Sapolsky, Harvey M., Benjamin H. Friedman, and Brendan R. Green. *U. S. Military Innovation since the Cold War: Creation without Destruction*. New York: Routledge, 2009.

Shelton, Henry H. *Without Hesitation: The Odyssey of an American Warrior*. New York: St. Martin's Press, 2010.

United States Special Operations Command History: 20 (1987—2007), Proven in the Past, Vigilant Today, Prepared for the Future. MacDill Air Force Base, FL: U. S. Special Operations Command, 2007.

Worley, D. Robert. *Shaping U. S. Military Forces: Revolution or Relevance in a Post-Cold War World*. Westport, CT: Praeger Security International, 2006.

总目

Adams, Thomas K. *U. S. Special Operations Force in Action: The Challenge of Unconventional Warfare.* Portland, OR: Frank Cass, 1998.

Allen, Patrick D. *U. S. Special Operations in Action.* Shrewsbury: Airlife, 2002.

Barker, Geoffrey T. *A Concise Story of U. S. Army Special Operations Forces, with Lineage and Insignia.* Tampa, FL: Anglo-American Publishing, 1993.

Beaver, William. *Practical Martial Arts for Special Forces.* Boulder, CO: Paladin Press, 1996.

Bessette, Adrian. *Special Operations Forces: Background and Issues for the U. S. Military's Elite Units.* Happauge, NY: Nova Science Publishers, 2009.

Black, Jeremy. *Elite Fighting Forces: From the Praetorian Guard to the Green Berets.* New York: Thames and Hudson, 2011.

Bohrer, David. *America's Special Forces.* Osceola, WI: MBI, 1998.

Bonds, Ray. *America's Special Forces: The Organization, Men, Weapons, and the Actions of the United States Special Operations Forces.* London: Salamander Books, 2001.

Brooks, Judith E., and Michelle M. Zazanis, eds. *Enhancing U. S. Army Special Forces: Research and Applications.* Alexandria, VA: U. S. Army Research Institute for the Behavioral Social Sciences, 1997.

Busch, Briton C. *Bunker Hill to Bastogne: Elite Forces and American Society.* Washington, DC: Potomac Books, 2006.

Campbell, James D. *"Making Riflemen from Mud:" Restoring the Army's Culture of Irregular Warfare.* Carlisle, PA: Strategic Studies Institute, U. S. Army War College, 2007.

Cawthorne, Nigel. *The Mammoth Book of Inside the Elite Forces: Training, Equipment, and Endeavors of British and American Elite Combat Units.* Philadelphia: Running Press, 2008.

Cawthorne, Nigel. *Special Forces War on Terror.* London: John Blake, 2009.

Cawthorne, Nigel. *Heroes on the Frontline.* London: John Blake, 2011.

Cerasini, Marc. *The Complete Idiot's Guide to U. S. Special Ops Forces.* Indianapolis: Alpha, 2002.

Clancy, Tom, and John Gresham. *Special Forces: A Guided Tour of U. S. Army Special Forces.* New York: Berkley Books, 2001.

Clancy, Tom, Carl Stiner, and Tony Koltz. *Shadow Warriors: Inside the Special Forces.* New York: G. P. Putnam's Sons. 2002.

Collins, John M. *Special Operations Forces: An Assessment.* Washington, DC: National Defense University Press, 1994.

Conference of Army Historians. *The U. S. Army and Irregular Warfare, 1775—2007: Selected Papers from the 2007 Conference of Army Historians.* Edited by Richard G. Davis. Washington, DC: Center of Military

History/United States Army, 2008.

Couch, Dick. *Chosen Soldier: The Making of a Special Forces Warrior*. New York: Three Rivers Press, 2007.

Dockery, Kevin. *Special Forces in Action: Missions, OPS, Weapons, and Combat, Day by Day*. New York: Kensington Publishing, 2004.

Dunnigan, James F. *The Perfect Soldier: Special Operations, Commandos, and the Future of U. S. Warfare*. New York: Citadel Press, 2003.

Ervine, Quintin V. *Special Operations Forces*. New York: Nova Science, 2009.

Finlan, Alastair. *Special Forces, Strategy, and the War on Terror: Warfare by Other Means*. New York: Routledge, 2007.

Godbee, Dan C., comp. *Special Forces Bibliography: An Indexed Guide to References about the U. S. Special Forces*. Houston: Radix Press, 1996.

Irvin, David W. *Special Operations*. Paducah, KY: Turner, 2002.

Isby, David C. *Leave No Man Behind: Liberation and Capture Missions*. London: Cassell, 2005.

Kaplan, Robert D. *Imperial Grunts: The American Military on the Ground*. New York: Random House, 2005.

Kelley, Ross S. *Special Operations and National Purpose*. Lexington, MA: Lexington Books, 1989.

Landau, Alan M., et al. *U. S. Special Forces: Airborne Rangers, Delta and U. S. Navy Seals*. Osceola, WI: MBI, 1999.

Lanning, Michael L. *Blood Warriors: American Military Elites*. New York: Ballantine Books, 2002.

Malvesti, Michele L. *Time for Action: Redefining SOF Missions and Activities*. Washington, DC: Center for a New American Security, 2009.

Malvesti, Michele L. *To Serve the Nation: U. S. Special Operations Forces in an Era of Persistent Conflict*. Washington, DC: Center for a New American Security, 2010.

Markham, George. *Guns of the Elite: Special Forces Firearms, 1940 to the Present*. London: Arms and Armour Press, 1995.

Marquis, Susan L. *Unconventional Warfare: Rebuilding U. S. Special Operations Forces*. Washington, DC: Brookings Institution Press, 1997.

Martin, Joseph J., and Rex Dodson. *Get Selected! For Special Forces: How to Successfully Train for and Complete Special Forces Assessment and Selection*. Fayetteville, NC: Warrior Mentor, 2006.

McCullough, Jay. *Ultimate Guide to U. S. Special Forces Skills, Tactics, and Techniques*. New York: Skyhorse, 2011.

McNab, Christopher. *The World's Best Soldiers*. Broomall, PA: Mason Crest, 2003.

Micheletti, Eric. *Special Forces: War against Terrorism*. Paris: Histoire & Collections, 2003.

Neillands, Robin. *In the Combat Zone: Special Forces since 1945*. New York: New York University Press, 1998.

North, Oliver, and Chuck Holton. *American Heroes in Special Operations*. Nashville: Fidelis Books, 2010.

Pushies, Fred J. *U. S. Army Special Forces*. St. Paul, MN: MBI, 2001.

Pushies, Fred J. *Special Ops: America's Elite Forces in the 21st Century*. St. Paul, MN: MBI, 2003.

Pushies, Fred J. *The Complete Book of U. S. Special Operations Force*. St. Paul, MN: MBI, 2004.

Robinson, Linda. *Masters of Chaos: The Secret History of the Special Forces*. New York: Public Affairs, 2004.

Roseneau, William. *Special Operations Forces and Elusive Enemy Ground Targets: Lessons from Vietnam and the Persian Gulf War*. Santa Monica, CA: RAND, 2001.

Schemmer, Benjamin F., and John Carney, eds. *U. S. Special Forces Operations*. Westport, CT: Hugh Lauter Levin Associates, 2003.

Schultz, Richard H., Robert L. Pfaltzgraff, and W. Bradley Stock, eds. *Special Operations Forces: Roles and Missions in the Aftermath of the Cold War*. Fort MacDill, FL: U. S. Special Operations Command, 1995.

Simmons, Anna. *The Company They Keep: Life inside the U. S. Army Special Forces*. New York: Free Press, 1997.

Southworth, Samuel A., and Stephen Tanner. *U. S. Special Warfare: The Elite Combat Skills of America's Modern Armed Forces*. Cambridge, MA: Da Capo Press, 2004.

Sullivan, George. *Elite Warriors: The Special Forces of the United States and Its Allies*. New York: Facts on File, 1995.

Tallon, J. Paul de B. *The Evolution of Special Forces in Counter-Terrorism: The British and American Experiences*. Westport, CT: Praeger, 2001.

Tierney, John J. *Chasing Ghosts: Unconventional Warfare in American History*. Washington, DC: Potomac Books, 2006.

Tomajczyk, Stephen F. *U. S. Elite Counter-Terrorist Forces*. Osceola, WI: Motorbooks International, 1997.

Tucker, David, and Christopher J. Lamb. *United States Special Operations Forces*. New York: Columbia University Press, 2007.

U. S. Department of the Army. *U. S. Army Special Forces Handbook*. New York: Skyhorse, 2008.

Walter, Douglas C. *The Commandos: The Inside Story of America's Secret Soldiers*. New York: Simon and Schuster, 1994.

Zedric, Lance Q. *Elite Warriors: 300 Years of America's Best Fighting Troops*. Ventura, CA: Pathfinder, 1996.

Zimmerman, Dwight Jon, and John Gresham. *Beyond Hell and Back: How America's Special Operations Forces Became the World's Greatest Fighting Unit*. New York: St. Martin's Press, 2007.

阿富汗

Bradley, Rusty, and Kevin Mauer. *Lions of Kandahar: The Story of a Fight against All Odds*. New York: Bantam Books, 2011.

Briscoe, Charles H., et al. *U. S. Army Special Operations in Afghanistan*. Boulder, CO: Paladin Press, 2006.

Brown, B. Diggs. *Your Neighbor Went to War: Reality and the War on Terror*. Fort Collins, CO: Clifton House, 2005.

Camp, Richard D. *Boots on the Ground: The Fight to Liberate Afghanistan from al-Qaeda and the Taliban, 2001—2002*. Minneapolis, MN: MBI Publishing, 2011.

Carney, John T., and Benjamin Schemmer F. *No Room for Error: The Covert Operations of America's Special Tactics Units from Iran to Afghanistan*. New York: Ballantine Books, 2002.

Hardcastle, Nate. *American Soldier: Soldiers of Special Forces from Iraq to Afghanistan*. New York: Thunder's Mouth Press, 2002.

Jones, Seth G. *Counterinsurgency in Afghanistan: Prepared for the Office of the Secretary of Defense*. Santa Monica, CA: RAND, 2008.

Mayer, Bob. *Hunting al-Qaeda: A Take-No-Prisoners Account of Terrors, Adventure, and Disillusionment*. St. Paul, MN: Zenith Press, 2005.

Micheletti, Eric. *Special Forces in Afghanistan: 2001—2003: War against Terrorism*. Paris: Histoire & Collections, 2003.

Moore, Robin. *The Hunt for Bin Laden: Task Force Dagger*. New York: Random House, 2003.

Naylor, Sean. *Not a Good Day to Die: The Untold Story of Operation Anaconda*. New York: Berkley Books, 2005.

Neville, Leigh. *Special Operations, Forces in Afghanistan*. New York: Osprey, 2008.

Neville, Leigh. *Special Operations Patrol Vehicles, Afghanistan and Iraq*. New York: Osprey, 2011.

Rothstein, Hy S. *Afghanistan and the Troubled Future of Unconventional Warfare*. Annapolis, MD: Naval Institute Press, 2006.

Shaffer, Anthony. *Operation Dark Heart: Spycraft and Special Ops on the Frontlines of Afghanistan—and the Path to Victory*. New York: Thomas Dunne Books, 2010.

Shelton, Henry H., and Ronald Levinson. *Without Hesitation: The Odyssey of an American Warrior*. New York: St. Martin's Press, 2010.

Telep, Peter. *Critical Action: Special Forces Afghanistan*. New York: Berkley, 2009.

Weiss, Mitch, and Kevin Maurer. *No Way Out: A Story of Valor in the Mountains of Afghanistan*. New York: Berkeley Caliber, 2012.

Zapata, Regulo. *Desperate Lands: The War on Terror through the Eyes of a Special Forces Soldier*. Gilroy, CA: Nadores Publishing & Research, 2007.

伊拉克

Alexander, Matthew. *Kill or Capture: How a Special Operations Task Force Took Down a Notorious al Qaeda Terrorist*. New York: St. Martin's Press, 2011.

Briscoe, Charles H., et al. *All Roads Lead to Baghdad: Army Special Forces in Iraq*. Fort Bragg, NC: USAOC History Office, 2006.

Bruning, John R. *The Devil's Sandbox: With the 2nd Battalion, 162nd Infantry at War in Iraq*. St. Paul, MN: Zenith Press, 2006.

Frederick, Jim. *Black Hearts: One Platoon's Plunge into Madness in the Triangle of Death and the American Struggle in Iraq*. New York: Harmony Books, 2010.

Hardcastle, Nate. *American Soldier: Soldiers of Special Forces from Iraq to Afghanistan*. New York: Thunder's Mouth Press, 2002.

Lansford, Tom. *9/11 and the Wars in Afghanistan and Iraq: A Chronology and Reference Guide*. Santa Barbara, CA: ABC-Clio, 2011.

Micheletti, Eric. *Special Forces in Iraq: The War against Saddam*. Paris: Histoire & Collections, 2006.

Moore, Robin. *Hunting Down Saddam: The Inside Story of the Search and Capture*. New York: St. Martin's Press, 2004.

Neville, Leigh. *Special Operation Forces in Iraq*. New York: Osprey, 2008.

Pirnie, Bruce, and Edward O'Connell. *Counterinsurgency in Iraq (2003—2006)*. Santa Monica, CA: RAND, 2008.

Russell, Steve. *We Got Him!: A Memoir of the Hunt and Capture of Saddam Hussein*. New York: Threshold Editions, 2011.

Ryan, Mike. *Special Operations in Iraq*. Barnsley: Pen & Sword Military, 2004.

Schultheis, Rob. *Waging Peace: A Special Operation's Team's Battle to Rebuild Iraq*. New York: Gotham Books, 2005.

美国特种部队年表

1676 年

7 月 5 日：马萨诸塞海湾，普利茅斯殖民地。总督温斯洛授权本杰明·丘奇成立一个一半兵员来自英格兰殖民者，另一半兵员来自印第安人的民兵连队。这个单位的部分人员招募自己皈依基督教的"会祷告的印第安人"，并且接受了（印第安式）"偷偷摸摸战法"的训练，这个民兵连被认为是美国特种部队的起源。

8 月 2 日：一个兵员成分为英格兰人、印第安人各占一半的民兵连，在本杰明·丘奇上尉的指挥下，在罗德岛抓获了万帕诺亚格族酋长米塔康米特的妻子与儿子。

8 月 12 日：罗德岛的芒特霍普（今天的布里斯托）。一名在本杰明·丘奇上尉指挥的精锐民兵连服役的印第安人侦察兵，伏击并杀死了米塔康米特酋长本人，利落地结束了"菲利普国王"战争。

1755 年

9 月 24 日至 29 日：纽约的克朗波因特。罗伯特·罗杰斯上尉指挥 4 名突击队员（Rangers）实施了他军事生涯中的第一次侦察远征，查明了法军在该地区构筑防御工事的情况。

1757 年

1 月 21 日：纽约的下克朗波因特地区。一个由罗伯特·罗杰斯上尉指挥的突击队连，伏击了法军的一支雪橇队后，受到了 200 名加拿大人及其印第安盟军的攻击。罗杰斯的突击队连有 20 人阵亡或受伤，而法军和印第安人方面则有 37 人受伤、116 人阵亡。①

① 即"第一次雪鞋之战"。——译者注

1758 年

3 月 13 日：纽约靠近乔治湖区某地。罗伯特·罗杰斯上尉指挥一个突击队侦察小组，遭遇了由法军与亲法印第安盟军以优势兵力实施的伏击，突击队员们蒙受了重大伤亡，但最终摆脱了追击，并成功脱离战斗。①

1759 年

10 月 6 日：下加拿大地区。由罗伯特·罗杰斯少校指挥的一个由 180 名突击队员组成的突袭集群，对位于圣·弗朗西斯的一座敌对印第安村落发动了突然袭击，村民们遭受了惨重伤亡，村庄在突袭结束后遭到焚毁。

1774 年

10 月 26 日：马萨诸塞州伍斯特。马萨诸塞省第一次特别议会通过决议，该省下辖所有的镇、区级行政区域必须改良民兵组织——"一分钟人"的训练和组织方式，以应对大不列颠帝国可能对北美殖民地实施的敌对行动。

1775 年

4 月 19 日：马萨诸塞州康科德。美国殖民地的"一分钟人"以及其他民兵部队，包围了由威廉·史密斯上校指挥的行军纵队，并在后者向波士顿实施撤退的途中，以猛烈的滑膛枪火力向其射击。英军在这次行动中伤亡了 274 人，殖民地民兵则有 49 人阵亡、97 人受伤。双方对这次战斗的共识是："枪声响彻了几乎整个世界"。

12 月 31 日：下加拿大地区的魁北克城。由弗吉尼亚来复枪手组成的 3 个精锐来复枪手连，在丹尼尔·摩根少校的指挥下突入市区，后遭到英军包围，并且被后者的优势兵力所压倒。

1776 年

9 月 6 日：纽约市近岸水域。陆军中士埃扎·李(Erza Lee)操纵着大卫·布什尼尔那"激进的新发明"——"海龟"号潜水器，对英国舰队的旗舰"老鹰"号发动了水下攻击。这次攻击因为设计用来安装水雷的钻头无法穿透英国军舰舰底的铜质包覆板，而宣告失败。

1779 年

9 月 19 日：纽约，由丹尼尔·摩根上校指挥的 500 名来复枪手在弗里曼农场之战中，

① 即"第二次雪鞋之战"。——译者注

击毙、击伤了大批英国军官与其他军衔的士兵，确保了美国方面的胜利。

1780 年

8 月 3 日：南卡罗来纳。一小队由弗朗西斯·马里恩指挥的游击队员，试图加入由霍雷肖·盖茨将军指挥的大陆军部队。盖茨无意使用非正规部队，因此将他们遣走，去执行“侦察”任务。

8 月 20 日：南卡罗来纳的大草原地区。弗朗西斯·马里恩将军领导的游击队，伏击并制服了一支英军分遣队，解救了 150 名在坎登战役中被俘获的大陆军士兵。

9 月 4 日：南卡罗来纳的布鲁萨凡纳。游击队在弗朗西斯·马里恩将军的指挥下，攻击了一支人数 250 人、由米卡加·凯尼少校(Major Micajah Caney)率领的保王党分遣队，以 3 人伤亡的代价击溃了他们。

9 月 29 日：南卡罗来纳的布莱克明戈克里克。弗朗西斯·马里恩将军和 50 名游击队员，以 2 人阵亡、8 人受伤的代价，击溃了一支兵力规模相等的保王党部队，俘虏了 20 名王党分子。该部的指挥官是约翰·保尔上校。

10 月 7 日：南卡罗来纳的国王山。1 000 名北美洲来复枪手，在威廉·坎贝尔及其他 3 名上校的指挥下，集中兵力歼灭了一支有相当规模的保王党部队。这群王党分子的指挥官是英国陆军轻步兵军官帕特里克·福格森少校。

11 月 1 日：新泽西。由亨利·李上校组建的“李军团”宣告成立，该军团的一半兵力为乘骑部队，另一半为配属给前者的轻步兵部队。后来他们作为一个精锐作战单位，在独立战争期间为自己赢得了殊勋。

1781 年

1 月 1 日：亨利·李上校的李军团被正式更名为“第 2 游击军团”。这个军团下辖了 3 个中队的骑兵，以及 3 个连的(轻)步兵。该部后来成为了大陆军中最令人望而生畏的精锐部队。

1 月 17 日：北卡罗来纳的考彭斯(Cowpens)。丹尼尔·摩根准将运用高度非正统的战术，指挥他麾下的来复枪手、骑兵和民兵，在战斗中击败并消灭了由伯纳斯特·塔尔顿上校指挥的英国精锐部队。

1 月 24 日：南卡罗来纳的乔治敦。由亨利·李上校指挥的骑兵和弗朗西斯·马里恩准将指挥的游击队员，对当地英国驻军实施了突袭，尽管俘获了英国陆军上校威廉·坎贝尔，但游击队终因无法攻克英军的筑垒阵地而撤退。

2 月 13 日：北卡罗来纳。亨利·李上校指挥的第 2 游击军团，与令人畏惧的塔尔顿军团下辖的一个分遣队，在迪克斯渡口(Dix's Ferry)发生交火，英军被击溃并有 18 名骑兵阵亡。

2月25日:北卡罗来纳的豪尔河。亨利·李中校指挥的第2游击军团对约翰·派尔上校指挥的保王党民兵部队发动了进攻——后者当时将他们误认为塔尔顿指挥的英国军团。战斗结束时,保王党部队蒙受了300人的伤亡。

3月2日:北卡罗来纳的克拉波磨坊。第2游击军团在亨利·李中校的指挥下,在一次激烈的小规模战斗中,再次击败了由伯那斯特·塔尔顿中校指挥的英国军团。己方伤亡8人,敌方伤亡21人。

4月15日至23日:由亨利·李上校指挥的骑兵部队以及弗朗西斯·马里恩将军指挥的游击队员,尽管缺乏火炮,还是对南卡罗来纳的沃特森堡发动了围城战。该前哨被攻克后,114名英军投降。

5月8日至12日:南卡罗来纳的莫特堡。该地的150名英国驻军,在经历了为期4天的围城战后,向弗朗西斯·马里恩将军指挥的游击队投降,战斗中美国人向守军阵地投射了火箭。

5月15日:南卡罗来纳的格兰比堡被亨利·李上校指挥的第2游击军团攻克,该堡的352名英军守军被俘。胜利者对驻军施以了辛辣的讽刺——他们被允许在军乐的伴奏下行军,并可以保留自己的武器。①

5月21日:南卡罗来纳的加尔芬堡,在遭到了亨利·李上校指挥的第2游击军团的攻击后陷落,赶来增援这座重要前哨阵地的126名保王党民兵,也在堡垒失陷后一同被俘。

5月23日:乔治亚的奥古斯塔。亨利·李上校指挥的第2游击军团与以利亚·克拉克上校指挥的游击队合兵一处,攻克了格里尔逊堡,并俘获了驻守该堡的80名保王党人。

8月13日:南卡罗来纳的帕克渡口。弗朗西斯·马里恩将军和威廉·哈丁上校指挥的两支游击队,攻击了由托马斯·弗雷泽少校指挥的一支总兵力为200人的英国龙骑兵部队,将近一百名英军在战斗中被杀或被俘。

1782年

2月25日:南卡罗来纳的旺姆堡桥。弗朗西斯·马里恩将军指挥的游击队,向本杰明·汤普森上校指挥的一支兵力远为雄厚的英军部队发动了攻击并被击退,20名游击队员阵亡,另有12人被俘。

1805年

3月8日:埃及的亚历山大港。威廉·伊顿领事与海军陆战队中尉普赖斯利·N.奥班农率领了一支成分混杂的部队——包括8名海军陆战队员、70名希腊雇佣兵、107头骆

① 他们讽刺了欧洲大陆上的所谓"胜利者对战败者的优待"这一军事传统。——译者注

驼和 300 名阿拉伯骑兵，展开了一场以利比亚境内的德尔纳为目的地的沙漠远征，他们的总行程超过了 500 英里。

4 月 27 日：利比亚的德尔纳。该城在经历了一次由威廉·伊顿领事与海军陆战队中尉普赖斯利·N. 奥班农亲自指挥的坚决进攻后，宣告陷落。战斗中两名美国海军陆战队员阵亡、两人受伤，另外还有 9 名信奉基督教的希腊雇佣兵受伤。

1808 年

4 月 8 日：华盛顿哥伦比亚特区。参议院批准了扩军法案，除了其他类型的部队之外，其中还包括来复枪手团和轻炮兵团，它们是美国陆军中的第一批精锐部队。

1812 年

7 月 30 日：纽约州的萨克茨港。由本杰明·福赛思上尉指挥的一个隶属于来复枪手团的连队，成为被部署到纽约州北部的第一支正规军部队。

9 月 21 日：本杰明·福赛思上尉指挥麾下的 70 名来复枪手和 34 名纽约州民兵渡过安大略湖，对上加拿大地区的加南努克村实施了一次成功的突袭。

1813 年

2 月 7 日：本杰明·福赛思少校指挥他的来复枪手连以及 130 名纽约州民兵，从纽约州的奥登斯博格出发，对上加拿大地区的伊丽莎白维尔发动了突袭。抓获了 48 名俘虏并且缴获了 120 支滑膛枪。

2 月 22 日：一支由英国、加拿大士兵组成的总兵力 800 人的纵队，趁着封冻期渡过圣劳伦斯河，对纽约州的奥登斯博格发动了攻击。本杰明·福赛思少校指挥的来复枪手在付出 3 人阵亡、17 人受伤的代价后被迫撤往萨克茨港。英军是 6 人阵亡、48 人受伤。

8 月 16 日：一个隶属于来复枪手团的连队，在本杰明·福赛思少校指挥下在上加拿大地区的乔治堡外，伏击了一支效忠于英国的伊诺魁族印第安人分遣队，须臾之间对方就有 15 人阵亡、13 人被俘。

11 月 1 日至 2 日：麦克弗森上尉指挥着隶属于轻炮兵团的一个炮兵连，在纽约州的法兰西克里克击退了一支英国皇家海军炮艇舰队——后者当时试图俘获停泊在岸边的美军运输船队。

1814 年

2 月 10 日：在华盛顿哥伦比亚特区，美国国会授权成立另外 3 个来复枪手团，使得该类部队的总数达到了 4 个团之众。

3月28日:总兵力为一个营的切诺基族武士,在耶纳鲁萨卡的指挥下,在阿拉巴马地区的马蹄形弯道协助安德鲁·杰克逊对克里克印第安人实施了毁灭性的打击。①

5月30日:纽约州的桑迪克里克。丹尼尔·艾普林少校指挥一支由来复枪手组成的分遣队,在一次战果惊人的伏击战中,俘获了2艘英国炮艇和5艘武装驳船。这次战斗中,美军还得到了130名奥奈达族印第安人的支援。

6月28日:纽约州的奥戴尔敦附近。本杰明·福赛思中校拒绝服从率部撤退将英军引入伏击圈的命令,并在之后发生的小规模散兵战斗中阵亡。

8月4日:纽约州的康约塔溪畔。路德维克·摩根少校指挥一个由来自第1和第4来复枪团士兵组成的混编来复枪手营,击退了一支试图过河攻击布法罗的兵力雄厚的英军分遣队。这次战斗事实上拯救了当时被围困在伊利堡的美国驻军。

1815年

3月2日:华盛顿哥伦比亚特区。美国国会最终就和平时期的军队建制达成了共识,战时规模曾达到4个团之众的来复枪手部队,再次被削减到了一个团。

1821年

3月2日:华盛顿哥伦比亚特区。美国国会通过投票决定:出于节省财政预算的原因,解散来复枪手团与轻炮兵团,这两支部队都曾经参加过1812年战争,并在整个战争期间有过出色的表现。

1836年

6月21日:一个由克里克印第安人志愿者组织的团队,在乔治亚州宣告成立,并参加了第二次西米诺尔战争。该团的指挥官陆军少校戴维·莫尼雅克是美国军事学院(西点军校1822届)第一位美洲原住民血统的毕业生。

11月21日:佛罗里达南部,地方总督理查德·K. 考尔赢得了棘鲭沼泽一战的胜利,与他并肩战斗的是克里克(印第安人)志愿兵团的团长戴维·莫尼雅克少校。

1845年

12月9日:一个由约翰·C. 弗里蒙特中尉指挥的侦察小组,肩负着密令——组织一场革命,推翻墨西哥地方执政当局。进入了加利福尼亚地区,并在圣约瑟建立了过冬营地。

---

① 原书如此,这次战斗实际发生于1813年。——译者注

1846 年

5 月 19 日：华盛顿哥伦比亚特区。美国国会授权成立了乘骑来复枪团，该团将要承担在俄勒冈小道实施巡逻的任务。这个精锐单位装备了 1841 型来复枪，并且兼备了进行徒步与乘骑战斗的能力。

7 月 4 日：随着“熊旗共和国”的成立，所谓的“加利福尼亚营”也在加利福尼亚的索诺玛组建完毕。约翰·C. 弗里蒙特中尉被指定为该营的上校营长，该部队成立之初即召集了 242 名来复枪手以及 34 名美洲原住民。

9 月 20 日至 24 日：墨西哥的蒙特利尔（今属加利福尼亚州）。由得克萨斯突击队员组成的若干支分遣队，作为侦察兵部队在美军中服役，他们在战斗中表现出来的价值是无以估量的。之后他们在攻克城区的血战中，为自己赢得了殊勋。

1847 年

2 月 11 日：华盛顿哥伦比亚特区，美国国会授权组建了“狙击兵与徒步来复枪手团”，这是一个配发了灰色制服的精锐轻步兵单位。

9 月 13 日：狙击兵与徒步来复枪手团在约瑟夫·约翰斯顿中校的指挥下，在攻克墨西哥查普特佩克的战斗中，为自己赢得了荣耀。当时投入了战斗的 341 名来复枪手中，有 98 人在战斗中阵亡。

11 月 23 日：墨西哥的普埃布拉以南。一个连的得克萨斯突击队员，在雅各布·罗伯兹上尉的指挥下，与 200 名墨西哥长矛骑兵发生了遭遇战，他们用新式的科尔特左轮手枪击毙了大批敌军，并将剩余的墨西哥骑兵逐出了战场。

1848 年

2 月 25 日：一支由 130 名美国龙骑兵与 250 名得克萨斯突击队员组成的部队，攻击了墨西哥的扎夸尔提潘村，并彻底击溃了由卡斯蒂略·贾奥达神父所领导的一支墨西哥非正规军。后者被击毙 150 人、被俘 50 人。

8 月 25 日：马里兰州的麦克亨利堡。曾在墨西哥战争期间（即美墨战争）赢得殊勋的狙击兵与徒步来复枪手团宣告解散。

1861 年

6 月 14 日：华盛顿哥伦比亚特区，美国国会授权成立了第 1 合众国神枪手团，该团指挥官为海勒姆·博丹上校。第 2 团于 1861 年 9 月 28 日组建完毕。

8 月 3 日：华盛顿哥伦比亚特区，美国战争部将所有的团级乘骑部队正式分类为“骑兵团”。因此，精锐的乘骑来复枪手团的番号，也被相应地变更为第 3 合众国骑兵团。

1862 年

4 月 12 日：为联盟军服务的 7 名间谍，在詹姆斯·J. 安德鲁斯的指挥下，在乔治亚州的"大棚屋"劫持了一列联众国蒸汽机车"将军号"，并与机车的主人展开了一场横穿田纳西州全境，直至查塔努加全程共 90 英里的追逐，他们最终被同盟军捕获并（作为不穿着军服的间谍）遭到处决。

7 月 1 日：隶属第 1 合众国神枪手团的来复枪手们，于弗吉尼亚州的莫尔文山，在极远的射程上，击毙了若干名隐匿在树顶的联众国陆军狙击手。之后又以极高的效率击溃了一个（试图对他们实施炮击的）同盟军榴弹炮连。

1863 年

3 月 9 日：约翰·S. 莫斯比少校率领 29 名部下，在弗吉尼亚州的费尔法克思县政府大楼偷越联盟军警戒线，在爱德温·H. 斯托顿准将的床上将其俘获，并且还俘虏了另外 100 名联盟军士兵。

6 月 10 日：弗吉尼亚州的瑞克特交叉路口。约翰·S. 莫斯比少校的部队在此被正式授予"弗吉尼亚州骑兵团第 43 营 A 连"的番号。

7 月 2 日：宾夕法尼亚州的盖茨堡。第 1 与第 2 合众国神枪手团，迟滞了联众国陆军对合众国陆军防线的中央与左翼发动的进攻，为后者重整其薄弱的防线争取到了宝贵的时间。

1864 年

10 月 14 日：联众国陆军的突袭者们在约翰·S. 莫斯比中校的指挥下，于马里兰州巴尔的摩郊外的"巴尔的摩—俄亥俄"铁路上截停了一列火车，劫走了联邦政府（美利坚合众国）共计 173 000 美元的军饷。

10 月 27 日：北卡罗来纳州的罗诺克河。合众国海军上尉威廉·B. 库辛指挥一艘蒸汽动力快艇，对威力巨大的联众国海军铁甲舰"阿尔比马尔"号实施了攻击，并将该舰击沉在了它的锚地。

11 月 18 日：弗吉尼亚州的凯布尔敦附近。约翰·S. 莫斯比中校指挥的一支联众国游击队，对合众国陆军上尉理查德·布雷泽指挥的精锐侦察兵部队实施了一次绝妙的伏击战，将该部队彻底击溃。

1865 年

4 月 21 日：约翰·S. 莫斯比上校在弗吉尼亚州的萨利姆，解散了他的突袭者分遣队，以免他们向联盟军队投降（后遭到报复或惩戒）。在当时所有实施游击战的联众国陆军军官当中，绰号"穿灰色制服的游魂"的约翰·莫斯比拥有最出色的作战纪录。

1866 年

华盛顿哥伦比亚特区，美国国会通过了招募美洲原住民为美国军队担当侦察兵的法案。应募的侦察兵在之后的 30 年间，为美军提供了优异的服务。

1883 年

5 月 1 日：新墨西哥州的圣贝纳迪诺斯普林斯。193 名阿帕奇族印第安侦察兵受雇与乔治·克鲁克中将的骑兵部队合力，对逃亡中的杰罗尼莫及其劫掠团伙实施了追捕。

1891 年

3 月 9 日：华盛顿哥伦比亚特区。战争部发布了第 28 号普通命令，将在大平原地区服役的印第安侦察兵总数削减到了 150 人。

1918 年

10 月 26 日：驻扎在法国前线的美国陆军第 142 步兵团，在指挥官 A. W. 布卢尔上校的安排下，让乔克陶族印第安人担当了部队的密码通话员，他们彻底迷惑了德国的无线电监听机构。

1941 年

7 月 11 日：华盛顿哥伦比亚特区，富兰克林·德拉诺·罗斯福总统签署了行政命令，授权成立战略情报局，以便于为了国家利益在国外实施情报收集工作，并对原始情报资料进行分析。

8 月 1 日：缅甸同古郊外，由克莱尔·李·陈纳德组建的那支人员混杂的雇佣军部队——美国志愿大队（缩写：AVG），宣告成军，他将整个大队划分为 3 个（驱逐机/战斗机）中队。

12 月 20 日：隶属美国志愿大队的 4 架 P-40 式战斗机，在中国昆明上空对 10 架三菱 99 式轻型轰炸机（Ki-48）展开了攻击，并击落了其中 4 架。

12 月 23 日：美国志愿大队的第 3 驱逐机（战斗机）中队，偕同英国皇家空军的战斗机在缅甸首都仰光上空，与得到了战斗机护航的日军大规模轰炸机群展开了鏖战，他们击落了 6 架三菱 97 式中型轰炸机（Ki-21 Sally），自身损失了 3 架 P-40 型战斗机。

1942 年

1 月 9 日：菲律宾吕宋岛。一支兵力雄厚的日军部队对第二军的防线发动了攻击，肩负该段防线守卫任务的第 57 步兵团（菲律宾侦察兵）逐退了进攻的日军，并击毙 300

名敌人。

1月12日：菲律宾吕宋岛。隶属菲律宾侦察兵部队的亚历山大·R.奈宁格中尉，独自摧毁了两座日军机枪阵地，并成为了第二次世界大战期间第一位被追授了国会荣誉勋章的美国军人。

2月16日：海军陆战队第1突袭营成立，营长为梅里特·A.艾德森中校。

2月19日：海军陆战队第2突袭营成立，营长为埃文斯·F.卡尔森中校。

4月14日：中—缅—印战区。战区总司令约瑟夫·史迪威将军授权(战略情报局)第101支队转入现役，投入针对驻缅日军展开的抵抗作战。这支招募克钦族人组成的(非常规)作战单位，是整个第二次世界大战期间最成功的一次非常规战实践。

5月：加利福尼亚州的彭德尔顿兵营。美国海军陆战队招募的第一批纳瓦霍族印第安密码通话员完成了报到，纵贯整个战争期间，他们在太平洋战场上都有极其优异的表现。

5月26日：卢西安·K.特拉斯科特上校，就仿效著名的英国突击队(British Commando)模式，在美国陆军中成立一支同类部队，起草了一份草案。这份文件后来促成了美国陆军第1突击队营的诞生。

6月13日：华盛顿哥伦比亚特区，威廉·多诺万上校以现有的情报协调办公室(OCI)为基础，成立了全新的(国外)情报收集机构：战略情报局(OSS)。

6月13日：中国桂林上空。一个隶属美国志愿大队的P-40战斗机中队，对一个日军轰炸机群实施了拦截，他们以自身损失2架的代价，击落了来袭的20架日军轰炸机中的11架。

6月19日：威廉·O.达比少校在爱尔兰的克里克富戈斯，完成了第1突击队营的组建工作，该营当时的实力为29名军官、488名士兵。嗣后，他们被调防到了位于苏格兰高地阿克纳卡瑞的英国突击队训练基地，接受专业训练。

7月4日：中国昆明，美国志愿大队宣告解散，虽然如此还是有部分人员选择加入了由卡莱尔·L.陈纳德上校指挥的驻华航空兵特遣部队。

7月9日：蒙大拿州的威廉·亨利·哈里森堡。来自美国和加拿大陆军的志愿者，组成了第1特种勤务部队，这支旅级部队的指挥官为罗伯特·T.弗雷德里克上校。

8月7日：所罗门群岛。梅里特·A.艾德森中校指挥的海军陆战队第1突袭营，肃清了图拉吉岛上的日本驻军。

8月15日：弗吉尼亚州的小克里克两栖训练基地。一群经过特别选拔的陆军与海军军人，在该基地接受了侦察兵与突袭者训练。

8月17日至18日：吉尔伯特群岛的马金环礁。埃文斯·F.卡尔森中校指挥的海军陆战队第2突袭营，搭乘运兵潜艇抵达了马金岛，并在登陆后肃清了岛上的85名日本驻军。行动结束后，若干名(9人)海军陆战队突袭队员，被意外遗留在了岛上，并在被俘后遭日军处决。

8 月 19 日:隶属第 1 突击队营的 50 名陆军突击队员,偕同英国/加拿大军队参加了在法国迪耶普实施的两栖登陆,并成功摧毁了德军(海岸)炮兵阵地。这次行动中美国陆军突击队员有 7 名阵亡、7 人受伤。

8 月 27 日:华盛顿哥伦比亚特区。战争部长亨利·史汀生批准了授权第 1 特种勤务部队佩戴设计图案为"交叉箭杆"领章的提案。在此之前,该领章是印第安侦察兵的兵种符号。

9 月 1 日:弗吉尼亚州小克里克海军两栖基地。由该基地管辖的(联合作战)两栖侦察兵与突袭者学校正式成立。

9 月 13 日至 14 日:瓜达尔卡纳尔岛。海军陆战队第 1 突袭营在梅里特·A. 艾德森中校的指挥下,成功保卫了位于战略要地亨德森机场附近的一座山脊。后来这次战斗以"血岭之战"的名称广为人知。

9 月 16 日:加利福尼亚州的彭德尔顿兵营。海军陆战队第 3 坦克营 E 连(侦察连)转入现役。该连是之后成立的第 3 侦察营的母单位。

11 月 4 日:瓜达尔卡纳尔岛。埃文斯·F. 卡尔森中校指挥海军陆战队第 2 突袭营,在一次总行程 150 英里的奔袭中,击溃了日本陆军第 228 团①,日军兵力损失五百人左右,美军的伤亡情况为 16 人阵亡、13 人受伤。

11 月 8 日:地中海战区。随着"火炬"行动的开展,盟军部队在阿尔及尔与摩洛哥实施了两栖登陆,其间他们得到了美国海军"侦察兵与突袭者"单位成员的支援。

12 月 24 日:隶属第 503 伞降步兵团第 2 营的 32 名伞兵在突尼斯上空实施了伞降,他们的任务是摧毁位于德军防线后方的埃尔·吉姆大桥,最后只有 8 名伞兵完成了全程 100 英里的长途跋涉,回到了盟军防线。

1943 年

1 月 23 日:隶属战略情报局第 101 分遣队的特工在缅甸上空通过实施伞降,楔入了克钦族地区,并展开了从当地原住民部落中招募抵抗部队的工作。鉴于日军对克钦族人施加过的暴行,他们踊跃响应了美国情报人员的招募。

1 月 31 日:菲律宾棉兰老岛。在当地指挥一支游击队的温德尔·福尔提格上校,通过一台用废品拼凑起来的无线电,与位于加利福尼亚州旧金山的美国海军监听站取得了联系。这次无线电通信是第一例得以证明,该岛确实存在抗日游击队活动的有形证据。

2 月 11 日:北非。威廉·O. 达比少校指挥第 1 突击队营攻占了位于萨纳德车站的意军阵地,击毙 50 名敌军,另外俘获了 11 人。

2 月 23 日:北卡罗来纳州的麦克耐尔兵营。第 187 滑翔机步兵团在该营区转入现役,

① 应为 230 团。——译者注

并配属给了当时正在组建中的第 11 空降师。

3 月 16 日:弗吉尼亚州的贝德福德两栖训练基地。美国海军滩头跳跃者单位宣告成立,在此该单位就如何实施大规模两栖佯动行动,接受了相关训练。

3 月 21 日至 22 日:突尼斯。第 1 突击队营在阿尔·安科山口突袭了兵力占优势的意大利驻防部队,战斗结束后意军主动撤离战场,意军有 700 人在这次战斗中被俘。

4 月 1 日:田纳西州的弗里斯特兵营。第 2 与第 5 突击队营于该营区宣告成立,并开始接受训练。

5 月 21 日:突尼斯。第 3 突击队营完成组建并转入现役,已久经战阵的第 1 突击队营为该部提供了部分骨干。

5 月 29 日:摩洛哥的内穆尔。第 4 突击队营在此转入现役,并得到了曾在第 1 突击队营服役老兵的加强。

6 月 6 日:佛罗里达州的皮尔斯堡。海军少校德雷普·L.考夫曼组建了海军战斗爆破单位(缩写:NCDU),以便为盟军即将在西欧海岸实施的两栖登陆作战提供支援。

6 月 13 日:战略情报局在法国实施了第一次敌后渗透行动。

7 月 10 日至 12 日:第 1 与第 4 突击队营支援了由第 1 步兵师在西西里岛吉拉实施的两栖登陆。与此同时,第 3 突击队营偕同第 3 步兵师在利卡塔实施了两栖登陆。

8 月 15 日:第 1 特种勤务部队在阿留申群岛中的基斯卡岛实施了两栖登陆,结果却发现日军早已撤离了该岛。

9 月 9 日至 29 日:意大利萨莱诺的近岸水域。3 个突击队营在盟军主力部队的左翼实施了登陆。他们独自击退了德军以绝对优势兵力在该地段实施的反击。

10 月 3 日:隶属第 5307 混合单位(暂编)的 3 个营,在印度北部的利多转入现役。后来他们以“梅里尔的掠夺者”的绰号广为人知,他们是第二次世界大战期间,被派遣到中—缅—印战区的唯一一支美国地面战斗部队。

11 月 20 日至 23 日:太平洋战场。美国海军陆战队攻克了塔拉瓦环礁,由于该岛不可预测的潮流以及暗礁分布情况,他们蒙受了惨重的损失。海军陆战队在战斗中付出的昂贵代价,最终促成了海军水下爆破队的成立。

11 月 28 日:新几内亚的福格森岛。弗利德里克·W.布拉德肖中校根据沃尔特·克鲁格中将下达的指示,成立了阿拉莫侦察兵训练中心。

12 月 2 日:意大利战场。第 1 特种勤务部队的成员仅用 12 个小时,就攻克了德军设在第凡萨山的阵地。之前该阵地曾击退了由盟军一个整师所发动的,持续了数周之久的连续进攻。

12 月 23 日:华盛顿哥伦比亚特区,海军陆战队总司令托马斯·霍尔库姆下令解散了第 1 海军陆战队伞兵团,曾在该团服役的海军陆战队员被重新分派到了其他单位。

1944 年

1 月 4 日至 5 日：隶属绰号“投机商人”的第 801 重型轰炸机大队的 B-24 型轰炸机从英格兰的哈林顿起飞，对在卢瓦尔河谷地区活动的法国游击队实施了空投再补给。这是他们第一次执行此类性质的任务。

1 月 8 日：富兰克·D. 梅里尔准将指挥的第 5307 混合单位(暂编)，在印度被配属给了约瑟夫·史迪威将军指挥的部队，交付他们实施的作战行动代号为“加拉哈德”。

1 月 30 日：威廉·O. 达比上校指挥的第 1、第 3 和第 4 突击队营，在意大利的希斯特纳遭到了赫尔曼·戈林装甲师下辖的坦克部队伏击，蒙受了令人惊愕的损失。

1 月 31 日：若干支海军水下爆破队，在马绍尔群岛参与“燧发枪”行动期间，经受了战火的洗礼。其中第 2 水下爆破队的成功，促成了这一项目的进一步扩编。

2 月 1 日：意大利战场，第 1 特种勤务部队在安齐奥登陆场的左翼实施了展开，他们独力击退了德军以绝对优势兵力发动的反击，表现出了极大的坚韧。

3 月 5 日：暂编第 5318 单位(即未来的第 1 空中突击大队)在缅甸上空展开了“星期四”行动，为由温盖特将军指挥新近侵入缅甸敌后区域的“钦迪”部队，提供了航空支援。

3 月 7 日：“梅里尔的掠夺者”在缅甸的瓦劳邦与久经战阵且兵力占绝对优势的日军部队展开了激战，以伤亡 200 人的代价击毙了 800 名日军后，他们转移到了更利于防守的阵地。

3 月 25 日：驻扎于印度的第 1 空中突击大队，被正式划入中—缅—印战区的作战序列。

4 月 24 日至 26 日：第 1 空中突击大队的卡特·哈曼中尉，驾驶希科斯基公司生产的 YR-2“食蚜蝇”型直升机，对受困于缅甸丛林中的一群遇难机组人员实施了营救。这是世界历史上第一次由直升机实施的营救行动。

4 月 9 日：“梅里尔的掠夺者”的第 2 营在缅甸的 Nhpum Ga，与兵力占优势的日军部队鏖战 11 天后，第 1 营与第 3 营接管了他们的防线。

5 月 14 日：若干名克钦族侦察兵成功楔入缅甸的密支那机场，发现日军阵地并未就迫在眉睫的进攻进行过任何加固，并将上述情报成功汇报给了美军。

5 月 17 日：绰号“梅里尔的掠夺者”的第 5307 混合单位，通过一次突然袭击，攻克了缅甸密支那郊外的机场。然而对密支那城的进攻却以失败告终，直到 3 个月后才肃清守城日军。

6 月 4 日：意大利战场。第 1 特种勤务部队强渡台伯河，肃清了罗马城外的若干座桥梁。并且他们成为了进入“永恒之城”的第一批盟军部队。

6 月 5 日：第 82 空降师与第 101 空降师在法国上空实施了大规模夜间战斗伞降，拉开了盟军反攻被占领土的序幕。

6 月 6 日：随着海军战斗爆破单位登上了位于法国诺曼底的奥马哈海滩与犹他海滩，

拉开了“霸王”行动的序幕。他们的伤亡情况是 31 人阵亡、60 人受伤，占参战总兵力的 50%。

第 2 突击队营利用火箭助推绳梯，从海滩径直登上了杜豪克角的悬崖，其间他们克服了德军的激烈抵抗。在奥马哈海滩上那场野蛮的战斗中，第 5 突击队营也有杰出的表现。

在当天登陆的上千名盟军士兵中，还包括 16 名科曼齐族密码通话员，与在太平洋战场服役的纳瓦霍族密码通话员一样，他们的服务拯救了数百名美国军人的生命。

6 月 14 日：海军少校德雷普·L. 考夫曼指挥的第 5 水下爆破队，在塞班岛近岸水域遭到日军迫击炮轰击，若干名蛙人阵亡或受伤。

6 月 17 日：第 7 水下爆破队在塞班岛实施了为期数天的水下爆破作业后，在位于该岛近岸水域的珊瑚礁丛中，开辟出了一条可用的航道。

8 月 3 日：缅甸。第 5307 混合单位(暂编)在中国军队的支援下，终于攻克了密支那城区。

8 月 10 日：又名“梅里尔的掠夺者”的第 5307 混合单位(暂编)在缅甸被草率地解散了，整个部队中只剩下 100 人被判定为仍然“具备战斗能力”。

8 月 14 日至 15 日：地中海战区。第 1 特种勤务部队在法国南部的海耶斯岛实施夜间登陆，肃清了岛上的三座德军海岸炮台。

8 月 15 日：达比上校指挥的第 6615 突击队部队(暂编)在意大利正式解散。(西斯特纳战斗的)幸存者们被合并入了第 1 特种勤务部队。

8 月 16 日：海军战斗爆破单位在法国的圣特鲁佩茨使用炸药，清除了通往港区的障碍物，支援了旨在登陆法国南部地区的“龙骑兵”行动。

8 月 20 日：第 6 突击队营在新几内亚转入现役，该营是唯一一个曾在太平洋战场投入实战的此类单位。

8 月 25 日：第二军在英格兰圣乔治得奥斯本，被改编为第 18 空降军，该军下辖了第 82 与第 101 空降师以及一个英国空降师。

9 月 17 日：第 18 空降军(第 82 与第 101 空降师)参与了运气不佳的“市场花园”行动，在荷兰上空实施了昼间战斗伞降。

10 月 17 日：菲律宾莱特湾近岸水域，第 6 突击队营作为先锋登上了迪纳加特岛，控制了这座可以瞰制海湾入口的岛屿。

10 月 19 日：第 9 水下爆破队的蛙人对莱特岛塔克洛班市附近的“怀特”海滩实施了勘察。第 6 和第 10 水下爆破队同样参与了登陆前的水文侦察行动。

11 月 6 日：科罗拉多州的豪尔兵营。第 10 步兵师被正式改编为第 10 山地师，并获得了授权佩戴蓝底白字的“山地师”弧形臂章。

12 月 5 日：第 1 特种勤务部队——著名的“魔鬼之旅”在法国的卢贝新城正式解散，之前隶属该部的美军和加军军人调回了各自国家的军队。

12 月 17 日至 25 日:第 101 空降师在安东尼·麦考利夫准将的指挥下,抵抗住兵力占绝对优势的德军进攻,保卫了巴斯托尼附近至关重要的交叉路口。

1945 年

1 月 9 日:美军在菲律宾吕宋岛的林加延湾登陆,这也是当时所有的现役海军水下爆破队,第一次在他们自己指挥官的领导下,作为一个整体投入作战行动。

1 月 30 日:第 6 突击队营在菲律宾的吕宋岛,楔入日军防线纵深地带,攻占了卡巴纳端战俘营,营救了 500 名美军战俘、击毙 200 名日军看守。行动期间,他们得到了阿拉莫侦察兵以及菲律宾游击队的大力协助。

2 月 18 日:美国海军运兵驱逐舰“布里斯曼”号在硫黄岛近岸水域被炸弹直接命中。隶属第 15 水下爆破队的 42 名蛙人阵亡、34 人受伤。这是蛙人在战斗中蒙受最多人员伤亡的一次单一事件。

2 月 18 日至 19 日:第 10 山地师在意大利北部对德军设在利瓦山脊的阵地实施了突袭,并顺利攻克了这座坚固设防的阵地。

2 月 19 日:隶属第 13 水下爆破队的蛙人,在硫黄岛近岸水域为登陆艇指引了航道,并且承担了救捞工作,确保了海军陆战队员在登陆过程中的安全。

2 月 22 日:第 11 空降师第 511 伞降步兵团在吕宋岛的洛斯巴洛斯战俘营附近,实施了战斗空降,解放了 2 147 名开战后遭到日军扣押的平民。

4 月 1 日:美军在冲绳实施了太平洋战场上规模最大的一次两栖登陆作战——“冰山”行动。若干支水下爆破队在两栖登陆阶段,为各个波次的登陆部队提供了引导。

4 月 16 日:战略情报局的特工开始在缅甸为第一支中国突击队单位提供训练。

4 月 30 日:著名的突击队指挥官威廉·O. 达比上校,在意大利北部被一发失准的炮弹炸死,当时距离停火仅剩两天。

6 月 15 日:由克钦人侦察兵组成的一支部队在缅甸攻克了以下战略要点:劳索、邦塔拉、雷列姆,并且以阵亡 300 人的代价,消灭了 1 200 名日军并击伤了更多。

7 月 4 日:海军水下爆破队在婆罗洲的巴里巴潘近岸水域执行了他们在整个第二次世界大战期间的最后一次任务。

7 月 12 日:战略情报局的第 101 分遣队在缅甸的 Simlumkaba 宣告解散,解散前他们被授予了总统集体嘉奖令。曾在该分遣队服役的克钦族人,在对抗老于战阵的日本部队时丝毫不落下风。

8 月 30 日:第 187 滑翔机步兵团所搭乘的运输机,在日本东京郊外的厚木机场降落,成为第一支执行占领勤务的美军部队。在此期间,日语假名读音“Rakkasan”(落下伞或降落伞)成为了该团的官方绰号。

9 月 20 日:华盛顿哥伦比亚特区,哈利·S. 杜鲁门总统解散了战略情报局,并将其情报收集职能转交给了美国国务院。

10 月 11 日:第 25 水下爆破队抵达了加利福尼亚州的科罗拉多,并在战后岁月中协助海军少校德雷普·L. 考夫曼将之建设成了水下爆破队的永久性基地。

11 月 3 日:第 1 空中突击大队在新泽西州的基尔默兵营退出现役。

1946 年

5 月 21 日:海军水下爆破队在其兵力最鼎盛时期,曾有多达 34 支现役分遣队。现在一共只有 5 支水下爆破队,分别驻扎在弗吉尼亚州的小克里克海军两栖基地和加利福尼亚州的科罗拉多海军两栖基地。

5 月 29 日:陆军航空兵组建了航空救援勤务部门,假设遇难机组的坠机地点大大超过了附近军事基地下辖救援直升机的航程之外,则将由该兵种负责实施救援任务。

1947 年

7 月 1 日:陆军航空兵正式授权成立伞降救援分队,该分队很快就扩编成了空军中的一个精锐兵种。

1950 年

8 月 5 日:韩国丽水。隶属海军水下爆破队的海军上尉乔治·艾奇逊以及舱面水手沃伦·弗雷,从停泊在近岸水域的美国海军运兵驱逐舰“迪亚琴科”号下水,并登上了海滩。沃伦在这次行动期间受伤,并且成为了美国海军在朝鲜战争期间的第一例伤亡者。

8 月 27 日:第 187 空降步兵团(官方绰号:降落伞)被改编为第 187 团级空降战斗队,并投入了朝鲜战争。

10 月 12 日:朝鲜元山港。美国海军舰艇“誓言”号①触雷沉没。威廉·吉亚诺提第一次在战斗行动中使用了当时最先进的潜水装备水肺,搜寻朝鲜军队布设在港口内的沉底雷。

10 月 20 日:朝鲜肃川上空。第 187 团级空降战斗队在博川战役期间,成功实施了朝鲜战争中的第一次战斗伞降。

10 月 28 日:乔治亚州的本宁堡。第 1 突击队步兵连在此转入现役,准备投入发生在朝鲜的战争。该连于 1951 年 8 月 1 日解散。

1951 年

2 月 15 日:韩国的白翎岛。美国陆军将“威廉·艾博尔”特遣部队部署到了该岛,以便

① 美国海军“钦佩”级扫雷舰,舷号 AM-277。——译者注

协调在朝鲜人民军后方地域展开的游击作战行动。

2 月 23 日：马里兰州的安德鲁斯空军基地。航空再补给与通讯勤务部队正式成立，这是美国空军组建的第一支真正的特种作战单位。

3 月 23 日：韩国汉城以北地域。第 187 团级空降战斗队实施了该部在朝鲜战争期间的第二次，也是最后一次战斗伞降，他们在实施这次作战行动的过程中，得到了第 2 和第 4 突击队连[①]的支援。

7 月 10 日：所有已经部署在南朝鲜的突击队连奉命退出现役，这些单位中具备伞降资格的人员则被调入了第 187 团级空降战斗队。

9 月 27 日：驻地位于北卡罗来纳州布拉格堡的突击队训练司令部宣告解散，取而代之的是新成立的"突击队局"(Ranger Department)，后者成为了当时美国陆军仅存的为具备受训资格的非委任军官(NCOS)和军官提供突击队训练的部门。

1952 年

4 月 10 日：美国陆军心理战中心在北卡罗来纳州的布拉格堡宣告成立。

6 月 19 日：阿伦·班克上校在北卡罗来纳州布拉格堡举行的一次仪式中，正式宣布了特种部队第 10 大队(具备空降作战资格)的成立。尽管出席这次仪式的除了班克上校本人之外，另外只有 8 名士兵与 1 名准尉。

7 月 23 日：朝鲜外海。运兵驱逐舰"迪亚琴科"号搭载的第 5 水下爆破队，实施了"渔"行动，蛙人们对朝鲜渔民的渔具实施了破坏。

1953 年

7 月 27 日：在韩国签署停战协定前，海军第 1、第 3 和第 5 水下爆破队已经在战争期间开发出了若干项(用于水文侦察的)新技术，深入朝鲜内陆地区实施了数次作战行动，并且为 61 次两栖登陆作战提供了支援。

9 月 25 日：特种部队第 77 大队在美国本土转入现役。

1954 年

1 月 1 日：马里兰州的安德鲁斯空军基地。航空再补给与通讯勤务部队，尽管已经在朝鲜战争期间展现出优异的特种作战能力，还是退出了现役部队序列。

7 月 1 日：加利福尼亚州的彭德尔顿兵营。海军陆战队测试单位 1 号在此转入现役。在之后的 3 年中，这个单位开发出了例如搭乘直升机楔入(行动区域)等被特种作战部队

---

① 两个连都具备空降作战能力。——译者注

沿用至今的军事技术。

1955 年

3 月 27 日:第 300 特种部队作战分遣队在美国本土转入现役部队序列。

1956 年

7 月 9 日:田纳西州的斯图尔特空军基地。隶属第 18 航空军的第 20 直升机中队在此转入现役。该中队后来迭经演变,成为了官方绰号“绿色大黄蜂”的第 20 特种作战中队。

12 月 10 日:北卡罗来纳州的布拉格堡。美国陆军心理战中心被改编成了美国陆军特种战学校。

1957 年

6 月 19 日:美国海军陆战队为了提高舰队陆战队部队(缩写:FMF)的军事情报收集能力,成立了若干支舰队陆战队侦察连。

7 月 17 日:驻扎在冲绳的第 14 特种部队作战分遣队,奉命与驻扎在韩国的第 8231 陆军特种作战分遣队合并,成立了一个新单位:特种部队第 1 大队(具备空降作战能力)。

10 月 21 日:隶属特种部队第 77 大队的哈利·G. 克莱默上尉,是因敌对武装力量的军事行动而在南越阵亡的第一名美国军事顾问。

1958 年

4 月 15 日:冲绳的施瓦布兵营。隶属海军陆战队第 3 师的第 3 侦察营转入现役部队序列。

1959 年

7 月 25 日:第一支特种部队 A 队抵达老挝,开始为当地防御部队提供军事训练。

1961 年

1 月 5 日:华盛顿哥伦比亚特区,约翰·F. 肯尼迪总统开始为两支具备了重要意义的特种部队单位——陆军“绿色贝雷帽”与海军“海豹”部队提供支持。

1 月 6 日:特种部队第 24 大队转入现役。

3 月 10 日:海军战略计划部主任、海军中将威廉·小金特批准了于次年成立的一支隶属海军的精锐步兵部队——“海豹”部队的计划。

5 月 11 日:华盛顿哥伦比亚特区,约翰·F. 肯尼迪总统授权将另外 400 名特种部队士兵部署到南越。

5月25日：华盛顿哥伦比亚特区，约翰·F.肯尼迪总统提出了"自由原则"，此举鼓励了美国军方组建反叛乱作战单位，并且发展相关的战术、技术。

9月21日：北卡罗来纳州的布拉格堡。阿伦·班克上校组建了特种部队第5大队。该大队于发生在南越的那场旷日持久的局部战争期间，为自己赢得了来之不易的名声。

10月12日：北卡罗来纳州的布拉格堡。约翰·F.肯尼迪总统检阅了特种部队第77大队的成员，当时他们佩戴了就技术方面而言违反了陆军着装规范的绿色贝雷帽。总统本人后来亲自干预，批准了绿色贝雷帽成为陆军特种部队制服系统中的一个组成部分。

1962年

1月1日："海豹"1队在加利福尼亚州的科罗拉多海军两栖基地组建完毕；几乎与此同时，"海豹"2队也在弗吉尼亚州的小克里克海军两栖基地组建完毕。

1月4日：南越近岸水域。搭乘了运输舰"考克"号的美国海军第12水下爆破队在该水域实施了水文侦察，调查范围包括了潮汐与水下障碍物分布状况。

1月16日：南越首都西贡。驻越军事援助司令部组建了高度机密的特种作战组织——研究与观察大队。

1963年

2月21日：南越近岸水域。隶属海军陆战队第3侦察营的侦察兵，在第12水下爆破队的协助下，登上了美国军舰魏斯号。

3月10日：南越首都西贡。两名隶属"海豹"部队的教官，首次与南越海军的受训者一起参与了机密的海上(特种)作战行动。

3月26日：日本冲绳。第173空降旅(独立旅)转入现役，旅长为艾里斯·W.威廉姆森准将，也就是在这段时期，他们从(进行联合训练的)中国台湾陆军伞兵部队那里获得了"天兵"(Sky Soldier)的绰号。

1964年

1月24日：南越。驻越军事援助司令部成立了特种作战大队①，那是研究与观察大队的前身。

4月1日：泰国的乌隆皇家泰国空军基地。第1航空突击联队的第6分遣队展开了"水泵"计划——这是一个针对皇家老挝空军实施的秘密训练计划。

---

① 此处为作者误植，这是军方自中央情报局接管"特种作战大队"的日期。——译者注

5 月 15 日：南越境内。若干支接受过精良训练的 6 人远程侦察巡逻分队，楔入越南共产党部队的后方地域，展开了代号为“跳跃丽娜”的作战行动。

5 月 16 日：南越境内。隶属特种部队第 5 大队的 B-52 分遣队转入现役，该单位总管着一项代号为“德尔塔计划”的重要秘密侦察行动。

7 月 6 日：北越部队攻击了南越境内的南东特种部队营地。该营地的指挥官罗杰·H. C. 堂伦上尉在战斗中身受重伤，但仍然坚持战斗并击退了敌军的进攻。他赢得了越南战争期间颁发的第一枚国会荣誉勋章，同时也是第一位被授予了该勋章的绿色贝雷帽成员。

12 月 21 日：一名前进空中管制员在南越某地呼叫 FC-47 炮艇机，执行了一次空中支援任务。彻底摧毁了一幢被敌军占据的建筑，杀死了 21 名北越成员。

1965 年

6 月 9 日：北越部队攻击了位于南越同帅市的特种部队边境营地，查尔斯·Q. 威廉姆斯中尉因为在战火下表现出的勇敢行为，被授予了国会荣誉勋章。

8 月 9 日：美国空军第 8 分遣队在美国本土转入现役，并成为了第一支列装 FC-47 炮艇机的空军部队。该部在开赴海外前，其番号被变更为第 4 航空突击中队。

10 月 8 日：美国空军第 20 直升机中队，抵达了南越的新山一空军基地。该中队在东南亚境内执行了大量被戏称为“矮种马快递”的秘密楔入飞行任务。

12 月 18 日：美国海军在南越组建了“棕水海军”，以便在北越活动频繁的湄公河三角洲以及南越境内的其他水系执行巡逻任务。

1966 年

3 月 9 日至 10 日：南越境内。北越部队攻击了设在阿箐山谷的特种部队营地，保卫者们在经过激烈战斗后被迫撤退，被放弃的营地旋即沦入敌手。

3 月 26 日：南越，桢沙特别区。“海豹”与海军水下爆破队实施了“稳定索”行动。这是两个单位为了替美国海军、海军陆战队以及南越部队标定登陆滩头而实施的第一次联合作战行动。

4 月 27 日：南越，承天顺化省。隶属第 11 水下爆破队的蛙人对富禄地区进行了勘探，他们的任务是为海军陆战队将要发动的两栖攻击，搜寻当地北越单位的位置。

7 月 30 日：特种部队第一次在南、北越之间的非军事区目击到了北越正规军向南越境内实施的渗透行动。

8 月 19 日：南越，桢沙特别区。隶属“海豹”部队的海军士官比利·W. 梅钦，在发现了一支正准备对他的队友发动伏击的北越武装后，他抢先对敌人开火，并在其后的交火中阵亡。

11 月 10 日：海军陆战队在南越的第一军战术区，开展了他们的“基特·卡森侦察兵”项目——招募变节的北越成员充当情报来源以及战斗人员，这项计划取得了极大的成功。

10 月 7 日：南越，桢沙特别区。隶属海豹一队的两个中队遭遇了伏击。一发迫击炮弹直接命中了他们乘坐的“迈克”艇，艇上搭载的 19 名“海豹”队员中有 16 人受伤。

1967 年

1 月 6 日：隶属第 12 水下爆破队的蛙人，在位于简河与领龙河口之间的盛富秘区，执行了大量的监视与侦察任务。

1 月 16 日：隶属“海豹”1 队的两支火力组搭乘直升机，楔入了桢沙特别区，发现了一座北越建立的小型基地，并缴获了 17 吨尚未脱粒的大米。

1 月 17 日：美国海军（武器）测试站①将 8 支斯通纳 63 枪族的轻机枪型号运到了越南，供“海豹”部队进行战地测试。作为这次局部武装冲突期间最具代表性的一种武器，它使用与 M16 步枪通用的 5.56 毫米子弹，并且一直服役到了 20 世纪 80 年代早期。

2 月 2 日：南越的桢沙特别区。隶属“海豹”1 队“高尔夫”分遣队的海豹队员，乘坐一艘“迈克”艇逆流而上，并在登陆后对 4 条舢板实施了伏击，击毙了 5 名敌对战斗人员。

2 月 27 日：第 173 空降旅（独立旅）在南越上空实施了整个战争期间的唯一一次战斗伞降。

3 月 21 日：驻地位于南越第三军战术区的特种部队军士长查尔斯·J. 小霍斯金，扑倒了一名试图引爆暗藏手榴弹的北越战俘，两人都在随后的爆炸中丧生。因为他的英勇行为，霍斯金军士长被追授了国会荣誉勋章。

3 月 28 日：由拉尔夫·谢尔顿少校指挥的特种部队分遣队抵达了玻利维亚，为当地实施作战的部队提供了军事训练。后者的“目标”是游击队领导人厄内思托·切·格瓦拉。

4 月 7 日：南越湄公河三角洲，“固定索”行动告一段落，“海豹”部队击毙并俘获了 69 名北越武装人员，同时缴获了大量军用补给品，并摧毁了后者所设立的若干座基地。

5 月 18 日：由海军上尉理查德·马辛科指挥的一支“海豹”分遣队，在南越的 IloIlo 岛——一块被北越控制的飞地，对敌军发动了攻击，击毙了若干名北越干部，并烧毁了 6 条属于敌军的舢板。

6 月 18 日：南越，建和省。隶属“海豹”2 队的第 4 排，分兵两路成功地对一支北越部队实施了伏击，击毙 3 人，俘虏 4 人。

9 月 16 日：南越永隆省。隶属于“海豹”2 队的第 4、第 5、第 6 排，扫荡了该省的谭亭岛，击毁了 100 条舢板，并同时缴获了大量的武器。

9 月 21 日：投入越南战场进行试用的 AC-130“幽灵”炮艇机，在胡志明小道南越路段

① 位于加利福尼亚州，莫哈维沙漠。——译者注

上空执行了第一次任务。在之后的3个月内,它获得了巨大的成功,仅仅是经过核实的战果就包括:击毁94辆卡车,另外击伤38辆卡车。

10月8日:接受过美国特种部队训练的玻利维亚别动队,在马钦戈2号行动期间,击毙了厄内思托·切·格瓦拉。

11月27日:隶属"海豹"2队的第5排在脱离行动区域时,遭受了敌军的猛烈攻击,他们击毙了6名北越士兵,自身无一损失。

12月13日:第187步兵团(官方绰号:降落伞)第3营抵达南越,在他们驻越执行作战任务期间,赢得了9次集体嘉奖和12条战役飘带。

1968年

1月2日:隶属"海豹"2队的第8排在位于巴萨河南越境内河段的梅岛登陆,击溃了一支北越分遣队,击毙6人,并且缴获了600磅大米。

1月7日:南越的朱笃省。隶属"海豹"1队的布拉沃排在该省摧毁了21座工事、25座碉堡,并在脱离战斗前销毁了3 000磅大米。

1月20日:二级航空机械师尤金·法莱利在制作一个诡雷时,因爆破事故身亡。他是"海豹"2队部署在南越期间遭遇的第一例战争伤亡者。

1月22日:南越的亭象省。隶属"海豹"2队的第6排沿着两条运河布置了伏击阵地。一个"海豹"班击毁了若干条北越舢板的同时,另一个"海豹"班对从陆路赶来救援的北越部队实施了伏击。

1月31日:南越的朱笃省。海豹队员以及省份侦察单位成员,救出了8名被北越扣押在省会附近的工人。

2月6日:北越部队对设在南越郎维的特种部队营地发动了进攻,并动用了苏制PT-76型水陆两用坦克。尽管两名绿色贝雷帽队员和老挝籍雇佣军在这些坦克突破防线前,击毁了其中的7辆,但营地仍然被攻陷,最终被美军放弃。

2月17日:南越的巴龙川省。一支由"海豹"顾问率领的省份侦察单位击溃了一支北越部队,击毙20人,另外打伤23人。

3月6日:南越的荣平省。隶属"海豹"2队第7排的阿尔法分遣队与一支兵力占优的北越部队发生了交火,在持续了7个小时的战斗中,击毙对方6人、击伤20人。

3月13日:隶属"海豹"2队第7排的7B班遭到了一支兵力雄厚的北越部队发动的攻击,"海狼"直升机在他们的阵地沦陷前的一刹那,帮助他们撤离了交战区域。

4月29日:南越的建和省①。隶属"海豹"1队的迈克排发生了一次意外:一级舱面水手沃尔特·蒲伯的斯通纳机枪落入稻田后,发生了走火,蒲伯扑向那支武器,卡住了枪机,

① Kien Hoa,位于现在的槟椥省。——译者注

但自己也身中 40 发子弹身亡。

5 月 12 日:被指派到南越荣平省担任省份侦察单位顾问的“海豹”队员二级仓储管理员罗纳德·齐尔吉特阵亡,在这次战斗中另外有 17 名北越武装人员被击毙。

5 月 14 日:南越、柬埔寨边境附近。隶属“海豹”2 队的第 8 排伏击了一支规模较小的北越单位,敌军撤退后,在战场遗留下了 24 具尸体。

5 月 16 日:南越朱笃市附近。隶属“海豹”2 队的第 8 排召唤了一次直升机空中打击,这次袭击击毙了 36 名北越、越南人民军士兵。

5 月 19 日:南越的坚江省。隶属“海豹”1 队的一个班触发了诡雷,轮机水手长戈登·布朗阵亡,6 名协同行动的省份侦察单位成员受伤。

6 月 29 日:南越的永隆省。隶属“海豹”1 队的迈克排与一名北越高级干部的警卫连发生遭遇战,战斗结束后若干名北越人员被击毙,10 座茅屋被摧毁,另外还俘获了若干条舢板。

8 月 11 日:南越亭象省。隶属“海豹”2 队的阿尔法分遣队依靠轻武器火力和“双刃大砍刀”定向地雷,对一群北越人员实施了伏击,击毙了其中的 5 人。

8 月 23 日:南越鹅贡省。隶属“海豹”1 队第 10 排的一支巡逻队实施了一次两栖登陆,并发现了一座北越的手榴弹工厂。之后的战斗中,他们击毙了 36 名北越成员,摧毁了 40 座茅屋,并缴获了若干件武器。

10 月 10 日:一个“海豹”班在南越湄公河三角洲地区,与兵力占绝对优势的北越部队发生了遭遇战,三级木工盖瑞·加拉格尔因为在这次战斗中表现英勇而被授予了海军十字勋章。

1969 年

1 月 1 日:新成立的第 75 步兵团(突击队)被纳入了美国陆军的团级战斗兵种体系之中。该团管辖了当时在南越作战的全部 15 个远程侦察巡逻单位。

1 月 10 日:北卡罗来纳州布拉格堡。美国陆军特种战学校被更名为美国陆军军事援助学院。

1 月 14 日:南越的永隆省。隶属“海豹”1 队的查理排拦截了一条舢板,偕同海豹队员一同行动的北越变节者辨认出该舢板为北越所有,旋即它被海豹队员开火击沉。

1 月 19 日:南越的鹅贡省。隶属“海豹”1 队阿尔法排的 7 名海豹队员击沉了 3 艘由北越使用的小艇后,招来直升机,撤出了交战区域。

1 月 21 日:南越近岸水域。隶属第 11 水下爆破队的蛙人测试了可以应用于水文侦察任务的新型装备——蛙人水下推进器。

2 月 1 日:所有在南越作战的远程侦察巡逻单位被更名为陆军突击队连。

2 月 5 日:南越建和省。隶属“海豹”2 队第 5 排的一个班,对一幢位于美寿河边的房屋发动了攻击，击毙了 5 名北越战斗人员。

2 月 11 日：华盛顿哥伦比亚特区，陆军部下令：所有的远程侦察巡逻单位更名为突击队连，部队番号将按照字母顺序排列，并且他们将全部归于新成立的第 75 步兵团（突击队）的建制内。

3 月 14 日：由海军上尉约瑟夫 · R.“鲍勃”克里指挥的一支“海豹”分队，在位于南越芽庄湾的一座岛屿登陆，攀上了高 350 英尺的悬崖之后，对一个北越单位展开了突袭。克里因为指挥了这次战斗而被授予国会荣誉勋章。

4 月 12 日：北越部队在南越的道唐河上伏击了一支高速快艇巡逻队，迫使其中舷号为“PCF43”的一艘巡逻艇搁浅。第 13 水下爆破队的成员协助该艇艇员布置了防御，并击退了北越数次攻击，直到他们得到友军单位的营救。

5 月 10 日至 20 日：隶属第 101 空降师的 506 步兵团对 937 高地发动了持续不断且代价高昂的攻击，在对这座后来被称作“汉堡山”的高地的进攻中，该团有 56 人阵亡、420 人受伤。

6 月 3 日至 4 日：隶属海军陆战队第 3 侦察营的一支无线电呼号为“飞行时间”的侦察队，在溪山以南遭到了北越部队以绝对优势兵力发动的攻击。最后，6 名海军陆战队侦察兵在肉搏战中全部阵亡。

7 月 6 日：“海豹”2 队第 8 排在湄公河三角洲的美寿河上与北越部队发生遭遇战，在脱离战斗前击毙了若干名敌军。

10 月 1 日：华盛顿哥伦比亚特区，美国海军正式授予海豹部队与水下爆破队的成员，通过了基础水下爆破与海豹课程后，佩戴三叉戟徽章的权利。

1970 年

1 月 11 日：隶属“海豹”2 队的约翰 · C. 布鲁尔顿上尉，在湄公河三角洲发生的一次战斗中，尽管身受两处重伤，仍然拒绝医疗后送，而是召唤攻击直升机为自己的部队提供了火力支援。他是在越南战争期间阵亡的最后一名海豹 2 队成员。

3 月 2 日：隶属“海豹”2 队第 5 排的一个班，在南越亭象（位于现在的前江省）的一次战斗中，击毙了 10 名北越成员，并缴获大量弹药、武器和文件。

4 月 9 日：一支“海豹”分队在南越的巴龙川，遭遇了来自北越部队的密集火箭弹攻击。他们在拜瑞 · W. 伊诺克水手长的指挥下，组织起有效的防御体系，水手长因为指挥了这次战斗而被授予国会荣誉勋章。

4 月 22 日：康维尔公司生产的 14 型潜水员输送器成为美国海军列装的制式装备，正式名称为马克 7 型“海豹”水下输送器。

6 月 1 日：南越境内的最后 37 座平民非正规自卫组织营地被移交给了南越政府，那些营地的成员被纳入了南越陆军别动队的建制。

6月23日:一次发生在南越芹苴市附近的陆军直升机空难中,搭乘该机的10名隶属“海豹”1队的海军军人丧生。

6月30日:负责协调“德尔塔”计划的特种部队分遣队B-52,在南越退出现役。

7月1日:北越部队对位于南越阿箐山谷的一座由第101空降师维持的代号为“开伞索”的火力基地,展开了为期23天的围攻。该师有250名士兵在防御战期间阵亡,其中包括了第506空降步兵团第2营的安德烈·卢卡斯上校。

11月21日:河内郊外的山西省,隶属第1特种作战联队的直升机持续飞行了25小时,为“中心轴”行动——针对山西省境内的北越战俘营实施的营救行动,提供了航空支援。一支“绿色贝雷帽”分遣队在“公牛”阿瑟·西蒙斯上校的指挥下,突入了战俘营,但曾被关押在那里的美国战俘,当时早已被转移到了其他地方。

12月20日:一支由5人组成的“海豹”巡逻队在南越某地承受了敌军的猛烈火力,二级无线电操作员哈罗德·L.贝克为两名受伤的队友提供了外伤急救处置。他因此被授予了越战时期颁发的最后一枚海军十字勋章。

1971年

3月1日:驻地位于南越芽庄的特种部队第5大队成员及大队的军旗——在一支由94名特种部队军人组成的仪仗队的护送下——登上了C-141运输机返回美国,此举宣告了该大队在东南亚存在的终结。

12月7日:隶属“海豹”1队的迈克排成为了最后一支返回美国的“海豹”部队作战单位,结束了他们在东南亚长达5年且成就非凡的任期。

1972年

4月10日:“海豹”队顾问托马斯·R.诺里斯上尉,在广治省执行了一次为期3天的地面救援任务,救出了2名座机遭击落的美国飞行员。因此次行动他被授予了国会荣誉勋章。

4月23日:一个隶属越南共和国陆军的作战单位,在遭遇了一支包含30辆坦克的北越纵队后,召唤了空中打击。一架“幽灵”炮艇机击毁了其中一辆,并击伤了剩余的29辆坦克。

6月5日:北越东京湾水域。美国潜艇“灰背鲸”号取消了原定的战俘营救任务。原定参加这次行动的若干名海豹队员最后被直升机救起。海军上尉梅尔文·S.德理是死于这场战争的最后一名海豹队员,他因跳出直升机时离机高度过高而在入水时被击昏,并溺水身亡。

10月31日:作为顾问指挥3名南越“海豹”队员的海军士官迈克尔·E.索恩顿在南越某地的一次战斗中,冒着敌火救出了一名受伤的海豹队军官,他因此被授予了国会荣誉勋章①。

---

① 即前文的托马斯·R.诺里斯上尉。——译者注

1974 年

1 月 28 日:第 75 突击队团第 1 营,在北卡罗来纳州的布拉格堡正式成立。

1975 年

5 月 15 日:一架隶属第 16 特种作战中队的 AC-130“幽灵”式炮艇机,在柬埔寨的当岛上空执行了近距离火力支援任务,为在岛上作战的海军陆战队员提供了有力支援。他们的任务是营救早先遭到扣押的美国货轮“玛亚圭兹”号上的船员。

1976 年

7 月 1 日:第 20 特种作战中队在佛罗里达州的赫尔伯特空军基地再次转入现役,只是番号被变更为第 1 特种作战联队,并且转属战术空军司令部。与此同时,“绿色大黄蜂”(第 20 特种作战中队的官方绰号)开始换装 HH-53“低空铺路”型直升机。

1977 年

11 月 19 日:美国本土,查尔斯·贝克维斯上校获准成立了机密反恐怖单位第一特种部队作战分遣队——德尔塔。

1979 年

12 月 24 日:第二海军特种战单位在苏格兰的马赫里哈尼什部署了一支前进行动单位,他们的任务是为“海豹”部队可能在欧洲与北极圈内实施的作战行动提供支援。

1980 年

4 月 25 日:正在伊朗境内实施的“鹰爪”行动,随着一架海军陆战队的 CH-53 直升机在“沙漠一号”撞上一架停在地面的空军 MC-130 运输机,而演变为了一场灾难。隶属第 8 特种作战中队的 5 名空军军人为国捐躯,同时罹难的还有 3 名海军陆战队员。

1981 年

10 月 16 日:第 160 航空营在肯塔基州的坎贝尔堡组建完毕,该营是第 160 特种作战航空团(具备空降作战能力)的前身。

1982 年

1 月 28 日:意大利的古伊萨。意大利突击队员突入了一套公寓,救出被恐怖组织“红色旅”关押在此的美国陆军准将詹姆斯·多齐尔。他们能够找到准将被关押的正确地点,要归功于由“外勤作战行动大队”提供的电讯情报。

4 月 1 日:第 160 航空营被美国陆军定义为:为由陆军突击队与三角洲部队所实施的作战行动提供(航空)支援的特种作战航空单位。该营迭经实战后开始以“160 特遣队”的名字广为人知。

1983 年

3 月 3 日:外勤作战行动大队正式成立,指挥官为陆军上校杰瑞·金,之后该单位被更名为情报支援行动。并且迄今为止,这个组织仍然是美国保密程度最高的一支秘密特种作战部队。

5 月 1 日:海军水下爆破队以优异的纪录在美国海军中服役了 40 年之后,其最后一支分遣队被合并入了“海豹”部队,之前由该部队承担的任务也一并被移交给了后者。

7 月 21 日:校址位于北卡罗来纳州布拉格堡的美国陆军军事援助学院,被更名为约翰·F. 肯尼迪特种战中心与学校。

10 月 23 日:“暴怒”行动期间,8 名海豹队员带着他们的橡皮艇,在公海上空从 MC-130 运输机上实施了夜间跳伞,其中 4 人因为当天极其恶劣的海况而在入水后溺死。

10 月 24 日:一支“海豹”分遣队搭乘“火狐”快艇,抵达了格林纳达近岸水域,他们登陆后对滩头进行了勘探,并发现该地点并不适宜海军陆战队实施两栖登陆作战。

10 月 25 日:若干支隶属“海豹”部队的分遣队在格林纳达登陆,他们的任务是解救被软禁的英国总督保罗·斯康爵士,以及攻占岛上唯一的一座无线电台。第 75 突击队团与第 82 空降师也在实施了战斗伞降后,肃清了岛上若干个重要据点。

1984 年

5 月 24 日:一名隶属“海豹”部队的海军少校阿尔伯特·A. 夏福尔伯格二世在萨尔瓦多的首都圣萨尔瓦多,被法拉本多·马蒂民族解放阵线暗杀。

8 月 14 日:华盛顿哥伦比亚特区,隶属“海豹”队的 3 名海军军官与 11 名海军士兵组成了一个新单位:海军安全协调队 OP-6D——无线电呼号为“红色细胞”。该单位的指挥官是海军中校理查德·马辛科。

10 月 3 日:第 75 突击队团第 3 营及其营部连在乔治亚州的本宁堡转入现役。

1985 年

1 月 16 日:160 特遣队的人员与装备,由第 101 空降师转隶属第 1 特种作战司令部的管辖之下。

2 月 13 日:第 10 山地师(轻步兵)在纽约州的德鲁姆堡再次转入现役,这是美国陆军自 1975 年以来第一次组建此类性质的师级单位,也是自“二战”以来第一次将此类部队部署到东北部地区。

12月12日:一架属于箭航空公司的民航客机在纽芬兰的甘德附近坠毁,8名机组成员与搭乘该班机的248名士兵遇难,他们隶属第101空降师第502步兵团(空降)第3营。

1986年

10月16日:160特遣队被更名为第160特种作战航空团。

1987年

4月9日:特种部队正式成为了美国陆军的一个(独立)兵种,所有的特种部队军官获得了以下授权:佩戴图形为交叉箭杆的兵种识别领章。

4月16日:佛罗里达州坦帕的麦克迪尔空军基地。美国特种作战司令部转入现役,该司令部的成立标志着隶属各个军种的特种作战单位被统一到一个单一司令部组织的管辖之下。

9月21日:波斯湾水域。隶属160特遣部队的直升机发现了正在国际水域非法布雷的伊朗海军舰艇“伊朗阿贾”号。它们首先向伊朗舰艇开火解除了该舰的战斗力,随后“海豹”队员实施了登临,并在搜查过程中发现了苏联制造的水雷。

10月8日:波斯湾水域。4艘伊朗快艇攻击了隶属160特遣部队的美国陆军直升机。后者实施了还击,击沉了其中一艘快艇、击伤了另外两艘。

10月19日:海豹队员对一座位于波斯湾水域的伊朗石油钻井平台实施了登临,该平台之前已经被美国海军驱逐舰部分摧毁。

1988年

3月8日:两架隶属第101空降师(空中突击)的直升机在肯塔基州的坎贝尔堡上空相撞,机上搭载的17名军人全部遇难。

1989年

12月1日:美国陆军特种作战司令部转入现役,并成为了军方的第16个主要陆军司令部。

12月19日:随着“正义事业”行动的展开,美国陆军突击队与三角洲部队搭乘隶属第1特种作战联队的飞机,抵达巴拿马上空,开始了推翻曼努尔·诺列加的战斗。

12月20日:一支代号为“爸爸”的海豹特遣单位抵达了巴拿马的帕提拉机场,他们的任务是摧毁总统的里尔式喷气机。他们遭遇了当地守军的猛烈抵抗,战斗中有4人阵亡、8人受伤。与此同时,三角洲部队的行动人员缘绳下降到了莫德尔监狱的楼顶,救出了无线电台主持人库尔特·慕斯(美国籍),第82空降师也实施了该部队自“二战”结束以来的第一次战斗伞降,协同第75突击队团一起攻克了托里霍斯国际机场。

1990年

5月16日:第160特种作战航空团(具备空降作战能力)在肯塔基州的坎贝尔堡正式转入现役。

5月22日:驻地位于佛罗里达州赫尔伯特机场的第23航空队,其番号被变更为空军特种作战司令部,该司令部同时也是美国特种部队司令部管辖的一个次级部门。

9月5日:“海豹”队员沿沙特阿拉伯/伊拉克边境设置了一系列的监听哨位,之后驻守这些哨位的“海豹”队员,得到了特种部队第5大队(具备空降作战能力)的轮换。

1991年

1月17日:隶属空军第20特种作战中队(官方绰号:“绿色大黄蜂”)的MH-53J“低空铺路”型直升机,引导着一个隶属第101空降师的AH-64“阿帕奇”直升机编队,飞越科威特领空,并攻击了位于伊拉克境内的防空雷达站,这次行动宣告了沙漠风暴行动的正式展开。

1月18日:“海豹”队员协助夺取了若干座位于伊拉克近岸水域的石油钻井平台,这些平台上的驻军曾用肩扛式防空导弹向飞越其上空的联军作战飞机实施攻击。

1月21日:一架隶属第20特种作战中队的“低空铺路”型直升机,飞越伊拉克领空,救起了美国海军飞行员德文·琼斯上尉。这次行动也是越南战争结束后,美军实施的第一次敌后战斗搜救行动。

1月22日:一架直升机搭载着一个隶属“情报支援行动”组织的分遣队,渗入伊拉克南部领空30英里,采集了一段伊拉克通信光缆的样本,作研究分析之用。

1月31日:一架隶属空军第16特种作战中队、无线电呼号为“精神03”的AC-130“幽灵”炮艇机,在科威特领空被伊拉克地对空导弹击落。机上14名机组成员全部丧生。

1月30日:隶属第一海军特种战特遣大队的“海豹”队员秘密渗入科威特境内,并奉命在伊拉克防线后方执行了秘密侦察任务——这是15次同类任务中的第一次。

2月6日:隶属第8特种作战中队的MC-130运输机,投下了2枚15 000磅爆炸当量的BLU-82燃料空气炸弹,用于清除伊拉克军队布置的雷场与战壕防御体系。

2月14日:“海豹”队员开始在沙特阿拉伯对科威特蛙人实施海上渗透战术训练。他们在接受了6天的训练之后,南下科威特城,并与城内的抵抗武装取得了联系。

2月15日:部署在波斯湾北部水域,隶属第1海军特种战大队的“海豹”队员,对科威特海岸线实施了15次近距离侦察任务,为将要展开的沙漠风暴行动实施了卓有成效的军事欺敌行动。

2月21日:隶属第187空降步兵团第1营的两个连,在科威特攻击并夺取了一处代号为“韦伯”的目标，抓获了434名伊拉克俘虏，自身无一损失。

2月23日：由海军上尉汤姆·迪亚兹指挥的一支8人“海豹”分遣队，带着大批自重20磅的C-4炸药浮囊，从科威特近岸水域登上迈纳·沙特，执行了一次战术佯动任务。

2月24日：随着“沙漠风暴”地面行动阶段的展开，隶属第160特种作战航空团第3营的直升机，在伊拉克领土接应了3名特种部队军人。

2月25日：第187空降步兵团执行了军事历史上突入敌境纵深最深远的一次空中突击行动，他们搭乘直升机深入伊拉克边境155英里，一直抵达了幼发拉底河谷。

2月27日：“海豹”队员与特种部队第3大队的成员，以及他们装备的高速攻击车，组成了一支快速纵队，突入科威特城，并收复了美国大使馆。

4月19日：两个“海豹”排在“提供舒适”行动期间，在伊拉克北部为上千名库尔德族难民提供了人道主义援助，他们沿着土耳其边境建筑了数座难民营。

1992年

12月8日：“海豹”队员与舰队陆战队侦察单位的侦察兵登上了索马里海岸，为将要展开的主要登陆行动实施了先期侦察任务，这标志着“恢复希望”行动的正式展开。

12月28日：先前驻扎在肯尼亚的美国特种部队抵达了索马里，为正在进行中的“恢复希望”行动提供了支援。他们的任务是，在索马里当地人中间构建起情报网络，起草当地叛乱分子的实力图表，并且评估其战斗力。

1993年

8月30日：第75突击队团偕同一支由三角洲部队行动人员组成的分遣队，抵达了索马里首都摩加迪沙。

10月1日：空军第1特种作战联队的番号被变更为第16特种作战联队。

10月3日：一架陆军的UH-60“黑鹰”直升机，在索马里摩加迪沙上空被当地民兵用反坦克火箭击落，陆军突击队员与三角洲部队的行动人员奉命对幸存的机组人员实施了救援。当硝烟散尽，18名美国军人阵亡、70人受伤；索马里方面的伤亡人数据估计超过了一千人。两名三角洲部队行动人员：盖瑞·戈登军士长和兰德尔·舒哈特上士被追授了国会荣誉勋章。

1994年

3月14日：一架为正在索马里境内实施的“继续希望”行动提供支援的AC-130“幽灵”炮艇机——无线电呼号：骑手14，在肯尼亚近岸水域坠毁，机上14名机组乘员中有8人丧生。

9月14日：一支“海豹”分遣队在海地的海地角执行了水文侦察任务——实施“恢复民主”行动的主力部队，后来就是从那个滩头实施登陆的。第82空降师也被部署到海地，参与了这次行动。

9月19日：第10山地师第3旅搭乘54架直升机，从停泊在海地角近岸水域的美国海军航空母舰起飞，登陆并肃清了太子港国际机场。这也是美国陆军部队第一次以海军舰艇作为前进基地而实施的空中突击行动。

1996年

6月18日：特种部队参加了在亚得里亚海域实施的“严密监视”行动，这次行动的目的在于，查禁一切未经授权驶入南斯拉夫领海的船只。

1997年

1月1日：一支三角洲部队的小型分遣队被紧急部署到了秘鲁首都利马，以应对恐怖分子占领日本大使馆这一紧急事件。在这次事件中，他们①扣押了200名人质。

7月10日：英国特种空降勤务部队的突击队员在塞尔维亚的格拉丁湖附近，逮捕了3名塞尔维亚战争罪犯：米兰·科瓦切维奇(Milan Kovacevic)、西莫·德雅卡(Sisa Drljaca)、斯皮罗·米拉诺维奇(Spiro Milanovic)。在进行这次逮捕行动的过程中，他们得到了一个“情报支援行动”小队的引导。

1998年

9月27日：隶属特种空降勤务部队的英国突击队员，在塞尔维亚西部的扎尔提博地区“绑架”了战犯斯蒂凡·托多洛维克。在这次行动期间，他们得到了“情报支援行动”电讯情报分队的支援。

2000年

6月12日：第173空降旅(官方绰号：天兵)在意大利的维琴查再次转入现役。这是该旅自1972年之后第一次恢复其独立旅的建制。

11月24日：第75突击队团的团属侦察分遣队第2分队，作为隼鹰特遣队的一部被部署到了科索沃地区。

2001年

10月：第16特种作战联队开始在阿富汗上空为参加“持久自由”行动的联军部队提供了支援。

---

① 秘鲁组织“光辉道路”。——译者注

10月7日：第10山地师（轻步兵）的一部抵达乌兹别克斯坦，肃清并确保了一座将被用作前进基地的机场的安全，这也是美军作战单位第一次被部署到苏联领土。

10月19日：第一支绿色贝雷帽分遣队飞越阿富汗领空，抵达了舒马利平原①，并与秉持反塔利班立场的北方联盟部队取得了联系。

10月19日至20日：隶属第75突击队团的100名突击队员，在阿富汗坎大哈市的西南部，对一座之前曾为塔利班精神领袖奥马尔所有的楼房实施了突袭。

11月2日：一架MH-53J“低空铺路”直升机对另一架先前因恶劣天气坠毁的同型机上的机组人员实施了救援。

11月9日：北方联盟部队占领了阿富汗北部的马扎里沙里夫。其间，他们得到了绿色贝雷帽和其他西方国家特种部队的紧密支援。

11月14日：阿富汗的昆都士。隶属第75突击队团的突击队员，救出了8名先前遭到塔利班武装组织扣押的国际救援组织工作人员。

11月25日至27日：绿色贝雷帽在马扎里沙里夫附近，帮助镇压了一次塔利班战俘发动的监狱暴乱。其间，美国空军战斗机投下的一枚失准的“灵巧”炸弹，炸伤了5名士兵。

11月28日：隶属第10山地师的部队开始进驻马扎里沙里夫。他们是被部署到战区的第一批陆军正规单位。

12月5日：3名绿色贝雷帽士兵与5名北方联盟士兵，在阿富汗的提林库特被B-52轰炸机投下的炸弹炸死。这些炸弹原本瞄准的目标是附近的塔利班阵地，另外有19名美国特种部队军人和11名阿富汗人，在这次误炸事件中受伤。

2002年

1月7日：一支多国特种作战司令部单位：“K-Bar”特遣队，针对藏匿在阿富汗扎瓦希里地区山洞综合体内的塔利班组织，展开了扫荡行动。

1月29日：第101空降师第187（空降）步兵团的所有3个营组成的“降落伞”特遣部队，被部署到了阿富汗的坎大哈，替换了先前驻扎在当地的海军陆战队单位。

2月21日：一架隶属第160特种作战航空团的MH-47E直升机，在菲律宾的巴西兰岛坠毁，机上2名机组人员与搭乘的8名士兵丧生。

3月4日：两架MH-47E直升机在“蟒蛇”行动期间，试图在位于阿富汗夏西库特山谷的、一处敌对武装力量相当活跃的着陆区实施着陆。其间，一级飞行甲板水手尼尔·C.罗伯兹——一名“海豹”队员，从直升机上意外坠落至地面，并在与塔利班武装分子的战斗中阵亡。

3月27日：“海豹”队员、海军医疗专业水手长马修·J.布尔乔亚，在阿富汗的坎大哈附近触雷身亡。他是在“持久自由”行动期间死亡的第二名“海豹”队员。

---

① 位于首都喀布尔北部。——译者注

4 月 19 日：海豹 10 队在弗吉尼亚州的小克里克海军两栖基地宣告成立。

6 月 12 日：一架隶属第 15 特种作战中队的 MC-130“战斗利爪”运输机，在阿富汗境内的一条沙质跑道上坠毁。机上 2 名机组人员身亡，其中空军参谋军士①安妮莎·希罗成为第一位阵亡的女性航空突击队员。

7 月：第 82 空降师所属部队接管了第 187 空降步兵团的防区，然后又分担了第 101 空降师（空中突击）的部分任务。

8 月 2 日：一架隶属第 15 特种作战中队的 MC-130“战斗利爪”运输机，在波多黎各举行的一次航空演习期间坠毁。机上搭乘的所有 10 名机组人员，在这次空难中丧生。

8 月 18 日至 26 日：隶属第 82 空降师的伞兵与第 75 突击队团的突击队员，在阿富汗南部实施了“山脉清扫”行动，对恐怖分子活跃地区进行了“梳理”。

9 月 7 日至 11 日：第 82 空降师 504 空降步兵团第 1 营，展开了对贝梅尔山谷的扫荡，围捕了若干名塔利班嫌疑人。

9 月 29 日：隶属第 82 空降师的伞兵协同第 75 突击队团在阿富汗—巴基斯坦边境地区，展开了旨在根除塔利班或基地组织成员的“阿拉莫清扫”行动。

11 月 2 日：一支隶属“情报支援行动”的电讯情报分队，在也门的马里布省引导一枚地狱火反坦克导弹，击毁了一辆丰田“陆地巡洋舰”越野车。当时驾驶该车的是基地组织也门分支的头目桑严·阿尔哈雷希。

2003 年

1 月 28 日：绿色贝雷帽、阿富汗民兵与来自第 82 空降师的士兵，在阿富汗的斯平布尔达克附近，对阿迪噶尔山区的洞穴系统实施了清理。据报道，有 18 名基地组织恐怖分子，在这次行动期间被击毙。

2 月 19 日至 3 月 3 日：第 82 空降师第 504 伞降步兵团第 2 营，在巴格兰山谷实施了空降突击，嗣后扫荡了整个地区，试图找到塔利班成员或基地组织的恐怖分子。

3 月 18 日至 19 日：隶属第 16 特种作战联队的 EC-130“突击队独奏”心理战飞机，开始在伊拉克领空向当地平民实施无线电广播，警告他们在空袭来临前寻找可靠的掩蔽体。

3 月 20 日：海军“海豹”部队在波斯湾水域，实施了他们成军以来一次性投入最多部队的一次作战行动，他们在伊拉克近岸水域帮助夺取了巴士拉海上油田以及克尔·阿尔·阿玛亚海上油田的全部石油钻井平台。

3 月 20 日至 27 日：第 82 空降师第 504 伞降步兵团第 2 营在阿富汗的萨米嘎尔山区，展开了旨在肃清整个地区的“勇猛打击”行动。

3 月 28 日：第 75 突击队团第 3 营，针对伊拉克境内一处代号为“大蛇”的目标，实施了

① 相当于陆军的中士。——译者注

该营成立以来的第一次战斗伞降突击。

3月21日:戴维·H.彼得雷乌斯少将指挥第101空降师,搭乘直升机及作战车辆越过了伊拉克南部边境。

3月25日:由陆军突击队员、第82空降师的伞兵以及特种部队士兵组成的一支混合部队,在伊拉克西北部某地、一处代号为“H-2”的机场实施了战斗伞降。

3月26日:第173空降旅作为“北方联合特种作战特遣部队”(缩写:JSOTFN)的一部,在伊拉克北部实施了战斗伞降,并在攻占了巴舍尔机场后,与隶属特种部队第10大队的“绿色贝雷帽”完成了会合。

3月27日:第82空降师第505空降步兵团第2营,在阿富汗的库赫萨菲山区展开了“沙漠雄狮”行动,这次行动旨在肃清巴格拉姆空军基地周边区域的“叛乱分子”。

3月30日至31日:第101空降师(空中突击师)攻克了伊拉克境内的纳吉夫机场,与此同时,第82空降师则为从科威特境内起始的美军补给、通讯线路提供了屏护。

4月2日:三角洲部队的“行动人员”、“海豹”队员、舰队陆战队侦察单位的侦察兵以及第75突击队团的陆军突击队员,对伊拉克境内纳西里耶的一座医院实施了闪电式突袭,救出了被俘的一等兵杰西卡·林奇。

4月3日:第3步兵师(机械化步兵)在向卡尔巴拉隘口推进的同时,第82空降师与第101空降师的下属单位,则确保了该师后方地域的安全。

4月6日:伊拉克境内卡尔巴拉隘口附近,隶属陆军特种部队的3支作战分遣队——A队391、A队392与A队044,在德贝卡山口附近与兵力以及重装备占绝对优势的伊拉克常规部队,爆发了一场持续数个小时的交火。在战斗中,奇迹般的没有一名美国特种部队军人伤亡。

4月10日:第173空降旅在伊拉克北部肃清了基尔库克地区的油井与油—气分离厂。与此同时,绿色贝雷帽与库尔德游击队员进行了紧密的合作。

5月28日:一组在伊拉克境内流动作战的特种部队单位攻占了阿萨德机场,并缴获了15架经过了精细伪装、且保养良好的喷气式战斗机。

6月9日至13日:第173空降旅的伞兵协助第4步兵师与第7装甲骑兵团,在伊拉克的巴拉的围捕了民兵与前伊拉克复兴党员。

7月22日:第101空降师(空中突击)的空降兵在隶属单位不明的特种部队军人的协助下,在伊拉克底格里特包围并击毙了萨达姆·侯赛因的两个儿子,乌代与库赛。这次成功的行动完全仰仗“情报支援行动”提供的情报。

11月23日:一架隶属第20特种作战中队的直升机,在为参加“持久自由”行动部队提供支援期间,在阿富汗上空坠毁,机上3名机组人员全部丧生。

12月4日:第82空降师第325空降步兵团,在伊拉克的阿布吉拉比参与了旨在猎捕恐怖组织嫌疑犯的“牛头狗”行动。

12 月 13 日：第 101 师的士兵在伊拉克的道尔发现并逮捕了萨达姆·侯赛因。行动期间，他们得到了由“情报支援行动”提供的精确情报的引导。

2004 年

3 月 28 日：隶属 10 山地师(轻步兵)的若干单位在阿富汗的加兹尼，发现了塔利班秘密储藏在当地的大量武器。

4 月 16 日：一架隶属空军特种作战部队的 MH-53J“低空铺路”直升机，在伊拉克的卡尔巴特实施了一次快速起降，救起了在先前的沙暴中坠毁的两架 CH-47“切诺克”直升机上的机组人员。

11 月 8 日至 13 日：美国海军陆战队的舰队陆战队侦察单位在伊拉克的费卢杰，成功地通过城区渗透到了敌对武装势力的控制区，并召唤、校准炮兵火力对后者实施了打击。侦察兵们在这次行动中为自己赢得了殊勋。

2005 年

5 月 30 日：一架隶属第 6 特种作战中队的直升机在伊拉克上空坠毁，空军少校威廉·唐斯在这次事故中丧生。

6 月 28 日：一支由 4 名海豹队员组成的侦察小队，在阿富汗某地遭遇了塔利班民兵的包围与攻击，只有一名海军士兵幸免于难。这支分遣队的指挥官海军上尉迈克尔·P. 墨菲被追授了国会荣誉勋章；与此同时，搭载了增援部队的一架 CH-47 直升机在山区遭塔利班武装击落，机上的 8 名“海豹”队员与 8 名第 160 特种作战航空团的机组人员丧生。

10 月：第 3 特种作战中队、第 319 特种作战中队装备了无武装的 MQ-12“捕食者”无人机①与 U-28A 型飞机②，并投入了全球反恐战争。

12 月 30 日：由第 101 空降师所属部队组成的“兄弟帮”特遣部队，在伊拉克北部的尼尼微与达霍克两省，承担了维持治安与训练当地伊拉克军队的任务。

2006 年

2 月 24 日：海军陆战队特种作战司令部在北卡罗来纳州的勒琼兵营正式宣告成立，这个司令部指挥着 2 500 名海军陆战队员，受美国特种作战司令部的管辖。

5 月 15 日：海军陆战队第 2 特种作战营在北卡罗来纳州的勒琼兵营转入现役，该营直属于海军陆战队特种作战司令部。

6 月 7 日：伊拉克的巴古拜。三角洲部队的“行动人员”用激光标定了臭名昭著的恐怖

---

① 应为作者笔误，正确的型号为 MQ-1“捕食者”。——译者注

② 民用型号为 PC-12，由瑞士的皮拉图斯山公司生产。——译者注

分子阿布·穆萨比·扎卡维藏身的安全屋。两架在行动区域上空盘旋的F-16战斗机随后投下了激光制导炸弹，摧毁了安全屋并杀死了该名恐怖分子。

6月8日：意大利的维琴查。隶属第173旅级空降战斗队的第173特种支援部队营正式成立。

7月17日：第75突击队团的团属特种支援部队营转入现役，该营的任务是：收集情报、(进行技术)侦察以及保养(高科技)装备。

8月10日：佛罗里达州的赫尔伯特机场。原先装备了MC-130"战斗利爪"运输机的第8特种作战中队，换装了新式的CV-22"鱼鹰"斜旋翼飞机，并展开了换装训练。

9月9日：伊拉克的拉马迪市，"叛乱"武装成员向一支在屋顶占据了阵地的"海豹"狙击小队投掷了手榴弹，海军中士迈克尔·A.蒙索尔扑向了手榴弹，并承受了其全部爆炸力。他因此被追授了国会荣誉勋章。

10月11日：第173空降旅在意大利的维琴查被改编为第173旅级战斗队。

10月17日：装备了MC-130W"战斗利爪"型①运输机的第73特种作战中队，在佛罗里达州的赫尔伯特机场转入现役。

10月26日：海军陆战队第1特种作战营在加利福尼亚州的彭德尔顿兵营转入现役，该营直属海军陆战队特种作战司令部管辖。

2007年

1月7日：一架盘旋在索马里领空、隶属空军特种作战部队的AC-130H"幽灵"炮艇机，将一座被怀疑充当了基地组织训练设施的建筑夷为平地。

1月24日：隶属空军特种作战部队的AC-130H"幽灵"炮艇机第二次向位于索马里境内的基地组织训练营发动了攻击。

2008年

1月25日：阿富汗库尔纳省，一支由4名绿色贝雷帽和18名阿富汗民兵②组成的巡逻队，在靠近阿富汗边境的山区遭遇了伏击。参谋军士罗伯特·米勒因为拯救了他的队友而被追授了国会荣誉勋章③。

4月6日：凯尔·沃尔顿上尉指挥隶属特种部队第3大队第3营的士兵，向在阿富汗修克山谷掘壕固守的200名塔利班战斗人员发动了进攻，并击败了他们④。有10名特种

① 此处为作者误植，MC-130W的官方绰号为战斗长矛；非官方绰号为"战斗袋熊"。——译者注

② 阿富汗国家安全部队，缩写ANSF。——译者注

③ 授勋日期为2010年10月6日。——译者注

④ 行动代号为"突击队员的愤怒"。——译者注

部队士兵因为这次英勇的行动而被授予了银星勋章。

5 月 26 日:第 75 突击队团第 2 营的一支巡逻队,在阿富汗的帕克蒂亚省遭到了塔利班部队以优势兵力发动的伏击,里罗伊·A. 佩特里上士径直向敌军阵地冲去,以营救几名受伤的突击队员,他在反投一枚塔利班的手榴弹时右手中弹。尽管如此,他还是继续前进,并用步枪击毙了若干名塔利班战斗人员。2011 年,他被授予了国会荣誉勋章。

7 月 13 日:阿富汗的努里斯坦省,塔利班战斗人员向当时由第 503 步兵团(空降)第 2 营 C 连 2 排驻守的瓦纳特发动了攻击。他们最终被击退,但美军方面也有 9 人阵亡、27 人受伤。

9 月 3 日:巴基斯坦,(南)瓦济里斯坦地区的安格瑞艾达。一支由包括了“海豹”队员在内的 45 名特种部队士兵组成的一支特遣任务单位,对一所据信有塔利班成员藏匿的安全屋发动了进攻,并杀死了其中的若干名住户。这是美国作战单位在巴基斯坦领土上实施的作战行动中,遭到公开披露的第一起战例。

10 月 26 日:中央情报局特别行动部的准军事行动人员搭乘一架直升机,对位于叙利亚境内阿布凯马勒的一座有恐怖分子藏匿的安全屋实施了突袭,并击毙了若干名基地恐怖组织嫌疑人。这其中包括了阿布·盖迪亚,他在组织中的任务是负责筹集物资与收拢圣战者,并将他们偷运到邻国伊拉克。叙利亚政府否认了这次行动的“存在”,但是从事后的种种迹象分析,这次突袭显然得到了该国政府的默许。

12 月 18 日:美国海军陆战队在第 2 海军陆战队远征单位的建制内,重建了精锐的舰队陆战队侦察单位,以确保舰队陆战队级(两栖)部队具备充分的侦察能力。

2009 年

1 月 26 日:两架隶属第 10 山地师(轻步兵)的 OH-58D“齐奥瓦”直升机在伊拉克的基尔库克上空相撞,2 架直升机上的全部 4 名机组人员遇难。

4 月 12 日:部署在美国海军驱逐舰“班布里奇”号上的、隶属“海军特种战发展大队”的海豹狙击手小组,在索马里近岸水域击毙了 4 名海盗中的 3 名——他们先前曾扣押了美国货轮马士基·阿拉巴马号的船长作为人质。

6 月 15 日:特种部队出身的斯坦利·麦克里斯特尔将军抵达阿富汗,接替戴维·麦克基尔南将军,担任驻阿富汗美军与北约部队总司令。

6 月 21 日:塔利班武装用导弹攻击了巴格拉姆空军基地,这次袭击中,有 2 名隶属第 82 空降师的士兵身亡,另有 8 人受伤。

7 月 24 日:华盛顿哥伦比亚特区,巴拉克·奥巴马总统向第 10 山地师的杰瑞德·C. 蒙蒂追授了国会荣誉勋章。

8 月 19 日:一架隶属第 160 特种作战航空团的 MC-60“黑鹰”直升机在科罗拉多的里德韦尔上空坠毁,机上 4 名机组乘员无一生还。

9 月 8 日:3 架隶属第 160 特种作战航空团第 4 营的直升机,奉命连夜飞往阿富汗境内某个未公开地点,回收一个“高价值目标”。飞行途中他们与一支敌军大部队发生了遭遇战,尽管遭到了至少 50 枚火箭助推榴弹的攻击,他们还是在目标区域成功着陆并完成了任务。参加了这次行动的所有 18 名机组乘员,事后全部被授予了优异飞行十字勋章,其中 2 人因为有英勇行为而被额外授予了空军勋章。

10 月 22 日:一架隶属第 160 特种作战航空团的直升机,在弗吉尼亚州斯托利堡附近海域,与一艘美国海军军舰相撞,1 名士兵死亡、8 人受伤。

2010 年

4 月 9 日:一架隶属空军特种作战部队的 CV-22“鱼鹰”旋翼机在阿富汗南部某地坠毁。机上 4 名机组人员与 1 名民间企业的雇员遇难。据推测,这次事故的原因是机械故障。

6 月 23 日:斯坦利·麦克里斯特尔将军因为在接受《滚石》杂志采访时,发表了若干“欠缺思虑”的评论,而被解除了指挥职务。

8 月 4 日:隶属特种部队第 3 大队 A 队 3116 的“绿色贝雷帽”们,在阿富汗南部地区遭到了塔利班武装以优势兵力实施的伏击战,并蒙受了若干人员伤亡。查德·E. 劳森上士奋不顾身地为一名受伤的队友实施了急救,随后组织了有效的防御阵型,并一直坚持到了医疗后送直升机抵达为止。他因为在这次战斗期间的英勇表现而被授予了银星勋章。

9 月 10 日:华盛顿哥伦比亚特区,第 173 旅级战斗队第 503 伞降步兵团的参谋军士萨尔瓦多·吉安达因为在 2007 年 10 月 27 日,击退了一次塔利班武装对其所属部队发动的袭击,而被授予了国会荣誉勋章。

10 月 11 日:隶属“海军特种战发展大队”的海豹队员在阿富汗的库尔纳省,试图营救遭到绑架的英国籍国际救援人员——时年 36 岁的琳达·诺格罗夫。尽管两名塔利班头目巴舍尔毛拉和凯夫坦毛拉在这次袭击中被击毙,但是诺格罗夫本人(也在突袭期间遭遇误击)伤重不治身亡。3 名海豹队员试图对自己在袭击期间犯下的错误匿情不报,结果被逐出了“单位”。

2011 年

4 月 23 日:“绿色贝雷帽”队员本杰明·贝特纳军士长在阿富汗境内,被一枚简易爆炸装置炸死。生前他隶属特种部队第 3 大队第 3 营 C 连。

4 月 27 日:“绿色贝雷帽”上士道格拉斯·J. 格罗佛的遗体,在弗吉尼亚州阿灵顿国家公墓落葬。显而易见的是,1968 年他遇难时正在执行一次旨在营救失陷在北越部队防线后方侦察分队的秘密营救任务,但是他的直升机在飞行途中坠毁,他本人旋即遇难。其后一直到 2007 年 10 月,他的遗体才被发现、收敛并辨明了身份。

4 月 29 日:“绿色贝雷帽”上士唐纳德·修的遗体被安葬在了弗吉尼亚州阿灵顿国家公墓,他生前最后一次被人看到是在 1969 年 11 月,当时他正在胡志明小道老挝境内路段沿线收集军事情报。

5 月 1 日至 2 日:40 名隶属“海军特种战发展大队”的突击队员,分乘 4 架由第 160 特种作战航空团机组人员驾驶的直升机,在午夜之后不久,飞抵了位于巴基斯坦境内阿博尔塔巴德市的一座有高墙环绕的建筑综合体。2 架直升机降落后,放下了搭载的乘员,随后他们在数量不明、隶属中央情报局特别行动部的行动人员带领下,强行突入了这座建筑综合体。这次战斗以奥萨马·本·拉登——世界上最恶名昭彰的通缉犯,以及他的若干名同伙被击毙而告终。美国人在成功撤离前,花费 40 分钟彻底洗劫整幢房子,并且除了一架发生故障的 HH-60“黑鹰”直升机被炸毁外,美军没有遭受其他人员或装备损失。几个小时之后,本·拉登的尸体就被运到了停泊在阿拉伯海的一艘美国海军航空母舰上,宣告了这次历史上最旷日持久、规模最大的追捕行动,以目标成功达成而告终。

5 月 29 日:一辆特种作战车辆在阿富汗的瓦达克省,遭遇简易爆炸装置的袭击,车上 3 名隶属特种部队第 3 大队的士兵,在这次爆炸中身亡。

8 月 6 日:一架隶属陆军航空兵的 CH-47“切诺克”直升机,在前往支援一支正与塔利班武装交火的陆军突击队分遣队的途中,在阿富汗瓦达克省上空被火箭助推榴弹击落并起火燃烧。机上搭载的 22 名海豹队员、3 名空军战斗管制员、5 名陆军航空兵机组人员以及 8 名阿富汗突击队员全部丧生。这是在反恐战争爆发后的 10 年间,美国特种部队在一次单一事件中所遭受的最大的人员损失。

9 月 27 日:美国与阿富汗特种部队的行动人员,在阿富汗的帕克蒂亚省逮捕了哈吉·马里·汗。他是哈卡尼网络中一名级别相当高的资深成员。

9 月 30 日:一架由中央情报局控制的“捕食者”无人机,在也门的焦夫省上空发射了一枚地狱火导弹,击毙了在美国出生的也门裔恐怖分子安瓦尔·奥拉基以及萨米尔·汗。这次外科手术式的精确袭击,暗示了附近有特别行动部的行动人员用激光标定了目标。

10 月 3 日:驻扎在新墨西哥州卡农空军基地的第 27 特种作战联队(缩写:27th SOW)①,换装了第一架 MC-130J“战斗阴影 II”型飞机。

10 月 7 日:隶属第 173 空降旅的 1 000 名伞兵,在德国的霍恩费尔茨上空实施了该旅自 2003 年以来的第一次旅级战斗跳伞演习。由于空降场的风速,有 47 名伞兵在演习期间受伤。尽管如此,在此类演习中,3%的跳伞伤亡率仍然被判定为属于“正常”范围内的损失。

① 第一批换装 MC-130J 的部队是第 522 特种作战中队,官方绰号“火球”。——译者注

第一部分　美国陆军特种作战司令部(USASOC)组织架构表 1②

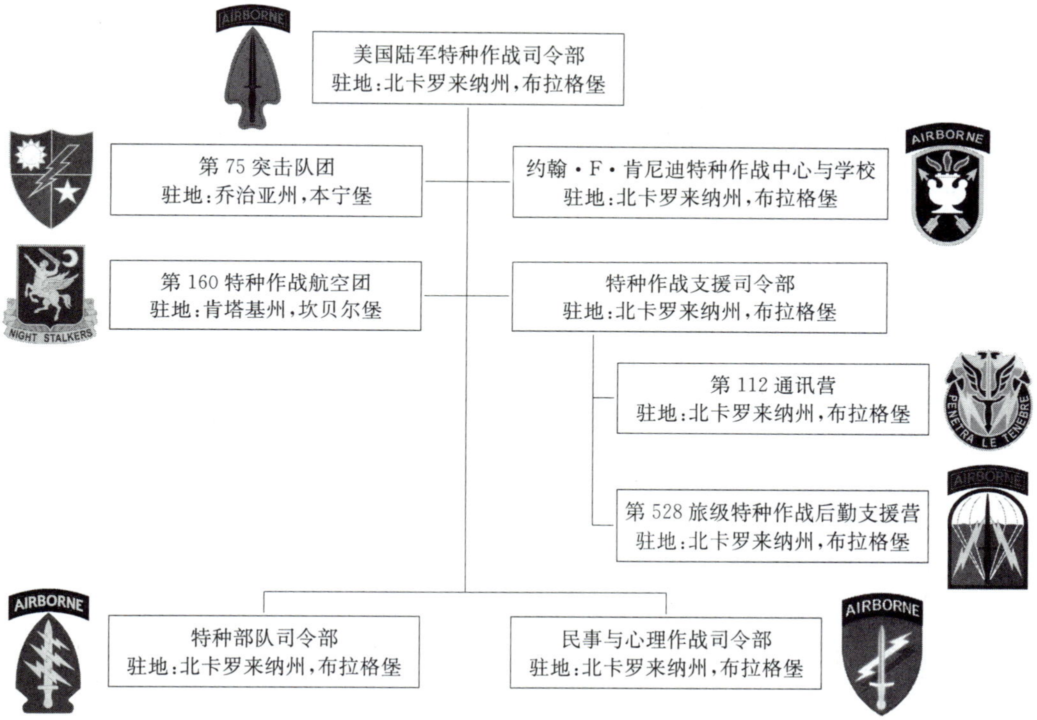

美国陆军特种作战航空司令部(缩写:ARSOAC)简介:

美国陆军特种作战司令部(缩写:USASOC)的航空专家们,通过分析美国特种作战部队在过去 10 年间持续积累下来的经验,认识到有必要重新定位陆军特种作战航空单位所扮演的角色:陆军航空兵的其他单位只能被定义为作战支援部队或为军事行动提供后勤保障的一种“军事资源”;至于陆军特种作战航空单位,却是真正的作战部队,为此需要设立一个独立的次级司令部,让陆军特种作战航空单位具备独立的指挥与管制能力,肩负起为交付给陆军特种作战航空单位或组织所负责执行的、复杂与敏感的任务,实施组织工作与监督的责任。

美国陆军特种作战航空司令部的职责:为隶属美国陆军的全部特种作战航空单位提供组织、认识、训练、军事资源与装备调配方面的支援;为隶属于各个军种的特种作战部队(缩写:SOF)提供特种作战航空支援;并且要为美国陆军特种作战司令部提供航空参谋作业方面的支持。

美国陆军特种作战航空司令部隶属于美国陆军特种作战司令部,由一名陆军准将指挥。第 160 特种作战航空团自 2014 年 1 月起转隶该司令部。

---

① This chart was provided for the Chinese reader and was not part of the author's original book. 本部分专为中文版读者而增加,英语版本中不包含本部分内容。

② 由译者根据美国陆军特种作战司令部(USASOC)公开资料整理,资料截止至 2013 年 12 月。

美国陆军特种作战司令部(USASOC)组织架构表 2

- 特种部队司令部
  驻地:北卡罗来纳州,布拉格堡
  - 特种部队第 1 大队
    驻地:华盛顿州,刘易斯堡
  - 特种部队第 3 大队
    驻地:北卡罗来纳州,布拉格堡
  - 特种部队第 5 大队
    驻地:肯塔基州,坎贝尔堡
  - 特种部队第 7 大队
    驻地:北卡罗来纳州,布拉格堡
  - 特种部队第 10 大队
    驻地:科罗拉多州卡森堡
  - 特种部队第 19 大队
    驻地:犹他州,德雷珀堡
  - 特种部队第 20 大队
    驻地:阿拉巴马州,伯明翰
  - 第 56 特种作战防化反应分遣队
    驻地:肯塔基州,坎贝尔堡
  - 第 445 特种作战防化反应分遣队
    驻地:马里兰州,米德堡
    (隶属陆军预备役)
  - 第 801 特种作战防化反应分遣队
    驻地:北卡罗来纳州,布拉格堡
  - 第 900 特种作战防化反应分遣队
    驻地:科罗拉多州,卡森堡
    (隶属陆军预备役)

注:第 19 与第 20 大队和平时期由国民警卫队负责训练与督导,上述责任在战时移交特种部队司令部。

美国陆军特种部队司令部(USASOC)组织架构表 3

- 民事与心里作战司令部 驻地:北卡罗来纳州,布拉格堡
  - 第 2 心理作战大队 驻地:俄亥俄州,帕玛(隶属陆军预备役)
    - 第 4 心理作战大队 驻地:北卡罗来纳州,布拉格堡
    - 第 7 心理作战大队 驻地:加利福尼亚州,旧金山(隶属陆军预备役)
  - 第 350 民事司令部 驻地:佛罗里达州,彭萨科拉(隶属陆军预备役)
    - 第 351 民事司令部 驻地:加利福尼亚州,山景(隶属陆军预备役)
    - 第 352 民事司令部 驻地:马里兰州,瑞弗尔戴尔(隶属陆军预备役)
    - 第 353 民事司令部 驻地:纽约州,布朗克斯(隶属陆军预备役)
  - 第 96 民事营 驻地:北卡罗来纳州,布拉格堡
    - 第 304 民事旅 驻地:宾夕法尼亚州,费城
    - 第 308 民事旅 驻地:伊利诺伊州,侯德伍德
    - 第 321 民事旅 驻地:得克萨斯州,圣·安东尼奥
  - 第 354 民事旅 驻地:马里兰州,瑞弗尔戴尔
    - 第 358 民事旅 驻地:宾夕法尼亚州,诺里斯敦
    - 第 360 民事旅 驻地:南卡罗来纳州,杰克逊堡
    - 第 364 民事旅 驻地:俄勒冈州,波特兰

第二部分　美国海军特种作战司令部(NAVSPECWARCOM)组织架构表 1①

- 海军特种作战司令部　驻地:加利福尼亚州,科罗拉多
  - 海军特种战大队 1　驻地:加利福尼亚州,科罗拉多
  - 海军特种战大队 2　驻地:弗吉尼亚州,小克里克
  - 海军特种战中心　驻地:加利福尼亚州,科罗拉多
  - 海军特种战发展大队　驻地:弗吉尼亚州,戴姆内克
  - 特种小艇中队 1　驻地:加利福尼亚州,科罗拉多
  - 特种小艇中队 2　驻地:弗吉尼亚州,小克里克

① 由译者根据美国海军特种作战司令部(NAVSPECCOM)公开资料整理,资料截止至 2014 年 3 月。

美国海军特种作战司令部(NAVSPECWARCOM)组织架构表 2

海军特种战大队 1
驻地:加利福尼亚州,科罗拉多

- 海豹 1 队
  驻地:加利福尼亚州,科罗拉多
- 海豹水下运载工具 1 队
  驻地:夏威夷州,珍珠港
- 海豹 3 队
  驻地:加利福尼亚州,科罗拉多
- 海军特种战单位 1
  隶属于关岛海军基地
- 海豹 5 队
  驻地:加利福尼亚州,科罗拉多
- 海军特种战单位 3
  隶属于驻巴林(海军)行政支援单位
- 海军特种战分遣队
  (隶属于海军预备役)

海军特种战大队 2
驻地:弗吉尼亚州,小克里克

- 海豹 2 队
  驻地:弗吉尼亚州,小克里克
- 海军特种战单位 2
  驻地:德国,斯图加特
- 海豹 4 队
  驻地:弗吉尼亚州,小克里克
- 海军特种战单位 4
  驻地:波多黎各,罗斯福路海军基地
- 海豹 8 队
  驻地:弗吉尼亚州,小克里克
- 海军特种战单位 10
  驻地:西班牙,佳的斯,罗塔海军基地
- 海豹水下运载工具 2 队
  驻地:弗吉尼亚州,小克里克
- 海军特种战分遣队
  (隶属于海军预备役)

美国海军特种作战司令部(NAVSPECWARCOM)组织架构表 3

- 特种小艇中队 1
  驻地:加利福尼亚州,科罗拉多
  - 特种小艇单位 12
    驻地:加利福尼亚州,科罗拉多
  - 美国海军“飓风”号海岸巡逻艇
    舷号:PC3
    驻地:加利福尼亚州,圣地亚哥
  - 美国海军“季风”号海岸巡逻艇
    舷号:PC4
    驻地:加利福尼亚州,圣地亚哥
  - 美国海军“狂风”号海岸巡逻艇
    舷号:PC7
    驻地:加利福尼亚州,圣地亚哥
  - 美国海军“和风”号海岸巡逻艇
    舷号:PC8
    驻地:加利福尼亚州,圣地亚哥

- 特种小艇中队 2
  驻地:弗吉尼亚州,小克里克
  - 特种小艇单位 20
    驻地:弗吉尼亚州,小克里克
  - 特种小艇单位 22
    驻地:密西西比州,斯坦尼斯
  - 美国海军“气旋”号海岸巡逻艇
    舷号:PC1
    驻地:弗吉尼亚州,小克里克
    - 美国海军“暴风雨”号海岸巡逻艇
      舷号:PC2
      驻地:弗吉尼亚州,小克里克
      - 美国海军“台风”号海岸巡逻艇
        舷号:PC5
        驻地:弗吉尼亚州,小克里克
  - 美国海军“热风”号海岸巡逻艇
    舷号:PC6
    驻地:弗吉尼亚州,小克里克
    - 美国海军“切诺克”号海岸巡逻艇
      舷号:PC9
      驻地:弗吉尼亚州,小克里克
      - 美国海军“扫把”号海岸巡逻艇
        舷号:PC10
        驻地:弗吉尼亚州,小克里克
  - 美国海军“旋风”号海岸巡逻艇
    舷号:PC11
    驻地:弗吉尼亚州,小克里克
    - 美国海军“霹雳”号海岸巡逻艇
      舷号:PC12
      驻地:弗吉尼亚州,小克里克
      - 美国海军“夏马风”号海岸巡逻艇
        舷号:PC13
        驻地:弗吉尼亚州,小克里克

第三部分　美国海军陆战队特种作战司令部(MARSOC)组织架构表①

美国海军陆战队部队
特种作战司令部
驻地:北卡罗来纳州,勒琼兵营

- 美国海军陆战队
  特种作战支援大队
  驻地:北卡罗来纳州,勒琼兵营
- 美国海军陆战队
  特种作战情报营
  驻地:北卡罗来纳州,勒琼兵营
- 美国海军陆战队
  特种作战学校
  驻地:北卡罗来纳州,勒琼兵营
- 美国海军陆战队
  特种作战团
  驻地:北卡罗来纳州,勒琼兵营
  加利福尼亚州,彭德尔顿兵营
- 美国海军陆战队
  特种作战团,
  第 1 营
- 美国海军陆战队
  特种作战团,
  第 2 营
- 美国海军陆战队
  特种作战团,
  第 3 营

① 由译者根据美国海军陆战队特种作战司令部(MARSOC)公开资料整理,资料截止至 2014 年 2 月。

第四部分　美国空军特种作战司令部(USAFSOC)组织架构表 1①

美国空军特种作战司令部
驻地：佛罗里达州，
赫尔伯特空军机场

- 美国空军特种作战司令部直属航空作战支援中队
  驻地：佛罗里达州，
  赫尔伯特空军机场
- 第 16 特种作战联队
  驻地：佛罗里达州，
  赫尔伯特空军机场
- 第 18 试飞中队
  驻地：佛罗里达州，
  杜克空军机场
- 第 193 特种作战联队
  （隶属于空中国民警卫队）
  驻地：宾夕法尼亚州，
  哈里斯伯格国际机场
- 第 919 特种作战联队
  （隶属于空军预备役）
  驻地：佛罗里达州，
  赫尔伯特空军机场
- 第 352 特种作战大队
  驻地：英国皇家空军，
  米尔登霍尔基地
- 美国空军特种作战学校
  驻地：佛罗里达州，
  赫尔伯特空军机场
- 第 353 特种作战大队
  驻地：日本冲绳，
  嘉手纳空军基地
- 第 720 特种战术大队
  驻地：佛罗里达州，
  赫尔伯特空军机场

① 由译者根据美国空军特种作战司令部(AFSOC)公开资料整理，资料截止至 2014 年 1 月。

美国空军特种作战司令部(USAFSOC)组织架构表 2

第 919 特种作战联队
驻地:佛罗里达州,
赫尔伯特空军机场

- 第 5 特种作战中队
（隶属空军预备役,机型:MC-130P）
驻地:佛罗里达州,杜克空军机场
- 第 711 特种作战中队
（隶属空军预备役,机型:MC-130E）
驻地:佛罗里达州,杜克空军机场

第 720 特种战术大队
驻地:佛罗里达州,
赫尔伯特空军机场

- 第 10 战斗气象中队
驻地:佛罗里达州,
赫尔伯特空军机场
- 第 23 特种战术中队
驻地:佛罗里达州,
赫尔伯特空军机场
- 第 21 特种战术中队
驻地:北卡罗来纳州,
波普空军基地
- 第 24 特种战术中队
驻地:北卡罗来纳州,
波普空军基地
- 第 22 特种战术中队
驻地:华盛顿州,
麦考德空军基地

美国空军特种作战司令部(USAFSOC)组织架构表 3

- 第 16 特种作战联队
  驻地:佛罗里达州,
  赫尔伯特空军机场
  - 第 4 特种作战中队
    (AC-130U)
    驻地:佛罗里达州,赫尔伯特空军机场
  - 第 15 特种作战中队
    (MC-130H)
    驻地:佛罗里达州,赫尔伯特空军机场
  - 第 6 特种作战中队
    (任务,友好国家内部协防,机型:UH-1)
    驻地:佛罗里达州,赫尔伯特空军机场
  - 第 16 特种作战中队
    (AC-130H)
    驻地:佛罗里达州,赫尔伯特空军机场
  - 第 8 特种作战中队
    (MC-130E)
    驻地:佛罗里达州,赫尔伯特空军机场
  - 第 19 特种作战中队
    (任务类型:训练)
    驻地:佛罗里达州,赫尔伯特空军机场
  - 第 9 特种作战中队
    (MC-130P)
    驻地:佛罗里达州,艾格林空军基地
  - 第 20 特种作战中队
    (MH-53J)
    驻地:佛罗里达州,赫尔伯特空军机场

- 第 352 特种作战大队
  驻地:英国皇家空军,
  米尔登霍尔基地
  - 第 7 特种作战中队
    (机型:MC-130H)
    驻地:英国皇家空军,
    米尔登霍尔基地
  - 第 21 特种作战中队
    (机型:MH-53J)
    驻地:英国皇家空军,
    米尔登霍尔基地
  - 第 67 特种作战中队
    (机型:MC-130P)
    驻地:英国皇家空军,
    米尔登霍尔基地
  - 第 321 特种战术中队
    驻地:英国皇家空军,
    米尔登霍尔基地

- 第 353 特种作战大队
  驻地:日本冲绳,
  嘉手纳空军基地
  - 第 1 特种作战中队
    (机型:MC-130H)
    驻地:日本冲绳,
    嘉手纳空军基地
  - 第 17 特种作战中队
    (机型:MC-130P)
    驻地:日本冲绳,
    嘉手纳空军基地
  - 第 31 特种作战中队
    (机型:H-53J)
    驻地:韩国,乌山
  - 第 320 特种战术中队
    驻地:日本冲绳,
    嘉手纳空军基地

第五部分　美国陆军特种部队第 5 大队，改为 4 营制后的组织架构表

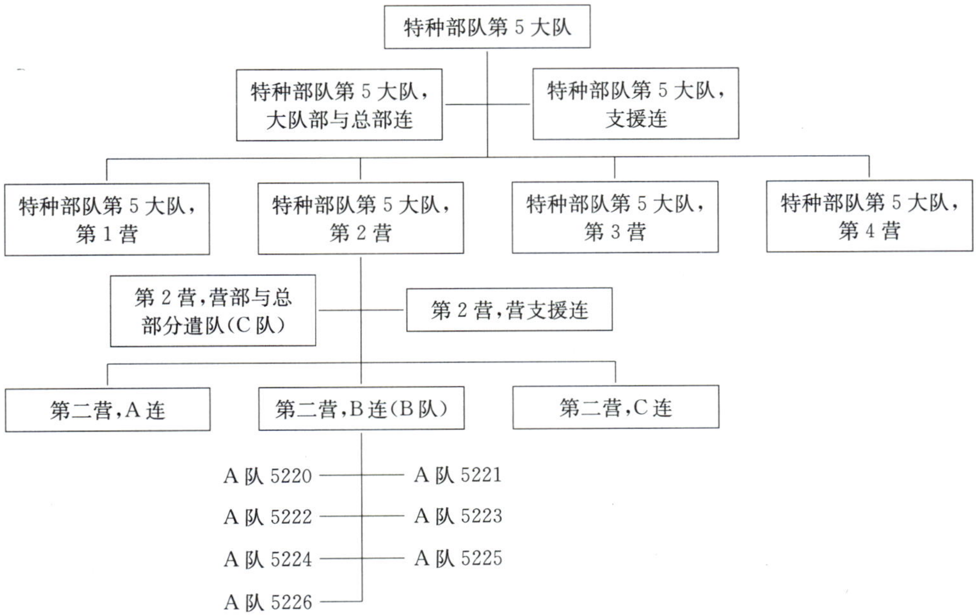

注：特种部队大队编制改为 4 营制后，A 队的编码方式也发生了变化。

第一位数字代表所属大队——如：第 1、3、5、7 大队；两个例外是：第 10 大队使用数字 0，第 20 大队使用数字 2。

第二位数字代表所属营——以第 5 大队为例：隶属于第 1 营的 A 队番号为，ODA51XX；隶属于第 2 营的 A 队番号为，ODA52XX。其他依此类推。

第三位数字代表所属连——以第 5 大队，第 3 营，C 连为例：隶属该连的 A 队番号为，ODA533X，其他依此类推。

第四位数字代表 A 队在连队的顺序——每个连下属 7 个 A 队，顺序从 0—6。

美国陆军特种部队 A 队的构成：

一支典型的 A 队由 12 人组成，每一人都掌握了一种专门的军职专业，并且在本职专业之外，另外接受过 2 种或更多军职专业的交叉训练。这 12 人中包括了：

一名军衔为上尉的分遣队指挥官。他的职责是保证自己的 A 队齐装满员，主持任务的组织工作，并且就特定任务的目标，向单位内的全体成员进行简报。

一名军衔为一级准尉或二级准尉的分遣队助理指挥官。他的职责是平时协助 A 队指挥官的工作，在必要的时候接管整个 A 队的指挥。

一名军衔为二级军士长的作战军士。全面负责整个 A 队的组织与训练工作，确保作业流程顺畅无误、整个单位的装备配置正确无误，并且支援 A 队指挥官的工作。

一名军衔为三级军士长的助理作战军士兼情报军士。他的职责是确保 A 队拥有必须的一切装备与补给品，并且要收集并分析任务区周边的各种情报。

两名军衔为上士和中士的武器专业军士。他们是各种美国制造或其他国家生产的武器系统的专家，范围涵盖了从手枪到轻型火炮甚至防空导弹。

两名军衔为上士或中士的通信专业军士。他们精通战场上需要用到的一切无线电通讯装备以及相应技术，范围涵盖了原始的摩斯电码到最先进的卫星加密通讯设备。

两名军衔为上士或中士的医疗专业军士。他们是世界上第一流的战场创伤外科医疗技术专家，并熟练掌握其他的通用医疗护理知识。他们向战区内的当地人提供的医疗护理服务的能力，对于当前的反叛乱战略具有无可比拟的价值。

两名军衔为上士或中士的工程专业军士。精通爆破技术的他们还掌握着设计、施工、建造一切军用、民用建筑的能力。